KB263662

중국은 대국(大國)인가
중국과 세계의 800년 역사

티모시 브룩 지음 | 조영헌·설배환·심호성 옮김

일러두기

이 책은 각주가 없고, 각 장에서 참조한 참고문헌은 미주 형식으로 뒤에 달아놓았다. 이 책의 각주 형식의 보충 설명은 역자들이 달아놓은 '역자 주'에 해당한다. 여기에 더해 지명과 인명은 1911년 신해혁명 기준으로, 이전은 한자어 발음으로 이후는 현대 중국어 발음으로 표기했다. 따라서 이 책의 13장 이후부터는 중국어 발음으로 표기했다.

중국은 대국(大國)인가
중국과 세계의 800년 역사

하늘과 땅 사이에 큰 경계가 있어
화(華)는 안에 자리하고 이(夷)는 바깥에 처하니,
각자가 자기의 자리에 머물러야
천하의 이치가 이루어질 뿐인 것입니다.

―구준(邱濬, 1421~1495)

동서양 모두에 통하는 이치가 있다.

―서광계(徐光啓, 1562~1633)

페이 심스에게

명(明)이 멸망하기 한두 해 전, 중국이 여전히 이국적이던 때에
앤 브래드스트리트(Anne Bradstreet)[1]가 남편에게 쓴 시를
조금 바꾸어 인용하여 당신께 드립니다.

진정 둘이 하나가 되는 것이라면, 그건 분명 우리예요.
남편에게 진정 사랑받는 아내가 있다면, 그건 당신이죠.

---

1 앤 브래드스트리트(Anne Bradstreet, 1612~1672): 잉글랜드 태생의 청교도로서 북아메리카에서 가장 저명한 여성 시인. 그녀는 아메리카 문학에서 최초의 청교도 인물이다. 그녀의 시집 『아메리카에서 최근 불쑥 튀어나온 열 번째 뮤즈』(*The Tenth Muse Lately Sprung Up in America, 1650*)가 특히 호평받았다. —옮긴이 주(이하 별도 표기가 없는 한 각주는 모두 옮긴이 주임을 일러둔다.)

목차

글쓴이 서문

나는 대작을 쓰는 작가가 아니기에, 영국 프로파일 북스(Profile Books)의 출판인 앤드류 프랭클린으로부터 이 책을 집필해 달라는 제안을 받았을 때, 그 제안이 나에게 어울리지 않는 일이라 생각했다. 나는 크루즈선보다 작은 배를 더 좋아한다. 하지만 출판인은 종종 저자들이 자신이 할 수 없는 일까지 해내는 모습을 발견하곤 한다. 그러니 우선 이 프로젝트를 시작하게 해준 프랭클린에게 감사드리며, 그가 띄운 이 '프로젝트의 배'가 순조롭게 항해하길 바란다.

나는 이 책에서 8세기에 걸친 중국사를 왕조 단위로 엄정하게 검토하며 쓴 것이 아니다. 아마 출판사의 의도도 그와는 달랐을 것이다. 대신 나는 일반 독자들이 13세기 이후 '중국'이라는 나라가 세계사 속에서 어떤 역할을 했는지, 그리고 그 역할이 세계뿐 아니라 다시 중국 자신에게 어떤 의미를 지녔는지를 이해하도록 돕고자 했다. 이 책의 목적은 거대한 역사를 체계적으로 해명하는 데 있지 않다. 오히려 7세기에 걸친 시간 위에 13개의 순간을 배열함으로써, 중국과 세계 사이에서 전개된 역사적 관계의 중요한 단면들을 보여주려 했다. 적어도 나에게는 그것이 이 책의 핵심이었다. 나는 독자들이 오늘날 중국과 세계의 관계를 논하기에 앞서, 특정하고 구체적인 역사적 상황 속에서 어떤 일이 일어났는지를 먼저 이해하길 바란다.

이 책은 두 가지 전제를 바탕으로 한다.

첫째, 과거든 현재든 중국은 결코 세계와 분리되어 존재한 적이 없다는 사실이다. 중국을 세계로부터 떼어 놓는다면, 우리는 결코 중국을 온전히 이해할 수 없다.

둘째, 오늘날 중국을 이끄는 근본 원칙들은, 기원전 3세기 말, 즉 첫 통일 제국이 성립된 시기에 정립된 것이 아니라, 중국이 몽골제국에 편입된 13세기에 확립되었다는 점이다. 몽골의 중국 지배는 심대한 변화를 가져왔다. 그것은 오래된 '왕조 국가' 모델을 버리고, 몽골의 표현을 빌리자면 '대국(大國, Great State)' 모델로 전환한 사건이었다. 이 개념 없이는 중국사를 바라보는 역사적 관점을 구성할 핵심 도구를 잃는 셈이다.

오늘날 다수의 중국사 연구자들은 중국이 언제나 세계와 긴밀히 얽혀 있었다는 사실을 인정한다. 이런 점에서 이 책은 당대의 역사학적 인식을 반영하고 있다. 그러나 중국을 '대국'으로 이해하는 시각은 비교적 새로운 것이며, 대체로 나 자신의 주장이다. 이 관점의 출발점은 나의 스승 조셉 플레처(Joseph Fletcher)에게서 비롯되었고, 그 사유의 문턱을 넘게 도와준 사람은 동료인 람수렌 뭉흐-에르덴(Lhamsuren Munkh-Erdene)이었다. 그러나 무엇보다 강한 자극은 나의 개인적 경험이었다.

20대의 나는 많은 이유로 중국을 공부하기로 결심했다. 세계의 먼 한쪽을 깊이 탐구하면 오히려 내가 속한 세계를 더 잘 이해할 수 있으리라 생각했다. 그러나 그때의 중국은 수많은 질문을 던졌고, 나는 그에 대한 답을 찾아야 했다. 당시 중국과 세계를 이어주던 다리들은 대부분 무너져 있었다. 나는 그 다리들을 다시 세워야 한다고 느꼈다. 21세기에 이른 지금, 여전히 세워야 할 두 개의 다리가 남아 있다. 하나는 과거의 중국과 오늘의 중국을 연결하는 다리이고, 다른 하나는 오늘날의 중국과, 그 팽창으로 인해 점차 어려움을 겪는 세계를 연결하는 다리다. 이 책은 그중 첫 번째 다리를 놓기 위한 작업이다. 과거의 중국을 마주함으로써 오늘의 중국을 더 깊이 이해할 수 있기를 바라기 때문이다.

이 책을 쓰는 동안 많은 동료들이 아낌없는 도움과 조언을 주었다. 이 글에 이름이 빠져 있더라도, 내 질문에 답해준 모든 분들께 진심으로 감사드린다. 특히 로버트 비커스(Robert Bickers), 제롬 부르곤(Jérôme Bourgon), 리암 브로키(Liam Brockey), 티모시 치크(Timothy Cheek),

조영헌(曹永憲), 니콜라 디 코스모(Nicola di Cosmo), 팡쥔(方駿), 모니카 그린(Monica Green), 베스 하돈(Beth Haddon), 로버트 하임스(Robert Hymes), 아담 이즈뎁스키(Adam Izdebski), 다이애나 래리(Diana Lary), 니콜라스 스탄다트(Nicolas Standaert), 닐스 스텐세스(Nils Stenseth), 리처드 웅거(Richard Unger), 폴 판 다이크(Paul Van Dyke), 돈 와이어트(Don Wyatt)에게 깊은 감사를 드린다.

2017년부터 2018년까지 나는 프린스턴 고등연구원에서 아그네스 군트 및 다니엘 샤피로 연구원(Agnes Gund and Daniel Shapiro Member)으로 있으면서 이 책의 상당 부분을 집필했다. 연구를 지원해 준 프린스턴 고등연구원에 감사드린다. 당시 근대 초기 연구 그룹의 기욤 깔라파(Guillaume Calafat), 앨리슨 게임스(Alison Games), 윌 핸리(Will Hanley), 마르타 핸슨(Marta Hanson), 람수렌 뭉흐-에르덴, 루웨이징(盧葦菁, Weijing Lu), 에린 로우(Erin Rowe), 조나단 삭스(Jonathan Sachs), 실비아 세바스티아니(Silvia Sebastiani), 장잉(張穎, Ying Zhang)에게도 감사드린다. 언젠가 다시 함께 모이길 바란다.

2019년 4월, 파리의 고등사범학교와 사회과학고등연구원 세미나에서 이 책의 일부를 발표할 기회를 주신 샤를롯 기샤르(Charlotte Guichard)와 앙또넬라 로마노(Antonella Romano)에게 감사드린다. 또한 이 연구의 일부는 캐나다 사회과학·인문학 연구위원회의 지원을 받았음을 밝힌다.

이 모든 모험적 작업의 배후에는 나의 에이전트 베벌리 슬로펜(Beverley Slopen)이 있었다. 우리는 25년 넘게 함께 일해 왔다. 그녀는 언제나 내가 글을 쓰며 염두에 두어야 할 독자를 상기시켰고, 격려와 현실 감각을 절묘하게 조화시켰다. 그녀의 도움이 없었다면 이 긴 여정을 버텨낼 수 없었을 것이다. 또한 이 책의 출간 과정 내내 따뜻한 지원을 아끼지 않은 프로파일 북스의 페니 대니얼(Penny Daniel)과, 대서양 건너에서 열정적으로 참여한 하퍼콜린스(HarperCollins)의 조나단 자오(Jonathan Jao)

에게도 깊이 감사드린다.

만약 이 책이 읽기 편하고 매끄럽게 느껴진다면, 그 공로는 전적으로 편집자 조지 시포스(George Sipos)의 것이다. 그는 2018년 여름 내내 거의 매일 나와 함께 일하며 원고를 새롭게 다듬었다. 그는 마치 시인처럼 글을 고쳐주었고, 나는 바로 그런 편집자를 기대하고 있었다.

마지막으로, 글쓰기와 사유를 비롯한 모든 일에 늘 힘이 되어준 나의 반려자 페이 심스(Fay Sims)에게 진심으로 감사의 마음을 전한다.

한국어판 서문

독자 여러분께서 이 책을 선택해 주셔서 기쁘게 생각합니다. 저는 이 책을 2019년에 처음 영어와 프랑스어로 출판했습니다. 프랑스어 번역본은 2020년 10월 블루아에서 매년 가을 열리는 역사학회(Rendez-vous de l'Histoire)에서 그랑프리를 수상했습니다. 이후 이 책은 타이완, 몽골, 스페인, 이탈리아에서 번역·출판되었으며, 이제 한국에도 소개됩니다. 중국의 여러 출판사들도 중국어판 출판에 관심을 보였지만, 13세기 이후 중국사를 다루는 이 책의 접근 방식은 특정 정치적 이해관계에 용납될 수 없는 것으로 여겨집니다.

이 책의 특징은 중국 밖에서 집필되었다는 점입니다. 이러한 위치는 중국 역사에 대해, 국가의 자기 서사를 흥미로운 역사적 산물로 간주할 수는 있어도 역사적으로 만족스러운 설명을 만들어내는 '진리'로 보지는 않는 관점을 제공합니다. 중국이 결코 세계와 분리된 적이 없다는 것은 이 책의 중요한 기반입니다. 이는 단순히 중국이 주변 세계에 의해 형성되었다고 주장하는 것이 아니라, 세계가 중국을 형성한 방식을 배제하면 중국을 제대로 이해할 수 없다는 뜻입니다. 이런 주장은 전혀 특별한 것이 아닙니다. 어떤 문화도 완전히 독자적으로 발전하지 않습니다. 중국인은 중국이라는 개념이 주나라 시대에 등장한 이래로 끊임없이 세계와 교류해 왔습니다. 사실 3천년 전 화북 평야를 둘러싼 세계가 없었다면, 오늘날 우리가 아는 '중국'은 결코 존재하지 않았을 것입니다. 세계와의 이러한 교류를 진지하게 받아들이기 위해, 역사가들은 모든 역사적 경험이 지역적이라는 점을 인식해야 합니다. 저 역시 모든 책과 장을 지역적 사건, 특정 사물, 혹은 개인이 직접 관찰한 것에서 시작하지만, 그 사건이나 사물, 관찰의 의미는 그것이 발생한 맥락에 달려 있습니다. 이 맥락은 어떤 정치적 이해관계도 제한하거나 통제할 수 없는 범위까지 뻗어 있습니다.

이 책에서 가장 논란이 될 수 있는 발견은, 글로벌 관점을 통해 '중국을 기원전 221년에 시작되어 1911년에 끝난 일관된 통합 제국으로, 혹은 외부 세계와 무관하게 세대를 이어 반복적으로 재생산된 정권으로 생각하는 것을 멈추자'라고 제안한 것입니다. 대신 이 책은 13세기 몽골의 중국 점령이 중국의 정치 체제에 근본적 혼란을 야기했으며, 그 영향이 오늘날까지 이어지고 있다고 주장합니다. 이 혼란의 핵심 요소는 몽골이 중국인이 국가 권력을 상상하는 방식을 바꾸었다는 점입니다. 가장 직설적으로 말하면, 통치의 과제는 내부 협의와 외부 협상을 통해 중국의 이익을 달성하는 것이 아니라, 중앙에서의 강력한 권위와 국경에서의 공격적 팽창을 통해 중국의 이익을 일방적으로 추구하는 것이었습니다. 이 책에서 제가 사용하는 '대국(Great State)'이라는 개념은 이러한 변화를 포착하기 위한 것입니다. 이 개념은 몽골의 중국 점령 이전 수 세기 동안 아시아에서 유통되어 왔지만, 몽골이 중국에 이를 도입한 이후 쉽게 버려질 수 없었습니다.

저는 오랫동안 중국사를 연구해 온 역사가로서, 이제서야 비로소 이 제안을 내놓는 것입니다. 수십 년간, 외부자의 시각으로 중국의 역사적 경로를 분석하면서 저는 그 경로가 세계 안에서 어떻게 존재했는지를 탐구해 왔습니다. 다만 중국 역사가와 정치인들이 그 경로를 스스로 서술하는 전형적인 방식—마치 중국인만 그 길을 걸었던 것처럼—을 추적하지는 않았습니다. 연구할수록 이 접근법은 더욱 강력해졌습니다. 그러나 또한 이 책은 세계사의 특정 시점에서 탄생했음을 말씀드리고 싶습니다. 1945년, 중국을 포함한 여러 국가는 국제연합을 통해 새로운 세계 질서를 구축했습니다. 그러나 지난 10년간 안보리 상임이사국 세 나라가 19세기 열강 정치와 유사한 일방적 행동을 취함으로써 이 세계 질서를 심각하게 약화시켰고, 21세기에도 19세기식 국제 정치 문화가 재등장하고 있습니다. '대국' 이론이 현재의 불안정하고 지속 불가능한 세계를 완전히 설명할 수는 없습니다. 그러나 제가 이 개념을 소개하는 이유는, 과거의 자원을 불러내고 새로운 아이디어로 생명력을 불어넣어, 현재보다 나은 세계를 상상할 필요가 있기 때문입니다.

일부 중국 독자들은 이러한 접근법이 혼란스럽거나 그들이 소중히 여기는 중국에 대한 생각을 모욕적으로 평가한다고 여길 수도 있습니다. 솔직히 말씀드리자면, 중국인이 아닌 독자들—몽골인을 제외하고—도 제가 '대국' 개념을 중국 역사에 다시 도입하여 중국이 현재에 이르기까지 걸어온 역사적 경로를 이해하고자 하는 시도에 당혹스러워했습니다. 이 개념은 익숙하지 않을 뿐 아니라, 중국과 외국인이 협력하고 이를 수 세기 동안 유지해 온 '만리장성 중국'의 전형적 관점과도 상충합니다. 한국 독자 여러분께 조언을 드리자면, 여기 담긴 이야기들을 읽고 즐기신 뒤, 혹시 새로운 것을 배웠는지 생각해 보시라는 것입니다. 이 모든 이야기는 놀라움으로 가득합니다. 마지막으로 말씀드리자면, 중국과 세계는 우리 모두가 알 수 있는 것보다 훨씬 넓습니다. 국가 권력은 평범한 사람들의 복지를 보장하기 위해 필요 이상의 힘을 가지게 되었습니다. 그래서 역사는 중요합니다. 역사는 과거의 경험을 현재의 상황에 적용해 더 명료한 이해를 가능하게 합니다.

2025년 11월, 티모시 브룩

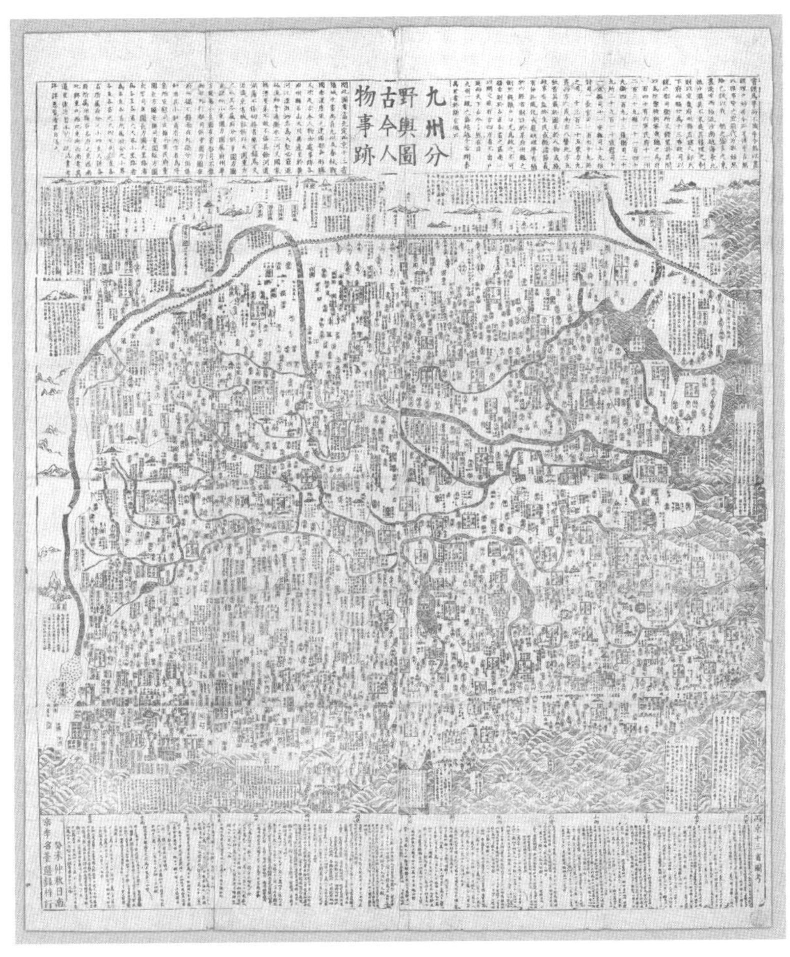

[그림 1] 1643년 제작된 계명대(季名臺)의 「구주분야여도고금인물사적(九州分野輿圖古今人物事跡)」. 이것은 표면상 전적으로 중국식 지도인 것처럼 보이지만, 자세히 살펴보면 유라시아 대륙 전체를 묘사한 중국과 유럽의 지리 인식이 혼합된 지도임을 알 수 있다.

머리말: 만국

2019년 밴쿠버

몇 년 전, 내가 봉직하던 브리티시 콜럼비아 대학(University of British Columbia, UBC)의 한 진취적인 대학원생이 학교의 아시아 도서관 지리학 코너에서 책을 뒤지고 있었다. 그곳에서 그는 20세기의 판지로 만든 책갑(册匣) 안에 깔끔하게 접혀 보관된 벽걸이용 중국 지도를 찾았다. 그것은 명조(1368~1644)에서 만들어진 지도였다. 펼쳐진 지도는 꽤 컸는데, 좌우 폭이 약 122센티미터, 위에서 아래로 약 137센티미터였다([그림 1] 참조). 이 지도는 분실된 것이었다고 말하기는 곤란했다. 책갑의 등에 붙어 있던 분류 번호는 불완전하게나마 정리된 도서관 목록에서 찾을 수 있었고, 개가식 책장에 꽂혀 있었으므로 누구나 뽑아볼 수 있었다. 그저 그때까지 아무도 찾지 않았을 뿐이다. 당시까지 이 지도는 평범한 소장품이었다. 중국요리용 큰 냄비 정도의 비용 혹은 고품질의 필리핀 담배 900그램을 구입할 정도의 돈으로 이 지도를 살 수 있었을 것이다. 하지만 지금 이 지도의 가치는 엄청나게 비싸졌다. 그 대학원생이 이를 도서관 사서에게 보여주자, 사서는 이 지도를 개가식 책장에서 빼내어 소장처를 희귀본실로 바꾸고 자물쇠를 채워버렸기 때문이다.

그 지도는 명 시대에 제작된 전통적인 지도의 외관을 지니고 있다. 하늘은 둥글고 땅은 네모나다는 천원지방(天圓地方)의 세계관에 따라 중국을 직사각형으로 그렸고, 북변을 따라 이어진 장성의 안쪽으로 중국을 고립시켰다. 하지만 이 지도는 정말 어떤 지도일까? 우리는 이것을 보면서 바로 중국 지도를 떠올리지만, 명대인은 그것을 중국 지도가 아니라 세계지도라고 다르게 인식했을 것이다. 그들은 이러한 지도를 "화이도(華夷圖)"라고 불렀다. 이는 중국의 '화(華)'와 비중국의 '이(夷)'를 함께 그린 지도라는 뜻인데, 후자인 '이'는 '오랑캐(barbarian)'라는 의미를 지니고 있다. 해안선의 윤곽은 위로 조선과 일본에서 남쪽의 브루나이와 말라카까지 외국을 묘사하고 있고, 장성 너머의 공란에는 거란, 여진, 몽골, 투르크, 티베트 사람들을 설명하는 텍스트 상자가 자리하고 있다. 4세기 전에 이것은 세계지도, 좀 더 정확히는 세계 속의 중국 지도였다.

하지만 이 지도를 자세히 살펴보면 볼수록 더 신비롭고 파악하기 어렵다는 점을 깨닫는다. 지도 하단의 왼쪽 모서리 네모 안에는 명나라의 배도(陪都)이자 출판 중심지인 남경(南京)에서 계명대(季名臺)라는 인물이 지도를 제작했다는 정보가 담겨 있다. 제작 연도는 계미년(癸未年)이라 쓰여 있는데, 60년 주기인 중국의 기년(紀年) 정보 앞에는 통상적으로 다른 계미년과 구별하기 위해 당시 재위한 황제의 연호를 붙이곤 한다. 나는 이 지도의 모양이 남경에서 1593년 출간된 다른 지도와 매우 흡사하다는 점을 깨달았다. 이에 이 지도의 계미년이란 만력 연간의 계미년인 1583년이거나, 혹은 다시 60년 뒤인 숭정 연간의 계미년인 1643년이라고 추론했다. 그리고 마침내 하버드대학의 옌칭도서관에서 이 지도와 동일한 모양의 사본을 찾아냈는데, 그 지도에는 "숭정 계미(崇禎癸未)"라는 제작 연도가 온전히 적혀 있었다. 따라서 이 지도의 계미년은 1643년으로 확정되었다.

내 생각에 밴쿠버 사본의 전신으로 짐작되는 1593년 지도는 또다른 대형 벽걸이 지도였다. 이 지도는 양주(梁輈)라는 유학교수(儒學敎授)가 제작한 것이었는데, 1988년 소더비 경매에 등장했다가 한 개인의 소장품으로 곧바로 사라졌다. 하지만 1593년 지도는 1988년 이전에 사진으로 남아 학자들 사이에 오랫동안 유포되었다. 내가 이들 지도 사이에 연관성이 있다고 판단하는 이유는 양자 모두 "고금인물사적(古今人物事跡)"이라는 부제를 달고 있기 때문이다. 진실한 묘사라기보다 광고 문구처럼 부자연스러운 이 표현은 두 지도가 기원이 같거나, 적어도 상호 영향을 받았을 것임을 알려준다. 하지만 두 지도의 제목은 다르다. 밴쿠버 지도의 표제는 〈구주분야여도고금인물사적(九州分野輿圖古今人物事跡)〉이다. '구주'와 '분야'라는 고대 중국의 지리 관념을 상기시키는 복고적인 용어다. 1593년 지도는 〈건곤만국전도(乾坤萬國全圖)〉라는 표제어를 달고 있다. 1643년 지도와 달리, 1593년 지도의 표제('만국전도')는 이 지도가 세계지도임을 선언한다. 중국의 변경을 넘어 세계와의 접촉을 금지하거나 이러한 금지의 해제를 반복한 당시의 정황을 고려할 때, 이러한 표제는 놀라운 일이다. 우리의 관점에서 이 지도는 세계지도처럼 보이지 않을지 몰라도, 실제로 상당한 외국 지식을 포함하고 있다. 1593년 지도에서 발견할 수 있는 대표적인 사례는 여기에 처음으로 등장한 북극(北極)을 포함한 북극해이다. 아쉽게도 계명대는 1643년에 지도의 사본을 그릴 때 이 세부적인 부분을 누락했다.

지도 제작자 양주는 지도 상단에 인쇄된 글을 통해 지도에 담은 새로운 내용의 출처는 얼마 전 남경에서 새겨진 여섯 폭 석비(石碑)의 세계지도라고 밝히면서, 누구나 이를 참조할 수 있다고 했다. 양주는 "비로소 하늘과 땅이 껴안고 있는 최대 크기를 알았다"라고 선언하면서, 이를 알려준 지도 제작자를 "서태자(西泰子)"라고 불렀다. 양주는 '서태자'의 이름을 모르고 있었던 것 같지만, 우리는 알고 있다. 바로 마테오 리치(Matteo Ricci)였다. 마테오 리치는 1583년 중국에 입국한 예수회의 두 번째 선교사이자 이 책 8장의 주요 인물 중 한 명이다. 하지만 이러한 양주의 언급은 대단히 의심스럽다. 양주가 〈건곤만국전도〉를 인쇄한 1593년에서 다시 6년 후인 1599년이 되어서야 리치가 실제 남경에 도달했기 때문이다.

왜 이처럼 연도가 서로 맞지 않을까? 가장 그럴듯한 추측은 양주가 지도의 출판 연도를 조작한 것이다. 틀림없다. 1593년 지도는 1599년 마테오 리치의 지도에서 영감을 받았고, 실제 1593년에 인쇄되지 않았다. 양주가 자신의 지도를 1593년으로 소급하여 기록한 이유는 이처럼 주의를 기울이지 않는다면 누구도 쉽게 알아채기 어려운 사실을 은닉하기 위함이었다. 즉 자신이 다른 지도의 아이디어를 도용했다는 사실이다. 사건의 전모를 정리하면 다음과 같다. 1599년이나 1600년 무렵에 리치의 지도가 남경의 누구나 볼 수 있는 공적 장소에 게시되었다. 그때 아마도 양주라는 이름을 지닌 지도 제작자가 리치의 지도에서 새로운 요소를 통합하여 명대 표준적인 세계지도의 개정판을 제작했고, 이후 다른 이가 나타나 양주라는 이름을 그대로 사용하되 출판연도를 조작해서 표절했던 자신의 행적을 감췄다. 이 시대에 출현한 수많은 지도가 1644년에 명조의 멸망과 함께 파기되었기에, 리치와 양주라는 인물 사이에 잃어버린 연결고리를 찾는 작업은 어려울 것이다. 양주의 지도에는 또 다른 얄궂은 표시가 있다. 지도 하단의 왼쪽 구석에 있는 출판 정보를 담은 공란에는 천연덕스럽게도 "복제 금지[不准翻印]"라는 경고가 새겨져 있다.

이처럼 양주는 해적(海賊)이었다. 하지만 나는 이내 이 이야기에서 그가 유일한 해적이 아니라는 사실을 발견했다. 밴쿠버 지도 위에 계미년의 연도가 연호가 없는 불완전한 표기 상태였음을 상기해 보라. 시대적 상황이 이에 대한 해석의 실마리를 던져준다. 왕조가 교체되면 내려지는 명령 가운데 하나는 이전 왕조의 지도 유통을 금지하는 것이다. 청나라 군대가 1645년 6월 남경을 점령했을 때, 남경에서 명나라 지도를 한 점이라도 소유하거나 인쇄하는 행위는 곧 멸망한 정권을 향한 충성을 선언하는 것이자 반역이었다. 지도 제작자는 자신의 목판을 부수거나 그 가운데 일부를 조작해 명과 관련된 흔적을 제거하는 것 중 양자택일해야 했다. "계미"년의 앞 빈자리는 1645년 이후에도 자신의 지도가 꾸준히 인쇄될 수 있도록 계명대가 목판을 변조했음을 알려준다.

하지만 그 지도를 세심하게 뜯어보자, 쉽게 풀릴 것 같던 지도 이야기가 다시 꼬이기 시작했다. 계명대에서 '명대'라는 이름의 첫 글자가 하버드 사본과 같지 않다는 것을 알아차리자, UBC 지도 사본의 신빙성에 대한 궁금증이 해소되었다. 하버드 지도에 기록된 계씨의 이름은 '명대(明臺)'인데, UBC 지도에서는 '명대(名臺)'로 바뀌었다. 중간 글자 '명'('明'과 '名'의 발음은 모두 ming으로 동음이의어)을 바꾼 것은 간이 커피숍을 열면서 '스타북스(Starbukks)'라는 간판을 내거는 식이다. 무신경한 손님은 'Starbucks'와 'Starbukks'의 작은 스펠링 차이를 알아채지 못했을 것이다. 두 지도를 상세히 비교할 수 있게 되자, 밴쿠버 지도가 하버드 지도의 다소 엉성한 복제품임이 드러났다. UBC의 계명대 지도는 계명대 본인이 직접 제작한 것이 아니었다. 양주(진짜 양주이건 혹은 양주라는 인물을 사칭한 인물이건)와 같이, UBC 지도 제작자 역시 저작권을 도용한 것이다.

이런 걸 발견하는 것은 흥미로운 일이지만(또한 당시 세계 지도를 유통하던 시장이 얼마나 활기찼는지 확인할 수 있지만), 우리의 관심에는 결코 부합하는 내용이 아니다. 핵심은 명대의 마지막 반세기 동안에 표준적인 '중국' 지도에 포함된 내용이 이탈리아인을 포함하는 계보의 일부가 되었다는 것이다. 뿐만 아니다. '1593년'에 제작되었다고 알려진 지도의 상단에 양주(혹은 양주를 가장한 누군가)는, '서태자'의 지도가 어느 "구라파 씨의 동판[歐羅巴氏之鏤版]"(고전어인 'Europa'는 중국어 음절로 표현하기 어려운 단어다)에서 유래했다고 기록했다. 양주는 이 '구라파(유럽) 씨'의 이름을 알 수 없었겠지만, 우리는 알고 있다. '구라파 씨'는 16세기 네덜란드 앤트워프 출신의 위대한 지도 제작자 아브라함 오르텔리우스(Abraham Ortelius, 1527~1598)다. 오르텔리우스가 1570년에 완성한 〈세계의 형상(*Typus orbis terrarum*)〉은 유럽 최초의 지도첩으로 인정받고 있다. 유럽의 지도가 중국인의 세계관을 크게 바꿀 것이라는 잠재력을 간파한 리치는 자신의 옛 스승이자 당시 예수회의 수장이었던 클라우디오 아쿠아비바(Claudio Acquaviva)에게 편지를 보내 〈세계의 형상〉 지도를 보내달라고 요청했다. 당시 예수회는 앤트워프와 긴밀한 관계를 유지하고 있었으므로, 아쿠아비바가 지도의 사본을 구해 중국으로 보내는 것은 어렵지 않았다. 리치는 이 지도를 중국 친구들에게 다시 그려준 것이다. 이제 우리는 내가 속한 UBC 도서관에 소장된 계명대의 〈구주분야여도고금인물사적〉에서 시작하여 양주의 〈건곤만국전도〉와 남경의 비석에 새겨진 리치의 지도, 그리고 마지막으로 오르텔리우스의 〈세계의 형상〉 지도까지 총 4세대를 거슬러 올라가는 계보를 확보하게 되었다. 두 명의 중국인과 두 명의 유럽인, 이들은 또 다른 가족이나 마찬가지다!

만국(萬國)

리치는 자신의 지도에 〈곤여만국전도〉라는 표제를 달았다. 세계가 '만국'으로 구성됐다는 관념은 그가 창안한 개념이 아니다. 그는 고대의 점술서인 『역경(易經)』에서 그 숫자를 취했는데, 『역경』은 약 3천 년 전 소국이 병립하던 청동기 시대의 산물이다. '중국'이라고 부를 만한 통일된 정치체가 부재했던 당시에 통치자의 목표는 "만물 가운데 우두머리로 나오고 만국이 모두 평안해진다(首出庶物, 萬國咸寧)"라는 문구에 담겨 있었다. 그런데 몇몇 국가가 충분한 자원과 노동력을 확보해 이웃 나라를 무너뜨리자, 열국이 병존하는 다원적 상황이 사라졌다. 기원전 3세기에 들어서자, "옛날에 만국이 있었지만, 오늘날 십수 개 나라를 헤아릴 뿐"(古有萬國, 今有十數焉)이라는 사실이 분명해졌다. 그 세기가 끝날 무렵 십여 나라 가운데 진(秦, 영어 'China'의 기원) 하나만이 살아남았다. 기원전 221년, 진나라 군주가 북중국 평원부터 양쯔강 유역까지 존재하던 다른 모든 나라를 제거하자, 비로소 '만국'의 패러다임이 사라졌다. 진을 건국한 황제는 시황제라 자칭하면서 그와 자기 후손이 만세에 걸쳐 천하를 하나의 왕조로 통치하리라고 선포했다. 만국의 시대는 끝났다. 이로써 중국에서 단일한 대국(mega-state) 시대가 시작되었고, 지금까지 이어지고 있다.

새로운 규범은 현실적 요소만큼 신화적 요소가 많음이 밝혀졌다. 이전 왕조를 정복한 다음 모든 왕조가 모두 무너졌다. 진은 15년도 안 되는 최악의 기록을 세우며 분열했다. 다음 1,500년 동안 중국은 통합된 횟수만큼 자주 많은 나라로 분열되었다. 반복되는 왕조 붕괴의 현실에도 불구하고, 혹은 아마도 그러한 분열로 인해 오히려 통일(unity)의 이념은 더 강해지고 정치적 이상으로 발전했다. 왕조가 붕괴할 때마다 새로운 왕조의 도전자들은 유라시아의 동부 지역을 단일한 정치체로 재통합하려는 꿈을 꿨다. 일부 유럽의 군주도 유사한 꿈을 꾸었다. 그들은 로마제국으로의 회귀를 구상하면서 자신의 시대에 그것을 복원할 수 있기를 모색했지만, 이는 추구할 때마다 사라지는, 결코 표준이 되기 어려운 기이한 꿈이었다.

유럽과 중국이 대략 비슷한 인구(1600년 당시 약 1억 2천만 명)와 대체로 유사한 면적(약 1천만 제곱킬로미터)을 지니고 있었지만, 여러 주권국으로 쪼개진 유럽에 비해 중국은 반복적으로 단일 국가(single state)로 스스로를 재통합했다.

마테오 리치는 결코 만국은 아니었다 하더라도 적어도 수백 개국에 달하는 열국이 병존하는 세계에서 왔다. 선교사인 그에게 주어진 과업은, 매우 다른 세계의 사람들이 가지고 있던 가장 기본적인 믿음을 버리고 완전히 다른 유럽의 기독교 규범과 관습을 포용하도록 설득하는 데 있었다. 자신이 믿는 바를 스스로 규정하는 많은 사람들의 완고함을 고려할 때, 리치의 과업은 벅찬 일이었다. 리치는 설득할 필요성이 충분하다고 생각했지만, 설득을 위한 증거가 필요했다. 중국에 도착한 첫해부터 리치는 자신을 방문한 이들에게 세계지도를 그려주기 시작했다. 지도를 통해 리치는 자신이 어디에서 왔는지 보여주려고 했다. 동시에 그는 지도를 통해 세계를 구성하는 다른 방식 및 삶·죽음·구원을 상상하는 다른 가능성이 있음을 상기시키고, 나아가 리치의 이해 방식이 중국인의 이해 방식보다 더 현실에 기반하고 있음을 보여주려 했다. 선교를 위하여 리치는 중국을 세계의 중심에 위치시키고 다른 모든 문화를 주변부로 격하하는 중국 전통 우주론의 권위를 깨뜨릴 필요가 있었다. 중국의 전통 우주론을 따른다면, 주변부의 여타 문화는 문명에서 미끄러져 어떠한 좋은 것도 나올 수 없는 극심한 미개 상태에 처해 있다고 간주되기 때문이다. 이러한 중국인들의 고정 관념을 해체하고 이로부터 해방하는 데 세계를 '실제' 모습 그대로 묘사한 지도보다 더 좋은 도구가 무어란 말인가? 그래서 리치는 의도적으로 자신의 지도 표제에 '만국'을 넣었고, 이를 통해 중국 철학에서 찬양해 온 중국의 문명만큼이나 문명화된 국가들이 더 존재하고 있다고 중국인을 설득하고자 했다. 계명대는 리치의 새로운 관점을 온전히 수용할 준비가 되어 있지 않았기에 지도의 표제에 '만국'을 생략했지만, 양주뿐 아니라 다른 몇몇 사람들은 리치에게 설득되었다. 새로운 관점이 확산하면서 '만국'이라는 어휘는 20세기 전환기까지 중국어와 일본어에서 세계를 가리키는 표준 개념이 되었다. 그렇다 하더라도 '일국'과 '만국' 사이의 긴장은 여전히 남아 있었다. 이것이 내가 이 책에서 풀어내고자 하는 이야기다.

대국(大國)

전통적인 중국사에 따르면 중국은 기원전 221년에 여러 국가('만국')에서 하나의 국가('일국')로 통합되었다. 이 책에서 나는 이 이야기를 다른 방식으로 풀어가고자 한다. 지금부터 2000년 전인 과거로 거슬러 올라가면 현재와 너무 거리가 멀어져 실제 이해의 효과는 형식적으로 되거나 기껏해야 상징적인 수준에 머물 수밖에 없다. 적어도 내게는 그렇다. 우리가 마주해야 할 과제가 만국에서 일국으로의 전환이라고 한다면, 나는 다음과 같은 최근의 전환에 주목하는 것이 더 효과적이라고 생각한다. 그것은 바로 통일 왕조와 분열 왕국 사이의 교체가 거의 완전히 종식되고 중국이 칭기스 칸의 몽골 후예에게 정복된 13세기다. 이 두 번째 대일통(大一統)을 거치면서 중국은 본질적으로 다른 나라가 되었다. 물론 몽골 침략 이전에 있던 당(唐)과 송(宋) 왕조의 영광은 부인할 수 없으며 그보다 더 이전에 있던 왕조들의 유산 역시 중국 문화에 지속적인 영향을 끼치고 있다. 그렇지만 역사를 장기적인 관점에서 조망하는 오늘날의 나 같은 역사가에게 현대 중국은 진(秦) 시대보다는 몽골 시대의 후예처럼 보인다. 내 관점에 동의하지 않는 독자도 있겠지만, 내가 이 책에서 소개하는 이야기를 즐기거나 이러한 이야기로 구성된 변화의 궤적을 따라오기 위해 이 관점에 동의할 필요는 전혀 없다.

내가 새로운 이야기를 전개하기 위해 제시한 '대국'이라는 개념은 사실 중국사의 표준적인 개념은 아니다. '대국'은 내륙아시아적 개념이다. 오늘날 중국인이 이 개념을 수용하기는 어려울 것이고, 사실 인정하려고도 하지 않을 것이다. 하지만 쿠빌라이 칸 시대 이래 대국 개념은 중국의 정치사상에 큰 영향을 미쳤다. 1270년대 이전에 중국의 왕조는 하나의 가문이 중앙에서 권력을 독점했는데, 이는 하늘이 그 가문에게 독점적인 통치권을 부여했다는 천명(天命)의 이념에 기초했다. 몽골의 도래와 함께 사람들의 깊은 신념에 변화가 생겼다. 즉 천명을 받은 가문은 그 통치권을 모든 세계로 확산할 수 있으며, 기존의 정치체와 통치자들은 군사력이 가장 중요하게 작동하는 체제에 통합된다는 확신이었다. 이것이 대국 개념이고, 중국은 이런 식으로 변했다.

대국 개념은 늦게 등장했는데, 대체로 칭기스 칸이 1206년 몽골의 대칸이 된 직후에 비로소 출현했다. 몽골어로 그 용어는 "예케 울루스(yeke ulus)"인데, '예케'는 '크다'는 뜻이고 '울루스'는 '국가'를 뜻한다. 칭기스가 '몽골 울루스(Mongqol ulus),' 즉 '몽골국'의 군주로 확정되자 그는 곧 자신의 군대 아래 복속한 영토를 흡수하기 위해 새롭고 큰 정치체(polity)를 만들기 시작했다. 한 연구에 따르면, 대금국(大金國)의 옛 관원이 몽골 통치자에게 이 용어를 제안했다고 한다. 대금국은 여진인이 세운 정치체로, 12세기 북중국을 지배하다가 몽골이 굴기하는 과정에서 멸망했다. 이 새로운 정치체는 '예케 몽골 울루스(Yeke Mongqol ulus),' 즉 '대몽골국'으로 불리게 되었다. 이 개념에 따르면 정치적 영토의 경계는 정해진 것이 없으며 통치자의 목표는 정복을 통해 통치 영역을 확장하는 것이다. 이 새로운 정치체를 영어로는 흔히 '몽골제국(Mongol Empire)'이라 부른다. 하지만 나는 13세기의 역사적 전환이 유럽의 제국 경험에 섞이지 않도록 몽골 용어를 고수하고자 한다. 이 두 용어는 같은 것일 수도 있지만, 아직 완전히 증명되지 않았다.

13세기 이래 중국의 모든 군주가 정복에 성공한 것은 아니지만, 그때부터 모든 군주가 자신의 정권을 '대국'이라 선포했다. 쿠빌라이 칸은 1271년에 중국 신민에게 자신이 '대원(大元),' 즉 '대원국(大元國)'을 건국했다고 선포했다. 주원장(朱元璋)도 1368년에 나라를 세우면서 '대명(大明),' 즉 '대명국(大明國)'을 선언하며 동일한 일을 했다. 홍타이지도 1635년에 그렇게 했다. 당시 홍타이지는 만주의 대칸으로서 '대청(大淸),' 즉 '대청국(大

淸國)'의 건국을 선포하고서는 1644년 대명국을 흡수했다. 오직 1912년에 민국(民國)—영문에서는 대체로 공화국으로 번역—이 성립하면서 중국에서 대국을 사용하는 명명법은 중지되었다. 그런데 '대국'은 여기서 사라지지 않고, 일본 제국주의의 유산과 관계된 복잡한 역사적 이유로 한국에서 존속하고 있다. 남한의 공식 국호는 '대한민국'인데, 이는 문자 그대로 '대한 공화국(Republic of the Korean Great State)'을 뜻한다.

이 책은 중국 정치사에 대한 전론이 아니지만, 지난 8세기 동안 중국인과 비(非)중국인 사이에 형성된 관계에 대해 내가 제시하는 이야기의 틀을 짜기 위해 대국 개념이 필요하다는 점을 깨달았다. 대국의 군주는 잠재적으로 천하에 대한 보편적 권위를 부여받는데, 영토 안에 속한 사람들은 그 권위에 복종해야 하고 그 바깥의 사람들 역시 이 권위에 따라야 했다. 이 개념은 당시 매우 중요했으며, 이는 대국에 충성을 바친 사람들뿐만 아니라 대국의 영향력에서 벗어난 지역으로부터 진입하는 사람들에게 모두 기본적인 사실이었기 때문이었다. 대국 개념은 중국인과 비중국인이 상호작용하는 공간에 상징적인 구조물을 제공했다. 대국은 그들이 자신이 누구인지 상상하는 용어들을 장식했고, 그들이 숨 쉴 때마다 윤리적 영향력을 행사했다. 중국인이 된다는 것은 곧 부분적으로 당신이 대국의 그늘 아래 있다는 것을 의미했다. 5장에서 언급될 해적들은 난파된 조선인의 마지막 남은 재산마저 약탈했는데, 해적임에도 자신들이 대국의 신민임을 자랑스러워했다. 심지어 당시는 명의 통치기였지만, 그들은 시대착오적으로 자신들이 대당(大唐)의 신민이라고까지 선언했다. 중국 연안을 항해하는 외국인이 이를 알게 되면 삼가 경외심을 가질 것이라고 생각했던 것이다.

이 책의 구성에 대해서

이 책에서 소개하는 모든 이야기는 일국가적 배경에서만 발생한 것이 아니라 국제적 맥락과 지구적 규모에서 발생한 일이다. 하지만 이러한 이야기 속에서도 나는 가능하면 구체적인 환경에서 실제 인물에게 일어난 사건을 선택하려고 노력했다. 예컨대 5장에 등장하는 1488년 2월 절강 연안에 표류한 선박에 탑승했던 조선인 최부(崔溥)의 이야기처럼 말이다. 나는 이 책의 독자가 중국이 세계와 어떤 관계를 맺는지, 또는 과거의 역사가 현재에 어떤 영향을 주는지 폭넓게 생각할 수 있기를 원한다. 하지만 어디까지 확장할 것인지는 독자가 선택할 몫이다. 나의 임무는 독자가 더 큰 이야기를 구상하는 데 유용한 13개의 이야기를 제공하는 데 있다([지도 1] 참조). 나는 독자가 지난 7세기 반에 걸친 중국사의 대로를 활보하듯 이해하기를 원하지는 않는다. 대신 친숙한 중국인과 비중국인의 이야기를 모두 제공함으로써 중국이 세계에 중요했던 것만큼이나 세계가 중국에 중요했고, 또한 중국이 늘 세계 안에 존재했음을 이해하길 바란다. 이처럼 중국과 세계 사이에 끼어 있던 사람들이 양자 사이의 긴장 상태에 어떻게 대처했는지를 이해함으로써 그들의 삶은 더 분명하게 이해될 것이다.

결론부터 말하자면, 이 책에 등장하는 모든 인물이 중국인은 아니다. 중국 연표에서 원조(1271~1368)[1]에 해당하는 시대인 1~3장에 등장하는 중국인의 수는 비중국인보다 적다. 제1장의 주인공은 몽골인인데, 중국을 대몽골국에 편입시킨 군주 쿠빌라이 칸이다. 쿠빌라이의 행동을 관찰해 보면 몽골이 중국에 안착시켰던 정치체의 특징을 엿볼 수 있는데, 이후 중국사의 많은 부분이 이 정치체를 통해 배출되었다. 2장에서 우리는 시선을 육지에서 바다로 옮겨, 중국을 넘어 해양 세계를 지배하고자 했던 몽골의 도전을 탐구한다. 이를 위해 몽골 공주 수행단의 일원으로서 페르시아로 떠나는 여행에 참여한 후 마지막에는 고향인 베네치아로 돌아간 마르코 폴로의 궤적을 추적할 것이다. 3장에서 우리는 시야를 유라시아 대륙으로 넓혀서 1340년대 중동과 유럽 전역을 휩쓴 흑사병이 중국까지 강

---

1   최근 일부 몽골사가는 1260년대 이후 몽골제국을 중국사의 일부로서 '원조'로 간주해온 오랜 학술 관행에 의문을 제기한다. 그들은 몽골 관점에서 그것을 "카안 울루스"로 명명한다. 학술 논쟁과 별개로 본 역서는 원서의 명명법을 존중해 따른다.

[지도 1] 중국 중심으로 본 지구의 등거리 방위 도법

타했는지에 대한 오랜 질문을 재검토하려고 한다. 만약 그러했다면, 이는 중국이 세계에 어떤 영향을 주었는지에 대한 새로운 인식을 보여줄 것이다. 3장의 주된 주인공들은 유럽인과 몽골인인데, 중국 역사에서 흑사병의 영향력에 대한 결정적인 연구가 아직 이루어지지 않았기 때문이다.

2부는 대명국(1368~1644) 시대로 이어진다. 먼저 4장에서는 2장에서 제기한 몇 가지 쟁점을 재검토하는데, 명의 제3대 황제인 영락제가 한 세기 전의 원 황제를 모방해 마르코 폴로가 여행했던 것과 거의 같은 해로를 따라 인도양으로 함대를 파견한 것이 주된 분석 대상이다. 이 이야기에서 주인공은 황실의 삼보태감(三寶太監) 정화(鄭和)이다. 어떤 이는 정화를 중국의 크리스토퍼 콜럼버스라고 부르며 숭상하지만, 이러한 비교는 정화 항해의 중요한 특징을 간과한 결과다. 5장 역시 비슷하게 바다에서 이야기를 시작하는데, 인도양이 아닌 중국 연안이다. 당시 바다에 표류하여 연안에 도착한 조선인은 해적부터 지방관에 이르는 다양한 중국인들과 대면하며 협상에 임해야 했는데, 때때로 대단히 위험한 상황에 처했다. 5장은 1488년을 배경으로 전개되는데, 대략 이 시기를 전후로 명 전기 황제들의 웅장했던 제국 정책이 일변했다. 이후로 개인적 차원이든 국가적 차원이든간에 명의 정책은 중국인과 비중국인 사이의 경계를 불안하게 바라보며 강화하는 방향으로 전환했다. 5장에서는 당시 조선과 중국의 경제를 연결했던 말(馬) 무역까지 검토할 것이다.

중국과 국경을 공유하고 있기에 한국인은 지난 수 세기에 걸쳐 '빅 브라더(Big Brother)'를 상대하는 경험이 풍부했고 공적 혹은 사적으로 중국인을 대할 때 어떻게 조심스럽게 실마리를 풀어가야 하는지 잘 알고 있었다. 반면 유럽인은 그런 경험이 없었다. 6장은 중국과 유럽이 처음 관계를 맺는 시기에 주목한다. 당시 포르투갈인은 중국 남해안에 도착해 중국 관원들과 업무적인 관계를 맺으려 했으나 협상에 실패했다. 7장은 자바섬으로 시선을 돌려 중국에 적응하려 했던 유럽인의 이야기를 다룬다. 그곳에서 중국인과 영국인은 처음으로 서로를 상대했는데, 그들은 각각 상대방을 희생해 자신의 부를 추구하려다가 결국 상호 폭력적인 상태에 빠지고 말았다. 8장은 이전과는 사뭇 다른 분위기에서 유럽과 중국이라는 두 문화권 출신의 개인들이 서로를 이해해야 함을 깨닫고 그 결과 그들이 만들어 내려고 했던 지식의 지형을 고찰한다. 여기서 우리는 다른 예수회 선교사들보다 더 적극적으로 자신의 신앙을 중국적 상황에 적응시키기 위해 분투했던 마테오 리치를 만난다. 다만 마테오 리치의 선교 방식은 중국인이 기꺼이 선교사들에게 양보하려 하고, 또한 어떻게 양보할 것인지를 보여주었을 때에만 성공할 수 있었다.

1644년에서 1645년 사이에 명 왕조는 만주인에게 함락되었다. 9장에서는 몇몇 한인의 일기를 통해 그들이 목도했던 충격적인 경험, 즉 만주군이 침략을 시작하고 대청국(大淸國)이 점차 남쪽으로 세력을 확장하며 자신들의 영토를 접수하는 장면을 상술한다. 대국이라는 정치적 성격은 명 후기 황제들의 치세에 약화되었다고 볼 수도 있지만, 오히려 만주인의 통치와 함께 더 강하게 회복되었다. 만주인의 침략을 경험하면서 아마 많은 이들이 몽골인에게 점령당했던 역사를 반추했고 이민족의 지배하에서 어떤 경험을 할 것인지를 가늠해 보았을 것이다. 하지만 1645년 당시까지 만주인의 정복이 중국에 의미하는 바는 분명하지 않았다.

외부인으로서 만주인은 자신들과 경쟁하는 내륙아시아의 여러 집단을 굴복시키기 위해 다른 외부인의 도움을 받았다. 10장에서는 1719년 만주 통치권의 변경 지대에 위치한 후흐노르(Kokonor)의 불교 사원에 주목한다. 그곳에서 대청의 황자(皇子)와 7대 달라이 라마가 만나 이듬해 감행할 티베트 침공에 대한 조건을 협상했다. 이 침략은 몽골인을 티베트에서 몰아내기 위해 기획되었다. 그러나 만주인의 티베트 점령은 내륙아시아에서 중국의 정치적 위상을 확립하는 데 결정적인 역할을 한 일련의 사건들로 이어졌고, 이들 사건은 심지어 오늘날에도 중화인민공화국과 티베트 사이의 불편한 관계를 해소하는 것을 불가능하게 만드는 여러 조건을 설정하고 있다.

11장에서 우리는 육지에서 다시 바다로 초점을 옮겨 광동 무역 체제를 통해 이익을 획득하려는 어느 스위스 상인을 통해 서방과의 관계를 조금씩 완화하는 중국을 살펴본다. 1790년대까지만 해도 중국에 도착한 유럽인은 대청국의 자비를 애원했다. 그러나 19세기 중엽이 되면서 청의 위세가 떨어지는 동안, 외국인이 더 큰 자신감을 가지고 왕래함에 따라 양자 관계가 뒤집혔다. 이러한 역전의 결과 중 하나는 쿨리(coolie, '苦力')[2] 노동자를 대영제국으로 수출한 현상이었다.

12장은 1905년 남아프리카에서 쿨리 교역에 휘말린 무명의 중국인과 그를 학대한 네덜란드인의 불행한 사건을 재구성해서 보여준다. 그런데 중국은 그때까지도 신기할 정도로 간접적인 방식으로 세계에 중요한 존재였다. 앞서 언급한 사건은 그해 말에 진행된 영국 선거에서 자유당(Liberals)이 정권을 장악할 때 황당하고도 우회적인 방식으로 영향을 주었고, 그 결과 윈스턴 처칠은 식민지 사무부 차관(Undersecretary of State for the Colonies) 자격으로 내각에 진입했다.

6년 후 대청국이 붕괴하자, 중국 군대와 지식인 가운데 새로운 세대들이 전면에 나서 만주인으로부터 정치 권력을 빼앗고 대청국을 중화민국(1912~1949)으로 대체했다. 몽골인·만주인과 같은 외세에게 점령당한 오랜 역사가 마침내 종식될 것이라는 기대감이 최고조에 달했다. 하지만 결과는 달랐다. 20년 후 대일본국(大日本國)이 중국 본토에 대한 첫 번째 무장 공습을 가했고, 1937년에는 베이징과 상하이에 대한 군사 침공을 감행함으로써 제2차 세계대전을 향한 발걸음을 내디뎠다. 다시 한번 중국은

2　Coolie는 인도에서 기원했으며 '고용, 임금, 일용 노동자'를 의미했다. 19세기에서 20세기 초에 인도, 중국 출신의 저임금 노동자를 가리키는 용어가 되었다. 중국어에서 '고력(苦力)'으로 표기되었다. 중국인 계약 노동자를 실은 배는 "돼지새끼" 배(猪仔船)로 불렸다. 배에 실린 후 그들은 통풍되지 않는 선창에 갇혀 밀집 환경에서 수개월을 견디며 공기 오염, 물 부족, 질병으로 고통받았고 많은 이가 죽었다. 그 배는 바다 위를 "떠다니는 지옥"으로도 불렸다.

외세의 점령하에 놓였다.

13장은 일본의 점령이 종료된 지 1년 뒤에 발생한 어느 중국 정치인에 대한 반역죄 재판을 고찰한다. 일본인과의 협력을 선택했던 그는 이제 자신이 역사의 잘못된 편에 서 있음을 깨달았다.

1949년 중화인민공화국이 성립하면서 중국은 더 이상 외세에 침략당하지 않겠다는 의지를 드높였다. 그 시기는 이 책의 고찰 범위를 벗어나지만, 나는 에필로그에서 우리가 살고 있는 21세기까지 연결되는 어떤 연속성을 언급하고자 한다.

"여기가 어떤 곳이죠?"

이 책을 집필하는 시간 내내 나는 중국인과 비중국인 사이에 익숙했던 거리감을 줄이고자 노력했다. 물론 중국을 그 외부 세계와 구별 짓게 만드는 무수한 차이점이 있다. 차이점이 없다면 우리는 중국에 대해 의미 있게 말할 수 없을 것이다. 하지만 나는 차이점을 지적하기보다 양자를 연결하는 다리(bridge)를 찾아낼 때 더 많은 것을 볼 수 있다고 생각한다. 세계의 많은 이들이 중국의 모든 움직임을 의심의 눈초리로 지켜보고 있는 현재는 더욱 그러하다.

중국인과 비중국인의 관계가 항상 그렇게 적대적인 것은 아니었다. 프랑스 철학자 볼테르(Voltaire, 1694~1778)는 동시대인들에게 이렇게 상기시켰다. "소국들(petty nations)이 진실이 자국에만 있고 광대한 중국제국이 오류에 빠져 있다고 여기는 것은 인간 정신에 대한 치욕이나 다름없다." 그가 언급하는 '소국들'이란 유럽의 국가들이다. 볼테르는 유럽인이 다른 세계에 대해서나 상호 관계에서 점차 호전적으로 변해가던 시기에 마지막 일전(一戰)에 임하듯 관용적인 태도를 강조했다. 하지만 유럽의 힘이 강해지고 대청국의 위세가 약해지면서 여론의 균형이 바뀌었다. 1818년 영국의 낭만파 문학가 토마스 드 퀸시(Thomas de Quincey, 1785~1859)는 영국이 인도 아편을 중국으로 수출하면서 의도치 않게 아편이 영국으로 유입되던 시기에『어느 영국인 아편쟁이의 고백(*Confes-sions of an English Opium-Eater*)』[3] 이라는 책을 썼다. 이 책에서 드 퀸시가 묘사한 두려움은 "아시아 무대로 이송되는 것"이었는데, 이에 대하여 덧붙이기를 "이러한 내 감정의 포인트를 다른 사람들이 이해할 수 있을지 모르겠다. 하지만 나는 종종 생각하기를, 만약 어쩔 수 없이 영국을 포기하고 중국에서 그들의 예법과 삶의 방식 속에서 살아야 한다면 미쳐버릴 것 같다"라고 썼다. 당시 사람들은 이러한 관점을 상당히 합리적인 말처럼 이해했다.

나는 1974년 대학을 졸업하고 처음으로 중국에 갔다. 당시 중국은 세계를 향해 상당히 폐쇄된 나라였다. 고립을 고집하던 상황이 바뀌기 시작할 무렵 나의 입국이 허용되었다. 공식 교환 프로그램에 참여하기 위해 북경에 도착한 일부 동료 학생은 중국에서 서구 자본주의 사회에 대한 실현 가능한 대안을 기대했지만, 내게는 그러한 기대가 없었다. 우리를 기다리는 사회주의 유토피아는 없었다. 내가 기대한 것은 내가 방문한 어느 곳과도 다른 곳을 발견하는 것이었다. 실제로 달랐다. 거의 매 순간마다 내가 자라 온 상황과 다르게 짜맞추어진 사회생활의 구조를 발견한 것 같았다. 내게 중국은 세계를 다시 생각해 볼 수 있는 좋은 장소가 되었다. 물론 중국에서 나와 함께 살았던 사람들 사이에 차이점과 오해가 발생하곤 했지만, 그때마다 나는 내 존엄성을 포기하지 않고 그것들을 극복하려 했으며, 우리 사이의 차이를 현실로 만든 다음 그 뒤로 물러서지 않으려고 노력했다.

그럼에도 불구하고 동질성을 찾으려는 내 노력이 아무런 반응을 얻지

---

3 토마스 드 퀸시는 이 책에서 자전적 경험을 바탕으로 자신이 아편을 피우기 시작한 경위, 아편의 쾌락과 고통, 아편의 남용에 따르는 무서운 환상, 아편을 줄이려는 노력 등을 당시 영국 사회의 모습과 함께 담았다. 1821년 영국의 약물법 제정 이전, 《런던 매거진》에 익명으로 처음 연재된 이 문제적 에세이는 정교한 시적 산문 스타일의 문체, 당시 사회와 아편 경험에 관한 거침없는 고백, 깊이 있는 내용으로 에드거 앨런 포, 샤를 보들레르, 니콜라이 고골, 피츠 휴 러들로 등 동시대 문인에게 깊은 영향을 미쳤다.

못하는 이상한 순간들이 있었다. 어느 날 오후 나는 자전거를 타고 북경 대학교를 출발해 서황사(西黃寺)로 갔다. 서황사는 당시 새롭게 놓인 삼환로(三環路)의 북쪽 도로 안쪽에 자리한 주거·공업 복합 단지에 쓸쓸히 방치되어 있었다. 청 황제 순치제는 5대 달라이 라마의 북경 방문을 앞두고 1651년에 이 사원을 건립하라고 명령했다. 당시 순치제와 달라이 라마는 만주대국(Manchu Great State)의 군사적 권위와 티베트 불교의 영적 권위 사이에서 적절한 관계성을 찾기 위해 분투하고 있었다. 만주인은 자신들의 권위 바깥에 뻗어 있으면서 달라이 라마를 영적 수장으로 여기는 광대한 몽골 세계를 지배하고자 했고, 이때 달라이 라마의 축복이 절실했다. 달라이 라마가 새로운 청 정권과 정치적 제휴를 맺는다면 내륙아시아에 대한 만주인의 야망에 중대한 변화가 초래될 수 있었다. 북경을 예방해달라는 초빙을 달라이 라마가 수락하자 만주인들은 만족스러웠다. 현존하는 최고 부처의 현현(顯現)에 걸맞는 지상 궁궐이 필요했고, 그래서 서황사가 건립되었다. 나는 역사의 현장을 보고 싶다는 호기심으로 가득했다.

이 사찰은 일반 방문객에게 개방되지 않았다. 심지어 이 건물이 무엇인지 알려주는 팻말도 없었다. 청명하고 바람이 불던 그날 내가 정문에 다가서자 드디어 관리인이 나왔다. 그는 무관심과 적개심이 섞인 듯한 표정을 하고 있었다. 그 순간 나는 사찰에 대한 지식을 과시하면서 상대방을 뒷전으로 밀어내기보다는 유쾌한 관광객의 자세를 취했다.

"쩌 스 섬마 띠팔(这是什么地方儿)?" 나는 북경 사투리를 한껏 흉내 내면서 물었다. "여기가 어떤 곳이죠?"

"쩌 메이요우 섬마 띠팔(这没有什么地方儿)." 그가 답했다. "여기는 아무 곳도 아니에요."

이것으로 우리의 대화는 끝이 났다. 이는 중국이 매우 복잡하면서도 곤혹스러운 제국의 과거를 지니고 있음을 보여 주는 좋은 증거였다. 나는 외국 첩자의 범주에 속했고 그는 국가 안보국의 하급 직원일 뿐이었으며, 우리 사이에는 어떠한 것도 소통되지 않았다. 서황사가 존재하지 않았더라면 우리 모두에게 좋았을 것이다. 결국 나는 서황사가 없는 셈 치고 다시 자전거 페달을 돌리며 떠났다.

그 만남은 동화 『거울 나라의 앨리스』[4]에 등장하는 인물처럼, 사방에 있는 것을 받아들이려고 애쓰는 동시에 모든 각도에서 내 시야를 가리고 싶어서 불안해하던 시절의 한 초상(肖像)이었다. 평범한 사람들이 내게 그러했던 것처럼 나 역시 내 삶의 방식을 그들에게 맞추어 갔다. 나는 그들의 언어를 배웠고 우리는 사이가 좋아졌다. 드 퀸시가 남긴 최악의 평가에도 불구하고 그들의 예법과 삶의 방식 속에서 나는 미쳐버리지 않고 중국에서 살아갈 수 있었다. 나는 흥미를 불러일으키는 나라를 만났고, 그 지구 반대편에 있는 장소에 대해 평생 가르치고 글을 쓰도록 인도해 준 사람들을 만났다. 이 책은 내가 발견한 것을 묶은 하나의 총합이다.

4　루이스 캐럴(Lewis Carroll)이 1871년에 발표한 판타지 소설로, 그의 이전 작품인 『이상한 나라의 앨리스』(1865)의 후속작이다. 주인공 앨리스는 집에서 거울을 바라보다가 문득 거울 속 세상으로 들어간다. 체스판처럼 구성된 거울 나라에서 주인공은 논리는 존재하지만 반대의 방식으로 작동하는 거울 세계에서 현실과 비현실의 경계를 탐구한다.

[그림 2] 1280년에 그려진 이 초상화에서 궁정화가 유관도(劉貫道)는 쿠빌라이 칸을 화면의 중심에 배치하고, 그 주위에 그의 사냥꾼, 배우자, 그리고 환관들을 배치했다. 당시 예순다 섯 살의 쿠빌라이는 실제로는 더 이상 사냥을 하지 않았지만, 여전히 자신이 사냥터에 있는 모습을 상상하길 즐겼고, 유관도는 쿠빌라이의 바람을 충실히 화폭에 담아야 했다. 전경의 인물들 곁에 그려진 사냥용 동물들, 특히 안장에 묶여 있는 표범에 주목해 보라.

제1장

대칸과 그의 초상화가

1280년 제너두

13세기 그림 가운데 매우 인상 깊은 한 점을 보여드리겠다([그림 2] 참조). 이 그림은 필자의 키만큼 크고 그 두루마리는 훨씬 더 길며 색깔은 매우 생생해서 그림 속 인물들이 비단 밖으로 튀어나올 것 같다. 그것은 1280년에 그려졌다. 당시 겨우 스물한 살이었던 화가 유관도(劉貫道, 1258년경~1336)가 황실의 후원을 받아 군주 쿠빌라이 칸(Khubilai Khan, 재위 1260~1294)의 초상을 그렸다. 결과가 대칸의 의도에 일치한다면, 쿠빌라이는 옥좌에 앉아 화가를 멍하니 바라보는 평범한 중국 황제의 초상화를 추구하지 않았다. 그는 역동적인 장면을 원했다. 그는 신하들이 자신을 허수아비 군주가 아니라 전사로 바라보기를 원했다. 이러한 설정을 위해 황실 사냥보다 더 좋은 것이 무엇이 있겠는가? 쿠빌라이는 큰 무리를 지어 사냥하러 나가기를 매우 좋아했다. 사냥 활동은 그와 그의 전사들에게 전쟁 기술을 연마하고 황실에 고기를 공급할 기회를 제공했다. 중요한 것은, 황실 사냥이 쿠빌라이가 자기 사람들을 이끌고 신민들에게 스스로를 과시하는 행사라는 점이다. 한인에게는 황제로, 몽골인에게는 대칸으로 말이다.

대칸이 들판에 있다는 것을 나타내기 위해 유관도는 그림 오른쪽의 하단 구석에 있는 기사에게 '툭(tugh, 纛)'을 쥐어 주었다. 이 툭은 말꼬리 털로 장대 끝을 장식해 칸의 현 위치를 표시하는 기다란 기(旗)다. 흰 툭을 드는 것은 평화의 도래를, 검은 툭을 들어 올리는 것은 전쟁을 의미했다. 그러므로 쿠빌라이는 단순히 사냥을 나간 것이 아니었다. 그는 군대를 지휘하고 있었다. 그러나 이 그림은 진짜 전쟁 장면이 아니다. 그의 배우자가 그와 함께 말을 타고 있기 때문이다. 그녀는 남편과 완벽한 짝을 이루어 주홍색에 맞춰 흰옷을 입고 그와 똑같은 방향으로 고개를 돌려 날아가는 새를 향해 활을 쏘는 궁수를 보고 있다. 쿠빌라이의 황후이자 30년 동안 가장 가까운 조언자였던 그녀는 그보다 10살 어린 몽골 여성 차비(Chabi, 1281년 사망)였다. 그림 속에서 쿠빌라이는 자신의 나이로 보이지만 그녀는 그렇지 않다. 이는 아마도 그녀가 차비가 아니기 때문일 것이다. 그림이 완성될 당시 차비는 이미 병을 앓고 있었고 이듬해 봄에 죽었다. 그림 속 여성은 더 젊은 모습으로 재해석된 차비일 수도 있겠지만, 그림이 전반적으로 사실주의적으로 그려졌다는 점을 고려할 때, 그녀의 어린 사촌인 남부이(Nambui, 1294년 사망)일 것으로 판단된다. 남부이는 차비가 죽은 후 쿠빌라이의 배우자 자리를 차지했다.

그러나 이 그림은 쿠빌라이와 남부이의 관계를 다룬 것이 아니라, 제국의 군주인 자신의 지위를 보여주기 위한 작품이었다. 이 중요한 목적을 위해 유관도는 화가로서 최고의 기술이 필요했다. 쿠빌라이는 예순다섯 살의 고령에 이르렀고 술을 많이 마셨으며 무거운 활을 당길 힘도 없고, 목표물을 맞힐 만큼 활을 꾸준히 쥘 안정감도 없었다. 유관도는 그가 말을 타고 달리며 사냥감에 화살을 날리는 모습을 보여 줄 수 없었다. 대신 그는 이 난관을 극복하기 위해 몇 가지 속임수를 생각해 냈다. 하나는 황포(黃袍) 위에 거대한 흰 족제비 코트를 입은 쿠빌라이가 안장 위에서 몸을 비틀어 마치 자신이 그 일부인 것처럼 행동하는 모습을 묘사한 것이다. 또 다른 하나는 쿠빌라이를 그림의 정중앙보다 살짝 옆에 그려 역동적인 장면의 움직임이 그를 중심으로 이루어지도록 보이게 한 것이다. 세 번째 장치는 유관도가 행한 최고의 기술이라 할 수 있는데, 이 그림의 주요 동작을 구성하는 삼각형의 기준선에 그를 배치한 것이다. 그림 왼쪽에 기마 궁수는 쿠빌라이의 머리 바로 위로 날아가는 두 마리의 새를 겨냥한다. 이 새들은 대부분의 관람자가 처음 볼 때는 눈치채지 못하는 소재다. 궁수와 균형을 이루는 오른쪽의 대상은 살루키 사냥개(saluki hound)인데, 날아가는 새 가운데 하나가 떨어질 것을 기다리고 있다. 살루키는 시력이 좋은 사냥개로 우리보다 새를 더 잘 본다고 여겨진다. 쿠빌라이는 사냥하지 않는다. 그의 활은 활집에 싸여 그의 뒤에 있는 나이 든 활 운반자의 손에 들려 있다. 하지만 활 운반자의 뒤에 매달린 한 동물의 축 늘어진 뒷다리와 꼬리를 주목해 보라. 디테일한 묘사를 통해 우리는 쿠빌라이가 자신의 사냥감을 이미 잡았음을 알 수 있다.

두 번째 사냥극은 전경(前景), 말 그대로 쿠빌라이의 발치에서 진행된다. 왼쪽 하단의 기사는 오른쪽 손목 위에 해동청(gyrfalcon)을 올려놓고 있고, 안장 뒤로는 사냥물인 자고새와 왜가리를 매달고 있다. 그 옆의 기사는 훨씬 더 인상적이고 커다란 흰 해동청을 손목 위에 올려놓고 있는데, 붉은 가리개로 매의 눈을 가리고 있다. 그러나 이 황실 사냥에서 가장 눈에 띄는 동물은 관람자에게 가장 가까운 곳에 그려진 동물이다. 재갈이 물린 채로 마구를 차고 안장에 묶여 있는 사냥 표범 한 마리가 앞쪽 말의 엉덩이 위에서 밝은 줄무늬 담요 위에 앉아 있다.

유관도가 이처럼 디테일한 사항까지 포함하진 않았다. 하지만 대칸을 섬기던 한 신하의 회고록 내용 덕분에 우리는 쿠빌라이가 표범과 해동청을 좋아했다는 사실을 알고 있다([그림 3] 참조). 그 집필자는 쿠빌라이가 종종 "말 엉덩이에 표범 한 마리를 묶어 정원에 들어간다. 그가 마음이 내키면 그것을 풀어주어 수사슴이나 영양, 노루를 잡게 한 뒤 새장 안에 있는 해동청에게 먹이로 준다. 그는 자신의 오락과 스포츠를 위해 이렇게 한다"라고 썼다. 또한 대칸이 사냥을 위해 살쾡이와 심지어 몇 마리의 사자를 키웠다고 보고한다. 그 회고록을 남긴 신하는 베네치아인이고, 이름은 마르코 폴로다.

제너두(Xanadu)의 마르코 폴로

마르코 폴로는 성공한 상인 집안 출신이었다. 그의 집안은 교역을 위해 동지중해와 그 너머까지 진출했다. 마르코는 베네치아에서 태어났지만,

[그림 3] 마르코 폴로 여행기의 채색 필사본에서 15세기 프랑스의 한 삽화가가 상상한 쿠빌라이 칸의 사냥 장면. 쿠빌라이가 말의 엉덩이 부분에 표범을 태우고 사냥을 했다는 마르코 폴로의 기록은 유럽인의 상상력을 사로잡았다. 그러나 이 그림에서 사슴을 제외하면 실제의 쿠빌라이 칸과 일치하는 것은 거의 없다. 이 이미지는 몽골의 사냥 장면이 아마 이랬을 것이라고 상상한 삽화가의 창작물일 뿐이다.

그의 선조는 아드리아해를 가로지르는 오늘날 크로아티아에 속하는 달마티아 해안에서 왔을 것이다. 마르코는 자신의 집안에서 쿠빌라이 칸을 만난 첫 인물이 아니었다. 마르코가 출생하기 전인 1254년에 그의 아버지 니콜로(Noccolo)와 삼촌 마페오(Maffeo)가 교역을 위해 베네치아를 떠나 먼저 레반트로 갔다. 그들은 그 뒤 콘스탄티노플로 돌아왔다가 동쪽으로 이동해 몽골제국으로 들어갔다. 거기서 그들은 1265년에 대칸을 만났다.

니콜로와 마페오가 유럽으로 돌아가려고 할 때 쿠빌라이는 그들에게 100명의 기독교 학자를 데려 오라고 요청했다. 이후 쿠빌라이는 10년 동안 그들을 보지 못했고, 그들이 10년 뒤 쿠빌라이에게 귀환했을 때 그들이 가져온 것은 교황의 안부 인사뿐이었다. 그러나 그들은 누구보다 중국에 대한 유럽인의 관념을 형성하는데 큰 역할을 계속할 누군가를 데려왔다. 바로 니콜로의 아들, 마르코 폴로였다. 마르코가 아시아를 향해 베네치아를 떠난 1271년, 그는 열일곱 살이었다. 이 여행은 3년 반이 걸렸고, 그들은 1275년 5월에 상도에 도착했다. 마르코는 쿠빌라이의 수도를 "아주 크고 부유한 도시"로 묘사했다. 그의 설명은 대단히 매력적이어서 5세기 뒤인 1798년에 시인 사무엘 테일러 콜리지(Samuel Taylor Coleridge, 1772~1834)가 그의 여행기를 읽다가 깜박 조는 동안 경이로운 꿈에서 깨어나 영국 시에서 가장 유명한 첫 문장 가운데 하나를 썼을 정도였다.

제너두(Xanadu, 상도)에서 쿠블라 칸이
위임 있는 환락의 둥근 궁전을 지으라 명하셨네.

콜리지가 읽은 여행기 번역본은 상도(上都)를 '샴두(Xamdu)'라고 표현했다. 하지만 콜리지는 영시의 약강 5보격(iambic metre)에 맞춰 이 지명의 두 음절을 세 음절로 늘릴 필요를 느꼈다. 그래서 'm'을 'na'로 바꾸었는데, 이로써 우리가 목가적 경이를 품은 장대한 장소를 부르기 위해 오늘날 여전히 사용하는 단어가 만들어졌다. 따라서 '제너두'는 틀린 중국어다. 하지만 이 단어가 영어권에 정착되었기에 나는 이 책에서 쿠빌라이의 상도를 부를 때 콜리지가 창작한 '제너두'를 사용하겠다.

24년 동안 아시아 전역을 여행한 후, 마르코 폴로는 마침내 훨씬 더 작은 해양 제국인 베네치아로 돌아갔다. 그런데 귀국과 함께 그는 지중해 무역 세계를 장악하기 위한 베네치아의 경쟁자인 제노바와의 거듭되는 짧은 전쟁 중 하나에 휘말렸다. 그는 통속 소설 작가인 루스티켈로 다 피사(Rustichello da Pisa)와 감방을 함께 썼고, 감방 동료에게 아시아에서 겪은 자신의 위업에 관한 이야기를 들려주었다. 루스티켈로는 그의 이야기가 기록할 가치가 있다고 생각했고 이들 두 사람은 감옥에서 시간을 보내며 폴로의 긴 여행담을 서술했다. 루스티켈로는 확실히 책에 자신의 흔적을 남겼는데, 이 책이 누군가의 여행에 대한 묘사로 읽히는 만큼이나 통속 소설로도 읽히기 때문이다. 통속 소설에는 영웅이 있어야 하는데, 이 책의 영웅은 쿠빌라이 칸이다.

영웅을 부각하기 위해 루스티켈로는 책의 프롤로그에서 마르코 폴로가 "우리의 최초 조상인 아담부터 지금 이 순간에 이르기까지 세상에 나타난 어떠한 사람보다도 많은 백성과 지역과 재화를 소유한 가장 막강한 사람"을 처음 만났던 장면을 재연한다. 마르코는 나중에 그를 "키가 크지도 작지도 않은 중간의 알맞은 체격을 가진 남자"라고 묘사했는데, 이는 유관도의 묘사와 대략 일치한다. 그는 쿠빌라이가 "아주 보기 좋게 살이 올라 있으며." "그의 얼굴은 마치 장미처럼 희고 붉다"라고 묘사했는데, 대칸이 비만이었을 뿐만 아니라 술을 아주 좋아했다고 우회적으로 알려준 셈이다.

두 사람의 만남은 제너두에 있는, 사람들로 가득한 대칸의 정전에서 이루어졌다. 마르코의 부친과 삼촌은 쿠빌라이 앞에 무릎을 꿇고 "자신들이 할 수 있는 최대의 경의를 표했다." 의식이 끝나고 "대칸은 그들을 똑바로 일으켜 세우고 극진히 맞이하면서 크게 환대했다." 니콜로와 마페오를 먼저 접견한 쿠빌라이는 그들 뒤에 있는 마르코를 인지했다.

"이 젊은 청년은 누구인가?"라고 쿠빌라이가 물었다.

"폐하, 그는 제 아들이자 폐하의 사람입니다"라고 니콜로가 대답했다.

그것은 대칸을 위해 복무하고 싶어 하는 젊은이에게 이상적인 출발점이었다. 폴로 일가에게는 대칸을 섬길 만한 특별한 것이 아무것도 없었다. 그들은 교역을 하거나 일생일대의 일자리를 찾기 위해 몽골제국으로 찾아온 많은 외국인 가운데 세 명에 불과했다. 폴로 일가는 17년 동안 머물며 쿠빌라이에게 복무했으며, 이후 이 책 2장의 주제인 외교적 사명을 가지고 본국으로 보내졌다.

제너두의 궁전과 정원에 대한 폴로의 설명—콜리지가 깜박 조는 동안 보았던 장면—은 환상적이었다. "대리석과 다른 돌로 지은 거대한 궁전"은 금칠을 한 수많은 접견실과 방으로 이루어져 있었고, "전체 건물은 놀라울 정도로 아름답고 정교하게 만들어져 있었다." 궁전 건물은 실제로 대리석으로 지어지지 않았고 심지어 돌로도 덮여 있지 않았다. 중국인은 돌로 기념비적 건물을 짓는 법이 거의 없다. 루스티켈로가 한 일은 궁전 건물에 가설된 테라스의 하얀 석회암(그 파편을 여전히 그 현장에서 볼 수 있다)을 건물 전체의 재료로 바꾼 것이었다. 그는 유럽 독자에게 영웅의 웅장한 궁전을 깊이 각인하고 싶었고, 베네치아인들 역시 궁전이 대리석으로 덮여 있기를 기대했다.

도시의 북쪽 병영이기도 했던 궁전의 북벽 너머에는 거대한 사냥터가 자리했다. 사냥터는 "샘물과 시냇물이 잘 흐르고 다채로운 잔디밭이 있는 사방 26킬로미터의 정원"이라고 묘사되었는데, 이는 끝없이 펼쳐진 몽골 초원에 대한 폴로의 이미지였다. "이 정원은 그 궁전을 거치지 않고서는 들어갈 수 없다. 여기서 대칸은 온갖 사냥감, 즉 수사슴과 영양과 노루 따위를 기른다." 왜냐하면 쿠빌라이는 "운동에 아주 열성적이며 매와 해동청을 이용해서 새를 사냥하는 것을 즐기기" 때문이다. 그다음에 폴로는 쿠빌라이가 기르는 다양한 사냥 동물, 곧 200마리 이상의 해동청과 그보다 더 많은 수의 매를 언급한다. "그는 매주 한 번씩 그것들을 직접 보기 위해 새장, 즉 매의 집을 찾는다." 그의 묘사에서 가장 눈에 띄는 장면은 사냥터 한가운데에 자리한 웅장한 텐트(yurt)다. "그것은 금박에 옻칠을 한 기둥으로 지탱되어 있다. 각 기둥 표면에 용이 표현돼 있는데, 그것은 꼬리로 기둥을 휘감고 앞으로 뻗은 두 발로 지붕을 받치고 있다. 지붕 또한 얇고 긴 막대로 만들어져 있고 옻칠을 어찌나 두텁게 잘했는지 방수가 잘되어 있었다." 폴로는 "대칸이 원하는 곳이라면 어디든 그것을 이동시킬 수 있다. 왜냐하면 그것은 200개 이상의 비단 끈으로 고정되었기 때문이다"라는 상세한 설명으로 마무리한다. 이 텐트는 콜리지가 언급한 "환락의 둥근 궁전"이다.

유관도의 그림에는 사냥이 이루어진 장소가 드러나 있지 않다. 폴로는 여행기에서 북경(北京, 당시 명칭은 '대도,' 오늘날의 베이징) 외곽에서 천 명 이상의 남성과 사냥 동물이 동원된 사냥 연회에 관해 여러 차례 언급했지만, 이것은 그중 하나가 아니다. 이 소규모 사냥이 가능한 위치는 폴로가 묘사한 제너두의 궁전 북쪽에 위치한 위장(圍場)일 것이다. 제너두는 쿠빌라이가 치세의 대부분을 보낸 곳이기 때문이다. 그는 늦가을에야 남쪽의 두 번째 수도에 가서 4~5개월 동안 겨울을 보낸 뒤 봄에 제너두로 돌아왔다. 이 두 번째 수도는 '칸발릭(Khanbalik),' 즉 칸의 도시였고 대도(大都)라고도 불렸다(오늘날에는 명나라 때 얻은 이름인 베이징으로 알려져 있다). 제너두는 쿠빌라이가 몇 달 동안 더위를 피해 떠나는 여름 궁전이 아니었다. 제너두는 그의 주요 거주지였으며, 아마도 유관도가 그린 그림의 배경이었다.

제너두의 건설

쿠빌라이 칸은 몽골제국을 물려받을 자격이 없었다. 몽골제국은 그의 조부 테무진(Temüjin)이 창건한 것이고, 테무진은 1206년에 칭기스(Chinggis)라는 칭호를 취하고 카안(Kaghan), 즉 대칸(Great Khan)이라는 존위에 올랐다. 칭기스 이후에는 그의 보르지긴(Borjigids) 씨족 내

직계 후손이 칭기스 가문으로 알려진 하위 그룹을 형성하고 몽골인을 통치할 정당한 권리를 가졌다. 제국은 그의 가문의 사적 재산이었다.

비록 계승이 엄격하게 정의되어 있다고 해서, 그것이 질서정연했다는 것을 의미하지는 않았다. 아버지에서 장남으로 이어지는 가부장적 계승을 선호한 중국과 같은 정주 농경 문화와 달리, 유목 문화는 후계 세대에서 가장 역동적이고 강력한 인물을 군주로 추대한다는 다른 목표를 지녔다. 승계할 가능성이 가장 높은 후보는 장남과 막내였고, 이 둘은 모두 가족 내에서 중요한 의례적 지위를 차지했다. 그러나 둘 중 누가 분명하게 가족을 이끌 사람이 아닐 경우 그들은 양보하거나, 좀 더 일반적으로 대칸의 지위에 오르기 위해 경쟁하며 지도력을 갖췄다고 인정되는 형제나 사촌에 의해 잔인하게 밀려났다. 대학원생 시절 나의 스승이었던 조셉 플레처는 형제와 사촌들이 서로 경쟁하는 이러한 관행을 '유혈의 태니스트리(bloody tanistry, 형제살해에 의한 계승)'[1]라고 불렀다. 중국인 기준으로는 경악할 일이었지만, 몽골인에게 이는 통치에 가장 적합한 사람을 선택하는 최선의 방법으로 받아들여졌다. '유혈의 태니스트리'의 목표는 통치 질서가 복제되는 것이 아니라, 그것에 새로운 활기를 불어넣는 것이었다.

1227년에 칭기스 칸이 사망했을 때 그의 네 아들은 그 자리를 둘러싼 다툼에 의존하지 않고 셋째 아들인 우구데이(Ögödei)가 부친을 이어 대칸이 되는 것에 합의했다. 1241년에 우구데이가 사망하자, [역자: 우구데이의 아들 구육의 통치를 거쳐] 군주 계승은 방계로 이어져 1251년에 그의 동생[역지: 톨루이]의 아들인 뭉케(Möngke)에게로 갔다. 그다음 계승을 위한 시간이 다가왔을 때, 상황은 쿠빌라이에게 유리하게 흘러갔다. 쿠빌

---

1 태니스트리는 아일랜드와 스코틀랜드 지방에 거주하던 고대 게일(Gael)인의 계승 제도를 가리키는 말로, 가장 능력 있는 사람이 재산과 지위를 계승하는 관행을 일컫는다. 우리말로는 '적임자 계승'이라고도 불린다. 이는 유목제국의 군주권에서도 나타난 현상이었다.

라이가 뭉케의 동생 가운데 가장 연장자였기 때문이었다. 만약 칸의 자리가 뭉케가 아닌 우구데이의 자손들에게 갔다면 쿠빌라이가 칸이 될 가능성은 훨씬 낮았다. 대칸에 오른 뭉케는 쿠빌라이에게 고비 사막의 남동쪽에서 북중국까지 이어지는 지역에 대한 통제권을 부여했다. 그곳은 이전에 또 다른 초원의 정치체인 여진의 대금국(大金國)이 통제하던 지역이었다.

쿠빌라이는 1250년대의 전반기를 고정된 본영(本營) 없이 이동하며 보냈다. 그러나 1256년 봄에 자신의 왕부(王府, court)를 설립하기로 결심하는데, 이는 자신의 나라를 세우려는 쿠빌라이의 더 큰 야망을 암시하는 것이었다. 왕부를 짓는 거대한 임무를 완수하기 위해 쿠빌라이는 지난 수년간 자신에게 복무해 온 한인 승려 자총[子聰, 역자: 유병충(劉秉忠)]을 발탁했다. 자총은 새로운 길지(吉地)를 점치는 일부터 시작했는데, 이는 사실 쿠빌라이가 그에게 이미 지시한 장소였다. 그곳은 난하(灤河)의 북쪽 고리에 위치했는데, 난하는 몽골 초원을 가로지르며 남동쪽으로 꺾어 멀리 태평양으로 흘러 들어갔다. 자총이 주목한 지역은 그의 형 뭉케의 수도인 카라코룸에서 충분히 멀리 떨어져 있었기에, 그에게 대항하는 움직임보다는 단순히 군사 작전을 위한 지역 기지로 보일 수 있었다. 그러나 그 장소는 이미 수도로서의 명성과 아우라를 갖춘 곳이었다. 여진 대금국의 상경(上京)이 위치했던 곳이자, 이보다 앞서 대거란국(Khitan Great State)의 상경이 있던 곳이기도 했다. 쿠빌라이는 처음부터 자신의 새로운 도시를 상도(제너두)라고 감히 부르지 못했다. 그 이름에 담긴 제국적 야심이 그의 형을 놀라게 할 수 있었기 때문이었다. 대신 그는 중국을 향한 이름인 '개평(開平)'을 붙였다. 태평한 시대를 연다는 뜻이다.

한편 뭉케의 야망은 송 왕조를 침략해 정복하는 것이었다. 이 군사 작전을 염두에 두고 그는 동생 쿠빌라이를 송의 북쪽 측면에 배치했고 개평은 뭉케의 계획을 지원하기 위한 쿠빌라이의 근거지가 되었다. 1259년에 쿠빌라이와 뭉케가 중국의 서로 다른 지역에서 군사 작전을 전개하자, 송의 승상 가사도(賈似道, 1213~1275)는 강화를 논하고자 사절을 보냈다. 뭉케가 8월 11일에 사망했다는 소식이 당도했을 때, 쿠빌라이는 마침 송의 사절에게 부정적으로 답변하라고 자신의 대리인에게 명령하던 차였다. 갑자기 몽골제국의 대권을 둘러싼 도전에 불이 붙었다.

두 명의 경쟁자는 쿠빌라이와 아우 아릭 부케(Ariq Böke)였다. 아릭 부케는 몽골 혈통에서 특권적 지위인 막내아들이었기에 선호되었다. 그는 또한 수도 카라코룸을 당시 점유한 상태였다. 이제 쿠빌라이에게는 송의 영토를 향해 남쪽으로 계속 전진하는 것보다 뭉케의 후계자로서 자기 동생을 물리치는 것이 더 중요했다. 자신의 장수가 송의 화의 제안을 거절하고 그 대신 항복을 요구한 바로 그날, 쿠빌라이는 자신의 군대를 북쪽으로 철수하라고 명령했다. 중국은 나중에 정복해도 되었다.

쿠빌라이는 1259년에서 1260년으로 넘어가는 겨울을 북경 지역에서 보내며 뭉케의 뒤를 이어 대칸이 되기 위한 자신의 승계 구상을 치밀하게 조율했다. 그는 수도로서 기능을 완전히 갖출 때까지 개평으로의 귀환을 연기했는데, (비록 몽골인이 겨울을 두려워하지 않는다지만) 아마도 최악의 겨울 날씨가 끝나기를 기다리려는 목적도 있었을 것이다. 또한 북경은 그가 곧 추진하려는 대권 도전을 지원할 지지자들을 모으는 데 더 편리한 장소였을 것이다. 봄이 도래하자 쿠빌라이 칸은 북쪽의 개평으로 돌아와 몽골 귀족의 회의인 쿠릴타이(khuriltai)를 소집했다. 합법적인 경쟁자로 인정받기 위해 쿠릴타이의 축복이 필요했다. 아릭 부케 또한 마찬가지였기에 자신의 쿠릴타이를 카라코룸에서 소집했다. 개평에서 쿠빌라이는 그토록 소원하던 결정을 얻어냈다. 쿠릴타이가 그를 대몽골국의 차기 최고 군주로 선출한 것이다. 1260년 5월 5일, 쿠빌라이는 정확히 세 차례 선출을 거부하는 의례적 절차를 마친 후 모든 몽골의 지도자 자리에 올랐다.

열흘 후인 5월 15일에 그의 정부는 한어(漢語)로 조서를 발표하고 쿠릴타이의 결과를 알렸다. 포고문은 쿠빌라이의 조상이 반세기가 넘는 세월 동안 제국을 건설하는 데 헌신하며 무력으로 제국을 건설한 후 몽골의 통치를 사방으로 확산한 이야기로 시작한다. 다만 쿠빌라이는 선조들이 국가 건설의 대업을 완수하는 데 실패했다고 비판하기보다는, 이것이 단일한 통치 기간에 이룰 수 있는 일이 아니었다고 언급했다. 그런데 쿠빌라이는 조심스럽게 형 뭉케가 대칸으로 즉위할 때 명백히 동반했을 위대함의 길조에 부응하지 못했음을 환기하며, 현명한 조언자를 충분히 확보하지 못했던 형의 실수를 지적했다. 이제 그의 형이 사망했기에 개평에 모인 여러 왕과 관리가 "국가의 대통(大統)을 오랫동안 비워둘 수 없고 신과 인간의 중대한 의탁을 잠시라도 헛되이 할 수 없다"라고 쿠빌라이에게 간청했다. 그래서 쿠빌라이는 마지못해—적어도 세상에는 이렇게 말하면서—하늘('탱그리')이 내린 명령에 순응해 대권에 올랐다. 그의 아우 아릭 부케와의 계승 전쟁은 그해 9월에 본격적으로 시작되었으며, 3년 후 아릭 부케가 패하고서야 비로소 끝났다. 그로부터 1년 후 아릭 부케가 감옥에서 원인을 알 수 없는 이유로 사망한 것은 '유혈의 태니스트리'가 여전히 작용하고 있음을 강력히 시사한다.

막내동생의 지속적인 도전이 이어지던 시기에도 쿠빌라이는 주저함 없이 1260년 6월 11일 새로운 시대가 도래했으며 새로운 수도는 개평이라고 선포했다. 개평은 3년 후에 공식적으로 상도(上都, 콜리지가 언급한 제너두)로 이름이 변경되었다. 북쪽에서 자신의 기반을 확고히 한 쿠빌라이는 이제 송의 영토로 관심을 돌렸다. 송 왕조가 존속한다는 것은 그의 천하 통치를 거부하는 것이나 다름 없었기 때문이었다. 더욱이 송을 정복한다는 것은 하늘이 다른 모든 칭기스 일족보다 그를 선호한다는 확고한 증거가 될 터였다. 하지만 남방 정복은 오랜 시간이 걸리는 일임이 드러났다. 몽골인이 기병 공격에 아무리 뛰어나고 중국의 공성 전술을 아무리 영리하게 습득했더라도, 송은 그렇게 약한 국가가 아니었다. 쿠빌라이의 군대가 송의 방어를 무너뜨리기까지 꼬박 15년이 걸렸다. 이 기간 내내 송을 향한 압박은 대단했다. 쿠빌라이가 대칸에 즉위하고 송의 수도인 항주(杭州)가 함락되는 사이, 남방의 왕조는 세 명의 황제를 경험했다. 마지막 송

황제[역자: 송 공종(恭宗, 재위 1274~1276)][2]의 태황태후는 결국 1276년 초에 여덟 살짜리 마지막 황제의 퇴위를 지켜보아야만 했다. 불운했던 소년 황제는 티베트로 추방되어 불교 사원에서 47년 동안 유배 생활을 하다가 마침내 스스로 목숨을 끊었다.

소빙기

대칸으로서의 지위를 확보하기 위해 쿠빌라이는 몽골 세계를 굴복시키는 동시에 송을 향한 군사 작전을 펼쳐야 했다. 그는 두 전선에서 모두 성공했지만, 많은 시간과 노력이 소요되었다. 게다가 그에게는 마주해야 할 세 번째 전선이 있었는데, 바로 기후였다. 1260년대에 진행된 기후 변화의 물결이 자신에게 대적하는 사람들에 맞서서 권좌를 차지하는 데 도움을 주었는지, 아니면 이를 더 어렵게 만들었는지 판단하기는 쉽지 않다. 아마 둘 다일 것이다.

우리는 1260년대의 환경 조건을 어느 정도 알고 있다. 사관(史官)들이 극단적인 기상 현상을 포함하여 물리적 세계의 이례적 현상을 계속 기록했기 때문이다. 하늘이 한 개인에게 통치의 정당성을 부여했듯, 하늘은 통치자와 그 백성에게 통치의 실패를 알려주기 위해 자연재해를 내려주었다. 사관들은 한인(漢人)이 설계한 오행(五行)에 따라 천재(天災)를 분류했다. 즉 물(호우, 홍수, 대설), 불(도시 화재뿐 아니라 영지버섯의 성장도 포함한다. 당시 영지가 자연적으로 출현하는 것은 불의 요소를 표현하는 것으로 여겨졌다), 나무(나무와 작물에 대한 풍해), 쇠(가뭄), 흙(농작물의 실

패, 기근, 메뚜기 피해 및 지진 등 땅에서 나온 모든 문제를 망라한다)이
다. 그리고 그들은 다음 왕조가 이전 왕조의 역사를 쓸 때 사용하도록 이
에 대한 목록을 사관(史館)에 보관했다.

이 목록을 일별해 보면 쿠빌라이의 첫 번째 통치 시기에 해당하는 '중통
(中統, 1260~1264)'연간은 대혼란기였다. 1260년에 기근이 닥쳤다. 1261
년부터 3년 동안 이른 서리가 계속 내리면서 기근이 지속되었다. 1262년
에 가뭄과 메뚜기가 습격했고, 이듬해에 재발했다. 1264년이 되면 상황
이 더욱 악화되었다. 북중국이 대규모 홍수로 물에 잠기고 뒤이어 가뭄
이 찾아왔는데, 이는 늘 치명적인 조합이었다. 쿠빌라이가 통치하는 새
로운 영역은 빠르게 환경의 붕괴로 치닫고 있었다. 마치 하늘이 책망하
는 듯 보였다.

홍수는 새로운 몽골 통치자들이 준비되지 않은 상태에서 닥쳤다. 홍수
는 북부 초원 생태계의 자연스런 일부가 아니었다. 한 지역이 크게 황폐
화하면 유목민은 이동으로 대응했다. 하지만 만리장성 이남의 환경은 이
러한 유연성을 허락하지 않았다. 농민은 경제적으로든 법적으로든 토지에
묶여 있었고, 농토가 휩쓸려 갔을 때 농업을 회복하려면 그들을 위한 무
언가의 조치가 필요했다. 백성의 불만이 확대되자 쿠빌라이는 재해를 공
표하고 재건의 칙령을 반포했다. 그는 별들이 잘못 정렬되어 있음을 발견
한 무슬림 천문학자들의 견해를 백성에게 알렸는데, 이는 자연재해가 우
연이 아니라는 확실한 징표였다. 쿠빌라이는 재앙이 상징하는 잘못된 통
치를 스스로 책임지겠다고 선언한 동시에, 하늘과 새로운 관계 설정을 위
해 중통 연호를 폐지하고 새로운 연호를 개시했다. 한인 책사들은 이를
위해 '지원(至元, '궁극적 기원'이라는 뜻)'이라는 연호를 제안했고, 그로
부터 7년 후인 1271년에 쿠빌라이는 새로운 연호에서 '원(元)'이라는 이름
을 가져왔다.

몽골인이 중국을 통치할 준비가 얼마나 잘돼 있었는지는 확실하지 않
다. 한 중국인 저자는 지원 연간 초기에 쿠빌라이의 궁정이 순수한 혼란

의 현장이었다고 관찰했다. "대원(大元)은 천명을 받아 중국[區夏]에 새로운 나라를 세웠고 군주는 옛 성군(聖君)을 계승했다"라고 그는 인정했다.

> 하지만 쿠빌라이의 지원 연간 초기에 궁궐을 지을 여유가 없었다. 무릇 [대칸에게] 하례(賀禮)를 올릴 때 신하와 서민이 모두 그의 텐트 앞에 모였는데, 존비(尊卑)와 귀천(貴賤)의 구분이 없었다. 집법관(執法官)이 이 왁자한 무리를 다루면서 장대를 휘둘러 그들을 쫓아냈지만, 쫓겨났던 이들의 다수가 다시 돌아왔다.

제너두는 아직 한인의 방식으로 다듬어지지 않았던 것이다.

쿠빌라이의 신정(新政)은 국가 행정을 개선하고 백성의 부담을 덜어주기 위한 정책을 포함했다. 가령 군과 현의 수가 줄었다. 각 관직의 관원 수가 고정되었고 품질(品秩)과 월봉이 제도화되었다. 관원에 대한 정기적인 평가도 시행되었다. 지방관은 경작자를 향한 국유지 분배, 규정 외 잡세의 삭감, 촌락에서 군마(軍馬)를 기르는 관행의 제한, 법적 소송의 신속한 처결, 미망인과 홀아비 돌보기, 상품 가격의 정상화, 조정으로의 월 단위 보고 임무 등을 명령받았다. 개혁안은 상당한 정도로 중국적 특징을 띠고 있었다. 쿠빌라이는 이러한 정책과 아무런 관련이 없었을 것이다. 그의 한인 막료들이 정책을 설계했음에 틀림없고, 그들은 행정 능력이 실패했을 때 국가가 무엇을 해야 하는지에 대한 한인의 기대에 부응했을 것이다. 개혁의 설계자는 그의 책사였던 승려 자총이었을 것이 분명한데, 개혁안을 담은 칙령이 반포되고 일주일 뒤에 쿠빌라이는 그를 환속하고 재상직을 맡겼다.

쿠빌라이는 이러한 개혁이 하늘을 충분히 감동시켜 자신에게 두 번째 기회가 부여되리라 희망했지만, 실제는 그렇지 않았다. 지원 2년(1265)은 첫 번째 통치 시기와 상당히 비슷했다. 적어도 큰 홍수는 없었지만, 가뭄과 메뚜기 떼가 화북 평원을 황폐화했고 동부 지역은 치명적인 서리의 피해를 입었다. 이듬해에도 이러한 상황은 거의 진전되지 않았고, 가뭄이 1268년과 1272년에 북경을 다시 찾아왔다. 메뚜기는 그해부터 몇 년 동안 계속 나타났다. 1271년에 메뚜기는 제너두의 초목을 먹어 치웠다. 1273년에 메뚜기떼는 영토의 절반을 휩쓸었다. 같은 해 몽골 궁정은 서리와 살인적인 비가 열 곳 가운데 아홉 곳을 덮쳤다고 기록했다. 1279년 여름에 메뚜기 떼가 돌아왔고, 이듬해 대도가 물에 잠겼다. 1280년대 중반에 상황이 잠시 개선되었지만 1290년대 초에 북중국 전역에서 기온이 급락했다. 1295년 여름에 이 지역은 가뭄과 우박이 번갈아 발생하며 홍수와 기근에 시달렸다. 그해와 이후 두 해는 13세기에서 3년 연속 최악의 해였다. 13세기 후반의 관점에서 이전 시대를 돌이켜보면, 기록상 비정상적으로 따뜻한 마지막 겨울은 1260년이었다. 그리고 이후 시대를 앞당겨보면, 비정상적으로 따뜻한 겨울은 다음 왕조인 명이 시작된 지 반세기 정도 지난 1424년이 되어서야야 찾아왔다. 중국은 추운 지역이 되었다. 이러한 기후 변화를 상기하면, 우리는 유관도의 초상화에서 쿠빌라이가 입고 있는 흰 담비 모피가 화려한 사치 그 이상을 상징한다는 점을 알게 된다. 그는 몸을 따뜻하게 유지하기 위해 모피를 입었다.

중국만 단독으로 혹독한 추위를 경험한 것은 아니었다. 쿠빌라이가 상대한 것은 전지구적으로 진행된 한랭화된 국면으로, 유럽의 기후 역사학자들이 수십년 전 '소빙기(Little Ice Age)'라고 불렀던 시대였다. 소빙기는 1290년대에 시작했고, 잠시 회복된 후 1310년대에 더 혹독하게 추워졌다. 한문 기록을 통해 판단하건대, 더 차가운 기온이 유럽보다 일찍 중국과 몽골에 영향을 미쳤다. 이를 과학적으로 입증하는 나이테 연대 측정법(기후 변화의 지표로서 나이테를 탐구하는 방법) 자료가 있다. 몽골 낙엽송과 복건(福建) 삼나무(cypress)에 관한 별개의 연구를 보면, 나무의 성장이 1291년에 감소하기 시작하여 1295년과 1296년에 나이테 간격이 가장 좁아졌다. 이는 몽골 정권이 13세기에 마주한 최악의 3년(1295~1297)과 거의 일치한다. 이것은 중국인에게 농업 생산이 위축되고 식량 공급이 줄었으며 이주민이 농업 생산에 더 유리한 환경을 찾아 더 온화한 남쪽 지대로 갔다는 의미다. 그러한 이주는 종종 이미 그곳에 살고 있던 사람들을 희생하는 결과를 낳았으며, 이로 인해 수세기 동안 지역사회 간 및 종족 간의(inter-ethnic) 긴장이 촉발되었다.

한인이 이러한 기후 압력을 받았다면, 몽골인 역시 마찬가지였다. 떨어진 기온은 가축을 지탱할 초지의 수용력을 감소시켰다. 카라코룸에서 제너두로, 제너두에서 다시 북경[역자: 대도]으로, 대몽골국의 중심을 남쪽으로 끌어 내린 전체적인 역동성은 배출 요인과 흡인 요인(pull and push)의 문제였다. 그랬다. 몽골인은 중국인을 움켜쥐어야 할 큰 포상으로 바라보기는 했지만, 동시에 제국을 유지하기에 북쪽이 너무 추워졌다는 단순한 사실도 중요했다. 쿠빌라이는 남쪽으로 방향을 틀어야 했고, 실제로 그렇게 했다.

대원국

두 번째 수도에서 중국을 통치하기로 한 결정은 사실상 1264년 포고한 신정의 일부였다. 제너두는 상도라는 이름으로 몽골 정권의 심장으로 남았지만, 제국 운영을 위한 제2의 기지를 장성 남쪽에 세우라는 명령이 내려졌다. 우리는 이 도시를 오늘날 북경(北京), 곧 '북쪽의 경사(京師)'로 알고 있지만, 이러한 이름은 15세기에 가서야 등장했다. 지원 연호가 시작될 때 이곳은 '연경(燕京, 연나라의 수도)'으로 불렸다. 연(燕)은 이 지역의 고대 국가이자 전통적 지명이었다. 쿠빌라이는 연경을 '중도(中都, 중앙의 수도)'로 개명했다. 그렇게 했을 때, 쿠빌라이는 두 수도 사이의 기능 관계를 설명하지 않았다. 하지만 소빙기의 이른 시작과 함께 쿠빌라이는 장성 남쪽을 다스리는 행정적 어려움으로 인해 장성 북쪽보다 더 면밀한 감독과 더 많은 투자가 필요하다는 점을 깨달았을 것이고, 동시에 장성 양쪽을 통치할 필요가 있다고 예감했을 것이다.

'중도'라는 이름에 어울리도록 연경이 재건되었다. 이는 비용이 많이 드는 프로젝트였는데, 특히 제너두의 황궁들 역시 건설 중이었기 때문이었다. 쿠빌라이는 한때 승려였던 자총에게 다시 한번 그 임무를 맡겼다. 그는 5년을 들여 정권의 장대함에 걸맞은 규모로 성곽 도시를 건설했다.

프로젝트가 완료될 즈음인 1271년 12월 18일, 쿠빌라이는 '건국호조(建國號詔)'를 반포했다. 그는 "사해(四海)"에 자신이 세운 나라를 위한 이름을 만들 때가 되었다고 선포했다. 또한 역대 중화 왕조에서 창건자가 흥성한 곳에 따라 국호를 정했다고 그는 언급하면서 그러한 관행을 한탄했다. 그것은 단지 한 지명을 채택한 것이기 때문인데, 자신의 통치는 보편적이어야 했다. 쿠빌라이는 '사방으로' 패권을 넓히는 칭기스 칸의 '대업(大業)'을 완수했으므로, 그의 왕국은 이러한 성과에 걸맞은 '큰 이름[鴻名]'을 필요로 했다. 그 이름을 붙이기 위해 쿠빌라이의 한인 책사(아마도 자총)는 『역경』의 한 구절을 따왔다. 그들은 1264년에 '지원'이라는 새로운 연호를 부르기 위해 그것을 사용했었다. 그들은 '지원'의 두 번째 글자이자, 근원을 뜻하는 '원(元)'을 채택했다. 새로운 정권은 '대원(大元)'이라 불렸지만, 몽골어의 명명법에 근거하여 보다 정확하게 말한다면 '대원국(Yuan Great State)'이었다.

이보다 앞서 중화 왕조는 때로 '대(大)'자가 들어간 국호를 취했었다. 하지만 중국은 쿠빌라이의 모델이 아니었다. 그의 선례는 조부 칭기스 칸에게서 왔다. 칭기스 칸의 팽창하는 영역은 대몽골국(Mongol Great State)으로 알려졌다. 하지만 쿠빌라이 시대에 대몽골국은 더 이상 조부의 통치 아래 있었던 강고하게 통일된 정치체가 아니었다. 쿠빌라이는 아릭 부케를 격퇴했을 때 대몽골국의 대칸 칭호를 주장했다. 하지만 이는 대체로 명목상 칭호였다. 정치 현실은 그가 대몽골국에서 자신의 영역만을 다스리는 군주였다는 점이었다. 1271년 쿠빌라이는 그 영역에 대원국이라는 국호를 붙였다. 남은 생애 동안 그는 두 정체의 공식적 군주권을 자신에게 결합하려 했지만, 그가 실제 통치한 것은 대원국이었다. '건국호조'를 반포한 지 3개월째에 쿠빌라이가 오늘날 베이징의 이름을 중도에서 대도(大都)

로 바꾸었을 때, 그는 이곳이 대원국을 통치할 장소임을 암시하고 있었다.

대도는 대국의 군주에게 딱 맞는 한 수도였다. 마르코 폴로는 대도의 건축이 완성된 1274년에 대도에 입성했는데, 13세기 세계에서 어떠한 곳보다 가장 인상적인 수도라는 그의 묘사는 틀린 것이 아니었다. 그 도시는 커다란 담으로 둘러싸여 있었고 도시 안에 황궁을 감싸는 제2의 성벽이 솟아 있었다. "그 성벽은 매우 두껍고 10보 정도의 높이에다 모두 흰색 흉벽이 있다"고 폴로는 회상했다. 그는 성벽 안 황궁이 "여태까지 본 것 가운데 가장 거대했다"라고 단언했다. 정전은 성인 남성 키 높이의 기단 위에 올라서 있었다. 폴로는 그 벽면이 대리석으로 만들어졌다고 여겼지만, 사실 그것은 질 좋은 석회석이었다. 그 기단은 정전 사방으로 계단을 설치할 만큼 컸다. 그곳에서는 "사람들이 모여서 대화할 수 있다. 궁전의 각 면에 커다란 대리석 계단이 있어서 지면에서 이 대리석 벽 상단까지 이어져 있고 궁전 안으로 들어갈 수 있다." 궁전의 [실내] 벽면은 "금과 은으로 칠해져 있었고 용, 새, 기병, 다양한 종류의 짐승, 전투 장면을 그린 그림으로 꾸며져 있었다." 그는 "온 건물이 얼마나 크고 얼마나 잘 만들어졌는지, 그것을 해낼 만한 재능을 가진 사람 누구도 설계와 건축을 이보다 더 잘하리라 상상할 수 없을 것이다"라고 결론을 지었다.

폴로는 궁전 주변의 황성에 감명을 받은 듯했다. 그는 "도시의 모든 내부가 마치 바둑판처럼 방형(方形)으로 꾸며져 있고 무어라고 설명하기가 불가능할 정도로 아름답고 정교하게 설계되어 있다"라고 놀라워했다. 그는 도로가 "얼마나 곧고 넓은지 한쪽 문 위로 연결된 벽 꼭대기에서 반대편 문까지 도로 전체를 내려다볼 수 있다"라는 사실을 발견했다. "누구도 그 수를 헤아릴 수 없을 만큼 성벽 안팎으로" 인구가 밀집한 도시였다. 그뿐만 아니라 수도로 오는 "많은 수의" 상인에게 숙소가 제공되었다. "다른 지역에서 오는 상인을 위해 숙소를 제공하는 수많은 여인숙이 도시에서 약 1.6킬로미터 거리에 있는 모든 교외나 구역에 갖춰져 있었다." 종족(nation)마다 각각의 여인숙이 있었다. 상인들은 대도가 매력적이라고 여겼는데, "그곳이 칸의 거소이기 때문에, 혹은 이 도시가 매우 수익성 좋은 시장을 제공하기 때문"이라고 폴로는 설명했다. 또한 교외에는 "돈을 벌기 위해 남자의 요구를 충족시켜 주는" 2만 명의 매춘부가 살고 있다고 했다.

폴로는 대도의 풍경에 대해서 비교적 관대하게 묘사했는데, 가령 "그 안에 살고 있는 대칸을 향한 존경의 표시로서, 또 악인들이 시내에서 해로운 짓을 하는 것을 막기 위해서" 1천 명의 군인이 각 성문을 지키고 있는 사실을 언급한 것이다. 하지만 그들이 경비를 보는 진정한 이유는, 폴로가 언급했듯이, 쿠빌라이의 점쟁이들이 반란을 예언했고 "칸이 카타이(Cathay)[3] 사람들을 의심의 눈으로 보고" 있기 때문이었다. 이것이 바로 모든 중국의 대국이 직면해야 했던 곤경이었다. 점령당한 이들은 점령자를 원망했고, 점령자는 자신이 정복한 이들을 언제나 불안해했다. 이러한 긴장은 결코 해소되지 않았다.

초원으로부터의 통치

쿠빌라이는 장성의 양쪽에 걸쳐 다스림으로써 이러한 곤경을 극복했다. 남쪽으로는 20년간 전쟁을 통해 자신의 통제권 아래 둔 중화 세계가 있었다. 북쪽으로는 그가 태어나고 계승한 세계가 있었는데, 어느 한인 필자의 표현에 따르면 "지대가 높고 우물이 깊으며 별이 큰 곳"이었다. 북쪽은 쿠빌라이가 가장 잘 알고 사랑한 세계였으며, 그는 중국의 옥좌 위에서 붙박이처럼 앉아 있기 위해 북쪽을 버리지 않았다. 오히려 두 세계의 간극을 메우기 위해 그는 두 곳에서 모두 지내기로 결심했다.

매년 봄마다 쿠빌라이와 그의 호위군 및 원의 고관이 모두 북쪽의 제너두로 이동했다. 그들은 거기서 7개월 동안 머무른 후 다시 남쪽의 대도로

---

3 · 카타이(Cathay)는 몽골인에게 옛 요·금의 영토 혹은 그 통치 하의 북중국에 사는 주민을 의미했다. 오늘날 영어의 '캐세이(Cathay)'와 같은 단어이며, 여러 다른 언어에서는 'Kitai' 및 그와 유사한 형태로 중국을 지칭한다.

이동하여, 대도에서 5개월을 보냈다. 몽골인에게 연례 순행(巡幸)은 익숙하지만, 정권이 한곳에 머물러야 한다는 고정 관념을 지닌 한인 신하에게 연례 순행은 이해하기 어려운 일이었다. 하지만 그들에게 선택의 권리는 없었으므로 모든 것은 대칸을 따라야 했다. 순행에는 몽골인이 '방주(放走)'라 부른 인기 있는 연례 마라톤이 포함되어 있었다. 어디로 달려야 하는지는 황제가 당시 어디에 있는지에 따라 달라졌다. 만일 그가 대도에 있으면 출발선은 성곽 동쪽에 있는 운하 선착장에 마련되었다. 한편 그가 제너두에 있었다면 경주는 성곽 바로 밖에 있는 '니하아(泥河兒, 진흙강)'에서 출발했다. 이 전통을 만든 이는 몽골인이지만, 쿠빌라이가 개인적으로 주는 상금이 막대했기 때문에 한인들이 열정적으로 참가했다. 경주의 거리는 180리(약 96킬로미터)였고 주자는 6시간 만에 주파해야 했다. 경주는 대칸의 옥좌 바로 앞에서 끝났다. 그곳에서 쿠빌라이가 승자에게 은 1정(錠)을, 나머지 완주자에게는 비단을 상으로 하사했다.

쿠빌라이 칸이 북경보다 제너두에서 더 많은 시간을 보냈다는 사실은 원조가 이전이나 이후의 어떤 왕조와도 달랐음을 알려준다. 전통적인 역사서에서 원나라를 중국 왕조라고 부를 때, 이는 대원국에서 몽골적 요소가 중국적 요소를 압도했다는 사실을 간과한 것이다. 원나라는 북경을 국도로 지정한 최초의 대국이었다. 하지만 북경은 제너두에 근거지를 두고 있는 정권의 배도(陪都)였을 뿐이다. 쿠빌라이는 중국 교과서에서 주장하는 것처럼 몽골리아를 중국의 영역으로 편입한 황제가 아니라, 중국을 자신이 통치하는 영역의 한 부분으로 통치한 최초이자 가장 중요한 몽골 대칸이었다. 제너두를 그의 여름 행궁으로 간주하기보다 북경[역자: 대도]을 그의 겨울 행궁으로 취급할 때, 우리는 원의 실상에 보다 가까워진다.

쿠빌라이는 연례 순행을 생애 마지막 해까지 지속했다. 그가 제너두를 떠난 마지막 시간은 1293년 10월이었다. 그의 건강이 나빠진 것은 북경에 체류할 때였고, 결국 1294년 2월 18일 북경에서 사망했다. 당시는 제너두로 가는 연례 준비가 한창이었다. 그의 손자 한 명이 후계자로 지명되었지만, 계승을 위해 필요한 적합한 의례는 대도에서 거행될 수 없었다. 그는 4월 말에 북쪽의 제너두로 이동했고 1294년 5월 5일 그곳에서 새로운 대칸으로 즉위했다. 쿠빌라이의 연례 순행은 새로운 칸의 것이 되었고, 왕조가 멸망할 때까지 모든 원의 황제가 양도를 오가는 연례 순행을 지속했다.

제너두에 대한 쿠빌라이의 애정은 유관도가 그린 두루마리 그림에도 명료하게 남아 있다. 그는 자신이 가장 사랑하는 이들인 후비(后妃), 사냥꾼, 용사, 사냥개에 둘러싸여 사냥터에서 말을 타고 있다. 하지만 내가 이 장의 첫머리에서 언급하지 않은 두 명의 기사를 주목하기 바란다. 한 명은 뚱뚱하고, 코믹하게 자신의 말 위에 어색하게 앉아 있다. 그는 궁중에서 입는 붉은색 옷을 착용하고 있지만, 황족이 아니라 황가의 종복인 태감(太監)이다. 쿠빌라이의 후비는 거세된 환관의 수행 없이는 공개석상에 모습을 드러낼 수 없었고, 그날 그 임무가 그에게 내려졌기 때문에 그곳에 있었다. 그에게 가장 눈에 띄는 점은 검은 낯빛이다. 이는 대칸 부부 아래서 사냥감 몰이용 막대를 들고 있는 또 다른 기사와 공통된 점이다. 두 사람의 얼굴은 넓고 둥글넓적한 외양을 하고 있으며, 귀를 뚫어 큰 고리형 귀걸이를 차고 있다. 그들 누구도 몽골인이나 한인으로 보이지 않는다. 그들은 다른 사람인데, 그렇다면 누구인가? 안다만 제도인? 동남아시아인? 나에게는 아프리카인처럼 보인다. 중국인은 그들을 '곤륜노(崑崙奴),' 즉 곤륜에서 온 노예라고 불렀고, 두루뭉술하게 히말라야 산맥 너머의 땅과 연관시켰다. 아프리카 환관에 관해 우리가 아는 단 한 가지는 그가 정말 노예였다는 점이다. 그의 왼쪽 뺨에 노예를 뜻하는 Y자 모양의 글자 '*ya*'를 문신했기 때문이다. 그림 속에서 그는 대칸에게 복무하는 또 다른 사람이지만, 그 자신의 선택이 아니었다.

유관도는 대칸을 그리라는 의뢰를 받았지만, 대칸의 명령을 수행하러 온 사람들을 포함함으로써 몽골 통치 시대의 집단 초상화에 근접한 무언가를 남겼고, 이는 단 한 명의 한인도 등장하지 않는 새로운 중국에 대한 상상(vision)이었다. 그것은 새로운 중국이었다. 몽골의 정복은 그저 중국을 외국인의 통제 아래 두는 것에 머물지 않았다. 세계를 중국으로 가져왔다. 마르코 폴로, 아프리카인 태감, 검은 피부의 사냥감 몰이꾼, 심지어 대칸 자신까지도 송 왕조의 입장에 서 있었던 이들이 예측할 수 없었던 방식으로 중국사의 일부가 되었다. 그리고 이는 오늘날 중국인이 자신들의 역사로 인식하지 않는 방식이라고 말하고 싶다. 쿠빌라이가 시작한 몽골 통치의 한 세기는 영원한 중국의 얼굴 위를 덧없이 지나가는 한 덩이 구름처럼 사라지지 않았다. 그것은 몽골인과 함께 사라지지 않고, 눈에 잘 띄지 않지만 분명하게 중국을 바꾸었다. 즉 황제를 지고무상의 지위로 올려놓은 것, 황제가 통치하는 국가보다 황제 자신에게 복종하는 것을 임무로 여기는 강력한 신하 집단을 창출한 것, 통치자의 권리를 보장하기 위해 노골적인 힘에 의존하는 것, 그리고 도덕적 행위를 영원한 하늘의 변덕에 복종하는 것으로 재정의한 것이다.

대원국은 중국에 새로운 정치 체제, 새로운 법률, 그리고 군주와 신민 사이의 새로운 관계를 모델로 제시했다. 그것은 또한 중국을 세계와 훨씬 더 역동적으로 상호작용하는 관계로 몰아넣었고, 실제 상황은 다른 어떤 방식으로 정리될 수 없게 되었다. 몽골인이 떠난 뒤 중국인이 세계와 얽혀 있음을 부정하고 자신들의 국경을 폐쇄할 때가 올 것이다. 하지만 최종적인 분리는 일어나지 않을 것이고, 앞으로의 전진이 쉽지 않은 때에도 과거로 돌아가는 일은 더더군다나 없을 것이다.

[그림 4] 라시드 앗 딘의 『집사(集史)』에 수록된 가잔 칸(Ghazan Khan)과 쿠케친(Kökečin)의 공식 초상화. 옛 몽골의 전통에 따라 대칸(왼쪽)과 황후(오른쪽)를 대등한 존재로 배치하여 묘사했다. 그러나 화가가 그린 모습이 실제 가잔이나 쿠케친의 용모를 반영했다는 근거는 없다.

제2장

푸른 왕비와 일칸

1295년 타브리즈

그녀는 복잡한 무늬를 새긴 좌대(座臺) 위에 앉아 있다([그림 4] 참조). 무릎을 꿇은 시종이 그릇 위에 음식을 올려 그들에게 바친다. 그녀의 남편은 왼손으로 냅킨을 쥐고 있다. 그녀 또한 손에 뭔가를 들고 있는데 무엇인지 분명치 않다. 그들은 두꺼운 쿠션 위에 안락하게 앉아 서로를 바라보면서 대화를 나누고 있다. 20대 초반의 나이에 날씬한 맵시의 남편, 그의 이름은 가잔(Ghazan, 재위 1295~1304)이다. 그는 몽골식 옷을 입고 있는데, 짧은 소매에 몸에 딱 달라붙는 튜닉을 입고 목이 짧은 승마용 부츠를 신고 있다. 남편보다 두 살 연상인 부인의 이름은 쿠케친 카툰(Kökečin Khatun), 곧 푸른 왕비(Blue Princess)다. '쿠케친'은 '피부가 검다'—가장 짙은 하늘색—는 뜻이지만, 화가는 그녀를 남편과 똑같은 낯빛과 장밋빛 뺨으로 그렸다. 전체를 비단으로 만든 그녀의 예복은 당시 통상적으로 입던 중국풍과 몽골풍의 혼합형 의복이었다. 즉 길게 겹친 옷깃과 넓은 소매는 중국풍이고 손목 쪽으로 내려오며 좁아지는 소맷동은 몽골풍인데, 이 둘이 혼합되어 이 옷을 입고도 말을 탈 수 있었다. 쿠케친 카툰에게서 가장 눈에 띄는 장식은 털실 방울과 긴 깃털을 단 높이 솟아오른 원통형 모자다. 그것은 몽골 황족[역자: 여성]만 착용할 수 있는 스타일이었다. 그녀 왼쪽의 두 여성도 동일한 스타일의 모자를 쓰고 있지만 털실 방울이 두 개가 아니라 하나만 달려 있다. 이는 그들이 고귀하지만 황후보다 낮은 지위의 여성이라는 사실을 보여 준다.

이 그림의 배경은 타브리즈(Tabriz)에 있는 일 칸국(Il-khanate) 궁정이다. 타브리즈는 카스피해와 흑해 사이의 산간 지역에 위치하는데, 오늘날 이란, 아르메니아, 조지아, 튀르키예가 만나는 지점이다. 일 칸국은 페르시아에 있는 몽골 국가이며 쿠빌라이의 즉위 직전에 몽골 대칸의 통치에서 떨어져 나갔다. 그림의 장면은 아마 가잔이 제7대 일 칸이 되었을 때인 1295년 10월로 추정할 수 있다. 하지만 화가가 실제 장면을 그린 것인지, 아니면 나중에 상상해서 그린 것인지 알 수 없다. 아마도 나중에 그려졌을 테지만, 그 역시 그다지 중요하지 않다. 왜냐하면 그림의 요소—특별히 그림 속 사람들—가 몽골 군주 부부를 그리기 위한 당시의 표준 형식에 따라 배치되었기 때문이다. 중국의 궁중 화가라면 부인보다 큰 몸집이나 큰 키로 남편을 그렸을 테지만, 일칸국의 화가는 그들을 거의 같은 키로 좌대 위에 나란히 위치시키면서 우리가 보는 방향에서 왼쪽에 남편을, 오른쪽에 부인을 배치했다. 좌대는 투각(透刻) 방식으로 새긴 격자에 붉은 옻칠을 한 병풍으로 삼면이 둘러싸여 있다. 비록 몽골 여성은 송대에 시작된 작은 발을 향한 한인의 집착인 전족에 구애받지 않았지만, 그림에서는 중국 관습을 따라 남성의 발은 노출되고 여성은 그렇지 않다.

푸른 왕비는 13세기 말 중국을 세계와 연결한 네트워크에 연루되었기에 이 책에 등장할 수 있었다. 정치적으로 보면, 쿠빌라이 칸이 그녀를 그곳으로 보냈기 때문에 그녀는 일 칸의 옥좌에 앉았다. 지리적으로 보면, 당시 중국에 있던 집에서 페르시아까지 해로를 따라 여행을 가능케 했던 국제 해양 네트워크 덕분에 그녀는 페르시아에 있었다. 이는 대몽골국이 육로뿐 아니라 해로를 통해서도 작동하고 있었음을 의미한다. 문헌 기록의 측면에서 보면, 마르코 폴로가 그녀를 수행하면서 그녀의 일화를 남겼기에 그녀의 이야기도 살아남았다. 마지막으로 그녀의 경험을 행정적 맥락에서 보면, 그녀가 여행할 수 있었던 것은 중국에서 쿠빌라이를 위해 복무했던 페르시아인 재무관리가 페르시아로 여행할 수 있도록 그녀에게 재원을 마련해주었기 때문이었다. 이는 실제로 쿠케친이 존재했거나 마르코 폴로가 중국에 갔었다는 것을 보여 주는 중국 자료에 나오는 단 하나의 내용이다.

페르시아인 재무관리

방대한 중국사 기록에서 쿠케친의 여행을 유일하게 언급한 것은 '사부정(沙不丁, 중국어 발음은 '샤부딩')'이라고 중국 기록에 등장하는 남성과 연결된다. 사부정은 몽골어 발음과 매우 비슷하지만, 몽골 이름이 아니다. 그것은 페르시아어 이름으로, '신앙의 별'을 뜻하는 시합 앗 딘[역자: Šihāb ad-Dīn]의 중국어 표기였다. 몽골인은 때때로 페르시아 이름을 사용했는데, 이 남성은 페르시아인이고 확실히 무슬림이었을 가능성이 아주 높다. 시합 앗 딘 가족에 관해 우리에게 알려진 기록의 조각은 원의 멸망 이후에 작성된 『원사(元史)』에서 그의 동생을 간략히 언급한 정도다. 동생 역시 시합 앗 딘처럼 1280년대 쿠빌라이 칸을 위해 복무했으며, 해상으로의 운송 업무에 관여했다.

시합 앗 딘과 그의 동생은 관리 혹은 이원(吏員)을 배출한 수많은 페르시아인에 속했다. 그들은 몽골인도 한인도 아니었지만, 대칸을 대신해 대원국을 관리했다. 대몽골국이 대륙의 각지로 영토를 확대하면서 엄청난 수의 페르시아인이 포섭되었다. 그들은 몽골 혹은 한인 네트워크에 묶여 있지 않으면서 오롯이 대칸에게 충성했는데, 이는 쿠빌라이의 요구에 딱 맞았다. 쿠빌라이는 이처럼 몽골인도 아니고 한인도 아닌 이들을 위해, 문자 그대로 '다양한 부류(various)'를 뜻하는, '색목(色目)'이라는 특별 호계(戶計)를 만들었다. '다양한' 사람에는 대부분 서아시아인이 포함되었지만, 이탈리아인 마르코 폴로와 같은 이도 망라되었다. 색목인들은 몽골인보다 한 단계 낮았지만, 몽골인이 첫 번째로 정복한 북중국 사람보다 한 단계 높았고, 남중국 사람보다는 두 단계 높았다. 가장 마지막에 정복된 남중국 사람을 이전 왕조의 이름을 따라 '한인[漢人, 역자: 남인(南人)]'이라 부르는데, 이는 오늘날 '중국인'으로 알려진 이들을 종족적으로 부를

때 사용하는 용어다.[1]

『원사』에 시합 앗 딘의 이야기는 1287년 6월 24일 처음 등장한다. 당시 한 관원이 쿠빌라이에게 상해(上海)와 복주(福州)에 군사 시설을 설치하고 "시합 앗 딘에게 해운선(海運船)을 감독"하게 할 것을 건의했다. 또한 시합 앗 딘은 관세를 수령하는 시박사(市舶司)의 업무도 맡았다. 가령 1289년 2월 2일에 시합 앗 딘은 동남 연해의 대표적인 대외 항구인 천주(泉州)의 시박사에서 진주 400근(斤, 약 240킬로그램)과 금 3,400냥(兩, 약 122.5킬로그램)에 대해 매해 할당된 관세를 징수하여 조정으로 상납했다.

열정적인 재정 관료였던 시합 앗 딘은 세수 증가를 반대하는 한인으로부터 지속적인 비판을 받았다. 어떤 유학 교사는 시합 앗 딘으로 인해 하늘이 진노해서 지진과 수해가 일어났다는 내용의 상소를 쿠빌라이에게 올렸다. 하지만 이 페르시아인은 대칸의 신뢰를 받고 있었다. 이 신뢰 관계는 1290년 8월 살짝 손상되었다. 시합 앗 딘은 지방의 한인 관원들이 전량(錢糧)을 조금씩 빼돌려 왔다고 쿠빌라이에게 보고하면서 절도범에 대해 손목을 잘라내는 송나라 법의 시행을 건의했다. 하지만 쿠빌라이는 "그것은 무슬림의 법[回回法]"이라며 거절했다. 이듬해 기근이 발생하면서 아마도 시합 앗 딘이 돈과 곡물을 잘못 사용했을 것이라는 의혹이 일어나 고소가 접수되자, 쿠빌라이는 그 사건이 처리되는 동안 그의 부인을 인질로 수도에 보내라고 명령했다. 그렇지만 고소는 악의적인 무고로 판명 났고, 시합 앗 딘은 자신에게 닥친 모든 정치적 폭풍을 잘 헤쳐나갔다. 그와 그의 동생은 쿠빌라이 이후 두 황제가 집권한 1310년 말까지 관직을 유지할 수 있었다.

---

1   한국의 교과서는 대원의 신분 질서를 몽골인-색목인-한인(북방인)-남인(南人, 남방인)으로 기술하고 있다. 이에 따르면 필자가 언급한 "가장 마지막에 정복된 남중국 사람"은 대원의 제색호계 체제에서 가장 차별받은 '남인'이다.

쿠케친 카툰의 출발

시합 앗 딘과 푸른 왕비의 연결은 미약하다. 하지만 그러한 미미한 연결로부터 우리는 대몽골국이 더 넓은 세계와 연결된 숨겨진 복합성을 엿볼 수 있는데, 이는 방대한 분량의 15세기 황실 백과전서인『영락대전』에 남겨진 문서의 편린이 운 좋게 남아 있기에 파악이 가능하다. 총 22,937권으로 이뤄진『영락대전』은 너무나 방대해서 인쇄가 불가능하고 오로지 필사본으로만 존재했다. 그런데 아편전쟁 시기에 영국군이 북경을 샅샅이 약탈할 때『영락대전』의 후반부 대부분이 영국군의 공격에 불타고, 또 다른 일부는 전쟁 기념품처럼 반출되었다. 두 명의 중국인 역사학자가 제19,418권의 잔편을 알아보고 1945년『하버드 아시아학 연구(*Harvard Journal of Asiatic Studies*)』라는 저널에 한 페이지의 짧은 연구 노트로 발표해 학계의 주목을 받았다. 그리고 1976년 하버드대학 최초의 고전 몽골어 교수였던 프랜시스 클리브스(Francis Cleaves)가 이 문서를 정밀하게 분석하면서 우리는 비로소 이 문서의 중요성을 깨닫게 되었다. 문서의 내용은 다음과 같다.

1290년 9월 21일(지원 27년 음력 8월 17일) 상서(尙書) 아난다(Ananda, 阿難答)와 도사(都事) 벡 부카(Beq Buqa, 別不花) 등이 주(奏)를 올렸다.

평장(平章) 시합 앗 딘(沙不丁)이 [쿠빌라이 카안에게] 보고했다: "금년 4월(음력 3월)에 받은 [대칸의] 성지(聖旨)에서 울루다이(Uludai, 兀魯䚟)와 아비시카(Abišqa, 阿必失呵), 코자(Qoǰe, 火者)를 [타밀 나두(Tamil Nadu)의 코로만델(Coromandel) 해안에 있는] 마아바르(Ma'abar, 馬八兒)로 가는 길을 따라 아르군(Arghun, 阿魯渾) 대왕의 영역으로 보내라 하셨습니다. [그들과] 함께 가는 160명 가운데 90명에게 [여행을 위한] 분례(分例)를 이미 지급했으며 나머지 70명은, 듣자 하니, 각 관부에서 보냈거나 [종자로] 산 자이오니, 바라건대 분례와 양식을 주지 마십시오."

이에 "그것을 [그들 70명에게] 주지 말라"라는 성지를 받았다.

이 문서는 최종 결론을 제시하기 전에 지금까지 왕래한 모든 문서를 요약하는 일반적인 중국식 문서 구조를 따른다. 이는 긴 문서의 중간 지점에서 시작하는데, 아난다와 벡 부카라는 두 관리의 이름이 등장한다. 그들은 쿠빌라이에게 주(奏)를 올렸는데, 황제에게 무언가를 직접 말하는 것이 아니라 이미 알고 있는 것을 상기하는 형식이다. 이러한 유형의 소통 문서를 영어권에서는 'memorial'이라고 부른다. 이 상주문은 시합 앗 딘의 이름을 언급하는데, 그는 앞서 보낸 문서에서 울루다이, 아비시카, 코자 세 사람을 거명한다. 시합 앗 딘은 그들이 쿠빌라이가 일 칸 아르군(Arghun, 재위 1284~1291)에게 보낸 사신이라고 말한다. 원조의 기록에는 이들 세 사람에 관한 기록이 어디에도 없지만, 마르코 폴로가 그들을 거론한다.[2] 그는 이들 세 사람이 실제로 쿠빌라이에 의해 아르군에게 파견되었다고 설명하면서, 이들이 처음에는 아르군이 쿠빌라이에게 보낸 사신으로, 왕비를 요청하기 위해 파견되었다고 전한다. (마르코 폴로는 자신의 책 마지막 부분의 장황한 이야기 속에서 아르군의 권력 장악 과정을 이야기하면서 울루다이라는 이름을 다시 언급한다. 울루다이는 본래 아르군의 숙부[3] 측 일원이었으나, 아르군이 체포된 후 풀려나자 진영을 바꾸어 아르군 편으로 전향했고, 그 덕분에 아르군이 숙부를 물리칠 수 있었다.)

아난다와 벡 부카의 상주문은 한어(漢語) 자료 가운데 쿠케친 사절단을 다룬 유일한 언급이며, 그것조차도 아주 희미한 흔적일 뿐이다. 따라서 이런 대규모 프로젝트가 궁중 사관들에 의해 왜 제대로 기록되지 않았는지 묻는 것은 타당한 일이다. 그 답은 대몽골국의 구조와 관련이 있다. 쿠빌라이는 이 초국가적 체제의 대칸이었지만, 실제로는 대원(大元)만을 직접

---

2 마르코 폴로는 이들 세 명의 사신 이름을 '울라타이(Oulatai), 아푸스카(Apusca), 코자(Coja)'라고 적는다(『마르코 폴로의 동방견문록』(김호동 역주, 서울: 사계절, 2000), p.92).

3 3대 일 칸 아흐마드 테구데르(재위 1282~1284)

다스렸다. 원과 일 칸국은 서로 거의 독립적인 존재였으며, 이는 칭기스 칸의 네 아들로부터 유래한 네 정체(政體)중 다른 두 곳, 즉 차가타이 칸국(Chagatai Khanate)과 금장 칸국(Golden Horde)도 마찬가지였다. 아르군은 엄밀히 말해 쿠빌라이의 속국이나 조공국은 아니었지만, 쿠빌라이가 그의 종조부(할아버지의 형)이기 때문에 일정한 의무를 따랐다. 그중 하나는, 쿠빌라이의 선대에 의해 분봉된 토지에서 발생한 세입을 그의 형제들의 후손에게 보내는 것이었고, 아르군은 실제로 이를 수행했다. 이러한 세입을 전달하는 것이 대규모 사절단을 바다로 보내는 이유 중 하나였다. 또 다른 의무는 대칸이 다른 국가를 다스리는 이라도 일가의 남성들에게는 부인을 제공해야 한다는 것이었다.

아르군은 바로 이러한 이유로 1286년에 '검은 담비 부인(Lady of Sable)'이라 불리던 불루간(Bulughan) 카툰이 사망하자 쿠빌라이에게 접근했다. 불루간은 아르군의 계모로 의지가 강한 귀족 여성이었다. (마르코 폴로는 그녀가 아르군의 부인이었다고 생각했는데, 아마 그녀가 자신의 계손자(繼孫子)인 아르군의 두 아들을 길렀기 때문일 것이다.)[4] 불루간 카툰은 유언에서, 아르군이 자기 사후에 새 아내를 맞이하고자 한다면(그는 이미 여러 명의 부인이 있었다), 그 신부는 멀리 중국에 있는, 자신과 같은 혈통이어야 한다고 명시했다. 이에 따라 아르군은 울루다이, 아비시카, 코자를 쿠빌라이에게 보낸 것이다. 그들은 대칸에게 아르군의 혼인 요청을 전달하기 위해 우리가 실크로드(Silk Road)라고 부르는 아시아 횡단로를 따라 여행했다. 실크로드는 오늘날의 용어로, 중국과 중동을 거쳐 유럽까

---

4 『집사』에 따르면, 불루간 카툰은 원래 일 칸국의 제2대 군주인 아바카(Abaqa, 재위 1265~1282)의 부인이었으나, 그가 죽은 뒤 아들인 아르군(재위 1284~1291)의 부인이 되었다. 아르군은 그녀를 무척 아껴 다른 부인들보다 더 총애했으나, 그녀는 1286년 사망하였다. 불루간 카툰은 바야우트(Baya'ut) 씨족 출신이었다. (『마르코 폴로의 동방견문록』(김호동 역주, 서울: 사계절, 2000), p.91)

지 이어지는 복잡한 육상 경로를 단순화한 표현이다. 실크로드는 하나의 고정된 노선이라기보다는 여정에 가까웠으며, 정치적 상황, 사막화, 내분 등에 따라 개방되거나 폐쇄되고 경로가 바뀌곤 하는 회랑이었다. 여행자의 안전이 유지되고 길목을 지키는 여러 소규모 통치자의 협조가 이루어지는 한, 통과는 가능했다. 일부 역사가가 그랬듯이 이를 '팍스 몽골리카(Pax Mongolica)'라고 부르는 것은 이 여행 회랑의 안정성을 과장하는 것이긴 하지만, 적어도 몽골이 중국을 통치한 한 세기 동안 지중해와 동중국해 사이의 길은 대체로 열려 있었다.

아르군의 사절단이 원의 궁정에 도착하자, 쿠빌라이는 이에 합당한 공주 한 명을 지명했고 곧 사절단은 공주와 그녀의 수행원들과 함께 실크로드를 따라 다시 출발했다. 중국으로 올 때는 길이 열려 있었지만, 돌아가는 길은 그렇지 않았다. 출발한 지 8개월 만에 실크로드의 치안이 확보되지 않아 사절단은 되돌아와야 했다. 이제 어떻게 해야 할까?

동아시아에서 서방으로 가는 길은 육로만 있는 것이 아니었다. 마르코 폴로는 회고록에서 사절단을 위한 대체 경로를 자신이 제안했다고 기록했다. 그가 대칸의 업무로 인도에 갔다가 돌아왔을 때, 마침 일 칸에게 가는 사절단이 중국으로 돌아온 상황이었다. 마르코가 인도에 있는 동안 울루다이, 아비시카, 코자는 마르코의 아버지와 형을 알게 되었다. 그리고 그들이 마르코 폴로를 만나 그의 여행 이야기를 들은 뒤에는 쿠빌라이에게 사절단을 페르시아로 보내는데 해상 경로를 이용할 것을 건의했다. 또한 폴로 가족이 함께 동행하면 좋겠다고 제안했다. 새로운 계획은 쿠빌라이를 떠나 베네치아로 돌아가려는 폴로 일가의 오랜 염원과 일치했다. 쿠빌라이는 오랫동안 그들의 귀국 요청을 보류했지만, 마침내 그들을 떠나보내기로 동의했다. 그리하여 쿠케친의 사절단은 해상 경로로 가게 되었다.

육로가 다시 선택되었다면 시합 앗 딘은 이 이야기와 아무 관련이 없었을 것이다. 하지만 해상 경로를 택하면서 이 임무를 조직하고 비용을 어떻게 조달할지를 담당하게 될 사람이 바로 시박사의 재정 관료였던 그였다. 시합 앗 딘이 그의 예산이 부담해야 할 부분을 최대한 줄이기 위해 애쓰는 가운데 문서를 남겼고, 그 문서가 또 다른 문서 속에 발췌되어 전해진 것이다. 아난다와 벡 부카의 상주문이 없었다면, 수백 명이 대칸의 명으로 아시아를 절반이나 횡단한 이 대규모 사절단에 대한 중국 기록은 전혀 존재하지 않았을 것이다. 이 문서는 마르코 폴로가 언급했던 쿠케친의 타브리즈로의 항해가 사실임을 입증할 뿐 아니라, 그가 실제로 중국에 왔었다는 것을 확증해 주는 자료다.

육로인가? 해로인가?

쿠빌라이가 중국에 대한 지배권을 확장했을 때, 그는 단지 육지의 패권에만 만족하지 않았다. 대륙의 동쪽 해안에 도달하자, 그는 바다 너머에 정복해야 할 새로운 땅들을 바라보았다. 그가 처음으로 주목한 해양 국가는 일본이었다.

1266년 9월 7일, 쿠빌라이는 두 명의 몽골 관리를 외교 서한과 함께 일본으로 보내도록 명령했다. 원조의 사관들은 이 문서를 매우 중요하게 여겼기에 『원사』의 두 부분, 즉 「세조본기(世祖本紀)」와 원조와 일본의 관계를 다룬 「일본열전(日本列傳)」에 중복하여 실었다. 서문은 쿠빌라이를 '예로부터 이어온 대몽골국' 통치자로 소개하며 시작한다. '예로부터'라고 했지만 사실 몽골은 그리 오래된 나라는 아니었고, 쿠빌라이는 자신의 나라를 일본 '왕'의 나라보다 우위에 놓으려 했다.(그는 일본에 천황이 있다는 것을 인정하지 않았다.) 그는 일본이 얼마나 작은지를 측은히 여기며 위로하는 척하면서, 왕이 이것을 유리하게 활용해야 한다고 지적했다. "우리 또한 예로부터 소국이었으며, 영토가 이웃에 인접해 있었기에 이웃과 신뢰를 구축하고 좋은 관계를 유지하는 데 힘써왔다." 그러나 이제 "하늘의 분명한 명(命)을 받아 광대한 중국 영토를 차지"함으로써, 더 이상 소국이 아닌 "숱하게 많은 먼 지역과 외국에까지 위엄과 덕을 드러내는" 대국이 되었다고 선언한다. 쿠빌라이는 자신이 고려를 정복했기에 대몽골국과 고려가 '부자(父子) 관계처럼 기꺼운' 관계를 누리고 있다고 의미를 부여했다. 물론 그는 아버지의 관점에서 말하는 것이다. 그래서 그는 왜 일본이 우호를 표시하기 위해 '아주 적은 수의 사절[一乘之使]' 조차 보내지 않는지 의아해했다. 그리고 이렇게 언급했다. "성인(聖人)은 사해(四海)를 모두 한 가족으로 여긴다는데, 그대가 아무런 우호의 뜻을 전하지 않은 것이 어찌 이러한 가족의 이상에 부합하겠는가?" 즉 세상은 하나의 가족이며, 자신은 가족의 수장이라는 논리였다. 서한은 노골적인 위협으로 마무리된다. "무력에 의존하는 데까지 가는 것을 누가 바라겠는가? 왕이여, 이 점을 숙고하시오."[5]

일본은 그 위협을 무시하고 아무것도 하지 않았다. 이후 7년 동안 몇 차례 더 외교 서한을 보냈는데도 역시 아무런 응답이 없었다. 세계가 이 상황을 주목했다. 3세기 반이 지난 후, 한 중국 필자는 이 일이 쿠빌라이에게 얼마나 굴욕적인 일이었을지를 떠올리며 꽤 통쾌하다는 듯 이렇게 회상했다. 그는 "원이 가장 번영하던 시절, 조공을 바친 외국 오랑캐는 천여 개국에 이르렀다"라고 과장하며, "하늘 끝과 땅 끝에 이르기까지 조공

---

5 『元史』6「世祖本紀」3 至元三年八月丁卯, pp.111-112: "대몽골국 황제가 일본 국왕에게 서신을 보내노라. 짐이 생각건대 예로부터 소국의 군주는 국토의 경계가 [다른 나라와] 서로 맞닿아 있을 뿐만 아니라, 신의를 도모하고 화목을 강구했도다. 하물며 우리 [몽골] 선조가 텡그리(天)의 밝은 명령을 받아 중국을 차지한 이래, 멀리 다른 지역에서 [대칸의] 위엄을 두려워하고 미덕을 흠모하는 이가 이루 다 헤아릴 수 없었도다. 짐이 즉위한 초창기에 고려의 무고한 백성이 오랫동안 칼끝과 화살촉에 지쳐 있었기 때문에, 즉시 군사 작전을 중지하라고 명령하여 그 영토를 반환하고 노인과 아이를 돌려주었노라. 고려의 군신이 감격하여 짐을 찾아와 알현하니, 그 의리는 비록 군신 관계나 부자와 같이 기뻐했다. 짐이 헤아려 보건대, 왕의 군신 또한 이미 그것을 알고 있을 것이다. 고려는 짐의 동쪽 제후국[東藩]이다. 일본은 몰래 고려와 가까이 지내고 개국 이래 때로 중국과 통교했는데, 짐에 이르러 아주 적은 수의 사절로도 화호(和好)를 표시하지 않았도다. 아마도 아직 왕국에서 그것을 자세히 알지 못했는가 하여 특별히 사절을 보내 서신을 들고 가 짐의 마음을 알리노라. 바라건대 지금부터 향후 서로 왕래하며 우호를 다져 서로 친목하기를 바라노라. 나아가 성인(聖人)은 사해를 한 집안으로 여기셨는데 [우리가] 서로 우호를 전하지 못한다면, 어찌 한 집안의 이상에 부합하겠는가? 군사를 움직이는 데까지 가는 것을 어느 누가 좋아하겠는가? 왕이여, 그대는 이 점을 숙려하시오."

하지 않는 나라가 없었는데, 오직 일본만이 홀로 강성하여 복속하지 않았다.” 결국 쿠빌라이는 1274년 침공을 명령했다. 900척의 선박과 15,000명의 군인으로 구성된 해군이 출격했다. 원의 사관들은 몽골의 승리를 주장했지만, 동시에 기강 해이와 화살 부족으로 인해 철수할 수밖에 없었다고 기록했다. 이는 일본의 놀라운 승리였다는 사실을 인정하는 정교한 방법이었다. 일본 측 기록은 ‘신의 바람,’ 즉 ‘카미카제(神風)’가 침략자를 몰아냈다고 전한다. 하지만 최근 고고학 연구에 따르면, 패배의 실제 원인은 중국 선박들이 낡고 장비가 부실했기 때문일 가능성이 크다.

쿠빌라이는 계속해서 사신을 보냈지만, 아무 소용이 없었다. 다만 1278년에 일부 일본 상인이 쿠빌라이에게 중국 동전(당시 소액 국제거래에서 통용된 화폐)의 구매 제한을 철회해 달라고 요청했을 때, 그는 이것이 협상의 실마리가 될지도 모른다고 생각해 이를 허락했다. 하지만 1280년 쇼군이 쿠빌라이가 보낸 새로운 사신들을 처형하면서 그런 희망은 물거품이 되었다. 이 사건으로 인해 쿠빌라이는 이듬해에 제2차 침공을 개시하지 않을 수 없었다. 그러나 이 침공 역시 몽골인에게 재앙으로, 일본인에게는 또 한 번의 ‘카미카제’로 끝났다. 쿠빌라이는 포기하지 않고, 1284년에 불교 승려를 사신으로 파견하는 다른 방식을 시도했다. 하지만 승려를 일본으로 수송하라는 임무를 맡은 선원들은 자신들의 운명을 예감했다. 그들은 그 승려를 살해하고 자취를 감췄다.

일본으로의 첫 번째 서신을 보낸 지 20년이 지난 1286년, 쿠빌라이는 일본 정복의 야망을 일시적으로 중단한다고 선언했다. 그의 명분은 남쪽 국경에서 벌어지고 있는 다이 비엣(Dai Viet), 즉 중국인이 안남(安南)이라 부르는 대월국(大越國)과의 분쟁이었다. 쿠빌라이는 이렇게 현명하게 판단했다. “일본은 한 번도 우리를 침략한 적이 없는데, 지금 안남이 변경을 침범하고 있다. 마땅히 일본을 제쳐두고 안남에 우리 힘을 집중해야 할 것이다.” 1294년에 쿠빌라이가 사망한 후 한 관원이 그의 후계자 테무르(Temür, 재위 1294~1307)에게 일본 원정을 다시 해보자고 제안했다. 이에 대해 새로운 황제는 의미심장하게 대답했다. "지금은 그럴 때가 아니다. 짐이 그것을 천천히 생각해 보겠다." 이는 곧 '아무것도 하지 않을 것이며, 이 문제로 다시는 내게 의견을 구하지 말라'는 뜻이었다.

일본과의 관계에서 어려움에 처했음에도 불구하고, 쿠빌라이는 다른 해상 지역으로 눈을 돌리는 데 주저하지 않았다. 1276년 송나라의 대부분을 정복한 그는 이제 정복을 남중국해로 확장할 때라고 선언하고 각국 군주에게 사신을 보내 복속할 것을 요구했다. 이에 응답한 나라도 있었다. 1279년 여름, 참파(Champa, 오늘날의 베트남 남부)와 카얄(Kayal, 인도 남동부의 코로만델 해안 지역)에서 사신들이 와서 값비싼 선물을 바쳤다. 대칸은 중국에서 무려 48,000킬로미터나 떨어져 있다고 여겨졌던(실제로는 8,000킬로미터가 채 되지 않는다) 먼 나라 카얄조차 자신의 패권을 인정했다는 사실에 매우 흡족했다.

그러나 같은 맥락에서, 복속하지 않은 다른 나라에 쿠빌라이는 분노했다. 그는 해양 세계의 나머지 지역들까지 조공을 바치도록 하기 위해 열다섯 명의 특사를 파견했다. 이들 가운데 한 명인 양정벽(楊庭璧)은 송나라 충신들의 최후 저항을 진압하는 군사 작전에서 큰 공을 세운 인물이었다. 그의 임무는 곧장 인도 남서부 해안의 주요 항만 국가인 콜람(Kollam, 또는 퀼론(Quilon), 역자: 한문으로 '俱藍')으로 가서 복속을 협상하는 것이었다. 양정벽은 1280년 1월에 광동을 출항하여 3개월 후에 콜람에 도달했다. 콜람의 왕은 쿠빌라이의 요구를 따르기로 결정하고 자신의 복속의사를 담은 아랍어 서한을 사절에게 들려 양정벽과 함께 중국으로 보냈다. 쿠빌라이는 즉시 양정벽을 1281년 초에 다시 파견하여, 콜람 사절을 고국에 데려다주고 그 지역의 다른 군주들과 접촉하게 했다. 양정벽은 이번에도 3개월 만에 항해를 마쳤지만, 실론(현재의 스리랑카) 주변의 험난한 해류로 인해 마지막 구간의 항해가 좌절되었다. 그래서 양정벽은 콜람 대신 이전에 조공을 보냈던 서쪽의 카얄로 향했고, 그곳에서 육로로 콜람까지 이동했다. 그런데 이번엔 현지 정치 상황이 그를 좌절시켰다. 어떤 지역의 지도자는 몽골과의 동맹을 원했지만, 다른 지도자는 그렇지 않았다. 이번에는 성과 없이 귀국했지만, 쿠빌라이는 압박을 유지하기 위해 양정벽에게 세 번째 사절단을 이끌라고 지시했다. 양정벽은 1282년 12월에 계절풍(몬순)을 타고 출항하여 또다시 3개월 만에 항해를 마쳤는데, 이번에는 세 명의 군주로부터 사신을 중국으로 보내겠다는 약속을 받아내는 데 성공했다.

그것이 먼 남아시아에서 쿠빌라이가 기대할 수 있는 최고의 성과였다. 그러나 동남아시아에 대한 그의 야망은 훨씬 더 공격적이었다. 1282년 쿠빌라이는 참파를 상대로 해상 원정을 단행했다. 이는 참파 항구에서 그의 사신 네 명이 억류된 사건에 대한 대응이었다. 물론 이 억류는 원나라와는 아무런 관련이 없는 왕위 계승 분쟁의 와중에서 발생한 일이었지만, 2년에 걸친 격렬한 저항전으로 돌변하여 몽골에 엄청난 수의 사망자를 유발했다. 또한 1293년 쿠빌라이는 마지막 해상 원정을 자바(Java)로 보냈다. 그 목적은 황제의 사신을 모욕한 것에 대한 응징이었다. 이 역시 자바 내부의 왕위 계승 분쟁 중에 서로 다른 세력이 원나라를 자기 편으로 끌어들이려 했던 상황에서 발생한 일이었다. 결과는 또 한 번의 굴욕적인 패배였다.

지정학적 조건으로 인해 대몽골국은 육상처럼 해상을 마음대로 건널 수 없었기에, 원은 육로로 교류할 수 있는 '오랑캐(夷)' 국가와 해상에 위치한 '외부 오랑캐(外夷)' 국가를 구별했다. 원칙적으로 모든 외국은 원나라의 권위에 복속해야 했지만, '바다 너머'에 있는 국가에 대해서는 조공 체제에 참여하도록 초청하는 방식을 취했으며, 그들을 강제하지 않았다.

페르시아로의 항해

쿠케친 왕비를 페르시아로 호송하는 사절단은 처음에 몽골이 자신 있게 통제력을 행사할 수 있는 육로를 통해 이동하려 했다. 그러나 그 경로가 너무 위험하다는 사실이 드러나자, 쿠빌라이는 그녀를 해상으로 보내기로 결정했다. 그는 이 사절단이 해상 국가들을 굴복시키기를 기대한 것은 아니었지만, 그 국가들의 통치자가 사신에게 존경을 표할해 줄 것까지는 기대했다. 이러한 존경을 얻기 위해서는 항해를 성대하게 준비해야 했다. 선원, 병사, 외교관, 종복들을 온전히 갖춘 화려한 구성의 사절단이 필요했다. 마르코 폴로는 왕비의 수행단만 해도 600명이나 되었고, 그 가운데 여성 시종만 100명이라고 전한다. 선원 수는 대략 짐작할 수 있다. 선단은 총 14척의 배로 구성되었으며, 그중 적어도 4~5척에 각각 250~260명의 선원이 나누어 승선했으므로 약 3,000명의 선원이 참여했을 것으로 추정된다.

큰 선박에는 돛대가 4개, 돛이 12개였고, 보조 돛대 2개까지 추가로 설치될 수 있었다. 천주에서 출항하는 다른 선박들에 대한 마르코 폴로의 설명에 따르면, 선박에는 단층 갑판 구조에 여행자를 수용할 수 있는 최소 60개의 작은 선실이 있었다. 선체는 13개의 격벽으로 나뉘어 있어 화물을 나누어 실을 수 있었고, 이번 항해에서는 2년치 식량과 보급품이 실려 있었다. 각 선박은 좁은 구역에서 선박을 조종하기 위한 두세 척의 부속선(tenders)을 예인했는데, 가장 큰 부속선은 최대 100명의 선원을 태울 수 있었다. 또한 선체 측면에는 소형 선박이 최대 열 척까지 단단히 묶여 있었고, 이는 낚시를 하거나 선박과 해안 사이에서 화물과 승객을 실어나르는 데 사용되었다.

중국에서 페르시아까지 왕복 항해에 2년이 걸릴 것이라는 예상은 결코 지나치지 않았다. 그러나 모든 것이 타이밍에 달려 있었고, 그 성공 여부는 몬순(monsoon)을 제대로 만나느냐에 달려 있었다. (사실 'monsoon'이라는 말 자체가 '계절'을 의미한다). 겨울 몬순은 바람이 북동쪽에서 불어, 동쪽에서 서쪽으로 항해하기에 이상적이다. 반대로 우기인 여름 몬순 동안에는 바람의 방향이 바뀌어 남서풍이 불고, 이 바람은 선박을 서쪽에서 동쪽으로 이동시킨다. 바람은 4월 말이나 5월 초에 북동에서 남서 방향으로 바뀌고, 다시 10월 말이나 11월 초에 반대로 전환된다. 바람의 방향이 바뀌면 해류도 함께 움직이므로, 항해의 효과는 배가 된다. 지역별로 바람의 세기나 시점에는 일부 차이가 있지만, 대규모 계절풍 체계는 일정하다.

중국에서 페르시아까지 1년 안에 항해하려면 겨울 몬순이 확실히 자리 잡은 즉시, 보통 12월에 출항하는 것이 필수적이다. 그러나 쿠케친의 항해는 천주항을 조금 늦게 출발한 것으로 보이며, 아마도 1291년 1월에 출발한 것으로 추정된다. 선단은 남서쪽으로 향하여 남중국해를 건너 먼저 비자야(Vijaya, 참파)에 기항한 후 베트남 남해안의 무인도인 콘도르 군도를 지나 말레이반도 남단의 싱가포르 해협을 향해 항해를 계속했다. 싱가포르 해협은 수심이 얕아서 항해에 주의가 필요한 구간이다. 이 해협을 무사히 통과한 뒤, 선단은 북서쪽으로 방향을 틀어 말라카 해협을 따라 항해하며 인도양을 향해 나아갔다.

그들의 항해는 수마트라 북단에 있는 해양 왕국 사무드라(Samudra)에서 멈췄다. 사무드라는 산스크리트어로 '일곱 바다'를 뜻하며, 오늘날 우리가 아체(Aceh)라고 부르는 지역이다. 이 지역의 통치자는 쿠빌라이 칸에게 충성을 맹세했지만, 여행자들은 식인종에 대한 두려움 때문에 그곳에 머무는 것을 꺼려 했다. 이러한 두려움은 사실 근거가 없는 것이지만, 그들은 항구를 향해 진지를 구축하고, 삼면을 해자로 둘러싸고 망루 5개로 진영을 보호했다. 폴로의 언급에 따르면, 시간이 지나면서 그들은 현지인과 식량 공급에 대한 합의를 이끌어냈다. 결국 현지의 신선한 생선과 야자수로 만든 술의 맛이 마르코 폴로의 마음을 사로잡았다.

사무드라에 캠프를 구축한 것은 바로 몬순 때문이었다. 선단은 4월에 사무드라에 도착했던 것으로 보이며, 이는 벵골만을 건널 수 있는 시기를 이미 놓친 때였다. 여름 몬순이 시작되면, 폭우, 폭풍, 역방향 해류 등으로 인해 벵골만 횡단이 불가능해진다. 따라서 공주와 수행단은 9월이 돼서야 항해를 재개할 수 있었다. 이때는 19세기 인도양의 표준 항해 매뉴얼에 따르면 북동 계절풍이 다시 불어오는 '좋은 계절(fine season)'이었다. 벵골만을 건너기 위해 말라카 해협의 말레이시아 쪽을 따라 북쪽으로 정크세일론(Junkseylon, 현재 태국의 푸켓)까지 올라간 뒤, 서쪽으로 방향을 틀어 니코바르 제도와 안다만 제도 사이를 곧장 항해하라고 항해사는 권고를 받는다. 마르코 폴로는 이 경로를 따라갔음을 확인해주며, 두 군도에 대한 묘사도 함께 남겼다. 다만 개 머리를 한 안다만섬 주민과 나무뿌리에 걸린 배에 관한 폴로의 기이한 이야기는 선단이 두 군도에 상륙하지 않았음을 시사한다.

벵골만을 횡단한 이후 마르로 폴로가 남긴 선단의 이동 경로는 인도에서 쿠케친의 여정을 재구성하는 데 큰 도움이 되지 않는다. 그는 코로만델 해안과 실론에 대해 묘사하긴 하지만, 여행 일지라기보다는 요약된 여행기에 가까운 문체로 서술했다. 그러나 그가 실론의 콜롬보 바로 서쪽에 있는 탐브라파르니강(Tambraparni River) 하구에 위치한 카얄에 들렀음은 확실해 보인다. 왜냐하면 그는 그곳을 "크고 고귀한 도시"이자, 멀리 호르무즈까지 "서방과 교역하는 모든 선박의 항구"라고 묘사했기 때문이다. "상인이 말과 기타 상품을 사기 위해 각지에서 여기로 모여든다." 또한 폴로는 "특히 외국 상인과의 거래에서 [카일(Cail, 곧 카얄)] 왕이 매우 공정하게 그들의 이익을 유지한다. 그래서 상인이 기꺼이 이곳을 찾는다"라며 엄격하게 정의를 유지하는 현지 군주를 상찬한다. 이러한 평가는 대부분의 항구 도시의 군주가 무역을 촉진하기보다 거기서 뭔가를 빼먹으려 드는 현실을 잘 아는 상인의 관점에서 나온 매우 높은 평가였다.

그 후 폴로의 기록은 카얄을 출발하여 코모린 곶(Cape Comorin)을 돌아 인도 말라바르(Malabar) 해안을 따라 북상하는 여정으로 독자를 이끈다. 이 해안선에 대해 그는, 현지 관습상 항로를 이탈한 선박의 화물은 압수될 수 있다는 인식이 있었으며, 이러한 관념 때문에 중국 선장들은 그 지역에서 머무는 시간을 최소화하려 했다고 전했다. 해변에 배를 정박하고 화물을 싣는 경우에도, 공격이나 몰수를 피하려고 나흘 안에 그곳을 떠나고자 했다. 폴로는 이 해안선을 따라 인도양으로 향하는 일련의 항만 국가들(port-states)을 차례로 묘사하지만, 쿠케친의 사절단에 관한 언급은 전혀 없다. 게다가 그의 항구 목록에 쿠케친이 명백히 방문하지 않은 아프리카 해안의 잔지바르(Zanzibar)가 포함되어 있다. 따라서 1차 정보

(직접 방문)와 2차 정보를 구별하여 실제 사절단이 기항한 항구를 식별하는 것은 불가능하다.

마르코 폴로가 단언하는 한 가지 사실은 페르시아만 입구의 호르무즈까지 가는 여정이 18개월이 걸렸다는 점이다. 만일 그와 쿠케친 일행이 1291년 1월에 천주에서 승선한 것으로 계산한다면, 1292년 6월에 호르무즈에 도착한 셈이다. 그러나 그 시기는 여름 몬순기로, 그때 아라비아해를 건너는 것은 불가능했다. 따라서 그는 사무드라에서 여름 몬순이 끝나기를 기다려야 했고, 그곳에서부터 18개월이라는 여정을 계산한 것임이 분명하다. 폴로는 자신의 회고록의 다른 곳에서, 호르무즈의 상인이 겨울 동안 한가롭게 지내면서 계절이 끝날 무렵 인도에서 오는 선박의 도착을 기다린다고 언급한 바 있다. 이러한 점을 고려할 때, 사절단은 1292년에서 1293년으로 넘어가는 겨울에 호르무즈에 도착했으니 중국에서 출발한 전체 항해는 정확히 2년이 걸렸던 셈이다.

이로써 명백해진 사실은 가엾은 쿠케친 왕비가 배에서 오랜 시간을 보냈다는 점이다. 이는 사절단이 단순히 공주를 인도하는 것 외에도 다른 임무도 수행하고 있었음을 암시한다. 우리는 쿠빌라이가 어떤 특별한 관심을 가지고 왕비가 방문한 항구의 군주에게 압력을 가했는지 정확히 알 수는 없지만, 그가 자신의 위대함을 세계에 상기시킬 기회를 그냥 넘겼을 리는 없다는 점은 확실하다. 그 임무는 신부를 인도하는 두 번째 시도에 국한된 것이 아니라, 적어도 1280년대에 쿠빌라이에게 찾아온 조공 사절단에 대한 답례의 성격과 함께 인도양 주변의 소국 통치자들에게 자신이 최고의 지배자임을 상기시킬 기회였다.

신랑의 사망

쿠케친 사절단은 아라비아해를 건너 1293년 초에 페르시아만 어귀에 있는 호르무즈에 이르렀다. 그 항구에서 그들은 육로를 따라 일 칸국의 수도 타브리즈로 향했다. 그러나 그 여정 가운데 말라카 해협에 머물던 시기에,

그들은 아르군이 1291년에 사망했다는 소식을 접했다.

이제 신랑이 없는 상황에서 그들은 쿠케친을 어떻게 해야 할까? 당시 일 칸국의 권력은 아르군의 동생 게이하투(Gaykhatu, 재위 1291~1295)에게 넘어가 있었다. 그는 아르군의 아들 가잔을 제치고 권력을 장악했으며, 자신을 제5대 일 칸으로 선포했다. 게이하투는 아르군의 아내들을 취했지만, 쿠케친에 대해서는 아무런 권리가 없었다. 아르군과 쿠케친 사이에 결혼이 이루어지지 않았기 때문이다. 사절단은 이 상황을 어떻게 처리해야 할지 난처해졌고, 결국 쿠빌라이에게 지침을 요청하는 사신을 보냈다. 쿠빌라이의 답변은 쿠케친을 게이하투에게 넘기지 말라는 것이었다. 아마도 게이하투가 정통의 후계자가 아니라고 여겼기 때문일 것이다. 게다가 게이하투는 계승 문제를 쿠빌라이와 상의하지 않았기에, 쿠빌라이는 그녀를 가잔에게 주도록 지시했다.

당시 가잔은 페르시아 동부 변경의 산악 요새를 방어하러 나가 있었는데, 이는 아마도 게이하투가 그를 정치 중심에서 멀리 떼어놓으려는 조치였을 것이다. 일단 이 문제에 대한 쿠빌라이의 뜻이 명확히 알려지자, 게이하투는 더 이상 어찌할 방도가 없었다. 사절단은 그의 궁정을 떠나 동쪽의 아브하르(Abhar, 이란 잔잔주 아브하르주 중부의 도시)라는 도시로 향했다. 이 시점에서 마르코 폴로는 별다른 언급을 남기지 않았지만, 이야기의 흐름은 라시드 앗 딘(Rashīd al-Dīn)이 편찬한 몽골 세계의 역사서(『집사』)를 통해 이어진다. 라시드 앗 딘은 이슬람으로 개종하고 가잔의 통치 아래 일 칸의 궁정에서 재상(vizier)의 지위까지 오른 유대인 의사였다. 그의 기록에 따르면, "대[카툰] 불루간(Great Bulughan)의 친족 여성을 데려와 자신의 자리에 앉히기 위해 아르군 칸이 대칸에게 보낸 코자(Qoǰe)와 다른 사절들"이 도착했다고 한다. (코자가 일 칸이 공주를 얻기 위해 중국으로 보낸 세 명의 사절 가운데 한 명이라는 점을 기억하라. 그의 이름은 시합 앗 딘이 해상 사절단의 비용 지불과 관련해 제출한 문서에 출현한다. 나머지 두 명의 사절은 도중에 사망했다.) 라시드 앗 딘은 계속해서 다음과 같이 기록한다. "공주 쿠케친과 함께 그들은 왕에게 걸맞는 카타이 (Cathay)와 중국의 진귀한 보물을 가지고 도착했다." 결혼이 완전히 성립된 후 "가잔 칸은 게이하투에게 호랑이 한 마리와 다른 선물 몇 가지를 보냈다." 이는 쿠빌라이가 보낸 지참금의 일부를 나눈 것으로, 몽골의 '전리품' 공유 관행에 따른 행동이었다.

임무가 완수되자 폴로 가족과 다른 일행은 타브리즈에 있는 게이하투의 궁정으로 돌아갔다. 그들은 무려 아홉 달 동안이나 출발 허가를 기다려야 했는데, 베네치아가 24년 만에 가장 가까워진 시점에서 이런 기다림은 지루하고 견디기 힘든 시간이었을 것이다. 그리고 마침내 일 칸은 그들에게 베네치아로 돌아갈 것을 허락했다. 게이하투는 그들에게 대칸의 사신에게만 주어지는 특별한 통행패를 발급했다. 통행패는 길이가 약 46센티미터에 달하는 두꺼운 금패로, 그 위에는 다음과 같은 문구가 새겨져 있었다. "영원한 [하늘] 신의 힘에 의해 대칸의 이름은 영원히 경배되고 찬미되어야 한다." 또한 통행패에는 이 패의 소지자에게 위해를 가하는 이는 곧 대칸에게 폭력을 행사하는 것과 같고, 이에 대한 처벌은 사형과 범죄자 가족의 가산을 몰수라고 명시했다. 그러나 아무리 위협적인 문구가 새겨져 있더라도, 마르코는 자신의 안전한 귀환이 실제로는 게이하투가 왕국 밖으로 폴로 일행을 호위하도록 배정한 200명의 기마병이라는 "필수적인 안전 조치"에 달려 있다는 것을 알고 있었다. 그들은 말을 타고 레바논 해안까지 내려간 뒤 배를 타고 콘스탄티노플로 향했고, 거기서 베네치아로 이동했다. 1291년에 시작된 항해가 마침내 끝났고, 때는 이미 1295년이었다.

사절단 임무를 수행하는 데 따랐던 희생은 막대했다. 공주의 원래 수행단 600명 가운데 타브리즈를 떠날 당시 살아남은 사람은 겨우 18명뿐이었다고 마르코 폴로는 보고했다. 그 가운데 100명의 여성에 대한 기록은 사본마다 다르다. 표준 이탈리아어 판본에서는 단 한 명의 여성만이 사망했다고 기록되어 있다. 반면 일반적으로 손상되고 왜곡된 것으로 여겨지는 베네치아 방언 필사본에서는 오히려 반대로 단 한 명, 쿠케친을 제외하고는 모두 사망했다고 서술했다.

폴로 일행이 귀국한 그해 가을, 게이하투가 자신의 군사령관에게 교살당했다. 그는 여러 이유로 인기가 없었다. 계승의 정당성에 대한 의구심이 술, 여성, 남색에 대한 비난과 뒤섞였고, 백성의 분노를 결정적으로 폭발시킨 계기는 원조의 방식으로 인쇄된 지폐를 도입한 것이었다. 이 지폐는 원에서 법정 화폐로 그럭저럭 기능했지만, 일 칸국에서는 전례가 없는 것이었다. 어떤 상인도 이를 받으려 하지 않았고, 페르시아 경제는 거의 마비 상태에 빠졌다. 게이하투가 사망한 뒤, 왕좌는 처음에 그의 사촌에게 넘어갔지만, 가잔이 이에 개입하여 두 번째 찬탈자[6]를 물리치고 1295년 10월에 권력을 차지했다. 그리하여 겨우 24세가 되기 직전, 가잔은 제7대 일 칸이 되었고 '푸른 왕비'가 그의 여왕이 되었다. 이 장의 서두에 소개한 그림은 아마도 그 직후에 완성되었을 것이다. 이 그림은 가잔이 자신의 재상 라시드 앗 딘을 후원해 왕실의 영광을 기념하기 위해 제작한 역사서(『집사』)의 삽화본 가운데 하나로 오늘날까지 전해지고 있다.

이 모든 일이 마무리되었을 때, 쿠빌라이는 이미 사망한 지 1년이 지난 상태였다. 그의 손자이자 계승자인 테무르는 일 칸국의 정세에 계속 관심을 기울였다. 이러한 관심의 표현 중 하나는 가잔에게 하사한 한자 인장(印章)이었다. 그 인장에는 "나라를 세우고 백성을 통치하는 왕부의 새보[王府定國理民之寶]"라는 문장이 새겨져 있었다.

이 문장은 다소 포괄적 표현으로, 이는 테무르의 막료들이 일 칸국이나 그 통치자의 지위에 대해 그리 명확하게 인식하지 못했음을 암시한다. 그 인장은 오늘날 전해지지 않지만, 우리는 그 문구를 알고 있다. 왜냐하면 가잔이 이집트 맘룩(Mamluks)을 레반트(Levant)에서 몰아내기 위해 십자군에 군대를 합류시키겠다고 제안하며 1302년에 교황 보니파시오 8세

---

6 바이두를 지칭.

(Boniface VIII, 재위 1294~1302)에게 보낸 서신에 그 인장이 찍혀 있기 때문이다. 그 서신은 오늘날 바티칸 문서 보관소에 보존되어 있다. 가잔은 중국어를 몰랐기에 그 인장을 읽을 수 없었고, 아마도 쿠케친에게 그 의미를 물어야 했을 것이다. 그리고 가잔이 이 인장을 외교 서신에 사용하는 것이 적절하다고 판단했다는 사실은, 비록 제국의 네 칸국이 점점 더 멀어지고 있었지만, 여전히 몽골제국이 이 세계 속에서 중요했음을 말해준다.

가잔은 페르시아를 불교에서 이슬람교로 개종시킨 인물로 오늘날 기억된다. 그는 '마흐무드(Mahmud)'라는 이름을 취하고 수피즘을 백성에게 강제하면서 이란의 불교 전통을 철저히 근절했다. 서아시아의 다른 몽골 군주도 똑같은 일을 했고, 결국 이슬람은 이들을 따라 인도까지 확산되어 무굴 제국의 등장을 이끌었다. 이슬람 개종으로 인해 가잔이 몽골 세계로부터 완전히 단절된 것은 아니었지만, 그로 인해 동방과의 문화적 유대는 약화되었다. 그럼에도 불구하고 일 칸국은 가잔 시대와 그 이후에도 대원국과 외교적 소통을 유지했고, 1330년대까지도 북경[역자: 대도]으로 사절단을 보내 [대칸에게] 경의를 표하는 관계를 유지했다.

반면 푸른 왕비 쿠케친은 역사 속에서 완전히 자취를 감추었다. 만약 그녀가 가잔의 아들을 낳았더라면 그렇게 철저하게 사라지지는 않았을 것이다. 하지만 가잔은 그 점에서는 불운했다. 그는 8명의 배우자를 두었지만, 1304년 서른셋의 나이로 사망했을 당시 살아남은 자식은 딸 하나뿐이었다. 그의 유일한 아들은 그에 앞서 4년 전 두 살의 나이로 세상을 떠났다. 마르코 폴로는 운이 더 좋았다. 베네치아로 돌아온 지 5년 후, 그는 40대 후반의 나이로 도나타 바도에르(Donata Badoèr)와 결혼했다. 그가 세상을 떠났을 때, 그의 곁에는 아내와 세 딸, 그리고 귀환길에 데려온 몽골인 노복 페터가 함께 있었다. 마르코 폴로의 마지막 행동은 페터를 자유인으로 해방시키고 그에게 100리라의 소박한 유산을 남겨준 것이었다. 그 후 페터 역시 역사에서 자취를 감추었다.

대원국(大元國)

제3장

흑사병

1346년 카파

금장 칸국(Golden Horde)의 영역은 쿠케친이 1295년에 왕비가 된 일 칸국의 북쪽에 자리했다. 칭기스 칸 사후 2세대 만에 몽골제국이 네 영역으로 분열되었을 때, 금장 칸국('Golden Horde'는 'Altan Ordu'의 번역어이며 '중앙 군영'을 뜻한다)과 대원국이 가장 영토가 넓었다. 금장 칸국은 차가타이 칸국(Chagatai Khanate)에서 시작하여 서쪽으로 흑해까지 뻗어 있었고, 원은 같은 지점에서 시작해 동쪽으로 중국 전역을 가로질러 태평양 연안까지 펼쳐져 있었다.

자니벡(Janibeg, 재위 1342~1357)이 1342년 금장 칸국의 칸이 될 수 있었던 것은, 그가 칭기스 칸의 직계 후손이었기 때문이었다. 세대가 아무리 멀어졌더라도(실제 자니벡은 칭기스 칸과 7세대 차이였다), 직계 후손이라는 자격 없이는 누구도 칸이 되지 못했다. 가잔은 2세대 전에 같은 지위를 이용해 칸이 되었으며, 자니벡은 자신의 5종 사촌을 두 차례 제거하고 칸이 되었다. 칭기스 칸의 가계도에서는 상당히 먼 거리지만, 이러한 방식으로 한 유목민의 후손들이 그의 사후에 한 세기가 넘게 유라시아 대부분의 지역을 지배한 것이다.

그러나 단순히 후손이라는 사실만으로는 충분하지 않았다. 칭기스 칸의 후손은 많았고, 모두가 칸이 된 것은 아니었다. 자니벡도 이 사실을 잘 알고 있었다. 그의 아버지가 1341년 사망했을 때, 칸의 지위는 자니벡의 형에게 넘어갔다. 자니벡은 계승 서열에 없었기에, 권력을 잡을 유일한 방법은 전통적으로 반복된 '유혈의 테니스트리' 관행, 즉 형과 다른 형제를 살해하는 방식에 의존하는 것이었다. 그는 이 권력 투쟁에서 승리했고, 이 승리는 그에게 통치할 천명이 있다는 표시로 받아들여졌다. 그러나 그렇다고 해서 자니백이 안심하고 평생 금장 칸국의 주인이 될 수 있다고 여긴 것은 아니었다. 그는 자신의 군대를 계속 기동해야 했고, 특히 비몽골 세력이 자리한 북쪽과 서쪽 국경에서 어떠한 좌절도 허용하지 않아야 했다.

권력을 장악한 지 1년 후, 자니벡은 돈강 어귀의 흑해에 있는 이탈리아 무역항인 타나(Tana)에서 발생한 사건을 알게 되었다. 금장 칸국의 칸들은 이탈리아 상인들이 자신들이 직접 구할 수 없는 사치품을 공급했기에 그들에게 관대했다. 그런데 한 베네치아 상인이 거리에서 몽골 귀족을 모욕하는 사건이 발생했다. 사건 자체는 사소했지만, 자기 사람에 대한 모욕은 곧 칸 자신의 명예에 대한 모욕이었다. 막 즉위한 상황에서 자니백은 뭔가 행동하지 않을 수 없었다. 비록 그것이 지중해 경제권과의 연결에 균열을 일으켜 자신의 권위를 장식하고 신하들에게 하사하던 물품의 흐름을 차단하는 결과를 초래하더라도 말이다. 자니백은 타나를 응징하기 위해 군대를 파견했다. 그러자 그곳에 있던 대부분의 베네치아 상인은 도망쳐 480킬로미터 떨어진 가장 가까운 이탈리아 무역항으로 피신했다. 그곳은 지금의 페오도시야(Feodosia) 지역인, 크림반도 남쪽 해안가의 카파(Caffa)라는 항구였다. 카파는 제노바의 항구였지만, 베네치아와 제노바 사이의 오랜 경쟁(마르코 폴로가 투옥되고 루스티켈로가 그의 여행을 기록할 만큼 오랫동안 감옥에 갇힌 원인을 제공한 베네치아와 제노바 사이의 전쟁을 떠올려 보라)을 감안하더라도, 금장 칸국이라는 더 큰 위협 앞에서 그러한 차이는 아무 의미가 없었다. 타나에서 자신의 명예를 회복할 기회를 빼앗긴 자니벡은 이듬해에 군대를 보내 카파를 포위하고 모든 이탈리아인을 응징하려 했다. 바로 여기서부터 이 이야기가 시작된다.

카파에 시신을 던지다

카파 포위 공격은 1344년에 시작되어 결론 없이 질질 이어졌다. 카파는 성벽으로 둘러싸인 항구 도시였고, 해상을 통한 지원이 끊이지 않았다. 육지에 기반을 둔 몽골인은 항구를 질식시키고 이탈리아인에게 그들의 오만함에 대한 대가를 치르게 할 만큼 효과적인 봉쇄를 가할 수 없었다. 2년이 흐른 뒤, 금장 칸국의 병사들이 병에 걸리기 시작했다. 이후에 벌어진 일을 우리가 알 수 있는 것은 전적으로 우연히 살아남은 한 필사본 덕분이다. 이 필사본은 브로츠와프 대학 도서관에 보관되어 있던 지리학 저작 선집에 포함되어 있었으며, 그 안에는 제노바 배후지에 자리한 피아첸차(Piacenza)의 공증인 가브리엘 데 무시스(Gabriele de' Mussis)의 비망록이 실려 있었다. 그는 그 병사들이 병에 걸렸을 때 카파에서 무슨 일이 일어났는지 이야기하지만, 먼저 더 큰 배경을 이렇게 설명한다. "1346년에 동방 국가들에서 셀 수 없이 많은 타타르인과 사라센인(대략적으로 몽골인과 무슬림을 일컫는 표현)이 정체불명의 병에 걸려 쓰러졌는데, 이 병은 갑작스러운 죽음을 가져왔다. 그 지역들, 광활한 영역들과 찬란한 왕국들, 도시들과 마을들, 촌락들까지 병에 짓눌리고 참혹한 죽음에 삼켜져 주민이 사라진 황량한 땅이 되었다."

이렇게 배경을 설명한 뒤, 데 무시스는 모든 이탈리아인이 타나를 포기하고 카파로 도망친 이야기로 전환한다. 그는 이렇게 탄식한다. "오, 하나님! 이교도 타르타르 종족(Tartar races)이 사방에서 몰려와 갑작스레 카파의 도시를 포위하고, 그 안에 갇힌 그리스도인들을 거의 3년 동안이나 포위했나이다. 거대한 군대에 둘러싸인 그들은 숨쉬기도 힘들 지경이었습니다." 그때 갑자기 예상치 않게 포위 중이던 몽골군이 붕괴했다. "온 군대가 하나의 질병에 감염되었고, 그 병은 타르타르를 휩쓸어 매일 수천 명씩 죽어나가게 했습니다. 마치 하늘에서 화살 비가 쏟아져 타르타르인의 오만을 꿰뚫고 짓밟는 듯했습니다. 어떤 의학적 조언이나 치료도 소용이 없었습니다."

포위 공격은 실패했지만, 몽골인은 카파를 떠나기에 앞서 마지막 복수 행위를 감행했다. 그들은 중국에서 발명된 투석기에 시체를 실어 도시 안으로 던져 넣었다. 이 평형추 공성기(攻城機)는 평형추가 땅으로 내려올

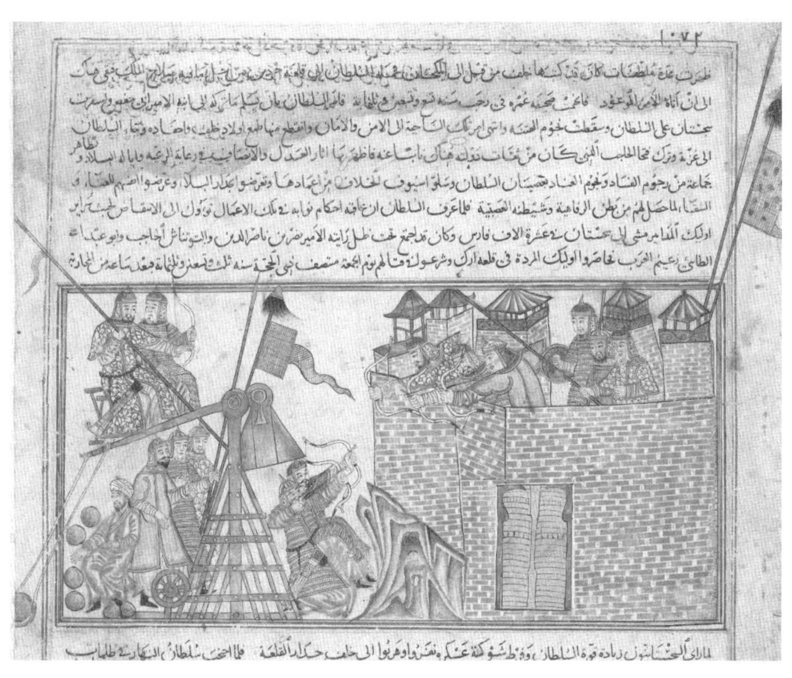

[그림 5] 라시드 앗 딘의 『집사』에 묘사된 투석기를 이용한 몽골군의 공성전 장면. 여기서 투척되는 것은 흑사병에 감염된 시신이 아니라 돌이다. 그러나 그 사건을 기록한 유일한 이탈리아인의 증언을 믿을 수 있다면, 이는 카파에서 유럽인들에게 흑사병을 전염시켰을 때 금장 칸국의 군대가 사용한 기술이었다.

때 고무줄총처럼 늘어뜨린 긴 줄에서 발사체를 날리는 방식으로 투석기와 같은 역할을 했다. 효과는 즉각적이었다. 카파에 전염병이 퍼진 것이다. 데 무시스는 병사들이 보인 증상을 "겨드랑이나 사타구니가 부은 후 아주 불쾌한 열이 뒤따른다"라고 묘사했고, 이 증상이 도시 주민 사이에 나타나 며 극심한 공포를 유발했다. "마치 산처럼 쌓인 시체가 도시 안으로 던져 졌고, 그리스도인들은 가능한 많은 시체를 바다로 내다 버렸지만 그것을 피하거나 숨을 수 없었다."

[그림 5]에 보이는 몽골 투석기 그림은 2장에서 소개된 쿠케친 왕비와 가잔의 혼인을 그린 삽화와 같이 『집사』에서 가져온 것이다. 투석기 꼭대 기에 꽂힌 장대에서 휘날리는 검은 말총 '툭(tugh)'이 눈에 띄는데, 이는 전쟁의 깃발이 올랐음을 상징한다. 이 그림에서 병사들이 성벽 너머로 무 엇을 던지고 있는지는 명확하지 않다. 적어도 시체는 아니다. 무엇인가를 담고 있는 바구니를 연결한 줄은 그림의 왼쪽 끝으로 사라지며 화면에서 잘려나간다. 다만 기계를 조작하는 아랍 장인의 발 주위에 흩어져 있는 대 여섯 개의 대포알이 발사체가 무엇이었는지 암시해준다. 이 삽화는 카파 공성전을 직접 묘사한 것이 아니며, 나는 그저 당시 카파에서 벌어진 장면 이 어떤 모습이었을지를 상상하는 데 도움이 되기를 바라는 의도로 제시 한 것이다. 그렇지만 그것은 실제로 생물학적 대량 살상무기로서 작동했 다. "이내 썩어가는 시체가 공기를 오염시키고 상수도를 독으로 오염시켰 다"라고 데 무시스는 기록했다. "악취가 너무 심해 수천 명 가운데 타타르 군대가 남긴 잔해에서 벗어날 수 있는 이는 거의 없었다."

질병은 카파 안에서만 끝나지 않았다. 카파에서 도망친 이탈리아인들이 전염병을 함께 퍼뜨린 것이다. 데 무시스는 이렇게 설명한다. "어떤 배들 은 제노바로 향했고 또 다른 배는 베네치아와 다른 기독교 지역으로 갔다. 선원들이 그곳에 도착해 그곳 사람들과 섞이자, 마치 악령을 데려온 것처 럼 모든 도시, 모든 정착지, 모든 지역이 전염병에 오염되었고, 남녀 할 것 없이 주민이 갑작스럽게 죽어나갔다." 크림 반도와 이탈리아 사이를 오가던 배들이 질병이 유럽으로 퍼지는 통로가 된 것이다. 전쟁이 흑해로 전염병을 가져왔지만, 무역이 그것을 유럽으로 실어 날랐다.

동방에서 온 전염병

데 무시스에 따르면, 유럽은 아시아 전역에 처음으로 퍼진 전염병이라는 긴 이야기의 다음 장(章)에 불과했다. 그는 전염병으로 쓰러진 종족들(peoples)을 이렇게 나열한다. "1346년부터 1348년 사이, 전염병이 몰고 온 사망자의 쓰라린 사건들을 눈물로 통과하며 살아남은 사람들—즉 중국인, 인도인, 페르시아인, 메디아인, 쿠르드인, 아르메니아인, 킬리키아인, 조지아인, 메소포타미아인, 누비아인, 에티오피아인, 투르크인, 이집트인, 아랍인, 사라센인과 그리스인(동방의 거의 모든 지역이 감염되었으므로)—은 최후의 심판이 도래한 것이라고 믿었다." 이 전염병은 동방에서 시작된 것이었고, 그 명단의 첫머리에 중국인이 있었다.

아시아가 유럽에 앞서 황폐화되었다는 것은 그저 소문으로만 전해졌고, 데 무시스 자신도 그에 대해 확신할 근거를 가지고 있지 않았다. 그러나 유럽인이 믿었던 것은 바로 그 이야기였다. 그 소문은 영국에도 전해졌다. 1348년 8월 17일, 배스(Bath)의 주교는 부주교들에게 대륙으로부터 다가오고 있는 전염병에 대한 경고 편지를 쓰면서, 그것을 "동방에서 온 참혹한 전염병"이라고 불렀다. 그 전염병은 이미 프랑스에 엄청난 피해를 입혔는데, "만약 우리가 진심으로 그리고 끊임없이 기도하지 않는다면, 유사한 역병이 독을 품은 가지처럼 이 땅으로 뻗어 와 주민을 쓰러뜨리고 집어삼킬 것"이라고 했다. 그는 교구 내 모든 교회에서 매주 금요일마다 참회의 행렬을 조직하라고 지시했는데, 하나님이 "건강한 공기(healthy air)"를 보내주시길 간구하기 위함이었다.

영국 수도사 토마스 월싱엄(Thomas Walsingham) 또한 동쪽을 주시했다. 그는 1348년에 하지(夏至)부터 성탄절까지 비가 꾸준히 내렸고, 그 뒤에 "동방으로부터 사라센과 다른 불신자 사이에 사망자가 발생했는데,

그 수가 너무 커서 사라센의 10분의 1도 채 살아남지 못했다”고 기록했다. 그는 “이 전염병이 동방에서 왔다”고 확신했다. 에이브즈버리의 로버트(Robert of Avesbury)도 같은 방식으로 기록을 남겼다. “이 역병은 사라센 사람들이 거주하는 땅에서 처음 시작되었다.” 로체스터의 한 교회 연대기 작가는 이러한 일이 어디서 일어났는지 보다 구체적으로 서술했다. “사망률이 높은 죽음이 인도에서 시작되었으며, 이후 불신자의 땅인 시리아와 이집트 전역을 휩쓴 후 그리스, 이탈리아, 프로방스, 프랑스를 거쳐 영국에 이르렀다. 그리고 이곳에서도 남녀노소를 가리지 않고 3분의 1 이상을 죽음에 이르게 했다.” 당시 영국 작가들은 인도가 어디에 있으며 또 어떤 곳인지에 대해 명확히 알지 못했으나, 그곳이 동방의 아주 먼 곳이라는 인식은 있었다. 그리고 이들의 생각에 동의하는 이가 많았다. 옥스퍼드셔의 서기인 제프리 르 베이커(Geoffrey le Baker)가 이 “예기치 못한 보편적인 역병”이 “인도인들과 투르크인들의 동방 땅에서” 왔다고 주장했을 때, 그는 널리 믿어지던 이야기를 되풀이한 것이었다.

중동의 무슬림 관찰자들은 사건의 현장에 더 가까웠고, 동방의 지리에 대해서도 유럽인보다 더 명확한 인식을 가지고 있었다. 카이로의 역사학자 타키 앗 딘 알 마끄리지(Taqi al-Din al-Maqrizi, 1364~1442)는 이 유행병이 “대칸의 땅,” 즉 금장 칸국에서 시작되었다고 기록했다. 그의 설명에 따르면, 근동 지역에서 최초의 발병은 1335년에 다름 아닌 일 칸국에서 시작되었다. 당시 가잔의 큰 조카 아부 사이드(Abu Said, 재위 1316~1335)가 9대 일 칸으로 즉위해 있었다. 그해 11월 그는 금장 칸국에 맞서 군사 작전을 벌이는 도중 여섯 자녀와 함께 사망했다. 이러한 재구성이 정확하다면, 전염병은 1335년 금장 칸국에서 일 칸국으로 전파되었고, 그 이후에야 더 서쪽으로 확산되었을 것이다. (카파에서의 감염은 아직 11년 후의 일이었다.) 이 사건은 일 칸국에 정치적으로 치명적인 충격을 안겼다. 왜냐하면 아부 사이드의 죽음과 함께 페르시아에서 칭기스의 계보가 단절되었기 때문이다.

카이로보다 사건의 현장에 더 가까웠던 알레포(Aleppo)에서도 사람들은 동쪽을 주목하고 있었다. 알레포의 역사가 이븐 알 와르디(Ibn al-Wardi)는 전염병을 직접 경험하고 1349년에 결국 전염병으로 사망했다. 그가 생전에 파악한 바에 따르면, 이 전염병은 "어둠의 땅(land of darkness)에서 시작되었다." 이 표현은 '북쪽'을 가리키는 포괄적인 용어로, 금장 칸국을 지칭하는 것으로 보인다. 그는 전염병이 15년 동안 더 넓은 지역에서 맹위를 떨쳤다고 이해했다. 그 기간은 9대 일칸이 1335년에 질병으로 사망했다는 알 마끄리지의 보고와도 일치한다. 감염병은 "인도에서 인도인을 괴롭혔고" 오늘날 파키스탄 남동쪽 구역에 해당하는 "신드(Sind) 일대를 짓눌렀다." 그것은 심지어 오늘날 키르기스스탄 지역에 있는 "우즈벡인의 땅까지 손을 뻗었고," 오늘날 우즈베키스탄에 해당하는 "트란스옥시아나(Transoxiana)의 등허리를 부러뜨렸다." 그리고 감염병은 옛 일 칸국에 있던 "페르시아인을 덮쳤고," 이어서 "걸음을 뻗어 키타이(Khitai) 땅까지 이르렀다." 여기서 키타이는 중국이 아니라 동투르키스탄의 카라 키타이(Qara Khitai, 서요)를 의미하는 것으로 보인다. 그는 전염병이 지나간 아시아 지역에 한 곳을 더 추가했는데, 바로 중국이다. "카타이(Cathay)는 전염병으로부터 보호받지 못했고, 가장 견고한 요새조차 그것을 막을 수 없었다." 한 세기 뒤, 알 마끄리지도 카이로에서 동일한 현상을 관찰했다. 그는 전염병이 일 칸국을 쓰러뜨린 뒤 "동방의 나라들 전역으로 퍼져나갔다"고 썼다. 그는 인도에 대한 언급은 하지 않았지만, "전염병이 중국에서 엄청난 수의 사람을 죽였다. 거기에서 살아남은 자는 거의 없었다"라고 전했다.

유행병이 퍼지고 있던 1340년대에 유라시아를 횡단했던 무슬림 관찰자가 한 명 있었다. 바로 엉뚱하고 자기중심적인 인물로 알려진 모로코 출신의 이븐 바투타(Ibn Battuta)였다. 그는 여러 지역에서 전염병의 가장자리를 피해 다녔다고 주장했지만, 인도나 중국에서는 전염병을 직접 경험하지 않았다고 한다. 1346년 전염병이 카파에 도달했을 무렵, 그는 인도에서 중국의 천주까지 해로로 왕복했다고 주장한다. 이는 반세기 전에 마르코 폴로가 이용했던 것과 같은 항로였다. 하지만 그의 여정에 기록된 날짜들이 워낙 부정확하여, 그가 정말로 천주에 갔더라도 일주일 만에 되돌아온 셈이 된다. 따라서 그가 중국에서 전염병을 언급하지 않았다는 사실을 근거로 중국에 역병이 없었다고 단정하긴 어렵다. 그가 처음으로 전염병을 언급한 것은 1347년 가을, 호르무즈에서 다마스쿠스(Damascus)를 향해 일 칸국을 지나던 중이었다. 그곳에서 그는 14년 전에 가잔의 조카[1]인 9대 일 칸(아부 사이드)과 그의 아들들이 전염병으로 사망했다는 소식을 들었다. 이븐 바투타가 다마스쿠스로 향한 것은 20년 전 그곳을 방문했을 때 동향 모로코인의 딸과 결혼하여 아이를 가진 후 곧바로 이혼했던 인연이 있어, 혹시나 그 아들을 찾을 수 있을지 기대했기 때문이었다. 그러나 그는 도착 후, 그 아이가 이미 10년 전에 죽었다는 사실을 알게 되었다. 1348년 6월 그는 알레포로 떠났으나, 역병이 몰려오고 있다는 소식을 듣고 되돌아섰다. 그가 다마스쿠스로 향하던 도중, 전염병은 그를 앞질러 예루살렘, 가자(Gaza), 알렉산드리아를 차례로 덮쳤다. 그는 알렉산드리아에서 나일강을 거슬러 올라간 후 홍해를 건너 메카(Mecca)까지 향했는데, 도착 1년 뒤 메카 역시 감염되었다. 마침내 이븐 바투타는 어머니를 보기 위해 귀국길에 올랐지만, 어머니는 몇 달 전 탕헤르(Tangier)에서 흑사병으로 이미 세상을 떠난 뒤였다.

중국을 흑사병의 역사 속에 포함시킬 때 어려움 중 하나는, 이븐 바투타, 이븐 알 와르디, 가브리엘 데 무시스처럼 흑사병과 관련시킬 수 있는 중국인이 한 명도 없다는 점이다. 우리는 멀리 떨어진 곳에서 수백만 명의 중국인이 사망했다는 이야기는 듣지만, 실제 그들에게 무슨 일이 일어

---

1 본문에 "9대 일칸을 가잔의 남동생(the Ninth Il-khan - Ghazan's younger brother)"이라고 적고 있는데 오류이다. 9대 일칸 아부 사이드(재위 1316~1335)는 가잔의 남동생 울제이투의 아들이다.

났는지 직접 물어볼 수 있는 이는 한 명도 없다. 일부 서양의 흑사병 연구자는 14세기 기독교 및 무슬림 작가들의 관찰을 근거로 흑사병이 동방에서 기원했다고 주장해 왔다. 반면, 일부 중국사 연구자는 중국 문헌에 관련 기록이 없다는 사실을 근거로 흑사병이 중국에 퍼지지 않았다고 추정하기도 한다. 이러한 기록의 부재를 고려할 때, 나보다 더 신중한 역사가라면 이 문제를 피해 갔을 것이고, 중국과 세계의 관계를 다루는 책에서조차 이 문제를 언급하지 않았을지 모른다. 그럼에도 불구하고 내가 이 문제에 뛰어드는 이유는, 페스트의 역사에 대해 우리가 알고 있다고 생각한 거의 모든 것이 게놈 해독이라는 새로운 기술에 의해 거의 전면적으로 바뀌고 있기 때문이다(자세한 것은 후술). 게놈(유전체) 연구는 전 세계적인 흑사병의 역사를 탐험할 수 있는 흥미로운 길을 열어주었고, 비록 그 끝이 아직 잘 보이지 않더라도 그 새로운 길을 들여다보는 것이 유익할 것이다.

흑사병

영어 단어 'plague'는 본래 맞아서 생긴 상처를 의미했다. 이후 이 단어는 대규모 인구 집단을 덮친 전염병(epidemics)을 가리키는 말이 되었다. 오늘날 과학자는 이것을 예르시니아 페스티스(*Yersinia pestis*, 페스트균)라고 알고 있는데, 이는 감염병(plague) 세포를 분리한 최초의 과학자인 스위스 생물학자 알렉상드르 예르생(Alexandre Yersin, 1863~1943)을 기리기 위함이다. 14세기 중엽에 흑사병이 발발했을 당시 유럽인은 그것을 "대사망(Great Death)"이라고 불렀다. 19세기부터는 이 전염병이 "흑사병(Black Death)"이라는 대중적 명칭으로 불리지만, 전문적으로 그것을 "제2차 펜데믹(Pandemic)"이라고 부른다.

흑사병은 야생 설치류에 기생하는 박테리아에 의해 발병한다. 이들 설치류는 박테리아의 숙주이며, 숙주의 피를 빨아 먹고사는 벼룩이 전염 매개자, 즉 페스트균이 설치류에서 설치류로 이동하는 수단이 된다. 그러나 14세기 의학 관찰자들은 들쥐는 물론이고 벼룩이 페스트와 관련이 있다는 사실을 전혀 알지 못했다. 그들은 감염자와 그들이 사는 우주 사이에 다른 연결을 만들었다. 1348년 프랑스 국왕의 요구로 파리의 의학 교수들이 쓴 보고서에서 이들 관계를 엿볼 수 있다. 그 보고서는 흑사병의 원인이 '오염된 공기'를 만들어 내는 행성들의 배열에 있다고 설명했다. 그 질병이 폐에서 체내로 침입한다고 생각한 그들은 폐페스트(pneumonic plague)의 특징을 이루는 전파 방식, 즉 공기 중에서 비말의 형태로 폐로 들어가 거기서 증식하는 방식을 이미 간파하고 있었던 셈이다. 그들의 표현을 빌면, "이 공기를 들이마시면 그것은 반드시 심장까지 침투하고, 거기에 있는 [인간] 영혼의 물질을 망가뜨리고 주위의 습기를 부패시킨다. 그렇게 생긴 열이 생명력을 파괴하니, 이것이 현 유행병의 직접적인 원인이다." 이러한 형태의 감염은 예방을 어렵게 했다. "모든 사람은 숨을 쉬어야 하므로, 누구나 오염된 공기에 노출될 위험이 있다"고 의사들은 지적했다. 특히 감염되기 쉬웠던 이들은 몸이 뜨겁고 수분이 많은 사람이었다. 즉 "운동, 성행위, 목욕을 너무 많이 하는 사람, 마르고 허약한 사람, 끊임없이 걱정하는 사람, 아기, 여성, 젊은이, 안색이 붉은 뚱뚱한 사람들"이었다. 파리의 의사들이 틀리지 않은 것은 그 어떤 질병보다 페스트의 사망률이 높다고 예측한 점이었다. "이 병에 걸린 사람들 가운데 살아남는 이는 매우 드물다." 결국 그들이 내린 결론은, 흑사병의 궁극적 원인이 하나님의 진노(wrath of God)이며, 유일하게 효과적인 치료법은 약이 아니라 참회라는 것이었다.

이 질병의 대유행은 1350년대에 감소했고 1360년대에 두 번째 파도가 다시 찾아왔다가 다시 수그러들었다. 그러나 흑사병은 유럽에서 완전히 사라지지 않았다. 그것은 17세기까지 간헐적인 발발을 반복했으며, 인간이 겪을 수 있는 가장 끔찍한 질병으로 여겨져 유럽에서는 전염병과 함께 살아야 한다는 공포가 줄곧 만연해 있었다. 이후 이 질병은 19세기 후반에 홍콩에서 또 다른 대유행으로 모습을 드러낼 때까지 설치류 속에 잠복해 있었다.

1894년 흑사병이 홍콩에 다시 발생했을 무렵, 의학은 전염병을 분석하고 치료하는 새로운 패러다임을 갖추었다. 새로운 패러다임을 뒷받침한 기술적 돌파구는 현미경이라는 놀라운 도구였다. 현미경을 이용해 페스트균을 관찰한 최초의 과학자는 알렉상드르 예르생이었다. 그는 루이 파스퇴르(Louis Pasteur, 1822~1895) 밑에서 일찍이 디프테리아와 광견병을 연구했고(박사 학위 논문은 결핵에 관한 것이었다), 이후 사이공으로 옮겨 나중에 '열대의학'이라고 불린 새로운 지구 차원의 의학 실천에 참여했다. 1894년 예르생은 영국 정부의 요청으로 홍콩에 파견돼 그곳에서 흑사병의 발생에 대처하는 데 조력했다. 그는 간단한 실험실을 설립해 흑사병을 일으키는 세균을 분리하고 그 정체를 밝히는 데 성공했다. 그는 자신의 스승을 기려 이 균에 파스퇴렐라 페스티스(*Pasteurella pestis*)라는 이름을 붙였지만, 그가 1943년에 사망하고 1년 후, 그 명예는 그에게로 옮겨갔다. 그 질병의 학명은 현재 예르시니아 페스티스(*Yersinia pestis*), 약어는 '*Y. pestis*'이다.

예르생이 참여한 새로운 과학은 흑사병이 인간에게 치명적이지만, 본질적으로는 인간의 병이 아니라는 사실을 간파했다. 흑사병 균이 인간의 혈류나 폐로 침입하면 대단히 빠른 속도로 증식하고, 이에 따라 감염에 맞서 싸우는 인간의 림프계는 과잉 반응을 일으키다가 곧 붕괴한다. 림프계가 병원균을 걸러내느라 분투하는 동안, 겨드랑이와 사타구니의 림프절은 부풀어 오른 종창(腫脹) 또는 단단한 혹으로 변한다. 강력한 항생제를 처방하지 않으면, 림프계는 며칠 안에 기능을 멈춘다. 이 때문에 인간은 흑사병이 지속적으로 기생할 수 있는 숙주가 되지 못한다. 인간은 너무 빨리 죽고, 그러면 박테리아도 함께 죽는다. 감염이 전이되지 않으면 병원균은 스스로 소멸한다. 인간은 흑사병의 자연적 숙주가 아니며, 그 생존과 번식을 위한 지속 가능한 기반도 아니다.

이에 반해 설치류는 흑사병에 대해 어느 정도 제한적인 면역력을 발달시킬 수 있기 때문에 인간과 달리 이 기생체와 공존할 수 있다. 한 동물 숙주에서 다른 동물 숙주로 박테리아를 옮기는 벼룩의 가장 안정적인 생태계는 땅다람쥐, 게르빌루스쥐(gerbils), 마멋(marmots)과 같은 땅속 설치류의 굴이다. 하지만 그 생태계가 붕괴했을 때 흑사병 박테리아는 잘 알려진 대로 쥐와 같은 다른 설치류 숙주로 이동할 수 있다. 이 발견으로 전 세계 공중 보건 당국은 쥐의 박멸과 이동을 제한하는 데 관심을 갖기 시작했다. 1903년까지 홍콩은 쓰레기 수거부터 시작해, 선박이 정박할 때 밧줄을 따라 쥐가 오르내리는 것을 방지하기 위해 계류용 밧줄 위에 깔때기 모양의 장치를 설치하도록 요구하는 규정에 이르까지 다양한 쥐 통제 조치를 시행했다.

흑사병의 자연 숙주가 인간과 공존하는 설치류(쥐 등)가 아니라 야생 설치류라는 사실을 확정한 이는 케임브리지 대학과 존스 홉킨스 대학에서 훈련받은 싱가포르 의사 우롄더(伍連德, 1879~1960)였다. 그는 중국 북동부의 만주에서 발발한 흑사병을 연구하면서 병의 근원을 마멋에게서 찾아냈다. 마멋은 중간 고도를 선호하는 대형 모피 설치류다. 따라서 만주에서의 흑사병 통제는 홍콩처럼 쥐를 박멸하는 문제가 아니라, 환자를 격리하고 인간과 마멋 사이에 원래 존재했던 자연적 경계를 회복하는 것이 관건이었다. 수세기에 걸친 고기와 모피를 얻기 위한 마멋 사냥은 이 경계를 무너뜨려 왔던 것이다.

질병이 어떻게 진행되는지 독자가 이해할 수 있도록, 나는 우롄더가 1936년에 출판한 실무 지침서인 『흑사병: 의료·보건 종사자를 위한 매뉴얼』에 수록된 사례 중 하나를 소개하고자 한다. 감염자는 영국 출신의 22세 의과 졸업생 레이크스(C. T. Raikes)였다. 그는 싱가포르로 건너가 세인트존스 섬에 위치한 정부 검역소에 부임했다. 1908년 5월 2일, 홍콩에서 옮겨온 감염병 시신을 부검하던 중, 레이크스는 시신의 갈비뼈에 오른 손목 안쪽이 긁히고 말았다. 이틀 후 그는 고열과 두통에 시달렸고, 팔에는 욱신거림이 시작되었으며, 손목 안쪽에 고름이 찬 종기가 생기고 손목에서 겨드랑이까지 붉은 선이 나타났다. 이튿날 아침 그는 39.7도의 체온으로 병원에 입원했다. 그 다음날에는 오른쪽 겨드랑이의 림프절이 부어오르기 시작했고, 체온이 40.4도까지 올랐다. 전신 마취로 림프선을 제거했지만, 오후가 되자 그의 면역체계가 전염병과 싸우면서 쇄골 아래 림프샘이 부풀기 시작했다. 그날 저녁 혈액 검사 결과 그의 혈류 안에 페스트(흑사병) 박테리아가 존재한다는 사실이 확인되었지만, 치료 방법은 박테리아를 억제하기 위한 석탄산(페놀)과 통증을 완화하는 모르핀뿐이었다. 5일째 되는 날 그의 상태는 악화되었고, 6일째에는 맥박이 불규칙해졌다. 겨드랑이에서 비대해진 두 번째 림프절이 제거되었다. 이후 그의 의료기록의 마지막 이틀치는 다음과 같이 적혀 있다.

8일차: "오후 8시—환자의 상태가 조금 더 나빠졌다. 체온 38.3도, 맥박 100, 맥박압은 중간 정도. 오후 9시—호흡이 어려워지고 맥박이 더 약해졌다. 이때부터 그의 상태는 점점 악화. 자정에 체온이 39.7도에 맥박이 120으로 약해지고 있다. 잠을 설쳤고, 근육 경련이 일어났다."

9일차: "오전 8시—그는 혼잣말로 중얼거렸지만, 깨었을 때 의식이 비교적 또렷했다. 체온은 40.2도, 맥박 126, 호흡 48. 얼마 후 그는 무기력해졌고, 섬망 상태에 빠져들었으며, 소변 실금과 연하불능(삼키지 못함)이 나타났다. 그는 이 상태에서 회복하지 못하고, 오후 12시 45분에 사망했다." 레이크스의 주치의 레이 박사 역시 같은 감염병으로 일주일 후에 사망했다.

흑사병이 중국에 있었을까?

예르생과 우롄더는 자신들이 1890년대에 다루고 있던 질병이 중세 흑사병 시기에 서구 사회를 초토화한 그것과 동일한 박테리아에 의해 발생했다고 확신했다. 림프절 종창과 고열, 그리고 치명률과 진행 속도가 너무도 유사했기에 두 유행병이 틀림없이 서로 연관돼 있다고 본 것이다. 그들이 다루었던 별개의 발병 사례 모두 중국에서 발생한 것이었고, 이러한 사실은 수세기 동안 중국에 흑사병이 잠복해 있었다는 생각을 부추겼다. 우롄더는 실무 지침서에 조수들이 중국 역사 자료에서 발췌한 역병 발생 사례들을 길게 나열했고, 이것을 흑사병이 중국에 오래 존재해 왔다는 주요 증거로 제시했다. 그러나 그의 목록에 나오는 어떤 기록도 결정적인 증거는 아니었으며, 이후 학자들은 현재 우리가 알고 있는 질병의 특징을 과거로 소급해 적용하여 조상들의 죽음을 사후 진단하려는 시도에 대해 회의적인 입장을 취해 왔다. 이 때문에 홍콩에서 발생한 1894년의 유행 이전까지 흑사병이 중국사 서술에 거의 등장하지 않은 것이다. 중국 흑사병 연구의 최전선에 있는 역사가 로버트 하임즈(Robert Hymes)의 말처럼, 우리는 다음과 같은 문제에 직면해 있다. "흑사병이 중국이나 그 주변에서 시작됐다고 제안하는 어떤 역사학자든 반드시 마주해야 하는 명백한 질문이 있다. 우리는 왜 아직 이 사실을 모르고 있는 걸까?"

나는 찬반 양측의 증거를 찾아 나섰다. 가장 큰 실망은 문자 기록에서 비롯되었다. 14세기 중엽 흑사병이 창궐한 무렵, 유럽과 중동 전역에서 나타난 흑사병에 관한 절망적인 문헌의 홍수가 중국에서는 전혀 관찰되지 않았다. 만약 흑사병이 서구에서처럼 중국을 황폐화했다면, 분명히 누군가는 동시대 서양인처럼 격렬하고 절박하게 기록을 남겼어야 했다. 그러나 그러한 글을 남긴 중국 저자는 한 사람도 없다. 전염병을 기록한 유일한 출처는 우롄더 팀이 발췌한 것으로, 각 왕조가 이전 왕조에 대해 편찬한 정사(正史)들이다. 정사는 각 시대에 발생한 재난의 목록을 포함한다. 이런 종류의 기록은 흥분에 찬 서술도 아니고 흥미롭게 읽을 수 있는 글도 아니다. 『원사(元史)』와 『명사(明史)』에서 발췌한 모든 내용은 1344~1345년에 해당하는 다음의 기록이 전부다.

[1344년]: 봉상(鳳翔), 가뭄, 메뚜기 떼, 대기근, 역병 발생

[1344년]: 복주(福州)·소무(昭武)·연평(延平)·정주(汀州)의 4개 로(路)에서 여름과 겨울에 대역병 발생.

[1345년]: 제남(濟南)에서 봄과 여름에 대역병 발생.

이러한 기록이 흑사병이 서양에서 창궐하기 이전에 중국을 먼저 휩쓸었다는 주장을 뒷받침한다고 보기는 쉽지 않다. 우선 그 지리적 위치를 보자. 봉상은 중앙아시아로 나아가는 실크로드가 지나던 중국 북서부의 옛 무역 도시인 서안(西安)의 서쪽에 위치한 도시다. 복주는 동남 해안에 있는 복건(福建)의 수도로 마르코 폴로와 쿠케친 카툰이 항해를 떠난 곳이며, 이븐 바투타도 자신이 다녀왔다고 주장하는 지역이다. 제남은 산동성에 위치한 도시로, 북경 남쪽의 화북 평원 동편에 자리잡고 있다. 이 세 곳은 서로 직접적으로 연결되어 있지 않고, 위치상 상당히 떨어져 있어 쉽게 왕래할 수 있는 거리도 아니다. 서로 오갈 수는 있겠지만, 곧바로 빠르게 움직일 수는 없는 지역들이다. 다소 희망적인 단서는 이들 지역이 모두 외부와 통하는 '진입' 또는 '출구' 지점이라는 사실일 것이다. 봉상은 서쪽 실크로드를 향하고 있으며, 복주는 바다를 마주하고 있고, 제남은 북쪽으로 북경을 거쳐 몽골 초원으로 연결된다.

그렇다 해도 유럽까지의 거리는 실로 엄청나다. 봉상에서 카파까지 직선거리만 해도 약 6,400킬로미터에 달하고, 말을 타고 이동한다면 훨씬 더 멀다. 흑사병 박테리아가 설치류 숙주 사이에서 퍼질 경우, 굴에서 굴로 옮겨가는 속도는 연간 최대 24킬로미터에 불과하다. 탈것을 얻어 타지 않는 한, 설치류는 장거리 여행자가 아니다. 감염된 벼룩은 의복이나 말안장주머니에 숨어들 수 있지만 감염 후 며칠 이상 생존할 수 없다. 흑사병 박테리아가 벼룩의 배설물 속에서 휴면 상태로 장거리 이동할 수 있다는 가능성이 제기되었지만, 6,400킬로미터라는 거리를 쉼 없이 이어가기에는 너무나 부실한 가설이다. 흑사병이 1345년에 중국을 떠나 1346년에 카파에 출현했을 가능성은 매우 낮다고 보아야 한다.

만약 흑사병과 중국 사이에 어떠한 연결이 있다면, 그것은 1345년보다 훨씬 이전이어야 한다. 실제로 우리는 정사에서 1344년 이전의 전염병 기록을 더 찾아볼 수 있다. 1344년 직전 몇 해 동안 양쯔강 유역에서 몇 차례의 유행병이 있었지만, 그 가운데 가장 치명적이었던 것은 1331년에 발생한 역병으로, 중국 남부 좁은 강 계곡 깊숙한 곳에 위치한 작은 중심지인 형주(衡州)를 강타한 것이었다. 사망률은 아주 심각했고, 정사(『원사』)는 "열 명 중 아홉이 죽었다[死者十九]"라는 전형적인 표현을 사용했다. 그보다 더 앞서려면 약 20년을 거슬러 올라가야 한다. 1307년부터 1313년 사이, 절강성(浙江省)의 해안에 자리한 소흥(紹興)에서는 1307년에 소규모 전염병이 발생했고 이듬해에 대규모 유행으로 확산되었다. 당시 재위 중이던 황제의 전기에는 이렇게 기록되어 있다. "역병이 크게 일어나 사망자가 겹겹이 쌓였다. 아버지는 자식을, 남편은 아내를 팔았다. 통곡 소리가 온 들판을 진동하여 누구도 그것을 견딜 수 없을 정도였다." 또 다른 열전(列傳)에는 "인구의 거의 절반이 사망했다"라고까지 기록되어 있다. 거의 같은 시기에 북경(당시 대도)에도 역병이 발생했다.

그보다 이전으로 가면, 중국 역사 기록에서 전염병에 관한 언급은 1232년까지 거슬러 올라가야 한다. 그런데 그해의 사건은 우리에게 의미있는 단서를 제공한다.

개봉(開封) 밖으로의 시신 운반

로버트 하임즈는 17세기 이전 중국에서 그가 보기에 "가장 잘 기록된" 역병에 관한 이야기를 재구성해 냈다. 실제 기록물이 충실하게 남은 것은 아니지만, 다른 사례들보다 낫다는 의미다. 이 사건은 1232년 여름 황하 북쪽 연안의 도시 개봉(開封)에서 발생했다. 개봉은 당시 대금국(大金國)의 수도 역할을 하고 있었다. 『금사(金史)』는 이 전염병을 단 한 줄로 짧게 언급할 뿐이지만, 하임즈는 이때 개봉에 있었던 것으로 보이는 의사 이고(李杲)가 남긴 사건 기록을 찾아내는 데 성공했다.

이 전염병은 몽골군이 개봉을 포위하는 동안인, 1232년 6월 초에 발생했다. 『금사(金史)』는 다음과 같이 기록한다. "50일 동안 성문을 통해 운구된 시신이 90만 구를 넘었다." 이는 어디까지나 공식 통계였고, 『금사』의 편찬자는 여기에 "너무 가난해서 시신을 매장할 수 없는 이는 이 숫자에 들어 있지 않다"라는 주석을 덧붙였다. 의사 이고 역시 이같은 대량 사망의 규모를 확인해준다. 그는 "수도 주민 중에 병에 걸리지 않은 거주민은 만 명 중 한둘도 없었다"라면서 "병에 걸려 죽는 이가 이어지며 끊이지 않았다"라고 썼다.

그는 사망자 수를 성문별로 계산했다. "도성의 12개 성문마다 매일 각 문에서 내보내는 시신이 많은 곳은 2,000구, 적은 곳도 1,000구 이상이었다. 이 같은 일이 거의 3개월간 계속되었다." 그의 최소 추정치는 정사의 기록과 일치한다. 이고는 또한 이 전염병이 개봉에만 국한된 일이 아니라고 지적했다. 그는 동쪽으로 산동성(山東省)과의 경계에 있는 동평(東平), 북쪽으로 산서성의 태원(太原), 서쪽으로 1344년에 역병이 유행했던 봉상을 함께 언급했다. 그는 이 기록을 단순한 목격담으로 남긴 것이 아니었다. 그는 이토록 처참한 참상을 마주한 뒤 자신이 배운 기존의 의학 이론으로는 더 이상 이 질병을 설명할 수 없다고 판단했고, 이에 새로운 질병 모델을 세워야 한다는 의무감을 느꼈던 것이다.

개봉에서 발발한 전염병에서 인상적인 점은 그것이 카파와 암묵적인 평행 구조를 이룬다는 사실이다. 몽골군이 포위 공격을 펼친 후 전염병이 퍼지고 엄청난 수의 사람이 사망한다. 이러한 유사성은 개봉의 유행병이 반드시 흑사병이었다고 단정해 주지는 않지만, 그 방향을 몽골인으로 향하게 만든다. 과연 몽골인이 그 병을 가져왔던 것일까?

하임즈는 그렇게 생각하고, 중국어로 청해(靑海)라 불리는 후흐노르(Kokonor)에 주목했다. 후흐노르는 실크로드의 가장자리이자 티베트의 동북부에 위치했다. 13세기 초 이 지역은 탕구트로 알려진 티베트계 종족(people)이 세운 서하(西夏)의 통치 하에 있었다. 하지만 칭기스 칸은 이들을 멸망시키기로 결심했고, 1205년부터 시작된 네 차례의 원정 끝에 마침내 1227년, 그 자신의 죽음과 맞바꾸듯 완전한 승리를 거두었다. 후흐노르의 피해는 실로 엄청났을 것이다. 기마군이 지나가는 곳마다 지역 생태계가 심각하게 교란된다. 말은 땅을 파헤쳐 설치류의 굴을 무너뜨린다.

병사와 말은 농작물을 먹거나 망가뜨리며, 사냥을 통해 야생 동물 자원을
고갈시킨다. 또한 죽은 동물의 사체가 남겨져 먹이사슬이 바뀌고, 이로 인
해 부패물을 섭취하는 동물에게 유리한 환경이 조성된다. 몽골의 탕구트
원정은 흑사병에 감염된 벼룩이 자연 숙주를 떠나 인간에게 전염되기에 최
적의 조건을 만들어냈을 가능성이 크다. 후흐노르가 히말라야 마멋의 자
연 서식지라는 점도 하임스가 이 가설을 세우는 데 영향을 주었다. 즉 몽
골인이 후흐노르에서 흑사병에 걸렸고, 그로부터 5년 뒤 개봉까지 가지고
내려왔다는 것이다. (보다 최신 연구는 히말라야 마멋이 근래에서야 흑사
병의 숙주가 되었다고 보기도 하지만, 그때 벼룩이 붙었던 설치류가 꼭 마
멋이어야 필요는 없다.)

대금국 원정은 칭기스 칸의 아들이자 후계자인 우구데이(재위 1229
~1241)가 이끌었다. 그의 군대는 낙승을 거듭하며 1231년 장성을 통과
해 남하했다. 흥미롭게도 바로 개봉을 향한 진군을 준비하던 시점에 우구
데이가 병에 걸렸다. 샤먼들은 몽골군이 자행한 파괴가 "키타이인의 땅
과 강," 즉 중국의 자연을 노하게 했기 때문이라고 판단했다. 그들조차도
자연을 교란한 결과가 치명적일 수 있음을 인식하고 있었던 것이다. 우구
데이가 흑사병에 걸렸다는 직접적인 증거는 없지만, 그는 샤먼들이 진단
을 내리는 동안 의식을 되찾았고, 물을 마신 뒤 "무슨 일이 있었느냐?"라
고 물었다고 한다.

원정은 재개되었고, 1232년 4월에 우구데이의 군대는 개봉을 포위했다.
전염병은 그로부터 6주 후에 시작되었다.

그렇다면 이 전염병은 과연 흑사병이었을까?

빅뱅

그 질문에 대한 대답이 그리 중요치 않다고 말할 수도 있다. 엄청난 수
의 사람들이 죽었다는 사회적 사실 앞에서, 정확히 어떤 질병이 그들을 죽
었는지를 의학적으로 규명하는 일은 사소해 보일 수 있기 때문이다. 과거

에는 이런 식의 요약이 나름 합당한 태도로 여겨졌다. 하지만 지금은 다르다. DNA 연구의 발전 덕분이다. 다음 몇 페이지만 함께 읽어나가면, 왜 일부 역사학자가 최근의 흑사병 게놈(genome) 연구 성과에 대해 흥분을 감추지 못하는지 분명히 알게 될 것이다.

페스트균(plague bacillus, 흑사병 박테리아)은 단순한 단세포 생물이다. 모든 생물체와 마찬가지로 세포는 유전 물질을 담고 있는 DNA 분자를 갖고 있다. 이중 나선 구조로 꼬여있는 DNA 속 유전 정보 전체가 바로 그 생물체를 정의한다. DNA의 구성 요소는 뉴클레오타이드(nucleotides)라고 불리는 분자이며, 이들은 두 가지 가능한 화학적 결합 방식 중 하나로 짝을 이루어 연결된다. 이 결합을 '염기쌍(base pair)'이라고 하며, 이 화학 결합의 배열 순서가 그 생물체의 고유한 유전적 정체성을 결정한다. 이러한 염기쌍 전체의 배열을 한 생물체의 게놈이라고 부른다. 크기를 가늠해 보자면, 흑사병 박테리아 게놈은 약 450만 개의 염기쌍으로 이뤄져 있다. 인간은 훨씬 복잡하다. 인간의 게놈에는 30억 개 이상의 염기쌍이 존재한다. 이러한 염기쌍의 배열을 정확히 밝혀내는 작업이 오늘날 유전학자가 수행하고 있는 '염기 서열 분석(sequencing)'이다.

게놈은 생물체의 유전 코드이자 다른 모든 생물체와 구별되는 지문과도 같다. 세포가 안정적인 환경에서 분열하며 번식할 때, 그 유전 정보는 그대로 복제된다. 즉 자손은 부모의 유전 정보를 반복한다. 하지만 복제 과정에서, 흑사병 박테리아의 450만 개 염기쌍 중 하나라도 변화가 일어날 아주 작은 가능성이 존재한다. 염기쌍을 구성하는 화학 결합에는 단 두 가지 가능한 조합밖에 없기에, 유전적 변화란 곧 그 화학 결합 중 하나가 다른 것으로 바뀌는 것을 의미한다. 그렇게 되면 자손은 여전히 페스트균이지만, 기존과는 조금 다른 변종이 된다. 그 변화는 다음 변이가 일어날 때까지 영속적으로 이어진다. 이것이 바로 진화(evolution)다.

한 생물체의 서로 다른 개체를 게놈 수준에서 분석하게 되면, 어떤 염기쌍이 변했는지를 추적할 수 있다. 이러한 변이는 '단일염기 다형성(single nucleotide polymorphism)'이라 부르며, 줄여서 '스닙(SNP)'이라고 한다. 비교할 개체가 많을수록 비교할 수 있는 변이도 많아지고, 비교 횟수가 많아질수록 진화적 계승 관계를 시간 순으로 더욱 명확히 그려낼 수 있다. 이렇게 수집된 유전적 변화는 일종의 가계도처럼 배열되어, 어떤 변종이 먼저였고 어떤 것이 그 후손인지를 파악할 수 있다. 어떤 병원체(pathogen)의 초기 변종이 사라졌을 경우, 그 가계도를 그리는데 필요한 중간 진화 단계들이 누락될 수밖에 없다. 그런데 2000년 프랑스 과학자팀이 몽펠리에의 흑사병 매장지에서 발굴된 세 구 시신의 치아에서 페스트균의 DNA 일부를 추출하는 데 성공하자, 학계는 흥분하며 술렁이기 시작했다. 처음에는 빗발치는 불신과 반박, 심지어 조롱이 많았다. 그러나 다른 연구팀들이 이 선례를 따라 이른바 '고대 DNA(aDNA)'로 불리기 시작한 짧은 염기서열 조각들을 읽어냈고, 이 조각들을 조합해 더 긴 유전자 코드로 복원하며 흑사병의 가계도를 그려가기 시작했다.

2011년에 있었던 중대한 돌파구는, 런던의 주교 랄프 스트랫퍼드(Ralph Stratford) 덕분에 가능했다. 1348년 런던에 흑사병으로 점점 더 많은 시체가 쌓이자, 스트랫퍼드 주교는 이 문제를 처리하기 위해 묘지를 별도로 마련해야 했다. 당시 런던 시민의 3분의 1에서 절반 가까이가 첫 번째 유행으로 사망했고, 시신을 처리할 장소가 절실했다. 주교는 이를 해결하기 위해 런던 타워 북동쪽 인근의 땅을 매장지로 지정했는데, 오늘날로 치면 로열 민트 스트리트 남쪽과 카트라이트 스트리트 서쪽에 해당한다. 이 묘지는 1350년에 폐쇄되었다가 1980년대 후반에 발굴되었으며, 유골은 보관 창고로 옮겨졌다. 그리고 2011년에 맥마스터 대학교 고대 DNA 연구센터의 커스틴 보스(Kirsten Bos)가 이끄는 과학자팀이 이 묘지에서 사망한 이들의 죽음을 초래한 병원체의 게놈 서열을 해독하는 데 성공했다고 발표했다. 그 병원체는 분명히 흑사병의 조상일 뿐 아니라 오늘날 존재하는 흑사병 균주들과도 유전적으로 크게 다르지 않았다. 기껏해야 수십 개의 스닙에서 차이가 있었을 뿐이다. 이후 다른 흑사병 매장지에서도 유사한 유전체 분석 결과가 잇따라 나왔으며, 지금도 계속되고 있다. 새로운 유전체가 분석될 때마다 연구자들 사이에 흥분이 일어난다. 이 글을 집필하는 현재까지 유전학자들은 고대 DNA로부터 거의 40개의 완전한 유전체를 해독해 냈다. 이로써 흑사병의 역사적 진화를 보여주는 지구적 그림이 서서히 그 윤곽을 드러내고 있다.

현재 사용되는 흑사병 유전체 계통도 모델은 베이징 미생물·전염병연구소의 추이위쥔(崔玉軍)이 이끄는 33명의 과학자팀에 의해 2013년 발표되었다. 이들은 지금까지 분석된 모든 고대 및 현대의 흑사병 게놈을 비교한 결과, 1142년에서 1338년 사이 어느 시점에 흑사병 균이 급격한 진화 단계를 거쳐 네 갈래로 분기하였으며, 인간 숙주로 전파되면서 전례 없는 치명성을 갖추게 되었다는 사실을 밝혀냈다. 추이위쥔 팀은 이 네 갈래 분기를 '빅뱅(Big Bang)'이라 부르기로 했는데, 이는 중동과 유럽을 휩쓴 흑사병이 바로 이 직후에 발생한 것으로 보이기 때문에 매우 적절한 명칭이다. 이 네 가지 갈래 가운데 하나가 바로 '1번 계통'인데, 알렉상드르 예르생이 1894년 홍콩에서 연구한 페스트 종류다. 이 계통은 1340년대에서 1890년대 사이에 유라시아 대륙을 가로질러 전파되었다. 즉 예르생의 추측은 옳았다. 그는 실제로 역사 속 흑사병과 동일한 병원체를 다루고 있었던 것이다. 반면 우렌더가 만주에서 통제하려 했던 흑사병은 '2번 계통'에 속한다고 밝혀졌는데, 이는 유럽에는 전파된 적이 없는 몽골 계통의 균주였다. 두 의사 모두 자신들이 흑사병과 싸우고 있다는 믿음은 옳았으며, 새로운 게놈 과학을 통해 우리는 그들이 접근할 수 없었던 역사의 기초적인 사실을 알게 되었다.

빅뱅 이전의 계통은 '0번 계통'이라 불린다. 이 계통이 수천년 전에 가성결핵균(Yersinia pseudotuberculosis)이라고 불린 비교적 온순한 토양세균으로부터 어떻게 진화했는지 우리는 아마 영원히 알 수 없을지도 모른다. 그러나 더 많은 사례가 발견됨에 따라 '0번 계통'은 추이위쥔 팀이 불과 몇 년 전에 처음 계통도를 제시했을 때보다 훨씬 더 복잡하다는 사실이 밝혀졌다. 만일 개봉에서 실제로 빅뱅 이전에 흑사병이 발생했다면, 그것은 '0번 계통'의 흑사병이었을 것이다. 즉 14세기 유럽을 덮친 흑사병과는 유전적으로 다른 계열이라는 뜻이다. 14세기 카이로를 초토화한 전염병이 "중국에서 엄청난 수의 사람을 죽였다"라고 생각한 알 마끄리지의 생각이 옳았는지 여부는 결국 중국 과학자가 중국 고대 DNA를 찾아내 분석할 수 있는가에 달려 있다. 지금까지 중국에서 역사 속 전염병에 대한 게놈 분석은 이루어진 바가 없다. 중국에서도 흑사병에 관한 연구는 상당히 진행되어 왔지만, 그것들은 모두 20세기부터 진행된 DNA 자료를 바탕으로 과거를 소급하여 해석한 것이었다. 이 상황이 바뀌기 전까지는 알 마끄리지의 추정이 옳았는지를 판단할 수 없다. 우리는 게놈 증거를 확보할 때까지 기다려야 하며, 언제가는 그렇게 될 것이다.

카파 이후

지금으로서는 우리가 가진 것은 문헌 기록뿐이다. 이제 마지막으로 이 기록으로 다시 돌아가 보자. 이번에는 1340년대를 더 파헤치기 위한 것이 아니라, 그 이후에 무슨 일이 있었는지 살펴보기 위함이다. 그다음 10년간의 기록은 매우 주목할 만하다. 1352년부터 중국은 11년 동안 거의 매년 최소 한 차례, 때로는 두 차례 대규모 전염병을 겪었다. 단 두 해만 예외였다.

1352년에는 전염병이 두 차례 발생했다. 한 번은 2월에 장성 근처의 산서성 북부에서, 다른 한 번은 여름 양쯔강 유역 남쪽의 강서성(江西省)에서였다. 1354년에는 산서성 북부에서 다시 전염병이 발생했고, 북경도 감염되었는데, 사료에서는 그것을 '역려(疫癘)'라고 부른다. '역(疫)'은 전염병을 뜻하고, '려(癘)'는 피부에 생기는 혹이나 종양 같은 증상을 뜻한다. 흑사병 종창과의 연관성을 떠올리기에 어렵지 않다. 역려가 그 일대에서 점점 더 넓은 지역으로 퍼지고 방대한 수의 사람을 감염시키면서 양쯔강 유역은 다시 2년 동안 계속해서 고통받았다. 1355년에는 대규모 전염병

기록이 없지만, 이듬해인 1356년에는 화북평야의 중심부에 위치한 하남성(河南省)에서 대규모 전염병이 발생했다. 하남은 124년 전 역병에 휩쓸렸던 개봉을 포괄하는 지역이었다. 이듬해인 1357년에는 동쪽에 인접한 산동성에서 전염병이 발생했고, 2년 뒤인 1359년에 다시 그곳에서 재발했다. 1358년에는 산서성이 다시 타격을 입었고, 1359년에는 산동성과 함께 광동성(廣東省) 북부의 내륙 지역에서도 전염병이 발생했는데, 이곳은 1331년에 역병이 발생한 형주(衡州)에서 멀지 않은 지역이다. 그리고 이어서 1360년에는 1307~13년 사이에 대규모 유행이 있있던 소흥에서 다시 전염병이 발생했다. 병원체는 일시적으로 사라졌다가 1362년에 다시 돌아왔다.

이러한 전염병 발생 기록은 모두 원나라 정사인『원사』에 실린 단편적인 기록에서 뽑아낸 것이다. 피부 아래에 생긴 종양에 대한 언급을 제외하면, 이들 기록은 어떤 병리적인 원인이나 구체적인 증상에 대해서 알려주지 않는다. 지금까지 이보다 더 많은 정보를 제공하는 다른 문헌 자료는 발견되지 않았다. 우리가 알고 있는 것은 카파에서 흑사병이 발생한 지 6년 뒤인 1352년부터 시작하여 11년에 걸쳐 중국의 여러 지역에서 대규모 전염병이 발생했고, 그 전례 없는 규모는 1630년대까지 능가되지 않았다는 사실이다. 이들 전염병이 기존의 지역 병원체가 환경 변화로 인해 더욱 치명적으로 변한 것인지, 아니면 중국 외부에서 유입된 병원체나 새로운 변종에 의해 촉발된 것인지 단정할 수 없다. 하지만 내게는 후자의 가능성(외부 유입)이 더 그럴듯하게 보인다.

이 전염병의 물결은 1362년에 끝났고, 이는 중국에서 대몽골국이 붕괴하기 6년 전이었다. 이 10년의 시기를 지나 중국은 여전히 서쪽의 몽골 정치체와 연결되어 있었지만, 교류 빈도는 이전보다 낮아졌다. 이 기간이 흑사병이 중국에 침투하기에 충분한 시간이었는가 하는 질문에는 아직 답이 없다. 하지만 그 가능성은 매우 높아 보인다.

천산산맥

여기에 한 가지 가설을 더 덧붙여보자. 중국이 흑사병의 발원지인지, 아니면 도착지인지를 결정하려고 하는 것—중국과 크림반도 사이의 6,400킬로미터 거리는 여전히 매우 멀다—보다 흑사병이 중국도 중동도 아닌, 둘 사이의 어딘가에 기원을 두고 있는 것은 아닌지 살펴보는 것이 더 나을 수도 있다. 내가 보기에 보다 면밀히 들여다볼 가치가 있는 구역은 빅뱅 이전의 원형이라 할 수 있는 '0번 계통'에 속하는 흑사병 균이 발견되는 곳이다. 현재 세계의 거의 어디서든 볼 수 있는 '1번 계통'의 분포에서 역으로 추적하는 것보다, '0번 계통'을 추적하는 것이 빅뱅의 발생 지점에 더 가까이 접근할 수 있는 길일 수 있다.

'0번 계통'은 빅뱅 당시 사라지지 않고 존속하며 진화했다. 과학자들은 수많은 하위 계통을 확인하면서 빅뱅 직전 단계에 해당하는 계통을 '고대 계통'으로 분류했다. 현존하는 '고대 계통'의 후손 페스트는 모두 신장과 키르기스스탄 사이의 경계를 따라 있는 실크로드 회랑 지대에 집중되어 있음이 밝혀졌다. 추이위쥔 팀은 빅뱅이 중국에 더 가까운 후흐노르에서 발생했으며, '고대 계통'이 실크로드를 따라 서쪽, 즉 키르기스스탄 방면으로 이동한 것으로 추정했다. 그러나 이 방향을 뒤바꾸어, 그 전염병이 후흐노르에서 서쪽으로 간 것이 아니라 키르기스스탄에서 동쪽으로 이동한 것으로 뒤집어 본다면 어떻게 될까?

2017년, 볼가강 연변의 사라토프(Saratov)에 위치한 러시아 전염병 연구소에서 갈리나 예로셴코(Galina Eroshenko)가 이끄는 연구팀이 키르기스스탄 지역의 흑사병 균주에 대해 몇 가지 중요한 새로운 사실을 발견했다. 예로셴코 팀은 키르기스스탄과 신장 사이의 국경을 따라, 특히 키르기스스탄 쪽에 해당하는 고지대에 '고대 계통' 균주가 밀집되어 있다는 놀라운 사실을 밝혀냈다. 이 고지대는 몽골인이 '텡그리 탁(Tengri Tagh),' 곧 '천산(天山)'이라고 부르는 산악지대로, 대원국과 차가타이 칸국 사이의 자연적 경계 역할을 했던 곳이다. 예로셴코 팀은 또한 현재 기준으로 '고대

[지도 2] 1330년대에서 1360년대까지 유라시아 전역에 발병한 흑사병의 이동.

계통'의 가장 젊은 유형, 즉 빅뱅 이후 우리 시대에 가장 가까운 위치에 있는 균주를 식별해냈다. 그것은 빅뱅 이전과 단지 두 개의 스닙만 달랐다. 유전적으로 보았을 때 그것은 아주 가까운 것이다. 만약 우리가 빅뱅이 어디서 일어났는지에 대해 경험적 추정을 하고자 한다면 천산을 주목해야 할 것이다. 어쩌면 이곳이야말로 이븐 알 와르디가 말한 "어둠의 땅," 즉 몽골인이 흑사병을 가지고 알레포로 왔다고 여겼던 바로 그곳일지 모른다.

이 지역에 주목해야 한다는 가설을 지지하는 흥미로운 오래된 고고학이 있다. 러시아 고고학자 다니엘 흐볼손(Daniel Chwolson)은 1885년 이 일대에서 조사를 진행하던 중 키르기스스탄의 가장 큰 호수인 이식쿨(Issyk Kul) 근방에서 하나의 집중된 무덤군을 발견했다. 실크로드의 한 갈래가 이 지역을 통과했으며, 흐볼손은 그곳에서 네스토리우스파 기독교(Nestorian Christian)[2] 공동체의 묘비 약 330기를 찾아냈다. 묘비들에는 1338~1339년에 사망한 사람들의 이름이 적혀 있었고, 그 수는 650명이 넘었다. 이처럼 단기간에 많은 사람이 갑작스레 목숨을 잃은 사실에 직면한 흐볼손은 다른 증거가 없었음에도 불구하고 흑사병의 발병을 의심했다. 그가 던진 질문은 이랬다. 도대체 무엇이 이처럼 짧은 기간에 무역로를 따라 형성된 작은 공동체에서 이토록 많은 사람을 몰살한 것일까? 사망 시점은 제9대 일칸 아부 사이드가 사망한 지 겨우 3년 후, 카파에서 흑사병이 발병하기 18년 전이다. 과학적 언어로 전환하면, 이것이 '0번 계통'의 '고대 계통'이었을까? 그럴 가능성이 있다. 아니면 빅뱅 이후의 새로운 계열 중 하나가 유럽 전역으로 퍼져나가기 직전에 나타난 것일까? 이 가능성이 더 높다. 우리는 아직 그 답을 알 수 없지만, 시간이 갈수록 흑

---

2 '네스토리우스파 기독교'라는 용어에 대한 논란이 있다. 그것은 "동방교회 그리스도교"를 일컬었으며 7~14세기 중국과 중앙아시아에서 "경교(景敎)" 혹은 "에르케운(也里可溫, erke'ün)" 등으로 불렸다. 동시대 동방교회를 지칭할 적절한 대체어가 없기에 이 용어를 쓸 경우, 학계에서는 따옴표를 붙여 '네스토리우스교'(Nestorianism)라고 쓴다.

사병의 기원을 찾는 여정에서 키르기스스탄이 결정적인 장소로 부각될 가능성은 점점 커지고 있다.([지도 2] 참조).

과학이 아무리 진전되더라도 몽골인은 언제나 이야기의 중심에 있을 것이다. 흑사병이 상인의 가방에 실려왔든 아니면 군인의 안장주머니 안에서 이동했든, 모든 이가 동일한 회랑을 따라 이동했는데, 이는 몽골 칸국들이 이동로를 개방해 두기로 했기 때문이었다. 결국 이웃과의 전쟁에서 큰 이점으로 작용했던 몽골인들의 능력이 그들의 몰락에 일조하게 되었고, 흑사병은 최후의 일격이었다. 적어도 일 칸국은 그러했다. 대몽골국이 세계를 정복할 수 있었던 기동성과 전략적 배치는 동시에 그것을 붕괴시킨 원인이기도 했다. 따라서 에이브즈베리의 로버트가 "역병이 사라센이 거주하는 땅에서 처음 시작됐다"라고 썼을 때, 그의 '사라센'을 금장 칸국이나 차가타이 칸국으로 바꿔 읽는다면 그의 말은 대체로 옳았다고 할 수 있다. 이븐 알 와르디는 그보다 더 진실에 가까웠다. 그는 흑사병이 "그 손으로 우즈벡인의 땅마저 휘어잡았고 트란스옥시아나에서 수많은 허리를 부러뜨렸다"라고 썼는데, 이는 그가 천산 근방까지 시선을 두고 있었다는 뜻이다.

그러므로 중국은 흑사병의 발원지가 아니었을 것이다. 오히려 중국은 내륙아시아를 가로지르는 여러 경로를 따라 이동하는 상인과 병사들을 통해 흑사병 균의 저장소들과 연결되었을 뿐이다. 그 병이 언제, 어디서, 혹은 과연 실제로 중국에 도달했는지는 여전히 열려 있는 질문으로 남아 있다. 현재로서는 빅뱅의 장소를 찾기 위한 최선의 실마리는 차가타이 칸국의 영역에 있는 듯하다. 이곳은 대원국과 금장 칸국 사이의 중간 지대를 차지하는 내륙아시아의 심장부이다. 그렇다면 제2차 팬데믹은 유럽의 이야기도, 중국의 이야기도 아니다. 그것은 유라시아 전체의 이야기다. 흑사병 연구의 권위자인 역사학자 모니카 그린(Monica Green)이 제시했던 관점과 같이, 이제 우리는 흑사병을 고립된 현상으로 보는 대신 "오랫동안 공유된 트라우마의 시작"으로 이해할 수 있게 되었다.

문에 있는 쥐

　유전적 구성이나 기원과 관계없이, 1350년대와 1360년대 초반에 발생한 전염병은 결국 1368년에 대원국을 붕괴로 몰고 간 파괴적인 해일의 일부였다. 1352년에 질병이 퍼지기 시작한 시점은 가뭄이 시작된 때와 정확히 일치했다. 수확량이 줄고, 반란자들이 들고 일어났으며, 칭기스 가문의 귀족제는 후계 문제를 두고 대결을 벌이는 방식으로만 스스로를 갱신할 수 있었다. 1368년 9월 20일 밤, 중국의 반란군이 수도를 향해 진군하자, 토곤 테무르(Toghon Temür, 재위 1333~1370)는 북경을 버리고 고려 출신 기황후(奇皇后) 및 자신의 직계 가족과 함께 북쪽으로 달아났다. 그는 그날 일찍 궁중 조의(朝儀)에서 자신이 제너두로 향하는 통상적인 황실 순행을 나서겠다고 선포했지만, 이는 명백한 허구였고 조정은 그것을 알고 있었다. 토곤 테무르는 이미 10년 동안 순행을 하지 않았는데, 그 이유는 단순했다. 예전의 제너두가 더 이상 존재하지 않았기 때문이다. 1358년 말 '관선생(關先生)'과 '망나니 반[破頭潘]'이라는 놀라운 별명으로 알려진 두 명의 한인 반란자가 제너두를 급습해 궁전을 불태웠다. 원조는 신속히 군대를 소집해 그 대담한 공격에 반격을 가했다. 1주일 후 관선생과 망나니는 고려 쪽으로 달아났으나, 제너두는 이미 폐허가 되었으며 계속 그 상태로 남아 있었다. 그로부터 10년 사이 상황은 더 악화되었고, 몽골 황실 일족은 옥좌를 두고 토곤 테무르에게 도전했으며, 스스로 '홍건(紅巾)'이라고 부르는 한인 반군이 조직적인 저항을 일으켜 몽골이 제압할 수 없는 군사적 위협으로 떠올랐다.

　토곤 테무르 일행은 거용관(居庸關)에서 장성을 통과해 북쪽의 제너두로 향했다. 이 관문은 그의 치세를 대표하는 영예 가운데 하나였다. 토곤 테무르는 제국의 창건자이자 전륜성왕(轉輪聖王), 곧 불교의 자비로 세계를 다스리는 보편 군주이며 그의 저명한 현조(玄祖)인 쿠빌라이 칸을 기리고자 1340년대에 이 관문을 불탑처럼 지을 것을 명령했다. 그 관문은 1344~1345년 2년에 걸친 전염병이 기승을 부리던 시기의 두 번째 해인

1345년에 완공되었다. 거용관의 가장 눈에 띄는 특징은 아치형 관문 안쪽의 바닥에서 천장까지 새겨진 공덕기(功德記)에 사용된 여섯 종의 문자다. 그 언어는 중국어, 몽골어(팍빠 문자), 위구르어(소그드 문자, 나중에 몽골어를 기록하기 위해 팍빠 문자를 대체함), 탕구트어, 산스크리트어, 네팔어(란차 문자)이다. 이는 승려와 학자만이 읽을 수 있는 전문적인 텍스트였으나, 대몽골국이 이 보편 종교를 신봉하고 그 대가로 부처의 자비로운 보호를 바란다는 뜻을 영구적으로 낭송하기 위한 것이었다. 그런데 그 부처의 가호는 1368년에 이르러 더 이상 유효하지 않았다.

토곤 테무르가 아치형 관문을 지나며 왼편을 바라보았다면, 그가 마지막으로 보았을지도 모르는 것은 몽골식 예복을 입고 승마 장화를 신은 커다란 쥐가 석회암 표면에 구불구불한 곡선을 이루며 양각된 조각상이었다. 그 동물은 자기의 등을 땅에 붙이고서 위에서 자기 배를 밟고 있는 다문천왕(多聞天王)을 노려보고 있다. 다문천왕의 임무는 북쪽에서 오는 악으로부터 경건한 자를 보호하는 것이었기에, 관문의 북쪽 끝에 자리한 것이다. 그렇다면 몽골 의상을 입은 이 설치류 악령은 누구인가? 만일 그것이 몽골 마멋이라면, 이 흑사병 이야기는 정말 어울리는 설정이 되었을 것이다. 그러나 당시에 설치류와 흑사병 사이의 연관성이 아직 밝혀지지 않았음은 모두가 아는 사실이다. 따라서 북쪽으로 향하던 몽골 황실 일행 가운데 그 누구도 이 석상에 대해 조금의 관심조차 기울이지 않았을 것이다.

토곤 테무르는 망명의 첫 겨울을 제너두에서 보냈다. 그의 건강은 좋지 않았고 상황도 비참했다. 그곳에서조차 안전이 보장되지 않자, 그는 1369년 봄 조정을 이끌고 더 북쪽으로 향해 북경에서 그곳까지의 두 배에 달하는 거리를 이동해 응창(應昌)이라는 초원의 작은 도시로 이주했다. 그곳에서 토곤 테무르는 자신이 잃은 모든 것을 한탄하는 장편의 시를 지었다고 한다. 이 시에서 그는 잃어버린 도성들에 대해 애절하게 통곡한다. 그는 북경에 대해서 "나의 대도여, 곧고 네모반듯하며 신비로운 보석으로 장식된 도성," "이른 아침 높은 곳에 올라 바라보면 안개가 아련히 감도는 곳"이라고 노래한다. 바로 그 도성은 "내가 대국의 명성을 손에 쥐고 있는 곳, 각지의 몽골인을 굽어보던 곳, 이제는 겨울을 나기 위한 동궁(冬宮)조차 남아 있지 않는 곳"이었다. 그리고 그는 덧붙인다. "나는 나의 대도를 잃어버렸다. 중국에." 이어서 그는 상도를 찬미한다. "오, 황금 초원 위의 나의 상도여, 옛 대칸들의 하영지, 기쁨 가득한 황금 초원 위의 나의 여름 피서처, 현명한 군주 쿠빌라이께서 여름을 나신 학의 궁전이여! 내가 평화로운 휴식을 취하며 여름을 보낸 곳." 그러나 여기서도 같은 후렴이 반복된다. "나는 완전히 상도를 잃어버렸다. 중국에."

토곤 테무르의 말은 옳았다. 그는 모든 것을 중국에 빼앗겼다. 그러나 망명지는 결코 안전한 곳이 아니었다. 1370년 응창에서 이질이 발생해 도시 전역을 휩쓸었다. 흑사병이 아닌 이질균이 중국 영토 안에서 대몽골국을 통치했던 마지막 대칸의 생애를 끝냈다.

제4장

환관과 그의 포로

1411년 실론

　1410년 11월 대명국(大明國)의 함대가 동쪽 수평선을 넘어 실론을 향해 오고 있는 것이 목격되었다. 48척의 대형 선박이 그 함대를 이끌었고, 그 두 배 이상의 소형 선박이 마치 거위 떼 주변을 나는 거위 새끼들처럼 대형 선박의 뒤편에서 무리를 이루었다. 선원, 군인, 환관, 그리고 전체 지원 인력을 모두 합치면 약 3만 명이 인도양 동부를 항해하고 있었다. 소식이 그곳의 섬사람들에게 빠르게 전파되었고, 군인들은 높은 경계 태세에 돌입했다. 중국인들이 오고 있었기 때문이었다.

　중국인의 접근은 이번이 처음이 아니었다. 4년 전, 큰 배들로 이루어진 똑같이 위협적인 함대가 실론의 해안에 도착했다. 이들은 4년 후의 중국인들과 거의 같은 시기인 겨울 몬순이 시작된 지 약 두 달 뒤에 실론에 도착했다. 이는 북동쪽으로부터 불어오는 바람이 강해지고 인도양의 해류가 서쪽으로 향하는 때로, 벵골만을 가로질러 서쪽으로 항해하기에 이상적인 시기였다. 아울러 이때 실론 해안의 강한 해류는 섬 주위를 시계 방향으로 흘러, 벵골만을 통해 오는 것은 어떤 것이든 실론 섬의 남단을 돈 뒤 섬의 서쪽 해안으로 밀려들게끔 만들었다. 실론 섬의 서부 해안은 실론 왕국(오늘날의 스리랑카)에서 바깥 세계로 활짝 열려 있는 지역이었다. 4년 전에 도착한 중국 함대는 '코테(kotte, '요새'라는 뜻으로, 오늘날 스리랑카의 수도인 코테)'보다 하류에 위치한 '콜람바(kolamba, '항구'라는 뜻으로, 오늘날의 콜롬보)'에 정박했다. 그리고 그곳에서는 실론 왕국의 대총독인 니산카 알라각코나라(Nissanka Alagakkonara)가 왕국의 평화를 유지하고 북쪽의 타밀계 국가들의 위협으로부터 국가를 보호하기 위해 수만의 전사를 지휘하고 있었다.

4년 전의 첫 만남은 순조롭게 진행되지 않았다. 대명국이라 불리는 곳으로부터 온 사절단은 실론의 왕에게 대명국의 새로운 황제에 복속할 것을 제안하기 위해, 의식을 갖추고 멋진 비단 예복을 바람에 펄럭이며 실론 섬에 상륙했다. 실론의 왕이 어떤 먼 곳에 있는 황제의 명령에 따라, 자신에게 올바른 지위를 하사해주는 의식에 순응해야 한다는 발상 자체가 모욕 이상의 것이었다. 그것은 외부로부터의 심각한 위협을 암시하는 행위였다. 만약 실론의 왕이 이 위협에 굴복한다면, 그 지역에 있던 그의 적들은 이를 약점으로 판단할 것이다. 그리고 멋진 예복과 휘장 등으로 치장한 대명국의 환관들이 짐을 싸서 실론을 떠나버리면 왕국을 공격할 명분으로 삼을 것이 뻔했다. 게다가 이 사절단은 실론의 왕이 대명국에 사신을 보내어, 황제 앞에 무릎을 꿇고 그를 하늘의 아들로 인정하라는 요구까지 했다. 이것은 실론 왕의 체면을 손상할 뿐만 아니라, 왕의 사신들이 본국에 귀환하는 것을 허가받을 때까지 사실상 억류된다는 것을 의미했다. 보통의 지도자였다면 이렇게 많은 배와 군인을 보고 겁을 먹었을지도 모른다. 그러나 알라각코나라는 두 배나 많은 병력을 지휘하고 있었으며, 자신의 홈그라운드에 있었다. 이러한 요구에 굴복할 어떠한 이유도 찾지 못한 총독 알라각코나라는 그 제안을 일축하고 중국인에게 그들의 배로 돌아갈 것을 명령했다. 대명국의 사절단을 이끈 환관 정화(鄭和)는 신중함이 용맹함보다 더 낫다고 판단했다. 정화는 황제가 부여한 임무를 완수하지 못한 채 부하들과 함께 자신들의 배로 물러나 인도 본토의 다른 왕들에게 외교적 접근을 지속하기 위해 떠났다.

이듬해 봄 정화의 함대는 동쪽으로 돌아가는 장면이 목격되었으나, 실론 섬 해안으로 접근하려는 어떠한 움직임도 보이지 않았다. 실론을 향한 중국의 위협은 이제 끝났다. 그러나 그것은 정화가 상황이 유리할 때도 무력을 사용하지 않겠다는 뜻은 아니었다. 진조의(陳祖義)는 수마트라 섬 팔렘방의 항구에서 활약한 중국인 모험가로, 그 지역의 해로를 통과하는 배를 통제하며 세금을 거두었다. 정화는 진조의의 권위에 복속하는 것을 거부했다. 정화는 귀환 길에 진조의를 사로잡기 위한 군사 작전을 지휘하였고, 처벌을 위해 진조의를 중국으로 압송했다. 알라각코나라가 명나라의 패권을 인정하지 않은 것은 뼈아픈 일이지만, 정화가 진조의를 사로잡은 것은 명나라의 권위에 도전하는 이들에게는 반드시 후과가 미칠 것임을 보여 주기 위한 것이었다.

첫 번째 방문으로부터 2년 뒤인 1408년, 똑같이 위풍당당한 중국의 소 함대가 동쪽 수평선을 넘어 다시 한번 왔다. 그러나 이번에는 중국의 큰 배들이 실론 섬에 정박하지 않았다. 그것들은 실론을 지나쳐 곧바로 북쪽의 인도로 향했다. 정화가 이전의 방문에서 경험했던 망신이 반복될 것을 두려워했든지, 혹은 실론을 회피하라는 황제의 명령을 따른 것이었든지 간에, 1408년 겨울 중국 함대가 서쪽으로 항해할 때뿐만 아니라 이듬 해 봄 동쪽으로 귀환할 때에도 실론 섬은 건드려지지 않은 채로 남아있었다. 중국의 함대가 실론을 의도적으로 회피한 것은 알라각코나라의 외세 접촉 거부 정책이 성공을 거두었다는 명백한 신호로 보였다.

2년 뒤인 1410년 겨울, 대명국으로부터의 세 번째 함대가 동쪽에서 나타났다. 이 중국 함대는 1408년에 그랬던 것처럼 그냥 지나갈 것인가? 아니면 1406년에 그랬던 것처럼 상륙할 것인가? 후자였다. 함대는 콜람바로 항해하여 닻을 내리고 4년 전과 똑같은 사신을 해안으로 데리고 왔다. 정화는 실론의 왕이 중국의 황제에 복속하라는 이전의 요청을 반복했는데, 이번에는 그 요구를 부드럽게 만들기 위해 여러 가지 기증품과 화려한 선물을 함께 내놓았다. 그러나 알라각코나라는 처음 그랬던 것처럼 이 제안을 거절했고, 4년 전보다도 더욱 거칠고 단호한 태도로 응했다. 그는 중국의 사신들에게 실론 섬을 떠나서 다시는 돌아오지 말 것을 명령했다. 정화에게는 또다시 물러나 인도로 항해하는 것 외에 다른 선택지가 없었다. 그러나 문제가 해결된 것은 아니었다. 정화의 체면을 깎은 모욕은 곧 황제의 위엄을 손상한 모욕이기도 했다. 3달 뒤 정화는 다시 돌아왔다.

정화가 황제에게 보고한 사건의 경과는 『명실록(明實錄)』에 요약되어 있는데, 그에 따르면 알라각코나라가 자신을 실론 내륙으로 "유인했다"고 한다. 그러나 중국 자료는 알라각코나라의 정체를 헷갈렸다. 실론에는 알라각코나라라는 이름을 가진 사람이 두 명 있었기 때문이다. 실론의 왕은 비라 알라각코나라(Vira Alagakkonara)로, 비자야바후 6세(Vijayabahu VI)라는 이름으로 내륙 160킬로미터 지점에 있는 수도 감폴라(Gampola)에서 왕국을 다스렸다. 또 다른 알라각코나라인 니산카 알라각코나라(Nissanka Alagakkonara)는 콜람바에서 정화와 대치한 총독이자 군사령관이었다. 그는 왕의 외삼촌이었고, 1370년대부터 인도 타밀 국가들의 침략을 몇 차례 격퇴함으로써 명성을 얻었다. 정화는 원래부터 실론 총독을 왕으로 오해했던 것일까? 정화는 실론에 두 명의 알라각코나라가 있고 자신이 원하는 이는 감폴라에 있었다는 것을 언제 깨달았을까?

속임수에 빠졌든지 아니면 공격 계획을 미리 세웠든지 간에, 정화는 약 6천 명 규모의 무장 병력을 상륙시키고 '진짜' 알라각코나라가 명나라의 권위와 타협하도록 압박하기 위해 내륙의 감폴라로 향했다. 정화의 본대가 수도를 향해 진군하는 사이, 총독 알라각코나라는 이 틈을 이용해 항구에 정박해 있던, 방어가 헐거워진 중국 함대를 공격하려 했다. 그는 먼저 자기 아들을 중국 함대로 보내어 배에 실려 있는 것이 분명한 금과 은을 넘길 것을 요구했다. 이 요구가 거절당할 것을 예상한 알라각코나라는 곧장 5만의 병력을 배치해 함대를 공격할 준비를 갖췄다. 동시에 그는 벌목공들을 따로 보내 상륙한 중국군을 멀리서 뒤따라 가게 했는데, 이는 곳곳의 병목 지점에서 큰 나무를 베어 길을 막게 하여 중국 군대가 항구로 빠르게 복귀하는 것을 방해하려 한 것이었다.

자신의 함대가 위협받고 있다는 소식을 들은 정화는 부대의 일부를 다른 길을 통해 해안으로 돌려보냈는데, 이는 정화가 양질의 첩보를 전해주는 현지 협력자를 보유하고 있었음을 보여 준다. 정화는 총독 알라각코나라가 중국 배를 약탈하기 위해 대부분의 군대를 항구 주위에 배치할 것이고, 수도 감폴라는 상대적으로 방비가 허술해졌을 것이라고 예측했는데, 결과적으로 정확한 판단이었다. 그는 3천 명의 군사를 이끌고 감폴라로 계속 진군했다. 밤이 되자 정화는 병사들에게 입을 막고 아무 소리도 내지 않도록 명령했고, 이는 수도 경비대에게 위치를 들키지 않기 위함이었다. 단 한 발의 총성이 신호였다.(당시 중국 무기 기술자는 휴대용 화기를 새롭게 개발했다). 그 총성을 신호로 그들은 실론 궁성에 대한 공격을 개시했다. 그들은 실론 왕 비라 알라각코나라와 그의 가족 및 일부 귀족을 포로로 붙잡았다. 궁성 공격 소식을 듣자마자 니산카 알라각코나라는 왕을 구출하기 위해 감폴라로 대군을 보냈다. 정화의 군대는 감폴라의 성 안에서 6일간의 포위 공격을 견뎌낸 뒤, 돌연 돌파하여 왕과 궁정 인사를 데리고 해안으로 퇴각했다. 양측은 모두 많은 피해를 입었다. 해안에 도달한 정화의 군대는 실론 왕실 일행을 억지로 배에 태운 뒤 닻을 올리고 출항했다.

이 이야기가 실제로 일어난 사건을 완전히 정확하게 묘사한 것이라고 보기는 어렵다. 그러나 우리가 참고할 수 있는 자료는 두 건의 중국 기록뿐이다. 하나는 정화가 황제에게 보고한 내용으로, 이는 『명실록』에 포함되었다. 다른 하나는 이번 항해에 참여한 스물네 살의 병사 비신(費信)이 남긴 짧은 여행 회고록이다. 비신은 이번 사건의 결과가 명나라의 "대승"이었다고 선언하며 이 짧은 이야기를 마쳤다.

사신들을 기다리며

중국 황제의 무장 사절단은 당시 인도양에서 무엇을 하고 있었을까? 이 질문에 답하기 위해 우리는 정화가 중국으로부터 인도양의 국가 수반들에게 보내진 최초의 대리인이 아니었다는 점을 염두에 두어야 한다. 이러한 외교 관행은 우리가 마르코 폴로의 여행으로부터 아는 바와 같이 적어도 쿠빌라이 칸의 시기로 거슬러 올라간다. 그러나 14세기에 들어 이러한 외교 활동은 축소되었다. 1368년에 쿠빌라이의 후손들을 중국에서 몰아내고 다음 왕조를 창건한 주원장(朱元璋)은 쿠빌라이를 '대초원의 진정한 사람'이라 불렀고, 세계에 질서를 부여한 쿠빌라이의 비전을 자신이 지속한다고 보았다. 주원장은 대칸의 역할에서 물러날 생각이 전혀 없었고, 원이 대국(大國)이었다면 명 또한 결코 그보다 못한 나라일 수 없다고 여겼다. 자신에게 홍무(洪武, '무력이 치솟아 오름'을 의미)라는 제호를 부여한 주원장은 칭기스 가문의 몽골인이 멈춘 곳에서 계속 나아갔다. 그것은 바다로 향하는 것을 의미했다.

갓 즉위한 황제로서, 홍무제는 하늘이 쿠빌라이의 가문에서 자신의 가문으로 천명을 옮겼다는 인준을 필요로 했다. 이를 위해서는 하늘의 징조가 필요했고, 그것이 없다면 국제적인 외교적 인정이 이를 대체할 수 있었다. 외국 군주가 사신을 보내 조공을 바치고 그의 우위를 인정한다면, 그것은 세계가 자신의 정통성을 승인했다는 상징이 되어 백성이 그를 정당한 군주로 받아들이는 데 큰 역할을 할 수 있었다. 쿠빌라이가 그랬듯이, 홍무제는 자신이 세계의 정점에 서 있음을 확인받기 위해 해양 아시아의 군주들을 주시했다.

홍무제의 재위 첫해인 1368년에는 어떠한 외국 사신도 오지 않았다. 명 왕조는 이제 막 그 성립을 선언한 상태였고, 주변 소국의 지배자들은 이 새로운 시도가 어떠한 결과로 이어질지 관망하는 것이 현명하다고 판단했을 것이다. 그러나 이듬해 초 홍무제는 인내심을 잃었다. 그가 처음으로 조서(詔書)를 보낸 대상은 다이 비엣(지금의 베트남 북부)이었으며, 그 내용은 자신에 대한 인정을 요구하는 것이었다. "최근 원의 수도를 평정하고 강역을 통일하여 정통을 이미 계승하였으니, 바야흐로 먼 곳과 가까운 곳이 더불어 무사히 서로 평안하게 지내고 이로써 태평(太平)의 복을 함께 누렸다." 이처럼 세계 화합의 새 시대를 열었다고 자부하면서도 홍무제는 한 가지 걱정이 있다고 밝혔다. "다만 너희 사이(四夷)의 군주(君), 우두머리(長), 두목(酋), 장수(帥) 등이 아득히 멀리 있어 이를 아직 듣지 못했다. 이에 조서를 내리니 마땅히 잘 알기를 바란다." 다시 말해, 사신을 지금 당장 보내라는 말이었다. 이 메시지가 다이 비엣 외의 나라에도 확실히 전달되도록 하기 위해, 3주 뒤 예부(禮部)는 일본, 참파(지금의 베트남 남부), 자바, 인도 해안의 코로만델(Coromandel)에 사신을 보냈다. 그다음 2주 동안 일본과 운남(雲南)에도 사신이 추가로 파견되었다. 당시 운남은 아직 명이 정복하지 못한 지역으로, 훗날 명은 이 지역에서 다수의 환관을 징발했고 그 결과 정화 또한 중국에 들어왔다.

이윽고 바라던 응답이 조금씩 들어오기 시작했다. 첫 번째 사신단은 참파의 왕 아다 아제(Ada Azhe)로부터 왔으며, 선물로 호랑이와 코끼리를 가지고 왔다. 결국 명은 외양간 하나를 가득 채울 만큼의 코끼리를 획득했고, 그 코끼리들은 궁중의 알현 행사에 끌려 나와 대형을 이루고 섰다. 곧이어 다이 비엣의 사신들도 도착했다. 그러나 홍무제는 나중에서야 다이 비엣과 참파가 당시 전쟁 중이었고, 양측이 명나라의 지지를 받기 위해 경쟁하고 있다는 사실을 알게 되었다. 이는 그가 선포한 태평성세와는 거리가 먼 상황이었다. (이후 그의 아들 영락제는 홍무제가 절대 침략하지 말아야 할 열다섯 나라 가운데 하나로 꼽았던 다이 비엣을 전면 침공했다.) 세 번째 사신은 1369년 고려에서 도착했으나 거기까지였다. 이후로 어떠한 나라도 새로운 정권의 탄생을 축하하기 위한 사신을 보내지 않았다.

이듬해 봄 홍무제는 일본, 코로만델, 그리고 촐라(Chola, 인도 동남부)에 또다시 사신을 파견하면서, 이들 국가에 보낸 칙령에서 고려, 다이 비엣, 참파는 모두 이미 조공을 바쳤으니 그들도 그렇게 할 것을 요구했다. 1370년 7월에는 자바는 물론, 위구르 및 더 서쪽에 있는 내륙 세력까지 포함해 이러한 체제에 합류하라며 소환의 범위를 확대했다. "오직 중국과 외국의 백성이 자신의 장소에서 모두 행복하기를 바랄 뿐이다." 이번 설득 작업은 그 목표를 달성했다. 1371년까지 이들 국가가 모두 공물을 보내며 충실히 응답해 온 것이다. 그럼에도 홍무제는 집요할 정도로 경계를 늦추지 않았다. 1379년 한 조공사절단이 더 많은 코끼리를 데리고 참파로부터 도착했다. 홍무제는 이 참파 사절단에 대해 사전에 보고 받지 못했고, 한 환관이 황궁 문밖에 있는 코끼리들을 보고 나서야 이들의 도착을 알았다.

홍무제는 사절단의 방문을 사전에 고지받지 못한 데 대해 격분했다. 그는 최고위 관료들이 자신을 몰아내려는 음모를 꾸몄다고 비난했고, 이들에 대한 무차별적인 숙청을 자행했다. 스스로 밝힌 바에 따르면, 대대적인 숙청 과정에서 만 오천 명의 관리가 처형당했다. 외국 군주들의 인정은 단순한 외교적 장식이 아니라 하늘의 뜻을 입증하는 것이었다.

조카 살해

홍무제는 1398년 사망하기 전 자신의 손자를 후계자로 지명했다. 건문제(建文帝)의 즉위는 건문제의 많은 삼촌, 그중에서도 특히 홍무제의 아들 중 하나인 주체(朱棣)를 실망에 빠뜨렸다. 홍무제는 북쪽의 국경지대를 당시 만리장성 너머에 여전히 존재하고 있던 대원국의 잠재적인 위협으로부터 보호하기 위해 아들 주체를 북경에 주둔시켰다. 건문제가 결국 삼촌들의 영지를 몰수하고 자신의 권력을 공고화하기 위해 움직일 것이라고 우려한 주체는 이러한 사태를 미연에 방지하는 데 앞장서기로 결심했다. 이에 주체는 매우 파괴적인 반란을 일으켰고, 이 반란은 스물네 살의 조카 건문제가 불타는 황궁 안에서 사라지는 사건으로 마무리되었다. 이후 주체는 영락제로 즉위했다. 당시 건문제가 화염을 피해 해외로 도망쳤고 영락제가 해외로 보낸 여섯 차례의 원정은 건문제를 찾기 위한 것이라는 소문이 돌았다. 그러나 그 소문은 영락제의 의도를 모호하게 만들 뿐이었다. 그의 진정한 목적은 쿠빌라이 칸과 아버지 홍무제가 이해했을 법한 방식으로 자신의 정통성과 명분을 확립하는 데 있었다.

영락제의 조카 살해는 안정적인 황위 계승을 위한 아버지 홍무제의 지시 사항을 충격적인 방식으로 거부한 것이었고, 이로 인해 그는 엄청난 정통성의 결핍을 안았다. 관료들은 이러한 상황을 차마 믿을 수 없었고, 백성은 경악했다. 건문제를 섬겼던 관료들이 이 쿠데타에 반대해 목소리를 높였을 때, 영락제는 그들을 수만 명씩 처형했다. 몽골인은 이러한 상황이 닥쳤을 때 '유혈의 태니스트리'의 방식으로 이해했지만, 중국인은 이러한 방식을 받아들이려 하지 않았다. 자신이 저지른 일을 역사 속에서 정당화하기 위해, 영락제는 조정의 기록을 조작하여 아버지 홍무제가 1402년까지 생존했고 조카는 존재하지 않았으며, 황위는 아버지 홍무제로부터 아들 영락제로 직접 계승되었다는 인상을 주도록 만들었다. 건문제는 기록으로부터 은폐되었고, 이 기록이 조작되었으며 건문제가 실제로 존재했다는 사실을 역사가가 인정하기까지 이백 년이 걸렸다. 중국의 전제정치는 때로 원나라를 다스린 몽골 황제에게서 유래했다고 여겨지지만, 중국 고유의 방식으로 통치했던 중국인 황제도 사실 나름의 역할을 했다. 이 과정에서 유교의 핵심 가치인 '충(忠)'과 '서(恕)'의 정신이 철저히 파괴되고, 오직 권력을 쥔 자에 대한 비굴한 복종만이 남았다.

아버지 홍무제와 마찬가지로, 영락제는 정통성의 결핍을 외교 관계를 통해 메꾸려 했다. 외국 사절단이 건문제에게 조공을 바치기 위해 오고 있었는지에 대해서는 어떠한 기록도 남아 있지 않다. 영락제는 왕조의 공문서를 철저히 제거했고, 이에 1398년에서 1402년 사이에 명을 방문한 외국 사신들의 기록은 완전히 없어져 버렸다. 아마도 상당한 수의 사절단이 그의 조카와 외교 관계를 형성하기 위해 남경(南京)에 왔을 것이지만, 그들의 존재는 역사 자료의 소각 및 수정 과정에서 사라져 버렸다. 스스로 주도하는 완전히 새로운 외교 국면을 개시하기 위해, 영락제는 아버지의 방식을 따라 서한을 보내 열국(列國)의 군주가 남경에 와서 자신에게 존경을 표할 것을 촉구했다. 외교적 승인의 입증이 절실했던 사람이 있다면, 그것은 바로 이 찬탈자였다.

즉위 두 달 만에 영락제는 예부에 조공 체제를 완화하라는 지시를 내렸다. 어떠한 사절단이든, 설령 행실이 좋지 않더라도 물리쳐서는 안 된다는 것이었다. 무역하기 위해 온 이는 자유롭게 무역할 수 있어야 하며(나중에는 어떠한 수입 관세도 낼 필요가 없다고 덧붙였다), "이제 사해가 한 가족[一家]이 되었으니"(그가 일으킨 내전이 끝났음을 정중하게 표현한 것이다), "바야흐로 바깥이 없음을 널리 보일 때가 되었다. 모든 나라 가운데 진실한 마음으로 복속하여 조공하러 오는 자가 있다면, 칙유를 내려 짐의 뜻을 밝게 알도록 하겠다"라고 하였다. '한 가족'은 영락제가 외교 서신에서 반복적으로 사용한 용어이다. 그는 천하를 통치하는 군주로서 외국 군주를 자기가 가장으로 있는 하나의 가족으로 맞이했다. 조공체제 하에서 '바깥' 즉 외부자는 없었다. 1402년 말 어느 도지휘사가 몽골인이 "다른 종류의 사람들"이기 때문에 그들을 국외로 추방하라는 명령을 내려달라고 상주하자, 영락제는 단호하게 응수했다. 인종을 나누기 시작한 것은 몽골인이었지만, 자신을 섬기는 자라면 그가 어떠한 출신이든 자신의 신민이 될 수 있다고 못 박은 것이다. 그러나 그의 귓가에는 쿠빌라이의 보편주의적 이상이 울리고 있었다. 모두가 복종해야 한다는 원칙 말이다.

몇 주 뒤 영락제는 예부에 명령하여 류큐(琉球, 지금의 오키나와), 일본, 다이 비엣, 참파, 아유타야(Ayutthaya, 지금의 태국), 사무드라(Samudra, 수마트라 북부), 자바, 코로만델에 사신을 보냈다. 모든 사절단은 "외부인은 없다"는 내용이 담긴 황제의 칙서를 휴대했다. 1403년, 조선, 아유타야, 십송판나(Sipsongpanna, 라오스와 미얀마 사이)는 성실히 사신을 보냈지만, 영락제가 남경에서 맞이하길 기대한 외국 사절의 물결은 실상 미미한 수준에 그쳤다. 이후 외국 군주들에게 보낸 여섯 차례의 사절단이 "금박을 입힌 장막과 양산, 그리고 금실로 직조한 문양이 있는 채색한 비단"을 가득 싣고 복속을 유도하기 위해 떠났다.

영락제의 외교 관계에서 첫 번째 돌파구는 말라카에서 마련되었다. 환관 윤경(尹慶)은 1403년 해외로 보내진 최초의 사신 중 하나였고, 그는 파라메스와라(Parameswara) 왕을 방문하기 위해 말라카에 도착했을 때 큰 성공을 거두었다. 파라메스와라는 한때 조호르(Johor, 지금의 싱가포르)의 젊은 통치자였으나 쿠데타로 쫓겨난 인물이었다. 간신히 목숨을 건진 그는 말레이반도의 서부를 따라 도망쳐 괜찮은 항구를 갖춘 어느 어촌에 자리 잡았는데, 그곳은 훗날 항만 국가인 말라카가 될 장소였다. 윤경의 도착 시점은 절묘했다. 영락제는 명나라의 영향력을 인도양 지역으로 투사할 안정적인 거점이 필요했고, 파라메스와라는 경쟁자들을 견제하기 위해 대국의 지원을 필요로 했다. 아울러 파라메스와라는 새로운 정권의 경제적 기반을 세우기 위해 중국인 상인이 항구에 와 주기를 바라고 있었다. 말라카 항구를 통제하는 이가 말라카 해협을 오가며 이루어지는 해상 무역 전체를 장악하는 상황에서 말라카는 결과적으로 핵심적인 무역항이 되었다.

인도양에까지 확장된 해양 외교를 수행하기 위해서는, 사절을 해외로 파견하고 외국 사신을 데려오며 다시 그들을 본국으로 돌려보내는 일련의 과정을 정기적으로 수행할 수 있는 보다 확장된 수송 인프라가 필요했다. 여기에 동원된 선박은 압도적인 국력을 과시할 수 있는 규모여야 했다. 이러한 선박들은 그것을 본 모든 이에게 중국에 새로운 대국이 진짜로 등장했다는 사실을 알려주는 동시에 주저하는 군주에게 저항보다는 복속이 자국의 이익에 부합할 것이라는 점을 납득시켜야 했다. 이에 1403년 5월 25일 배를 건조하라는 최초의 명령이 내려졌다. 『명실록』에는 간략히 다음과 같이 적혀 있다. "복건도사(福建都司)에 명령하여 해선 137척을 건조하게 했다." 5주 뒤 영락제는 양쯔강에 있던 남경의 대형 조선소인 용강선창(龍江船廠)의 정박장을 준설하여 조선(造船) 능력을 되살리고 확장하라고 명령했다. 또 한 달 뒤에는, 외국 조공 사절단이 가져올 물품을 처리하여 그들의 여정이 경제적으로 충분한 이익이 있도록 하기 위해 시박제거사(市舶提擧司)를 부활할 것을 명령했다. 이렇게 한 걸음 한 걸음씩, 영락제는 명나라가 인도양에까지 함대를 보내어 당시 알려진 세계를 명나라의 세력권 안으로 들여올 만한 역량을 갖출 수 있도록 인프라를 구축해 나갔다.

노예

영락제가 이 사업의 책임자로 임명한 인물은 명나라의 중앙 정부를 구성하는 육부(六部)에 임용된 문신이나 무신이 아니었다. 그는 황실에 속한 일종의 노예였다. 황실은 명나라 정권의 중핵이자, 황제의 업무를 운영하

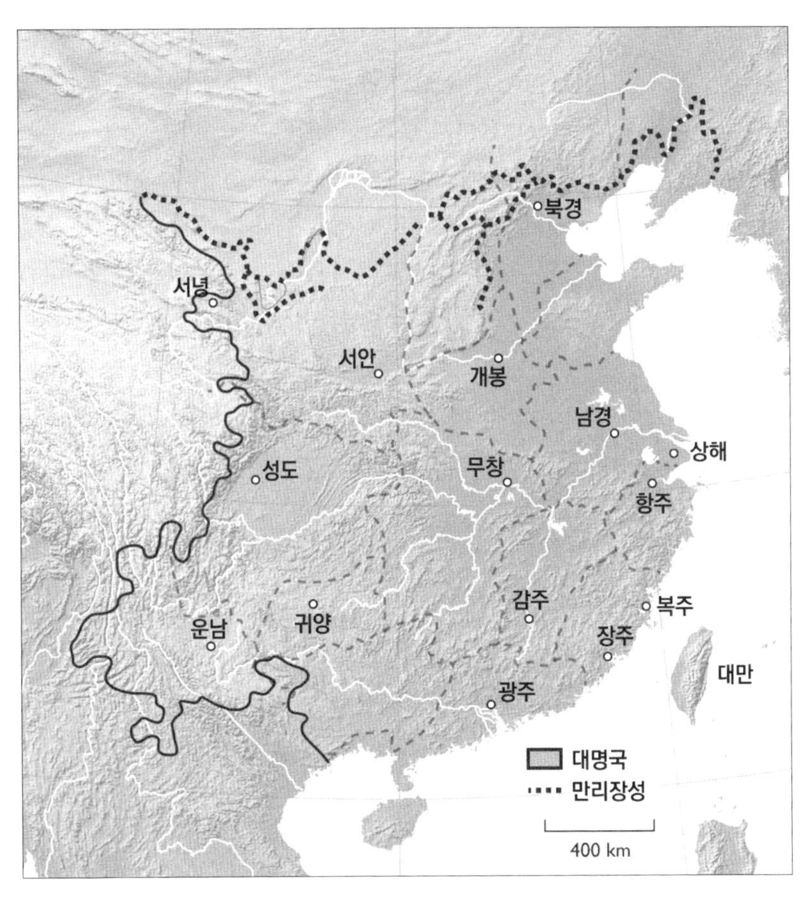

[지도 3] 대명국 통치하의 중국

는 중심이었고, 일반 관료는 도달할 수 없는 기관이었다. 영락제가 관료가 아닌 노예를 낙점한 것은 민감한 사업에서 중국인을 배제하는 몽골 관행을 상기시켰다. 원나라에서 핵심 관직은 색목인, 즉 중국인이 아닌 다양한 민족의 사람들(예를 들어 마르코 폴로)에게 주어졌다. 영락제에게 그런 이민족 출신의 핵심 간부 집단은 없었지만, 자기에게 절대적으로 의존하는 일군의 수행원이 있었다. 바로 황실의 환관(宦官)이었다.

명나라 황실이 환관을 활용한 것은 오직 거세된 남성만이 궁궐 사무에 종사할 수 있도록 허락한 아시아 전역의 오랜 관행을 따른 것이었다. 거세(去勢)는 궁궐 안에서 태어난 모든 아이의 생물학적 아버지가 오직 군주 한 사람뿐임을 보장했다. 왕위를 잇는 아들은 반드시 군주의 아들이어야 했다. 통치자에게 하늘의 아들(천자)이라는 신적 지위를 부여하는 전통은 이러한 후계 보호의 필요성을 더욱 강화했는데, 천명이 한 시대에 한 가문에게만 주어졌기 때문이다. 만약 황실 바깥의 남성에 의해 은밀히 잉태된 아들이 즉위한다면, 하늘이 그 혈족에게 천명을 내린 것이 아니므로 그 왕조는 반드시 몰락한다. 황제의 아이를 임신한 여성의 혈통은 중요치 않았다. 예를 들어 영락제의 후궁 중 다수는 조선인이었다.

환관은 육체뿐만 아니라 사회적 지위에서도 손상을 입었다. 그들의 몸은 전적으로 황실을 위한 도구로 사용되었다. 그들은 황제와 황족의 뜻에 따라 움직였으며, 궁 안에서만 살며 일하고 궁 밖에서는 어떠한 일도 하지 않았다. 그들은 공적인 사법 절차에 접근할 권한이 없었고, 재판관 앞에 소송을 제기할 수도 없었다. 노예제를 연구하는 역사가의 표현을 빌리자면, 그들은 사회적으로 죽은 존재였다. 육체적인 훼손에 주목하여 그들을 '환관'이라 부르는 것은, 적어도 내 생각에는, 오리엔탈리즘적인 이국성(exoticism)을 그들에게 덧씌우는 것이다. 육체적으로 거세되었지만, 그들을 '노예'라 부름으로써 우리는 그들의 사회적 실상에 더 가까이 다가갈 수 있다.

외교 임무를 수행할 때 영락제는 거의 전적으로 노예를 활용했다. 그가 다른 방식을 쓴다는 것은 상상하기 어려웠다. 당시의 외교란 통치자 대 통치자라는 개인 간의 일이었지 국가원수 대 국가원수 사이의 일이 아니었다. 따라서 외교에서 황제를 대리할 수 있는 존재는 황제의 소유이자 오직 황제에게만 충성하는 노예뿐이었다. 영락제의 해외 사절단을 주도했던 이가 모두 노예였던 이유는 바로 이 때문이었다. 그리고 영락제의 치세 동안 가장 중요하고 가장 막강한 권력을 행사한 이는 정화였다.

정화는 태어날 때부터 명나라 백성은 아니었다. 그는 1371년 운남의 한 무슬림 가정에서 태어났고, 운남은 당시 독립국이었다. 정화의 5대조 할아버지는 호레즘(Khwarezm) 지역 출신의 페르시아어 이름을 지닌 무슬림이었고, 부하라에서 칭기스 칸에 항복했다고 한다. 쿠빌라이의 시대였다면 정화는 색목인이었겠지만, 그 명칭은 몽골인과 함께 사라졌다. 정화의 중국어 본명은 마화(馬和)로, 마(馬)씨는 무슬림이 일반적으로 사용하는 중국식 성씨였다. 정화의 아버지와 할아버지는 모두 '마합지(馬哈只)'라는 존칭으로 알려졌었는데, 이는 그들이 하지(Haji), 즉 메카에 성지순례(Hajj)를 하러 갔던 사람이었다는 점을 알려준다. 이는 14세기 사람들이 우리가 생각하는 것보다 훨씬 더 활발히 이동하고 있었음을 상기시켜준다. 명나라가 운남을 침공했을 때, 마화의 아버지 마합지는 저항 도중 전사했고 열 살이던 그의 아들 마화는 1381년 포로로 붙잡혔다.

전쟁에서 사로잡힌 소년의 일반적인 운명은 노예가 되어 거세된 뒤 황제나 황자 가문의 집안에서 평생을 일하는 것이었다. 열 살이던 마화 역시 그러한 운명을 맞이했다. 행정상 임의 배정으로 그는 후일 영락제로 즉위하는 홍무제의 아들 연왕(燕王)의 가문에 소속되었다. 보통이라면 그는 그저 익명의 노예로서 왕가 내부의 생활 속에 완전히 묻혀버렸을 터였지만, 어쩐 일인지 주인의 눈에 들었다. 연왕은 그를 눈여겨보았고, 만리장성 북쪽으로의 몽골 원정에도 데리고 나갔다. 그는 십 대 시절 뛰어난 군사적 재능을 발휘해 두각을 보였다고 하나, 그의 진정한 강점은 복잡한 사업을 조직하고 운영하는 방법을 아는 데 있었던 것으로 보인다. 영락제는 그에게 총애의 표시로 새로운 성씨를 하사했는데, 바로 '정(鄭)'이었다.

정화가 해외로 나가는 외교 사절단을 이끄는 임무를 받기 전까지 정화가 맡았던가장 큰 임무는 궁궐 건설을 감독하는 일이었다. 그는 바다에 대한 아무런 지식이 없었지만 유능했고 황제의 신임을 받았다. 그런데 그 유능함과 황제의 신임이야말로 해양 기술보다 훨씬 더 중요한 자질이었다. 사람들은 영락제가 정화의 무슬림 정체성과 호레즘 사람의 후손이라는 점을 고려했을 것으로 추정했는데, 이는 동남아시아와 인도양 일대의 이슬람 통치자들과 외교 교섭을 수행하는 데 유용한 자산이었기 때문이다. 하지만 이를 뒷받침하는 근거는 어떠한 사료에도 나타나지 않는다.

정화가 영락제 시대의 실록 기록에 처음으로 등장한 것은 1405년 7월 11일이다. 그는 조정이 아닌 황제를 위해 일하는 사람이었기에, 그에 관한 기록이 더 일찍 나타나지 않은 것은 전혀 이상한 일이 아니다. 실록은 다음과 같이 기록했다. "중관(中官) 정화 등을 보내어 칙서(敕書)를 가지고 서양(西洋, 당시 중국인은 인도양을 서양이라 불렀다)의 여러 나라에 가서 깨우치고, 아울러 여러 국왕에게 금실로 직조한 비단과 채견(綵絹)을 차등 있게 하사했다." 이것은 62척의 대형 선박과 약 200척의 중소형 선박, 2만 7천 명 이상의 인원이 수반되었다고 추정되는 거대한 프로젝트를 지극히 간략하게 언급한 기록이다. 하지만 이 역시 이상할 것은 없다. 이 항해는 예부에 의해 수행된 것이 아니었기 때문이다. 이 항해는 황실이 주관한 사업이었고, 실록을 편찬한 사관의 조사 범위를 벗어났다.

정화의 첫 항해는 단발성으로 기획된 것이 아니었다. 정화 함대가 중국을 떠나고 단 일주일 만에 영락제는 두 번째 항해를 위한 준비에 착수하며 선박 1,180척을 추가로 건조할 것을 명령했다. 두 번째 항해를 위한 칙령은 정화가 첫 번째 항해에서 돌아온 지 단 11일 만에 발령되었고, 이번에는 정화가 캘리컷(Calicut)으로부터 데려온 사절단을 본국으로 돌려보내기 위한 사절단 파견이라는 형식을 취했다. 석 달 뒤 다양한 크기의 249척의 선박으로 이루어진 함대가 두 번째 항해에 나섰다. 항로는 첫 항해와 거의 같았지만, 앞서 언급했듯이 실론에는 기항하지 않았다. 실론 국왕에게 황제에 대한 복속을 강요하기 위한 또 다른 전략이 추진되고 있었기 때문이다. 그 계획을 이행하기 위해, 심지어 정화가 두 번째 항해에서 돌아오기도 전인 1409년 초에 세 번째 항해 칙령이 공포되었다.

군인이자 회고록 작가인 비신(費信)의 기록에 따르면, 이번 항해에서 영락제가 정화에게 내린 지시는 "조칙(詔敕), 금과 은으로 만든 제사 용기, 비단으로 장식하고 금실로 직조한 보번(寶幡)을 가지고 가서… 국왕과 우두머리들에게 상으로 내려주는"것이었다. 그러나 그 왕이 이미 자신의 지시를 거부했다는 사실을 알고 있던 영락제는 여기에 추가적인 지시를 삽입했다. "사원에 보시(布施)하고 석비(石碑)를 세움으로써 황도(皇圖)의 다스림을 존숭하게 하라." 여기서 말하는 석비는 문자가 새겨진 돌판을 뜻하는 통상적인 표현이다. 이것이 바로 새로운 계획이었다. 즉 알라각코나라를 무력으로 굴복시키는 대신 그의 신(神)들을 영락제의 보살핌 아래 두는 것이었다. 영락제는 천자이므로 하늘로부터 최고의 총애를 받고 있으며, 그에 따라 부처와 다른 모든 신의 총애를 받는 존재이기도 했다. 나아가 하늘과 특별한 관계로 인해 영락제는 불교의 더 높은 주재자가 되므로, 실론 왕의 부처를 향한 복종은 곧 영락제에 대한 복종을 의미한다. 이번 항해에서 정화는 사신을 본국으로 송환하고 더 많은 사신을 명나라로 데려오는 등 다른 임무도 맡았지만, 그의 가장 중요한 임무는 실론에 비석을 세우고 영락제의 최고권위를 천명하는 것이었다.

정화의 항해는 양방향 모두 신속하게 진행되었다. 1410년 1월 복건의 장락(長樂) 항구에서 출발한 함대는 1411년 7월 남경에 귀환했다. 실록에 기록된 정화의 보고에는 그가 언제, 어디로, 어떻게 비석을 운반했는지에 대한 언급이 없다. 그는 실론에서 일어난 일에 관한 보고를 마무리하며, 실론인을 대파한 뒤 중국으로 돌아왔다고만 적었다. 이에 의문이 생긴다. 그 비석은 도대체 어떻게 된 것일까?

갈레 비석을 찾아서

정화가 영락제의 명을 받아 세운 비석이 실제로 현지에 세워졌다는 가장 이른 증거는 16세기에 작성된 포르투갈의 실론 정복에 관한 역사서에서 발견된다. 이 기록에 따르면, 그 지역 왕과 전쟁을 벌이던 포르투갈 군인들은 1588년 남부 해안의 돈드라(Dondra)에 있던 사원 단지를 파괴하는 과정에서 "중국의 왕들이 그 나라의 문자로 (포르투갈인들의 생각에) 그곳의 우상들에 대한 신앙의 징표로 그곳에 세울 것을 명령한 돌기둥들"의 존재에 주목했다.

이후 이 비석에 대한 기록은 1911년에야 다시 등장한다. 1886년 스물한 살의 나이에 런던으로부터 고용된 영국 출신의 토목 기사이자 건축가 헨리 토말린(Henry Tomalin)이 1911년 비석을 발견한 것이다. 당시 토말린은 갈레(Galle) 지역의 도로 재건을 감독하고 있었는데, 인부들이 지하수로를 덮고 있던 길이 1.5미터, 두께 13센티미터의 큰 석판을 뒤집었고 그 아랫면에서 문자가 새겨진 흔적을 발견했다는 보고를 받았다.

토말린은 이러한 사실을 보고하기에 적임자였다. 초기 식민지 공공사업을 수행하기 위해 해외로 파견된 유럽인은 자신들이 발견한 문화에 거의 관심이 없었고, 심지어 자신들이 새롭게 만들어야 했던 세계를 경멸하기도 했다.

그러나 19세기 후반에 이르면 새로운 세대의 식민지 관리자가 등장했다. 이들은 대체로 중산층 출신으로 사회적 지위가 높지 않았으며, 본국에서는 얻기 어려운 신분 상승의 기회를 해외 경력을 통해 추구하려 했다. 그들은 유럽식 공공건물을 건설하고, 대규모 배수 사업을 주관하고, 항구를 개선하고, 도로를 근대화하는 등 식민지를 19세기의 기준에 맞게 재편하기 위해 필요한 모든 일을 수행했다. 이들 가운데 일부는 이제는 대영제국의 영토로 편입된 지역을 과거에 다스렸던 고대 문명에 흥미를 품고, 현재의 제국적 질서를 보다 위대한 과거와 연결해 줄 흔적을 찾는 데 열의를 보였다.

[그림 6] 갈레 비석(Galle Stele)의 비수(碑首). 이 글씨가 새겨진 석판(145×76×13cm)은 1409년 남경에서 제작된 후, 1411년 실론(Ceylon)으로 운반된 뒤 돈드라(Dondra)의 사원 단지에 세워졌다. 1911년 갈레에서 발굴되어 지금은 콜롬보(Colombo) 국립박물관에 소장되어 있다. 비문의 오른쪽에 중국어, 왼쪽에 타밀어와 페르시아어(아랍 문자로 표기)가 병기되어 있다. 비문 내용은 각기 상이하며, 적절한 방식에 따라 부처, 비슈누(Vishnu), 알라를 섬기는 내용을 적고 있다.

헨리 토말린은 이러한 유형의 대표적 인물이었다. 그의 첫 번째 프로젝트는 1887년 빅토리아 여왕의 즉위 50주년을 기념하여 콜롬보에 있는 갈레 페이스 호텔(Galle Face Hotel)의 전면부를 장식하는 일이었는데, 이 작업은 현지 문화를 전혀 고려하지 않고 진행되었다. 그러나 그가 1893년 시카고의 만국 박람회에 출품될 식민지 전시관인 실론관을 설계할 때쯤에는, 자신이 전통적인 실론 문화라고 여긴 요소를 흡수하고 토착 형식을 현대적 용도에 맞게 응용하는 능력을 키웠다. 가령 실론관은 고대 유적지 답사에 영향을 받아 완성된 우아한 목조 건물이었다. 다른 식민지 기술자들과 마찬가지로 토말린은 자기를 단순한 제국의 유지관리 인력이 아닌 사라져가는 과거의 수호자로 여겼고, 건축 유적을 기록하고 비문을 수집하며 풍화 작용과 식민지 재건 과정 속에서 사라져가는 모티프를 재활용하는 데 힘썼다. 모범적인 식민지는 근대성이 가져다주는 것을 가능케 하는 동시에 과거를 보존해야 한다고 그는 보았다. 모든 식민지 행정관이 그러하듯, 외부자였던 그는 현지인이 할 수 없는 방식으로 현지의 다양한 요소를 하나로 아우를 수 있다고 믿었다. 그것이 실현된 곳이 바로 실론관이었다. 실론관은 힌두교-타밀 문화와 불교-신할라(Sinhalese) 문화로 뚜렷하게 나뉘어 있던 이 섬을 미국 관람객에게 하나의 통합된 식민지로 인식시키는 것이 목적이었다. 토말린은 이 분열을 공존으로 바꾸기 위해 수상작이 된 실론관 건물의 한쪽 끝에 비슈누(Vishnu) 상을, 다른 한쪽 끝에는 불상을 배치하는 방식을 선택했다.

1911년 그 비석을 발견했을 당시 주위에 비문을 해독할 수 있는 사람이 아무도 없었지만, 토말린은 그것이 희귀하고 중요한 역사적 문서라는 것을 알아차렸다. 오늘날 '갈레 비석(the Galle Stele)'으로 알려진 이 유물은 당시 그가 상상했던 것보다 훨씬 더 희귀하고 중요하며, 더 많은 논란을 불러일으키는 것으로 밝혀졌다. 이 비문의 해석에 따라, 15세기 정화의 항해가 우호적인 외교 행위였는지 아니면 제국적 지배를 위한 사절이었는지 그 성격이 달라지기 때문이었다.

부처, 비슈누, 알라

비석 표면의 비문은 심하게 손상되어 해독하는 데 오랜 시간이 걸렸다([그림 6] 참조). 비문 전체가 완전히 공개된 것은 1933년에 이르러서였다. 세 개의 비문 중 가장 잘 보존된 것은 비석 표면의 오른쪽 삼 분의 일을 차지하고 있는 중국어 문장으로, 영락제가 1409년 2월 15일자로 부처에게 보내는 메시지다.

영락제는 부처가 "신비한 효력"을 발휘하여 명나라의 외교정책에 특별한 도움을 준 것에 감사하며 부처를 향한 축원을 시작한다. 그는 부처에게 다음과 같이 말한다. "근래에 사신을 보내어 여러 나라에 조서를 내려 알렸습니다. 바닷길이 열린 것은 [부처의] 자비로운 보살핌에 힘입은 바로, 사람과 배가 안전하고 이로우며, 왕래함에 걱정이 없습니다." 그간의 활동이 부처의 보호 덕분이라는 점을 인정하며, 그는 다음과 같이 말한다. "큰 덕을 영원히 생각하여 예로써 그 은혜에 보답하나이다. 삼가 금과 은, 금실로 직조한 직물, 모시, 보번(寶幡), 향로, 화병, 각종 의복, 등불과 촛불 등의 물품을 불교 사원에 보시하여 공양하고자 합니다. 오직 석가세존(釋迦世尊)께서 이를 살피소서." 뒤이어 물품별로 비싼 것부터 차례로 기재한 예물 목록이 나오는데, 금 1,000전(錢, 1전의 무게는 대략 1/8온스로 금 1천전은 약 8파운드, 즉 3.6킬로그램에 해당)[1]과 은 5,000전(약 40파운드, 즉 18킬로그램)[2]을 시작으로 비단과 제기(祭器)류, 그리고 향유(무려 3,300파운드, 즉 1,496킬로그램 이상), 밀랍, 향료 등으로 마무리된다. 이것은 매우 호화로운 봉헌이었으며, 바로 그렇게 인식되기를 의도한 결과였다.

그렇다면 이 비문은 누구를 위한 것이었을까? 당시 인도양을 돌아다니

1 　원문에는 50파운드라고 기재되었으나, 저자의 계산 방법에 오류가 있는 듯하다.
2 　원문에는 250파운드라고 기재되었으나, 이 역시 계산 오류로 보인다.

는 중국인은 거의 없었고, 그 가운데 비문을 읽기 위해 이곳을 들르는 중국인은 더더욱 드물었다. 이 질문에 대한 가장 간단한 답변은 이 비문이 어느 누구도 대상으로 하지 않았다는 것이다. 이 비문은 읽히기 위해 존재한 것이 아니었다. 이것은 중국의 존재를 선언하기 위한 기념물로서 그 장소에 세워진 것이었다.

중국어 비문의 왼쪽에 두 개의 다른 비문이 새겨져 있다. 그 위쪽에 있는 것은 타밀어 비문인데, 이는 토말린이 (시카고 만국 박람회) 실론관에서 타밀 문화와 신할라 문화를 병치한 것 가운데 비슈누 쪽, 즉 타밀 문화를 반영한다. 1933년에 타밀어 비문을 처음으로 해독한 학자에 따르면, 이 비문은 "거의 문법적이라고 할 수 없으며" 다른 데서는 쓰이지 않는 단어가 사용되었다. 이는 아마도 항해가 시작되기도 전에 남경에서 번역이 이루어진 탓인지도 모른다. 그러나 이 타밀어 비문은 사실 번역된 것이라기보다는 중국어 비문이 말하는 바를 타밀인의 신앙적 맥락으로 '이식'한 것에 가깝다. 이것은 부처에 대한 기도가 아니라 비슈누의 화신이자 '남부 항구의 성자'인 테나바라이 나야나르(Tenavarai-Nayanar)에게 드리는 기도문이었다.

남부 항구인 테나바람(Tenavaram)은 오늘날 돈드라로 알려져 있다. 실론섬 남부 해안의 이 작은 항구는 수세기 동안 다양한 종교가 공존한 장소로 유명했다. 이에 대한 확실한 증언자는 3장에 등장한 모로코 여행가 이븐 바투타다. 1345년 돈드라(즉 테나바람)를 방문했을 때, 그는 그곳에서 와불상이 있는 불교사원과 거대한 힌두교 사원 단지를 모두 발견했다. 이븐 바투타는 그 힌두교 사원 단지에서 숭배되는 신의 이름을 명시하지는 않았지만, "그곳의 우상은 그 도시와 같은 이름을 지녔다"라고 기록했다. 이는 그 신이 테나바라이 나야나르라는 점을 알려준다. "이 사원에는 약 1천 명의 브라만(Brahmin)과 요가 수행자가 있고, 약 500명에 달하는 이교도의 딸이 매일 밤 그 우상 앞에서 노래하며 춤을 춘다"라고 그는 전한다.

타밀어 비문에 테나바람이 언급된 것은 영락제가 세운 이 비석이 바로 돈드라를 목적으로 한 것임을 확인해준다. 이는 매우 중요한 사실이다. 왜냐하면 중국어 비문에는 이 봉헌이 이루어진 장소에 대한 구체적인 언급이 없고, 단지 실론의 어느 불교 사원에 예물을 바친다는 식의 모호한 표현만 있기 때문이다. 만약 정화가, 더 나아가 영락제 역시, 돈드라가 순수한 불교 권역이 아닌 다른 신을 섬기는 사원이 공존하는 장소임을 알고 있었다면, 불교와 힌두교 양쪽에 모두 예물을 바친 의도는 무엇이었을까?

이 질문에 답하기 위한 유일한 방법은 영락제가 '남부 항구의 주인[역자: 테나바라이 나야나르]'에게 자신을 어떻게 소개하는지를 살펴보는 것이다. 테나바라이 나야나르를 칭송한 뒤 영락제는 자신을 "대중국(Great China)의 왕이자, 왕들의 최고 군주이며 빛나는 보름달"이라고 소개한다. 이것은 신 앞에 겸손히 엎드려 간청하는 신도의 말투와는 거리가 멀다. 오히려 그것은 자신의 시야에 들어온 외국의 신에게 말하는 최고 통치자의 목소리로, 신이 자신의 백성을 돌보는 의무를 다한 만큼만 그를 경배하겠다는 어투다.

비슈누는 부처와 정확히 똑같은 예물을 받았지만, 둘 사이에는 미묘한 차이가 있었다. 귀금속 예물의 단위가 중국어 비문에는 중국 단위인 '전(錢)'으로 표기된 반면, 타밀어 비문에서는 현지 단위인 '칼란쿠(kalañcu)'로 표시되었던 것이다. 타밀의 단위가 중국의 단위보다 무게가 삼 분의 일 더 나갔기 때문에, 이러한 변환은 실질적으로 비슈누에 대한 예물의 가치를 삼 분의 일 증가시키는 효과가 있었다. 이것은 의도된 것이었을까? 그럴 가능성은 낮다. 만약 의도된 것이었다면, 그것은 비슈누가 부처보다 더 많은 예물을 받았다는 의미가 되어, 두 신 사이의 균형을 해칠 것이기 때문이다. 물론 번역자가 비문을 번역할 때 단순히 대략적인 상응 단위를 찾았을 뿐, '칼란쿠'와 '전'의 환산 비율까지는 신경 쓰지 않았을 가능성도 있다. 그러나 이 작은 오차는 우리에게 여전히 풀리지 않는 의문을 남긴다. 비석에 기록된 예물이 부처와 비슈누 각각에게 별도로 주어졌던 것일까? 아니면 돈드라에 있는 어떠한 신이든 간에 그 예물을 한꺼번에 받도록 한 것인가? 이 의문을 달리 표현하자면, 영락제는 최소한 두 신 중 하나라도 그곳에서 봉헌물을 받아줄 것을 바라며 둘에게 모두 예물을 바쳤던 것일까?

타밀어 비문 밑에 있는 세 번째 비문은 이 의문을 더 복잡하게 만든다. 세 번째 비문의 언어는 페르시아어이고, 문자는 아랍 문자다. 페르시아어와 아랍 문자의 조합은 당시에 흔한 것이었다. 페르시아어는 인도양 상인 사이에 통용된 공용어였고, 아랍 문자는 공용 문자였다. 이러한 용법은 원나라 시대에 중국까지 전해졌고, 이후 정화의 후반 항해에 세 번 동행하고 그에 대해 회고록을 남긴 마환(馬歡)도 바로 이러한 방식으로 페르시아어를 읽고 쓰도록 훈련받았다. 비록 증거는 없지만, 정화도 어렸을 때 아랍 문자를 배웠다고 추측해 볼 수 있을 것이다.

이 세 번째 비문이 새겨진 비면은 심하게 손상되었는데, 남겨진 파편 중 하나에는 "이슬람의 빛"이라는 구절이 적혀 있다. 따라서 이 비문은 무슬림 독자를 대상으로 한 것이었고, 기록된 예물도 알라 혹은 그의 성인들을 향한 것이었다. 이 비문에서 영락제는 타밀어 비문의 도입부에서와 같이 자신을 "대중국의 왕"으로 지칭하고, 무슬림의 신이 "친절한 호의"를 베푼 것에 감사하기 위해 자신의 사신들에게 예물을 바치라고 명했다고 말한다. 여기서 예물의 목록은 다른 두 비문과 동일하지만, 귀금속에 대한 무게 단위는 중국의 '전'보다는 무겁고 타밀의 '칼란쿠'보다는 가벼운 페르시아의 '미스깔(misqal)'로 변환되었다. 이에 비슈누에 대한 예물에서 제기되었던 동일한 질문이 여기서도 제기된다. 즉 당시 남경에 있는 그 누구도 이 장소에서 어떠한 신이 우세한지 확신하지 못했기에, 그저 어떤 신이든 예물을 받으면 된다는 식으로 처리한 것일까?

아니면 그 비문들은 애초에 신들을 위한 것이 아니라 신도들을 겨냥한 것이었을까? 인도양 전역을 넘나들던 무슬림 상인들이 돈드라를 지나며 아랍 문자로 된 페르시아어 비문을 읽고 중국에 있는 대국의 황제가 알라를 숭배한다고 여겼을까? 남인도 지역에서 활동하던 타밀 상인들이 타밀어 비문을 읽고 중국의 황제가 비슈누를 숭배한다고 생각했을까?

타밀어 비문을 처음 해독한 타밀인 학자는 그 비석이 삼중 언어로 구성되었다는 점을 근거로 "그 민족 특유의 종교적 절충주의(eclecticism)"를 보여준다고 선언했다. 그러나 나는 이러한 일반화된 문화적 설명이 이 문제를 깊이 이해하는데 큰 도움이 된다고 생각하지 않는다. 오히려 우리는 이 비석을 정치적 맥락에서 살펴보는 것이 더 적절할 것이다. 이 비석은 멀리 중국으로부터 왔으며, 이를 마주한 이들에게 이 비석이 누구에 의해 세워졌는지를 분명히 알려주는 표식이기도 했다. 비석의 비수(碑首)에는 다섯 발가락을 가진 오조룡(五爪龍) 한 쌍이 마주보고 있고, 그사이에 흔히 지혜의 진주로 불리는 여의주(如意珠)가 새겨져 있다. 이 여의주는 중국 역사에서 때로 종파를 초월하는 보편적 종교 진리를 상징하는 것으로 해석되기도 했다. 용은 널리 중국 황제의 화신으로 이해되었기에, 용들이 석비 상단에 새겨졌다는 사실만으로도 이 비석이 중국 황제의 기념물임을 분명히 나타냈다. 대부분의 사람이 이 비석을 보고 이해할 수 있었던 것은 바로 그것이었다. 세 가지 언어를 사용한 것은 황제의 메시지가 읽히고 이해될 가능성을 세 배로 늘렸다. 누가 어떤 비문을 읽든 간에 그는 대중국의 왕이 하늘의 가장 높은 사제라는 점을 알게 될 것이었다. 그 비석은 모든 신에 대한 영락제의 신앙심을 보여준 것이라기보다는 인도양 지역의 종교 지형 내에 중국의 존재를 천명한 선언이었다. 누가 어떤 신을 숭배하든, 영락제는 이제 그 신의 후원자였다. 비석 상단의 용을 보는 모든 이는 영락제의 권세가 보편적임을 알아야 했고, 어떠한 군주도 이러한 권위를 주장할 수 없었다.

누구의 이야기인가?

정화는 사로잡은 실론의 왕족 포로를 데리고 남경으로 돌아와, 그들의 죄값을 치루도록 영락제 앞에 바쳤다. 영락제의 조정 신하들은(그들은 중국 조정의 기준으로도 유별나게 아첨에 능한 집단이었다) 포로들이 황제의 존엄을 훼손한 죄로 마땅히 처형되어야 한다고 앞다투어 요청했다. 그러나 이러한 외침은 오히려 영락제에게 자애로운 통치자의 관대함을 보일 기회를 제공했다. 실록의 기록에 따르면, "황제는 그 무지함을 불쌍히 여겨, 그들의 처자식을 모두 풀어주고, 음식과 옷을 지급했다"라고 한다. 그렇다고 해서 알라각코나라를 아무런 대가 없이 놓아준 것은 아니었다. 영락제는 그를 폐위한다고 선언하고, 예부에 명령하여 실론의 왕족 가운데서 알라각코나라의 계승자를 추천하게 했다. 인선이 이루어지자 포로들은 정화의 다음 항해를 통해 실론으로 돌려 보내졌고, 파크라마바후 6세(Pakramabahu VI)가 중국의 꼭두각시 왕으로 실론에서 즉위했다. 비신은 자신의 회고록에서, 그 결과 "사이(四夷)가 모두 복종했다"라고 적고 있다.

영락제의 조정 신하들은 인간이라 부르기도 어려운 오랑캐를 상대로 거둔 대승을 축하하는 찬양의 시를 쏟아냈다. 황제의 최고위 고문인 양영(楊榮)도 이러한 맹목적인 국수주의적 분위기에 편승하여 한 편의 시를 지었는데, 그 시는 다음의 구절에서 절정에 이른다.

적의 소굴을 곧바로 공격하여 그 군영을 무너뜨리고,
그 나라 전체를 사로잡아 수도로 돌아왔노라.
처자식과 일족 중에 남은 것이 없으니,
흉악한 무리를 쓸어버린 것이 줄기를 당겨 뽑아버린 것과 같았네.
큰 배를 띄우고 갈대피리와 북을 울리며,
비단 돛을 높이 걸고 큰 바닷길을 열었도다.
풍이(馮夷)가 호위하고 하백(河伯)이 맞이하여,
포로를 황제 폐하께 바치니 많은 사람이 눈을 크게 뜨고 보았네.
미천한 자들이 목숨을 건질 수 없어 오직 전전긍긍할 뿐이니,
황제 폐하의 마음[天意]이 온 세상을 덮음을 누가 알겠는가?
하찮은 자들이라 하여 천형(天刑)을 행하지 않으니,

정화가 포로를 조정에 바친 지 두 달 뒤, 병부는 실론 전투에서 공을 세운 군사를 최고 두 계급까지 진급시키는 상훈안을 황제에게 상주했다. 이에 질세라 예부도 자부 소속 인원에 대한 포상을 청원했는데, 그 가운데는 의무병으로 복무한 태의원(太醫院) 소속 어의(御醫)도 포함되어 있었다. 영락제는 이 모든 포상안을 모두 승인했다.

5년이 지난 뒤에도 영락제는 여전히 실론에서 전사한 병사를 아버지로 둔 병사들에게 진급을 승인하고 있었다. 그로부터 다시 10년이 흐른 1426년 7월 16일, 이번에는 영락제의 손자인 선덕제(宣德帝)가 실론과 관련된 또 다른 포상을 시행했다. 이날 예부로부터 올라온 보고에 따르면, 금의위(錦衣衛) 출신의 네 명이 막 중국에 돌아왔다고 한다. 금의위는 황제를 보필하는 명나라 최정예 부대로, 그들의 주요 임무 중 하나는 황제를 호위하는 것이었다. 그들이 실론 전투 중 포로가 되었다가, 무려 15년 만에 귀국했다. 그들은 사무드라에 가까스로 도착한 뒤, 그곳에서 명나라에 공물을 바치는 배를 타고 귀국할 수 있었다. 선덕제는 그들에게 마땅히 상을 내렸다. "이 네 사람은 군주의 명령에 따라 공무를 수행하다 먼 오랑캐 땅까지 유리(流離)해 그 부모와 처자식들이 생사도 알지 못했으니, 사정이 매우 가련하다. 그들에게 의복과 지폐 및 옷감을 하사해 고향으로 돌아가 부모님을 뵙게 한 후에 다시 복무하게 하라." 그들의 귀환은 실론에 대한 명나라의 승리를 다시금 자축하는 기회를 제공했지만, 동시에 알라각코나라를 향한 정화의 공격이 명나라 측의 일방적인 성공만은 아니었음을 조용히 상기시켜 준다.

이것은 중국인이 그 이야기를 기억하는 방식으로, 실론인의 기억은 이와 다르다. 이 이야기를 처음으로 재구성한 실론의 역사가는 에드워드 페레라(Edward Perera)였고, 그는 1904년 콜롬보에서 열린 왕립아시아학회 실론 지부 학술대회에서 이 주제로 논문을 발표했다. 겨우 스물여덟 살의 신할라인 언론인이자 변호사였던 페레라는 이후 1917년 영국이 실론에서 계엄령을 폐지하도록 설득하는 데 공헌한 대가로 '코테의 사자(Lion of Kotte)'라는 호칭을 얻었다. 코테(Kotte)는 니산카 알라각코나라의 요새였으며, 이후 스리랑카의 수도가 되었고, 오늘날에는 콜롬보시의 교외 지역에 편입되어 있다. 페레라는 또한 신할라 역사에 깊은 애정을 가진 연구자였으며, 이 논문은 그가 실론의 국제적인 과거에 대해 발표한 여러 연구 중 하나에 불과했다.

실론 측에서 전해지는 인질 사건의 서사는 두 가지 중요한 점에서 중국 측 이야기와 다르다. 첫째는 비라 알라각코나라에서 파크라마바후 6세로의 왕위 계승이 어떻게 일어났는지에 관한 것이다. 실론의 전승에 따르면, 니산카 알라각코나라는 그의 조카 비라 알라각코나라가 정화에게 붙잡히도록 일부러 방치했을 가능성이 있고, 이를 통해 자신이 왕위를 대신 차지하려 했다는 것이다. 그러나 만약 그렇다고 한다면, 이 야심만만한 이야기는 니산카 알라각코나라가 미처 예상치 못한 방식으로 전개되었다. 비라 알라각코나라가 포로로 잡혔을 당시, 그는 수네트라 데비(Sunetra Devi)와 한 명의 어린 아들(다른 버전에 따르면 두 명의 아들)을 남겨두었다. 수네트라 데비는 비라 알라각코나라의 젊은 왕비였다는 설도 있고, 과부가 된 딸이었다는 설도 있다. 그들은 정화의 공격 당시 몸을 숨겨 체포되지 않았고, 이에 정화가 사로잡아 중국으로 데려간 일가족 명단에 포함되지 않았다. 1414년 정화가 비라 알라각코나라와 그의 신하들을 실론으로 송환하자, 니산카 알라각코나라는 겉으로는 그의 귀환을 환영하는 척했지만, 정화가 떠나자마자 그를 암살해 버렸다. 그리고 곧장 자신이 왕위에 오르기 위한 절차를 밟기 시작했다.

그러나 즉위식은 그의 생각대로 진행되지 않았다. 페레라는 이 이야기의 클라이맥스를 셰익스피어의 희곡을 연상시키는 문체로 서술한다. "1415

년 웨삭월(Wesak, 양력으로는 4~5월) 달이 차오르는 보름간의 일곱 번째 날에 코테의 궁전에서, 그 늙은 전사(즉 니산카 알라각코나라)는 자신이 만든 아름다운 호수를 바라보며 왕실의 모든 휘장을 걸치고 평생 차지하고자 했던 왕관을 받기 위해 돌로 만든 단상 위에 앉았다. 광장은 귀족과 군대와 백성들로 가득 찼다." 그날 왕위 계승자를 보호하는 데 협력해 온 대사제 위다가마 사미(Widagama Sami)는 어머니와 함께 은신해 있던 이제 열여섯 살이 된 소년, 즉 비라 알라각코나라의 아들을 데리고 이 즉위식장에 나타났다.

> 알라각코나라가 그 상서로운 의식을 위해 고개를 돌리자, 새 왕에게 전달될 의도로 위다가마 사미의 손에 들려 있던 국왕의 검이 어린 왕자에게 넘겨졌고, 곧 알라각코나라의 머리는 아래에 있는 호수로 굴러떨어졌다. 늙은 영웅의 육신은 비자야바후의 아들에게 자리를 내주었고, 열여섯 살의 소년은 군중의 환호 속에 스리 파크라마바후 6세(Sri Pakramabahu VI)로 즉위했다.

보다 덜 극적인 실론측 이야기의 다른 전승에 따르면, 니산카 알라각코나라는 천수를 누린 후 죽었고, 이후 위다가마 사미는 오랫동안 은신시켜 온 소년 왕자를 공개하고 마침내 안전하게 왕위에 오를 수 있게 했다. 이 야기가 어떻게 전개되었든 간에, 실론인의 관점에서 볼 때 정통 계승자가 왕위에 올랐고, 그는 바로 파크라마바후 6세였다. 그는 이후 약 반세기 동안 실론 왕국을 효과적으로 다스린 통치자가 되었다.

따라서 페레라와 같은 스리랑카 역사가들은 진짜 파크라마바후가 결코 중국에 간 적이 없다고 주장하는데, 이는 실론 왕이 즉위한 이후 중국의 선전가들이 영락제가 그를 꼭두각시 왕으로 세웠다는 (중국인의 생각에 그럴 법한) 이야기를 꾸며냈다는 것을 의미한다. 명나라 사료는 실론의 새로운 왕이 중국의 요구사항에 주의를 기울였다고 전한다. 마환의 기록에 따르면, "그 왕은 항상 사람을 보내어 보석 등의 물건을 바치는데, 귀환하는 보선(寶船)에 동행하여 중국에 공물을 바쳤다"라고 한다. 파크라마바후가 중국에 기꺼이 보석을 조공으로 보냈다는 이야기는 그가 명나라의 꼭두각시였다는 증거로 해석되기도 하지만, 어쩌면 그것은 오히려 현실 정치를 꿰뚫어 본 한 영민한 통치자가 명의 허구적 이야기를 기꺼이 용인하며 타협했던 증거일 가능성도 있다.

보석을 공물로 선택한 것은 매우 영리한 판단이었다. 중국의 형이상학에 따르면, 보석은 하늘의 도(道)가 물화(物化)하여 나타난 것이며, 그 힘의 구체적 매개이자 실체였다. 영락제에게 도착한 모든 보석은 곧 하늘이 영락제를 자신이 선택한 자로 지목하고 있음을 다시 한번 상징하는 것이었다. 영락제는 하늘이 자신을 지지하고 있음을 보여 주는 증거물로서 그의 친척에게 보석을 보내줄 만큼 충분한 양의 보석을 받았다. 이 빛나는 보석을 받아들임으로써(그들 중 누가 거절할 수 있었을까?) 그들은 황제의 정통성에 공모했고, 그리하여 영락제 정권 내에서 자신들의 지위를 보호했다. 실제 고고학자들은 15세기 명나라 왕들의 무덤에서 상당한 양의 보석을 발견했다. 파크라마바후는 보석을 이용하여 명나라를 만족시키고 명나라의 군대를 섬에서 멀리 떨어뜨리는 데 성공했으며, 영락제는 이를 자신의 정통성을 드러내는 상징물로 널리 유포할 수 있었다. 이러한 보물은 파크라마바후가 자국의 자치권(autonomy)을 유지하기 위해 지불한 대가로서는 결코 크지 않은 것이었다.

그러나 실론 왕에게는 자신의 정통성의 근원이자 결코 남에게 넘겨줄 수 없는 보물이 하나 있었다.

부처의 치아

정화는 실론에 도달한 최초의 중국 사절이 아니었다. 마르코 폴로는 실론을 "의심의 여지 없이 비슷한 크기의 섬 중 세계에서 가장 훌륭한 섬"이라고 칭송하며, 자신이 방문하기 15년 전쯤 쿠빌라이 칸이 세 명의 사신을 실론으로 보냈다고 전한다. 그 목적은 당시 세상에서 가장 성스러운 성유물로 여겨지던 부처의 치아를 요청하기 위함이었다. 기원후 6세기 이래로 그 치아는 부처의 바리때와 함께 실론 왕실의 소유였다. 실론 왕의 정통성을 드러내는 데, 인간 세상의 부패를 초월한 그 단단한 물체보다 더 중요한 것은 없었다. 자기를 하늘이 선택한 자라고 선언한 쿠빌라이는 하늘의 은총을 나타내는 모든 징표를 소유하길 원했으며, 그 안에는 부처의 치아도 포함되었다. 그는 또한 실론 왕이 소유한 세계에서 가장 큰 루비 역시 탐냈으며, 마르코 폴로의 말에 따르면 이 보석을 위해 "도시 하나의 값"을 기꺼이 치르겠다고 선언했다. 루비에 대해서는 왕이 단호히 거절했지만, 부처의 치아를 달라는 요청을 거절하기란 그리 쉽지 않았다. 실론의 왕은 쿠빌라이가 탐내던 바로 그 치아는 보내지 않고, 부처의 것으로 여겨지는 다른 두 개의 치아와 바리때 및 머리카락 다발을 보냄으로써 그러한 요청에 대응했다. 쿠빌라이는 자신에게 도착한 그 선물이 진품이 아닐 수도 있다는 사실을 현실적으로 인식하고 있었으나, 아무도 의심을 품지 못하도록 북경의 성벽 바깥에서 성대한 환영식을 개최하여 그 선물을 맞이했다. 이제 누가 감히 이것이 진품이 아니라고 말할 수 있겠는가?

한 세기 반 전에 쿠빌라이가 부처의 치아를 얻으려 했다는 이야기는 1411년에도 실론인의 기억 속에 생생히 살아 있었다. 그들의 전승에 따르면, 정화가 실론에 파견된 이유는 오직 그들의 귀중한 치아를 빼앗기 위한 것 외에 다른 것이 있을 수 없었다. 그러나 중국 측 사료에는 이 유물에 대한 언급이 전혀 없다. 다만 훨씬 후대인 1676년에 간행된 불교 경전인 『대장경(大藏經)』에 수록된 이야기의 주석에 이 치아가 등장한다. 그 이야기는 바로 당나라의 승려 현장(玄奘)이 자신의 인도 여행을 기록한 것이다. 이 글에서 현장이 실론을 언급했기 때문에, 17세기의 『대장경』 편찬자는 실론 섬의 불교 관련 사항에 관한 최신 정보를 독자에게 제공하기 위해 긴 주석을 붙였다. 그는 정화가 실론에서 포로를 붙잡은 것에 관한 실록의 기록을 그대로 옮겼지만, 여기에 다음의 내용을 덧붙였다.

정화 등이 그 왕을 사로잡고, 새벽에 문을 열고 나무를 베어 길을 만들며, 싸우면서 전진하여 이십여 리를 가니, 날이 저물어서야 비로소 배에 도달했다. 마땅히 예(禮)를 갖추어 불아(佛牙, 부처의 치아)를 배에 모셨는데, 그 영험이 비상하여 광채가 비춘 것이 앞서 말한 바와 같았다. 천둥 같은 울림이 진동하여 (그들이) 멀리서 보고는 숨었다.

함대가 출항하자, 부처의 치아는 곧바로 효력을 발휘하기 시작했다. 항해는 완벽할 정도로 순조로웠으며, "큰 바다를 지나고 건넌 것이 무릇 수십만 리였으나, 풍랑에 놀라지 않으니 마치 평지를 걷는 것 같았다"라고 기록되어 있는데, 이는 항해가 순조로웠음을 표현하는 고전적인 표현이었다. "사나운 용과 흉악한 물고기들이 앞에 잇따랐으나 조금도 해치지 않았다. 배 안의 사람들은 모두 평안하고 즐거웠다." 이 주석은 정화가 이 유물을 영락제에게 바쳤으며, 이에 영락제는 그 유물을 봉안하고 예배할 수 있도록 백단향으로 사리함(舍利函)을 제작하라고 명했다는 기록으로 마무리된다.

이 기적 같은 이야기에 근거가 있을까? 지금까지 알려진 유일한 증거는 영락제가 5대 까르마빠 라마(Karmapa Lama)인 데진 셱빠(Dezhin Shekpa)에게 보낸 1413년 3월 11일 자 서신이다. (독자는 달라이 라마의 티베트 불교 계보에 더 익숙할 것이다. 까르마빠 라마들은 다른 종파에 속하는 더 이른 시기에 시작된 계보를 구성하며, 그들의 계보는 달라이 라마와 같이 오늘날까지 이어지고 있다.) 이 서신은 영락제가 티베트에서 몽골의 영향력을 억제하기 위한 방책의 하나로, 티베트의 지도자들을 자신의 정치적 영향권 안으로 끌어들이기 위해 추진해 온 외교 전략의 일환으로 보인다. 5대 까르마빠 라마는 영락제가 접촉한 티베트의 최고위 불교 지도자였다. 영락제는 그를 설득하여 1407년 남경에 오게 했고, 그곳에서 자신이 일으킨 내전[역자: 정난(靖難)의 변(變)]에서 사망한 사람들의 영혼을 위로하고 아버지 홍무제를 보살의 지위로 승격하기 위한 대법회를 주관하도록 했다. 이 종교의식이 거행된 18일 동안, 금강저(金剛杵)의 힘으로부터 발생한 신비한 징조와 광대한 빛의 장관이 연이어 일어났다고 전해지는데, 이는 중국인이 지금껏 경험해보지 못한 규모였다. 당시 남경에 있던 모든 사람이 공중에 떠오른 이 환영을 보았다고 보고했으며, 미술사학자 패트리샤 버거(Patricia Berger)는 이 현상을 SF 작가 윌리엄 깁슨(William Gibson)의 표현을 빌려 "집단적 환각이 연장된 순간"이라고 유쾌하게 묘사했다. 황제가 그의 위대한 지혜로 모든 이들이 보았다고 말한 것을 누가 감히 부인할 수 있었겠는가?

6년 뒤, 영락제는 까르마빠 라마에게 또 한 편의 서신을 보내 중요한 불교 관련 소식을 전했다. 이 서신은 1959년에야 달라이 라마의 본거지인 라싸의 포탈라(Potala)궁에서 재발견되었다. 서신에 담긴 영락제의 주요 메시지는 정화가 부처의 치아 성유물을 가지고 돌아왔다는 것이다. 그러나 영락제는 먼저 자신을 이 이야기의 중심에 두기 위해 개인적인 일화를 서두에 덧붙였다.

"짐이 일찍이 고요한 밤에 궁전에 단정히 앉아 있노라니, 둥근 빛 여러 개를 보았도다. 허공 속의 달 같기도 하고, 큰 맑은 거울 같기도 하여, 환히 비추어 통찰되었다. 그중 큰 둥근 빛 안에 보리수가 나타났도다." 꽃이 만개한 나뭇가지 가운데에 석가모니의 형상이 나타났는데, 그것은 곱슬머리와 큰 귓불과 같은 석가모니의 32가지 전형적인 특징을 명확히 보여 주었다. 영락제는 계속해서 그 석가모니 환영의 다른 특징을 묘사한 뒤, 번성한 불교 신앙이야말로 황제의 통치를 가장 굳건히 지지하는 힘이라고 선언했다. 석가모니의 환영이 나타난 것을 기념하기 위해 영락제는 자신이 본 형상을 바탕으로 조각가들에게 불상을 제작하고 도금하도록 명했으며, 이 서신은 그 조각상과 함께 까르마빠 라마에게 전해졌다.

영락제가 까르마빠 라마에게 쓴 서신에 따르면, 부처가 영락제에게 자신의 모습을 드러낸 바로 그때 그의 노예 정화는 실론에서 실론군과 싸우고 있었다. 이 대목에서 서신은 『대장경』의 주석에 나오는 이야기를 그대로 반복한 뒤, 이어 두 이야기를 하나로 연결한다. 즉 정화가 부처의 치아를 배에 모셔 올린 그날이 영락제가 자신의 뜰에서 둥근 빛 속의 부처를 목도한 바로 그 날이었다는 것이다. 따라서 부처는 영락제의 제위 계승을 두 차례 (한 번은 영락제 황궁의 안뜰에서, 다른 한 번은 실론에서) 축복한 것으로 해석된다. 서신의 말미에서 황제는 이 치아 사리가 현재는 백단향과 금으로 특별히 만든 사리함에 안치되어 있으며, 조정의 신하가 "모든 중생에게 이로움을 주기 위해" 매일 그것에 예배하고 있다고 전한다.

이 이야기의 가장 큰 문제는 정화의 항해와 관련된 문서들에 그 유물에 대한 언급이 전혀 없다는 점이다. 또한 자금성(紫禁城)에 부처의 앞니가 보관되었다는 다른 어떠한 기록도 없다. 이 난제를 가장 간단하게 설명할 수 있는 해답은 부처의 치아가 이때 중국에 오지 않았다고 보는 것이다. 실론 쪽 전승은 이것이 완전한 허구였음을 뒷받침하는 것으로 보인다. 만약 실제 실론이 부처의 치아를 빼앗겼다면, 이는 엄청난 모욕으로 간주되어 정화의 공격을 다룬 모든 기록에 격렬한 비탄과 함께 등장했을 것이다. 그러나 실론에는 중국인이 부처의 치아를 가져갔다는 이야기가 전혀 없다. 사실 알라각코나라의 후계자인 파크라마바후는 수도를 감폴라에서 코테로 옮길 때, 부처의 치아 유물을 보관하기 위해 코테에 새로운 사원을 짓게 했다. 이 사원의 건설을 기리는 송가에는 다음과 같은 구절이 등장한다.

왕은 보기에 기쁘고 아름다운 삼 층짜리 궁전을 짓게 하고,
아홉 개의 보석으로 정교하게 장식된 황금 장식함을 만들게 하고,
그것을 다시 훌륭한 색상의 보석과 함께 빛나는 다른 황금 장식함에 넣게 하고,
다시 그것을 또 하나의 황금 장식함에 봉하게 했다.

파크라마바후가 만든 보석으로 장식된 사리함은 영락제가 만들었다고 전해지는 백단향 상자보다 훨씬 더 인상적으로 들린다. 물론 이 이야기를 뒤집어 생각할 수도 있다. 파크라마바후가 실제로 부처의 치아를 잃었

고, 이를 감추기 위해 새롭고 화려한 사리함을 조성하여 일종의 '집단적 환각이 연장된 순간'을 만들어내려 했다고 해석하는 방식으로 말이다. 어쨌든 오늘날 감폴라 근처의 칸디(Kandy)에는 유물함이 하나 있는데, 거기에는 쿠빌라이가 원했으나 얻지 못했던 바로 그 치아가 들어 있다고 사람들은 믿고 있다.

만약 정화가 부처의 치아를 탈취했다는 이야기가 조작된 것이라면, 그 이야기를 조작한 것은 과연 누구였을까? 가장 명백한 용의자는 영락제다. 그는 티베트 불교의 종교적 권위를 몽골인이 차지하지 못하게 막기 위해 티베트 동맹자들과 밀접한 관계를 유지해야 했고, 이를 위해 불교적 자산이 필요했다. 그러나 또 하나의 출처가 존재한다. 그것은 매우 뜻밖의 것이자 개연성이 희박해 보이는 것으로, 바로 1597년에 간행된 『삼보태감서양기통속연의(三寶太監西洋記通俗演義)』라는 제목의 소설이다. 이 소설은 『대장경』의 편찬자가 약 70년 뒤의 시점에 이 이야기를 어디서 수집했는지를 설명해 줄 수는 있지만, 정작 영락제는 그 소설보다도 거의 두 세기 전의 인물이므로, 영락제가 이 소설 속의 이야기를 알 수는 없었다. 따라서 이 수수께끼에 대한 답은 포탈라궁에 있다. 실제로 18세기에 포탈라궁에 있는 일부 문서가 조작되어 편철된 일이 있었는데, 이는 티베트와 중국 황제 사이에 역사적으로 밀접한 관계를 증언해 줄 일련의 문서를 만들어 내기 위함이었다. 이번 경우도 그런 일이었을 가능성이 높다. 1959년에 발견된 것은 영락제가 5대 까르마빠 라마에게 보낸 진짜 서신이 아니라 후일 위조된 문서였다. 이에 대한 내 추측은 불교 문헌에 정통했던 어떤 위조자가 『대장경』 주석에서 정화가 치아를 가져왔다는 대목을 발췌해 이 위조 편지에 삽입했다는 것이다. 다만 그 대목이 소설 『삼보태감서양기통속연의』에서 따온 허구였다는 사실을 모른 채 말이다. 따라서 중국 측에 정화가 부처의 치아를 가져왔다는 이야기가 세 건의 문서로 존재함에도 불구하고, 그런 일은 실제로 전혀 일어난 적이 없다고 할 수 있다. 만약 그 이야기가 사실로 믿어졌다면, 그것은 대국의 통치자라면 당연히 신성한 유물을 차지할 것이라는 통념이 자리잡고 있었기 때문일 것이다.

식민주의적 기념물들

인도양에서 명나라의 패권은 명나라 정권이 이러한 대양 원정의 수행에 필요한 자원을 계속 투입할 수 있을 때에만 유지되었다. 특히 선박 건조를 위해 목재를 소비하는 것만 해도 엄청난 비용을 초래했으며, 이로 인해 중국 동남부 산악지대의 삼림이 크게 파괴되었다고 평가된다. 그렇지만 항해는 계속되었다. 네 번째 항해를 통해 실론의 포로들은 돌려 보내졌지만, 이후 항해는 영락 연간에 두 차례 더 행해졌다. 1424년 영락제가 승하하자 명나라의 대양 원정사업은 감당할 수 없는 비용 지출을 멈추기 위해 잠시 중단되었다. 그러나 항해는 이미 영락제가 원했던 목적, 즉 대명국의 지배자로서 보편적 정통성을 인정받는 것을 이루었다. 영락제의 손자 선덕제는 약간의 망설임 끝에 1431년 정화가 한 차례 더 항해에 나서는 것을 승인했다. 실론이 이번 항해의 여정에 포함되어 있었기에, 정화는 만일 실론이 갈레 비문의 표현처럼 '황제의 통치에 복속할' 상황이 더 이상 아닐 경우를 대비하여, 새로운 황제에게 실론 평정의 칙령을 내려줄 것을 상주했다. 하지만 실제 항해는 순조롭게 진행되었다. 파크라마바후는 정화를 기꺼이 맞이했고, 실제로 다른 인도양 지역의 통치자가 대부분 명나라에 대한 외교 의례를 그만둔 1459년까지도 계속해서 북경에 사신을 보냈다. 그 무렵 명나라는 인도양 지역을 사실상 이미 포기한 상태였다. 명나라는 더 이상 인도양 해안 국가의 통치자들에게 명나라의 외교적 열망에 순응할 것을 촉구하지 않았다. 심지어 중국의 민간 상인도 말라카로 물러나 그곳을 거점으로 교역을 이어갔다. 쿠빌라이 칸에서 시작된 인도양 진출은 마침내 막을 내렸다.

갈레 비석은 명나라의 외교활동이 그렇게 멀리까지 도달했음을 보여주는 유일한 실물 증거였다. 그러나 그것이 명나라의 외교적 주장을 표상하는 유일한 표지는 아니었다. 동남아시아 해양 지대와 몽골 및 티베트의 변경 지역에서도 비슷하게 새겨진 비석들이 존재하며, 이들 또한 명나라의 권위를 나타내고자 했다. 그러나 16세기가 되면 그 지역에서 명나라의 기념물은 다른 유형의 석제 기념물에 의해 수적인 열세에 놓인다. 그것은 바로 포르투갈 뱃사람들이 세운 '페드라(pedra)' 혹은 '파드랑(padrão)'이라고 알려진 석주였다. 중국의 비석과 마찬가지로 이들 석주에는 민족적 그리고 종교적인 상징들(예를 들어, 왕의 문양과 기독교의 십자가)과 비문이 새겨져 있었다. 이들 비문은 해당 지역에 포르투갈인이 존재함을 선언했고, 경우에 따라 식민지 주권(colonial sovereignty)을 주장했으며, 또한 (1522년에 자바에서 한 것과 같이) 현지의 통치자와 무역 허가 조약을 체결한 것을 기념했다. 현존하는 파드랑 중 가장 오래된 것은 1482년 콩고강 하구에 세워졌다. 그 목적은 이 지역이 이미 점유되었으며, 포르투갈이 독점적인 무역권을 가진다는 사실을 다른 유럽 국가들, 특히 스페인에 알리기 위함이었다. 중국의 비석과 포르투갈의 파드랑이 같은 것은 아니었지만, 양국의 영토 표식이라는 점에서 둘 사이에 어느 정도 일치하는 바가 있다. 영락제의 사신들이 말라카라는 소국에 비석을 세웠을 때, 그것은 말라카 왕이 명나라 황제에게 조공을 바치고 복속했으며, 그 대가로 명이 말라카에 대한 명목상의 보호를 제공한다는 표시였다. 한편 포르투갈이 1511년 말라카 항구를 점령한 후 그곳에 파드랑을 세웠을 때, 그것은 중국이 한 번도 시도한 적이 없는 점유권 주장을 의미했다. 이러한 주장은 반발을 불러일으킬 수 있었다. 포르투갈 선원들이 1513년 주강(珠江) 하구의 영정도(伶仃島)에 파드랑을 세웠을 때, 명나라의 관료들은 이를 황제의 주권에 대한 모욕으로 간주하고 즉시 제거했다. 누가 언제 했는지는 모르지만, 갈레 비석 역시 허물어졌다. 토말린이 갈레 비석을 발견한 지점에서 누군가가 배수 통로를 덮기 위해 수고를 감수하고 굳이 그 비석을 이용한 것이다. 그러나 그가 누구인지는 결코 알 수 없을 것이다.

마지막으로 이 이야기에는 잘 이해되지 않는 점이 하나 남아 있다. 그것은 바로 토말린이 그 비석을 오랜 망각으로부터 회수하여 영국 식민주의를 위한 다른 종류의 기념물로 재탄생시켰을 당시, 해당 비석이 발견된 장소다. 그 비석은 원래 갈레에 세워지도록 의도된 것이 아니었다. 그 목적지는 돈드라였고, 포르투갈 기록이 보여 주는 바와 같이 1588년에는 실제로 돈드라에 있었다. 그 비석이 돈드라에서 서쪽으로 48킬로미터 떨어진 갈레의 작은 항구로 옮겨졌다는 사실에 주목한 이는 거의 없었다. 그러나 과연 왜 그것이 그곳에 있었던 것일까? 갈레는 항구로서 일정한 명성을 지닌 곳이었다. 예전에는 인도 서부의 말라바르 해안에서 벵골만으로 항해하는 아랍 상인이 중간 기착지로 삼았던 곳이었으며, 그들 가운데 일부는 비석에 새겨진 페르시아어 비문을 읽을 수 있었던 이였을 것이다. 그렇기에 정화가 갈레에 잠시 들렀을 가능성을 완전히 배제할 수는 없다. 그러나 이 이야기를 구성하기 위해 참조한 소수의 중국 문헌 가운데 어느 하나도 갈레에 대해 언급하지 않는다. 이들 문헌은 모두 돈드라에 대해서만 묘사하고 있으며, 특히 해안 근처 바위에 새겨진 부처의 발자국을 강조하고 있다. 이에 반해 갈레에 대해서는 단 한 마디 언급도 없다.

이에 대해 내가 할 수 있는 최선의 추측은 다음과 같다. 정화는 비석을 세우라고 명령받은 곳에 비석을 세웠다. 이후 식민지 공공사업을 담당한 어느 관리(그가 포르투갈인이든 영국인이든, 혹은 다른 유럽인이든 간에)가 이 비석을 다른 용도로 활용하기로 결정했을 것이다. 즉 이 정도 크기의 돌은 유럽 식민주의자에게 언제 영락제의 사신이 실론에 왔었다는 사실을 상기시켜주는 기념물로 남겨두기보다, 배수로를 덮는 데 사용하는 것이 더 낫다고 판단했을 가능성이 크다. 오늘날 갈레에는 이 비석이 더 이상 존재하지 않는다. 단지 복제품만 있을 뿐이다. 진품은 콜롬보에 있는 국립박물관에 전시 중이며, 오늘날 스리랑카와 중국 간 외교 관계를 기념하고 있다. 또 다른 복제품은 남경의 옛 용강선창 자리에 있는 정화 보선 유적지 공원에 전시되어 있으며, 이는 중국이 해양의 초강대국으로 군림하던 명나라 시대를 기념하기 위한 것이다.

토말린이 설계한 실론관은 그 수명이 훨씬 더 짧았다. 그 목조 건축물은 시카고 만국 박람회가 끝난 뒤 해체되어 시카고의 대표적 은행가 존 미첼(John J. Mitchell)에게 팔렸다. 존 미첼은 그것을 위스콘신주의 제네바 호수로 옮겨 여름 별장으로 재조립했다. 그 여름 별장은 1958년 화재로 인해 철거되어야 했고, 이로써 실론을 세계와 연결하던 이 기묘한 회로의 한 갈래는 그 역사의 막을 내렸다.

실론관과 갈레 비석은 전혀 다른 시대에 속하지만, 하나는 다른 하나의 그림자처럼 조용히 그 뒤를 따른다. 토말린은 자신의 작업이 실론의 후진적인 사람들을 (한때는 그들이 누렸으나 이후 오랫동안 잃어버린) 문명 수준으로 끌어올리는 데 기여한다고 여겼다. 그렇다면 정화는 자신의 사명을 어떻게 바라보았을까? 그는 마지막 항해를 앞두고 배가 출항하던 장락(長樂)에 세운 비석에서 자신의 관점을 설명한다. "[내가] 외국에 이르러 공손하지 않은 번왕(番王)을 생포하고, 침략하는 오랑캐 도적[蠻寇]을 소탕해 멸했다. 이에 바닷길이 맑고 평온해지니, 번인(番人)이 우러러 의지하러 온 것은 모두 신(神)이 내려주신 것이다." 토말린과 정화 모두 야만을 문명으로 바꾸는 데 기여했다는 점에서 자부심을 느꼈다. 만약 정말로 부처의 치아가 자금성에 봉안되었더라면, 이 이야기는 실로 완벽한 결말로 끝났을 것이다.

최근 한 중국인 역사가가 정화의 항해를 "명나라 국제 관계사에서 중대한 성취이자 인류 해양사의 기념비적인 업적"으로 평가해야 한다고 선언한 바 있다. 이러한 결론에 동의할 것인지는 전적으로 '식민주의(colonialism)'에 대해 어떻게 생각하느냐에 달려 있다. 그렇기 때문에 토말린의 전시관이나 정화의 비석 모두 과거에 실제로 무슨 일이 있었는지를 온전히 대변해 줄 수는 없다.

제5장

표류자와 말 거래상

1488년 절강과 북경

1487년 9월 9일, 13년간 특별히 두드러진 업적 없이 재위하던 성화제(成化帝)가 사망했다. 그의 죽음을 예감한 조정은 그보다 닷새 전, 성화제의 살아남은 아들 중 가장 나이가 많은 아들을 섭정으로 세웠다. 성화제가 사망하자 그 17세 소년이 황제가 되었다. 그의 연호 '홍치(弘治)'는 이듬해 첫날 발효되었는데, '큰 다스림'이라는 뜻은 그의 치세를 잘 표현하는 이름이었다. 자금성이라는 금박을 입힌 새장 안에서 자라긴 했지만, 젊은 황제는 그의 연호가 표방하는 것처럼 결단력을 가지고 자신의 역할을 수행했다. 그는 무기력했던 부친의 통치 아래 조정이 표류하는 것을 보았고, 의례만 치르는 소극적인 군주는 명이 필요로 하는 존재가 아님을 잘 알고 있었다. 새로운 황제가 즉위하면 관료 임용은 전면 재검토되었고, 홍치제는 이를 행정 기구를 쇄신하고 태만한 관리를 솎아내는 기회로 삼았다. 봄이 되자 이부, 형부, 병부에서 파직된 관리들을 태운 선박들이 대운하를 따라 남쪽으로 줄지어 내려갔다. 이것은 홍치제가 관료의 경력을 끝내는 품위 있는 방법이었다. 어떠한 가혹한 비난도 처벌도 없었다. 해임된 이들은 단지 관직이 끝났음을 기록한 백랍(白鑞)으로 만든 패(牌)를 발급받았고, 이후 어떤 배를 타야 할지 고지받았다.

홍치제는 대외 관계를 안정된 기반 위에 올려두는 일에도 관심을 기울였다. 황제로서 홍치제는 조공을 가지고 오는 외국의 사신을 맞이해야 했지만, 사신이 너무 많아서 접대 비용은 계속 상승했다. 사절단의 방문은 엄격한 일정으로 제한되어 있었으나, 그들은 종종 자기들이 원할 때마다 나타나곤 했다. 이렇듯 예측 불가능한 상황 때문에 조공 관계를 관장하는 예부는 인원과 자원을 수시로 조정해야 했다. 특히 소란을 일으키는 티베트인과 몽골인이 도착할 때는 안보 문제도 있었다. 홍치제가 1488년 봄에 내린 첫 규정 가운데 하나는 외국 사절단의 규모를 제한하는 것이었다. 몽골 사절단에 가장 높은 상한선을 부여했는데, 그들은 최대 1,100명까지 올 수 있었다. 그러나 그 가운데 북경에 들어와 조공을 바칠 수 있는 인원은 400명으로 제한했고, 나머지 인원은 변경 지역에서 대기해야 했다.

1488년 7월 1일 홍치제는 몽골인과 관계를 관리하는 북경 서북쪽의 군사 작전 중심지 대동(大同)의 변경 방어 사령관으로부터 긴급 보고를 받았다. 사령관은 몽골군이 국경에서 불과 16킬로미터 떨어진 지점에 갑자기 출현했다고 보고했다. 그들은 대동의 사령관에게 몽골어로 된 서신을 전달했는데, 이 서신의 발신자는 명의 관점에서는 불길하게도 자신을 '대원국의 대칸'이라고 칭하는 인물이었다. 그의 이름은 바투 뭉케(Batu Möngke)였고, 당시 13세에 불과했다. 그의 측근은 그를 모든 몽골인의 차기 최고 지도자로 세우려는 야심을 품고 있었고, 그 지위를 확보하기 위해서는 명과의 관계에서 힘을 과시할 필요가 있었다. 바투 뭉케는 장성 인근까지 은밀히 접근한 군대와 함께 있지 않았지만, 그의 사신들이 그 자리에 있었다. 서신에서 바투 뭉케는 그의 사절단이 명의 영토로 들어와 조공을 바칠 수 있도록 허가해 달라고 요구하며, 그 결정을 위한 시한으로 22일을 제시했다.

명 조정은 조공 관계의 조건을 통제하는 데 어려움을 겪었다. 이 제도의 기본 원칙은 승인된 국가들로부터 온 사신이 문을 두드릴 때 입국을 허락하는 것인데, 그들을 수용하는 것은 그들을 거절하는 것만큼이나 위험할 수 있었다. 대동의 사령관을 불안하게 만든 것은, 이번 요청이 명이 통상 상대하던 여러 몽골 집단 가운데 하나가 아니라, 스스로를 대원국이라 칭하는 실체로부터 왔다는 점이었다. 그는 "북방 오랑캐[北虜]가 비록 조공하겠다는 뜻을 표명하고 있지만, 적국(敵國)으로 행세하고 있습니다"라고 경고했다. "야만인의 문서[番書]를 올리며 공서(貢書)를 내려줄 것을 구하면서도 말이 오만불손합니다." 가장 문제가 되는 것은 '대원(大元)'이라는 용어였다. 대동의 사령관은 홍치제를 다음과 같이 상기시켰다. 일단 그러한 주장이 나오면, "한마디 말 속에 그들이 신하를 칭하는지 아닌지, 순종하는지 거역하는지가 드러나니 잘 헤아리지 않으면 안 됩니다." 홍치제는 병부에 심의를 명령했고, 병부는 몽골인이 자기 나라를 대명국과 동등하게 본다는 모욕적인 뉘앙스를 모르는 척하고 입경을 허락하되, 대신 사절단에 배속된 병사들에 대해서는 높은 경계태세를 유지할 것을 건의했다. 황제는 이 제안을 받아들였다.

몽골 사절단이 북경에 도착하자, 그들이 시끄럽고 난폭한 무리임이 곧 드러났다. 그들은 누가 가장 좋은 선물을 받았는지를 둘러싸고 서로 말다툼하고, 남이 자기보다 더 많은 선물을 받으면 불평을 늘어놓았다. 홍치제는 결국 한발 물러서서 예부에 더 많은 예물을 나눠주고 일을 끝내라고 지시했다. 이는 조공 의례에 어긋나는 처사였지만, 도덕적 명분을 고집하지 않는 것이 현명한 결정이었다. 대외 관계 운영의 목표가 외국인이 국내에 있을 때는 순순히 머물게 하고, 그렇지 않을 때는 국경 밖에 머물게 하는 것이라면, 유연성은 필수 덕목이었다. 병부도 몽골 야만인을 다룰 때 "황제의 위엄과 교화(聲敎)가 그들에게는 미치지 않습니다"라고 보고했다. 최대한 빨리 그들을 내보내는 수밖에 없었다.

반면, 조선인은 사정이 달랐다.

뜻하지 않은 외국인

몽골인들이 일으킨 사건이 일어나기 넉 달 반 전, 한반도 남해안 너머의 한 섬[역자: 제주도]에서 한 척의 조선 선박이 출항했다. 그러나 곧 폭풍이 몰아쳐 배에 심각한 타격을 주었다. 선원들은 배가 강풍에 전복되는 것을 막기 위해 폭풍 속에서 필사적으로 주돛대를 잘라냈다. 최악의 순간이 지나자, 그들은 자신들이 잘라낸 돛을 대체하기 위해 임시로 만든 배 뒤편의 작은 돛대에 찢어진 깔개를 묶었지만, 여전히 폭풍에 맞서 항로를 유지할 수 없었다. 선체의 널빤지 사이로 바닷물이 스며들었고, 모든 인원은 갑판 밑에서 물을 퍼내었다. 폭풍 속에서 모든 물동이가 부서졌기 때문에, 그들은 북을 반으로 잘라 양동이로 사용했다. 바람이 잦아들자 배는 안개 자욱한 바다 위를 표류했다.

이 배에는 최부(崔溥, 1454~1504)라는 조선 관원을 고향으로 돌려보내는 임무가 주어져 있었다. 최부는 뱃사람이 아니었지만, 표류가 닷새째 되자 선원들을 도와 자신의 위치를 계산할 수 있을지를 살피기 위해 자신의 일기에 '지도(地圖)'라 기록한 것(즉 해도가 아니다)을 꺼냈다. 그는 자신들의 위치가 양쯔강 하구 동쪽의 어디쯤일 것으로 추측했다. 남쪽으로는 류큐(琉球) 섬이, 남동쪽으로는 '여인국(女人國)'으로 알려진 전설상의 섬이 있었다. 최부는 반드시 피해야 할 방위는 남남동(南南東)이라고 강조했는데, 만약 그쪽으로 표류하여 류큐와 여인국 너머로 나아가 버린다면 그 뒤로는 끝없는 대양에서 영영 길을 잃을 운명이기 때문이었다. 사실 이런 말은 아무런 도움이 되지 못했다. 선원이 최부에게 다음과 같이 답했기 때문이다. "지금은 구름과 안개가 여러 날째 짙게 드리워 있으니 새벽인지 저녁인지 밤인지 낮인지도 알 수 없습니다. 단지 바람의 변화만으로 사방을 미루어 짐작할 뿐이오니, 어찌 바른 방향을 가려낼 수 있겠습니까?" 최부는 그날의 일기를 "서로 머리를 맞대고 소리 내어 울었습니다"라는 간단한 기록으로 마무리했다.

이틀 뒤 그들은 절벽으로 둘러싸인 섬들 사이에 들어섰다. 그들은 간신히 상륙하여 물을 찾았으나, 그곳에는 풍랑을 피할 만한 장소가 없어 다시 배로 돌아와 표류할 수밖에 없었다. 다음 날 해 질 무렵 그들이 다시 큰 섬들 사이에 이르렀을 때, 선원이 약 열 명씩 탄 배 두 척이 다가왔다. 그들이 외치는 소리를 듣고 최부는 그들이 중국인임을 알아차렸다. 그는 부하들에게 명령하여, 조선의 유식한 사람이면 읽고 쓸 수 있던 한자로 글을 써서 그가 조선의 관리임을 밝히고 그들이 지금 어디에 있는지를 묻게 했다. 중국인은 지금 최부 일행이 "대당국(大唐國)"이라고 불리는 곳의 영파부(寧波府, 지금의 상하이 남쪽에 위치) 관내에 있다고 대답했다. 당나라는 이미 6세기 전에 망했지만, 현지 사람들은 여전히 그 이름을 이용하고 있었다.

최부 일행이 그날 밤 정박할 곳을 찾고 있는 동안 또 한 척의 중국 배가 다가왔다. 그 배의 우두머리는 자신을 "대당의 임대(林大)"라고 밝혔다. 임대는 좋은 항해 조건이라면 그들이 이틀 만에 조선에 도달할 수 있을 것이라고 말했다. 최부는 배가 그러한 항해를 버틸 수 있을 것이라고 설명했고, 이후 임대는 최부 일행에게 자신이 호위하겠다며 육지로 올라가자고 제안했고, 귀중품이 있다면 안전하게 보관해 주겠다고 했다. 귀중품이 없었던 최부는 대신 쌀을 조금 건넸고, 이어 풍랑을 피하기 위해 임대의 배를 따라 어떤 섬의 배를 댈 만한 곳으로 이동했다. 그러나 그날 밤 이경(二更) 무렵 임대를 우두머리로 한 무장 인원 20여 명이 배에 올라타, 값나가는 물건을 손에 잡히는 대로 모조리 빼앗았다. 최부는 알몸이 된 채 매질을 당했고, 목이 거의 잘릴 뻔했다. 그러나 조선인에게 훔칠 만한 것이 없음이 드러나자 임대와 그의 패거리는 배를 버리고 떠났다. 떠나기 전 그들은 밧줄을 모두 잘라서 바다에 던져 버려, 이 배가 더 이상 움직이지 못하도록 했다.

4일 뒤 새벽, 이번에는 여섯 척의 배가 최부 일행의 배에 접근했다. 그들은 종이에 글을 써서 내보였다. "보아하니 그대들은 '다른 부류[異類, 외국인을 지칭하는 옛 표현]'인 것 같은데, 어디서 왔소?" 최부 또한 필담으로 대답했다. "나는 조선국 신하로 왕명을 받아 해도(海島)를 순찰했소. 친상을 당하여 급히 돌아가는 길에 바다를 건너다가 바람을 만나 이곳에 왔소. 이 바다가 어느 나라의 땅인지 모르겠소." 임대와 같이, 그들은 이곳이 '대당국' 땅이라고 대답했다. 다만 이번에 조선 배가 있는 곳은 영파의 남쪽에 있는 태주부(台州府) 근처였으니 반대 방향으로 온 셈이었다. 중국인은 최부에게 후추를 내라고 요구했다. 당시 후추는 동남아시아 사신이 가져오는 흔한 조공품으로, 명 초기에 일종의 비축 통화(reserve currency)로 기능했을 정도로 대량으로 유입되었고 해적도 탐내는 물품이었다. 최부가 조선은 후추를 생산하지 않는다고 설명하자, 그들은 물러났다. 그러나 다음 날 아침, 그들은 다시 돌아와 손에 잡히는 것은 무엇이든 빼앗으려 했다. 그리고 최부에게 반드시 자기들과 함께 육지로 가야 한다고 강요했다.

이들이 그저 뜻밖의 횡재를 노리는 어부인지, 아니면 기회만 되면 그들을 수장하려는 해적인지 최부는 판단할 수 없었다. 그러나 그는 한 가지를 분명하게 깨달았다. 섣불리 행동하면 훗날 큰 화를 불러올 수 있다는 점이었다. 그는 부하들에게 말했다. "우리를 도적으로 무고하는데 말도 통하지 않아 해명하기 어렵게 되면 반드시 모두 변장(邊將)에게 죽임을 당할 것이다." 최부는 계책을 세웠다. 중국인들에게 식사 한 끼로 기운을 회복하게 해 달라고 요청한 뒤, 그다음에 함께 가겠다고 한 것이다. 그러자 중국인들은 비를 피하려고 배 안의 선실로 들어가며 조금 떨어진 곳으로 물러났다. 그 틈을 타 최부와 그의 일행은 아무 눈에도 띄지 않게 육지로 올라가 숲이 우거진 언덕으로 달아났다. 나중에 밝혀진 바에 따르면, 이것은 옳은 판단이었다. 이들은 실제로 해안 경비대 소속이었고, 최부 일행을 육지로 유인해 참수한 뒤, 그 머리를 왜구(倭寇)를 토벌했다는 증거로 제출하여 포상금을 받을 심산이었다.

조선인들이 도착한 첫 번째 마을에서 마을 사람들이 집에서 쏟아져나와 최부 일행을 둘러싸고 바라보았다. 손을 모아 인사한 뒤, 최부는 붓을 꺼내어 자신들이 조선인임을 설명했다. 마을 사람들은 최부 일행이 해적인지, 조공 사신인지, 아니면 단순한 표류자인지 알고 싶어 했다. 최부는 자기들이 표류자라고 대답했다. 처음에 마을 사람들은 최부 일행이 마을 바깥의 사찰에 머무를 수 있게 해 주었으나, 곧 마음을 바꿔 마을을 떠나라고 했다. 그들은 밤새 걸어갔고, 가는 곳마다 똑같은 대접을 받았다. 한 마을에서 다음 마을로 계속 내몰린 최부 일행은 이튿날 아침 군관이 있을 정도로 큰 마을에 도착했다. 그들에게 사정을 보고하자, 그때부터 비로소 지금으로 치면 '불법 입국자'로서의 처리 절차가 시작되었다. 그들은 관료

체계의 한 단계에서 다음 단계로 올라가 마침내 절강성의 성도(省都)인 항주에 도달했고, 조선으로 송환되기 위해 경호를 받으며 북경으로 이동할 수 있는 허가를 받았다.

조선인과 유생

한반도는 중국인이 동중국해라고 부르는 바다를 향해 남쪽으로 965킬로미터 이상 뻗어 있다. 한반도의 서해안 전역은 중국을 향하고 있다. 두 나라 간 관계는 언제나 불평등했으며, 그만큼 긴장도 뒤따랐다. 모든 사안에서 중국이 우위를 점했고, 한반도의 국가는 중국을 만족시키면서도 거리를 유지할 수 있는 정책을 모색해야 했다. 대륙의 통치자들은 여러 차례 한반도를 장악하려고 했으나, 실제로 성공한 인물은 쿠빌라이 칸 한 사람뿐이었다.

명나라의 창건자는 즉위했을 때 당시 한반도를 지배하던 고려(高麗) 왕조를 자신의 대국 안에 강제로 묶어두려 하지 않았고, 솔직히 말해 그럴 능력도 없었다. 대신 그는 비용이 덜 드는 방식을 택하여 고려가 명나라에 조공을 바치도록 요구했다. 고려는 명에 복속하는 모습을 보이기 위해 노력했으나, 양국 간 국경을 둘러싼 사소한 분쟁이 두 나라의 관계를 손상시켰다. 1392년, 새로 등장한 명나라에 어떻게 대응할지를 둘러싼 내부 갈등을 해결해 나가는 과정에서 장군 이성계가 고려 왕조를 전복했다. 이성계는 이 정변에 중국이 개입하는 것을 막기 위해, 바로 다음날 사절단을 남경에 보내어 정권 교체 사실을 알리고 홍무제에게 새 왕조의 이름을 골라 줄 것을 요구했다. 홍무제는 이성계의 정권 탈취를 용인하기로 결정하고 (설령 용인하지 않는다 해도 한반도를 침공하는 것 외에 그가 할 수 있는 것은 거의 없었다), 새로운 왕조의 이름으로 '조선'을 택하여 알렸다. 이성계가 세운 왕조는 1897년 스스로 해체한 뒤 새로운 대국[역자: 대한제국]을 창건할 때까지 조선이라는 이름을 계속 사용했다. 삼 년 뒤(1395) 홍무제가 그의 후손들에게 침공하지 말아야 할 국가 명단을 정해 주었을 때, 조

[그림 9] 1410년대에 남경을 떠나는 조선 사신의 모습을 그린 두루마리 그림인 「송조천객귀국시장(送朝天客歸國詩章)」. 이 작품은 조선 사신이 귀국할 때 그를 접대했던 명나라 관료들이 기념 선물로 증정한 것으로 보인다. 비록 도식적이지만, 그림 속 남경의 묘사는 당시 잘 알려진 명소들을 포함하고 있다. 특히 오른쪽 끝부분에는 막 완공된 명 태조 주원장(朱元璋)의 황릉이 비좁게 그려져 있는데, 이는 이 장면이 1410년대의 광경을 그린 것임을 시사한다.

선이 그 목록에 포함되었다. 이렇게 새로운 관계가 자리를 잡자, 이제 조선의 왕이 된 이성계는 모범적인 조공국의 모습을 취하며 명이 자신에게 불만을 가질 여지가 없도록 가능한 모든 기회에 사절을 보냈다.

남경이 수도이던 명나라 초창기에, 조선 사절단은 배를 타고 가서 조공을 바쳤다. 이번 장의 첫머리에 있는 그림(한국 국립중앙박물관 소장)은 조선의 사신이 남경을 출발하는 장면을 묘사한 것이다([그림 9] 참조). 그림의 상단에 붙어 있는 제목 「송조천객귀국시장(送朝天客歸國詩章)」('천조를 방문한 사신을 본국으로 전송하는 시'라는 뜻)은 그림의 의미를 설명한다. 남경 외성(外城)의 강동문(江東門) 바깥 강변에 모여있는 이들은 여덟 명의 중국인 관리다. 그들의 예복은 그들의 지위를 나타낸다. 두 명은 최고위 문관임을 뜻하는 붉은색 예복을 입었고, 그다음 서열의 세 명은 푸른색, 그리고 그 아래 세 명은 초록색 옷을 입고 있다. 그들 뒤에 세 명의 하인이 선물을 들고 서 있다. 조선의 사신은 조수가 바뀌기를 기다리며 뱃머리에서 중국인 관리들을 마주하고 있다. 그 배는 아마도 정화의 배가 건조된 남경의 용강선창에서 만들어진 이른바 '봉주(封舟)' 중 하나일 것이다. 그 배는 조선의 깃발에서 전통적으로 사용된 붉은색과 푸른색의 깃발을 휘날리고 있다.

이 그림에서 묘사된 조선과 명의 관계는 긍정적이고 관대하다. 양측의 관리들은 같은 크기로 그려졌고 거의 같은 높이에 배치되었다. 이것은 조선이 명나라보다 하위에 있음을 연출한 것이 아닌 상호 인정과 존중을 표현한 장면이다. 그림 오른쪽에 명 태조 홍무제의 황릉이 도시와 함께 비좁게 그려져 있고, 또 수도가 1421년[1]에 북경으로 옮겨졌다는 사실을 고려하면, 이 그림은 1410년대에 제작된 것으로 볼 수 있다. 이 그림에서 남경 현

---

1 원서에는 1420년으로 되어 있으나, 실제 천도의 선포를 알리는 북경에서의 조하의식(朝賀儀式)이 이루어진 시기는 음력으로 1421년 정월 초하루(양력으로 1421년 2월 12일)였다. 이에 1421년으로 수정했다.

지의 세부적인 표현이 매우 정밀한 점(이는 해당 시기 남경의 도시 풍경을 가장 잘 묘사한 그림이다)을 보면, 화가는 남경에 살았던 중국인이거나, 그렇지 않다면 남경의 화가가 그린 것을 모사한 사람일 가능성이 크다. 물론 이는 예술적으로 뛰어난 명화는 아니다. 추측하건대, 이것은 배에 탄 조선 사신을 위한 통상적인 전별 선물이었을 것이다. 이는 명나라를 방문한 모든 사신이 귀국길에 받는 기념품으로, 사행의 여정을 되새기고 조선 사람들에게 명의 번영을 엿보게 하려는 목적이었다. 그림 속에서 세 번째 하인이 들고 있는 비단으로 싸인 두루마리가 바로 이 그림이 아니었을까?

명의 수도가 공식적으로 북경으로 옮겨진 이후, 외국 사신은 남경이 아닌 북경으로 가서 황제에게 조공을 바쳤다. 조선의 경우, 이는 1421년부터 바닷길을 버리고, 평양을 거쳐 명 동북 변경의 요동(遼東)으로 이어지는 육로를 이용하게 되었음을 의미했다.[2] 흥미롭게도 최부의 정체를 알고자 했던 마을 사람들은 최부가 조공 사신일 수도 있다고 생각했다. 그들은 조선 사신이 여전히 남경으로 항해하여 온다고 생각한 듯하다. 남경으로 향하는 해상 조공로는 약 68년 전에 이미 폐지되었지만, 세상이 어떻게 구성되어 있는지에 대한 지역의 인식은 쉽게 변하지 않았다.

최부는 이 두루마리 그림이 보여 주는 듯한 평온한 친교의 장면을 결코 재현할 수 없었다. 그의 경험은 훨씬 더 고된 것이었다. 우리가 이를 아는 이유는, 그가 중국에서 돌아온 뒤 왕에게 여행 일지를 제출해야 했기 때문이다. 조선의 모든 사신은, 가장 가깝고도 가장 큰 이웃나라의 내부 상황을 파악하려는 본국의 정보 수집 노력에 부응하여 이러한 기록을 남겼다.

---

2   영락제는 북경 천도가 진행 중이지만 아직 외적으로 공표되지 않았던 1409년 윤4월 조선 사신 권영균에게 "네가 다시 올 때에는 바다를 경유해서 오지 말고 육로로 오너라. 너희 나라에서 온 사신에게도 육로로 오라고 말하리"는 명령을 전달했다(『태종실록』권17, 태종9년 윤4월 23일). 영락제는 북경 천도를 준비하며 '북경 시대'를 염두에 두고 이러한 사행 경로의 변경을 지시했고, 그 결과 조선에서 명으로 보내는 사행의 경로는 1409년부터 해로에서 육로로 바뀌었다.

다행스럽게도, 최부는 중국인 저자라면 굳이 언급하지 않았을 세부 사항까지 꼼꼼히 기록한 박학다식한 필자였다. 그의 여행일지는 1488년의 명나라에 사는 것이 어떤 것이었는지를 보여 주는 기록 중 단연 으뜸이다. 또한 그것은 조선인이 공자(孔子)의 나라에서 유생으로서 직면해야 했던 정체성의 곤란함을 이해하는 데에도 훌륭한 자료다. 최부는 자신이 「송조천객귀국시장」그림 속 인물처럼 환대와 전송을 받을 수 없다는 것을 알고 있었지만, 유교적 이상에 대한 자신의 높은 헌신만큼은 어느 정도의 예우를 보장받을 것이라 믿고 있었다.

최부는 사생활에서 가장 엄격한 유학자였으며, 그렇지 않았다면 중국 해안까지 표류하는 일도 없었을 것이다. 조선 조정의 관원이었던 그는 한반도 남해안 남쪽의 큰 섬인 제주도에 파견되어 세금 장부를 조사하는 임무를 수행하고 있었다. 당시 제주의 지주들이 양민을 노비로 삼아 호적에서 빼돌린 혐의가 있었기 때문이다. 그때 부친의 사망 소식이 전해졌다. 부친의 죽음은 유교적 삶의 주기에서 가장 중대한 사건이었고, 최부는 이를 그렇게 받아들였다. 부자관계는 가정의 근간이자, 군신관계의 모델이 되는 토대로 여겨졌다. 유교적 원칙에 따르면, 아들은 모든 일을 그만두고 집으로 돌아와 상복을 입고 아버지의 무덤 곁 초막에 살며 27개월간 상을 치르는 것이 원칙이었다. 출발에 앞서 폭풍이 몰아치고 있다는 경고를 받았지만, 상례(喪禮)를 지키려는 의지가 너무 강력했기에 그는 아랑곳하지 않고 배에 올랐고, 그 결과 중국으로 표류했다.

중국에 도착한 최부는, 한 개인이라기보다는 조선인으로서 자신이 중국인 못지않게 유교적이라는 사실을 알리길 원했다. 그에게 유교적 정체성은 명나라 엘리트와 대등한 위치를 보장해 줄 자격이었다. 이러한 관점은 비단 최부만의 것이 아니었다. 이것은 중국과 불평등한 관계 속에서 조선이 취한 전략을 형성한 사고방식이기도 했다. 조선은 소국이었고, 명은 대국이었다. 소국이 이렇게 압도적으로 불평등한 관계를 심리적으로나 전략적으로 관리할 수 있는 유일한 방법은 상대방이 설정한 기준에 부합하거나 심지어 그 기준을 능가하는 모습을 보이는 것이었다. 조선은 명나라만큼이나 유교적이어야 했고, 최부는 자신이 만나는 모든 중국인보다 더 유교적이어야 했다.

북경을 향해 북상하는 동안, 최부는 다양한 계층의 많은 중국인을 만났다. 그들은 호기심에 차서 조선에서 온 외국인과 대화를 나누고자 했다. 대부분의 사람은 외국인을 본 적도, 필담을 통해 외국인과 대화해 본 적도 없었다. 많은 이들은 최부가 중국어를 말하지 못하면서도 읽을 수 있다는 사실을 의아하게 여겼다. 어느 여관에서 한 지방 학자는 이렇게 물었다. "글은 같은 문자를 쓰나, 유독 너희 말이 중국과 다르니 어째서인가?" 이는 지극히 당연한 질문이었다. 명나라 사람으로서는, 한반도의 사람들이 중국의 고전을 읽기 위해서뿐만 아니라 그들의 언어를 기록하기 위해서 이미 수세기 동안 한자를 읽고 쓸 줄 알았다는 점을 알아야 할 이유는 없었다. 최부가 중국에 도착하기 40여 년 전, 조선의 왕[역자: 세종대왕]은 관료들에게 자국 언어에 더 적합하고 배우기 더 쉬운 문자, 즉 오늘날 '한글'이라 불리는 문자를 창제하라고 명했지만, 교육받은 엘리트들은 여전히 한자로 글을 썼다.

최부는 중국의 옛말을 인용하여 이렇게 말했다. "천리에 풍속이 같지 않고 백리에 습속이 같지 않은 것이요. 당신이 내 말을 괴이하게 듣고, 나 또한 당신의 말을 괴이하게 듣는 것은 습속이 그러하기 때문이오." 최부는 조선에서 한자를 사용하는 것을 역사적으로 설명하려 하기보다, 조선과 중국 사이의 언어 차이를 사소한 것으로 격하시켰다. 중요한 것은 언어가 얼마나 다르냐가 아니라, 외국의 문화가 얼마나 문명화되었는가였다. 최부는 대화 상대가 차이점보다는 공통점을 찾기를 원했다. "그러나 하늘이 준 성정(性情)을 같이 얻었으니, 나의 성정 또한 요(堯)·순(舜)·공자(孔子)·안연(顔淵)의 성정인데, 어찌 말소리가 다름을 문제 삼을 수 있겠소?"

최부가 가장 자주 방어해야 했던 혐의는 자신과 일행이 중국 동남부 해안을 따라 약탈을 일삼던 악명 높은 왜구라는 의혹이었다. 초기의 심문

과정에서, 한 관리가 바로 이 점을 집요하게 물고 늘어지며 최부를 곤경에 빠뜨리려 했다.

"너희가 왜인(倭人)으로서 이곳에 상륙하여 약탈하는 것은 무슨 이유인가?" 명나라 관원이 갑자기 물었다.

최부가 반박했다. "나는 곧 조선 사람으로서 왜인과는 언어도 다르고 의관도 다르니, 이것으로 가려낼 수 있을 것입니다."

관원이 다시 물었다. "왜인으로서 도적질에 교묘한 놈은 혹 변장을 해서 조선 사람처럼 가장하는 자가 있으니, 네가 그 왜인이 아닌지 어찌 알겠는가?"

"나의 행동거지를 살펴보고, 나의 인신(印信), 마패, 관대(冠帶), 문서를 조사한다면 진위를 가릴 수 있을 것입니다."

"네가 왜인으로서 조선 사람에게서 이 물건을 빼앗은 것은 아닌가?"

"만약 조금이라도 나를 의심하는 마음이 있으면, 우선 나를 북경으로 보내서 조선의 통역관과 한번 이야기를 시켜보면, 실상이 즉시 드러날 것입니다." 최부의 이 말은 이 해안 지역의 누구도 조선의 언어를 말할 수 없었음을 보여 준다.

다음 날, 의심이 덜한 한 관원이 조선에 대해 더 듣고 싶다며, 조선이 명나라처럼 황제가 다스리는 나라인지 물었다. 최부는 옛말을 인용하여 대답했다. "하늘에는 해가 둘이 없는데, 어찌 한 하늘 아래 두 황제가 있을 수 있겠습니까?" 두 나라 사이의 불평등을 인정하는 것이야말로 중국의 옆에서 조선이 독립국으로 살아남는 유일한 방법이었다. 그는 계속해서 "우리 왕은 성심껏 대국을 섬기고 있을 뿐입니다"라고 말하며, 큰 나라를 섬긴다는 '사대(事大)'라는 문구를 활용했다.

심문이 끝나자, 숙소에 있던 다른 사람들이 저마다 질문을 가지고 최부의 주위에 몰려들었다. 어떤 이들은 종이를 내어주며 필담으로 질문을 이어갔지만, 곧 질문이 감당하기 어려울 정도로 많아졌다. 그때 어떤 관인이 "이곳 사람들은 경박하니 쓸데없는 얘기는 하지 마십시오"라고 적힌 쪽지를 써서 보여 주었다. 외부 세계에 대한 호기심을 억제해야 한다는 것이 명나라의 공식적인 입장이었지만, 평범한 사람들은 외국인과 직접 대면했다는 사실에 흥분해 그가 들려줄 이야기에 귀를 기울였다. 그러나 입장을 바꾸어 최부가 그들에게 질문을 던지자, 그들은 혹여 외국 첩자에게 정보를 넘겼다는 혐의를 받지 않기 위해 입을 다물곤 했다.

누군가가 공식 기밀을 캐내려 했다면, 그것은 바로 최부에게서 정보를 얻어내려고 한 심문관들이었다. 한 군관은 조선 국왕의 실명을 말하라고 집요하게 압박했는데, 이는 누구도 입에 올리거나 글로 써서는 안 되는 것이었다. 이것은 조선의 국가기밀을 누설하는 것과 마찬가지였기에, 최부는 단호히 거절했다. "하물며 신하 된 자가 임금의 이름을 경솔히 다른 사람에게 말할 수 있겠습니까?" 군관이 말했다. "국경을 넘었으니 지장 없을 것입니다." 이때야말로 최부가 자신의 충성심이 누구를 향하고 있는지, 그리고 그에 따라 어떻게 행동해야 하는지를 잘 알고 있었음을 조선의 왕에게 보여 줄 수 있는 완벽한 순간이었다.

최부는 충성스러운 유교 관료로서 분노를 담아 반박했다. "나는 조선의 신하가 아니겠습니까? 신하된 사람이 국경을 넘었다고 나라를 저버리고 행동을 달리하고 말을 바꿀 수 있겠습니까? 나는 그렇게 할 수 없습니다."

공자와 황제

최부가 대운하를 따라 북쪽으로 올라가며 북경에 가까워질수록 명의 요구를 충족해야 한다는 압박은 더욱 거세졌다. 그를 수도까지 호송하는 임무를 부여받은 관원 부영(傅榮)은 연이어 반대 방향으로 그들을 지나가는 병부, 형부, 이부의 배들이 모두 선대 황제 시기에 임명되었다가 면직된 관원들을 실어 나르고 있다고 설명했다. 느슨한 일 처리를 용인했던 아버지와 달리 홍치제는 관원에게 일정한 수준의 효율성을 요구하고 있었다. 부영은 최부에게 조선인 표류민을 처리하는 데 관여한 일부 관원이 수도에 올리는 사건 보고 속도가 너무 느리다는 이유로 이미 강등 조치를 당했다고 전했다. 최부는 이것을 가상한 일이라 칭하며 말했다. "지금 천하가 다시 요순 같은 군주를 만나 원개(元凱) 같은 어진 이를 등용하고 사흉(四凶) 같은 악한 이를 물리치시니, 조정은 맑아지고 사해가 평안해졌습니다. 이 또한 경하할 일이 아니겠습니까?"

"그렇고 말고요." 부영은 맞장구친 뒤, 홍치제가 불과 12일 전 국자감(國子監)에서 친히 공자에게 석전제(釋奠祭)를 거행했다는 소식을 전했다. 부영은 새 황제가 나라를 쇄신하려는 의지가 확고하다는 또 하나의 증거로 이 소식을 공유했다. 이때 최부는 흥미로운 반응을 보였다. 철저히 유교적 관점에서 보면, 황제가 공자 앞에서 자신을 낮추는 것이 당연히 옳았다. 그러나 국가주의적 관점에서 공자의 지위는 황제에 비해 분명히 아래였다. 황제가 공자를 존숭할 수는 있지만, 의례적으로는 황제가 상위였다. 놀랍게도, 그리고 아마 부영에게는 의외였을 법한데, 최부는 후자의 입장을 취하며 여행일지 속의 유일한 농담을 던졌다.

"천자께서도 열국(列國)의 신하에게 절을 합니까?"

이러한 논평은 다소 공격적으로 들릴 수 있었는데, 이에 대해 부영은 반박했다. "공자는 만세의 스승이시니 어찌 신하의 예로 대우하겠습니까?" 이어서 그는 이 문제를 처리하기 위해 고안된 복잡한 의례 절차를 설명했다. 황제가 공자에게 절을 할 시점이 되면 주례관이 "국궁배(鞠躬拜, 몸을 굽혀 절하시오)"라고 외친다. 황제가 절하려 준비하는 순간, 다른 집례관이 "공자는 노나라 사구(司寇)[3]였습니다"라고 외친다. 공자의 관직이 황제보다 낮음을 인정한 후, 주례관이 다시 "평신(平身, 몸을 펴시오)"이라 선언한다. 부영은 이를 두고 최부에게 "예(禮)로는 당연히 절해야 하는데도 실상은 절하지 않는 것이니, 이는 선대의 스승을 높이고 천자를 높이는 예로서, 양 쪽 모두 어긋나지 않는 것입니다"라고 설명했다. 그러나

---

3 형벌과 사법을 담당한 관직명으로, 공자는 노나라에서 대사구로 임명되었다.

최부는 이러한 절충이 공자를 모욕하는 것이라고 단언하며, 공자는 언제나 황제보다 위에 있어야 한다고 주장했다. 이 말은 분명 부영을 곤란하게 만들었을 것이다. 그러나 최부는 단지 부영이 침묵했다고만 적었고, 자신이 부영을 당황스럽게 만든 것을 알았는지에 대해서는 아무런 언급도 하지 않았다.

일주일 뒤 최부는 북경의 조공 사신을 위한 공식 숙소[역자: 회동관(會同館)]에 머물렀다. 그곳은 외국의 사신이 오가고 중국의 도매상인이 거래하기 위해 들르는 분주한 장소였다. 도매상인들은 외국 사신들이 무역을 허가받은 5일의 기한을 맞추기 위해 신속하게 거래를 진행해야 했다. 며칠이 지나고, 최부에게 배정된 중국인 역관 이상(李翔)이 찾아와 사건의 경과를 전했다. 표류 소식이 수도에 전해졌을 때, 이상은 그 소식을 당시 북경을 방문하고 있던 조선의 사신에게 알렸고, 그 사신은 곧장 조선으로 돌아가 최부의 가족에게 그가 바다에서 실종되지 않았음을 전했다.[4] 8일 뒤, 이상은 조선 국왕이 홍치제에게 자국 사신을 구해준 것에 대해 감사하는 사은사(謝恩使)가 도착하기 전까지 그가 귀국할 수 없다고 최부에게 통보했다. 최부는 크게 낙담하여 불평했다. "제가 이곳에 도착한 것은 국가의 일이 아닌데 특별히 대국의 깊은 은혜를 입어 살아서 본국에 돌아가게 됐으니, 하늘을 우러러 감사할 따름입니다. 다만 유랑하는 처지에 발이 묶인 몸이 시일만 지체하면서, 나의 아버지 영구(靈柩) 앞에 곡을 하고 분묘(墳墓) 옆에 여막을 짓고 살려고 하는 마음을 제대로 이루지 못하게 되니 이 때문에 통곡할 뿐입니다." 그러나 이러한 사정은 황제에게 아무런 고려 대상이 아니었다. 부모의 상을 치르는 일은 명예롭고도 당연한 의무였지

---

4 『표해록』 권3, 4월 3일의 기록에 따르면, 최부 일행의 조난 사실을 조선의 재상 안처량에게 알린 인물은 절강진수(浙江鎭守)가 파견한 지휘(指揮) 양로(楊輅)였다고 한다. 양로가 아뢰는 글을 안처량이 베껴 써서 조선으로 돌아갔다고 하는데, 이러한 사실을 최부에게 알려준 이가 이상이었다.

만, 외교 관계의 의례를 올바르게 준수하는 것보다 중요하지는 않았다. 최부의 불만은 유교가 국가보다 우위에 있는 어떤 보편적인 규범이라는 그의 주장과 일맥상통하는 것이었다. 즉 '화(華)'와 '이(夷)'의 구분은 유학자들 사이에서는 의미가 없고, 오히려 조선인은 중국인보다 더 유교적이어서 그들만큼 문명화되었다는 논리와 연결되었다.

최부는 마땅히 할 수 있는 대응이 없었기에, 날마다 들르는 호기심 많은 중국인들과 담소하며 시간을 보냈다. 그들 중에는 조선의 말을 할 줄 아는 이도 있었다. 닷새가 지나자, 금의위의 교위(校尉) 한 사람이 와서 예부에서 그의 사건 기록과 관련하여 약간의 문제가 생겼다고 전했다. 최부는 다시 한번, 자신이 중국 체류가 국가의 일과는 무관하며 부친의 상을 치르는 의무가 우선되어야 한다고 항의했다. 이틀 뒤 절차상의 문제가 해소되었고, 예부는 최부를 소환하여 황제 앞에 나아가 감사를 올리라고 통보했다. 최부 일행은 황제를 알현하기 위한 의복을 수여받았다. 그런데 새로 받은 의복이 또 다른 논쟁거리를 만들었다. 최부는 상중이라 하사받은 의복을 입을 수 없다고 주장한 것이다. 그러나 이상은 이미 이러한 변명을 예상하고 이렇게 응대했다.

"오늘 내가 예부 상서 대감과 이미 의논했는데, 지금 이 때는 친상(親喪)이 가볍고 천은(天恩)이 무거우니 황제를 알현하여 감사드리는 것이 예절에 맞습니다." 이튿날인 1488년 5월 30일 이른 시각에 이상이 다시 찾아와 최부가 황제 알현을 위해 제대로 차려입었는지 확인했다. 그러나 그는 그러지 않았다. 상주의 신분에 맞는 복장을 갖추는 것이야말로 모든 다른 의무에 우선하는 유교적 책무였기 때문이다.

이상은 예부 상서의 당부를 거듭 전하며, 최부에게 처지에 맞게 보다 현실적인 태도를 취하라고 권했다. "당신이 빈소를 지킨다면 당신의 아버지가 중요하겠지만, 지금은 이곳에 있으니 황제가 계심을 생각할 때입니다." 이상은 명나라의 의례에 황제를 알현하기 위해 잠시 상복을 벗는 절차가 포함되어 있다고 설명했다. "황제의 은혜는 사례하지 않을 수 없으

며, 사례한다면 반드시 대궐 안에서 해야 하고, 대궐 안은 상복 차림으로
는 들어갈 수 없습니다. 이것은 형수가 물에 빠지면 손을 잡아 꺼내주는
권도(權道)입니다." 이러한 행동은 극단적인 상황을 제외하고 유생이 절
대 해서는 안 되는 것이었다. "당신이 지금 길복(吉服)을 갖춰야 함은 상
황이 그러하기 때문입니다." 이것이 그의 조언이었다. 아무리 유학자라 하
더라도 상황에 따라 융통성을 발휘하는 것이 허락될 때가 있다는 것이다.
 최부는 황궁의 성문에 도달할 때까지 옷을 갈아입지 않고 버텼다. 이러
한 의례 위반으로 인해 누가 처벌받을지를 잘 알았던 이상은 최부의 모자
를 붙잡아 벗기고 대신 사모(紗帽)를 씌웠다. 성문이 열리고 행렬을 이루
며 서 있는 코끼리들 사이로 관원들이 줄지어 들어가기 시작하자, 최부
는 그제야 길복으로 갈아입는 것에 동의했다. 최부는 자신의 행동이 국
제적인 사건으로 비화할 수 있는 바로 그 순간까지 '내가 당신보다 더 유
교적'이라는 배역을 연기한 것이다. 조선인들은 황궁으로 걸어 들어가 안
뜰의 지정된 위치에 자리했다. 그들은 황제가 있는 전각(황제는 안에 있
어 모습을 드러내지 않았다)을 향해 사은의 의미로 다섯 번 절하고 세 번
머리를 조아리고 난 뒤, 옆문을 통해 나왔다. 거기서 최부는 다시 상복으
로 갈아입었다.
 이 의무를 마친 뒤, 조선 사절단은 귀국 허가를 받았다. 다음 날, 그들을
조선으로 호송하는 임무를 부여받은 군관이 병부의 문서를 가지고 왔다.
그러나 그 공문에 담긴 "풍랑을 만난 외이(外夷)를 귀국시키는 일"이라는
표현은 최부를 실망시켰을 것이다. '화(華)'의 세계로 들어가고자 한 그들
의 모든 노력에도 불구하고, 최부와 그의 일행은 여전히 '이(夷)'였던 것이
다. 아무리 '화'의 지위를 모방하려 애써도, 조선인은 영원히 '이'로 남았
다. 최부는 자신의 북경 체류를 사실상의 가택연금으로 묘사하면서, 여행
일지에서 마침내 이러한 사실을 마지못해 인정했다. 명나라의 규정상 조
선인은 닷새에 한 번만 외출이 허용되었기에 실제 가택연금과 다르지 않
았다. "조정에서는 신 등을 표류해 온 이인(夷人)으로 간주하여 문 지키는

관부(館夫) 유현(劉顯) 등으로 하여금 신 등을 지키게 하였고, 상급 기관에서 보내는 통지문을 받들고 와서 부르는 것이 아니면 객관(客館)[5]에서 나가지 못하게 하였으며, 아행(牙行)[6] 및 신분이 불분명한 무리가 객관에 들어와서 서로 왕래하지 못하도록 하였다.” 다시 말해, ‘화’와 ‘이’를 분리하기 위해 통제되지 않은 모든 접촉은 금지되었다.

1488년 6월 4일, 최부 일행은 북경을 떠나 조선으로 향하는 육로 여정을 시작했다. 이제 최부 일행은 그저 또 하나의 조선 사절단으로 보였기에, 이후의 나날은 별다른 사건 없이 흘러갔다.

국경에 도달하기 열흘 전, 최부는 계면(戒勉)이라 불리는 불교 승려와 흥미로운 대화를 나눴다. 그의 조부는 조선인이었으나 과거 이 지역으로 피신한 인물이었다. 계면은 그 지역이 천여 년 전에는 고구려 영토였다고 설명했다. 이후 중국이 이 지역을 차지했으나, 고구려의 옛 풍습은 여전히 남아 있었다. 그의 조부 세대 중에도 이곳으로 와서 정착한 사람들이 있었지만, 이 국경 지대에 사는 사람들은 국경을 초월하는 정체성(trans-frontier identity)에 갇혀 있다고 느꼈다. 계면은 최부에게 “우리는 공경하게 제사 지내기를 게을리하지 않으니 근본을 잊지 않기 때문”이라 말했지만, 이미 서쪽의 중국으로 건너가버린 그들은 고국으로 돌아갈 수 없었다. “우리들도 본국으로 돌아가서 살고 싶습니다. 다만 본국에서 도리어 우리를 중국인으로 간주하여 다시 돌려보내면, 우리는 반드시 외국으로 도망한 죄를 받아서 목이 잘릴 것입니다. 그러므로 마음은 가고 싶지만 발이 머뭇거릴 뿐입니다.”

계면은 국경 양측의 배타적인 정책으로 인해 곤경에 빠진 집단에 속했

---

5   중국 원·명·청 시기에 외국 사신을 맞아들여 접대하는 일을 맡아보던 관아, 즉 회동관(會同館)을 뜻한다.
6   상인 대신 매매 업무를 담당하던 중간 상인이나 거간꾼을 지칭한다.

다. 조선 측은 중국인이 된 조선인을 거부했고, 명 측은 중국인이든 아니든 외국에 갔다 돌아오기를 희망하는 모두를 거부했다. 우리는 배타적인 민족 정체성을 근대 민족주의 세계와 연관 짓는 경향이 있지만, 심지어 15세기에도 무국적자(stateless)가 되는 일은 충분히 가능했다. 더구나 당시 사람들은 국가의 시민이 아닌 군주의 신민이었기 때문에, 군주와의 관계를 끊는 것은 불가능했다. 무국적이 된다는 것은 단순한 상태가 아닌 범죄였던 것이다. 설상가상으로 새로 즉위한 황제는 최근에 지어진 암자를 모두 철거하고 도첩(度牒)이 없는 승려를 모두 환속하라고 명령했다. 계면은 바로 그 대상이었으니, 무국적자이자 환속된 신세였던 것이다.

최부는 계면에게 아무런 해결책도, 위로도 건네지 않았다. 그의 근본주의적인 유교관에서 보면, 불교 승려는 사회의 기생충이었고, 황제의 만수무강을 비는 그들의 기도는 자원의 낭비이자 들판에서 정직하게 일하는 평민을 희생하여 기생충들의 배를 불리는 것에 불과했다. 최부는 계면에게 승려를 모두 군대에 보내는 것이 사원에 있는 것보다 더 쓸모가 있을 것이라고 말했다. 최부는 또다시 길에서 만난 낯선 사람에게 망신을 주었는데, 이번에는 조선에서 온 사람이었다. 최부는 이를 통해 자신의 도덕적 우월성을 내보일 수 있었고, 이러한 도덕적 우월성이 자신을 중국인과 대등하게 만들어 줄 것이라 생각했다.

최부는 조선에 도착하자마자, 우연한 표류로 미뤄졌던 부친의 상례에 곧바로 들어갔다. 그는 1492년에 다시 국왕을 섬기는 관직에 복귀했다. 그러나 14년 뒤, 두 번의 사화(士禍)와 한 번의 왕위 교체를 거친 후, 최부는 왕과 가장 가까운 당파의 반대편에 있었다는 이유로 처형되었다. 도덕은 결국 정치를 초월하지 못했다.

유교적 고립주의

최부의 유교관은 한마디로 개인을 가족과 군주에 결속시키는 경직된 윤리 규범을 철저히 지키는 것이었다. 공자에 대한 다른 종류의 이해 방식은 최부와 동시대인인 구준(丘濬, 1421~1495)의 글에서 찾을 수 있다. 구준은 명나라 영역의 최남단 해남도(海南島) 출신이었다. 그의 뛰어난 기억력은 고전 암송 능력이 중시되는 교육제도에서 큰 장점이 되었지만, 그는 16세가 되어서야 과거 시험 공부를 시작했으니 출발이 늦은 편이었다. 8년 뒤 그는 광동성 향시(鄕試)를 수석으로 합격했다. 그는 수도에서 치르는 회시(會試)에 응시하기 위해 네 차례 북경에 갔고, 36세에 마침내 최종 시험에 합격했는데 그 성적은 2등급(二甲) 합격자 가운데 수석이었다. 그가 1등급(一甲)에 들지 못한 이유는 행색이 너무 초라했기 때문이라는 소문이 돌았다. 그는 이후에도 이러한 성향을 고치려 하지 않았고, 북경에서 허름한 집에 거주하며 관리라면 마땅히 구사해야 할 표준 관화(官話) 발음조차 익히려 하지 않았다.

지방 관리로 임명하기엔 너무 단정치 못했지만, 그렇다고 하찮은 행정직에 묶어 두기에는 재능이 뛰어난 인물이었기에, 그는 황제의 싱크 탱크인 한림원(翰林院)에 배속되었고, 이후 국자감 좨주(祭酒)로 임명되었다. 그가 국자감에서 몸담으며 제자들에게 심어준 것은 나라를 어지럽히고 백성을 괴롭히는 문제들을 풀어낼 실질적 해결책을 찾는 일에 대한 헌신이었다. 구준은 최부만큼이나 확고한 유학자였지만, 그 방향은 전적으로 실천 지향적이었다. 그에게 진정한 유학자란, 그가 특히 즐겨 인용한 『대학(大學)』의 한 구절처럼, "나라를 다스리고 천하를 안정시키는[治國平天下]" 사람이었다. 즉 내면을 바라보는 것보다 바깥세계를 향해 시야를 넓히는 것이 모두에게 훨씬 가치 있다고 보았다. 이러한 이상을 구체화하기 위해, 구준은 기존에 알려진 모든 문헌을 철저히 검토하여 국가 정책에 관한 총람을 만드는 대규모 연구 프로젝트를 조직했다. 그 결과물은 무려 160권에 달하는 방대한 저작으로, 그는 이를 『대학연의보(大學衍義補)』라 불렀다. 이 책은 본질적으로 황제를 위한 정책 백과사전이었다. 그 포부는 경탄할 만한 것이었지만, 문제는 이를 읽을 의지가 있는 황제를 찾는 일이었다. 구준이 이 사업을 시작할 당시의 성화제는 이에 특별한 관심을 보이지 않았다. 그러나 1487년 성화제가 죽고 그의 아들이 황위를 계승했을 때, 구준은 자신이 바라던 황제를 얻었다.

홍치제가 즉위한 직후, 구준은 자신의 대작을 황제에게 바쳤다. 황제는 깊은 인상을 받았고, 이 책의 간행을 허락했으며(이듬해에 출간되었다), 구준을 예부상서에 임명했다. 이는 구준이 특별히 바라던 결과는 아니었고, 그는 이후 이 성공으로부터 결코 벗어날 수 없었다. 그는 이 특별한 영예를 받은 직후 곧바로 관직에서 물러날 것을 간청했으나, 홍치제는 오히려 그를 조정 최고위직인 대학사(大學士)로 승진시켰다. 구준은 결코 관직에서 물러나 고향인 해남도로 돌아가지 못한 채, 75세를 일기로 재임 중 세상을 떠났다.

대외 관계는 구준이 『대학연의보』에서 다룬 많은 주제 중 하나였다. 그의 정책적 선호를 간결하게 보여 주기 위해, 나는 『대학연의보』의 구조를 활용했다. 이 책은 황제를 독자로 상정하고, 구준이 그와 대화를 나누는 형식을 취하고 있다. 아울러 모든 주제는 주석 위에 주석이 덧붙여지는 방식으로 구성되어 있어, 마치 구준과 선현(先賢)들이 가상의 대화를 나누는 듯한 구조를 이룬다. 이러한 구성을 바탕으로, 나는 그 책의 '제안과 응답' 형식을 새로 즉위한 진지한 황제와 노년의 자문관 사이의 그럴듯한 대화로 재구성했다. 이어지는 대화 속 모든 인용문은 『대학연의보』의 내용을 그대로 옮긴 것이다. 만약 구준과 홍치제가 실제로 대외정책을 두고 대화를 나눴다면, 아마도 다음과 같이 진행되었을 것이다.

구준이 황제에게 이렇게 설명했다. "유우씨(有虞氏)[역자: 순(舜)임금]의 시대에 오랑캐[蠻夷]가 변경의 바깥에 자리하여 험준한 지형을 믿고 굳게 버티었으니, 이치로 깨우칠 수 없고 말로 길들일 수 없어, 군대를 쓰지 않으면 안 되었습니다. 어찌 갖가지 법과 형벌만으로 그들을 능히 제어하겠습니까? 대개 군주의 다스림은 반드시 먼저 그 다스림을 방해하는 자를 제거한 연후에야 비로소 완성될 수 있습니다. 우리의 다스림을 방해하는 자 가운데 가장 큰 것이 오랑캐에 있으니, 반드시 바깥에서 오랑캐가 감히 우리 화하(華夏)의 땅을 어지럽히지 못하게 해야 합니다."

황제가 궁금해했다. "짐의 선대에 좋은 전례를 남긴 바가 있는가?"

"후세의 통치자들은 흔히 화이(華夷)의 경중과 완급을 분별하지 못하였습니다. 안의 일에는 상세하나 바깥 일에 소홀한 자도 있으며, 또한 오로지 바깥일에만 힘쓰고 안은 돌보지 않는 자도 있었으며, 또 안과 밖에 모두 마음을 쓰지 않는 자도 있었으니, 모두 잘못된 것입니다."

"그렇다면 짐은 무엇을 해야 하는가? 짐은 단순히 변경 바깥의 세상을 무시할 수 없다. 천자의 권위는 국경 밖으로도 퍼져 오랑캐를 교화하여 문명인으로 만들어야 한다. 그들을 교화하는 것이 짐의 임무가 아닌가?"

"『춘추(春秋)』에서는 제하(諸夏)를 안으로 하고 이적(夷狄)을 밖으로 하였으니, … 산과 골짜기로 떨어져 있고 사막으로 막혀 있으니, 천지(天地)가 이와 같이 안과 밖을 갈라놓은 까닭입니다. … [성인은] 일찍이 [멀리 변경의 땅에] 나라를 세우거나 땅을 측량하거나 관부를 설치하거나 관직을 수여하여 내치(內治)로써 그것을 다스린 적이 없습니다. 이는 다른 까닭이 아니라, 하늘과 땅 사이에 큰 경계가 있어 화(華)는 안에 자리하고 이(夷)는 바깥에 처하니, 각자가 자기 자리에 머물러야 천하의 이치가 이루어질 뿐인 것입니다."

"짐의 왕조가 짐에게 통치권이 있는 천하의 바깥쪽 끝에 도달한 적이 있는가?"

"신(臣)이 삼가 생각건대, 오늘날의 지세는 동남쪽으로는 이미 바다에 이르러 더 나아갈 곳이 없사오니, 이는 지극하고 충만한 상태입니다. 오직 서쪽과 북쪽 그리고 서남쪽의 땅이 아직 바다에 도달하지 않았을 뿐이나, 모두가 중첩된 산봉우리로 경계를 이루고 있습니다. 아득히 먼 변경의 황량한 사막은 땅의 기운이 나쁠 뿐만 아니라 사람의 본성 또한 사나우니, 다시는 살만한 곳이 못됩니다. 그것이 있고 없고는 중국의 경중(輕重)에 영향을 줄 만한 것이 못 됩니다. 오직 현명한 군주는 우리 화하(華夏)의 문명이 꽃핀 지역을 소중히 여기시고, 변경의 황량한 땅은 기와 조각처럼 하찮게 보셔도 될 것입니다."

"우리가 군사적 우월함에 기대어 이 지역들을 짐의 지배하에 둘 수는 없겠는가?"

구준이 대답했다. "자고로 제왕들은 모두 이적(夷狄)들을 능히 불러들이는 것을 성덕(盛德)으로 여겼습니다." 구준이 보기에 그 문제에 대해서는 더 이상 할 일이 없었다. 황제는 자신의 행동을 "덕(德)이 화하 문명의 땅에 있으니 그 황량한 불모의 구역에는 관여하지 않는 것"에 국한해야 했다.

"짐에게 복속하기 위해 국경을 넘어오는 외국인들은 어떻게 해야 하는가?"

"그들이 궁핍함으로 우리에게 귀의하는데도 우리가 받아들이지 않는다면, 이는 인자(仁者)의 행동이 아닙니다. 저들이 의로움을 흠모하여 우리에게 귀부하는데도 우리가 받아들지 않는다면, 이는 의로운 자의 행동이 아닙니다."

황제가 물었다. "대대로 우리나라에 살아온 외국인들은 어떻게 해야 하는가?"

"그들이 그 할아버지와 아버지의 때부터 의를 흠모하여 귀부한 지 여러 대가 지났습니다. 나라의 두터운 은혜를 입었으니 고마움을 모르지 않으며, 화(華)의 아름다운 풍속에 물들어 이미 오래전부터 변했습니다. 진실로 바깥을 흠모하는 마음이 없으며, 또한 내분을 일으키려는 뜻도 없습니다." 그러나 구준은 그들이 외국 출신이라는 점에 불편함을 느꼈다. "불행히도 일단 나라가 어지러워지고 혼란에 빠져 기회를 만나면, 전환의 순간에 흥하고 망하는 일이 교차하고, 피하고 도망치는 때에 안전함과 위급함이 바뀝니다. 그때에 그들이 혹 용마루에 올라타는 계책을 취할지도 모릅니다. 그러니 오랫동안 안정되었다 하여 요행을 바라며 소홀히 하고 먼 앞날을 생각하지 않으면 안 됩니다."

"그렇다면 모든 외국인을 나라 밖으로 내쫓아야 하는가?"

"그들은 중화에서 나고 자라 대대로 관작과 녹봉이 있으며 결혼하여 인척이 되었습니다. 서로 더불어 연계되고 뒤섞여, 모두가 화하의 사람이니 그들이 이(夷)였음을 잊은 지 이미 오래되었습니다. 만일 이유 없이 그들을 구별한다면, 그들은 진실로 불안해할 것입니다. 그들의 마음을 안심시켜 후환을 없애고자 한다면, 반드시 점진적으로 해야 하고 상황에 따라 대처해야 합니다. 즉 그들을 무리 지어 살게 하면 안 되고, 그 지위를 독점하게 하면 안 되며, 그 직책을 연임하게 하면 안 되고, 그 무리를 거느리게 하면 안 되며, 변경에 접근하게 하면 안 되고, 그 나라에 사신으로 보내면 안 됩니다." 구준은 그들을 동화시키길 원했지만, 아직 동화의 과정을 신뢰할 준비가 되어 있지 않았고 동화의 규모를 제한하길 원했다. "그들이 모이는 곳은 한 고을에 100명을 넘기는 것을 허락하지 않고, 거주하는 도시는 한 현(縣)에 10명을 넘기는 것을 허락하지 않으며, 임명된 관직에 대해서는 한 관서에 두 명을 넘기는 것을 허락하지 않습니다. 이와 같이 그들을 점진적으로 소멸시키고, 기회를 따라 처리하고, 마음을 복종시켜 처리한다면, 그들은 자신도 모르는 사이에 오랜 시간이 지나면 자연스럽게 차이점은 사라지고 점차 동화될 것입니다."

이것이 바로 조난당한 최부가 중국에서 목격했던 사회 분위기였다. 아무리 조선인이 유생으로서 훌륭하게 행동한다 하더라도 '화'와 '이'의 구분은 근본적인 것이었다. 구준이 홍치제에게 말한 바와 같이, "하늘과 땅 사이에 큰 경계가 있으니, '화'와 '이'가 바로 그것"이었다. "나아가 '화'는 안에 자리하고 '이'는 바깥에 처하니, 이것은 곧 천지가 산천(山川)의 험준함으로써 구역을 구별하고 안과 밖을 차단함이니, 이로써 우리 중국의 만세(萬世)를 지킬 큰 제방으로 삼은 것입니다. 어찌 그 제방을 스스로 허물고 그들을 끌어들여 우리 복심(腹心) 속으로 들어오게 하겠습니까?" 더 이상 대국은 외국으로 원정을 떠나지 않고, 중국인과 외국인이 섞이는 일도 없었다. 구준이 황제에게 제시한 대외정책의 기본 조언은 오랑캐를 그냥 내버려 두라는 것이었다. "무릇 군주는 궁궐의 가운데에서, 조정 위에서, 수도 안에서 경계하고 삼가야 할 뿐이니, 어찌 사방 오랑캐[四夷]에 관여하시겠습니까?”

구준은 최부 못지않은 유교 근본주의자였다. 구준의 경계선은 유생과 비(非)유생 사이가 아닌 중국인과 비중국인 사이에 그어졌고, 그로 인해 최부는 경계선의 바깥에 놓였다. 그렇지만 이러한 경계선 설정에도 불구하고, 구준은 조선이 거론될 때 더 관대했다. 명 황제가 다루어야 했던 거의 모든 다른 조공국과 달리, 그는 적어도 “조선은 공순(恭順)한 조정(朝廷)”이라고 단언했다. 그리고 이것은 바로 조선인이 중국에 전하고자 했던 메시지였다. 순종하는 자는 가만히 내버려 두는 법이다.

말과 토목보의 변

설령 ‘외국인 혐오(xenophobia)’라는 용어가 당시 사용되었더라도, 구준은 자신을 외국인 혐오주의자로 여기지 않았을 것이다. 외국인 혐오는 외국인에게 느끼는 비이성적인 두려움을 말한다. 구준의 관점에서, 외국인을 멀리하라고 황제에게 조언하는 것은 전적으로 이성적이었다. 그러나 그의 이런 이성적 판단에 도달하려면 우리는 먼저 말에 대해 생각해 볼 필요가 있다.

명나라는 말을 널리 사용하는 국가였지만, 정작 말의 사육에 크게 성공하지 못했다. 말을 기르는 것은 북중국의 농민 가구에 할당된 세역 부담의 일부였지만, 그렇게 길러진 말의 품질은 좋지 못했고 사료 구입 비용은 농민들을 종종 파산에 이르게 했다. 만약 더 좋은 말을 원한다면, 만리장성 북방의 사람들, 특히 누구보다 말에 대해 더 잘 알았던 몽골인에게서 사들여야 했다. 그러나 한편으로, 한때 중국을 지배했던 몽골인과 중국인 사이의 적대감이야말로 명나라가 말을 필요로 했던 이유이기도 했다. 즉 몽골 유목민이 만리장성을 넘어 한때 자신들이 차지했던 영역을 되찾으러 오는 것을 막기 위함이었다.

조선인은 몽골인처럼 기마민족은 아니었지만 말 사육법을 잘 알고 있었기에 영락제는 말을 구하기 위해 조선으로 눈길을 돌렸다. 영락 원년 (1403) 영락제는 조선의 왕에게 매년 1,000필의 말을 보낼 것을 명했고, 4년 뒤에는 그 수를 3,000필로 올렸다(영락제는 또한 자신의 후궁으로 삼기 위해 수백 명의 조선 처녀를 요구했다). 1407년부터 1427년까지 20년 간 조선은 명나라에 총 18,000필의 말을 보냈다.

그러나 조선의 말 공급은 결코 중국의 수요를 충족할 수 없었다. 결국 명나라는, 몽골과 실제 전쟁 중이 아닐 때에는, 대량의 말을 몽골로부터 확보할 수밖에 없었다. 영락제는 조선에 말 조공을 처음 부과한 지 일 년 뒤, 상도(上都)를 포함한 변경의 여러 지역에서 몽골과 정기적인 마시(馬市)를 개설할 수밖에 없음을 깨달았다. 이후 그는 3년마다 14,000필의 말을 확보하는 할당량을 설정했다. 마시에서의 무역은 겉으로는 순종적인 몽골 통치자들이 보내는 조공으로 포장되었지만, 실제로는 몽골의 수요가 높았던 비단 수량으로 가격을 매겨(비록 말 가격은 고정 가격으로 설정되었지만) 말을 구매하는 것이었다.

명나라의 재정 긴축은 정화의 대양 원정과 마찬가지로 몽골과의 공개된 마시도 결국 중단시켰다. 그 결과 조공 체제는 명이 말을 구할 수 있는 유일한 수단이 되었다. 조공은 몽골인에게 밀수나 약탈에 기대지 않고 차와 직물을 살 수 있는 유일한 장이 되었기에, 몽골인은 대체로 이 체제에 동의했다. 조공 체제에서는 정치가 교역을 통제했으나, 교역의 조건은 상대방의 정치적인, 심지어 군사적인 대응을 불러일으킬 수 있었다. 1448년 명나라 조정은 몽골인들이 조공품으로 가져온 말의 가격이 터무니없이 비싸다고 판단했고, 이에 말을 가지고 온 조공 사절단을 받지 않기로 했다. 그것은 명나라가 이번에 말을 구할 수 없음을 의미했지만, 더 중요하게는 몽골이 말을 팔 수 없다는 뜻이었다. 마침 초원에서는 에센(Esen)이 몽골 세계의 대부분을 자신의 통솔 아래 통합해 나가고 있었고, 따라서 당시는 교역 파트너를 적대시하기에 좋지 않은 때였다. 에센은 이를 전쟁의 명분으로 간주했고, 명나라를 향한 공격의 시점으로 삼았다.

당시 황제였던 21세의 정통제(正統帝)는 위대한 조상인 홍무제와 영락제에 필적하는 군사적 명성을 얻기를 열망했다. 그의 측근들은 에센에 맞서 대대적인 공세를 펼쳐야 한다고 황제를 설득하는 데 아무 어려움이 없었다. 이에 정통제는 대군을 이끌고 거용관(居庸關)을 통과하여 상도로 가는 길을 따라 북쪽으로 진군했는데, 당시 상도는 몽골 영토 깊숙이 자리하고 있었다. 명 황군의 계획은 변경 도시인 대동(大同)에서 초원으로 출격하는 것이었으나, 결국 군대는 명나라의 영토를 벗어나지 못했다. 황제의 참모들은 장성 북쪽에 있던 에센의 군사력을 과소평가했음을 깨달았고, 원정을 계속하는 것이 위험하다고 판단했다. 그들은 백성에게 황제가 대동까지 진군한 것이 승리를 거두었다고 선전한 뒤, 황제를 북경으로 돌려보냈다. 그러나 1449년 9월 초, 퇴각하던 군대가 거용관에서 약 40마일 가량 떨어진 '토목(土木)'이라 불리는 역참에 이르렀을 때, 에센의 기병이 추격해 왔다. 몽골군은 명나라 군대의 절반을, 아마도 25만 명에 달하는 병력을 도륙했다. 정치적 측면에서 더 충격적이었던 것은 그들이 황제를 포로로 잡았다는 점이었다.

에센이 이 우세를 계속 밀어붙일 수도 있었지만, 명 조정은 재빨리 다른 황제를 즉위시켜 정통제의 인질 가치를 사실상 무력화했다. 애초에 에센의 야망은 명나라보다도 그의 몽골 경쟁자들을 향한 것이었다. 1년 뒤, 에센은 더 이상 쓸모없는 인질을 그냥 돌려보낼 수밖에 없었다. 그로부터 4년 뒤, 그는 대원국의 대칸을 참칭한 대가로 암살당했다. 오직 칭기스 칸의 직계 후손인 칭기스 가문(Chinggisid)의 일원만이 그 칭호를 가질 수 있었기 때문이다. 에센은 칭기스 가문의 일원이 아니었다.

토목보에서의 패배가 명나라에 준 충격은 아무리 과장해도 지나치지 않다. 홍치제 때는 이미 '토목보(土木堡)의 변(變)'이 40년 전의 일이었지만, 정통제는 그의 할아버지였고, 홍치제는 그 실수를 되풀이하고 싶지 않았다. 명 왕조의 역사는 토목보의 변 이전과 이후로 나뉘었다. 토목보의 변이 준 교훈은 황제는 전장을 멀리해야 하고, 외국인을 가능한 멀리 두어야 한다는 점이었다. 명나라에 유일하게 합리적인 대외정책은 중국의 국경 안으로 물러나 그 안에 머무르는 것이었다. 토목보의 변은 명나라가 진정한 대국이 되고자 하는 마지막 남은 열망을 없애버렸다. 몽골과의 관계는 20여 년간 중단되었다. 이로 인해 말 공급이 끊기자, 명나라는 다시 조선으로 고개를 돌렸다. 그러자 조선은 즉각적으로 그리고 충실하게 말 2,000필을 바쳤다.

평범한 외국인

1488년에 중국에 들어온 조선인은 사신이나 표류한 관리만 있는 것은 아니었다. 아마 조선인 말 상인들도 중국에 들어온 듯하다. 다만 여기서는 근거가 다소 빈약한데, 말 상인을 포함한 조선인 사상(私商)이 국경을 넘은 사례를 보여주는 문서는 단 한 건의 예외를 빼고는 전혀 발견되지 않았기 때문이다. 그 예외란 『노걸대(老乞大)』로 알려진 조선인을 위한 중국어 교재다. 책의 제목은 몽골인이 북중국인에 대해 처음으로 사용한 명칭인 '키타드(Kitad)'를 소환한다.[7] 북중국인이 한때 대거란국의 백성이었기 때문에 몽골인은 처음에는 그들을 '키타드'라 불렀고 이후에는 '한(漢)'으로 바꾸어 불렀다. 이는 오늘날 우리가 중국의 한족(漢族)에 대해 사용하는 단어다. '노걸대'의 '노'는 원래 '늙은'이라는 뜻이지만, 오늘날에도 친구 사이에 애칭처럼 쓰인다. 따라서 '노걸대'를 직역하면 '늙은 키탄인'이 되겠지만, 본래의 의도에 더 가깝게 옮기면 '나의 키탄인 친구' 쯤이 될 수 있다. 여기서 키탄인은 물론 중국인을 의미한다.

대부분의 외국어 교재가 학습자가 외워야 할 짧고 단편적인 글을 모아 놓은 것과 달리, 『노걸대』는 처음부터 끝까지 학생이 따라가야 하는 두 명

7　'노걸대'의 '걸대(중국어 발음으로는 qǐdà)'는 몽골어 단어 '키타드'를 음차한 단어다. 저자는 'Khitat'라고 썼지만, 더 정확한 표기인 'Kitad'로 바꾸어 표기한다.

의 주요 화자를 등장시킨다. 중심인물은 이름이 알려지지 않은 한 조선인[역자: 사실은 고려인이다]으로, 그는 약간의 중국어를 알고 있으며 북중국을 여행하면서 더 많은 중국어를 배운다. 아울러 그는 말 거래 사업에 종사하고 있다. 또 다른 화자는 왕씨 성을 가진 그의 중국인 친구이다. 이 조선인 말 상인과 그의 중국인 친구는 실존 인물이 아닌 교과서 속 등장인물일 뿐이지만, 이들 사이에 오고 간 구어체 대화의 이면에서 우리는 당시 실제 사람들의 목소리를 들을 수 있다. 이 점이 이 교재가 오래도록 사랑받은 이유였다. 13세기 몽골 지배기에 최초로 저술된 『노걸대』는 15세기에 다시 개작되었다. 최부가 중국의 해안가에 도착하기 불과 삼 년 전인 1485년, 조선 조정의 한 교관이 이 책을 공식 교재로 채택할 것을 왕에게 제안했으나, 고전 한문을 숭상하고 이 책을 저급한 것으로 여긴 조선의 엘리트 계층에게 거센 반발을 받았다. 나는 그 교관의 제안이 1480년대 초에 『노걸대』의 최신 개정판이 등장한 것을 반영한 것이라고 생각한다. 어쨌든 조정은 관청 소속 역관들이 이 책을 쓰는 것을 금지했지만, 실제로는 모두가 이 책을 사용했다.

따라서 중국인 왕 씨도 조선인 말 상인도 실제 인물은 아니다. 그러나 내 귀에 그들의 대화는 1480년대의 평범한 조선인들이 중국인에 대해 어떻게 말하고 생각했는지를 들려주는, 다른 방법으로는 복원 불가능한 실제의 대화인 것처럼 들린다. 이는 최부와 그의 지인들이 활동하던 사회의 최상층보다 훨씬 아래에서 살아가던 사람들에게 주목할 기회다. 『노걸대』를 일종의 '해적판 녹음'이라고 생각해보라.

이 책의 설정은 이렇다. 중국인 왕 씨는 북경의 남서쪽 문 안에 있는 큰 마시장(馬市場)에 말을 팔기 위해 북경으로 여행하던 중 훗날 친구가 될 조선인을 만난다. 그는 요동성(遼東城)에서 여행을 시작했는데, 이는 800킬로미터에 달하는 여정이었다. 두 사람은 그의 집과 북경 마시장 사이의 중간쯤 위치한 산해관(山海關)을 통과한 직후 우연히 만나 친해진다(최부는 아버지의 장례를 치르기 위해 고향으로 돌아가는 도중 산해관을 반대

방향으로 통과했다). 그 조선인은 말 떼를 이끌고 가는 네 명의 일행 중 하나였다. 왕 씨는 조선인에게 어디에서 왔는지(서울에서), 어디로 가는지(북경으로), 얼마나 오래 여행했는지(보름 이상)를 묻는 것으로 대화를 시작한다. 이어 중국인이 중국어를 할 줄 아는 외국인에게 항상 물어보는 오랜 질문을 던진다. 어떻게 중국어를 배웠는가? 조선인은 학당에서 반년 동안 배웠다고 답한다.

"하지만 그대는 고려인 아닙니까. 왜 한어를 배우려 합니까?" 왕 씨가 물었다.

"사람마다 무언가를 하는 데에는 각자의 이유가 있습니다." 조선인이 답했다.

"자네의 이유를 말해보시게. 들어보겠소."

"보시오." 조선인이 답했다. "지금 북경의 조정이 천하를 통일하여, 온 세상에서 쓰고 있는 것은 중국어인데, 우리 고려말은 고려 땅 안에서만 통용되는 것이오. 의주(義州)를 지나 중국 땅에 오면 모두가 중국어를 말하오. 어떤 사람이 질문했을 때 한마디 말도 할 수 없다면, 남들이 우리를 무슨 사람으로 여기겠소?" 최부는 아마 이 말에 동의했을 것이다. 그는 자신의 여행일지에서 중국에서 중국어를 모르는 것을 두 번이나 벙어리에 비유했다. 이후 조선인 말 상인은 중국어를 배우기 시작한 것은 부모의 권유 때문이라고 고백했다. 부모는 중국어가 성공하는데 필요한 기술이라고 생각했다. 그가 다닌 학당의 선생이 중국인이었다는 점과 같은 반 학생의 절반이 중국인이었다는 점은 아마도 이 학당이 변경 지역에 있었음을 시사하지만, 그것이 명-조선 국경의 어느 쪽이었는지는 명확히 드러나지 않는다.

왕 씨가 물었다. "그대와 함께 배운 학생 중에 한인은 몇 명이고, 고려인은 몇 명 있었오? 그중에는 장난꾸러기[頑的]도 있었소?"

"물론 장난꾸러기도 있었소. 매일 반장[學長]이 장난이 심한 학생을 선생께 보고했지만, 아무리 맞아도 두려워하지 않았소. 한인 아이들은 심한 장난꾸러기가 많지만, 고려인 아이들은 비교적 얌전했소." 여기서 우리는 조선인의 관점을 엿들을 수 있다.

이제 대화의 주제는 말로 옮겨졌다. 조선인이 물었다. "북경에서 말 가격이 어떤지 아시오?"

왕 씨가 말했다. "최근 내가 아는 사람이 와서 말하기를 말 가격이 근래에 좋다고 하오. 좋은 말은 15냥(兩) 이상에 팔리고, 그렇지 않더라도 10냥 이상에 팔리는 것 같소." 조선인은 또한 인삼과 (중국인에게는 '고려포'로 알려진) 쐐기풀 섬유로 짠 모시를 가지고 와서 팔 예정이었다. 그는 말과 다른 상품을 처분한 뒤 산동성에 내려가 비단을 사고, 그 비단을 싣고 황해를 건너 조선(고려)으로 돌아가 팔 계획이었다. 그의 예상에 11월이면 개경에 돌아갈 수 있었다. 거기서 다시 말과 모시를 사들여, 새해에 맞춰 다시 길을 떠나 무역을 반복하려는 것이다.

며칠 뒤 북경에 도착한 왕 씨는 조선 상인들에게 북경성 서남쪽 구석의 선무문(宣武門) 밖 마시장 인근의 여관[店]을 찾아주었다. 이곳은 명·청 시대 내내 북방 각지에서 온 가축 상인들이 모여 말과 짐승을 사고팔던 곳이었다. 그들이 짐을 풀자, 객점 주인이 접근해 왔다.

객점 주인이 물었다. "손님들, 이 말들을 팔 것이오?"

조선인들이 답했다. "당연히 팔 것이오."

"그렇다면 굳이 시장에 갈 필요가 없소. 이 객점 안에 말을 두면, 내가 말을 모두 살 사람을 찾아주겠소." 조선인들은 다음날 다시 이야기하기로 하고 객점 주인을 점잖게 돌려보냈다. 객점 주인이 떠나자 왕 씨는 조선인 친구에게 서두르지 말라고 조언했다. "우리 말들이 길을 오래 다니느라 지쳐 있고, 잘 먹이지도 못하여 모두가 지금은 좀 여윈 모습이오. 지금 당장 시장에 간다면 시장 사람들은 또한 좋은 가격을 주지 않을 것이오. 며칠 동안 여유 있게 먹이도 많이 주고 살을 찌운 다음에 파는 게 좋겠소."

조선인이 답했다. "나도 딱 그렇게 생각하고 있었소. 내일은 어차피 인삼이랑 모시 값도 좀 알아보려 나가려던 참이었소. 값이 좋지 않으면 좀 더 머물 생각이오." 이튿날 그는 왕 씨와 함께 도성에 들어가 시세를 알아보았다. 그리고는 북경에서 조선인의 업무를 대행하고 조선과의 우편 송달을 관리하는 길경점(吉慶店)에도 들렀다. 두 사람이 객점에 돌아왔을 때, 객점 주인은 이미 산동에서 온 두 명의 손님에게 그들의 말을 보여 주고 있었다. 그들은 중개인 한 사람을 데리고 왔는데, 이는 계약을 할 준비가 되어 있음을 보여 준다. 객점 주인은 말을 한 마리씩이 아니라 한꺼번에 파는 게 좋겠다고 제안했고, 손님들도 동의했다. 조선인이 대답하기도 전에 손님 중 한 사람인 이오(李五)가 말들을 살펴보기 시작했다.

"이 푸른 말(靑馬)은 몇 살이오?" 이오가 물었다.

"이빨을 보면 알 수 있지요." 조선인이 답했다.

"이미 보았소." 이오가 답했다. "위아래 이빨이 모두 없으니 매우 늙은 말이지요."

조선인이 반박했다. "당신은 말의 나이를 분간하지 못하는구려."

이윽고 이오는 뒤로 한발 물러서서 말 떼에 대한 즉석 목록을 만들었다. "이 말 떼 가운데 나쁜 것이 열 마리 있는데, 한 마리는 눈이 멀었고, 한 마리는 다리를 절며, 한 마리는 발굽이 비뚤어졌고, 한 마리는 발굽이 닳았고, 한 마리는 등이 헐었고, 한 마리는 다리를 저는 데다가, 한 마리는 옴이 옮았으며, 세 마리는 말라빠졌으니, 다만 좋은 말은 다섯 마리뿐이오. 당신네들은 말의 좋은 것과 나쁜 것, 큰 것과 작은 것을 전부 합하여 얼마의 가격을 받으려고 합니까?"

"모두 합쳐 은 140냥을 원하오."

이오가 화가 나서 말했다. "당신은 어떻게 그런 가격을 말할 수 있소? 당신이 그저 팔 값을 말해보시오. 터무니없이 마음대로 청구한 가격인데, 나는 지나치게 흥정하는 사람이 아니오. 당신 말이 옳다면 두세 말에도 거래가 간단히 이루어질 것이니, 이렇게 마음대로 값을 받으려 마시오. 어떻게 당신에게 주어야 옳겠소?"

이때 중개인이 끼어들었다. "손님들, 당신은 너무 많이 받으려고 하지 마시오. 양측 모두 헛되게 이루지 못할 것이오. 나는 중개인이므로 살 임자를 세우지도 않고 팔 임자를 세우지도 않겠으며, 오직 솔직하게 말할 뿐이오. 당신이 은 140냥을 받으려 한다면, 이 다섯 필의 좋은 말과 열 필의 하등한 말에 대해 각각 얼마씩 계산한 것이오?”

판매자와 구매자는 또 한 차례 가격 흥정을 벌였고, 이후 중개인이 다시 끼어들었다. “이 다섯 마리의 좋은 말은 한 마리에 은 8냥으로 하여 총 40냥으로 하고, 이 열 마리의 하등 말은 한 마리를 은 6냥으로 하여 총 60냥으로 하면, 모두 합쳐 100냥이 되니 흥정을 마쳐도 괜찮지 않겠소?”

조선인이 투덜거리며 말했다. “당신이 이렇게 가격을 정한다면, 고려 땅에서도 살 수 없을 것이오. 어디 정말로 말을 사려는 것이오? 그 값으로 한다면 우리가 손해요.”

“그 값에 팔지 않겠다면, 당신네들은 오히려 무엇을 생각하시오?” 이오가 말했다. 그러는 동안 구경꾼들이 모여들었다. 중개인이 다시 끼어들어 둘 사이에 타협안을 제시하자, 구경꾼 중 한 사람이 중개인이 실로 공정한 가격을 제시했다고 소리쳤다.

조선인이 대답했다. “좋소! 좋소! 그 가격에 거래를 합시다. 다만 이 가격이라면 아직도 내겐 손해인 것 같소. 그러니 나에게 질 낮은 은을 주지 마시고 좋은 은을 주시오.” 그러자 왕 씨가 끼어들어 이오의 은은 품질이 좋고 시장에서 쉽게 교환될 수 있다고 그를 안심시켰다. 중개인은 계약서를 작성하여 관청에 등록하고, 판매자 대신 판매세를 내줄 것에 동의했다. 조선인은 세금 계산에 서툴러 잠시 헤매다가, 결국 3.15냥으로 계산해냈다. 또한 그는 중개인에게 3퍼센트의 수수료도 지불해야 했다.

이오에게 자신의 말을 파는 데 실패한 뒤, 왕 씨는 조선인에게 아직 팔지 않은 인삼과 모시가 있음을 상기시키고, 자신도 양(羊)의 가격을 알아보고 싶다고 말했다. 왕 씨는 벌어들인 돈을 양에 투자해 남쪽에 가져가 판매할 생각이었다. 이제 조선인과 그의 중국인 친구는 양(羊) 시장으로 느릿느릿 걸어가고, 독자들은 교과서를 거의 다 읽은 셈이 된다. 우리는 그들을 그곳에 남겨두기로 하자.

친구와 외국인

조선인 말 상인은 왕 씨와 함께 북경으로 향하는 길에 몇 차례 곤란한 일을 겪는데, 그 이유는 말 상인이어서가 아니라 외국인이었기 때문이다. 『노걸대』에 등장하는 어느 여관 주인은 왕 씨에게 말했다. "당신과 동행하는 사람들의 모습은 한인도 아니고 또 몽골인도 아니니, 어떻게 당신들을 머물러 재울 수가 있겠습니까?"

왕 씨는 즉시 조선인들을 변호하며 나섰다. "주인장, 무슨 말을 하시오? 좋은 사람과 나쁜 사람을 어찌 분간하지 못하시오? 이 동행인은 고려인으로 고려 땅에서 왔소. 그들 고려 땅에서 관문과 나루터를 지키는 관원들은 우리의 여기와 마찬가지로 엄격해서, 통행증을 검사하고 자세히 따져 물은 이후에야 비로소 놓아 보내오." 그들이 비록 조선인이었지만, 좋은 조선인이었다. 국경을 넘을 수 있는 것은 오직 좋은 조선인뿐이기 때문이다.

이후 왕 씨는 최부가 부딪혔던 문제, 즉 언어의 장벽으로 화제를 돌린다. 그는 여관 주인에게 말했다. "그들은 지금 통행증을 가지고 고려의 말을 이끌고 북경에 장사하러 가는 것이오. 그들은 한아(漢兒)의 언어를 하지 못하기에 함부로 말을 하지 않는 것이오. 그들은 실로 수상한 사람이 아니오." 왕 씨는 사실상 객점 주인에게 속는 셈 치고 그들을 믿어 줄 것을 요구하는 셈이었다. 단지 외국인이라는 점 때문에 조선인들을 신뢰할 수 없는 것은 아니었다. 당신이 이 사람들과 이야기할 수 있다면 당신도 그 사실을 알게 될 것이다. 이것이 바로 『노걸대』가 약속하는 바였다. 중국어로 대화할 수 있는 능력을 기른다면 중국에서 이해받을 수 있고, 외국인 혐오 문제는 저절로 사라질 것이라고 교과서는 말하는 듯하다.

물론 문제는 그렇게 간단하지 않았다. 토목보의 변은 외국인이 중국에 초래할 수 있는 문제를 상기했다. 아울러 동남부 해안에서는 왜구가 또 다른 차원으로 외국인에 대한 불신을 키워갔다. 최부와 그의 동료들은 몸을 녹이려고 피운 불가에 모여 있다가, 자기를 왜구라고 여긴 한 남자가 들이닥쳐 화를 내며 불을 걷어차 꺼뜨리는 일을 당했다. 외국인에게는 어떠한 편의도 제공되어서는 안 된다는 것이다. 그들은 처벌되거나 추방되어야 했다. 1488년에는 새로운 황제가 외국인에게 정보를 누설한 자들을 유배 보내라는 칙령을 내렸다는 소문이 돌았고, 이는 외국인을 향한 불신의 골을 더욱 깊게 만들었다. 공평하게 말하자면, 홍치제는 정보 유출만큼이나 외국인에 대한 처우에도 관심을 가지고 있었다. 그는 북경 주민이 수도 거리에서 외국인을 보면 모욕을 퍼붓고 물건을 던진다는 사실을 알자, 백성에게 외국인들을 그냥 내버려 두라는 조서를 내렸다.

외국인에 대한 공포는 당사자가 누구냐에 따라 문제가 달라졌다. 조선인 말 상인은 거래할 때 공정하게 대우받기를 원했고, 최부는 동료 유생으로서 존중받기를 원했다. 어떤 의미에서든, 두 사람 모두 외국에 나온 이들이 일반적으로 그러하듯 중국인이 그들을 동등한 존재로 받아들여 주기를 원했다. 그들은 모두 명나라에 그 실제 모습보다 더 넓은 세계가 되어 주기를 요구했던 것이다. 다음은 두 사람이 이를 자신의 말로 표현한 내용이다.

최부는 자신과 일행을 예의 바르게 대해 준 한 무관에게 감사를 표하기 위해 짧은 송별사 한 편을 준비했다. "저는 일개 타국 사람이고 만난 지 하루가 되지 않았지만, 엄숙함을 보이고 관대함으로 대접하며 후하게 작별하시니 그 뜻이 그대로 간직됩니다. 우리 조선 땅이 비록 바다 밖에 있지만 의관과 문물은 중국과 같으니 이(夷)라고 보면 안 됩니다." 적어도 최부는 자신과 조선이 그렇게 여겨지기를 바랐지만, 최부의 송환을 지시한 명나라 예부의 문서는 이에 동의하지 않았다. 그러나 최부는 '화'와 '이'의 구별이 극복될 수 있다고 믿었고, 이에 보편적인 대국의 언어로 호소했다. "하물며 지금 대명(大明)은 통일되고 북방과 남방의 백성까지도 한 집안이 되었으니, 온 천하가 모두 우리 형제입니다. 어찌 땅이 멀고 가까운 것으로 내외를 구분하겠습니까?" 최부는 자신을 외국인이 아닌 친구로 기억해 줄 것을 요청했다. 천하일가(天下一家)의 이상에 걸맞게 대해 줄 것을 요구한 것이다.

말을 거래하는 사람들 사이에서는 삶이 좀 더 단순했고, 누구도 대국을 운운하며 이야기하지 않았다. 조선의 말 상인은 친구 왕 씨에게 작별 인사를 남겼다. "형님, 우리는 돌아가니 잘 있으시오. 우리가 당신에게 많이 폐를 끼쳤으니 부디 허물하지 마시오. 우리는 사해(四海)를 모두 형제로 여기는 사람들이었소. 우리는 이렇게 몇 달 동안 동료가 되었으면서도 얼굴을 붉힌 적이 없소. 지금 헤어지는데 후일 다시 만나지 못할 것이라고 말하지 마시오. 산(山)도 서로 만나는 때가 있으니, 우리가 서로 다시 만나면 좋은 형제가 아니면 무엇이란 말이오?"

'천하'와 '사해.' 나는 『노걸대』를 쓴 저자에게 왕씨 성을 가진 친구가 있었으며, 바로 그 친구가 그를 그렇게 대해 주었을 것이라고 생각한다. 그런 마음에서 왕 씨는 조선인 말 상인에게 세상에 전할 좋은 충고를 해주었다. "길을 가다가 누구가를 알게 되면, 옳고 그름을 따지는 말다툼을 하지 마시오. 좋은 친구가 되어 상대방을 곤란하게 만들지 마시오. 만약 서로 따뜻하고 친절하게 대한다면, 함께 여행하는 동안 같은 부모에게 태어난 형제처럼 지낼 수 있소. 길 위에서는 서로 도우며 살피시오." 최부가 『노걸대』를 읽었더라면 무엇인가를 배웠을지 모른다. 물론 아닐 수도 있다. 다른 사람들과 잘 어울리고 동등하게 대하라는 교훈은 유교적 질서 속에서 차지하는 자리가 매우 작았기 때문이다.

제6장

해적과 관료

1517년 광주

포르투갈 배 몇 척이 광주(廣州) 아래쪽 주강(珠江) 본류의 바깥에 닻을 내리고 대기하고 있었다. 돛은 접혀 있었으나 깃발은 나부끼고 있었다. 선장 겸 사령관 페르낭 피레스 데 안드라데(Fernão Pires de Andrade)는 리스본을 떠나 중국 남해안의 주강 하구까지 오느라 2년 반에서 일주일이 모자라는 시간을 보냈다. 그의 항해는 직통이 아니었다. 그는 바로 전해에 참파(지금의 베트남 남부)까지 도달했지만, 태풍을 만나 물러나 말라카에서 태풍철이 끝나기를 기다려야 했다. 1517년 6월에야 그는 항해를 시작해 바람을 타고 동북쪽으로 이동해 중국에 이르렀다. 이제 그는 광주 안팎으로 공식적인 연락을 전달하는 주강의 수참(水站)에서 약간 떨어져서, 광동의 성정부(省政府)가 광주까지 항해해 올라가 상륙하게 해달라는 자신의 요청에 응답할 것을 기다리고 있었다.

안드라데는 처음에 명나라 순해도부사(巡海道副使)의 요청을 받아들여 자신이 이끌고 온 여덟 척의 배를 주강 하구의 바깥쪽에 대기시키기로 동의했다. 그곳에서 그는 자신의 요청에 대한 응답을 기다렸는데, 이는 포르투갈의 사절단을 광주에 상륙시켜 북경으로 보내어 "중국의 왕(안드라데는 명나라 황제를 이렇게 불렀다)"에게 무역 개방을 제안하겠다는 요청이었다. 이 요청은 몇 년이 지나서야 비로소 허락될 일이었다. 그러나 시간은 계속 흘러갔고, 동북 계절풍 시즌은 매일매일 다가오고 있었다. 이렇게 멀리까지 항해해 와서 중국 관료제의 굼뜬 절차 때문에 허탕을 치고 다시 말라카로 돌아가야 한다면, 이는 도저히 감당하기 어려운 실패였다. 라파엘 페레스트렐로(Rafael Perestrello)는 1년 전 같은 시도를 했었고, 호르헤 알바레스(Jorge Álvares)는 2년 전에 같은 시도를 했는데, 두 차례 모두 막대한 이익을 거둔 바 있었다. 안드라데는 이대로 되돌아 갈 수 없었으나 순해도부사가 그를 제지하는 한 앞으로 나아갈 수도 없었다. 광주까지 억지로 밀고 들어가는 것은 이긴다는 보장이 없는 분쟁을 불러일으킬 것이었고, 특히 포르투갈 측의 안전항(safe port)과 지원 세력에게서 너무 멀리 떨어진 이곳에서는 더 위험했다. 이에 그는 순해도부사를 압박하기로 결심했다. 그는 돛을 올리고, 그의 배 중 몇 척을 이끌고 주강까지 올라가는 모습을 연출했다. 다행히 적절한 시점에 폭풍이 불어 배들이 원래 정박지로 되돌아가면서 순해도부사가 직접 행동에 나설 일은 없었다. 그러나 순해도부사는 안드라데에게 며칠만 더 기다려달라는 답변을 보내왔다. 안드라데는 달리 방도가 없었기에 이를 받아들였다.

안드라데가 알지 못했던 것은, 명나라 관리의 시각에서 볼 때, 조공국이 아니면서 사적인 무역만을 목적으로 바다를 통해 들어오는 자들은 해적과 다를 바가 없다는 점이었다. 명 조정은 자국의 해안선과 연안의 도서, 그리고 인근 해역을 철저히 자국의 관할 하에 두고 있다고 이해했다. 따라서 외국 배가 공식 허가 없이 이 수역에 들어올 수 없었고, 조난을 당한 배를 제외하면 허가 없는 선박은 상륙할 수도 없었다. 광주에서는 외국 선박들이 감독 하에 무역하도록 허용하자는 다소 유연한 입장을 가진 목소리도 있었으나, 황제의 정책을 바꾸는 문제는 극도의 정치적 신중함이 필요했다. 만약 해안 지역에서 분쟁이 발생하여 북경의 조정이 지방관들이 제 역할을 다하지 못한다고 의심하면, 그것만으로도 그들은 파면을 당하거나 더 나쁜 결과를 맞을 수도 있었다.

마침내 순해도부사는 안드라데에게 주강으로 진입하는 것을 허가했다. 그는 또한 현지의 도선사(導船士)들을 선임하여 안드라데의 배들이 광주를 바다로부터 보호해 주는 주강의 모래톱을 안전하게 통과할 수 있도록 안내하게 했다. 주강으로 진입하는 이 짧은 여정에 3일이 걸렸다. 주강의 수참에서 약간 떨어진 곳에 닻을 내리자마자, 안드라데는 휘하의 포병들에게 외국 항구에 도착한 여느 유럽 함대가 일반적으로 하는 행위, 즉 예포 발사를 하도록 명령했다. 광동성 포정사(布政使) 오정거(吳廷擧)는 이 예포 소리를 듣고 경악했다. 이는 포르투갈 측이 중국에서 저지른 수많은 실수와 오판 중 첫 번째 사례였다.

대서양 세계의 분할

포르투갈인들이 1517년 중국의 해안에 나타난 이 이야기의 발단은 1493년으로 거슬러 올라간다. 바로 전해에 제노바의 야심만만한 항해사 크리스토퍼 콜럼버스는 대서양을 서쪽으로 가로지르는 자신의 항해에 자금을 대어달라고 후원자들을 설득했다. 그의 목적지는 중국이었고, 그는 서쪽으로 곧장 항해하면 중국에 도달할 수 있다고 확신했다. 1492년 무렵 유럽의 뱃사람들과 지도 제작자들은 세계가 둥글고, 유럽의 서쪽 해안이 아시아의 동쪽 해안을 마주하고 있다고 생각했다. 다만 지구의 지름을 정확히 알지 못했기에, 유라시아 대륙의 반대편 동쪽 해안에 도달하기까지 얼마나 걸릴지는 예측할 수 없었다. 이는 이미 알려져 있던 아프리카의 해안을 따라 내려가는 더 안전한 항로에 비해 위험한 도박이었으나 아프리카의 해역은 포르투갈이 장악하고 있었다. 콜럼버스는 중국으로 가는 자신만의 항로를 원했다.

같은 해에 독일의 항해자 마르틴 베하임(Martin Behaim, 1459~1507)은 자신이 '에르드아펠(Erdapfel, '지구 사과'를 의미)'이라고 부른 지구본을 제작하게 했는데, 이 지구본에서는 유라시아가 지구 둘레의 약 3분의 2를 차지하고, 나머지는 광대한 대양으로 채워져 있다([그림 8] 참조). '오세아누스 오리엔탈리스(Oceanus Orientalis),' 즉 '동쪽의 대양'을 가로질러 유럽과 마주한 유라시아의 동쪽 끝에는 남북으로 이어진 지명들이 곳곳에 분포해 있다. 탕구트(Tangut), 타타리아(Tartaria), 카타이아(Cathaia), 테베트(Thebet), 만지(Mangi). 베하임이 마르코 폴로 및 다른 여행기 작가들로부터 얻은 이 지명은 10세기에서 13세기에 이르는 동아시아 국가

[그림 8] 1492년 뉘른베르크에서 마르틴 베하임(Martin Behaim)을 위해 제작된 목제 지구본의 해양면 혹은 동쪽면. 오른쪽에는 유럽과 북아프리카가, 왼쪽에는 '카타이아 (Cathaia, 영어로 Cathay, 중국을 의미)'가 그려져 있다. 그 사이에는 '오세아누스 오리엔탈리스(Oceanus Orientalis, 동쪽의 대양을 의미)'라 불린 광대한 바다가 펼쳐져 있으며, 아메리카 대륙은 전혀 표시되어 있지 않다.

형성의 역사를 잘 요약하고 있다. 3장에서 만난 탕구트인은 대하국(大夏國)을 세운 티베트계 사람들로, 몽골인은 1220년대에 중국에 군대를 보내기에 앞서 대하국을 절멸했다. 타타리아는 여진인이 세운 대금국(大金國)을 러시아식 이름으로, 이 역시 몽골에 의해 멸망했다.[1] 카타이아는 곧 영어 단어 '캐세이(Cathay)'로, 이는 '키타이(Kitai)'라는 이름에서 유래한 중국을 지칭하는 고풍스러운 용어다. 거란인(Kitan)이 세운 대요국(大遼國)은 금나라보다 앞서 존재했다. 테베트는 물론 지금의 티베트로, 한때 유라시아의 위대한 제국 중 하나였으나 1492년 무렵에는 여러 불교 세력으로 분열되어 있던 지역이었다. 가장 남쪽에는 만지[역자: '만자(蠻子)'에서 유래]가 있는데, 이는 몽골인과 그들의 대리인이던 마르코 폴로가 남송(南宋) 사람들을 부르던 명칭이었다. 만지의 해안에서 약간 떨어진 곳에 '치팡구(Cipangu)'라 표기된 큰 섬이 그려져 있는데, 이는 '일본국(日本國)'을 남중국 방언으로 발음한 것이다. 1492년 무렵 이들 지명은 더 이상 실제로 존재하는 것에 대한 지식이 아니라 마르코 폴로가 알았거나 들었던 것의 기억에 불과했다. 마르코 폴로의『동방견문록』은 여전히 세계의 반대편에 무엇이 있는지 알려주는 유럽 최고의 자료였으며, 콜럼버스가 첫 항해에 가지고 간 몇 안 되는 책 가운데 하나였다.

콜럼버스의 후원자인 카스티야 왕국의 이사벨 여왕과 아라곤 왕국의 페르난도 왕은 1469년 혼인했고, 1479년부터는 오늘날 우리가 스페인이라고 부르는 나라를 공동 군주로 통치했다. 그러나 그들은 자기들의 형제인 포르투갈 군주와 관계에서 신중히 처신해야 했다. 포르투갈은 대서양 방면의 긴 해안선, 해상 무역을 감당할 수 있는 항구들, 그리고 오랜 항해 활

---

1 '타타리아'가 여진인들이 세운 대금국을 지칭한다는 저자의 서술은 부정확하다. '타타리아'는 '타타르인들의 땅'을 의미하며, 타타르(Tatar)는 몽골인의 별칭이다. 특히 유럽인들은 몽골제국의 동유럽 침공 이후, 타타르를 "타르타르(Tartar)"로 표기하여, 몽골인/타타르인들이 마치 지옥에서 온 사람들인 것처럼 묘사했다.

동의 전통 덕분에 원양 항해에서 우위를 점하고 있었다. 콜럼버스가 출항하기 13년 전인 1479년 포르투갈과 스페인 두 왕국은 알카소바스 조약을 맺는 데 합의했다. 네 건의 조약을 한데 묶어 체결한 알카소바스 조약은 이사벨 여왕의 왕위 계승에 대한 포르투갈의 이의 제기를 종식하는 대신 해양에서 포르투갈의 우위를 확정했다. 이 조약은 카나리아 제도 이남에서 항해와 교역을 할 독점적 권리를 포르투갈이 가진다고 규정했으며, 아울러 "발견되었거나 발견될 모든 땅 … 발견되었거나 발견될 모든 섬, 그리고 카나리아 제도 너머 기니(Guinea) 방면에서 발견되거나 정복될 수 있는 모든 섬"에 대한 포르투갈의 독점적인 소유권을 인정했다.

체결 당시 알카소바스 조약은 합당한 것이었다. 그러나 이사벨과 페르난도는 왕위가 안정되고 이베리아 반도에서 무슬림 점령지를 점차 장악하게 되자, 해양 세계에 진출하여 포르투갈과 경쟁하려는 야심을 품었다. 그런 의미에서 콜럼버스는 때와 장소를 잘 만난 셈이었다. 그럼에도 이 제노바 출신의 항해사는 여전히 이사벨과 페르난도를 설득하기 위해 끈질긴 로비를 벌여야만 했다. 콜럼버스는 그들로부터 세 척의 배로 구성된 단출한 함대에 장비와 인원을 갖추기 위한 재정적인 후원뿐만 아니라, 부유하고 위험한 서쪽의 이웃 나라에 도전하기 위한 정치적인 허가도 받기를 원했다. 시점을 결정하는 핵심은 돈이었는데, 그것은 1492년에야 이사벨과 페르난도의 수중에 들어왔다. 1492년은 1월 2일의 그라나다(Granada) 함락으로 시작되었는데, 콜럼버스는 그날 알함브라 궁전에 있었고, 이베리아 반도의 마지막 무슬림 통치자가 성문 밖으로 나와 이사벨과 페르난도의 손에 입을 맞추는 장면을 목격했다. 그라나다를 무어인에게서 빼앗은 것은 또 다른 원치 않는 이방인을 몰아낼 길을 열어주었다. 3월 31일 이사벨과 페르난도는 알함브라 칙령에 서명하여 유대인이 개종하지 않는 한 스페인에서 추방된다고 명하였다. 이후 넉 달 동안 15만 명의 유대인이 떠났고, 일부는 술탄 바예지드(Bayezid) 2세의 제안을 받아들여 자신들을 그리스와 튀르키예로 안전하게 데려오기 위해 보낸 배를 타고 오스만 제국으로 피신했다.

8월 3일 콜럼버스는 출항했고, 9주 뒤 그가 아시아라고 생각한 곳에 도착했다. 새로 발견한 섬들 사이를 넉 달 동안 항해한 이후 그는 대양을 건너 동쪽으로 향했고, 스페인 연안에 도착한 직후인 3월 4일, 왕실 후원자들에게 승리를 알리는 편지를 썼다. 그는 "폐하께서 저에게 주신 함대와 함께 인도(the Indies)로부터 돌아왔습니다"라고 시작하며, 자신이 약속한 것을 정확히 달성했음을 확인했다. 그가 발견했다고 보고한 것은 "셀 수 없이 많은 사람과 매우 많은 섬"이었으며, 그는 이를 유럽식 절차에 따라 점유했다. 새로 발견된 사람과 섬은 왕실 포고관에 의해 "폐하의" 왕실 깃발이 펼쳐진 채로, "폐하의" 이름으로 취득되었고, 이 모든 과정에 어떠한 반대도 없었다. 이 의식은 단순히 화려한 행사에 그치지 않고 '무주지(無主地, terra nullius)'에 대한 주권을 취득하기 위해 필수적인 법적 요소들을 실행하는 것이었다. 즉 군주의 깃발 아래에 서서 군주의 주권 아래에 놓일 사람들에게 주권 선포문을 크게 읽음으로써 주권자의 존재를 연출하고, 아울러 새로 편입된 백성이 이에 대해 이의를 제기하지 않았음을 기록하는 행위였다. 이러한 절차는 훗날 스페인이 콜럼버스가 발견한 땅에 대한 권리를 주장할 때 제기될 수 있는 법적 도전을 미연에 방지하는 효과가 있었다.

콜럼버스는 이들이 사유재산 개념을 전혀 가지고 있지 않다고 언급한 뒤, 자신이 어디를 다녔는지를 군주들에게 편지로 상세히 묘사했다. 오늘날 우리가 쿠바라 부르는 곳에 이르렀을 때, 그는 며칠 동안 그곳의 해안을 따라 항해했으나 사람이 보이지 않았다고 보고했다. 그는 과감하게도 "그곳은 아마 섬이 아니라 하나의 대륙인 것 같았고, 카타이 지방일 가능성이 매우 크다"라고 결론지으려 했다. 그는 아마도 목적지에 도달한 것이었다. 이어 그는 자신이 '인도(the Indies)'라고 부른 것을 찬란하게 묘사했다. 당시 '인도'는 유럽을 기준으로 동쪽을 바라보았을 때 남아시아로부터 동남아시아 도서 지방에 이르는 지역을 지칭하는 일반적인 용어였다.

콜럼버스는 인도에서 금이 엄청나게 공급되고, 향신료(인도는 이미 향신료로 유명했다)가 풍부하며, 면화는 무제한으로 나오고, 노예는 "셀 수 없이 많다"라고 말했다. 이는 마르코 폴로의 『동방견문록』이 그에게 알려주었던 것과 다르지 않았다. 콜럼버스는 또한 인도의 주민이 "모든 권능은 하늘에 있다"고 믿으며, 자신의 부하들과 그의 배가 하늘로부터 왔다고 믿었다는 유명한 주장을 했다. 그는 사람들이 "와서 하늘로부터 온 사람들을 보라!"라고 말했다고 보고했다.

이제 본격적인 제안이 이어졌다. 콜럼버스는 취할 수 있는 재물이 풍부했음에도 불구하고, 실제로는 얻은 것보다 쓴 것이 더 많았고 원정을 계속하기 위해 재보급이 필요했다. 군주들이 이미 투자한 것에 대한 수익을 거두기도 전에 투자를 더 늘려줄 것인가? 그는 단순히 귀환 항해를 버틸 수 있는 약간의 현금을 구걸하는 대신, 훨씬 더 큰 거래를 제안했다. 그는 7년 뒤, 즉 1500년 3월 4일에 거액을 보상하겠다고 약속했다. 그날 자신에게 쏟아져 들어올 엄청난 부로 말미암아, "저는 폐하께 예루살렘 전쟁과 정복을 위해 오천의 기병과 오만의 보병을 마련하기 위한 재물을 바칠 수 있을 것입니다. 이번 원정은 바로 그 목적을 위해 수행된 것입니다"라고 약속했다.

중국 탐사는 결국 부를 위한 것이 아니었다. 그것은 예루살렘을 재탈환할 때까지 결코 끝날 수 없는 이슬람과의 성전(聖戰)을 위한 자금을 마련하기 위한 것이었다. 적어도 콜럼버스가 군주들에게 그렇게 말했을 때는 그랬다. 그러나 그것이 전부는 아니었다. 그는 5년 뒤 똑같은 수의 기병과 보병을 제공하겠다고 덧붙였다. 혹여 이사벨과 페르난도가 자신의 취지를 놓칠까 우려하여, 콜럼버스는 자신의 제안이 믿기 어려울 만큼 유리한 거래임을 상기시켰다. 그들은 "인도와 거기에 포함된 모든 것을 취하기 시작하는 초기에 거의 매우 적은 투자만으로 이 모든 것을" 얻을 것이었다. 여기에 이 거래의 진짜 핵심이 있었다. 곧 자기에게 자금을 대어 인도를 점령한다면, 스페인은 인도를 차지하는 동시에 무슬림을 성지에서 몰아낼 수 있다는 것이다. 그는 또한 첫 항해 때처럼 지체되어서는 안 된다고 강조하며, 약간의 관용의 말을 덧붙였다. "지체의 원인을 제공한 자를 신께서 용서하시기를!" 이어 그는 이 고귀한 계획에 더해, 군주들을 불편하게 만들 법한 긴 단락을 써내려갔다. 자신이 지난 7년 동안 이사벨과 페르난도를 위해 봉사하며 가진 것을 모두 탕진했는데도 군주들이 그다지 열성적이지 않았다는 점, 그리고 자신이 그 대가를 기대한다는 하소연이었다. 콜럼버스의 불평에 대해 어떤 생각을 가졌든 간에, 이사벨과 페르난도는 그의 제안을 거절할 수 없었고 실제로도 거절하지 않았다. 6개월 뒤 콜럼버스는 다시 서쪽으로 항해에 나섰다.

콜럼버스가 취득한 땅은 새로운 문제를 일으켰다. 알카소바스–톨레도 조약은 카나리아 제도를 스페인에 귀속하되 그 이남의 모든 해역은 포르투갈에 속한다고 규정했었다. 그렇다면 카나리아 제도 서쪽에 있는 새로운 영토는 어떻게 되는가? 스페인의 권리가 확실히 보장되는 것일까? 포르투갈이 이의를 제기하기 전에, 스페인은 선제적으로 교황 알렉산데르 6세의 판단을 구했다. 다행히도 그는 페르난도의 아라곤 왕국 출신이라는 점에서 유리했다. 콜럼버스의 발견 소식을 들은 지 불과 두 달 만에 이사벨과 페르난도는 법적 효력을 가진 교황의 칙서를 확보할 수 있었다. 이는 신속하고도 잠재적으로 매우 기발한 조치였다.

가장 먼저 등장하는 두 단어를 따서 "인터 케이테라(Inter caetera, '다른 일들 가운데서'를 의미)"로 불린 이 칙서는 스페인에 새로 취득한 땅에 대한 완전한 법적 지배권을 부여했다. 교황 알렉산데르가 "신을 기쁘게 하는 일"로 여긴 "사업들" 중 가장 앞에 놓인 것은, 기독교 세계 전역, 특히 스페인에서 최근 진행된 기독교 신앙의 확산과 "야만적인 나라들"의 굴복이었다. 알렉산데르는 스페인의 군주들이 "멀리 떨어져 있고 알려지지 않은, 또한 다른 이들에 의해 지금까지 발견되지 않은 어떤 땅과 섬들을"…"그곳의 거주자와 주민을 우리의 구세주를 향한 신앙과 천주교에 대한 신앙고백으로 인도하기" 위해 오랫동안 "찾아 나서려 하였으나," 무슬림을 그라나다로부터 몰아내는데 지나치게 몰두한 나머지 새로운 땅을 발견하지 못했다고 언급했다. 이러한 표현은 이사벨과 페르난도가 스페인의 이익을 잠시 포기하고 더 큰 목표인 이슬람 정복에 헌신했음을 암시했으며, 따라서 이제는 그에 합당한 보상을 받을 자격이 있음을 뜻했다. 교황은 콜럼버스가 보고한 금과 향신료의 존재를 상기하며, 새로 얻은 백성을 기독교로 인도하려는 군주들의 결심을 칭송했다. 그리고 다음과 같은 평결을 내려보냈다. "앞서 말한 지금까지 알려지지 않은, 그대의 사신들에 의해 발견된, 그리고 이후에 발견될 지방과 섬 들을, 그것들의 모든 영역, 도시, 주둔지, 장소, 마을 및 그 모든 권리를 그대와 그대의 후계자들에게 영원히 부여하고 소속시킨다. 단 이 땅들이 그때까지 어떤 그리스도교 군주의 실제적 소유권 아래 있지 않은 경우에 한한다."

스페인의 새 영토를 포르투갈의 권역과 구분하기 위해, 알렉산데르 교황은 이전 교황의 칙서와 같은 표현 방식을 취하면서도 또 한 가지 구체적인 조치를 제안했다. 즉 아조레스 제도 서쪽 100리그(적도에서 측정했을 때 경도 5도, 혹은 약 560킬로미터)에 해당하는 지점에서 극지까지 선을 그어 경계로 삼자는 것이었다. 그 선의 저편, 곧 "인도 방향으로" 아조레스 이남에 있는 모든 땅은 스페인에 속하게 했다. 유일한 제한 조건은 그 땅이 "어떠한 기독교도에게도 실제로 소유된 적이 없어야 한다"는 것이었다. 그 외에 콜럼버스가 발견한 모든 것과 앞으로 발견하게 될 모든 것이 스페인의 소유가 되었다.

이 새로운 판결은 포르투갈의 왕 주앙(João)을 불안하게 만들었다. 그의 아버지 아폰소(Afonso) 국왕 역시 한때 같은 일을 한 바 있었는데, 초기 포르투갈의 대양 진출에 따른 영유권 주장을 비준받기 위해 교황 니콜라스 5세에게 교서를 요청했던 것이다. 1452년 발표된 "둠 디베르사스(Dum diversas, '다르게 될 때까지'라는 뜻)"로 알려진 교서에서 니콜라스 교황은 포르투갈의 왕 아폰소에게 무슬림 및 다른 이교도로부터 영토를 차지할 수 있는 권한을 부여했다. 2년 뒤 "로마누스 폰티펙스(Romanus pontifex, '로마에 있는 교황'을 의미)"로 알려진 칙서에서 니콜라스 교황은 더 구체적으로 모로코 해안의 보자도르곶(아랍어로는 '아부 하타르 [Abu Khatar]') 이남의 모든 아프리카 영토에 대한 포르투갈의 지배권을 인정했다. 포르투갈의 항해자들은 20년 전인 1434년 처음으로 얕은 바다와 험난한 바람을 무릅쓰고 보자도르곶을 돌아 나갔는데, 공교롭게도 그해 아프리카의 노예를 실은 배가 리스본에 처음으로 도착했다. 1454년 무렵 그들은 아프리카 해안을 훨씬 더 내려간 지점에 도달했고, 바로 이를 근거로 아폰소 왕은 해당 지역의 영유권을 주장했다.

알렉산데르 교황의 결정에 대한 포르투갈 국왕 주앙의 반발과 전쟁 위협이 고조되자, 1494년 5월 스페인과 포르투갈의 국경에 인접한 토르데시아스(Tordesillas)라는 도시에 법률가들과 교황 사절단이 모여 타협안을 마련했다. 새로운 합의안은 스페인과 포르투갈 사이에 발견되고 있는 세계를 명확하게 나누었지만, 아조레스 제도 서쪽 100리그 지점에 그어진 경계선을 베르데곶 서쪽 370리그 지점으로 옮겼다. 이러한 변화는 그 경계선을 서쪽으로 경도 14.5도, 약 1530킬로미터 이동시킨 것이었다. 당시 항해자에게는 경도를 정확히 측정하는 신뢰할 만한 방법이 없었기에, 그 경계선의 위치가 오늘날 우리가 측정하는 서경 46도 36분 지점에 해당한다는 사실이 밝혀지기까지 30년이 더 걸렸다. 이로써 브라질의 동쪽 일부가 경계선 넘어 포르투갈 영토에 속하게 되었다. 포르투갈 사절단이 이런 결과를 예상하고 있었는지는 알 수 없다. 그러나 수십 년 동안 남대서양 항해를 이어오던 포르투갈 선박이 베르데곶으로부터 남서쪽으로 표류하여 스페인에는 아직 알려지지 않은 대륙에 좌초했을 가능성을 상상하는 것은 어려운 일이 아니다.

이 합의가 반영된 가장 오래된 현존하는 포르투갈 세계지도는 「칸티노 세계지도(Cantino Planisphere)」이다. 이 지도는 1502년 이탈리아인 알베르토 칸티노(Alberto Cantino)가 포르투갈에서 밀반출한 것으로, 다소 의아하게도 밀반출자의 이름을 딴 명칭으로 알려졌다([그림 7] 참조). 「칸

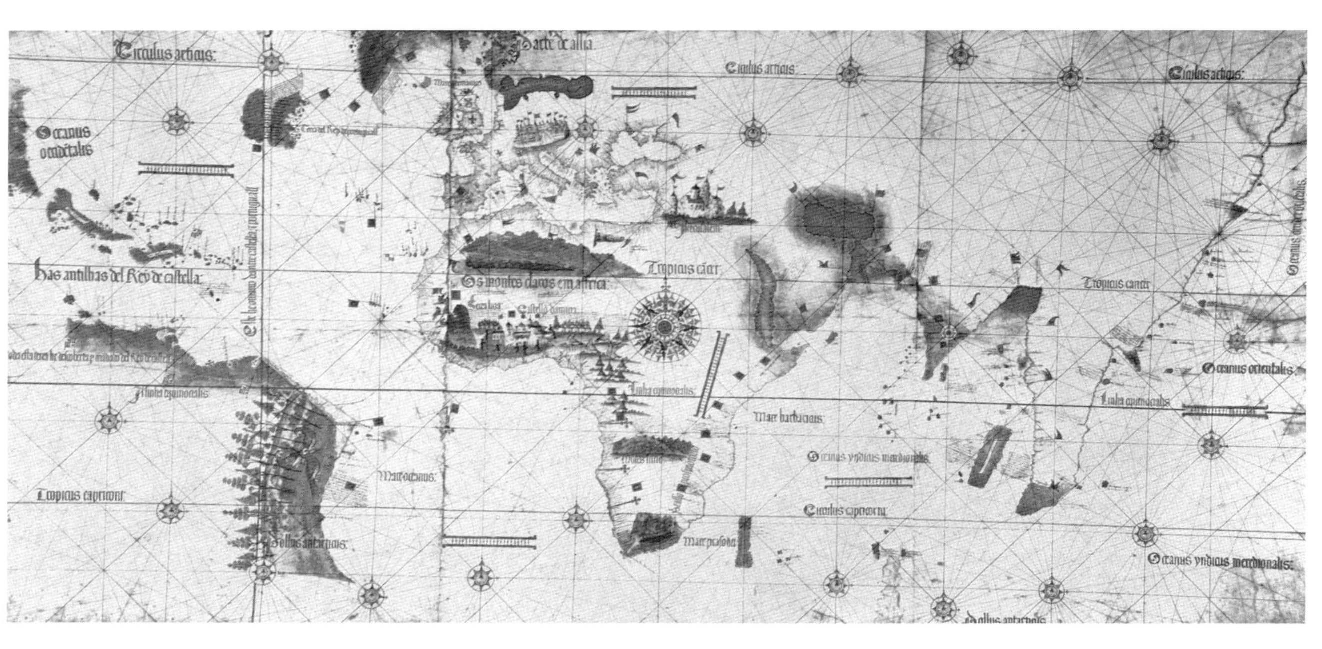

[그림 7] 「칸티노 세계지도(the Cantino Planisphere)」는 포르투갈에서 제작되어 1502년 이탈리아로 밀반출되었다. 이 지도는 당시의 최신 지리 지식을 반영하고 있으며, 세계에 대해 유럽이 파악하고 있던 지식의 한계를 보여준다. 이 지도에는 1494년에 설정된 토르데시아스 조약의 경계선이 표시되어 있는데, 이 선을 기준으로 동쪽은 포르투갈, 서쪽은 스페인에게로 세계의 관할권이 나뉘어져 있었다. 지도의 오른쪽, 즉 동남아시아 남단에서 북동쪽으로 이어지는 단순화된 해안선은 당시 중국에 대한 유럽의 지리 지식이 부정확했음을 보여준다.

티노 세계지도」에는 토르데시아스 조약의 경계선이 선명한 파란색으로 표시되어 있다. 그 양쪽에는 각각 "카스티야의 왕의 섬들(Las Antilhas del Rey de Castella)"과 "포르투갈 왕의 땅(Terra del Rey de Portuguall)"이라는 글자가 붙어 있다. 완벽한 형태로 묘사된 아프리카의 만곡부와 평행하게 그려진 남아메리카의 큰 덩어리는 그 경계선을 넘어 포르투갈 구역으로 돌출해 있다. 그 장소가 실재한다는 것을 입증하기 위해 밝은색 깃털을 가진 앵무새 세 마리가 습지와 나무로 이루어진 풍경 앞에 그려져 있다. 이는 단순히 1500년 포르투갈의 두 번째 인도 원정을 이끌던 페드로 알바레스 카브랄(Pedro Álvares Cabral)이 브라질을 우연히 발견했다는 통설을 반영한 것일 수도 있다. 그러나 해류와 무역풍이 1494년 이전에 포르투갈 선박을 그만큼 서쪽으로 남아메리카까지 보냈을 가능성도 배제할 수 없다.

토르데시아스 조약은 포르투갈인과 스페인인이 지구 반대편에서 만났을 때 무엇을 해야 하는지에 대해서는 아무런 규정을 두지 않았다. 대서양을 따라 그어진 자오선은 포르투갈과 스페인을 서로 다른 경제권으로 갈라 놓기 위한 지역적 합의였지만, 유럽인이 세계로 퍼져나가는 과정에서 이후의 사건 전개에 일정한 영향을 주었다. 그것은 영유권을 주장하는 최종적인 해결책이라기보다, 누가 어디에서 무역을 지배할 수 있을지를 가늠하기 위한 경주의 출발선에 해당했다. 그리고 바로 그 지점에서 두 세기 동안의 고립 끝에 유럽은 중국과 접촉하게 되었다. 여기서 말하는 유럽은 추상적 개념으로서의 유럽이나 영국, 프랑스, 스페인이 아니라, 바로 포르투갈이었다. 토르데시아스 조약은 일련의 사건 연쇄 속의 한 순간이었으며, 그것은 먼저 바스코 다 가마를 인도양으로, 이후 아폰소 데 알부케르케를 말라카 해협으로, 그리고 궁극적으로 안드라데를 중국으로 이끌었다.

처음에 그들은 중국에 대해 아는 것이 없었다. 「칸티노 세계지도」의 제작자는 포르투갈인이 실제로 말라카에 도달하기 훨씬 전부터 이미 "말라콰(Malaqua)"라는 지명을 지도에 기입했고, 그 남쪽에는 오늘날 싱가포르가 위치한 말레이반도의 뾰족한 끝부분을 표시했다. 그러나 그곳 너머에 대해서는 단지 임의로 말레이반도의 동쪽 해안을 그려 넣어, 그럴듯하게 보이는 해안선을 동북쪽으로 이어가다가 지도 오른쪽 끝에서 흐지부지 사라지게 했다. 그가 삽입한 지명 중 유일하게 신뢰할 만한 것은 후일 코친차이나(Cochin China)로 표기되는 '치노코춤(Chinocochum)'으로, 이는 베트남의 남부, 즉 참파 지역을 가리키던 이름이었다. 포르투갈 지도 제작자는 코친차이나를 북회귀선의 바로 아래에 있는 어느 하구에 위치시켰다. 이는 대략 오늘날 하노이와 홍강(紅江) 지역에 해당하는데, 분명히 요행으로 맞춘 것에 불과했다. 그 이후 아시아의 동쪽 끝은 전부 '미지의 땅(terra incognita)'으로 남아 있었다. 중국의 흔적은 전혀 보이지 않았다.

포르투갈 항해자들은 말라카를 목표로 삼았다. 아마도 인도에 있는 중국 상인에게서 말라카가 인도양과 그 동쪽 어딘가에 있는 신비로운 향신료 제도(Spice Islands)를 잇는 핵심 중계지라는 정보를 들었기 때문일 것이다. 1508년 리스본에서 말라카로 출항한 최초의 포르투갈 선박은 중국인에 대해 가능한 많은 정보를 얻어오라는 마누엘(Manuel) 왕의 지시를 받았다. 그것은 "중국인들이 언제 오는지, 얼마나 먼 곳에서 오는지, 말라카나 다른 무역 장소에는 언제 오는지, 그들이 가져오는 상품은 무엇인지, 해마다 몇 척이 오는지, 그들 배의 형태와 크기는 어떠한지, 그들이 온 해에 바로 돌아가는지, 말라카나 어떤 다른 지역에 대리인을 두고 있는지" 등을 조사하는 것이었다. 마누엘은 또한 중국인의 군사력, 외양, 정치 체제(즉 중국인들 사이에 한 명 이상의 왕이 있는지 여부), 나라의 크기와 경계, 종교, 그리고 포르투갈이 인도양에서 주된 경쟁자로 여긴 무슬림 상인을 그들이 용인하는지의 여부도 알아내려 했다.

말라카는 과연 인도양과 남중국해를 잇는 핵심 중계무역항인 것으로 드러났다. 인도양과 남중국해 사이를 오가는 모든 선박은 이 항구에 모여들었다. 후일 북경을 방문한 최초의 포르투갈 사절이 되는 토메 피레스(Tomé Pires)의 기록에 따르면, 말라카에서는 무려 84개국 언어가 사용되었다고 한다. 전략적으로도 말라카는 이 해상 무역로의 요충지로, 말라카 항구를 장악한 자가 양방향의 항로를 확보할 수 있었다. 1511년 술탄 마흐무드 샤(Mahmud Shah)가 포르투갈인이 항구에서 자유롭게 무역하는 것을 허락하지 않자, 아폰소 데 알부케르케는 대포를 쏘아 도시를 공격했다. 술탄은 도망쳤으며, 말라카는 포르투갈인들의 수중에 들어갔다.

말라카가 한 세기 넘게 명나라의 조공국이었기 때문에, 술탄 마흐무드 샤는 나쳄 무달리아르(Nacem Mudaliar)라는 사신을 북경에 보내 도움을 요청했다. 포르투갈인들을 몰아내는 데 중국의 지원을 요청한 것은 조공 체제의 규범에 부합하는 일이었으나, 정덕제(正德帝)의 신하들은 별로 내켜 하지 않았다. 조공 체제는 조공국의 군주가 타도되어 축출되었을 때 중국이 그를 도와야 한다는 의무를 부여했으나, 1511년 명 조정은 그럴 준비가 되어 있지 않았다. 말라카는 너무 작고 너무 멀리 떨어져 있었으며, 무엇보다 15세기에 말라카의 사태에 개입할 수 있는 해군은 이미 오래전에 해체된 상태였다. 말라카는 중국의 상업 지도에는 등장했지만, 황제가 관심을 두는 대상은 아니었다. 왜냐하면 해외 무역은 개인들을 부유하게 할 수는 있어도 국가에는 골칫거리만 안겨준다고 일반적으로 여겨졌기 때문이다. 게다가 정덕제는 멀리 떨어진 항구보다 더 중요한 외교정책 이슈, 곧 북방 변경의 몽골에 대한 원정 계획에 신경을 쓰고 있었다.

마흐무드 샤가 25년간 말라카를 다스리는 동안 중국 상인에게 그다지 우호적이지 않았던 것도 사태 해결에 도움이 되지 않았다. 술탄은 상인들이 항구에 들어오면 배에만 머물도록 제한하고, 가능한 많은 세금을 뜯어냈으며, 때로는 해안에서 전쟁을 치르기 위해 그들의 배를 빼앗았다. 그러한 이유로 말라카에 있던 중국 상인들은 말라카를 장악하려는 알부케르케의 시도를 기꺼이 지지했다. 북경에서는 누구도 포르투갈에 대해 그것이 인도 서쪽 어딘가에 있다는 것 외에는 아무것도 알지 못했다. 술탄의 사신 나쳄 무달리아르는 황제의 답변을 기다리느라 너무 오래 체류하는 바람에, 동행했던 아내가 북경에서 세상을 떠났다. 결국 황제는 술탄의 불운을 애석하게 여겼을 뿐, 말라카 사태에는 개입하지 않기로 결정했다. 빈손으로 돌아가는 길에 나쳄 무달리아르 자신도 세상을 떠났고, 명이 해줄 수 있었던 최선은 그에게 제대로 된 장례를 치러주는 것뿐이었다.

명 조정으로부터 아무런 제재를 받지 않자, 포르투갈은 말라카에서 중국을 향한 원정을 시작했다. 호르헤 알바레즈가 이끈 첫 번째 원정대는 1513년 출발했으나, 이듬해 중국에 도착했을 때 상륙을 거부당했다. 그는 주강 하구의 어느 섬에 한동안 정박하며 싣고 온 수마트라산 후추를 판매하고, 자신의 '발견'을 기념하기 위해 돌무더기로 기념비를 세웠다. 이는 4장에서 언급한, 포르투갈인들이 아프리카와 아시아에서 항로를 표시하기 위해 세운 파드랑(석주) 가운데 하나였다. 중국 항로를 두 번째로 항해한 포르투갈인은 라파엘 페레스트렐로였는데, 그는 1515년 여름 말라카 선박에 승선해 출항했다. 콜럼버스와 먼 친척 관계였던 페레스트렐로는 1년 만에 중국에서 돌아왔는데, 소문에 의하면 이번 항해로 스무 배의 이익을 얻었다고 한다. 페레스트렐로가 1516년 늦여름 귀환하기 직전, 페르낭 피레스 데 안드라데는 네 척의 무장한 포르투갈 선박과 세 척의 말라카 운송 정크선을 거느리고 출항했다.

광동성 포정사 오정거는 안드라데와 그의 일행이 명나라 연안 해역에 들어온 목적이 무역임을 잘 알고 있었다. 오정거는 그들을 '불랑기(佛朗機)'라고 불렀는데, 이는 아랍어에서 전래된 유럽인에 대한 옛 명칭인 '프랑크인(Franks)'에서 비롯된 말이었다. 그러나 그들의 등장은 행정 분류 상의 문제를 야기했다. 이들 프랑크인은 조공 체제를 규정한 명나라의 법전에 이름이 올라 있지 않았던 것이다. 모든 외국과 교류가 조공 아니면 밀수인 상황에서, 이들을 어떤 명분으로 입국시킬 수 있단 말인가? 오정거 역시 세계를 나누어 보았다. 그것은 포르투갈과 스페인 세계의 구분이 아닌, 명의 권위가 조공 체제를 통해 국경 너머까지 뻗어나간 큰 영역과 그 바깥과의 구분이었다. 조공 체제의 외연은 유동적이어서, 누가 접근을 원하는지, 그리고 명 조정이 외교정책 목표와 연계하여 누구와 손을 잡을 것인가에 따라 달라졌다. 그러나 포르투갈의 존재를 명시한 전례가 없는 상황에서 포르투갈이 명의 조공국으로 간주될 수 있었을까?

공통 기반 찾기

안드라데는 중국 무역의 규칙을 이해하고 있었던 것 같다. 대체로 그 규칙은 술탄이 자신의 권위를 유지하고 항구를 통과하는 무역에서 재정적인 이익을 얻기 위해 강제하려 했던 규정들과 크게 다르지 않았다. 차이는 주로 행정의 규모에 있었다. 명은 국가 기관[역자: 예부(禮部)]이 관여하는 명확히 규정된 철자를 통해 수십 개국과 관계를 관리했다. 명에 처음 접근하는 국가는 반드시 그 절차 속으로 들어가야 했으며, 그러지 않는 경우 단호히 거절당했다. 안드라데의 중국인 동료들(적어도 통역이나 도선사로 일하던 중국인)은 허용 가능한 접근 방식을 취하는 데 필요한 것이 무엇인지 알고 있었을 것이다. 안드라데 역시 명의 기대에 도전하기보다는 부응하고 싶었을 텐데, 그가 중국에 온 것은 외교적 목적을 달성하기 위한 것이 아니라 단순히 이익을 얻기 위한 것이었기 때문이다. 그러나 명의 기대와 외국 상인으로서 그가 청원하는 입장 사이의 간극은 그리 크지 않았을 것이다. 이 단계에서 포르투갈인들은 단지 여러 당사자가 잘 알고 있는 해상무역 체제 속에 새로 뛰어든 또 하나의 행위자였을 뿐이었다.

안드라데가 명의 관료들에게 제출한 문서는 오늘날 전해지지 않지만, 그가 중국 입국을 요청하기 위해 순해도부사에게 제출한 문서는 조공의 수사(修辭)로 작성되었음이 분명하다. 다른 방식으로는 입국을 표현할 길이 없었기 때문이다. 안드라데는 명나라를 당연하게도 스스로 그 지역의 정당한 패권국으로 여기는 강력한 국가로 인정했을 것이다. 상인으로서 자신의 이익을 추구할 수 있는 유일한 길은 패권국에 공손히 접근하는 것이었다. 그는 자신이 신민으로 속한 왕의 위엄이 훼손되어서는 안 된다는 사실을 의식하고, 그에 맞게 행동했을 것이다. 그러나 포르투갈 왕과 명나라 황제 사이에 형성될 수 있는 모든 관계에서 자신은 철저히 하위의 당사자로서만 자리할 수밖에 없음을 알고 있었다.

안드라데가 무엇을 요구했든 간에, 명 조정은 그의 무역 요청을 곧 국경을 넘게 해달라는 청원으로 간주했고, 이에 안드라데의 중국 도착을 정식 외교 절차의 틀 안에 위치시켰다. 그렇기 때문에 안드라데가 처음 청원을 올린 명의 순해도부사는 중앙조정의 명시적인 허가 없이 그를 주강을 거슬러 이동하도록 들여보낼 수 없었다. 그렇게 했다가는 국경 방어에 실패했다는 이유로 곧바로 탄핵당했을지도 모른다. 광주에 있던 포정사 오정거 역시 공식 절차를 엄격히 준수하며, 지방 당국이 그의 일행을 상륙시킬지 아니면 다시 바다로 내쫓을지를 평가하는 동안 모든 과정을 조정에 보고해야 했다.

안드라데 함대의 예포 소리를 들은 순간 오정거는 즉시 조치를 취해야 한다는 것을 깨달았다. 그는 명나라 수군을 동원해 안드라데를 몰아낼 수도 있었으나 그렇게 하지 않았다. 대신 그를 상륙시킨 뒤 세 가지 잘못을 들어 엄하게 꾸짖었다. 첫째, 명 조정으로부터 분명한 명령을 받기 전에 강을 거슬러 올라온 것이 잘못이었다. 이는 곧 허가 없이 명나라 영토에 진입한 것에 해당하였고, 따라서 적대 행위로 해석될 수 있었다. 둘째, 안드라데는 깃발을 게양한 채로 들어왔다. 중국 해역에서 다른 군주의 깃발을 게양하는 것은 명의 권위에 대한 직접적인 도전으로 여겨졌다. 셋째, 무엇보다 중대한 잘못은 함포를 발사한 일이었다. 중국의 의례에서는 환영 혹은 존경의 뜻을 표시하기 위해 대포를 쏘는 것이 허가되지 않았다. 그것은 오직 적대 행위 혹은 최소한 위협의 신호로 간주될 뿐이었다. 실제로 지난 8월 안드라데가 처음 중국 해안에 접근했을 때, 명나라 해안 경비대가 한 일이 바로 함포 발사였다. 그들은 접근하는 배를 명중하려는 것이 아니라, 경고 사격을 한 뒤 상대의 반응을 살피려 했다. 안드라데는 적절히 반응하여 반격하지 않았고, 자신의 원정이 평화적임을 온갖 방식으로 드러냈다.

대포 발사는, 만약 구실을 찾고자 했다면, 오정거가 안드라데의 입국을 거절할 명분을 제공해주었다. 그러나 흥미롭게도 오정거는 그렇게 하지 않았다. 안드라데가 사과함으로써 상황을 잘 수습하긴 했으나, 사실 그의 사과와는 거의 무관하게 오정거는 안드라데의 요청을 북경으로 올려보냈다. 오정거도 여기에 자기 관심사가 있었기 때문이다. 그는 외국과 무역이 조공 외교가 강요하는 제약에서 벗어날 수 있다면 국가에 이익을 줄 수 있다고 믿었다. 무역은 무역일 뿐이라는 것이다. 당시 맥락에서 볼 때 이는 매우 급진적인 발상이었다. 조공 체제의 논리는 중국이 중국 너머에 있는 세계와 교류할 때, 자국은 질서를 부여하는 행위자이고 조공국은 그 질서를 요청하는 자로서만 존재해야 한다는 것이다. 양자는 이익을 얻기 위해서가 아니라, 상하관계를 공고히 하기 위해 예물을 교환해야 했다. 특히 중국이 조공국을 희생시켜 이익을 얻는 것은 결코 허용되지 않았다. 조정에서의 의례적인 예물 교환이 끝난 뒤에 사신들은 부수적으로 무역을 허가받을 수 있었는데, 이것은 교역을 장려하는 것이 아닌 관용의 표시였다. 외국인들은 그러한 조건에서만 무역할 수 있었으며, 그 외의 방식으로 행하는 것은 밀무역에 해당했다.

해상무역을 외교적 교류에서 분리한다는 발상은 조공 체제의 원칙을 정면으로 거스르는 것이었지만, 당시 남중국의 일부 관료는 그러한 시도를 하고 있었다. 명나라 통치의 근본 원칙은 국가가 백성의 물질적·도덕적 안녕을 보장하는 것에 있었지, 재정 수입을 늘릴 수 있는 기회를 마음껏 활용하는 데 있지 않았다. 국가 재정 수입의 기반은 전세(田稅)였다. 이는 제한적인 재정 기반에 불과했지만 대체로 백성과 국가의 필요를 충족하는 데는 충분하다고 여겨졌다. 상업도 과세 대상이었으나, 세율은 3~10% 정도로 매우 낮아 국가 예산에서 차지하는 비중은 미미했다. 조공 체제는 국가 예산에 전혀 기여하지 못했고, 오히려 외교 사절을 접대하는 비용이 조정이 받은 예물과 공납을 훨씬 초과했다. 그러나 남중국 관료들은 외국과 무역이 가져다주는 막대한 이윤을 잘 알고 있었다. 그들은 외국과 무역이 연해 지역의 경제를 크게 풍요롭게 하며, 분명히 자신의 주머니도 채워준다는 사실을 잘 알고 있었다. 만약 그것이 제대로 감독되고 과세된다면 국가 전체에도 이익이 될 수 있었다. 이를 가능하게 하려면 곧 외국과의 무역을 조공 체제에서 분리해야 했는데, 명의 창건자가 후대 군주들에게 왕조의 기본 제도를 변경하지 말라고 엄하게 명했기 때문에 이는 결코 쉬운 일이 아니었다. 그럼에도 일부 관료는 그것을 시도할 의지를 품고 있었다.

무역과 외교를 수행하는 명의 제도적 구조는 복잡했다. 중국 연안에 도착한 외국 사절들은 시박사(市舶司)라는 기관에서 관할했다. 15세기 초, 시박사는 명 조정의 공식 관료기구인 육부(六部)가 아닌, 황실에 직속되어 황실을 위해서만 복무하는 환관들의 통제하에 들어갔다. 환관의 임무는 황제의 이익, 특히 재정적 이익을 보호하는 것이었고, 이러한 이유로 그들은 시박사가 징수하는 세입에 대한 통제권을 장악하려 했다. 외교는 예부가 맡아, 명의 대외 관계를 규율하는 의례와 절차를 관할했다. 환관이 외교에 관여한 것은 조공 사절이 자금성에 들어와 황제에게 공물을 바쳐야 할 때뿐이었다. 국경 방위는 병부의 소관이었다.

대부분의 조공 사절단은 배를 타고 광동의 연안에 도착했으므로, 무역과 외교의 일상적 업무는 광동성에 배치된 관료들의 책임이었다. 이 지역의 지방 행정제도를 간략하게 묘사하면, 광동성과 그 서쪽에 있는 광서성은 한 명의 총독(總督, 조정 관료가 임명되었다)과 한 명의 진수태감(鎭守太監, 환관이 임명되었다)의 감독을 받았다. 그 아래 성급 행정은 세 개의 서로 다른 기관으로 나뉘어 있었다. 승선포정사사(承宣布政使司)는 민정(民政)을 담당했고, 제형안찰사사(提刑按察使司)는 중앙정부를 위한 지방의 감시기구로 기능했으며, 도지휘사사(都指揮使司)는 군대와 치안유지 활동을 담당했는데, 이들 승선포정사사·제형안찰사사·도지휘사사를 통칭하여 삼사(三司)라 불렀다. 삼사는 주요 업무를 서로 협조하여 처리해야 했다. 바다를 통해 온 외국인과 관계에서 발생한 문제들은 대체로 승선포정사사에게 할당되었으나, 치안을 위협받을 경우에는 도지휘사사도 개입할 수 있었다.

해상무역을 재정 수입원으로 다루려는 최초의 움직임은 환관 행정에서 시작되었을 것이다. 황제의 측근인 환관은 황실의 사무를 거의 자유롭게 운영할 수 있었고, 황실 재산의 이익(아울러 그들 자신의 이익)에 부합한다면 성가신 전례를 피해갈 수 있는 재량권을 가지고 있었다. 이러한 경향은 복잡한 국정 운영에 주의를 기울이기보다 낚시나 병정놀이를 더 좋아했던 정덕제의 치세에 특히 두드러졌다. 환관들은 정덕제의 변덕을 기꺼이 충족시켰고, 당시 환관의 우두머리이자 권세가였던 유근(劉瑾)은 부패 혐의에 발목 잡힐 때까지 궁정 사무를 사실상 전권으로 운영했다. 그 부패 혐의의 원천은 복잡하지만, 1509년 봄 환관들이 연루된 한 사건으로부터 시작되었다. 시암(지금의 태국)에서 온 몇 척의 배가 광동의 해안에 정박한 채로 발견되었다. 선원들은 자기들이 풍랑을 만나 표류했다고 주장했지만, 실제로는 중국 상인들과 무역하기 위해 온 것이었으며, 조공 사절로서의 서면 허가도 없이 활동하고 있었다. 그들을 어떻게 처리할 것인가? 성급 관리들은 이 문제를 직속 상관인 양광총독(兩廣總督)[2]과 진수태감에게 넘겨 그들이 결정하게 했다. 그들은 황제에게, 고향으로부터 멀리 떠나온 선원들에게 관대함을 보이고 하역을 허락할 것을 건의했다. 그러나 화물에는 반드시 수입 관세를 부과해야 했다. 징수된 자금은 남중국 지역의 군사 예산에 편입되어 밀무역 단속 비용에 충당될 것이었다.

만약 반대하는 사람이 없었다면, 이 대단치 않은 조치는 국가의 감독하에 해외 무역을 확대하도록 하는 강력한 선례가 되었을 것이다. 그러나 반대자가 나타났다. 『명실록』의 무미건조한 기록에 따르면, 광주의 시박사 태감 웅선(熊宣)은 "그 일에 관여하여 이익을 증식할 수 있다고 생각하여, 이에 황상에게 주청했다." 웅선은 화물을 내리는 것을 허가하자는 제안을 지지했으나, 비정규적인 화물에 대해 관세를 징수하는 권한을 시박사에 부여해 달라고 요청했다. 이에 대해 예부는 강하게 반대했다. 예부는 해금

---

2 광동성과 광서성을 총괄하는 최고위 지방관

(海禁)의 부분적인 완화에는 동의할 수 있었으나, 환관의 역할은 조공 사절단의 접대를 감독하는 것일 뿐이므로 그들이 세금 징수에 개입해서는 안 된다고 주장했다. 정덕제는 예부의 손을 들어 주었다. 그는 웅선을 권한을 남용했다고 꾸짖고, 그를 남경으로 소환한 뒤 다른 환관인 필진(畢眞)으로 교체했다. 이렇게 환관들은 1차전에서 패배했다.

필진의 임무는 시박사의 업무를 조공 업무에만 한정하라는 예부의 지시를 준수하는 것이었다. 그러나 17개월이 지난 1510년 8월, 그는 황제에게 조공을 싣지 않은 선박에 대한 관세징수권을 시박사에게 부여해줄 것을 요청했는데, 그의 전임자인 웅선의 요청과 정확히 같은 내용이었다. 필진의 논리는 철저히 상업적이었다. 그는 진수태감 및 총독뿐만 아니라 광동성의 삼사도 이러한 선박에서 나오는 막대한 세수를 자신들의 예산에 활용하고 있다고 지적했다. 그는 그 수입을 황실 재정으로 돌리고자 했던 것이다. 필진의 상주문은 다시 예부로 전달되어 의견을 구했는데, 예부는 또다시 반대했다. "시박사의 직무는 공물로 진상하는 방물(方物)을 관리하는 것입니다. 바다를 건너온 객상(客商)과 풍랑을 만나 정박한 외국의 배는 칙서(敕書)에 기재된 바가 아니니, 전례에 따라 [시박사는 이에] 관여하면 안 됩니다." 예부는 환관들이 주도하는 계획이 명의 올바른 행정 체제를 훼손한다고 여길 때면 언제나 환관의 제안을 저지할 수 있었다. 예부의 반대를 촉발한 것이 무엇이었든 간에, 황제는 전례를 중시하여 예부의 손을 들어 주었고, 결국 모든 제도가 1509년 3월 웅선이 관세징수권을 차지하려고 시도하기 이전의 상태로 돌아가야 함을 재확인했다.

2차전에서도 예부가 승리를 거둔 것은 체제 내에 발생한 또 다른 소란이 작용했기 때문이기도 했다. 필진의 요청에 대한 황제의 결정을 기록한 『명실록』의 편찬자들은 다음의 논평과 함께 해당 기사를 마무리 지었다. "유근이 필진을 총애하여, 망령되이 전례가 이와 같다고 여겼다." 『명실록』의 편찬자들은 환관의 우두머리에 대해서 근거가 불충분한 비판을 자유롭게 기록할 수 있었는데, 아마도 이는 불과 2주 뒤 황제가 유근을 역모 혐의로 체포하고 처형하도록 명했기 때문일 것이다. 그 혐의는 일부 과장이었겠지만, 그를 단죄하기 위한 확실한 명분이 되었다. 한 가지 확실한 사실은 명나라 역사상 왕조 최대 규모의 부패 조직을 운영하며, 그의 지휘를 받거나 그의 영향력 아래 있던 모두를 쥐어짰다는 점이다. 공갈과 뒷돈으로 이루어진 유근의 거대한 책동은 수년간 국가 관료제 전체를 철저히 타락시키고 혼란에 빠뜨렸지만, 정덕제는 이를 애써 외면해 왔다. 그러나 마침내 더는 외면할 수 없었다. 유근은 체포되어 극형인 능지처사(陵遲處死)에 처해졌는데, 그의 경우 사흘에 걸쳐 천천히 시행될 예정이었으나 모두의 아쉬움 속에 둘째 날에 사망하고 말았다. 이 처형은 정덕제가 내린 결정 가운데 가장 인기 있는 조치였다.

필진이 세금 징수를 하지 말라는 황제의 명령을 어기고 상주문을 올린 것은 아마도 유근과 관련되었기 때문일 것이다. 유근은 필진을 압박했고, 필진은 어쩔수 없이 유근에게 바칠 것을 마련해야 했다. 그러나 대외무역에 대한 과세 문제를 단순히 환관의 부패나 환관과 정규 관료 간의 끝없는 투쟁으로 환원해버리면 안 된다. 여기서 핵심은 남중국 연안 지역에서 거대한 변화가 일어나고 있었다는 점이다. 중국을 넘나드는 선박 수와 화물 물량은 갈수록 증가했고, 남중국 관리들은 해상 수입과 외교적 접촉에 대한 국가의 독점을 어떻게 운영해야 국가에 이익이 될지를 두고 고심하고 있었다.

해상무역이라는 골칫거리에 관한 다음 국면은 1514년에 찾아왔다. 당시 포정사참의(布政司參議, 종4품)였던 진백헌(陳伯獻)은 상주문을 올려 두 계급 위 직급의 상관이 해상무역을 통제 불능의 상태로 만들었다고 고발했다. 그의 상관은 다름 아닌 포정사 오정거였다. 진백헌이 왜 이런 극적인 행위를 했는지는 알 수 없다. 어쩌면 단순히 승진을 위한 것이었을 수도 있다. 즉 상관을 끌어내리고 그 자리를 차지하려는 것이다. 그는 황제에게 올린 상주문의 서두에 광주에서 바라본 당시 무역 상황을 개괄했다. 그는 말라카, 시암, 자바를 언급한 뒤 그곳으로부터 오는 제품의 가치를 "후추, 소방목(蘇方木, 염료와 약물로 높은 가치가 있었다), 상아, 바다 거북 껍질 등의 종류에 불과하다"고 일축했다. 이들은 "포(布), 비단, 콩, 곡물 등과 같이 매일의 민생에 불가결한 것이 아닌" 낭비적인 사치품이었고, 건전하게 운영되는 경제에서는 쓸데없는 품목들이었다. 이어 그는 당시 일어나고 있던 변화의 조짐을 지적했다. "근래 관부의 상세 징수를 허가하니, 모두가 공공연히 무역에 종사한다." 1509년 시암의 선원들이 화물을 내리도록 특별히 용인해 준 조치가 사실상 새로운 정책으로 굳어졌으며, 진백헌의 눈에는 그 폐해가 심각했다. "마침내 간사한 백성 수천으로 하여금 큰 배를 건조하여 운행하고 사사로이 무기를 장만하여 바다 위를 종횡으로 다니며 여러 오랑캐[諸夷]와 결탁하게 하니, 이 지역에 해가 되었습니다. 마땅히 이를 즉시 근절해야 합니다." 진백헌은 이 끔찍한 상황의 책임자가 다름 아닌 오정거라고 단언했다.

정덕제는 이런 느닷없는 탄핵이 북경에 도달했을 때, 늘 하던 방식대로 대응했다. 그는 다시 한번 외교 의례를 담당하는 예부에 의견을 물었다. 예부는 6월 27일 진백헌을 지지하는 답변을 올렸고, 조공 규정 외의 외국 선박에 관세를 징수해서는 안 된다고 주장했는데, 그러한 배들은 애초에 상륙을 허가해서도 안 되었기 때문이다. 예부는 음울한 어조로 덧붙였다. "간사한 백성 중에 전과 같이 [오랑캐들과] 결탁하는 자는 처벌해야 합니다."

조공과 무역

오정거가 대체 무엇을 했기에 진백헌의 공격을 촉발했을까? 그것은 우리가 오정거라는 인물을 어떻게 이해하느냐에 달려 있다. 남아 있는 공식 문헌 기록에 따르면, 오정거는 40년 가까이 관직에 있었는데, 1480년대 후반에 지현(知縣)으로 관직 경력을 시작하여 이후 서서히 승진했고, 1520년대 초반에는 몇몇 부사(副使) 직을 맡았다. 그러나 이 기록만으로 명 왕조의 매 세대마다 배출된 걸출한 인물들 사이에서 그의 위치를 가늠하기에는 부족하다. 그러나 오정거는 그 자체로 눈에 띄는 인물이었고, 특히 옷차림에 부주의한 것으로 악명 높았다.『명사』에 실린 그의 열전에 솔직하게 기록되었듯, 그의 "얼굴은 껍질 벗긴 오이와 같았다"고 한다. 그는 두려움을 전혀 몰랐고, 다른 사람들의 반응에 신경 쓰지 않았으며, 필요할 때는 행동을 주저하지 않았다. 그 결과 그는 환관부터 황제에 이르기까지 명나라의 주요 인물들과 자주 충돌하는 결과를 낳았지만, 동시에 조정 최고위층의 지지도 받았기에 자신이 받았던 수많은 공격에도 불구하고 살아남을 수 있었다.

오정거의 이름은 진백헌의 고발과 관련하여 1510년대의 공식 문서에 가장 자주 등장한다. 여기서 그의 이름은 대외무역 관행의 개혁을 반대하는 사람들에게 집중 공격의 표적이 되었다. 예컨대, 진백헌이 상주문을 썼던 1514년으로부터 3년 뒤, 남중국의 또 다른 관리는 그 사건을 다시 거론하며 불평했다. 오정거가 "이익을 일으키는 것을 교묘히 주장하며 일체의 법을 세울 것을 청하니, 순무(巡撫)·순안(巡按) 및 호부(戶部)가 모두 현혹되어 그를 따랐다"는 주장이었다. 4년 뒤에는 또 다른 적대적인 관리가 광동성에서 외국인과 관련해 발생한 모든 문제를 오정거의 탓으로 돌리려 했다. 그는 오정거가 지방의 부족한 군량을 벌충하기 위해 과세할 수 있다면 어떤 배라도 상륙을 허가하려 했다고 주장했다. 이 관료의 주장에 따르면, "외국의 배[番舶]가 바닷가에 끊이지 않아, 만이(蠻夷)가 주(州)의 성(城) 안에서 어지러이 뒤섞이기에 이르렀고, 법령은 이미 소홀해졌다."광동성에 온 여러 외국인 중 가장 두렵고 적발하기 어려운 대상은 일본인이었다. 그는 더 나아가 오정거의 정책이 외국인의 간첩행위를 조장했다고 비난했다. 첩자들이 너무나도 자유롭게 오고 가서 "우리의 도로를 더욱 잘 알게 되었다"는 것이다. 이렇게 외부 세계를 두려워한 이들은 십여 년간 마음에 들지 않는 모든 것을 오정거의 탓으로 돌렸다.

오정거는 과연 무역과 외교를 분리한다는 생각을 옹호했을까? 그의 관직 경력에 대한 기록이 적지 않게 남아 있지만, 정작 그가 직접 남긴 글은 보이지 않는다. 다만 그는 1487년 전시(殿試)에 급제한 이후 광주 남쪽에 있는 순덕현의 지현으로 부임했는데, 『순덕현지(順德縣志)』에는 그를 높이 평가하는 전기가 수록되어 있다. 그 기록은 그를 키가 크고 단정치 못한 차림새였으나, 신뢰할 만한 말을 하고, 행동으로 성과를 만들어 내는 인물로 기록했다. 그에 대한 이러한 평가는 『명사』에 실린 그의 열전에도 그대로 옮겨졌다. 지현으로 재직하는 동안 오정거는 순덕현에 활력을 불어넣었고, 바람직하지 않은 관행을 일소했으며, 상관의 뇌물 요구에 저항했다. 아마도 이 때문에 그는 통상 3년마다 이루어지는 승진을 하지 못하고 무려 9년 동안 초임지에 머물렀을 것이다. 오정거는 1505년 참의(參議)에 임명되어 광동성으로 돌아왔다. 이후 그는 광동성의 북쪽에 있는 강서성에서 순환 근무를 하면서 여러 차례 토벌을 지휘하여 도적 무리를 소탕했지만, 다시 광동으로 돌아와 부(副)포정사에 해당하는 우(右)포정사가 되었다. 결국 그는 관직 생활 첫 25년의 대부분을 광동성에서 보냈으며, 그곳의 행정적 난제를 잘 이해하는 인물로 인정받았기 때문에 여러 차례나 재임명되었다.

이 모든 사실은 진백헌이 왜 오정거를 공격했는지 설명해 주지 못한다. 황제는 예부의 의견에 동의하여 진백헌의 상주를 승인했다. 그러나 이상하게도 오정거는 관직에서 물러나지 않았을 뿐 아니라 일 년이 채 지나기 전에 정(正)포정사에 해당하는 좌(左)포정사로 승진되었다. 보다 자유로운 무역정책을 공개적으로 옹호했음에도 불구하고, 오정거는 자신을 보호하는데 충분한 지지를 명나라 조정 고위층으로부터 받고 있었던 것으로 보인다. 아마도 무역이 가져다준 이익의 일부가 그의 주장을 뒷받침해 주었을 것이다.

1515년 5월 오정거는 다시 한번 공격의 대상이 되었다. 예부가 상주문을 올려, 조공 사신만 외국의 물품을 반입할 수 있다고 제한한 작년의 결정이 시행되지 않았다고 호소한 것이다. 예부는 "명령을 받들어 실행하는 사람들이 구습을 따르며 멈추지 않는다"라는 다소 간접적인 표현을 사용했으며, 이름을 직접 밝히지는 않았으나 오정거가 여기에 결부되어 있음을 지칭하는 것은 분명했다. 그러나 이번에는 고발 내용을 더욱 확장하여 "이후 진수태감이 그 수입을 탐하여 금령을 약간 풀어주었다"라고 주장했다. 1506년에서 1514년까지 양광 진수태감은 환관 반충(潘忠)이었는데, 이는 진수태감으로서 상당히 긴 임기였다.

이는 흥미로운 문제다. 오정거는 부패한 진수태감과 공모했을까? 그랬을 가능성은 낮아 보인다. 오정거는 순덕현 지현으로 근무한 때부터 환관 조직에 맞섰던, 길고도 공개적인 이력이 있었다. 가령 오정거는 상관이 순덕현 출신의 유력 환관을 위해 가족 사당을 공금으로 지어주려 했던 것을 저지했다. 또 다른 사건에서 그는 시박사에 배속된 환관에게 뇌물받는 것을 거절했고, 그 결과 그는 다른 문제에서 권한을 남용했다는 구실로 투옥되었다. 1506년 포정사참의에 임명되어 광동성에 돌아왔을 때, 오정거는 다름 아닌 진수태감 반충과 충돌하여 그를 스무 가지 혐의로 고발했다. 반충의 반격으로 인해 오정거는 체포되어 북경으로 압송되었는데, 이때 오정거를 처벌한 자가 다름 아닌 모두에게 미움받던 환관의 우두머리 유근이었다. 유근은 오정거의 목에 칼을 씌운 뒤, 거의 2주 동안 그를 이부 관청 앞에 공개적으로 세워두었다. 그동안 그의 동생이 옆을 지키지 않았더라면, 오정거는 죽었을지도 모른다. 오정거는 육체적으로나 정치적으로 살아남았지만, 반충이 진수태감으로 있는 한 다시 광동성에 부임할 수는 없었다. 1514년 반충이 퇴직하고 나서야 오정거는 광동으로 돌아갈 수 있었다.

그렇다면 청렴한 오정거는 어떻게 해서 최대의 적이자 부패한 환관으로 유명한 반충과, 적어도 예부의 관점에서는, 해상무역 문제에서 같은 편에 선 것일까? 이 수수께끼를 풀 수 있는 유일한 설명 방식은 다음과 같다. 반충이 무역을 통한 수익을 시박사로 돌리기 위해 대외무역에 대한 여러 제한을 완화하고 있는 동안, 오정거는 1514년 광동성으로 돌아온 이후 종전과 같은 정책을 이어갔는데, 이는 환관들을 이롭게 하기 위해서가 아니라 수입품으로부터 징수된 관세를 광동성의 예산에 할당하기 위함이었다. 1510년대에 명나라의 대외무역 정책을 둘러싼 정치는 복잡했다. 모두가 공유하는 단일한 관점은 존재하지 않았다. 오정거에 대한 이의 제기가 반복해서 나타났다는 사실은 자유로운 무역에 반대하는 파벌이 단지 한 사람의 견해에 맞서는 것이 아니라 더 넓게 확산하는 여론의 물결을 억눌러야 했다는 점을 보여준다.

폴 케네디(Paul Kennedy)가 『강대국의 흥망(*The Rise and Fall of the Great Powers*)』에서 "명 시기의 중국은 송 시기의 중국보다 훨씬 덜 활기차고 덜 진취적인 곳이었다"라고 결론짓는다든지, 혹은 "유교 관료제의 극단적 보수주의" 운운하며 불평하는 것은 과거를 역사적으로 바라보기보다는 이분법적으로 왜곡하는 태도라 할 수 있다. 명나라의 중국은 나태와 보수성에 사로잡힌 나라가 아니었다. 그곳은 해상무역을 어떤 제도적 틀 안에서 운영해야 하는가를 두고 식견 있는 이들이 크게 이견을 표출했던 역동적인 정치 공간이었다. 명 조정 내에서 사실상 대외정책 분석의 중심이었던 예부조차도 해상무역과 관련하여 의견이 자주 바뀌었다. 비록 이런 유동적인 논의가 궁극적으로 16세기 이후 유럽 국가들이 채택한 정책과 같은 방향으로 이어지지는 않았지만, 중국이 무역에 적대적이었다거나 중국 관료가 모두 사리사욕에 빠져 있었다는 식의 고정관념에 기대어 설명할 필요도, 그럴 정당성도 없다.

이것이 바로 포르투갈인들이 도착한 당시의 맥락이었다. 그들은 이러한 맥락을 전혀 모르고 있었고, 결국 그것에 불행한 영향을 끼쳤다.

"모두가 오정거의 죄다!"

1514년과 1515년 포르투갈인들의 첫 광주 방문은 명 조정의 주목을 끌지 못했다. 『명실록』에 처음 '불랑기(프랑크인)'에 대한 언급이 등장한 것은 1517년 6월 15일, 안드라데의 함선들이 주강 하구에 나타나기 한 달 전의 일이었다. 이는 해상무역에 대한 포괄적인 명령의 부록으로 등장한다.

해당 명령은 다음과 같다. "조공을 바치고 화물을 실은 외국[番國] 선박은 10분의 2를 과세하여, 일부는 수도로 보내고 일부는 지방에 남겨 군량에 충당하라." 여기서 외교와 무역은 서로 분리되기보다는 병렬적인 범주로 다루어지고 있다. 이어지는 기록은 다음과 같이 선언한다. "모든 것을 옛 규정[舊例]과 같이하고, 최근 규정을 들어 저지하지 말라." 그러나 이것은 분명 사실이 아니다. 왜냐하면 "옛 규정"은 수입 관세를 일부러 모호하게 규정해 두었기 때문이다. "옛 규정과 같이" 한다는 표현은 사실상 그 반대를 감추기 위해 흔히 사용되던 수사적 장치였다. 이 명령은 조공이 결부되지 않은 대외 무역을 위해 국경을 연 것은 아니었지만, 물건을 가득 실은 사절단의 화물 반입을 허용함으로써 발생하는 재정적 가치를 인정했다. 정덕제 시기의 조정은 해상무역 정책을 전면적으로 개정하는 길의 중간 지점까지 나아갔던 것이다.

『명실록』을 편찬한 사관은 여기에 역사적 배경을 덧붙여 부록으로 삽입했다. 그는 1517년 이전에도 광동과 광서의 주민들이 해외 물품을 거래하는 사무역에 관여해 왔음을 지적했다. 이어 익숙한 비난의 수사를 동원하여, 현지인이 "외국의 물품[番貨]을 몰래 교역함으로써, 바깥 오랑캐[外夷]와 결탁하여 조공을 바치는 이들과 뒤섞여 이익을 도모하고, [백성이] 도망치도록 유인하고 자녀들을 약탈하거나 구매하며 제멋대로 출몰하니, 백성이 그 해를 입었다"라고 꾸짖었다. 모두 나쁜 것이었다. 그는 이어서 1514년 진백헌이 오정거를 고발한 사실을 언급한 뒤, 거기서 포르투갈인 문제를 끌어온다. "몇 년 지나지 않아, 마침내 '불랑기'와의 분란이 시작되었다. 순해도부사 왕횡(汪鋐)이 힘을 다해 토벌하고 체포하여 그들을 가까스로 이길 수 있었다." 여기서 사관이 언급한 것은 1522년에 발생한 양국 해군의 대치 사건이다(우리는 이 사건을 곧 다룰 것이다). "이에 매년 배를 건조하고 총을 주조하는 것이 방어의 계책이 되니, 들어간 비용을 이루 다 헤아릴 수 없다. 공물을 바치는 오랑캐들도 모두 불랑기들 때문에 모조리 두절되어 선박과 화물이 통하지 않았다. 이익의 원천이 한번 열리니 우환이 끝이 없게 되었다.” 이 기록은 이제 상투적인 비난으로 마무리 된다. “모두가 오정거의 죄다!”

『명실록』의 사관이 1517년의 명령에 대한 부가 설명에 오정거와 ‘불랑기’에 대한 이 짤막한 기록을 삽입한 이유는 이 명령이 광주 지방관들 주도로 추진되던 조치들에 대한 명 조정의 정책적 변화라고 여겼기 때문이었다. 또한 그는 무역 제한을 완화하려는 시도가 막 시작된 직후에 포르투갈인들이 도착했다고 지적했다. 그런데 ‘불랑기’인들의 도착은 명나라의 무역 제한을 완화하기는 커녕, 오히려 오정거 등의 시도를 좌절시키는 결과를 낳았다. 1517년 여름 안드라데의 함대가 명나라의 시야에 들어오기 전까지는, 새로운 명령에도 불구하고 변화는 아직 불완전한 상태였다. 명 조정이 해상무역 문제를 어떠한 방향으로 끌고 갈지는 불분명했다. 문헌 기록에 드문드문 남은 단서들을 토대로 상황을 요약하면 다음과 같다. 1514년 무렵 포정사 오정거는 무역 개방을 설득력 있게 주장했고, 1514~1515년(이때는 포르투갈 배가 중국에 막 도착하기 시작한 시기다) 진백헌 등은 무역의 제한을 주장했다. 1514년에서 1517년 사이 명 조정은 여전히 어떤 쪽으로 나아갈지 주저했으나, 전반적인 흐름은 무역 자유화 쪽으로 기울고 있었다. 아직 위기가 닥치지 않은 상태였다.

『명실록』에 처음으로 포르투갈인이 언급된 지 두 달 뒤, 페르낭 피레스 데 안드라데의 함대는 광동성 해안에 도달하여 조공 사절의 신분으로 상륙하는 것을 허가해 달라고 요청했다. 물론 안드라데는 당시 중국에서 어떤 일이 벌어지고 있는지 전혀 몰랐다. 안드라데가 그나마 잘 한 것은, 오정거의 조언을 받아들여 자신이 선장으로서 중국에 존경의 뜻을 표하기 위해 예의로 대포를 발사했다며 사과한 일이다. 이것은 모두 오정거가 요구한 것이었다. 사과가 받아들여지자, 오정거는 안드라데가 포르투갈을 명나라의 조공국으로 인정해 달라고 상관에게 청원할 수 있도록 절차를 마련해 주었는데, 그 상관은 바로 양광총독 진금(陳金)이었다. 진금은 만만한 상대가 아니었다. 그는 과거 도적떼의 진압에 참여한 적이 있었는데, 당시 얻은 악명으로 인해 해당 지역 주민은 "토적(土賊)이 오히려 낫구나! 토병(土兵)들이 나를 죽이는구나!"라는 노래를 지어 불렀다. 그러나 오정거 역시 과거에 도적떼 진압으로 이름을 떨쳤기에 그랬는지 몰라도, 두 사람의 관계는 원만했다. 진금은 포르투갈에 조공국 지위를 주기 위한 신청 절차를 기꺼이 진행했다. 포르투갈 국왕이 중국 황제에게 자신을 종속시키려 한다는 발상은 포르투갈 측에서 보면 허구였지만, 명나라와 포르투갈 관계의 시작 단계에서 이는 무해한 허구였고, 그 실제적인 효과는 무역이 허용된다는 데 있었다. 총독 진금은 안드라데의 요청을 북경에 올려보내는 데 동의했고, 진수태감과 함께 황제에게 상주문을 올렸다.

안드라데는 외교적인 사안이 순조롭게 진행되고 있을 것이라고 생각했으나, 4개월 뒤인 1518년 2월 11일『명실록』에 발췌되어 수록된 진금의 상주문은 전혀 다른 인상을 준다. 이 문서에서 진금은 '불랑기'가 남방 해양의 '제번(諸番)' 즉 외국 명단에 언급된 적이 없고, 아울러 안드라데 등이 이끄는 사절단에는 포르투갈 국왕의 대표임을 입증해 주는 "본국(本國)의 문서"가 없다고 진술했다. 진금은 이 두 가지 근거를 들어 매우 신중한 어조로 결론을 내렸다. 이번에 조공국의 지위를 신청한 사절단은 "아직 믿을 수 없습니다. 이에 그 사신들을 구류[留]하고, [중앙 조정의] 지시를 청합니다." 이것은 아마도 진금이 취한 조심스러우면서도 애매모호한 태도였을 것이다. 눈앞의 포르투갈인들에게 조건부 신뢰를 주는 듯 보이면서도, 만약 북경에서 다른 결정을 내린다면 자신이 빠져나갈 길을 남겨 둔 셈이었다. 진금은 대외무역을 성장시키고자 한 오정거의 시도에 공감했을지 모르지만, 자신이 직접 조공국 승인의 문을 열고 싶지는 않았다. 만약 그것이 현실화된다면, 그 결정은 전적으로 조정으로부터 내려져야만 했다.

상주문에 쓰인 '유(留)'자를 '구류'라고 번역하는 것은 다소 과한 해석일 수 있다. 이는 단순히 '머무르게 하다'라는 뜻이지만, 동시에 떠나는 것이 허용되지 않는다는 뉘앙스도 담고 있다. 안드라데는 머물러도 된다는 허가를 받았지만, 또한 그가 반드시 떠나야 할 때는 떠나야 했다. 그는 화물을 하역하여 현지 상인들에게 판매한 뒤, 아마도 말라리아로 보이는 질병이 선원들에게 더 큰 피해를 주기 전에 출항했다. 안드라데는 수행원들과 함께 토메 피레스(Tomé Pires)를 대사로 광주에 남겨 두고 떠났다. 피레스와 그의 수행원들이 광주를 떠나 강과 육로, 대운하를 거쳐 북쪽의 북경으로 가서 마누엘 국왕의 뜻을 정덕제에게 전하기까지는 3년이 더 걸렸다.

명나라의 조공국으로서의 포르투갈

진금의 상주문에 보인 조정의 첫 반응은 호의적이지 않았다. 『명실록』은 '불랑기'를 아직 신뢰할 수 없다는 대목을 인용한 뒤, 황제가 이 안건을 다시 예부에 회부하여 심의하게 했다고 전한다. 예부는 매우 신속하게 회답하여 사절단을 본국으로 돌려보내고 그들이 황제에게 바친 예물도 되돌려 주어야 한다고 건의했다. 실록에 이 사건이 1518년 2월 11일 자로 기록되었다는 사실은, 바로 그날 이러한 내용의 조칙이 발령되었음을 시사한다. 그러나 그 뒤로 문헌 기록은 침묵한다. 실제로 어떠한 일이 있었는지 보여 주는 자료는 전혀 없다. 마치 아무 일도 일어나지 않은 것처럼 말이다. 이 문제가 다시 실록 편찬자들의 눈길을 끈 것은 2년 반 뒤의 일이다. 1520년 10월의 실록 기사에는 정덕제가 포르투갈인의 입국을 금지하는 칙령을 내려달라는 예부의 요청에 응답하지 않았다는 대목이 등장한다. 즉 예부의 입장에도 불구하고 이 사안은 여전히 결론이 나지 않은 상태였다. 조공국의 지위를 얻기 위한 포르투갈인의 요청은 여전히 유효했으며, 토메 피레스는 여전히 광주에서 답변을 기다리고 있었다. 다시 말해 오정거와 같은 명 조정 내 일부 인사들은 여전히 무역을 요구하는 대외 압력에 어떻게든 대응하려고 애쓰고 있었다.

해당 안건이 조정에서 교착 상태에 빠져 있는 동안, 다른 포르투갈인들이 광동의 해안에 도착하여 중국인의 반감을 불러일으키는 행위를 저질렀다. 그중 가장 악명 높았던 이는 페르낭 피레스 데 안드라데의 형제이자 1519년의 항해 임무의 선장이었던 시망 데 안드라데였다. 1930년대에 중국-포르투갈 관계사를 처음 연구한 중국인 역사가 짱티엔저(張天澤)가 표현한 바에 따르면, 시망 데 안드라데는 "곧 일련의 만행을 저질러 자신의 형제에 의해 확립된 포르투갈인과 중국인 간의 우호적인 관계를 완전히 파괴해 버렸고, 심지어 중국인을 완전히 적으로 돌려버렸다." 여기서 짱티엔저가 "만행"이라고 칭한 행위에는 명나라 영토에서 사형 집행하기, 자신들의 상품을 판매하기 전에 다른 배들이 상륙하는 것을 차단하기 등이 포함되었다. 결국 1521년 1월 명나라 조정이 포르투갈에 조공국의 지위를 부여하는 안건을 재심의하고자 했을 무렵, 법 규정을 개방적으로 재해석하려는 분위기에 변화가 생겼다. 이어지는 논쟁에서 쟁점은 단순히 명나라가 새로운 조공국을 인정할 것이냐의 문제가 아니었고, 대외무역을 관리하는 새로운 규정을 마련할 것이냐의 문제는 더더욱 아니었다. 논의는 전적으로 포르투갈의 행적을 중심으로 진행되었다. 판단의 기준, 다시 말해 갈등의 초점이 된 것은 다름 아닌 10년 전 포르투갈이 말라카를 점령한 사건이었다. 그러나 이 문제를 둘러싼 논쟁은 결코 단순하지 않았다.

이 논의에서 보다 온건한 목소리를 낸 인물은 감찰어사(監察御史) 구도륭(丘道隆)이었다. 그는 여전히 미결 상태로 남아 있는 명나라를 향한 말라카 술탄의 원조 요청이 최종 해결되기 전까지 포르투갈을 조공국으로 인정할 수 없다고 거듭 주장했으나, 그것이 구체적으로 무엇을 의미하는지는 모호하게 남겨 두었다. 그는 이를 위해 군사적 해결책이 필요할 것으로 짐작했으나 명 조정이 그렇게 먼 곳까지 군사력을 투사할 가능성은 희박하다는 점도 잘 알고 있었다. 그러나 그의 입장은 포르투갈의 요청을 무조건 거부하는 것은 아니었다. 그는 이 사안에 대한 자신의 진술을 다음과 같은 정책 제안과 함께 마무리했다. "청하건대 그들의 공물을 물리치시고, 순종하는 것과 거스르는 것을 분명히 보이시며, 말라카(滿剌加)의 강토를 [그 원래의 통치자에게] 돌려주게 한 이후에야 비로소 조공을 허락해야 합니다." 다시 말해 포르투갈인을 받아들이기 위해 문을 완전히 닫아서는 안 된다는 것이다. 구도륭은 관직 경력 초창기에 오정거의 첫 부임지였던 광주 인근의 순덕현에서 지현으로 복무했고, 오정거와 유사하게 그곳에서의 덕망 있는 행정으로 지방지 기록에서 칭송받았다. 이는 결코 우연이 아니었다. 광동성의 해안에 있는 현(縣)을 다스려 본 경험은, 오정거의 경우와 마찬가지로, 당시 대부분의 동료 관료가 알 수 없었던 해상무역의 복잡한 세계를 그에게 체험하게 했던 것이다.

또 다른 감찰어사인 하오(何鰲)는 훨씬 강경한 입장을 취했다. 그는 "불랑기인들은 흉악하고 속임수가 많은 것으로 널리 알려졌으며, 그들의 무기는 모든 오랑캐보다 특히 뛰어나다"라고 단언했다. 페르낭 피레스 데 안드라데의 예포 발사를 상기하며, 그는 "총포 소리가 성곽을 뒤흔들었다"라고 언급했다. 이어서 그는 다음과 같이 설명했다. "역(驛)에 남아 머무르는 자들은 금령을 어기고 안팎으로 왕래하고, 수도에 이른 자들은 흉포하게 날뛰며 의례를 행하는 선후를 다툰다. 지금 공인되지 않은 그들의 선박[私舶]이 왕래하며 교역함을 허락한다면, 형세가 반드시 다툼과 살상에 이르며, 남방의 재앙은 끝이 없을 것이다." 감찰어사 하오는 구멍 난 남방 국경 문제에 대한 최종 해결책을 원했다. 이는 곧 조공 사절과 연계되지 않은 모든 외국인을 추방하고 조공 체제의 원칙을 회복하는 것이었다. 그리고 여기서 비난받아야 할 사람이 있다면, 당연히 오정거였다. 물론 그 무렵 오정거는 이미 승진하여 다른 지역으로 옮겨 있었지만 말이다.

의외였던 것은, 1518년 포르투갈인을 내쫓으라고 결정했던 예부가 이번에는 구도륭의 편을 들었다는 점이었다. 모든 문제는 말라카의 지위에 달려 있었는데, 포르투갈인들이 이러한 상황을 제대로 이해하고 있었는지는 불분명하다. 예부는 말라카의 상황에 대한 철저한 조사가 이루어진 뒤라면 포르투갈을 조공국으로 승인할 수도 있다고 보고했다. 물론 예부도 일종의 의무감에서 오정거를 사후적으로 비난하고 국경 방어를 강화해야 할 필요성을 강조했지만, 그 이상의 조치를 요구하지는 않았다. 오정거에 대한 비난은 끊이지 않았지만, 그에 대한 실제적인 적대 조치는 이전에도 이후에도 전혀 취해지지 않았다. 해상무역 개방의 가능성은 아직 완전히 꺾이지 않았고, 예부는 이 문제를 두고 여전히 저울질하고 있었다. 요컨대 최종 쟁점은 조공 체제의 정합성이 아니라 국경의 방위 문제였다.

이 길고 복잡한 외교적 논쟁에 종지부를 찍은 사건은 전적으로 우연한 것이었다. 1521년 4월 20일, 황제가 붕어(崩御)한 것이다. 황제가 죽으면 언제나 그렇듯, 정부의 업무가 즉시 중단되었다. 죽은 황제에게 보내졌던 사신단은 귀국 조치를 당했고, 새 황제가 즉위하기 전까지 새로운 사절단도 접수되지 않았다. 이번 황위 계승은 순탄치 않았다. 정덕제가 후사 없이 죽었기 때문이다. 결국 황위는 정덕제의 사촌 동생인 가정제(嘉靖帝, 재위 1522~66)가 계승하는 것으로 결정되었으나, 이 과정은 극도의 정치적 혼란으로 이어져 조정 업무가 반년 가까이 마비되었다. 황위 계승 문제는 위기 국면으로 치달아 조정을 극심하게 분열시켰으며, 누구도 무역정책을 수정할 여유나 관심을 가질 수 없었다. 설상가상으로 새로 즉위한 열세 살의 황제는 명나라의 내륙 깊숙한 곳에서 성장하여 해양 문제에 대한 이해가 전혀 없었고, 관심조차 없었다. 토메 피레스의 사절단은 다시 광주로 돌려보내졌고, 광주에서 무역에 관여하고 있던 포르투갈인들은 중국을 떠나라는 명령을 받았다. 이 명령은 군사력에 의해 뒷받침되었다. 철수하지 않은 포르투갈 배들은 순해도부사 왕횡이 지휘하는 명나라 해군의 공격을 받았다. 앞서 언급한 바와 같이, 실록은 이와 관련하여 왕횡을 칭송했다. 양측은 기술적으로 대등했지만, 명 수군은 수적으로 포르투갈인들을 압도했고, 포르투갈 선박을 봉쇄해 버렸다. 이어 해전이 벌어졌다. 결국 일부 포르투갈 선박이 봉쇄망을 뚫고 말라카로 돌아가는 데 성공했으나, 토메 피레스의 사절단은 광주에 발이 묶였다.

이듬해 여름 포르투갈의 두 번째 사절단이 우호조약의 체결을 요청하기 위해 도착했지만, 북경의 명 조정은 그러한 요청을 들어줄 의향이 없었다. 예부는 황제에게 포르투갈인들을 해적이자 간첩으로 간주하여, "그들을 조속히 쫓아내고 입국을 허락하면 안 된다"라고 보고했다. 말라카 문제와 관련해서는, 예부는 아무것도 할 수 없음을 인정할 수밖에 없었다.

포르투갈이 점령한 말라카를 쫓겨난 술탄에게 돌려주기 위해 명이 수군을 파견하는 것은 불가능했다. 다만 1524년에도 호르헤 데 알부케르케가 포르투갈 국왕에게 명나라 함대가 자신들을 몰아내기 위해 말라카로 항해해 올 위험성을 경고했다. 그러나 한 세기 전이라면 가능할 수도 있었겠지만, 1524년에는 아니었다. 그 무렵 명나라는 명목상으로만 '대국'이었을 뿐 그에 걸맞은 야심이 없었다. 명나라는 국경 안에 머물러 있었고, 달리 행동해야 할 분명한 이유도 없었다.

해안을 봉쇄하다

1525년 가정제는 해안을 봉쇄했다. 이는 광동성의 연안뿐만 아니라 중국의 전 해안을 대상으로 한 조치였다. 돛대가 두 개 이상인 배는 출항할 수 없었다. 이 해금령(海禁令)은 소형 어선이 해안 근처에서 조업하는 정도는 허용해 주었지만, 합법적인 해상 활동은 거기까지였다. 외국 군주가 공식적인 인허장을 주고 파견한 조공 사절단만 상륙할 수 있었으며, 그 외의 외국 선박은 해안에 접근할 수 없었다. 1529년에 부임한 양광총독은 해상무역을 통해 은 수만 냥에 달하는 관세 수입을 매달 얻을 수 있다고 추산하며, 무역 재개방을 위한 논의를 되살리려 했다. 그러나 그가 얻어낸 완화 조치 역시 조공 사절단에만 적용되었다. 해안은 봉쇄되었고, 이러한 상황은 해금령을 내린 가정제가 사망할 때까지 42년 동안 지속되었다.

1525년 해금령이 반포되기에 앞서 광주의 관료들은 해상무역에 대한 제한을 완화하려 시도했으나, 무역을 자유화하자는 주장은 아니었다. 명 관리들도 국제 무역이 대외정책과 연계된 국가의 독점 사업이어야 한다는 점을 잘 이해하고 있었다. 중국으로 들어오는 물품은 종류와 수량이 제한되어야 했고, 최소한의 외교적 지위가 없는 상인들은 공식적인 무역체제 바깥에 머물러 있어야 했다. 다만 1510년대에는 변화가 일어나고 있었는데, 해상무역이 외교 논리뿐만 아니라 재정 논리에서도 정당성을 가질 수 있다는 인식의 전환이 바로 그것이었다. 무역은 여전히 국가의 독점 사업으로 남되, 재정을 튼튼히 하여 국가를 실질적으로 이롭게 하는 독점이어야 했다.

이러한 관점은 당시의 유럽인, 특히 포르투갈인에게 전혀 놀랍지 않았다. 포르투갈에게도 해상무역은 국가의 감독 아래 운영되는 독점 사업이었기 때문이다. 실제로 유럽의 항해자들이 국가의 독점에서 벗어나 자유롭게 활동할 수 있게 된 것은 19세기에 들어서였다. 문제는 단순한 탐욕이 아니라 '알렉산데르적 사고방식(the Alexandrian mindset)'에 있었다(만약 "인터 케이테라" 칙서를 발령한 교황 알렉산데르 6세를 기리는 의미에서 이렇게 부를 수 있다면). 이는 세계를 종교적 정복의 대상으로 여기는 사고방식으로, 그 기원은 수세기 전 유럽의 과거로 거슬러 올라간다. 만약 포르투갈인들이 광주에 도착해서 현지의 상황을 오판했다면, 그것은 아마도 그들이 아시아 연안의 작은 국가들과 교섭에서는 비교적 쉽게 성공을 거두었기 때문일 것이다. 그러나 그들은 중국에 도착한 때에야 비로소 외국인이 준수해야 하는 독점적인 질서를 가진 국가, 그리고 그 질서를 강제할 수 있는 해군력을 갖춘 국가를 맞닥뜨렸다. 명나라는 포르투갈인들이 해상 화포술에 다소 우위를 가지고 있음을 알게 되었지만, 1517년 당시 그 격차는 중국의 방위 능력을 무력화할 정도는 아니었다. 게다가 순검사(巡檢使) 하유(何儒)는 포르투갈의 총포 중 일부를 노획하는 데 성공했고, 그 덕에 명나라는 곧 포르투갈의 총포 기술을 획득할 수 있었다. 순해도부사 왕횡은 1524년 5월 광주와 남경에서 그와 유사한 무기를 제조하기 위해 포르투갈의 총포 주조기술을 익힐 수 있도록 허가해 달라고 조정에 요청했다. 그는 허락을 받아냈을 뿐 아니라 그 사업의 책임자로 임명되었다.

포르투갈인들의 그릇된 행실만이 명나라 해양 정책의 방향 전환을 유도한 유일한 원인은 아니었다. 무역 개방에서 등을 돌린 결정은 이미 명 내부에 존재하던 정책적 갈등과 맞물려 있었다. 그러나 정치에서는 종종 타이밍이 가장 중요했다. 포르투갈인들이 말라카와 중국 연안에서 저지른 폭력은 시기적으로 극도로 부적절했다. 폭력은 인도양과 남중국해 주변의 일부 지역에서는 그들에게 막대한 이익을 안겨주었지만, 명과의 무역을 여는 데 효과가 없었다. 오히려 정반대의 효과를 낳았다. 가정제의 후계자가 광주를 대외무역에 다시 개방했을 때, 그는 특별히 포르투갈인을 제외 대상으로 지목했다. 포르투갈은 가까스로 1557년 작은 반도인 마카오에 발판을 마련하여 일본과 교역을 통해 1세기 동안 이익을 거둘 수 있었지만, 명으로부터 공식적인 지위를 부여받은 적은 결코 없었다. 그들에 대한 나쁜 평판은 오래도록 남았다. 한 세기가 지나서도, 중국인은 여전히 포르투갈인이 말라카에서 얼마나 큰 악행을 저질렀는지 이야기했다. 1617년에 한 박식한 작가의 기록에 따르면, 말라카는 위험한 장소였다.[3] 첫째 그곳에는 거대한 바다악어가 있었는데, "사람을 마주치면 깨물어 즉사하지 않는 사람이 없다." 둘째, 그곳의 언덕에는 검은 호랑이가 있었는데, "사람의 모습으로 변해 백주대낮에 시장에 숨어든다." 이어서 핵심 구절이 나온다. "바다악어와 검은 호랑이는 불랑기와 함께 '(말라카의) 세 가지 해로움'이라 족히 칭할 만하다."

또 하나의 예상치 못한 결과는 명나라의 해금 정책이 전 세계에 중국의 대외관계에 대한 강렬한 인상을 각인시켰다는 점이다. 포르투갈인을 배제한 조처는 중국 외교의 '원죄'로 취급되었고, 명나라가 "의도적으로 시대착오적인 위엄"에 갇혀 유럽인의 도래에 지혜롭게 대응하지 못했다는 주장의 증거로 제시되곤 했다. 1970년에 한 수사적 작가는 이를 두고, 명나라 시기에 중국인이 "화려한 천자국에서 일정한 품위를 지닌 채 멍하니 바깥 세계를 바라보며" 있었다고 표현했다. "그들은 고상한 중국식 몽매(夢寐)에 빠져 있었다. 적대적인 세계를 당분간은 그럭저럭 배제하면서, 국가적 몽상을 연장함에 따라 아침 잠에서 깨어나 현실을 직시하기를 주저

---

3 장섭(張燮), 『동서양고(東西洋考)』 권4, 마육갑(馬六甲)의 글을 인용했으며, 여기서 박식한 작가는 장섭을 지칭한다.

하는 자였다." 그러나 이것은 모두 우스꽝스러운 허튼소리로, 19세기 아편전쟁 시기의 반(反)아편 수사의 시대착오적인 잔재를 입혀놓은 것에 불과하다. 우리는 이런 표현을 두고 웃어넘기기 쉽지만, 오늘날 다시금 본격적으로 귀환한 그 의심의 유산을 알아차리기란 쉽지 않다. 곧 중국이 오만한 외교를 펼친다는 인식, 중국은 본질적으로 대외무역에 적대적이라는 믿음, 자유무역보다 독점을 선호한다는 의심, 무역 상대국에 불공정한 불이익을 가한다는 비판, 이러한 입장에서 조금이라도 벗어나는 징후가 보이면 그것은 정책적 논의가 아니라 당파적 이해관계나 부패, 혹은 환관 때문이라는 해석이 그것이다. 이러한 혐의 중 일부는 사실일 수 있으나, 그 근원은 깊은 오해의 샘에서 흘러나온 것이다.

이 장에서 명확해진 것은 16세기 중국의 무역정책이 유동적이었다는 점과 더 중요하게는 그것이 중국 국경 너머 세계에서 일어나는 변화에 민감하게 반응했다는 사실이다. 무역 자체는 선악으로 규정할 수 없었고, 무역이 좋은 것인지 나쁜 것인지는 무역 장려가 갈등을 일으켰는지 아니면 최소화했는지에 달려 있었다. 명 관료 가운데 일부, 특히 광동성 포정사 오정거는 무역이 국가 세수의 증대에 도움이 되며, 그로 인해 증가한 세수는 남부 해안 지역에서 명 조정의 방위 능력을 강화하는 데 쓰일 수 있다고 보았다. 다른 관료들은 외국 선원들이 중국 해안 지역에서 일으킨 폭력과 혼란에만 주목했고, 무역이 이러한 손실을 상쇄하기에 충분한 이익을 내지 못한다고 보았다. 명 조정의 결정은 불충분한 정보와 단기적인 불안에 근거하여 내려진 것이지만, 대개 국가란 그런 방식으로 결정을 내린다. 역설적인 점은 포르투갈인이 중국과 유럽 간의 무역을 매우 다른 기반 위에 올려놓을 수도 있었던 명나라의 정책적 전환을 무산시킴으로써 대외무역과 외교 관계를 모두 교란했다는 점이다. 이는 물론 의도된 것은 아니었지만, 그 효과는 실질적이었다. 그러나 우리는 양측을 서로 반대 진영에 놓고 바라보아서는 안 된다. 1510년대 명나라가 자국의 국경과 이익을 보호하기 위해 취한 조치는 당시 유럽 국가가 하던 일과 크게 다르지 않았다. 만약 무장한 중국 선박이 포르투갈의 해안 국경에 출현했다면, 포르투갈 왕실도 자국 항구로 들어오는 해상무역에 대한 독점권을 지키기 위해 결코 다르게 행동하지 않았을 것이다. 따라서 명나라 시기의 중국은 일부 학자의 주장과 달리, 유럽의 반례라 할 수 없다. 해상정책에서 중국과 유럽 사이에 중대한 차이가 나타난 것은 18세기 이후, 즉 제국의 세계 체제가 변화하고 군사기술이 급속히 진보함으로써 유럽 국가들이 불평등한 무역 조건을 강제로 관철할 수 있는 수단을 손에 넣은 이후의 일이었다.

1525년 해금령을 반포했을 때, 가정제는 자신이 명나라를 지키고 있다고 생각했을지도 모르지만, 그는 동시에—다시 말해 의도치 않게—명나라를 심각한 불이익에 처하게 했다. 밀수업자를 제외하면 외부와 교류가 전혀 없는 상황에서, 명의 백성은 더 넓은 세계에서 무슨 일이 벌어지고 있는지를 알 방법이 없었다. 그러나 이는 세계와의 교류에서 물러서기에 매우 좋지 않은 시기였다. 당시 유럽 국가들은 잇달아 바다로 진출하여 제국을 건설하면서, 저마다 중국에 한 걸음 더 가까이 다가가려 하고 있었기 때문이다. 국경(borders)은 중국인들을 가두었지만, 변경(frontiers)은 외국인들을 끌어들였다. 교황 알렉산데르 6세가 그은 선만큼 곧지는 않았던, 또 하나의 선이 세계를 갈라놓고 있었다.

대명국(大明國)

제7장

영국인과 금세공인

1604년 반탐

첫 번째 불침번이 끝나갈 무렵, 에드먼드 스콧(Edmund Scott)은 그날 밤 동인도회사 단지가 안전한지를 점검한 이후 자신의 침실을 향해 계단을 올라갔다. 때는 1604년 6월 5일이었고, 그는 자바섬 반탐(Bantam)에 있는 영국인 가옥에서 잠을 자러 위층으로 향하고 있었다. 한 시간 뒤, 그의 지휘 아래 있던 영국인 아홉 명가운데 한 명이 서둘러 뛰어 올라와 그곳에 불이 났음을 알렸다. 스콧은 이후 자신의 회고록에 다음과 같이 썼다. "아! '불'이라는 이 단어가 내 주변에서 영어로든, 말레이어로든, 자바어로든, 혹은 중국어로든 말해졌더라면, 설령 내가 깊은 잠에 빠져 있었다 하더라도, 나는 침대에서 벌떡 일어났을 것이다. 불침번을 서던 우리 인원들이 불이 났다고 서로에게 속삭였을 때, 나는 이러한 행동을 몇 번 한 적이 있었다."

스콧은 1600년 엘리자베스 1세가 런던 상인들에게 아시아와 무역할 수 있는 특허장을 부여하면서 설립된 동인도회사의 주재원이었다. 그 회사의 '제1차 항해'라 불린 원정은 1603년 스콧과 영국인 스물두 명이 자바로 데려왔다. 스콧은 그 항해에 참여하는 특권을 얻기 위해 새로 설립된 회사에 지분 투자로 무려 200파운드라는 거금을 지불했다. 스콧과 영국인 스물두 명을 부여받은 임무는 당시의 표현으로 '해외 상관(factory)'이라 불린 일종의 사업 기지를 건립하는 것이었다. 그 회사는 이 해외 상관을 중심으로 그 지역 전역에 걸친 무역에 참여하려 했다. 자바섬의 서쪽 끝에 위치한 반탐은 당시 인구 4만의 항구 도시로, 대략 암스테르담의 3분의 2 규모였으며, 아마도 동남아시아에서 가장 큰 도시였다. 스콧의 상관 두 명이 첫 6개월 안에 사망하자, 해외 상관의 대표직은 자연히 스콧에게로 넘어갔다. 그는 회사를 위해 도시 동편의 교외에 부지를 구입했는데, 그곳은 외국 상인 거주지구로 거거주민 대부분이 중국인이었다. 그가 이곳에 지은 가옥은 폭이 6미터 길이가 12미터로, 당시 반탐에서 가장 훌륭한 민간 건물로 여겨졌다. 그 건물은 사람들에게 깊은 인상을 주어 영국인을 다른 모든 이와 구별하기 위해 지어진 것이었다. 위층에는 미술품 전시실, 주방 및 식당, 침실이 있었고, 아래층은 상품 창고로 이용되었다. 후추 저장소를 포함한 몇 채의 작은 부속건물이 중앙의 연못을 둘러싸듯 배치되었으며, 전체 부지는 나무 울타리와 도랑으로 둘러싸여 있었다.

불침번을 서던 영국인은 스콧에게 자신이 "강한 불 연기를 느꼈지만" 어디서 불이 났는지는 찾을 수 없었다고 말했다. 스콧은 발화 지점을 찾는 데 동참하러 뛰어 내려갔다. 한 사람이 부엌의 찬장 뒤에 있는, 예전에 그들이 결코 그 틈을 막지 못했던 쥐구멍을 기억해 냈다. 궤짝을 벽에서 치우자, 그 구멍에서 연기 기둥이 피어오르는 것이 보였다. 스콧은 황급히 아래층으로 달려가 창고로 통하는 문 여러 개를 열어젖혔다. "그곳에서 매우 강한 연기와 악취가 나서 우리는 거의 질식할 뻔했다. 통풍구가 없었기 때문에 연기가 매우 짙었고, 따라서 우리는 불이 어디에서 났는지 인지할 수 없었다." 즉각적인 위험은 문 바로 안쪽에 있던 두 통의 화약이었다. 화약통은 이미 매우 뜨거웠지만, 스콧과 그의 부하들은 화약통을 굴려 건물 바깥의 안전한 곳으로 빼냈다. 그들이 다시 창고로 돌아갔을 때, 그들이 들고 있던 촛불은 산소 부족으로 인해 깜빡거렸다. 열두 개의 큰 초를 묶어 횃불로 만들고 나서야, 그들은 연기가 자욱한 어둠 속을 헤치고 들어가 보관된 물품들을 꺼낼 수 있었다. 이쯤 되자 소동은 중국인 이웃들의 주목을 끌었고, 스콧은 도움을 요청하며 그들을 들여보냈다.

한 중국인 상인이 제안했다. "지붕에 구멍을 뚫고 물을 붓는 게 어떻겠소?" 그러나 스콧은 거절했다. 그는 위쪽에 구멍을 내면 불길이 그 구멍을 통해 빠져나가 "우리가 물을 절반도 붓기 전에 초가 지붕으로 치솟아 오를 것이며, 그렇게 되면 머리 위와 발 밑에서 불길이 치솟고, 우리를 둘러싼 모든 건물에 불이 타올라, 한 푼의 재산도 건질 수 없을 것"이라고 우려했다.

"그렇다면 벽을 허물어버립시다. 그게 훨씬 빠를 것이오." 또 다른 중국 상인이 제안했다. 그러나 스콧은 그러한 조치로 인해 화재 구조 작업이 회사 상품에 대한 무질서한 쟁탈전으로 비화할 것을 우려했다. 그는 사람들이 창고 문으로만 드나들게 하여 구조 작업이 질서정연하게 진행되기를 원했다. 아울러 그는 자신과 부관이 밖으로 나오는 보따리를 하나하나 확인해 울타리 건너편의 중국인들에게 슬쩍 던져지는 물건이 없도록 통제하려 했다.

스콧은 문득 자신의 침실에 있는 상자 속에 숨겨둔 금 1,000파운드가 생각났다. 그는 이것을 잃을 수 없었기에, 궤짝을 꺼내어 연못에 던져 넣으려는 생각으로 급히 방으로 뛰어들어갔다. 그러나 침실에 도달했을 때, 그는 상자를 그곳에 남겨두기로 마음을 바꾸었다. 식당 쪽을 살펴보니, 중국인 몇 명이 아래층 창고의 벽돌 천장을 뚫으려 하고 있었다. 그는 그들의 의도가 약탈에 있다고 의심하여 거칠게 내쫓았다. 다시 바깥으로 나간 그는 창고 비우기를 돕고 있는 사람들에게 표 40장을 나눠주며, 다음 날 아침에 1인당 1페소씩 지급하겠다고 약속했다. 스콧은 그것이 반 시간 가량의 노동을 위로할 충분한 보상이라고 생각했으나, 그들은 자신들이 스콧의 엄청난 손실을 막아주고 있으니 더 많은 보상을 받아야 한다고 투덜거렸다.

모든 짐을 꺼내고 불길이 꺼진 뒤, 스콧은 화재 현장을 둘러보았다. "우리의 건물과 마당은 마치 적에게 약탈당한 작은 마을처럼 어질러져 있었고, 물건들은 반쯤 타버리거나 진흙과 먼지 속에 짓밟혀 있었으며, 불과 물로 인해 많은 것이 망가졌다."

화재가 어떻게 시작되었는지에 대한 답이 다음 날 아침에 밝혀졌다. 반탐에서 일하는 한 영국인 외과 의사가 와서 그날 아침 한 네덜란드인 환자와 나눈 이야기를 알려주었다. 그 네덜란드인 환자는 중국인 벽돌공에게서 "중국인이 불을 질렀다"라는 말을 들었다고 했다. 영국인 의사는 창고 안에서 열기와 연기가 가장 심했던 방을 보여 달라고 요청했다. 이곳저곳을 살펴본 뒤, 그들은 마룻바닥의 널 가운데 하나에서 작은 구멍을 발견했다. 스콧은 그 구멍에 막대기를 찔러보았지만, 막대기는 바닥에 닿지 않았다. 그는 도끼를 가져오게 하여 널을 뜯어냈다. 그 바로 밑에는 남쪽, 곧 울타리 너머 중국인 여관 방향으로 이어지는 굴이 나 있었다. 영국인 중 한 명이 그 구멍으로 내려가 보니, 사람들이 창고에서 물건을 운반해 이웃집으로 빼돌리기에 충분한 땅굴이 있었다.

스콧은 부하 세 명을 데리고 몰래 그 여관으로 향했다. 그는 한 사람을 문에 세워 도망을 막게 한 뒤, 두 사람과 함께 안으로 들이닥쳐 첫 번째 방에서 발견한 세 명을 붙잡았다. 그러나 옆 방에 있던 다른 두 명은 영국인들에게 붙잡히기 전에 뒷문으로 달아나 버렸다. 스콧은 붙잡은 세 명을 영국인 구역으로 끌고 가 쇠사슬로 묶어두고는, 법의 심판을 요구하기 위해 반탐의 법정으로 향했다.

이 사건에 대해 우리가 알 수 있는 것은, 스콧이 1605년 런던으로 귀환한 다음 해에 출간한 회고록, 『동인도의 미묘함, 풍속, 정책, 종교, 의례에 관한 정확한 담론(*An Exact Discourse of the Subtilties, Fashions, Pollicies, Religion, and Ceremonies of the East Indians*)』 덕분이다. 이 책은 영국인이 아시아 시장에 침투하려고 노력하던 와중에 겪었던 온갖 어려움에 대한 흥미로운 이야기로 가득하지만, 동시에 해외에서 활동한 중국인들의 삶과 고난에 대한 흥미로운 정보도 가득 담고 있다. 중국 상인들은 상세한 기록을 남겼지만, 반탐에서의 기록은 전혀 남아 있지 않다. 우리는 오직 유럽의 기록을 통해서만 그들의 이야기를 엿볼 수 있을 뿐이다. 물론 스콧의 시각은 그의 무지와 불안으로 인해 크게 왜곡되어 있기는 하지만, 그의 회고록과 같은 자료가 없다면 우리가 반탐의 중국인 공동체에 접근할 방법이 없었을 것이다.

남중국해의 무역조건

반탐은 그 이전 수십 년간 형성된 광대한 무역망의 중심 결절점으로, 남중국해와 그 너머를 오가며 상품을 교역하는 체계의 핵심에 있었다. 이 무역에서 유럽인은 처음에는 필수적인 존재가 아니었으나, 이 지역 시장을 공격적으로 파고들며 구매 대금으로 지불하기 위해 가져온 귀금속을 공급하면서 점차 더 큰 역할을 하기 시작했고, 마침내 그 상층부를 지배했다. 스콧이 도착한 1603년 무렵, 포르투갈인은 중국 남부 해안의 마카오를, 스페인인은 자신들이 필리핀이라고 부른 곳에 있는 루손(Luzon)섬의 마닐라를 보유했으며, 네덜란드인은 이제 막 반탐에 거점을 세운 참이었다. 과거 아시아 내부의 무역 체제가 이제 국제적인 성격을 띤 것이다.

반탐은 수마트라와 자바 사이 순다 해협 입구의 바로 안쪽에 자리하여, 남중국해 남부 해역과 더 나아가 향신료 제도로 이어지는 길목에 위치한 천혜의 큰 항구를 갖춘 곳이었다.([지도 4] 참조). 그 도시는 해안을 따라 세 개의 구역으로 나뉘어 있었고, 각 구역이 고유한 시장 광장을 중심으로 형성되어 있었다. 반탐의 중앙부는 왕실 구역으로, 대포가 일정한 간격으로 배치된 벽돌 벽으로 둘러싸여 있었다. 시내 중심부의 넓은 광장은 왕이 회의를 소집하고 법정을 주재하는 곳이었다. 광장에서는 또한 아침 시장도 열렸다. 왕의 궁궐은 광장 남쪽에 있었고, 샤반다르(shāhbandar) 즉 항만 감독관의 관사는 광장의 동쪽에, 모스크는 광장의 서쪽에 있었다. 벽으로 둘러싸인 도시의 나머지 부분을 귀족들의 저택이 점유했다([그림 11] 참조).

목책으로 둘러싸인 반탐의 나머지 두 구역은 좁은 강을 사이에 두고 왕실 구역의 동편과 서편에 각각 날개처럼 펼쳐져 있었다. 서쪽에는 파치난(Pacinan), 곧 차이나타운이 있었다. 스콧의 기록에 따르면, 그가 머물던 시기에 파치난의 주택과 창고가 끊임없이 발생하는 화재를 견디기 위해 대부분 벽돌로 개축되었다. 외국인에게 별도의 구역을 할당하는 것이 이슬람 항구 도시의 관행이었기 때문에, 중국인뿐만 아니라 네덜란드인, 나

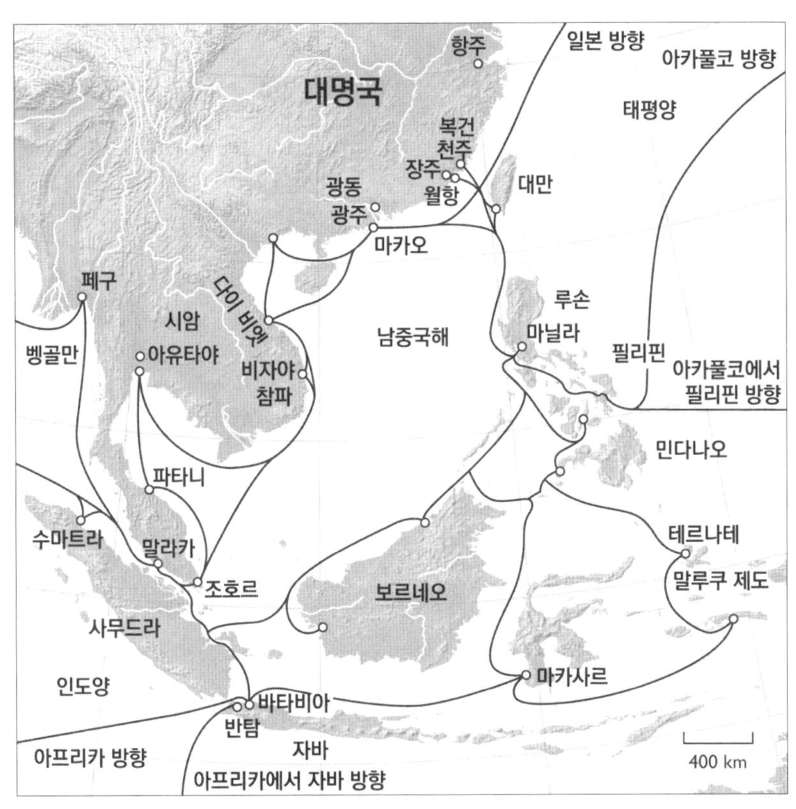

[지도 4] 남중국 주변의 해상로, 1604년경

중에는 영국인까지도 파치난에 가옥을 마련하라는 지시를 받았다. 바로 이 때문에 스콧에게 중국인 이웃이 있었던 것이다. 반탐의 동쪽 구역은 영국인이 '대시장(Great Market)'이라고 불렀던 카랑가투(Karangatu) 시장의 주위에 형성되었다. 이곳에서는 쌀·설탕·향료 등의 수출입 거래뿐만 아니라, 과일에서 칼에 이르기까지 일상 용품의 판매가 대부분 이루어졌다. 한편 후추 특유의 냄새 때문에, 후추 도매 무역은 시장의 동쪽 울타리 바깥에서 별도로 처리되었다. 시장 내부에는 중국, 벵골, 구자라트 상인들이 점포를 설치하고 대량 거래를 도맡아 했다.

다양한 공동체의 도시였던 반탐에는 동아시아와 남아시아의 전역에서 상인과 노동자 들이 모여들었다. 그 가운데 중국인이 상인과 숙련 노동자로 이루어진 지배적인 공동체를 구성했다. 그들은 동아시아 대부분 지역과의 무역을 장악했을 뿐 아니라, 현지 상품의 생산자였다. 그들은 구릉지에서 후추를 재배하고 수확하여 도시로 운반했다. 또한 반탐의 농부이자 건설업자, 양조업자와 요리사, 재단사이자 가구 제작자, 도선사와 선원이었다.

유럽인이 반탐의 무역 네트워크에 진입할 수 있었던 것은 멕시코와 페루의 식민지로부터 막대한 스페인 은을 횡재한 덕분이었다. 아메리카 대륙의 은이 유럽과 아시아에 대량으로 유입된 결과, 남중국해의 경제는 계절적인 무역이 시행되는 느슨한 네트워크에서 정기적으로 상품이 교환되는 통합된 체제로 바뀌었다. 중국 상품에 대한 유럽의 수요와 대량의 은을 흡수할 수 있는 중국 경제의 능력이 결합하면서, 중국 상인이 전체 체제의 중심으로 자리매김했다. 그들의 참여 없이는, 우리가 초기 근대의 세계 경제(global economy)라 부를 만한 체제가 형성될 수 없었다.

앞선 장에서 살펴본 바와 같이, 명나라 조정은 중국인과 외국인 간의 사무역 허용을 주저했다. 1525년 가정제가 내린 연해 무역 금지 조치는 그의 생존 기간 내내 유지되었다. 당시 바깥 세계의 대양에서 일어나고 있던 상황 변화에 적극적으로 대응하기 위해 중국 동남부 해안 지역에 세 곳

[그림 11] 네덜란드의 판화가 밥티스타 판 두테쿰(Baptista van Doetecum)은 1596년 얀 하위헌 판 린스호턴(Jan Huygen van Linschoten)의 여행기 이티네라리오(Itinerario)의 출간을 위해 이 반탐(Bantam) 지도를 제작했다. 이 지도는 출판 후 몇 년 뒤 별도로 인쇄되어 수작업으로 채색된 판본일 가능성이 크다. 지도의 시점은 남쪽을 향해 항구에서 도시를 바라보는 구도로, 항구에는 유럽과 아시아의 선박들이 닻을 내리고 있다. 중앙에는 왕의 도성이 있으며, 왼쪽의 넓은 공터와 점포들은 대시장(Great Market)을 나타낸다. 오른쪽의 울타리로 둘러싸인 구역은 중국인과 유럽인을 포함한 외국 상인이 격리되어 머물던 거주지였다.

의 시박사를 부활하려는 시도가 1561년에 있었으나, 육부(六部)에서 논의되었을 뿐 더 높은 단계로 나아가지 못했다. 1567년 1월 가정제가 서거한 이후에야 그의 아들 융경제(隆慶帝)는 해금령을 완화할 수 있었다. 이러한 해금의 종식은 기묘할 정도로 시의적절하게도 아메리카 은이 세계 시장에 등장한 것과 같은 시기에 이루어졌다. 아메리카 은이 필리핀·태국·중국·몰루카 제도·일본 등지로 흘러들면서, 남중국해 무역 네트워크는 마다가스카르·멕시코·마드리드와 같은 먼 지역들까지 연결하는 국제 경제로 탈바꿈했다. 이러한 변화가 없었더라면 에드먼드 스콧은 1604년 반탐에 있지 않았을 것이고, 그와 상대하던 다수의 중국 상인 역시 그곳에 없었을 것이다. 유럽인들은 은을 가지고 왔고, 중국인들은 상품을 가지고 왔다.

명나라 조정이 외국인의 중국 영토 내 무역을 허용하지 않았기 때문에, 대외무역은 인근 해상에서 이루어질 수밖에 없었다. 예외는 마카오였다. 바다를 향해 길게 뻗은 좁고 긴 반도인 마카오는 1557년부터 포르투갈인이 비공식적으로 상륙해 선박을 수리할 수 있도록 허용된 곳이었다. 이 시기 중국의 자료들은 반탐에 대해서는 침묵하지만, 마카오에 대해서는 많은 기록을 남기고 있다. 마카오는 중국 최초의 대외무역 도시로, 많은 중국인을 끌어들였다. 은세공인에서 매춘부에 이르기까지 모두 생계를 위해 마카오로 몰려들었다. 그러나 마카오에 만연한 밀수는 관료 사회에 큰 불안감을 불러일으켰다. 적지 않은 관료와 사대부가 마카오에 직접 들어가 이들 외국인이 어떤 자들인지 확인했으며, 그곳에서 마주한 번화한 도시의 모습에 크게 놀라곤 했다.

16세기 말~17세기 초 광주에 부임한 관료였던 왕임형(王臨亨)은 "지금 마카오에 모인 자들은 가히 만여 가(家)에 이르며 이미 십여 만 명이 된다"라고 들었다. 그는 유럽인과 직접 이야기해 본 적은 없었을지 모르지만, 그들에게 강한 흥미를 느끼고 있었다. 1603년 사망 직전에 편찬한 회고록에서, 그는 여덟 개의 장(章) 가운데 하나를 유럽인에 대한 정보에 할애했다. 그는 이렇게 묘사했다. "서양 사람은 눈이 깊고 코가 높으며 대머리에 수염이 구불구불하다. 꽃무늬 옷을 입는데, 그 장식의 정교함이 눈을 사로잡을 정도이다. 그들의 말은 '탱리고도(撐犁孤塗)'처럼 들리며 전혀 이해할 수 없다."[1] 1601년 포르투갈인들이 포로로 잡았다가 명나라에 인도한 여섯 명의 네덜란드인 선원에 대해, 왕임형은 "그 사람들의 수염과 머리카락은 모두 붉고 눈은 둥글며 키는 1장(丈)가량 된다"라고 전했다.

그러나 왕임형의 눈을 가장 사로잡은 것은 유럽인의 뛰어난 공예(工藝)였다. 그는 유럽인이 먹고 쓰는 모든 것이 최고의 솜씨로 제작되었다고 기록했다. 어느 날 환관 징세관이 외국인들에게서 받은 열 개의 과자와 포도주 한 병을 쟁반째로 그에게 건넸을 때, 왕임형은 그것들에 매료되었다. 왕임형은 포도주는 아껴두고 과자는 맛보았는데, 각각 다른 맛과 기발한 장식에 감탄했다. 그것은 중국의 제과 장인이 만들 수 있는 수준을 훨씬 뛰어넘는 솜씨였다. 그는 심지어 쟁반 위를 덮은 정교한 무늬의 리넨 냅킨에도 주목했는데, "제작 솜씨가 매우 뛰어나" 소주(蘇州)의 직공들이 결코 만들 수 없는 물건으로 여겼다. 또한 그는 유럽의 회화와 조각상의 사실성에 대해서도 언급했다. 이는 그가 오늘날까지 남아 있는 마카오의 성 바울(St. Paul) 성당을 직접 방문했음을 시사한다. 그는 친구의 일화를 흥미롭게 전했는데, 그 친구가 조각상이 살아 있는 사람인 줄 알고 다가가 말을 걸었다는 것이었다. 또한 왕임형은 성 바울 성당 안에서 오르간, 버지널(virginal, 건반 악기의 종류), 그리고 소리를 내는 물시계를 보았다고 기록하면서, 이러한 기계장치를 제작한 장인들의 솜씨에 경이로움을 느꼈다.

왕임형은 이러한 경이로움의 중심에 무역이 있음을 이해했다. 그는 유럽의 선박들이 4월이나 5월에 무역을 위해 마카오에 도착하고, 이후 일본

---

1   포르투갈어의 발음을 받아적을 수 없었던 왕임형은 여기서 과거 한나라 시기에 '텡그리의 아들'을 의미하는 흉노의 칭호를 '탱리고도'로 전사했던 사례를 빌려왔다. 이는 포르투갈 말을 알아들을 수 없다고 말하기 위한 그만의 방식이었다.

이나 동아시아의 다른 곳으로 가서 거래를 모색하고 화물을 적재한 뒤 귀환한다고 기록했다. 여기에 투입되는 자본은 막대했다. 왕임형은 세 척의 배가 주강 어귀에 도착하는 것을 목격했다고 전하면서, 각각의 배가 "은 30만 냥을 가지고 와서 납세를 위해 징세관(그에게 과자와 포도주를 보내 준 바로 그 징세관이다)에게 보냈고," 그 대가로 "그들이 성에 들어와 백성과 교역하는 것이 허가되었다"라고 썼다. 이러한 재력에 그는 놀라는 동시에 마음이 불편하기도 했다. 외국의 선박은 주강 하구의 마카오에 머물다가, 연례 정기시가 끝나면 곧바로 광주를 떠나야 했다. 그러나 "세월이 흘러 법이 해이해졌다." 외국 상인들이 중국 관료들에게 뇌물을 먹여 밀수를 눈감게 했던 것이다. "법을 철저히 하여 통제할 수 없었기에, 일단은 잠시 편의에 따랐다." 왕임형은 일부 관료가 무역을 중앙정부가 설정한 한도 안에 두고자 했음을 언급하면서도, "그러나 오랑캐들은 금전이 매우 많아 한 번 가서 수십 배의 이익을 얻으니, 법이 비록 엄하지만 금지할 수 없다"라고 덧붙였다. 왕임형은 무역을 폐쇄하는 것을 옹호하지 않았지만, 그로 인해 생겨나는 부패의 가능성을 우려했다.

반탐에 살던 중국인 가운데 외국인에 대한 인상을 기록으로 남긴 이는 없었다. 우리가 아는 것은 오직 영국인과 네덜란드인의 기록뿐인데, 그들 역시 불편한 경쟁자라는 시각에서 글을 썼다. 스콧은 짜증 섞인 순간에 다음과 같이 썼다. "자바인과 중국인은 지위고하를 막론하고 모두가 악당이다. 그들에게서 눈곱만큼의 품위도 찾아볼 수 없다. 만약 샤반다르와 제독, 그리고 한두 명의 인물이 없었더라면, 기독교인이 그들 사이에서 벽돌이나 돌로 지은 요새나 튼튼한 가옥 없이는 살 수 없을 것이다." 그러나 스콧은 또 다른 대목에서는 무역을 함께한 중국인 파트너들, 즉 그와 물품을 사고팔고, 물자를 보관해 주고, 현지 정치 소식을 전해주던 이를 호의적으로 묘사하며, "우리의 친구들"이라 불렀다. 그러나 스콧의 회고록은 중국인 파트너들에 대해 그리 많은 이야기를 담고 있지 않다. 그 책은 적대적인 환경에서 사업을 운영하는 데 따르는 끝없는 난관, 상관의 대표로서 관리해야 했던 갈등, 그리고 영국인이 공정하게 대우받고 판결받는 것을 보장받기 위해 그가 기울인 끊임없는 노력을 주로 다루고 있다. 출판사는 스콧의 회고록을 "동인도인뿐 아니라 중국인과 자바인의 풍속, 정책, 종교, 의례에 관한 보고서"로 선전했으며, 실제로 그 안에는 상당한 민족지적 정보가 들어 있기도 했다. 그러나 그의 회고록은 본질적으로 한 편의 도덕률에 관한 이야기였다. 즉 영국인이 '법의 지배(the rule of law)'를 옹호한다는 것(스콧은 이것이 영국인의 선천적인 능력이라고 느꼈다)을 널리 알림으로써 영국인의 도덕적 우월성을 확고히 하기 위해서였다.

역내 사법권과 치외법권

스콧이 법에 대해 큰 관심을 기울인 것은 그가 반탐에 도착했을 당시 그 도시가 20년에 걸쳐 진행된 정치적 위기 속에 있었기 때문이다. 이 위기의 원인은 반탐의 상업적 성공에 있었다. 상업적 성공으로 인해 많은 상인과 노동자가 유입되었는데, 이들은 대부분 남성이었다. 처음에 그들은 인근 지역에서 몰려들었지만(이들 가운데 중국인이 단연코 가장 큰 집단을 이루었다), 결국에는 북유럽처럼 먼 곳에서도 찾아왔다. 이러한 이주민들의 존재는 토지에 기반을 둔 현지의 귀족에게 풍요와 위협을 동시에 안겨주었다. 귀족들은 상인들이 자기들에게 일용품과 사치품을 제공해줄 것을 기대했지, 그들과 사회적으로 동등한 존재로 경쟁하기를 원하지 않았다. 그러나 시간이 흐르면서 왕실은 무역에 필요한 문해력과 수리력과 조직 기술을 지닌 이들 가운데에서 행정 관리를 채용했다. 현지의 구(舊) 귀족들은 이러한 상황에 불만을 느꼈다.

이러한 인물들이 국가의 상층부로 진입하면서 토착 귀족과 외국 출신 전문가 사이에 구분이 흐려졌으나, 여전히 누가 '팡에란(pangeran, 현지 귀족)'이고 누가 '퐁가와(ponggawa, 상인 출신의 행정관)'인지 모두가 알고 있었다. 스콧이 있던 당시 반탐의 섭정은 팡에란이었지만, 그의 전임 섭정은 퐁가와였다. (스콧이 떠나고 3년 뒤, 섭정직을 잃은 것에 불만을 품은 풍가와 파벌이 섭정을 살해했지만 차기 섭정직을 확보하는 데는 실패했다. 섭정직이 또 다른 팡에란, 즉 왕의 삼촌에게 갔기 때문이다. 왕의 삼촌은 1620년대까지 자신을 축출하려는 풍가와들의 시도를 견뎌냈다. 그러자 풍가와 파벌은 반탐을 버리고 자카르타로 향했다. 네덜란드인은 이 새로운 상황을 활용해 풍가와들과 함께 자카르타로 이주해 그곳을 식민 근거지로 삼았다. 그러나 이러한 결과는 미래에 일어날 일이었다). 스콧은 이러한 갈등의 깊이를 미처 알지 못했던 것으로 보인다. 그런데도 내가 이것을 굳이 언급한 것은, 스콧이 사법 조치를 요구했던 화재 사건에 대한 반탐 조정의 대응 방식에 이 갈등이 내재되어 있기 때문이다.

반탐은 초가지붕을 얹은 나무와 대나무 건물이 빽빽이 들어선 도시였기 때문에, "그 나라의 법"에 따르면 방화에 대한 형벌은 사형이었다. 스콧은 화재가 일어난 다음 날 조정에 가서 사법 처리를 요구했다. 당시 국왕은 압둘 카디르(Abdul Kadir)였는데, 스콧이 처음 만났을 때 열두 살 소년이었다. (놀랍게도 압둘 카디르는 1651년 사망할 때까지 왕위를 유지했다). 조정에서 가장 힘 있는 사람은 국왕의 어머니 냐이 게데 워노기리(Nyai Gede Wonogiri)였다. 스콧은 특별한 호의를 얻기 위해 이따금 그녀를 찾아갔지만, 언제나 그 대가를 지불해야 했다. 국가의 공무는 섭정이 처리했는데, 당시의 섭정은 카마라(Camara)라는 이름의 팡에란이었다. 그는 압둘 카디르의 모친과 결혼했는데, 이 혼인은 아마도 권력을 얻기 위한 거래였을 것이다. 스콧이 상대한 또 다른 두 명의 권력자가 있었다. 한 명은 응아베히(Ngabehi)로, 국왕의 갤리선 사령관이자 치안 책임자이며, 외국인들이 문제를 해결하기 위해 찾아가는 인물이었다. 스콧은 그를 "우리의 매우 좋은 친구"라고 불렀다. 다른 한 사람은 샤반다르였는데, 이 직책은 계절풍 지대 전역에서 항구 감독관을 가리키는 페르시아어 용어였다. 이 둘은 모두 풍가와였고, 그중 샤반다르는 타밀인이었다고 전해진다.

스콧이 반탐의 조정에 법적인 문제를 제기한 것은 이번 동인도회사 창고 화재 사건이 처음이 아니었다. 작년 여름 그의 부하들은 자기들 거주 구역의 초가지붕에 방화를 시도한 자바인 노예를 붙잡았다. 그 노예는 불을 놓은 뒤 혼란을 틈타 재산을 훔치려는 속셈이었다. (당시 반탐에 있는 대부분의 자바인은 팡에란과 퐁가와 주인에게 예속된 노예였다). 스콧은 처벌을 위해 그를 응아베히에게 데리고 갔다. 응아베히는 다시 방화범을 왕에게 보냈지만, 자바인 노예의 주인이 왕의 친구였기 때문에 어떠한 처벌도 이루어지지 않았다. 팡에란은 자신들이 법 위에, 심지어 왕이 정한 법보다도 위에 있다고 여겼다. 이후 다른 맥락에서 응아베히는 스콧에게 이렇게 말했다. "이곳 유력자들은 일종의 궁핍한 가난뱅이에 불과해 이곳에 무역하러 온 당신 같은 상인들의 재산을 노린다. 만약 당신에게 튼튼한 가옥과 특별히 좋은 경비가 없었더라면, 벌써 오래전에 당신의 목이 떨어졌을 것이다." 스콧이 그의 말을 제대로 이해했는지는 분명치 않지만, 이것은 한 퐁가와의 팡에란을 경계하라는 경고였다.

얼마 지나지 않아 같은 자바인은 또다시 용의선상에 올랐다. 이번에는 한 네덜란드인 살인사건과 관련해서였다. 네덜란드인들은 조정에 몰려가 그 자바인을 처형하라고 소리쳤다. 그러나 두 가지 문제가 있었다. 첫째, 그가 범인이라는 증거가 없었다. 둘째, 유럽에서는 살인에 대한 처벌이 사형이었을지 모르나 반탐에서는 그렇지 않았다. 이러한 차이로 인해 네덜란드인들은 섭정에게 역내 사법권(territorial justice)을 적용하면서도 치외법권적인 판결을 선고해 달라고 요구하는 처지에 놓였다.

'치외법권(extraterritoriality)'은 외국인이 다른 법이 적용되는 영토 안에 있는 경우에도 자국의 법을 적용받을 수 있도록 허용하는 법적 장치다. 이 개념은 우리 주변에 여전히 있는데, 가장 흔한 예로는 외교관의 면책 특권을 들 수 있다. 통치자가 외국인 문제에 대해 자국의 법을 적용할 수 있는가의 문제는 19세기까지 유럽 상인과 아시아 통치자 간의 관계에서 큰 장애물이 되었으며, 가장 두드러지는 사례는 아편전쟁이었다. 당시 영국은 중국을 압박하여 영국 국민들에게 공식적인 치외법권적 지위를 부여하고 중국 법정의 일방적인 관할권에서 벗어나게 했다. 이와 같이 중국

법으로부터 외국인 면제 조치는 1943년에야 끝나는데, 이는 당시 일본이 중국에서 자국의 치외법권을 포기했기 때문이다. 당시 중국 영토의 3분의 1이 일본군의 점령하에 있던 상황에서, 이는 공허한 조치에 불과했다. 그러나 이러한 조치는 중국인들 사이에서 어느 정도 인기가 있었고, 일본의 적국에 같은 양보를 하도록 압박하는 효과가 있었다.

실제로 현지 통치자들은 현지법과 외국법의 조항이 대체로 일치하는 사안(예컨대 절도)에 대해서 종종 외국인에게 일정한 사법 기능을 위임하곤 했다. 스콧이 반탐에 도착한 지 얼마 되지 않았을 때, 반탐의 왕은 영국 동인도회사의 첫 항해 지휘관에게 "밤에 영국인의 가옥과 관련하여 붙잡힌 사람은 (즉 야간에 가택 침입으로 체포된 사람은) 누구든 죽여도 된다"라고 말했다. 네다섯 명의 침입자가 사살된 뒤 "우리는 어느 정도 평화롭고 조용하게 살 수 있었다." 국왕은 이 사안에 사법권을 행사해야 할 필요성을 느끼지 않았고, 자신의 백성인 도둑들의 처리를 영국인들에게 맡겼다. 이렇게 위임받은 권한은 점차 확대되어, 마침내 동인도회사 단지를 넘어 도시 서쪽 구역인 파치난 전역에서 도둑을 쫓아낼 수 있는 권한까지 포함했다.

외국에서 범죄를 저지른 자국 신민을 처벌할 권한을 그 범죄가 발생한 당사국의 주권자에게 넘기는 것은 드문 일이 아니었다. 1600년에 일본 최후의 막부(幕府)를 설립한 쇼군 도쿠가와 이에야스는 동남아시아의 통치자들에게 통보하기를, 그들의 관할권 내에서 일본인이 범죄를 저지른다면 "당신들의 법률에 따라 즉시 처벌하라"고 했다. 외국 군주에게 일본인을 처벌할 권한을 부여한 것이었으니, 도쿠가와 이에야스는 치외법권적 특권을 포기한 셈이었다. 반면 영국인이 반탐에서 누린 권리는 달랐다. 반탐의 왕은 영국인에게 반탐의 영국 상관을 지키는 것에 대해서는 역내 사법권을 부여했지만, 사법권의 다른 사안에 대해서는 허용하지 않았다. 네덜란드인들이 살인사건에서 국왕의 숙부인 카마라에게 요구한 것은 또 달랐다. 즉 역내 사법 당국이 그 영토 안에서 행해진 자국민의 범죄에 대해 치외법권적인 형벌을 내릴 것을 요구한 것이다. 이러한 변형된 형태들이 용인되었다는 것은, 각기 다양한 사람들이 한데 모여 살면서도 외부의 단일한 주권 당국에만 의존하기 어려운 공간에서 흔히 나타났던 '법 다원주의(legal pluralism)'의 한 단면을 보여 준다.

카마라는 네덜란드인에게 일반 원칙의 차원에서 어떤 규칙이 적용되어야 한다고 생각하는지 물었다. "당신들이 무역을 하러 어떤 나라에 올 때, 당신들의 법을 가지고 오는가? 아니면 그 나라의 법을 따르는 것인가?" 이것이 문제의 핵심이었고, 섭정이 특히 우려하던 문제였다. 네덜란드인들은 법적 조정자로서 그의 권위를 받아들였을까? 아마도 후대 유럽 식민주의의 역사를 고려하면 놀라운 일이겠지만, 그들은 그의 권위를 받아들였다.

네덜란드 대표단의 우두머리가 답했다. "우리가 배 위에 있을 때는 우리 자신의 법을 따른다." 공해 상에서 자국의 법을 적용한다는 이 원칙은 오늘날까지도 표준적인 관행으로 이어지고 있다. "그러나 상륙한 경우라면 우리는 상륙한 나라의 법 아래에 있다." 네덜란드인은 아직 치외법권적인 특권을 요구하지 않았다. 그것은 좀 더 나중의 일이다.

"그렇다면 우리나라의 법을 말해주겠소." 카마라가 말했다. "누군가 노예를 죽인다면, 그는 20개의 에이트(eight)를 지불해야 하오. 만약 그가 자유민을 죽인다면 50개의 에이트를 지불해야 하고, 귀족을 죽인다면 100개의 에이트를 지불해야 하오."(여기서 '에이트'는 멕시코에서 주조된 스페인 페소를 지칭하며, 당시 반탐 지역의 표준 무역 결제통화로 자리 잡고 있었다. 1604년 무렵 가장 널리 통용되는 화폐가 스페인 은화였다는 사실은 외국 무역이 일상에 깊숙이 침투했다는 증거로 주목할 필요가 있다.)

유럽의 법에서 이러한 형벌은 '피에 대한 벌금(bloodwit, 게르만 지역에서는 weregild)'으로 알려졌었지만, 이미 약 3세기 전에 사라진 관행이었다. 네덜란드인은 이러한 법에 불만을 품었다. 그들의 법 문화에서 죽음은 죽음으로 대가를 치러야만 했지만, 현지에서 그 기준을 강요할 수는 없었다. 반탐의 역내 사법권을 인정한 네덜란드인들은 섭정이 이 피의 대가에 관한 문서에 서명할 것을 요구했다. 그러나 네덜란드인들은 실제로는 지불금의 수령을 거부함으로써 반탐의 역내 사법권 수용에 미묘한 단서를 달았다. 겉으로는 그것이 명예의 문제라고 포장했지만, 사실상 반탐의 사법권을 전적으로 인정하지는 않겠다는 묵시적 거부였다.

이듬해 4월, 영국인이 외국인이 얽힌 살인사건에 휘말렸다. 사건의 중심에는 스콧이 '물라토(mulatto)'로 지칭한 남성이 있었다. '물라토'는 당시 유럽계(백인)와 아시아계(흑인)의 혼혈인 사람을 지칭하는 용어인데, 오늘날에는 거의 쓰이지 않는 표현이다(2000년 미국 인구조사에서는 여전히 하나의 범주로 남아 있긴 했다). 여기서는 그에 대해 우리가 새롭게 규정할 만한 충분한 정보가 없기에 편의상 '물라토'라는 원문 표현을 따른다. 스콧의 설명에 따르면, 그 물라토는 벵골만 동편에 있는 페구(Pegu)의 무역항에서 온 기독교인이었고, 과거 포르투갈인들 사이에서 자랐다. 그는 영국의 배를 타고 시암에서 반탐으로 왔고, 당시 동인도회사의 영국인 숙소에 머물고 있었다. 그러던 중 그는 네덜란드 선박의 선원으로 파타니(Patani)에서 막 도착한 같은 페구 출신 동포를 만났다. 두 사람은 술을 마시러 나갔다가, 역시 술에 취한 그 배의 상관인 네덜란드인 장교와 마주쳤다. 그 장교는 페구인 선원에게 배로 돌아가라고 명령했고, 이에 따르지 않자 불복종의 대가로 부하 선원을 때렸다. "술로 인해 머리가 다소 달아올랐던" 물라토 기독교인은 집으로 가서 긴 칼과 단도를 하나씩 챙겼고, 마닐라에서 자란 샤반다르의 노예 친구를 데리고 왔다. 물라토는 네덜란드 장교와 말다툼을 벌이다가 그를 찔렀고, 이어 술에 취한 광기 속에서 페구인 선원까지 찔렀다. 샤반다르의 노예는 도망 쳐서 자기 목숨을 건졌다. 물라토는 영국인 숙소로 돌아가던 길에 우연히 마주친 자바인 한 명을 또 찔렀다.

칼에 찔린 네덜란드 장교는 죽기 전에 자신을 찌른 자가 '흑인 영국인'이라고 지목했다. 이에 네덜란드인 동료들은 영국 동인도회사 단지로 몰려와 피의 보복을 요구했다. 네덜란드인이 보기에 해당 물라토는 현지 법을 적용받는 사람이 아니었고, 따라서 반탐 현지 법에 의해 재판받을 필요가 없었다. 그들은 '피에 대한 벌금'이 적용되어 자신들이 원하는 형벌, 곧 사형이 가로막힐까 우려했다. 스콧은 네덜란드인들이 이 문제로 자기를 압박하는 것을 달가워하지 않았다. 스콧은 치외법권보다는 반탐의 법정에서 이 사건이 다루어지기를 원했다. 샤반다르가 이 사건에 관심을 가졌기 때문이다. 다만 스콧은 "만약 그가 자바인만 죽였더라면, 그 일로는 사형을 당하지 않았을 것"이라고 적었다. 다음날 범인을 내놓으라는 네덜란드인의 요구가 다시 이어지자, 스콧은 그들을 모두 이끌고 조정으로 향했다.

그들이 조정에 도착할 무렵, 섭정 카마라는 이미 사건의 내막을 전해 들은 상태였다. 그는 곧바로 본론으로 들어가, 죽은 자바인에 대한 벌금으로 50개의 에이트(페소)를 청구했다. 유럽인들은 섭정 자신이 서명한 문서에 50개의 에이트가 노예가 아닌 자유민에 대한 '피에 대한 벌금'으로 규정되어 있음을 지적했지만, 이는 아무런 소용이 없었다. 스콧 또한 만약 죄인이 목숨을 박탈당하는 처벌을 받는다면, 그것은 '피에 대한 벌금'이라는 더 가벼운 형벌을 상쇄한다는 점을 지적했다.

카마라가 답했다. "나는 살해당한 네덜란드인과 아무런 관련이 없고, 너희의 법과도 마찬가지로 아무 관련이 없다. 너희들 사이에서는 합의했을지 모르나, 그 자바인에 대해서는 왕이 돈을 받아야만 하고 또한 받을 것이다." 그는 벌금액이 50에이트여야만 한다고 선언했다.

스콧이 대답했다. "나는 차라리 범인을 당신에게 넘기겠소. 그러면 당신은 희생자에 대한 대가로 사람을 얻은 셈이요. 당신이 원한다면 그의 목숨을 살려줄 수도 있을 것이오." 그러나 스콧은 이 말이 받아들여지지 않을 것을 알고 있었다. 그는 50개의 에이트가 그리 대단치 않은 요구이고, 자신이 그 액수를 내지 않을 경우 섭정이 영국인에게 더 큰 해를 끼칠 수도 있다는 것을 잘 알고 있었다. 섭정이 죄수를 살려줄 수도 있다고 스콧이 시사하자, 네덜란드인들은 분노했다. 한 네덜란드인은 끈질기게 주장했다. "설령 세상에 사람이 더 이상 남지 않는다 하더라도 그는 죽어야 한다." 스콧은 이것이 자신이 판단할 문제이지 그들의 문제가 아니라고 응수했는데, 사실은 네덜란드인들을 약 올리려는 말이었다. 스콧은 이미 그 살인범을 죽이기로 결심했다. "그의 행위가 하나님과 인간 앞에 너무나 혐오스러운 것이고, 또한 살해당한 기독교도들의 피가 지하에서 하나님에게 복수해 달라고 울부짖을까 두려웠기" 때문이었다.

논쟁이 폭력으로 번질 것을 두려워한 카마라는 국왕을 밖으로 물러나게 한 뒤, 유럽인들에게는 왕이 다른 업무가 있다고 말했다. 그리고 사안을 신속히 마무리하기 위해 카마라는 정해진 금액인 20개의 에이트를 받겠다고 했다. 네덜란드인들은 그 값을 내고 살인범을 인도받아 자기들이 직접 처형하길 원했다. 그러나 스콧은 자신이 돈을 내고 살인범을 계속 구금하겠다고 주장했다. 네덜란드인들은 스콧이 그 범인을 처형할 것임을 알아차렸고, 이에 스콧의 주장을 받아들였다. 두 명의 네덜란드인은 스콧에게 그 살인범을 고통스럽게 죽여야 한다고 말했다. 한 명은 "그의 다리뼈와 팔뼈를 부러뜨린 후 방치하여 죽게 하라"고 했고, 다른 한 명은 "그의 손과 발을 자른 후 굶겨 죽이라"라고 주장했으나 스콧은 이렇게 대답했다. "그는 이 나라의 통상적인 형벌로 죽게 될 것이며, 그 외의 방식은 없을 것이다." 즉 그는 고통 없이 처형될 것이었다.

스콧은 물라토를 동인도회사 건물로 데리고 가서, 다음 날 아침 처형되기 전에 기독교도로서 스스로 죽음을 준비하라고 말했다. 그러나 물라토는 스콧의 조언을 거부했다. 당시 이 대화를 스페인어를 할 줄 아는 아랍인 기독교도가 엿들었는데, 그 아랍인은 네덜란드의 배를 타고 반탐에 온 사람이었다. 아랍인은 물라토와 마주 앉아, 그의 죄가 죽음을 면치 못할 심각한 것이며, 그가 회개한다면 하나님의 무한한 은혜를 얻을 것이라고 이야기했다. 스콧은 아랍인의 설득력에 놀라움을 금치 못했다. "불과 반시간 안에 그는 물라토를 내가 평생 들어본 그 어떤 사람보다도 깊이 참회하는 자로 바꾸어 놓았다."

스콧은 그제서야 사형 집행인을 불렀다. 사형 집행을 맡은 자는 일주일 전에 사례금을 청하러 스콧을 찾아왔던 인물이었다. 당시 그는 가짜 은화 에이트를 주조한 혐의로 유죄 판결을 받은 중국인 위조범을 처형한 바 있었다. 이 사건을 면밀히 지켜보고 있던 네덜란드인들은 사형 집행인에게 보상으로 2.5개의 에이트를 주었고, 그는 스콧도 네덜란드인들과 같이 사례해야 한다고 생각했다. 스콧은 이 사건이 자신과 아무런 관련이 없다고 말하며 거절했지만, 만약 그의 도움이 필요할 경우 자신은 두 배의 금액으로 사례하겠다고 약속했다. 그리고 이제 스콧은 영국인은 언제나 약속을 잘 지킨다고 선언하며 물라토를 처형하는 대가로 사형 집행인에게 다섯 개의 에이트를 주는 데 합의했다. 사례금을 지불했기 때문에, 스콧은 물라토가 죽기 전에 죄를 고백한다면 평온한 죽음을 맞이할 것이라는 자신의 약속을 지킬 수 있었고, 실제로 그렇게 되었다. 일주일 전에 사형 집행인은 중국인 위조범을 끔찍한 죽음에 이르게 했다. 그러나 스콧은 물라토를 위해 사형 집행인에게 직접 자신의 칼을 주었고, 처형을 한 번에 끝낼 것을 요구했다. 사형 집행인은 그의 요구대로 사형을 집행했는데, 이에 대해 스콧은 "아마도 내가 조만간 더 많은 일을 그에게 맡길 것이라고 생각했기 때문"이라고 적었다.

스콧의 논리(곧 물라토는 '피에 대한 벌금'이나 사형 중 하나로만 처벌될 수 있으며, 두 가지를 동시에 받을 수 없다는 주장)는 실제로 관철되지 않았다. 스콧은 물라토의 살인에 대한 벌금을 지불함으로써 영국 법에 따라 그를 처형할 재량을 얻었다. 그러나 물라토는 서로 다른 관할권에 속한 세 명의 사람을 죽였기 때문에 이론상으로 각각의 법률에 따라 처벌될 수 있었다. 자바인에 대해서는 '피에 대한 벌금'이 지불되었고, 그 이후 별다른 조치가 취해지지 않았다. 네덜란드인 선박 장교에 대해서는 사형이 선고되었다. 그러나 페구 출신 동향인에 대해서는 아무도 신경 쓰는 것 같지 않았다. 그가 네덜란드인에게 고용된 직원이었음에도 불구하고 네덜란드인들은 그를 위해 어떠한 청구도 하지 않았다. 치외법권적인 신병 확보에서 처벌에 이르기까지 전체 과정을 결정했던 것은 물라토의 신분, 곧 그가 기독교인이자 영국인에게 고용된 직원이라는 사실이었다. 만약 살인범이 자바인이었다면 반탐의 법이 우위를 점했을 것이다.

영국의 사법권 행사하기

두 달 뒤, 스콧은 반탐의 법정에 역내 사법권의 행사를 청구했지만, 결국 자신이 직접 역내 사법권을 집행해야 하는 상황에 놓였다. 스콧은 중국인 방화 용의자 세 명의 신병을 확보하고 있었다. 한 명은 이웃한 건물에 사는 남성(스콧이 나중에 입수한 증거에 따르면 그의 이름은 사완(Sawwan)이었던 듯하다)이었고, 다른 한 명은 조르탄(오늘날의 스리비자야)에서 온 중국인이었으며, 세 번째 용의자의 신원은 분명치 않았다. 스콧은 연루된 용의자들이 또 있다는 것을 알고 있었고, 그들 모두를 사법 처리하려 했다. 그는 먼저 자신의 부관을 카마라에게 보내 "사건의 진상이 어떠한지를 알리고, 그의 약속대로 범인들을 색출하여 처벌할 것을 요구"했다. 아침이 되기도 전에 왕의 비서관이 와서 세 번째 용의자가 자신의 친족이라며, 그가 사건에 대해 아무것도 알지 못한다고 보증하고, 만약 반대 증거가 나오면 그때는 그를 다시 넘기겠다고 주장했다. 스콧은 그를 풀어줄 수밖에 없었다. 사완이 무고하다고 나선 이는 없었으나, 몇몇 반탐인들은 조르탄 출신 남자를 변호하려고 스콧에게 접근했다. 용의자를 풀어주고 싶지 않았던 스콧은 그가 잘 대우받을 것이며, 만약 무죄가 입증될 경우 그를 풀어주겠다고 약속했다. 실제로 훗날 그는 석방되었다.

카마라는 다음 날이 되어서야 도착했는데, 스콧은 이를 불쾌해했고 카마라가 이 사건에 연루되었다고 의심했다. 그러나 이후 드러나는 바와 같이 이 의심은 잘못된 것이었다. 스콧은 카마라를 땅굴로 데리고 내려가 무슨 일이 일어났는지를 보여 주었고 처벌을 요구했다. 카마라는 스콧에게 모든 것을 알아서 처리하라고 말했다. 구금된 두 사람은 반탐인이 아니므로, 스콧이 원한다면 어떠한 처벌도 부과할 수 있었다. 카마라는 조르탄

출신 남자가 결백할 가능성이 있다고 생각했지만, 그 판단 역시 스콧에게
맡겨버렸다. 한편 스콧은 무고한 자를 처형하여 대중의 반발을 사는 것을
피하고 싶었고, 더 중요하게는 혹시라도 영국인이 손상을 입었을 때 섭정
이 영국인을 지지해 줄 것임을 보여 주기를 원했다. 그러나 헛된 바람이었
다. 스콧은 스스로 사법권을 행사해야 했다.

스콧은 사완을 처형하기 전에 먼저 그의 자백을 얻어야만 했다. 고문 끝
에 사완은 자백했고 공범들을 지목했다. 사완과 여관 주인 우니에테가 범
행의 설계자였다. 사완은 힌팅과 보이히를 땅굴을 판 사람으로 지목했으
나, 스콧이 현장에서 붙잡은 두 사람 모두 이에 연루되지 않았다. 이러한
자백은 충분치 않았다. 스콧은 사완과 그 일당이 영국 상관이 실패하기를
원하는 "그 나라의 유력자나 부유한 중국인들"에게 사주받았을지 모른다
고 의심했다. 그래서 그는 다시 한번 고문했지만, 사완은 "아무리 고문할
지라도 나는 절대 결백한 자에게 누명 씌우지 않겠다"라고 고함쳤다. 재판
이 무엇을 요구하는지를 이해한 것은 영국인만이 아니었다.

그러나 그날 오후 사완은 자신의 자백을 철회했고, 스콧은 아무런 실질
적인 증거도 없이 다시 원점으로 돌아왔다. 스콧은 다른 전략을 취하기로
결정하고, 사완이 고문 받으며 자백한 것을 되풀이한다면 목숨을 살려주
겠다고 제안했다. 사완이 그렇게 했지만, 스콧은 그가 무언가를 숨기고 있
다고 의심했다. 더는 알아낼 수 없다고 판단한 스콧은 다음 날 아침 그를
처형하라고 명령했다. 스콧은 사완에게 마지막 말을 남기게 했다. 사완이
처형을 위해 끌려 나오자, 많은 자바인이 그의 죽음을 보기 위해 영국 동
인도회사 단지 바깥에 모여들었다. (중국인이 아닌 사람의 처형이 발표되
었을 때 중국인들도 똑같이 행동했다. 그들 중 일부는 영국인이 죽는 것
을 지켜보는 만족감을 얻기를 바라며 물라토의 처형장에 더 일찍 나타났
지만, 사형수가 백인이 아닌 것을 보고 실망했다). 동인도회사 단지 바깥
으로 끌려 나온 사완은 군중을 향해 외쳤다. "영국인은 부유하고, 중국인
은 가난하다. 우리가 할 수 있다면, 왜 영국인으로부터 훔치지 말아야 하

는가?" 스콧은 사완의 이 말을 현지의 중국인과 자바인이 "우리의 상품으로 인해 우리를 증오한다"는 증거 중 하나로 삼았다. 중국인과 영국인 사이에 신뢰가 없는 것만큼 부유한 자와 가난한 자 사이에도 신뢰가 없었다.

사완이 처형된 다음 날, 응아베히는 스콧에게 두 번째 용의자를 데리고 왔다. 그는 방화 혐의를 받는 금세공인이었다. 금세공인은 은화 깎기(은화의 가장자리에서 작은 조각을 깎아내는 것)와 은화 위조(은에 주석과 다른 값싼 금속을 섞는 것)를 저질렀다고 자백했지만, 창고 방화에 대해서는 끝끝내 부인했다. 응아베히는 앞의 혐의만으로도 그를 처형할 수 있었지만, 대신 그를 스콧에게 넘겨주었다. 응아베히 자신이 치안 책임자이자 퐁가와로서, 영국인의 이익을 보호하기 위해 행동할 의지가 있음을 보여 주려는 제스처였다. 금세공인이 그 어떤 것도 말하기를 거부하자 스콧은 또다시 고문에 의지했다. 스콧이 묘사한 바에 따르면, 자기 부하들이 용의자를 불로 지지고, 베고, 구멍 내고, 으스러뜨리고, 개미에게 몸을 물어뜯게 하는 등 온갖 고문을 가했는데, 이는 제임스(James) 1세 시대의 문학 가운데서도 가장 끔찍한 장면 중 하나로 꼽힌다. 이러한 고문 과정은 영국인 구역을 지키도록 배치된 반탐 병사들조차 경악하게 할 지경이었다. 병사들은 스콧에게 차라리 그를 총으로 쏘아 이번 일을 마무리할 것을 간청했으나, 스콧은 경건한 자세로 대답했다. "우리나라에서는, 만약 신사나 군인이 죽어 마땅한 잘못을 저지른다면 총에 맞아 죽는다." 다시 말해 신사도 군인도 아닌 자는 그런 특권이 없다는 뜻이었다. 그러나 해 질 무렵, 결국 스콧은 금세공인의 완강한 침묵 앞에 굴복하고 말았다. 스콧은 그를 말뚝에 묶게 한 뒤 일군의 영국인과 네덜란드인에게 그의 몸이 산산조각 날 때까지 총으로 쏠 것을 명령했다.

스콧은 세 번째 용의자를 반탐 당국에 뇌물을 주고 넘겨받았다. 보이히는 영국 동인도회사 지휘관의 칼을 훔친 전력이 있어 영국인들에게 이미 알려져 있었고, 이 일로 처벌을 받은 적이 있었다. 스콧은 자백을 얻어내기 위해 고문을 할 참이었는데, 보이히는 이미 자백할 준비가 되어 있었다. 덕분에 그는 칼로 단번에 심장을 찌르는 빠른 최후를 맞이할 수 있었다. 보이히는 방화 사건의 주동자로 이웃에 사는 양조업자인 우니에테와 그의 협력자인 사완을 지목했다. 그는 사완이 이미 지목한 바와 같이 자신과 힌팅이 주로 땅굴을 팠음을 인정하면서, 또한 우티, 이콰우, 라콰우, 오니그파요, 휴스칸코우의 다섯 명을 공범으로 지목했다. 그러나 이 무렵 우티는 부적절한 관계를 맺은 여인과 동침했다가 칼에 찔려 죽었고, 이콰우와 라콰우는 자카르타로 도망쳐 잡을 수 없었다. 오니그파요와 휴스칸코우는 두 명의 팡에란에게 보호를 받고 있었기에 건드릴 수 없었다. 한편 우니에테는 구릉 지역으로 도망쳤지만, 그해 겨울 굶주림으로 인해 반탐으로 돌아왔다가 한 부유한 중국인에게 붙잡혀 스콧에게 넘겨졌다. 당시 영국 동인도회사 선박의 입항을 처리하느라 정신이 없었던 스콧은 반탐의 전통적인 방식에 따라 우니에테를 즉결 처형했다. 카마라는 궁정에 부속된 까디(qadi), 즉 샤리아(Sharia) 법관과 상의하여 그 형벌을 확정지었다. 스콧은 "상황이 달랐더라면 그는 이렇게 쉽게 죽지 않았을 것이다"라고 기록했다. 카마라는 우니에테의 재산을 영국 동인도회사에 넘겨주는 것으로 이 사건을 종결했다.

무역과 주권

사법권을 둘러싼 이러한 노력은 스콧에게 중요했다. 스콧의 영국인 공동체는 반탐에서 서로의 인정을 얻기 위해 경쟁하던 사법 공동체들 가운데 가장 작은 집단이었기 때문이다. 스콧은 자신의 회고록에서, 영국인을 반탐에 거주하는 다른 모든 이와 구별해준 것은 "자바인이나 중국인이 우리에게 아주 작은 잘못을 저질렀다 하더라도, 우리가 결코 참지 않고 항상 우리 스스로 사법권을 행사했다"는 점과 "섭정이 우리에게 잘못을 저지른 경우에도, 우리가 그에게 그것을 가차 없이 이야기한다고 널리 알려져 있다"는 점이라고 거듭 주장했다. 수적으로 가장 적었고, 네덜란드인들에게는 경제적으로 밀렸던 영국인들이 상관을 유지할 수 있었던 것은 법적 단호함 혹은 사법권에 대한 명성 덕분이었다.

스콧은 자신이 맞닥뜨린 법적 난제를 원칙에 따라 처리했다고 묘사했지만, 실제 사법적 결론은 상황 변화나 심지어 기분에 따라서도 크게 좌우되었다. 스콧의 해결책은 먼 곳에서 온 상인들이 모여든 아시아의 모든 항구에서 이루어졌던 임기응변의 사례로 보아야 한다. 일회성의 교환은 어떠한 흔적도 남기지 않았지만, 지속적인 상거래는 여러 기반 시설과 제도를 필요로 했다. 항만 시설이 마련되어야 했고, 물품을 보관할 창고와 거주지가 세워져야 했으며, 무역 파트너를 끌어들이고 성적 파트너까지 확보해야 했다. 모든 단계에서 권리를 주장하고 지켜내야 했으며, 그 권리와 절차가 무시되거나 거부될 경우 어떤 권위에라도 의지해 구제를 받아야 했다. 무역을 통해 이익을 얻으려는 항구는 반드시 법적 분쟁을 관리할 제반 조건을 구비해야 했는데, 설령 그 조건이 치외법권에 근거하여 법적인 책임을 넘겨주는 것이라 해도 감수해야 했다.

여러 무역 공동체가 공존한다는 것은 곧 여러 사법 공동체가 함께 존재한다는 뜻이기도 했다. 각 집단은 자기들이 옳고 필요하다고 여기는 기준과 형벌에 따라 운영되었으나, 다른 집단은 그것을 인정하지 않을 수도 있었다. 공동체 간의 갈등이 잘 관리될 수 있을 때, 우리는 이것을 '법 다원주의'라 부를 수 있다. 그러나 갈등이 잘 조정되지 못할 때는 차라리 '법적 무정부 상태(legal anarchy)'라 부르는 편이 더 정확할 것이다. 어떠한 해결책이 도출되든, 최종 해결책은 주권 행사에 누가 우위를 점할 수 있는지에 달려 있었다.

이 문제에 관한 실제 사례는 1604년 9월 9일 섭정이 포고령을 내려 중국 상인이 다른 외국 상인(여기서는 네덜란드와 영국의 상인들)에게 후추 파는 것을 금지했을 때 발생했다. 후추는 네덜란드와 영국 상인 모두에게 가장 중요한 무역 상품이었기 때문에, 후추 판매 금지 조치는 곧 그들의 사업을 폐쇄하는 것과 마찬가지였다. 이러한 포고령이 나온 배경은, 네덜란드인이 현지 시장에 접근하는 특혜를 얻기 위해 섭정에게 제공했던 대여금과 관련이 있었다. 네덜란드인들은 카마라에게 대여금 상환을 압박했고, 이에 대한 카마라의 계책은 국왕의 명의로 중국인 도매상들에게 자기에게만 물량을 팔도록 강제하는 것이었다. 그는 그 후추를 네덜란드인들에게 넘겨 대여금을 상환하려 했다. 시장에서 제외된 것에 격분한 스콧은 국왕의 모친이자 카마라의 부인인 워노기리에게 가서 이 포고령의 철회를 요구했다. 그녀는 카마라를 불러 스콧의 항변을 듣게 했는데, 스콧은 두 주권자 간의 조약 의무(treaty obligation)를 근거로 주장을 펼쳤다. 그는 전임 섭정이 엘리자베스 1세 여왕과 서신을 교환하여 영국 상인이 이 항구에서 무역할 권리를 확인한 바 있음을 상기시키며, 국가 원수가 한 약속은 임의로 취소될 수 없다고 강조했다.

"지금 당신은 국왕의 약속, 여왕의 약속, 그리고 그 모든 약속을 깨뜨리려 하는 것입니까?" 스콧은 따져 물었다. 그는 이어 말했다. "왕이라면 반드시 자신의 약속을 지켜야 합니다. 그렇지 않으면 그는 왕이 아니오."

왕의 명예를 훼손하는 것은 스콧에게 위험한 행동이었지만, 그는 카마라가 채무 상환에 절박했던 것만큼이나 후추를 사는 데 절박했다. 스콧은 한 걸음 더 나아가, 1585년 수천 명의 사람이 목숨을 잃었던 영국과 스페인 간 전쟁 이야기를 꺼냈다. 그는 뽐내듯 이렇게 말했다. "우리가 본지([역자] 유럽)에서 불태우고 약탈했을 뿐만 아니라, 세계의 다른 지역에 가서도 그 백성의 재산을 빼앗았다는 것은 모든 나라에 잘 알려져 있는 사실이오. 당신도 이를 목격할 수 있소."

스콧은 주권자의 권위를 칭하며 영국 정부의 폭력적인 보복을 위협할 위치에 있지 않았다. 엘리자베스 여왕이 1600년의 마지막 날에 서명한 왕실 특허장은 영국 동인도회사가 "그 종류와 속성과 특질에 관계 없이, 토지와 지대와 특권과 자유와 관할권과 사업권과 부동산을 법적으로 가지고 구매하고 수령하고 소유하고 향유하고 보유할 수 있는 법인이자 정치체"라고 선언했다. 설령 그렇다 하더라도 영국 동인도회사는 영국의 대리 기관이 아니었고, 국가도 그 주권을 동인도회사에 위임한 적이 없었다. 그러나 국가가 동인도회사에 그 주권을 위임했다고 암시하는 것은 영국 왕실이 반탐에서 스콧의 행동을 보호하고 있음을 상기시키기 위한 도구 중 하나였다.

스콧은 다른 때에 또 한 차례 비슷한 연출을 해 보였다. 엘리자베스 시대 달력에서 가장 큰 기념일은 11월 17일로, 즉위일 혹은 대관일이라 불렸다. (엘리자베스 여왕은 11월 17일에 즉위했지만, 실제 대관식은 이듬해 1월 15일에 거행되었다.) 1603년의 즉위일에, 스콧은 동인도회사 건물 꼭대기에 성 조지의 깃발을 게양하고, 열네 명밖에 되지 않는 부하를 붉고 흰 띠와 머리띠로 치장시킨 뒤 북소리와 총성에 맞춰 거리의 위아래로 행진하게 했다. 그가 이렇게 한 목적 중 하나는 영국인을 네덜란드인과 구별짓는 것이었고, 효과가 있었던 듯하다. 행렬을 따라다니던 거리의 아이들이 "영국인들은 훌륭하고 네덜란드인들은 아무것도 아니다!"라고 외쳤다고 그는 보고했다. 이듬해인 1604년 즉위일 기념행사의 일부였던 요란한 예총 발사가 너무나도 인상적이어서, 당시 영국인들이 앵무새와 원숭이가 총을 쏘도록 훈련시켰다는 소문이 돌 정도였다. 그 무렵 질병으로 인해 영국인이 겨우 열 명으로 줄어 있었기 때문이다.

스콧은 그 기념일 행사에 대한 샤반다르의 반응을 기록으로 남겼다. 샤반다르는 "우리([역자] 영국인)가 이토록 먼 나라에서 우리 군주를 경외하는 모습을 보고 크게 칭찬했다." 영국 군주의 존재를 드러내는 것은 스콧이 의도한 핵심이었지만, 동시에 문제이기도 했다. 런던은 너무나 멀었고 그의 군주는 실질적으로 도달할 수 있는 거리 바깥에 있었다. 현실은 스콧이 영국 여왕이 아닌 반탐 국왕의 허락 아래 반탐에 머물고 있다는 것이었다. 이는 마르코 폴로가 중국에서 일하며 누렸던 후원과는 전혀 달랐다. 마르코 폴로와 그의 가족은 교황 그레고리우스 10세의 서한을 가지고 중국에 도착했는데, 이는 교황의 권위를 빌리기 위해서가 아니라 그 추천장을 통해 대칸의 신하가 되려는 것이었다. 반면 영국 동인도회사의 대리인들은 매우 다른 시도를 했는데, 그것은 외국의 새로운 군주에 복무하는 것이 아닌, 영국 군주의 주권자로서의 보호를 환기하는 것이었다. 동인도회사의 상인들은 그들 자체로 단순한 상인 이상의 존재였다. 그들이 추구한 다음 단계는 현지의 주권을 전복하고 그것을 자신들의 통치권으로 대체하는 것으로, 스페인인이 필리핀에서 이미 실시한 방식이었다. 네덜란드인은 반탐 동쪽 해안의 자카르타에 두 번째 해외 상관을 설립함으로써 1619년에 이를 실시할 수 있었다. 그로부터 8년 뒤, 네덜란드는 자카르타의 통치자를 몰아내고 스스로 그 지역에서 주권을 확립했다. 이로써 열린 항구는 폐쇄된 식민지로 바뀌었고, 그 시점부터는 식민주의가 교역을 대체했다. 그러나 엘리자베스 시대의 영국은 아직 이러한 시도를 할 준비가 되어 있지 않았다.

명나라 시기의 중국도 그러한 준비가 되어 있지 않았다. 중국을 떠날 수 있도록 허가받은 것은 오직 황제가 외교사절로 파견한 이들뿐이므로, 중국에서 출항한 상인은 모두 불법적으로 출국한 것으로 간주되었다. 명나라는 중국인이 외국에서 주권자의 대리인으로 행세하는 것을 지원할 생각이 없었고, 이를 허가하는 데는 더 부정적이었다. 한 기록에 따르면, 중국 사절단이 복건성에서 마닐라로 파견되어 수만 명에 달하는 중국 상인이 현지에서 무엇을 하고 있는지 조사했다고 한다. 그런데 이 사절단은 황제가 아닌 복건성의 환관 징세관의 명을 받아 출항한 것이었다. 이들이 1603년 5월 23일 마닐라에 도착했을 때, 스페인 당국은 명이 필리핀을 침공하려는 것이 아닌가 하여 깜짝 놀랐다. 마닐라의 스페인 총독 페드로 데 아쿠냐(Pedro de Acuña)는 사절단의 소개장을 접수하기는 했지만, 이들이 스페인의 관할권에 있는 동안 명나라의 휘장을 내걸었을 때 다시 놀랐고, 다음 날 아예 중국인 공동체 내에서 제기된 사건들을 심리하기 위해 법정을 소집하자 더욱 경악했다. 아쿠냐는 이러한 치외법권적인 행위를 용납할 수 없었기에 가능한 한 빨리 사절단을 복건으로 돌려보냈다.

이 방문의 결과는 참혹했다. 자신들의 안전을 우려한 스페인 당국은 여러 가지 불만을 살만한 조치들을 시행했다. 성벽 가까이에 있는 중국인들의 가옥을 철거하고, 체류자를 등록하며, 무기를 압수하고, 중국인 노동력을 강제로 동원하여 스페인인의 성 주위에 해자를 파게 했다. 이어지는 가을 내내 스페인인과 중국인 사이에 갈등이 고조되었다. 한편에서는 중국인들이 봉기하여 스페인인들을 모두 죽일 것이라는 소문이 돌았고, 반대편에서는 스페인인들이 들고 일어나 중국인들을 모두 죽일 것이라는 소문이 경쟁적으로 퍼졌다. 이는 결국 1603년 10월 4일 폭력 사태를 촉발했다. 수적으로는 중국인이 압도적으로 많았지만, 스페인인들은 무기와 토착민 모집병을 확보하고 있었다. 그 결과 약 2만 명의 중국인이 목숨을 잃었고, 포로로 잡힌 중국인은 갤리선 노역에 보내졌다.

만력제(萬曆帝)는 이러한 대학살 소식에 경악했지만, 나라를 떠난 중국인이 과연 자신이 신경쓸 만한 존재인지에 대해서는 애매한 태도를 보였다. 만력제는 이 문제를 복건성 포정사인 서학취(徐學聚)에게 넘겼다. 서학취는 마닐라에 대한 징벌 원정을 추진하려 했으나, 북경으로부터 아무런 지원도 얻지 못했다. 결국 그가 할 수 있었던 것은 아쿠냐에게 항의 서한을 보내는 것뿐이었고, 이 서한은 1605년 3월에야 도달할 수 있었다. 스콧과 마찬가지로, 서학취는 자신의 나라에서만 사법권이 적절히 행사될 수 있다고 생각했다. 그는 스페인 당국에 폭력 사태로 고립된 중국인들을 송환하고, 중국 상인들의 손실을 보상할 것을 요구했다. 그래야 "무력 분쟁 없이 충순(忠順)함을 다하여 귀순하는 것이니, 상선의 왕래와 교역이 예전과 같을 것"이라고 덧붙였다.

포정사 서학취는 이번 서한을 통해 중국 연안에 드나드는 네덜란드 선박들에 대한 불만을 표시하고, 그들을 철수시킬 것을 아울러 요구했다. 다만 그는 스페인인과 네덜란드인이 남중국해에서 필사적으로 경쟁하고 있다는 사실을 알지 못했다. 그는 이어 협박성 발언으로 서한을 마무리했다. 만약 정의가 실현되지 않는다면 황제가 중국인과 조공국 병사를 태운 1,000척의 함대를 파견할 것이라는 것이었다. 이것은 물론 말뿐인 위협이었지만, 명나라의 국경 너머로 황제의 주권을 투사하기 위해 (스콧과 마찬가지로) 어쩔 수 없이 해야만 했던 위협이었다. 실제로 서학취가 천여 척의 배와 그것을 움직일 충분한 선원을 모은다는 것은 상상하기 어렵다. 만력제는 1592년 일본의 조선 침공을 격퇴하기 위해 비슷한 규모의 함대를 출격시킨 적이 있었지만, 그때의 개입은 충성스러운 조공국의 요청에 따라 그것을 방어하기 위한 것이었지, 해외로 나간 중국 상인의 이익을 보호하기 위한 것이 아니었다. 더 놀라운 것은, 서학취가 한 걸음 더 나아가 마닐라 침공 이후 루손섬을 참전한 조공국들에게 전리품으로 분배할 것이라 설명한 점이다. 동아시아 전체의 동맹국을 동원하여 북경을 대신해 전쟁을 치르겠다는 상상은 전례가 전혀 없던 것이었고, 실제로 실행되지도 않았다. 아쿠냐는 답장을 하지 않았고, 명나라와 필리핀 사이의 공식적인 문서 교환은 더 이상 없었다. 반탐과 다른 지역의 중국인이 기댈 수 있는 것은 오직 자기 자신들밖에 없었다.

마닐라 대학살은 스콧이 반탐에 있던 시기에, 특히 영국 동인도회사 방화 사건이 일어나기 불과 반년 전에 발생했다. 스콧은 회고록에서 이 사건을 언급하지 않았지만, 분명 그에 대해 들었을 것이다. 반탐의 중국인들도 마찬가지였을 것이다. 마닐라에서 일어난 사건은 1604년 모두의 마음속에 깊이 남아 있었을 것이다. (1740년 자카르타에 있던 중국인은 마닐라의 중국인과 똑같은 운명을 네덜란드인의 손에 겪게 되는데, 그것은 또 다른 이야기다.)

해적 행위 합법화하기

스콧의 법정 투쟁은 단순히 개인적인 차원의 일이 아니라, 해양법과 더 나아가 국제법이 형성되어 가던 초기 단계와 긴밀히 연결된 훨씬 더 큰 과정의 일부였다. 그것은 추상적인 의미가 아닌 물질과 직접적인 연관을 통해 드러난다. 그 연결고리는 바로 스콧이 침실에 숨겨두었던 1,000파운드에 달하는 금이었다. 이 금은 영국 동인도회사의 일상적인 거래를 통해 조금씩 축적된 것이 아니었고, 특정 네덜란드인에게 후추를 판매하여 얻은 대금이었다.

그는 곧 암스테르담으로 귀환하여 자신의 화물에 대한 권리를 지키기 위해 해사법원(Admiralty Court)에 서게 되었다.

야코프 판 헤임스케르크(Jacob van Heemskerck, 1567~1607)는 1601년 4월 후추를 사기 위해 암스테르담에서 향신료 제도로 출항했는데, 이는 향신료 무역에 대한 포르투갈의 독점권에 도전하기 위함이기도 했다. 네덜란드인들이 1590년대에 동남아시아로 처음 항해했을 때, 포르투갈인들은 그들을 쫓아내기 위해 적극적인 군사 행동을 전개했다. 여러 건의 폭력 사건은 양측을 완고하게 만들었다. 최악의 사태 중 하나는 왕임형이 키가 3미터에 달하는 붉은 머리의 네덜란드인들에 대해 전해 들은 그 사건이었다. 당시 선원들은 야코프 판 넥(Jacob van Neck)의 지휘 아래 있었는데, 그들의 배는 강풍에 의해 마카오 근방의 해안으로 휩쓸려 왔다. 판넥은 평화적인 의도를 밝히고 보급을 요청하기 위해 두 개의 소규모 파견대를 상륙시켰다. 하나는 중국인 조타수 한 명을 포함하여 총 11명이었고, 다른 파견대는 9명으로 구성되었다. 그러나 포르투갈인들은 두 집단을 모두 생포하고, 판 넥을 돕기를 거절했다. 이 사건을 알게 된 중국 관리들은 포르투갈인들에게, 이들이 중국 영토 안에서 붙잡힌 것이므로 넘겨달라고 요구했다. 포르투갈인은 그 요구에 절반만 응해, 중국어를 전혀 몰라 중국 관리와 소통할 수 없는 6명만 내주었다. 중국 관리들은 이 사건의 맥락을 전혀 파악할 수 없었기에 그들을 다시 포르투갈인에게 넘겨원하는 대로 처리하게 했다. 중국인 조타수와 19명의 네덜란드인 가운데 오직 3명만 살아남았다. 6명은 처형되었고, 중국인 조타수를 포함한 11명은 바다에 수장되었다.

판 헤임스케르크는 1602년 2월 반탐에 도착했을 때 이 참혹한 사건을 전해 들었다. 마카오에서 온 중국인 네 명이 그 소식을 락모이라는 이름의 중국 상인에게 전했는데, 그는 여섯 해 전 반탐에서 판 헤임스케르크의 형제와 무역을 한 적이 있었으며, 포르투갈인들에게 살해당할 뻔했을 때 그의 목숨을 구해준 인물이었다. 판 헤임스케르크는 5척의 배에 후추를 실어 암스테르담으로 보낸 뒤, 다음 6개월 동안 향신료 제도를 떠돌며 살해당한 자국민에 대한 복수를 노리고, 기회가 된다면 포르투갈인의 후추를 빼앗으려 했다. 그러다 그는 말레이반도 동편의 번화한 항구 도시인 파타니(Patani)에 도달했고, 그곳에서 조호르(지금의 싱가포르) 술탄의 형제인 라자 봉수(Raja Bongsu)와 친교를 맺었다. 조호르는 포르투갈인들의 강압적인 행태로 인해 포르투갈과 대치 상태에 있었으므로, 판 헤임스케르크는 조호르 해협을 통과하는 포르투갈 선박을 나포할 기회를 공모했다. 그는 조호르 앞바다의 군도로 내려가, 마카오에서 말라카로 향하던 1,400톤급의 거대한 포르투갈 무장상선 산타 카타리나호를 매복 공격했다. 1603년 2월 23일, 그는 조호르 앞바다에서 목표물을 포위한 뒤, 무장상선을 무력화하되 침몰시키지 않도록 정밀히 고안된 폭격을 하루종일 퍼부었다. 마침내 포르투갈 선장은 항복했다. 이는 숙련된 나포였다. 막대한 가치의 화물은 손상되지 않았고 인명피해도 적었다. 800명이 넘는 선원과 승객은 인질로 붙잡혔고, 모두 말라카로 안전하게 송환되었다.

판 헤임스케르크는 자신의 남은 함대와 함께 산타 카타리나호를 몰고 반탐으로 항해했다. 항해는 쉽지 않았고, 도중에 해적에게 소형 범선 1척을 잃었다. 그러나 그의 선단은 1603년 6월 20일 마침내 반탐에 도착했다. 산타 카타리나호의 화물은 중국에서 제조되고 가공된 물품들이었는데, 비단, 우단(velour), 향목, 과립 설탕, 구리, 약재, 장뇌, 사향, 가구, 금괴 그리고 60톤에 달하는 도자기 등이 있었다. 판 헤임스케르크는 반탐에서 넉 달 동안 머무르며 귀환 항해를 준비하기 위해 선박을 정비했고, 나포한 금의 일부를 이용하여 후추 5,000포대를 구입했는데, 그 가운데 1,000포대는 스콧이 그에게 판매한 것이었다. 이것이 바로 영국 동인도회사 건물에 화재가 발생했을 때 1,000파운드의 금이 스콧의 침실에 있게 된 경위였다. 판 헤임스케르크는 1603년 10월 14일 반탐에서 출항하여 이듬해 여름 암스테르담에 도착했다. 그가 싣고 온 화물의 공개 경매는 기록적인 순익을 올렸는데, 이는 네덜란드 동인도회사(Vereenigde Oostindische

Compagnie, 이하 VOC) 총 납입자본의 절반에 해당하는 금액이었으며, 스콧이 소속된 영국 동인도회사 총자본의 두 배가 넘는 액수였다.

포르투갈은 산타 카타리나호의 나포를 해적 행위로 간주하고, 해당 선박과 화물을 돌려받기 위해 암스테르담의 해사법원에 소송을 제기했다. 암스테르담 해사법원의 판사들은 네덜란드인이었으므로, 예상대로 1604년 9월 9일 판결에서 선박과 화물 모두를 정당한 전리품으로 선언했다. 네덜란드 동인도회사는 소송에서 승소하긴 했지만, 엄밀히 말해 포르투갈과 네덜란드는 당시 전쟁 중이 아니었기 때문에 전리품에 대한 법적 정당성이 불안정하다는 것을 잘 알고 있었다. 판결이 내려지고 5주 뒤, VOC의 중역들은 한 전도유망한 법학도에게 서신을 보내어 그들의 법적 주장을 논리적으로 뒷받침하는 법률 의견서를 작성해줄 것을 요구했다. 그들이 접촉한 법학도는 회사의 이사 중 한 명의 동생과 같은 방을 쓰던 룸메이트였다. 그는 훗날 라틴어 이름 후고 그로티우스(Hugo Grotius)로 더 유명해질 하위흐 더 흐로트(Huig de Groot)였다. 그는 아직 이름을 떨치지는 않았지만 총명함과 야심이 넘치는 인물로, 이 의뢰를 기꺼이 받아들였다. 정치 엘리트층에 입문하려는 젊은이에게 이는 절호의 기회였다.

VOC는 짧고 신속한 법률 의견서를 원했으나, 그로티우스는 의뢰를 수락한 지 2년 뒤에야 『전리품법(*De jure praedae*)』이라는 방대한 저작을 제출했다. 이 책은 VOC의 행위를 역사적 법률 문헌 가운데 선별된 사례들과 연관지어 논증한 기념비적인 저작이었다. 그로티우스는 세 가지 방식으로 VOC를 변호했다. 첫째, 포르투갈은 네덜란드인을 아시아 무역에서 배제할 어떠한 법적 권리도 없다. 포르투갈의 주장은 교황의 권위에만 근거해 선포된 토르데시야스 조약에 기반하고 있었는데, 교황은 이 사안에서 아무런 법적 지위를 갖지 못한다. 둘째, 네덜란드인들에 대한 포르투갈인들의 폭력은 전쟁 행위에 해당한다. 이러한 점을 주장하면서 그로티우스는 1601년 마카오 앞바다에서 벌어진 네덜란드 선원들의 나포와 학살 사건을 네덜란드 측의 증언을 토대로 재구성하며, "[중국] 광주의 최고 행정관"이 그 사건을 조사했음을 지적했다. 그는 어떠한 도발 행위가 없었음에도 포르투갈인이 "네덜란드를 적국으로 취급하여 동양에서 네덜란드인에 대해 공개적인 전쟁을 벌였다"라고 결론 내렸다.

그로티우스의 세 번째 논거인 무역의 자유가 선천적인 권리라는 주장은 가장 파급력이 컸다. 그러한 권리가 자의적으로 침해될 경우 국가나 그 대리인은 그 자유를 수호할 권리가 있다고 주장한 것이다. 이는 무역에 종사하는 선박이 원하는 곳은 어디든 항해할 수 있어야 함을 의미했다.『전리품법』의 이 부분은 발췌되어 1609년『자유해양론(*Mare liberum*)』이라는 제목으로 출판되었다. 이러한 주장은 어떠한 통치자도 자연법이 부여한 권리를 철폐할 권한을 갖지 못한다는 훨씬 더 큰 주장으로 이어졌다. 그로티우스는 이를 일반 원칙으로 상향해 군주라 하더라도 법 위에 있지 않다고 선언했다. 그의 표현을 빌리면, "왕이 법에 대항할 수 있는 권한은 백성이 지방관의 명령에 대항할 수 있는 권한보다 결코 크지 않다"는 것이었다.

특히 산타 카타리나호 사건과 관련하여, 그로티우스는 포르투갈이 네덜란드 선원을 방해할 권리가 없으며, 조호르에 배타적인 계약을 강요할 권리도 없다고 주장했다. 따라서 조호르와 네덜란드가 산타 카타리나호와 거기에 실린 화물을 전리품으로 나포한 것은 정당하다고 보았다. 그러나 영국 동인도회사의 입장에서 볼 때, 네덜란드가 바다를 열어두기 위해 노력하고 있다는 주장은 공허하게 들렸다. 네덜란드인은 포르투갈이 과거 네덜란드인에게 했던 것처럼, 향신료 제도에서 영국인을 몰아내기 위해 온갖 수단을 다 동원했기 때문이다. 실제로 영국 동인도회사는 그로티우스의 주장에 대응하여 바다가 자유로운 곳이라는 네덜란드의 주장을 시험하기 위해 여덟 번째 항해를 단행했다. 그러나 예상대로 그들은 바다가 전혀 자유롭지 않다는 사실을 확인했을 뿐이다. 네덜란드인들은 모든 곳에서 영국인들을 괴롭히고 그들의 교역 상대를 위협하여 스콧이 반탐에 세운 작은 전초기지는 번성할 수 없었다. 영국 동인도회사는 머지않아 남중국해 지역에서 철수할 수밖에 없었고, 그들이 다시 돌아온 것은 훨씬 뒤인 18세기에 영국-인도-중국 간의 삼각 무역을 기반으로 제국을 건설하기 위해서였다.

금세공인의 죽음

스콧은 자신이 고문 끝에 죽게 한 사람을 '금세공인'이라고 불렀다. 우리는 일반적으로 금세공인을 금으로 물건을 만드는 사람이라고 생각하지만, 스콧이 그 용어로 정확히 무엇을 의미했는지는 한번 따져볼 필요가 있다. 당시의 언어에서 '금세공인(goldsmith)'과 '은세공인(silversmith)'은 서로 바꿔 쓸 수 있는 말이었다. 대부분의 유럽어에서는 아예 두 단어의 구분이 없었다. 예를 들어 프랑스어에는 금세공인과 은세공인 모두에 대해 단지 하나의 단어(즉 'orfèvre')만 있고, 이는 이탈리아어에서도 마찬가지다. 영국에서 금세공인은 또한 은행가와 비슷하게 사람들이 자금을 맡기는 대상이기도 했다. 스콧은 영국 독자를 대상으로 글을 썼기에, 독자는 'goldsmith'라는 단어를 단지 금만을 다루는 사람이 아니라 보다 넓은 의미로 이해했을 가능성이 크다. 그가 누구였든지 간에 우리는 스콧이 기록한 내용만을 알고 있을 뿐이고, 스콧은 그가 직업상 불을 다룰 줄 알았다는 점 외에는 자기에 관해 어떠한 구체적인 기록도 남기지 않았다. 불은 방화 용의자들이 영국 동인도회사의 창고에 침입하기 위한 수단이었다.

스콧의 이야기에서 판 헤임스케르크가 후추 값을 지불한 매개물로 금이 등장하긴 하지만, 당시 고가 상품의 매매에 사용되던 표준 귀금속은 금이 아닌 은이었다. 토메 피레스에 따르면, 한 세기 전의 반탐에서는 두 가지 지불 수단이 운용되었다. 소액 거래를 위한 동전(엄밀히 말하면 청동)과 고액 거래를 위한 금이 그것이었다. 그러나 그런 시대는 이미 끝났다. 일본과 아메리카 대륙에서 쏟아져 들어온 은이 금을 대체한 것이다. 따라서 그 남자는 사실 은세공인이었을 가능성이 크며, 스콧은 이를 독자들의 언어 감각에 맞추어 'goldsmith'라 표현했을 수 있다. 이러한 역할 속에서 그는 불안정한 상품교환의 한가운데에 서 있었다. 화폐는 시장을 안정시키는 것이었지만, 그것은 신뢰를 전제로 했다. 그래서 주권자들은 은화를 주조할 때 국왕의 이름이나 초상을 새겼던 것이다. 왕임형은 이러한 에이트(즉 페소)를 '스페인 은[西番銀]'으로 알고 있었고, 거기에 스페인 국왕의 초상이 새겨진 것을 신기해했다. 반면 중국에서는 값싼 동전만을 주조했으며, 그것조차도 황제의 연호만 새겼을 뿐 황제의 초상은 결코 새기지 않았다. 은은 주로 은괴의 형태로 유통되었고, 은화로 주조되지는 않았다. 거래는 은세공인을 고용하여 필요한 양의 은덩이를 달아주는 방식으로 이루어졌다. 가끔 은은 표준 중량의 은괴로 주조되었지만, 이는 쉽게 유통하기 위함이라기보다 보관을 위한 목적이 컸다. 스콧에게 넘겨지기 전에 그 금세공인이 은화 위조와 은화 깎기를 했다고 응아베히에게 자백한 사실은, 그를 묘사하는 데 '금세공인'이 적절한 단어가 아니라는 점을 시사한다. 그의 작업 대부분은 은과 관련되었을 것이다.

은은 반탐의 경제에서 늘 골칫거리였다. 은은 그 자체로 하나의 상품이었지만, 은 가격은 그 자체의 수급뿐 아니라 동의 수급에도 쉽게 영향을 받았다. 예를 들어 화재 사건이 발생하기 불과 한 달 전, 복건성에서 출항한 중국 배 한 척이 겨울 무역 시즌이 끝난 이후 뜻밖에 반탐에 입항했다. 동전은 동남아시아 전역에서 언제나 수요가 많았을뿐더러 훌륭한 선박 평형추의 역할도 했기에, 그 배에는 막대한 양의 동전이 실려 있었다. 『대명률(大明律)』「병률(兵律)」관진(關津)의 조항에 따르면, 동전을 사사로이 수출하는 행위는 곤장 100대와 선박 및 화물의 몰수로 처벌받았지만, 실제로는 아무도 개의치 않았다. 갑작스러운 동전의 유입은 현지의 동 가격을 폭락시켰고, 모든 은을 시장 바깥으로 몰아냈다. 누구도 환율을 신뢰할 수 없었기 때문이다. 샤반다르 역시 후추를 비축해 두었다가 제철이 지난 뒤 높은 가격에 팔아넘기려 했는데, 은의 가치가 안정되지 않는 한 누구도 은을 내어주고 후추를 사려 하지 않았다.

은세공인은 이러한 은 가격 변동의 중심에서 활동했다. 그들은 그러한 변동성에서 이익을 보았지만, 시장이 급변하거나 폭락할 때 희생양이 되기도 했다. 스콧이 말한 '금세공인'은 자신이 무엇을 했는지 알고 있었고, 또한 무슨 말을 하든 스콧의 분노로부터 자신을 구할 수 없다는 것도 알았다. 그에게 남은 유일한 법적 권한은 중국과 영국의 법이 모두 유죄 판단을 위해 필요하다고 합의한 단 한 가지, 즉 자백을 거부하는 것이었다. 중국과 영국의 사법제도 모두 자백 없이는 유죄를 결정할 수 없었다. 용의자를 고문하는 것은 자백을 얻어내는 하나의 방법이었지만, 두 제도 모두 강요된 자백은 거짓일 수 있다는 우려를 공유했다. 그 금세공인은 침묵을 선택함으로써, 스콧이 자기가 자신이 '진범'을 붙잡았으며, 또한 가장 높은 사법적 기준을 유지하며 죄를 입증하는 데 필요한 증거를 얻었다고 반탐 사람들에게 보여 줄 근거를 박탈해 버렸다. 그의 침묵은 스콧을 빈손으로 만들었다. 마땅히 정식 재판이었어야 했던 것이 보여 주기 위한 재판이 되어 버렸고, 스콧은 이미 불구로 만들어 버린 사람을 고통에서 벗어나게 해 주는 것 말고는 다른 선택지가 없었다. 더 나아가 스콧은 마지막 장면에 네덜란드인들을 참여시킴으로써, 영국인이 특별히 정의롭지 못하다는 비난을 피하려 했을지도 모른다.

비록 스콧에게 직접 말하지는 않았지만, 그 금세공인은 마음속으로 이렇게 되뇌이지 않았을까?

"계획은 기막히게 시작되었고, 적어도 처음에는 갈수록 더 좋아 보였다. 굴착 작업을 숨기기 위해 우니에테는 영국인들의 울타리를 따라 두 채의 양조장을 짓자고 제안했다. 하나는 술을 빚는 곳이고, 다른 하나는 술을 파는 곳이었다. 파치난 지역은 땅이 낮고 질척했기 때문에, 우리는 땅굴에 계속 고이는 물을 퍼내기 위해 우물을 파야만 했다. 양조장은 이 물을 처리하기 위한 완벽한 위장이었다. 술을 내다 팔려면 술을 빚어야 하고, 술을 빚으려면 물이 필요했으니까. 사완은 그 담장 쪽에 정원을 가꾸자는 훌륭한 아이디어를 냈다. 만약 영국인들이 캐물으면, 식물 재배를 위해 우물을 팠다고 둘러댈 수 있었다. 담배는 특히 영리한 선택이었다. 담배는 빨리 자라서 그 공간을 훌륭히 채우고 그 모든 과정을 가려주었기 때문이다.

우리는 동인도회사 건물의 뒤쪽 모퉁이를 목표로 땅굴을 팠다. 보이히와 힌팅이 바닥을 통과하는 땅굴을 팠는데, 그 건물이 흙 위에 얹혀 있지 않고 튼튼한 목조 마루를 가지고 있다는 사실을 발견하기 전까지는 모든 일이 순조로웠다. 목조 마룻바닥을 통과하는 유일한 방법은 톱질뿐인데, 사람들이 항상 그곳을 드나들고 있어서 소리가 들리면 금세 들통날 터였다. 게다가 영국인들은 경내를 끊임없이 순찰하고 있었다. 톱질하고 구멍을 뚫다가는 의도치 않게 계획이 들킬지도 몰랐다.

나는 그들에게 톱질로 마루판을 뚫을 수는 없다고 말했다. 그러나 불을 질러서 길을 만들 수는 있을 것이다. 이럴 때는 좋은 품질의 양초가 필요하다. 불꽃이 밝을수록 불은 더 뜨겁다. 나는 금과 은을 녹여 먹고사는 사람이니 잘 안다. 타고 있는 촛불을 마룻바닥 밑에 바짝 대서 나무를 그슬은 뒤 마루판에서 연기가 나기 시작하면 곧바로 양초를 치워라. 그러지 않으면 영국인들이 냄새를 맡을 것이다. 이 과정을 계속 반복하면 된다. 시간이 얼마나 걸리든 상관없다. 천천히, 점진적으로 하라. 그 안에 있는 모든 것과 함께 집을 태워버리지만 않으면 된다. 일단 불로 마루판이 뚫리면, 우리는 곧장 올라갈 것이다.

우리가 마룻바닥을 태워 뚫어낸 그날 밤, 촛불은 세 번이나 꺼졌고 나는 계속 다시 불을 붙여야 했다. 그러다 불꽃이 위층의 무언가에 옮겨 붙어버렸다. 그것은 계획에 없던 일이었다. 열기가 너무 심해 구멍을 더 넓힐 수 없었고, 연기는 점점 차올랐다. 우리는 서둘러 서로를 밀치며 바깥으로 나가 영국인의 구역을 지켜보았다. 갑자기 화재 경보가 울렸고, 나에게 새로운 계획이 떠올랐다. 마룻바닥 밑으로 기어갈 수 없다면, 이 혼란의 와중에 정문을 통해 걸어 들어갈 수도 있지 않을까 하는 생각이었다.

영국인 상사는 비단을 잃을까 노심초사했지만, 정작 화재와 절도 중 무엇을 더 걱정해야 할지 알지 못했다. 그러나 그는 더 다급한 화재의 위협에 직면하여 절도의 위험은 감수하기로 했다. 나는 첫 번째 구조대와 함께 창고에 들어가 짐 보따리를 끌어내는 척했지만, 사실은 다른 것을 찾고 있었다. 나는 네덜란드인들이 훔친 금으로 영국인의 후추를 샀다고 들은 적이 있었다. 만약 영국인들이 불길에 정신이 팔려 있는 동안 그것을 찾을 수만 있다면, 나는 부자가 될 터였다. 나는 또한 거기에 대량의 은도 숨겨져 있지 않을까 생각했는데, 나중에야 영국인들이 은을 담은 항아리를 다른 별채에 묻어두었다는 사실을 알게 되었다.

첫 번째 방에 금은 없었다. 금은 우리가 불을 지핀 방에 있을지도 몰랐지만, 먼저 우리가 충분히 살펴볼 기회를 얻을 때까지 영국인들이 그 방에 들어가는 것을 늦춰야만 했다. 그때 우니에테가 말했다. "만약 문이나 바닥을 통해 들어갈 수 없다면, 천장을 통해 가는 것이 어떨까?" 우리는 위층으로 몰래 올라가면 아무도 신경 쓰지 않을 것이라 생각했고, 이에 동료 두 명과 함께 위층으로 올라갔다. 우리는 창고의 뒤편 위에 해당하는 방에 도착해 마루판을 뜯기 시작했다. 그러나 우리는 더 이상 나아가지 못했다. 영국인 상사가 고함을 치고 칼을 휘두르며 방으로 들이닥쳤고, 우리는 황급히 계단을 내려 달아나야 했다.

나는 창고에서 물건을 빼고 있는 사람들 속에 섞여 들어갔다. 그때쯤 영국인들은 비단 꾸러미를 끌어내고 있었다. 나는 주위를 재빨리 둘러보았지만, 어디에도 금의 흔적은 없었다. 사실 그 순간 금을 찾았다 하더라도 내가 어쩔 수 있었을지는 알 수 없었다. 이어서 무슨 일이 일어날지를 알기 위해 주변에서 기다리는 것은 더 이상 의미가 없었고, 빨리 도망쳐야 했다. 사완이 끝내 양조장에 머물러 있었다니 믿기지 않았다. 설령 영국인들이 바닥 밑에 있는 땅굴을 발견하지 못한다 하더라도, 당연히 바로 옆집부터 살펴보지 않겠는가?

화장실에 숨는 것은 응아베히의 부하들에게 발각되기 전까지만 통했다. 한 달 전 복건에서 배가 도착했을 때, 나는 샤반다르가 후추를 보유하고 있다가 얼마나 된통 당했는지를 알고 있었고, 제독 역시 같은 처지일 수 있다고 짐작했다. 그가 은을 손에 넣으려고 나를 이용하려 할지도 모른다고

생각했다. 그러나 그는 영국인들과 너무나 가까웠고, 또 그들을 너무 두려
워했다. 나는 그를 위해 내 재능을 쓸 수도 있었다. 그러나 그가 두 달 전
위조 혐의로 다른 중국인 은세공인을 사형에 처했던 걸 생각해 보면, 나는
그와 영국인의 거래에서 쓰이는 볼모로 더 유용할 것이다.

　오늘 나는 저 늑대들에게 넘겨질 것이다. 영국인은 정의로운 척하지만,
사실은 양심 없는 자들이며 자기들이 하고 싶은 대로 할 뿐이다. 그러나
그들은 나에게서 아무것도 얻어내지 못할 것이다.

[그림 10] 기독교 제단 앞에 나란히 선 마테오 리치(Matteo Ricci, 왼쪽)와 서광계(徐光啓, 오른쪽). 이 삽화는 예수회 선교사들이 유럽으로 보낸 새로운 중국 관련 지식을 종합하여 아타나시우스 키르허(Athanasius Kircher)가 1667년에 펴낸 중국도설(China illustrata)에 수록된 것이다. 이 그림의 구도는 선교의 성공이 유럽인과 중국인 사이의 지위와 존엄성의 평등에 달려 있다는 예수회의 인식을 상징적으로 표현하고 있다.

제8장

선교사와 그의 개종자

1616년 남경

예부(禮部)가 체포 명령서를 발부했다는 소식은 자정 무렵 사제들에게 전해졌다. 이는 1616년 8월 30일 밤 남경(南京)에서 벌어진 일이었다. 사제들은 자기들이 하루 이틀 안에 체포될 것임을 예상할 수 있었다. 그들 중 오직 두 사람, 즉 이탈리아인 알폰소 바뇨네(Alfonso Vagnone)와 포르투갈인 알바로 세메도(Álvaro Semedo)의 이름만 체포 명령서에 기재되어 있었다. 쉰 살의 바뇨네는 건물 안에 있던 사제들 중 가장 나이가 많았고, 서른한 살의 세메도는 가장 젊었다. 예부는 같은 건물에 두 명의 다른 이탈리아인, 즉 니콜로 롱고바르도(Niccolò Longobardo)와 줄리오 알레니(Giulio Aleni)도 살고 있다는 사실은 알지 못했다. 세메도는 병상에 누워 있었기 때문에, 나머지 세 사람은 집안을 정리하고 귀중품을 모아 근처에 사는 한 중국인 개종자의 집에 숨겨두느라 분주히 움직였다. 예부에 신원이 알려지지 않은 롱고바르도와 알레니는 이튿날 새벽 몰래 남경을 빠져나가 공부(工部)에 있는 그들의 친구에게 도움을 요청하기로 했다. 그들의 친구는 남경의 북쪽으로 이틀거리에 있는 관아에 배속되어 있었다. 바뇨네와 세메도는 남경에 남아 체포 명령이 집행되기를 기다렸다.

다음 날 아침 병부의 관리 세 명이 사제들을 찾아와 안전을 위해 가능한 빨리 집을 팔고 남경을 떠나라고 조언했다. 병부는 체포 명령서를 발부할 권한은 없었지만, 체포의 집행을 명령받을 수 있었다. 외국인을 체포하거나 추방할 권한은 예부에 있었다. 병부는 외국인을 위한 경호나 교통수단의 제공과 같은 보다 일상적인 임무를 부여받은 반면, 예부는 외교와 의례를 관장했다. 바로 그 예부가 행동에 돌입하고 있었다. 사제들에게 동정적이었던 병부 소속 관리 세 명이 그 유럽인들에게 미리 도망칠 기회를 주려 했다.

그날 저녁 남경의 관아로부터 한 분대의 병사가 와서 사제들의 도주를 막고 거처를 포위했다. 다음 날 아침 세 명의 관리가 도착해 알폰소 바뇨네와 알바로 세메도의 체포를 집행하고 그들에게 불리한 증거를 찾기 시작했다. 모든 기록에 따르면, 체포 절차는 양측 모두에게 정중하게 이루어졌다. 관리들은 증거물 수색에 한나절을 보냈지만, 그 유럽인들이 기독교 신자라는 사실 외에 그들을 범죄자로 몰 만한 어떠한 증거도 찾지 못했다. 이렇게 지연된 덕분에 바뇨네는 시간을 벌어 도나투스(Donatus)라 불린 중국인 기독교 신자를 통해 롱고바르도와 알레니에게 현 상황을 알리는 전갈을 보낼 수 있었다. 도나투스는 두 사람을 빨리 따라잡아 소식을 전하고 해가 지기 전에 돌아왔다. 관리들은 바뇨네만 압송했고, 병상에 있던 세메도는 감시 인원과 함께 남겨두었다. 예수회 선교사들의 거처에 함께 살던 두 명의 가복(家僕)은 자청하여 감옥까지 바뇨네와 동행했다. 그 일행은 먼저 체포를 명령한 어사(御史)의 거처로 향했는데, 이는 아마도 체포 경과를 보고하고 세메도의 신병이 확보되지 않은 이유를 설명하기 위함이었을 것이다. 그들이 어떤 문제를 해결해야 했던지 간에 두 시간이 더 걸렸고, 그동안 바뇨네는 행인들의 호기심어린 시선에 노출된 채로 길거리에서 기다려야 했다. 관리들은 어사와의 업무를 마치자 다시 나타나 바뇨네를 감옥으로 끌고 갔다.

그들에 대한 많은 혐의가 한데 묶여 제기되었지만, 문제의 핵심은 이 외국인들이 그들의 군주가 파견한 공식 사절이 아니라는 점이었다. 중국에는 조공 사절을 맞이하는 공식 의례가 있었지만, 이들은 그러한 허가를 받지 않고 중국에 입국했다. 게다가 이들이 '하늘[天]'의 일에 대해 이야기하기 위해 중국에 있었다는 점은 황제의 신적인 권위를 침해하는 것으로 해석될 수 있었기에, 중국 측은 그들 지위의 불법성을 더욱 문제 삼았다.

이 네 명의 사제는 예수회 소속의 선교사였다. 예수회는 1540년에 가톨릭교회 내부의 영적 쇄신을 촉진하는 것을 목표로 설립되었다. 예수회 사제는 높은 교육 수준과 헌신으로 유명했으며, 다른 유럽 군주들 가운데 특히 포르투갈 국왕에 의해 선발되어 외국에 있는 기독교인의 영적 건강을 지키기 위해 파견되었다. 외국 군주를 개종하기 위해 포교단을 조직한다는 생각은 뒤이어 나타났다. 17세기가 시작될 무렵 많은 이가 꿈꾸던 최고의 목표는 바로 명나라 황제를 개종하는 것이었다. 1580년대 초 이탈리아 출신의 예수회 사제 미켈레 루지에리(Michele Ruggieri)와 마테오 리치는 광주(廣州)의 바깥에 포교 시설을 설립할 수 있는 허가를 받았다. 루지에리는 중국에 오래 머물지 않았다. 그러나 마테오 리치는 1610년 사망할 때까지 중국에 체류하며 그가 할 수 있는 모든 수단을 동원하여 그리스도의 말을 전파했고, 그가 동원한 수단에는 (우리가 이 책의 서문에서 본 것과 같이) 세계 지도를 인쇄하는 작업도 포함되어 있었다.

마테오 리치가 사망하고 6년 뒤 기독교도에 대한 탄압이 시작되었을 때, 명나라의 다른 곳에 있던 열여덟 명의 예수회 사제는(그중 여섯 명은 중국인) 곧 바뇨네와 세메도의 체포 소식을 접했다. 그들은 조심스럽게 사람들의 시야에서 사라졌다. 반면 중국인 개종자들은 덜 조심스러운 것으로 판명되었는데, 한 중국인 기독교도는 체포 소식에 너무나 분개한 나머지 신앙을 위해 고통 받을 각오를 하고 자신이 기독교 신자임을 선언하는 현수막을 들고 남경의 거리를 행진했다. 이로 인해 그는 체포되었고 처벌을 받을 때까지 거의 1년간 감옥에 갇혀 있었다.

바뇨네와 세메도를 체포한 관리들이 남경의 예부시랑(禮部侍郎) 심각(沈㴶)에게 보고를 올렸을 때, 심각은 그들의 느슨한 태도에 격노했다. 예수회 사제들에 대한 단호한 법적 조치를 주도한 인물이 바로 심각이었다. 그의 의도는 외국인에게 그저 가벼운 경고를 주는 것이 아니라, 그들을 중국에서 추방하는 것이었다. 이에 그는 체포를 담당한 관리들에게 즉시 돌아가서 세메도를 붙잡고, 예수회 사제들의 거처에 식량을 공급해주던 남경 바깥의 농장을 포함한 예수회의 재산을 보다 철저하게 조사할 것을 명령했다. 관리들은 지시에 따라 행동했지만, 예수회 사제들이 간첩임을 보여 주는 증거는 어디에서도 찾지 못했다. 그들은 예수회 사제들의 거처에서 한 쌍의 지구본과 천구의, 지도 열아홉 장과 마테오 리치의 세계지도가 그려진 병풍 하나를 발견했다. 그러나 이들은 모두 중국이 아닌 유럽의 지도였고, 따라서 중국의 국가 안보에 위협이 되는 것이 아니었다. 관리들이 발견한 다른 어떠한 것도 이들이 종교 활동 외에 다른 일에 관여했다는 정황을 보여 주지 않았다.

예부시랑 심각의 시야에 그 유럽인들만 있던 것은 아니었다. 그는 이 외래 종교에 대한 불관용의 메시지가 그들에게 협력한 중국인에게도 도달하기를 원했다. 이에 따라 관리들은 알바로 세메도뿐 아니라, 예수회 사제들의 거처에 살던 중국인 기독교도 한 명, 마카오에서 상경하여 그곳에서 수학 중이던 젊은 수련 수사 한 명, 가복(家僕) 네 명, 무슨 일이 일어났는지 알아보기 위해 그곳을 찾은 남경의 기독교인 네 명도 함께 체포했다. 9월 2일의 하루가 끝날 무렵 기독교 선교와 관련된 15명이 투옥되었고, 추가적인 체포도 이어질 예정이었다. 그러나 심각이 주도한 이러한 조치가 명나라 전체로 확장될지는 아직 미지수였다. 그는 그렇게 되기를 원했지만, 그의 이러한 탄압 조치에는 결정적인 요소가 결여되어 있었다. 심각은 모든 예수회 선교사의 추방을 요청하는 상주문을 만력제에게 올렸지만, 이 일을 처리할 어떠한 회신도 받지 못했다. 심각은 황제의 허가 없이 이번 숙청을 진행했다. 이는 자신의 계획을 밀어붙인 대담한 행동이었고, 남의 눈에 띄지 않고 진행될 수는 없었다. 심각의 행위에 반대하는 이들이 나서기 시작했고, 관용의 편에 선 대표자는 그의 기독교도 동료들에게 세례명 바울로 더 잘 알려진 서광계(徐光啓)였다.[1]

1　원서에서 저자는 서광계의 이름을 일관되게 그의 세례명인 '서바울(Paolo Xu)'로 표기하고 있다. 그러나 번역서에서는 한국인 독자들의 가독성 향상을 위해 그의 이름을 '서광계'로 표기하도록 하겠다.

유럽인들에 대한 찬반 논쟁

서광계는 심각이 남경의 기독교도들을 공격했다는 소식을 듣고 깜짝 놀랐다. 서광계는 상해 출신이었고, 그해 여름까지 3년간 병가를 내고 고향에 머물렀다. 남경의 기독교도에 대한 소식이 그에게 도달했을 때 그는 북경에 막 복귀한 참이었다. 그는 고향의 아들에게 보낸 8월의 편지에서, 자신은 늘 "심종백(沈宗伯)"을 "그들(즉 당시 정부에서 복무하던 극소수 중국인 기독교도)의 친구"로 여겨왔다고 썼다(여기서 그는 심각에게 '아저씨'[2]라는 친숙한 존칭을 썼다). 서광계는 1603년 마테오 리치의 영향으로 기독교로 개종했고, 이듬해 (마흔네 살의 나이로) 과거시험에 합격해 진사(進士)가 되었다. 그는 원숙함과 넓은 학식, 그리고 국가 정책에서의 전문성을 인정받아 조정에 자문을 제공하는 싱크탱크인 한림원에 등용되었다. 한림원에 등용된 인연으로 인해 그는 마테오 리치가 사망할 때까지 그와 가까이 지낼 수 있었다([그림 10] 참조). 또한 이번 임명은 서광계가 이후 중앙 정부 기관에 계속 발탁되어, 그의 전 경력을 북경에서 보내는 시작점이 되었다.

심각은 서광계보다 세 살 어렸지만 십여 년 먼저 진사 시험에 합격했다. 심각 역시 한림원에 봉직했고, 그들의 복무 기간은 서로 겹쳤다. 그들은 친구가 되었지만, 많은 사안에 대해 입장이 달랐고, 그럼에도 사이가 틀어지는 일 없이 서로의 의견 차이를 인정했다. 서광계가 병가로 조정을 떠나 있는 동안, 심각은 승진하여 한림원에서 예부로 자리를 옮겼다. 이 예부라

2　중국의 옛 관직명인 '종백'은 육경(六卿)의 하나로, 『주례(周禮)』에서 '대종백(大宗伯)'은 국가의 종묘·제사 등 의례를 총괄하는 관직을 의미했다. 후대에는 예제(禮制)를 담당하는 고관을 지칭했으며, 예부상서를 '대종백,' 예부시랑을 '소종백(小宗伯)'으로 부르기도 했다. 다만 원서에서 저자는 종백을 족부(族父), 즉 부친보다 손위의 아저씨로 보고, 이 부분을 "심씨 아저씨(Uncle Shen)"로 적었다. 그러나 당시 심각이 예부시랑이었다는 점을 고려할 때, 여기서 종백은 족부 또는 아저씨가 아닌 예부시랑의 별칭으로 보아야 할 것이다.

는 높은 자리에서 심각은 기독교도를 향한 공격을 시작했다.

서광계는 이러한 사태를 전혀 예상하지 못했다. 그는 아들에게 보낸 편지에서 이렇게 썼다. "그가 하루아침에 태도를 바꾸니 그 이유를 모르겠다." 또한 서광계를 혼란스럽게 한 것은 남경의 예부시랑 심각이 어떻게 북경 예부의 지지를 얻어 탄압을 추진할 수 있었느냐는 점이었다. 아마도 심각은 7월 초 만력제에게 상주문을 올려 그가 예수회 사제가 국가의 안보와 황제의 권위에 가하고 있다고 본 위협의 개요를 서술함으로써, 이번 탄압을 본격적으로 시작하기 전에 북경 예부의 지지부터 확보했을 것이다. 그러나 8월 말까지도 여전히 황제에게서 아무런 회신이 없었기 때문에, 이번 탄압은 더 이상 진전되지 않았다. 서광계는 복직한 지 불과 몇 주 만에 붓을 들어 황제에게 심각의 제안을 조목조목 반박하는 상주문을 올렸다.

두 개의 상주문을 나란히 읽으며, 우리는 만약 심각과 서광계가 황제 앞에서 논쟁을 벌일 수 있었다면, 이 두 관원의 입장 차가 어떻게 전개되었을지를 상상해 볼 수 있다. 그 논의는 아마도 다음과 같이 흘러갔을 것이다.

심각이 논쟁의 서두를 연다. "교활한 오랑캐가 먼 곳으로부터 와서 수도에 불법적으로 들어와 폐하의 성망(聲望)을 은밀히 해치고 있습니다. 북경에는 디에고 데 판토야(Diego de Pantoja)와 사바티노 데 우르시스(Sabatino de Ursis)가 있고, 남경에는 알폰소 바뇨네와 마누엘 디아스(Manuel Dias)가 있습니다(여기서 심각은 알바로 세메도를 다른 포르투갈인 사제 마누엘 디아스와 혼동하고 있다. 마누엘 디아스는 당시 남중국에 있었고 남경이나 북경에 가본 적이 없었다). 다른 성(省)의 도성과 각 군(郡)에도 이들이 곳곳에 있습니다. 남경의 예부는 성지(聖旨)를 받들어 오랑캐의 일을 처리합니다. 이 오랑캐 범인들은 백성을 현혹하고 있으니, 간절히 청컨대 폐하께서는 율령(律令)을 엄히 펼치시어 백성의 마음을 바르게 하시고 풍속을 보존하십시오. 법에 따라 모두 내쫓고, 나머지도 모두 기한을 세워 쫓아내십시오."

서광계가 답한다. "신은 남경의 예부가 폐하의 서양 사신[陪臣]인 디에고 데 판토야 등을 추방하고자 한다는 사실을 저보(邸報)에서 읽고 처음 알게 되었습니다." 저보는 조정의 정책과 인사 등을 정리한 월간 소식지로, 전국의 관원들이 조정의 동향을 지속적으로 파악하기 위해 읽는 문서였다. "예부의 관리들과 달리, 신은 그들과 실제로 도리(道理)와 역법을 연구한 바 있습니다. 사실 신은 여러 해 동안 그들과 이야기해 왔기에, 그들과 그들의 학설을 잘 알고 있습니다. 만일 폐하의 서양 사신들이 유죄 판결을 받는다면, 신이 어찌 예부의 규탄을 면하기를 바랄 수 있겠습니까?"

심각은 예수회 선교사들이 중국의 풍속과 가치에 미치는 외부적 악영향을 빌미로 그들을 공격의 목표로 삼고자 했지만, 정작 그가 내세운 구실은 그들이 중국 황제에게 조공을 바치러 온 사신이 아니라는 절차상의 문제였다. "우리 황조(皇朝)가 설립된 이후 사방의 오랑캐가 황제께 경의를 표하기 위해 찾아왔습니다. 우리나라는 오랑캐와 중화의 구분을 거듭 강조해 왔습니다.『대명회전(大明會典)』에는 조공국의 이름과 그들이 바치는 조공의 양과 사행 일정이 상세히 기록되어 있으며, 이에 따라 감합(勘合)이 발급됩니다. 이름이 등재되어 있지 않거나 감합이 없는 자에 대해서는, 이들이 국경 초소를 넘는 것을 금지하는 법률이 있으며, 또한 간첩을 엄밀히 감시하는 법률도 있습니다. 먼 곳에 사는 사람들이 의(義)를 앙모하여 우리에게 찾아오고자 하는 것은 가상한 일이고, 우리 조정은 그들을 배척하지 않고 모두 받아들일 수 있을 만큼 충분히 풍족합니다. 그러나 산천(山川)은 자연스럽게 강역(疆域)을 형성하여 그들과 우리 사이에 경계를 이룹니다. 각 나라에는 정해진 자리가 있고, 그 백성은 그곳에 머물러야 합니다."

서광계가 반박한다. "그러나 서방의 사람들은 지난 수천 년간 중국을 찾아왔으며, 그들 중 일부는 나라를 위해 큰 공을 세웠습니다. 그들이 멀리서 왔다는 점은 중요하지 않았습니다."

심각은 8세기 북변에서 당나라를 위해 복무하다 이후 반란을 일으킨 유명한 소그드인(Sogdian) 장군 안록산(安祿山)을 예시로 들며 대답한다. "그러나 오직 반란과 약탈을 위해 중국에 들어왔던 안록산 같은 외래인을 생각해 보십시오. 당시에도 일부 사람이 그를 꿰뚫어 보았지만, 그들의 말은 행해지지 않았고 결국 천고의 영원한 한이 되고 말았습니다. 군주에 충성하고 나라를 아끼는 뜻을 지닌 자라면 어찌 이를 경계하지 않을 수 있겠습니까? 그들을 존경으로 대하고 지지하는 것은 후대에 거대한 재앙을 남길 뿐입니다."

서광계는 이러한 논쟁의 흐름에서 벗어나 예수회 선교사가 중국에 체류하는 종교적인 목적으로 화제를 전환한다. 그리고 불교가 외래 종교로서 가졌던 거대한 영향력을 지적함으로써 논쟁의 돌파구를 마련하려 한다. "불교 사원과 불탑은 천하의 곳곳에 분포해 있고, 티베트의 라마들도 종종 중국을 찾아옵니다. 심지어 무슬림도 그들의 신학적 오류에도 불구하고 자유롭게 용인되어 왔으며, 그들이 고르는 곳에 모스크를 세웠습니다. 백성을 교화하고 풍속을 변화시키고자 했던 옛 황제들께서는 멀리서 온 이러한 외국인들을 오히려 칭찬하셨습니다."

서광계는 계속 주장한다. 재앙을 가져오는 존재와는 거리가 먼 "이 사신들은 17년간 폐하의 보호와 은혜를 입어왔습니다. 모두 성현(聖賢)의 도를 따르는 자들이며, 그들의 행실과 마음속에는 의혹이 하나도 없습니다. 그들의 도(道)는 매우 올바르고, 지조[守]는 매우 엄격하며, 학문[學]은 매우 넓고, 지식[識]은 매우 정밀[精]하며, 마음[心]은 매우 진실하고, 견해[見]는 매우 확실하니, 그 나라 안에서도 또한 모두가 천 명에 하나, 만 명에 하나 나오는 인재입니다."

심각은 그 외국인들의 가르침에서 도덕적인 가치를 발견하는 데 관심이 없었다. 그에게 결코 제거될 수 없는 문제는 그들이 외래의 존재이고, 따라서 유교적 도덕 질서에 위협이 된다는 점이었다. 중국의 이익을 위해 행동하리라는 신뢰가 없는 한, 그들의 존재는 중국에서 항상 정치적인 위협으로 보여야만 했다. 심각은 주장한다. "교활한 오랑캐는 그들의 나라를 '대서양(大西洋)'이라고 스스로 칭합니다. 천하와 사해의 안팎에서 오직 황상만이 만물을 기르고 비추는 군주시며, 이러한 이유로 우리나라를 '대명

(大明)'이라 부릅니다. 그런데 어찌 그 오랑캐들이 또한 '대서(大西)'를 말할 수 있습니까? 또한 이미 귀화(歸化)했다고 말하면서, 어찌 두 개의 '대(大)'를 말하며 서로를 대등하게 여길 수 있습니까?"

서광계는 심각이 '대서(大西)'라는 말을 오해하고 있음을 알고 있었다. 이 용어는 마테오 리치가 그들의 '대서(大西)'를 인도(India)를 의미하는 '소서(小西)'와 구분하기 위해 직접 만들어낸 것으로 보인다. 그러나 서광계는 굳이 그러한 혐의 제기에 대응하지 않고, 대신 "그 서양(西洋)에 임해 있는 근 30여 나라가 이 가르침을 봉행(奉行)한 것은 천수백 년에서 지금에 이르렀습니다"라고 지적한다. 여기서 중요한 것은 그 가르침을 실천하는 사람들이 어디서 왔느냐가 아닌 그 가르침의 영향이었다. 서광계는 이렇게 덧붙인다. "대국과 소국이 서로 구휼하고, 윗사람과 아랫사람이 서로 화목하며, 길에서 유실물을 줍지 않고, 밤에는 관문을 닫지 않으니, 그 오래도록 안정되고 잘 다스려짐이 이와 같습니다. 모든 나라의 사람들이 두려워하고 몸가짐을 조심하며, 오직 잘못에 빠져 상주(上主)에게 죄를 얻는 것을 두려워할 뿐입니다."

심각이 반박한다. "그러나 그들은 그 가르침을 '천주교(天主敎)'라 부릅니다." 중국의 황제가 하늘의 아들[天子]인데 그들이 어떻게 하늘에 대한 권리를 주장할 수 있겠는가? 황제는 하늘의 가장 높은 사제이자 하늘의 가장 가까운 연결고리다. 심각은 이어서 말한다. "그래서 황제의 조고(詔誥)가 나갈 때마다 말미에 항상 '하늘을 받들라[奉天]'는 문구가 붙는 것입니다. 그런데 그 오랑캐들은 '천주(天主, 즉 하늘의 주인)'를 사칭함으로써, 천자를 초월하여 그보다 높은 자가 있는 것처럼 하여 어리석은 백성을 현혹하니 백성이 누구를 따르겠습니까?"

이러한 비난은 서광계를 곤란하게 만들었다. 서광계는 그 외국인들이 황제가 하늘의 아들이라는 점에 반대하지 않으면서 동시에 하늘을 섬긴다고 주장할 수 있는 여지를 남겨두어야 했다. 서광계는 하나를 섬기는 것을 둘 다 섬기는 것으로 만듦으로써 이 문제를 해결했다.

서광계는 말한다. "그들이 동쪽으로 수만리를 온 까닭은 [다음과 같습니다]. 대개 그 나라의 교인(敎人)은 모두 수신(修身)함으로써 상주(上主)를 섬기는 데 힘쓰는데, 중국 성현의 가르침이 또한 모두 수신하고 하늘을 섬겨 그 이치가 서로 부합한다는 것을 들었습니다. 이러한 이유로 그들은 온갖 고난과 위험을 무릅쓰고 와서 서로 검증하고 선(善)을 행함으로써 상천(上天)의 사람을 사랑하는 뜻을 칭송하려 한 것입니다. 그 학설은 상제(上帝)를 분명히 드러내 보이는 것을 근본으로 하고, 백성을 보호하고 구하는 것을 매우 중시하며, 충효와 자애로움에 노력을 쏟습니다. 개과천선함으로써 입문(入門)하고 잘못을 참회하고 씻어냄으로써 수련하니, 이로써 하늘에 올라 진정한 복을 누리는 것을 선을 행한 것에 대한 영예로운 상으로 여기고, 지옥의 영원한 재앙을 악을 행한 것에 대한 고통스런 응보로 여깁니다. 그 일체의 훈계와 규정은 모두 천리(天理)와 인정(人情)의 지극함일 따름입니다."

그러나 그 모든 것이 중국에 무슨 쓸모가 있는가? 심각은 선언한다. "천하를 안정되게 다스리기 위해 멀리 내다보는 계획을 원한다면, 우리는 그것을 이미 불교와 도교의 가르침 속에 가지고 있습니다. 불교와 도교는 유교를 보완하며 오래도록 전국에 퍼져 있었습니다. 이 세 가르침의 조합만으로도 사회의 도덕을 유지하는 데 충분합니다. 사교(邪敎)로써 사람을 미혹하는 자들은 백성을 동요시킬 뿐이니, 이러한 이유로 『대명률(大明律)』은 그러한 종류를 금지하고 있습니다." 여기서 심각이 언급한 것은 『대명률』 제12권 「예율(禮律)」 의제(儀制)의 조항으로, 음양술사가 문무관원의 집에서 화(禍)와 복(福)을 망령되이 말하는 것을 금지하고 이를 위반하는 자는 장(杖) 100대를 때린다는 규정이다. 이 조항은 기독교에 잘 들어맞는 것은 아니었지만, 이것을 인용한 것은 예수회 선교사를 후원하고 자신의 집에까지 들였던 서광계와 같은 관리를 이번 사건에 연루시키기 위한 영리한 방법이었다.

서광계는 두 걸음 뒤로 물러나 불교로 화제를 전환함으로써 사법적 판단을 내리려는 심각의 시도를 회피한다. 불교도들은 중국에 들어오는 것을 허락받았지만, 서광계가 보기에 그들은 유교의 완벽한 가르침을 보완한다는 본래의 사명을 완수하지 못했다. 경전을 무턱대고 외우는 것 이상으로 유교에 관심을 가진 사람들이 널리 인정하는 유교의 문제는 그것의 가르침이 "사람의 겉으로 드러나는 행실에는 능히 미치지만, 인간 내면의 감정에는 미치지 못한다"는 점이다. 서광계는 이어서 말한다. "방범(防範)이 더 엄해질수록 기만과 사기는 더 심해집니다. 법 하나가 세워지면 백 가지 폐단이 생겨나니, 잘 다스리기를 원하는 마음만 유명무실하게 있을 뿐 안타깝게도 반드시 잘 다스려지는 방법은 없습니다." 이러한 점에서는 불교도 다르지 않았다. "불교의 설(說)은 선악의 응보가 사후(死後)에 있다고 말하며, 마땅히 사람들로 하여금 지체 없이 선을 행하고 악을 제거하도록 해야 한다고 말합니다. 불교가 동쪽으로 온 지 1,800년이 지났는데 세상의 도와 사람의 마음이 어찌 아직도 바뀌지 않는단 말입니까? 이는 곧 [불교가] 올바른 듯하나, 실은 그릇된 것임을 뜻합니다. 또한 명나라가 건국된 지 250년이 되도록 아직 황조(皇朝)가 표창하는 깊고 훌륭한 마음을 우러러 칭송하지 못했습니다." 반면 기독교는 훨씬 더 효과적인 프로그램을 제공한다. 서광계가 묻는다. "사람들로 하여금 무엇을 따르고 무엇에 의거하게 해야 하겠습니까?" 서광계가 스스로 답한다. "사람들로 하여금 반드시 선을 완전히 행하게 하고자 한다면, 이 사신들이 전하는 하늘을 섬기는 학문이야말로 진실로 왕화(王化)에 도움이 되고 유가의 학술[儒術]을 도우며 불법(佛法)을 바로잡을 수 있는 것입니다. 만약 부처와 노자를 숭배하는 것처럼 상제(上帝)를 숭배하고, 스님과 도사가 용납되는 것처럼 이 사신들을 용납한다면, 교화가 흥하고 치세에 이르는 것이 반드시 요순과 삼대[唐虞三代]의 시대를 넘어설 것입니다."

심각은 이 외국인들의 종교가 정확히 반대의 효과를 낳는다고 주장하며 반박한다. "신은 또한 그들이 백성을 속여 미혹하는 것을 들었습니다. 곧 말하기를 '조상은 제사 지낼 필요가 없고, 다만 천주를 받들어 섬기면 천당에 올라갈 수 있고 지옥을 면할 수 있다'고 했습니다. 무릇 천당과 지옥의 설(說)은 불교와 도교에 모두 있어, 그것으로써 사람들에게 효(孝)와 제(悌)를 권하고 또한 불효하고 공경하지 않으며 악업을 만드는 자들에게 징계를 보이니, 고로 또한 유가의 학설에 도움 되는 바가 있을 뿐입니다. 지금 그들이 실로 사람들에게 조상에 제사지내지 않을 것을 권하니, 이는 불효를 가르치는 것입니다. 그 수가 실로 많고 그 설이 사람의 마음에 점차 스며들어, 사대부 중에서도 또한 그것을 믿고 따르는 자가 있으니, 하물며 일반 백성을 집집마다 깨우치기는 어렵습니다. 신이 저도 모르는 사이에 길게 탄식하니, 그들이 중국의 대일통(大一統)과 인심과 풍속의 관계를 존중하며 말한 것이 아직 없을 따름입니다."

여기서 심각은 자신의 핵심적인 우려로 되돌아온다. 그것은 예수회 선교사들이 중국에서 무엇을 하고 무엇을 가르치던 간에, 그것이 대국(大國)의 대일통의 권위의 기반을 약화시킬 수 있다는 점이었다. 진정한 위협은 정치적인 것인 동시에 도덕적인 것이었다. 외래의 영향이 초래할 수 있는 정치적 위험성에 대한 마지막 주장을 펼치기 전, 심각은 중국의 역법이 의거하고 있는 기존의 잘못된 천문 계산을 수정하기 위해 예수회 선교사가 유럽에서 가져온 과학 이론과 방법론에 대한 공격을 시작한다. 그는 유럽의 과학 이론과 방법론을 "황당무계하고 터무니없는" 것이라 부르며, 그 결과를 신뢰하지 않는다. 그는 말한다. "이는 요순 이래 중국에서 대대로 전해져 온 규범과 법도 중 가장 큰 것을 모두 바꾸어 어지럽혔습니다. 이것이 천도를 숭배하는 것입니까? 아니면 천도를 함부로 하는 것입니까? 이들은 명목상으로 의(義)를 앙모하여 왔다고 하는데, 이것이 왕화(王化)에 귀순한 것입니까? 아니면 왕화를 몰래 손상하는 것입니까? 그들이 말하는 천체(天體)가 중국과 다르지 않단 말입니까? 신은 오히려 그들이 세운 방법이 달라 천문을 추산하는 것이 반드시 서로 합치하지 않았음을 우려합니다. 하물며 그 황당무계함과 이치에 맞지 않음이 이와 같은데, 그에 의거하여 선대 황제들이 정하시고 성현이 대대로 지켜온 대통(大統)의 역법을 어지러이 고칠 수 있단 말입니까?"

서광계는 이 모든 쟁점을 일축한다. "역법을 수정하는 일은 관계되는 바가 또한 적습니다." 서광계는 그가 무엇에 대해 말하는지 알고 있었다. 서광계는 황제에게 자신이 예수회 선교사들과 우주론 및 천문수학을 상세히 토론해왔음을 말한다. 그는 심지어 유클리드의『기하학 원론』제1장을 마테오 리치와 함께 번역했다(서광계는 이번 장의 첫머리에 있는 삽화에 마테오 리치와 함께 나온다. 서광계는 오른쪽, 마테오 리치는 왼쪽에 있다. 이 그림은 마테오 리치가 죽고 반세기가 지난 뒤 이 둘의 협업을 기념하여 그려졌다). 서광계는 심각이 이 분야에서 전문성이 매우 부족하다는 점을 알고 있었고, 심각이 여기서 계속 허우적대도록 내버려 둔다.

심각은 자신의 마지막 주장을 위해 반역 혐의를 제기한다. 이를 위해 그는 황제에게 돈의 흐름을 따라가 보라고 제안한다. "가난한 백성이 그 가르침을 기꺼이 따르는 것은 그들에게 많은 재물이 있어 사람들에게 헤아려 나누어준다고 들었기 때문입니다. 그들은 또한 천주의 가르침[天主之敎]이 이와 같이 사람을 구제한다고 말합니다. 이러한 까닭에 탐욕스럽고 어리석은 무리는 이익되는 바가 있어 그것을 믿습니다. 그 가슴에 품은 것을 헤아릴 수 없으니 더욱 가증스럽습니다." 심각은 더욱이 그 외국인들이 금전 거래에서 중국인을 속이고 있다고 의심한다. 그러나 심각을 더 우려하게 만든 것은 외국인의 돈과 지역세력 간의 공모 관계였다. "[그들은 본국이] 중국으로부터 8만 리 떨어져 있다고 말하는데, 그들의 재물은 끊임없이 들어오고 있으니, 누가 그들을 위해 전달하고 보내주는 것입니까? 그들이 지나는 관진(關津)과 거처는 어떤 증명서가 있어 넘을 수 있단 말입니까? 관진을 지키는 관리와 군인은 어찌하여 통과시킬 뿐 심문하여 법을 엄히 하지 않는 것입니까?"

이러한 심각의 공격에 대해, 서광계는 다각적인 방어 논리를 전개해야 했다. 그 외국인들이 외부 세계와 비밀스런 통로를 유지하고 있는 것 같다는 혐의에 대해, 서광계는 그것이 어쩔 수 없는 상황 때문임을 지적한다. "그들 외국 사제는 이미 출가하여 수익 활동에 종사하지 않으니, 자연히 기부를 통해 물자를 공급받습니다." 그러나 이러한 사실을 인정한 것이 예수회 선교사들이 중국인에게서 돈을 받아오고 있다는 점을 입증하는 데 이용되지 않기 위해, 그는 예수회 선교사들에 대한 모든 지원이 서양으로부터 온다고 설명한다. 서광계도 이것이 문제라는 점에는 동의했지만, 이는 심각이 생각한 문제와는 다른 것이었다. "[서양과 중국] 사이에서 풍파(風波)와 도적을 만나 많은 것이 도달하지 못하니, 그들은 왕왕 큰 고통을 겪습니다." 심각이 생각한 물자공급 통로에 접근할 수 없었던 예수회 선교사들은 중국인에게 지원을 요청한다는 유혹에 빠질 수도 있었지만, 실제로 그런 적은 전혀 없었다. "[그들이] 지난 20년간 중국인에게서 동전 한 푼, 물건 하나 받지 않았던 것은, 대개 명목 없이 그러한 것을 받는 것을 이해하지 못하거나 혹은 속임수로 재물을 거두어들이는 등의 죄목이 더해질까 두려워하기 때문입니다." 서광계는 중국에 오는 모든 외국 사신과 마찬가지로 명나라 정부가 그들에 대한 지원을 담당해야 한다고 제안한다. 이러한 조치는 예수회 선교사가 마카오와 통신하는 것을 끊도록 할 것이며, 따라서 심각이 제기한 간첩 혐의도 자연히 해소될 것이었다.

그러나 심각이 비밀스러운 재정 지원에 대해 문제를 제기한 것은 사실 돈에 관한 것은 아니었다. 그가 진정으로 우려한 것은 예수회 사제가 중국 정부가 전혀 알지 못하는 외부의 자원으로부터 지원을 받을 가능성이었다. 그 외국인들은 적절한 허가 없이 중국에 들어왔을 뿐 아니라, 누군가에게 민감한 정보를 주는 대가로 자금을 받고 있었다. 게다가 그들은 이 돈을 이용하여 중국인의 지지를 매수하고 있었다. 그래서 심각은 마지막으로 간청한다. "앞으로 다시는 이러한 무리들이 침입하여 들어오는 것을 허용하지 않고 이를 위반하는 자들을 『대명률』에 따라 처단한다면, 우리나라의 방비는 엄밀해질 것이고 그들의 종적은 속이기 어려워 국가는 만의 만년(萬萬年) 동안 태평하고 다시는 뜻하지 않은 걱정거리가 없을 것입니다."

서광계가 답변한다. "신은 예부시랑(즉 심각)의 후배인데, 감히 논쟁을 벌여 그와 서로 어긋나려는 것은 아닙니다. [다만] 특별히 신이 상서로움을 고찰해보니, 국가가 훌륭한 다스림에 이르고 태평함을 보존하는 계책으로 이보다 뛰어난 것이 없음을 명확히 알게 되었습니다. 폐하께서 그들을 일시에 귀국시키는 것을 예부에서 의논하도록 윤허하셨는데, 신이 마음에 품은 것이 있는데도 그것을 말하지 못한다면 개인적인 후회가 끝이 없을 것입니다. 이러한 이유로 신은 죄 짓는 것을 피하지 않고 목욕재계하여 진정(陳情)하여 청합니다. 예부시랑이 말한 풍문에 대해서는 신도 예전에 들은 적이 있고 또한 의심한 적이 있습니다. 여러 해 동안 살펴보며, 신은 진실로 그 실정을 세심히 엿보았고 이후에는 속사정까지 분명히 알게 되어, 이에 비로소 깊게 믿고 의심하지 않게 되었습니다. 만약 그 사람들에게 과연 털끝만큼이라도 의심할 바가 있었다면, 신은 마음속으로 조금도 믿지 않았을 것입니다. 또한 그 사람들이 비록 간첩과 간사한 무리는 아니지만 성현을 따르는 무리도 아니니, 큰 이로움이 있을 수 없다면 그들을 보내거나 남기는 것이 어찌 신의 일에 관계되겠습니까?" 이어서 서광계는 황제에게 요청을 올린다. "만약 [그들이 폐하의] 성명(聖明)을 입어 받아들여지고 [폐하께서 그들에게] 특별히 표창을 내리신다면, 지금 당장 그들이 불교 승려 및 도사와 함께 모두 용납되고 남겨져 교화를 권하고 널리 전파하게 할 것입니다. 신의 생각에 수년 뒤에는 인심과 세상의 도가 점차 변모하여, 변함없는 덕으로 풍속이 통일되고 모두가 화합하여 과거의 나쁜 풍속을 타파하기에 이를 것입니다. 법을 세우면 반드시 행해지고, 명령이 나가면 어기지 않으며, 중외(中外)에 모두 속이는 신하가 없어지고, 집집마다 덕행이 있어 모두 표창할 만한 풍속이 이루어질 것입니다. 폐하의 성스러운 몸에는 만수무강한 큰 복이 미칠 것이고, 국조(國祚)에는 만세(萬世)의 태평함이 영원할 것입니다."

'만세'와 '만의 만년'은 황제에게 진정(陳情)을 올리는 명나라 사람들이 사용하던 용어였다. 그러나 만력제는 아무런 관심도 보이지 않았다. 그는 심각의 상주문에 대해 아무런 조치도 취하지 않았다. 전해지는 말에 따르면, 만력제는 서광계의 상주문의 말미에 "알았다[知道了]"라고 갈겨썼다고 한다(원본은 현재 전해지지 않는다). 이는 만력제가 서광계의 상주문을 읽었음을 의미하지만, 만력제는 그 이상 아무것도 하지 않았다. 가을 동안 심각은 두 차례 더 예수회 선교사들을 고발했다. 그러나 황제는 겨울이 될 때까지도 응답하지 않았다.

대서(大西)

만력제가 주의를 기울였다면, 그는 '대서(大西),' '대서양(大西洋),' 혹은 '원서(遠西)' 등으로 다양하게 불리는 어느 먼 곳이 있다는 사실을 알게 되었을 것이다. 그곳은 하나의 나라이거나 혹은 30개가 넘는 나라가 모인 곳이었다. 서광계의 증언에 따르면, 그곳은 평화롭고 잘 다스려지는 곳이었다. 그곳은 대국과 소국이 서로를 돌보고 윗사람과 아랫사람이 서로의 안전을 도모하며, 어떠한 것도 도둑맞지 않고 밤에는 문을 잠그지 않는 곳이었다. 또한 그곳에서 백성의 유일한 걱정거리는 그들이 상주(上主, 즉 하늘)가 기대하는 기준에 부합했는지의 여부뿐이었다. 그곳은 중국의 서쪽, 인도보다 더 먼 서쪽에 위치해 있었으며, 그곳에서 중국까지 항해 거리는 약 4만 킬로미터였다.

이러한 '대서(大西)'의 이미지를 만들어낸 것은 바로 스스로를 "서쪽에서 온 학자[西儒]"로 칭한 예수회 선교사들이었다. 이러한 이미지를 창조해낸 핵심 인물은 바로 중국에 들어온 두 번째 예수회 선교사이자, 예수회가 중국에서 취한 적응주의적(accommodative) 접근법을 정립한 인물인 이탈리아인 사제 마테오 리치였다. 마테오 리치의 중국인 친구들은 그를 "태서국(泰西國) 사람," 즉 가장 먼 서쪽 나라에서 온 사람이라고 불렀다. 이러한 점에서 심각이 '대명국(大明國)'과의 유사성을 간파해낸 것은 옳았다. 마테오 리치에 대한 호칭은 멀리에 '대서국(大西國)'이라는 대명국의 거울 이미지와 같은 나라가 있다는 관념을 불러일으켰다. 이러한 유사성은 익숙함이 주는 편안함과 경쟁자가 주는 불안감을 동시에 불러일으켰다. 마테오 리치는 유럽에 대해 이야기할 때, 유럽 대륙을 세계의 다른 쪽 끝에 위치한 명나라와 대등한 단일한 나라로 오도하지 않았다. 그는 유럽이 중국과 달리 많은 나라로 나뉘어 있음을 분명히 했다. 이러한 모호성은 중국어가 단수와 복수를 철저히 구분하지 않는다는 점에서 비롯되었다. '국(國)'이란 글자는 문맥에 따라 "나라"가 될 수도 있고 "나라들"이 될 수도 있다. 중국인들의 독해 습관으로 보건대, 유럽에 대한 배경지식이 없는 상태에서 '국(國)'자는 아마도 단수로 읽혔을 것이다. 즉 유럽에 하나의 대국(大國)이 존재하고, 마테오 리치는 그 대국의 대표인 것처럼 보였던 것이다. 그리고 마테오 리치는 이러한 오해를 흔쾌히 받아들인 듯하다.

초기의 예수회 선교사가 가장 먼저 알게 된 교훈 중 하나는 16세기 말 대부분의 명나라 사람들이 자기자신을 버리는 것을 상상조차 할 수 없는 세계관 속에 완전히 자리 잡고 있었다는 점이다. 명나라 백성은 불교와 도교, 조상 숭배, 수많은 토속 신과 부엌 신[竈王] 등을 믿었고, 이들과 매일을 살고 있었다. 이들에 대한 믿음은 그들이 숨 쉬는 공기와 같았고, 그저 그곳에 있는 것이었다. 질서에 대한 의심과 균열이 나타난 것은 바로 지식인층 사이에서였다. 일부 유학자는 이러한 종교들과 엮이는 것을 거부했고, 서광계도 그중 하나였다. 다른 유학자들은 유교가 겉으로 드러나는 도덕적 행위를 감독하고, 불교는 내적인 영적 생활에 대해 권한을 갖는 이중 구조를 흔쾌히 받아들였다. 서광계와 심각이 모두 사용했던 당시의 언어에서, 불교는 유교를 보완하는 것으로 여겨졌다. 심각은 이러한 이해방식을 받아들였고, 서광계는 거부했다. 그러나 이러한 관념은 사실 예수회 선교사들에게 도움이 되었다. 예수회 선교사들은 불교에 우호적인 유학자들에게는 기독교가 불교보다 유교를 더 잘 보완할 수 있다고 설명할 수 있었고, 불교를 배격하는 유학자들에게는 기독교를 유교의 근본 원칙을 해치지 않으면서 그것을 강화할 수 있는 보완재로 제시할 수 있었다. 서광계는 황제에게 바로 이렇게 기독교를 설명하려고 노력했다.

따라서 서양은 일반적인 위치이자, 특정한 장소이자, 아마도 그 자체로 하나의 대국이었다. 그곳은 위대한 종교 지도자가 나타난 곳이자 기술 지식의 보고이기도 했다. 이러한 지식에는 르네상스 시기에 태동한 초보적인 과학, 이를테면 수학, 천문학, 지리학, 지도제작술, 측량술, 농업과학, 의학, 화포학(ballistics), 시간 측정술, 프리즘 광학 등이 포함되었고, 예수회 선교사는 이 모든 학문에 숙련되어 있었다. 이러한 일련의 지식은 '서학(西學)' 즉 서양 학문으로 알려졌다. 그러한 지식의 상당 부분은 사실 중국의 과학기술 관행과 서로 잘 맞았다. 그러나 그것은 중국적 사고방식에는 익숙지 않은 원리와 원칙에 의거하여 서술되었기 때문에, 그 발상지(즉 예수회 선교사들이 대표하던 멀리에 있는 서양)의 이름을 딴, 하나의 구별되고 일관된 지식 체계로 따로 존재하게 되었다. 서학으로 불린 이 지식은 어떻게 중국적인 것이 될 수 있었을까?

번개

예수회 선교사들은 신학적 진리와 과학적 진리를 서로 대립시키지 않았다. 그들에게 자연 세계에 대한 유럽의 기술적 지식은 곧 기독교적 지식이었고, 따라서 세속적인 사람들을 종교적인 사람으로 인도하기 위한 다리(bridge)로서 매우 적절한 것이었다. 그들은 물리적 우주에 대한 지식을 나눔으로써, 자신들의 대화 상대인 중국 지식인들을 이 우주를 고안해 낸 신적 정신(divine mind)에 대한 지식으로 인도하기를 원했다. 그러나 흥미를 보인 중국인들이 반드시 유럽의 과학 지식을 기독교 신앙과 연결 지은 것은 아니었다. 물론 일부는 그랬고, 그중 가장 대표적인 인물은 서광계였다. 그러나 많은 이에게 그 새로운 지식(예를 들어 기하학)은 신학적 요소를 반드시 필요로 하는 것으로 보이지 않았다. 다른 이들은 방정식에서 하나님의 존재를 배제할 수 있었지만, 예수회 선교사에게 하나님은 방정식에서 제거할 수 없는 존재였다. 최신의 과학 지식 전달에 대한 예수회의 접근법은 여전히 이 두 번째 목적을 항상 염두에 두고 있었다. 그 목적은 바로 세상의 모든 속성이 하나님의 창조의 의도를 표현한 것이라는 점을 보여 주고, 거기서부터 하나님에 대한 신앙으로 이끄는 것이었다.

번개를 예로 들어보자. 마테오 리치가 중국어로 "사람들은 천둥소리를 들으며 번개가 말라죽은 나무에 내리치는 것을 본다"라고 썼을 때, 그는 오해를 받을 수 있다는 큰 걱정 없이 그렇게 할 수 있었다. 이러한 묘사가 모두의 경험과 일치했기 때문이다. 문화권마다 번개가 천둥을 만들어내는지 아니면 그 반대인지에 대해 의견이 달랐을 수 있지만, 번개가 지면에 내리칠 수 있고 때린 물체를 파괴할 수 있다는 관념에는 모두가 흔쾌히 동의할 수 있었다. 그러나 그러한 단순한 사실을 넘어서면 오해가 발생할 수 있었다. 마테오 리치가 이어서 번개가 "반드시 악인을 내리친 것은 아니다"라고 관찰했을 때 오해가 발생했다. 이러한 논평과 함께 번개는 더 이상 단순한 물리 현상이 아니게 되었다. 이제 번개는 하늘이 악한 사람을 징벌하는 의도적인 행위가 되었다. 대화는 갑자기 물리학에서 형이상학으로 전환되었고, 윤리학의 외양을 뒤집어썼다. 전자기가 발견되기 전까지 대부분의 문화권은 번개의 파괴력을 신(神)이 번개를 이용하여 사악한 자를 벌한다는 관념과 연결했고, 따라서 당시 이탈리아인과 중국인이 이러한 대화를 나누는 모습은 아마도 그리 어색한 일은 아니었을 것이다. 그러나 마테오 리치가 자신의 이론적 모델에 대해 본격적으로 말했을 때, 그는 이러한 모델들이 중국인들에게 말이 되게 하기 위해 상당히 많은 일을 해야만 했다. 지구는 무엇인가? 천국은 무엇인가? 악한 사람을 징벌하기 위해 번개를 이용하는 신은 누구인가? 그리고 그 신은 중국인들에게 익숙한 신들과 어떤 관계에 있는가?

새로운 문화권에 대담하게 진입하는 대부분의 사람은 이러한 복잡미묘한 주제를 피하기 마련이다. 마테오 리치도 가르침을 전할 때 대치하기보다는 요령 있게 행동하는 것의 가치를 인정했다. 그러나 선교는 선교였다. 그는 중국인에게 그들의 형이상학과 신학이 왜 잘못되었으며, 기독교적 우주론이 어떻게 더 올바른 관점을 산출해내는지를 설명하기 위해 중국에 왔다. 다른 문화권에 들어가려는 선교사는 가르침을 전달하는 데 도움을 줄 수 있는 이해의 차이를 찾아내야 한다. 마테오 리치는 이러한 이해의 차이를 발견하는 데 기민했고, 이러한 차이를 이용해 자신의 메시지가 유럽과 중국 사이에 있는 문화적 장벽을 통과하게 만들었다.

예를 들어, 하늘과 땅은 서로 어떤 관계를 맺고 있길래, 하늘에서 일어난 현상은 땅을 칠 수 있는 반면 그 반대의 일은 일어나지 않는가? 가톨릭 신학은 지구가 일련의 동심원 구조의 중심에 위치하고, 그 동심원 구조의 가장 바깥에 천국이 있다고 이해했다(유럽에 있는 예수회 수사들은 지구가 아닌 태양이 천체의 중심임을 보여 주는 요하네스 케플러와 갈릴레오 갈릴레이의 새로운 발견에 주목하고 있었다. 그러나 그들은 아직 교황청의 우주론을 수정하자는 입장을 취하지는 않았다). 마테오 리치는 자신의 논의를 모든 문화권이 각자 나름의 견해를 가지고 있는 상당히 보편적인 개념인 하늘이 아닌 지구에서부터 시작했다. 가장 어려운 개념은 (중국의 전통적인 우주론에 이러한 관념을 포괄할 수 있는 여지가 있었음에도 불구하고) 지구가 둥글다는 것이었다. 지구의 크기도 또 다른 문제였다. 마테오 리치는 지구가 중국인이 생각하는 것보다 훨씬 더 크다는 점을 설명해야 했다. 그는 자신의 경험을 통해 이를 설명할 수 있었다. 마테오 리치는 중국인 친구들에게 지구의 반 바퀴를 돈 자신의 여행이 무려 5만 1천 킬로미터(그는 훗날 이 수치를 하향조정했다)가 넘는 거리에 걸쳐 있었다고 말했다. 그에 대한 증거를 원한 이들에게 그는 어떻게 유클리드 기하학을 활용해 지구의 크기를 측정할 수 있는지를 보여 주었다.

마테오 리치의 또 다른 가르침은 지구상에 수많은 나라, 중국어 표현으로 "만국(萬國)"이 존재한다는 것이었다. 그가 1598년경 남경에서, 이후 1602년 북경에서 출간한 세계 지도는 이 세계에 대한 새로운 관념을 시각화했고, 일부 중국인을 매료시켰다. 이 지도는 기독교적 관념을 명시적으로 드러낸 세계지도가 아니었다. 마테오 리치는 기독교적인 내용을 지중해 주변에 그려진 단 두 곳의 타원형 테두리 안에 국한시켰다. 하나는 유대 지방(Judea)에 그려진 것으로, "천주께서 이 땅에 내려와 탄생하셨고, 고로 사람들은 이곳을 성스러운 땅[聖土]이라고 부른다"라고 썼다. 다른 하나는 이탈리아 옆에 그려진 것으로, "이곳의 교화하는 왕(즉 교황)은 결혼하지 않고 로마국에서 오직 천주의 가르침만을 행한다. 유럽의 모든 나라는 그를 존숭한다"라고 설명했다. 그러나 마테오 리치의 목적이 단지 세계를 중립적으로 묘사하는 데에만 있는 것은 아니었다. 그의 진정한 목적은 중국의 독자들이 세계를 상상하는 더 나은 방법이 존재할 가능성을 고려하도록 장려하는 데 있었다. 이러한 목적은 1602년판 지도에 포함된 유럽에 대한 설명에 섞여 있다.

> 이곳은 유럽 주(州)로 30여개의 나라가 있으며, 모두 예전 왕의 정법(政法)을 사용한다(즉 이들 나라가 모두 군주국이다). 일체의 이단을 따르지 않고, 오직 천주상제(天主上帝)의 성스러운 가르침만을 숭배한다. 무릇 관직에는 세 개의 등급이 있는데, 가장 위의 등급은 교화를 주관하여 일으키고, 그 다음 등급은 속세의 일을 판결하고 다스리며, 가장 아래 등급은 오직 군대를 다스린다. 그 땅에서는 다섯 가지 곡식과 다섯 가지 금속과 백 가지 과일이 난다. 술은 포도즙으로 만든다. 공예는 모두 정교하다. 천문과 성리(性理)에 통달하지 않음이 없다. 풍속은 도탑고 신실하며 오륜(五倫)을 중시한다. 물자가 매우 풍부하고, 임금과 신하는 안락하고 부유하다. 사시사철 외국과 서로 통하고, 객상(客商)은 천하를 두루 다닌다. 중국과의 거리는 8만 리(里)로, 자고로 통하지 않았으나 지금은 서로 통한 지 거의 70여 년이 되었다.

이 짧은 글 속에는 서광계가 남경의 예수회 선교사들을 변호할 때 황제에게 아뢰었던 정보의 일부가 담겨 있다. 즉 유럽에는 30개가 넘는 나라가 있고, 그 나라들은 오랜 군주국이며, 유럽인은 높은 수준의 사회적 신뢰를 누리고 있다는 것이다. 아마도 만력제는 마테오 리치의 지도를 이미 살펴보았을 것이다. 우리는 만력제가 그 지도의 모사본을 만들라고 명령했던 것을 알고 있다. 따라서 만력제는 아마도 우리가 방금 읽은 유럽에 대한 묘사를 읽었을 것이다. 그렇다면 서광계는 단지 황제가 이미 알고 있는 내용을 다시 한 번 상기시켰을 뿐이고, 아마도 이를 통해 마테오 리치를 처음 북경에 들이도록 마음먹게 했던 그 호기심으로 황제를 되돌아오게 하려고 시도한 것이 아닐까? 물론 만력제는 서광계가 기대한 방식으로 서광계의 간청에 응답하지는 않았다. 그러나 그는 적어도 심각이 모든 예수회 선교사를 명나라에서 쫓아내도록 허가하는 것은 주저했다.

개종자 서광계

심각과 달리 서광계는 마테오 리치가 온 세계([역자] 곧 유럽)에 대해 열린 마음을 갖고 있었다. 그의 호기심은 서광계가 상해 출신이라는 점과 관련되었을지도 모른다. 당시 상해는 오늘날과 같은 국제도시가 아니었다. 그곳은 출세의 사다리를 오르고자 하는 사람들에게 전혀 이점이 없는 낙후된 지역이었다. 상해는 1292년에야 형성된 비교적 최근에 신설된 현(縣)이었다. 그 무렵 양쯔강 하류의 퇴적물은 충분히 쌓여 해안선을 바깥쪽으로 멀리 밀어내었고, 그 결과 이 특징 없는 뻘밭은 이름('상해'는 '바다에 다다르다'는 뜻이다)과 행정적 지위를 갖게 되었다. 상해는 면직업과 상업의 힘으로 빠르게 성장했고, 그 결과 서광계가 열한 살이 되던 무렵에는 아마도 인구가 50여만 명에 이르러 그 북서부는 별도의 현으로 분리되었다. 16세기에는 이곳에 지식인 계층이 점차 자리 잡기 시작했는데, 몇몇 엄격한 가문이 사회적 지형 전반을 지배하지는 못했기 때문에 서광계 같은 평범한 소년도 상해의 지식인 사회에 진입할 수 있었다.

상해는 해안가에 위치했기 때문에 1550년대에 이 지역을 휩쓴 해적 활동의 풍파에 그대로 노출되었다. 이는 상당 부분 1525년 가정제가 명령한 해금 때문이었다. 중국산 물품에 대한 일본의 수요는 매우 강력했고, 이러한 수요의 충족이 좌절되자 중국과 일본의 밀수업자들은 모두 무역 기회의 결핍을 메우기 위해 약탈에 나섰다. 상해는 상업, 해상 무역, 밀수,

해적 활동, 그리고 상당히 개방된 사회 구조가 뒤섞인 독특한 공간에 존재하고 있었다.

서광계는 1562년 넉넉지 못한 가정에서 태어났다. 다섯 살에 고아가 된 그의 아버지는 적은 유산을 물려받았고, 상해 사람 특유의 방식인 상업적 농경과 소규모 상업을 병행하며 그럭저럭 가족을 부양했다. 상해 태생인 서광계의 상상력은 틀림없이 도시를 가로지르며 흐르는 강 하구 너머에 있던 대양(大洋)에 의해 형성되었을 것이다. 그가 훗날 회상한 어린 시절의 기억은 어떤 형태로든 바다와 연관되어 있었다. 예를 들어 아버지의 친구들이 즐겨 말하던 해적 이야기, 네 살 때 여러 성문과 건물을 무너뜨린 태풍, 아홉 살 때 아홉 명의 사람과 수많은 가축을 익사시킨 또 다른 태풍, 스무 살 때 방파제를 넘어 수천 명을 수장한 해일, 그리고 같은 해에 부(府)의 수도를 향해 강을 거슬러 올라가던 현승(縣丞)의 배를 전복해 그를 익사시킨 태풍 등. 이후의 회고에서 그는 유교 경전을 읽어야 하는 때에 전투 장면을 그린 그림을 교과서 속에 몰래 끼워 넣고 보던 것을 회상하기도 했다. 한때 해적이 습격할 것이라는 소문이 나돌았을 때, 서광계는 상해의 방어를 계획하는 데 참여한 젊은이 중 한 사람이었다. 그러나 그는 해적 활동의 또 다른 면은 바로 무역이며, 해적 활동에 대응하기 위한 군사력은 국가 정책의 수준에서만 제대로 다루어질 수 있다는 점을 잘 알고 있었다. 이후의 정책 제안서에서 그가 쓴 바와 같이, 무역을 금지하는 것은 "흘러야 할 물을 막는 것과 같다. 흘러야 할 물을 올바른 길[正道]을 통해 배수하면 넘치지 않을 것이다. 그러나 올바른 길을 막으면 반드시 옆으로 빠지는 작은 물길이 생기고, 그 작은 물길까지 막으면 물은 사방으로 흘러넘치기 마련이다." 자신의 뜻을 분명히 하기 위해, 서광계는 "조공무역은 올바른 길이고, 사무역은 옆으로 빠지는 작은 물길이며,[3] 1552년의 재난(일

---

3 서광계는 『海防迂說』에서 실제로 "貢舶·市舶, 正道也, 私市, 旁出之竇也"라고 썼다. 즉

반적으로 왜구의 침공을 지칭)은 물이 사방으로 흘러넘친 경우다. 내보내는 것 없이 막으려고만 하면 그 형세는 이루어질 수 없다"라고 설명한다.

이러한 상황으로 인해 일부 중국인은 마카오·마닐라·일본·반탐과 같은 곳으로 향했고, 이들은 외국 상인들의 억눌린 수요로부터 이익을 얻으려 했다. 서광계는 유럽인들과의 접촉이 늘어남에 따라 이 새로이 떠오르는 무역 세계에 대해 더 많은 것을 배우고, 이후에는 심지어 마카오를 방문하여 자신의 눈으로 그것을 직접 보았다. 그러나 유럽인들이 지역의 해상 무역망에서 주요한 존재가 되기 전에, 상해에서 성장한 경험을 통해 서광계는 "양측이 이익을 얻는 길[兩利之道]"이야말로 대외관계와 연해지방의 대외무역을 운영하는 유일한 방법이라고 생각했다. "무역을 하면 양측이 함께 이익을 얻고, 무역을 하지 않으면 양측이 함께 해를 입는다." 이것은 현실적인 평가였지만, 외부 세계의 위협·기회·영향으로부터 중국을 격리하려 했던 도덕적 수호자들을 통과하기는 어려웠다. 그러나 이것은 서광계 전기(傳記)의 약간 앞부분으로 우리를 인도한다.

젊은 시절 서광계는 과거시험 응시자를 양성하기 위해 고안된 표준적인 유학고전 교육을 받았다. 생계를 꾸려나가기 어려운 상황에도 불구하고, 그의 가족은 십 대 시절 동안 그를 교육시킬 수 있었다(서광계에게는 두 명의 여형제만 있었고, 이들에게는 교육비가 필요하지 않았다). 서광계는 자신의 첫 번째 학위인 생원(生員, 오늘날의 학사 학위와 유사하다)의 지위를 얻기 위해 상해 바깥의 다른 행정구역에 등록해야 했다. 그는 열아홉이 채 되지 않은 나이에 합격했는데, 이는 준수한 결과였지만 문학적 신동이라는 평가를 받을 정도는 아니었다. 다음 단계는 합격자에게 거인(擧人, 석사 학위와 유사하다)의 지위를 부여하는 3년에 한 번 시행되는 향시

조공무역[貢舶]뿐 아니라 관의 통제를 받는 공식 무역[市舶]도 올바른 길[正道]의 범주에 포함했다.

(鄕試)였는데, 서광계는 이 시험에 오랜 시간을 보냈다. 15년간 서광계는 단 두 차례를 제외하고 모든 향시에 응시했다. 그는 마침내 1597년 향시에 합격했다. 서른다섯에 거인이 되는 것은 특별히 늦은 나이는 아니었지만, 그렇게 이른 나이도 아니었다. 이후 진사(進士, 대략 박사 학위와 유사하다)가 되기까지는 7년이 더 걸렸다.

서광계는 경제적으로 넉넉지 못한 오랜 기간 동안 가족을 부양하기 위해 가르치는 일에 나섰다. 이곳저곳을 돌아다니며 교사로 일했던 그는 광동성 소주(韶州)에 이르렀다. 소주는 광주의 서쪽에 있던 예수회의 첫 번째 선교지가 대중의 시위로 인해 폐쇄된 이후, 중국 내 두 번째 선교지가 된 곳이었다. 1595년 여름 서광계는 이곳을 방문하여 라자로 카타네오(Lazaro Cattaneo)와 대화를 나누었다. 두 사람 중 누구도 이 만남을 기록하지 않았지만, 라자로 카타네오는 서광계의 관심을 끌기 위해 최선을 다했을 것이고, 아마도 마테오 리치의 세계지도 초판을 보여 준 것 같다. 이를 통해 서광계는 서양을 처음으로 어렴풋이나마 인지할 수 있었다. 2년 뒤 서광계는 상해가 아닌 수도 북경에서 향시에 응시했다. 이는 아마도 북경에서 합격 가능성이 더 높았기 때문일 것이다. 실제로 그는 이번 향시에 합격했다. 그는 두 개의 시험에 연속으로 합격하기를 바라며 진사 시험 응시를 위해 다음 해에도 북경에 계속 머물렀지만, 이러한 바람은 이루어지지 않았다. 그는 낙담하여 고향인 상해로 돌아갔다.

다음 번 과거 응시 기회를 얻기까지는 3년이 지나야 했다. 그래서 그는 1600년 두 번째 응시를 준비하기 위해 몇 달간 전념할 계획으로 상해에서 남경으로 올라갔다. 북경으로 가기 전, 그는 당시 남경에 자리 잡고 있던 예수회 선교사들을 방문하기로 결심했다. 그곳에서 그는 처음으로 마테오 리치를 만났다. 마테오 리치는 서광계에게 기독교 신학의 기본 개요를 설명해주었고, 아마 유럽의 과학도 일부 맛보게 해주었을 것이다. 여기서 둘의 인연이 시작되었다. 이후 서광계는 북경으로 올라가 진사 시험을 쳤으나 또다시 낙방했고, 낙심한 채 고향으로 돌아왔다. 그 후 3년이 흘렀고,

그는 다시 한 번 자신의 운을 시험하기 위해 길을 나섰다. 그는 마테오 리치를 만나기 위해 또다시 남경에 들렀다. 그러나 이때는 그 이탈리아인이 북경에 교회를 세우기 위해 2년 전 이미 북쪽으로 떠나버린 후였다. 그의 후임은 포르투갈인 선교사 주앙 다 호샤(João da Rocha)였다. 서광계가 기독교 교리를 문답식으로 가르쳐 줄 것과 자신을 교회에 받아들여 줄 것을 주앙 다 호샤에게 요청했다는 점에서, 그가 남경에 도착하기 전에 이미 서양인들의 종교에 투신하기로 결심했음이 분명하다. 주앙 다 호샤는 이를 수락하여 바울(Paolo)이라는 세례명으로 서광계에게 세례를 베풀었다. 이후 서광계는 북경으로 올라가 과거 시험에 응시했고, 마치 개종에 대한 응답을 받은 것처럼 합격했다.

이후 20여 년간 서광계는 한림원에서 정책 문제를 다루는 일에 종사했다. 조정에서의 정치적 갈등으로 인해 그는 때때로 자신이 북경의 동쪽에 세운 실험농장으로 물러나야만 했다. 그러나 그는 조정에 복귀할 때면 항상 중앙 조정으로 돌아왔다. 자신의 전 경력을 북경에서 보낸 덕분에, 그는 필요할 때면 예수회 선교사들에게 조심스러운 전략적 지원을 제공할 수 있었다. 또한 북경에서 그는 천문학 및 화포학에 관한 유럽인들의 기술 지식을 명나라를 위해 활용하도록 다양한 계획을 촉진할 수 있는 지위에 있었다. 수도에 거주한 덕분에 서광계는 유클리드의 『기하학원론』을 중국어로 번역하는 것을 포함한 다양한 사업에서 예수회 선교사들과 협업하는 시간을 가질 수 있었다. 유클리드 기하학은 대포를 조준하는 데 필요한 여러 원리를 분명하게 설명했기 때문에, 이 번역은 단지 학문적인 활동에 그치는 것이 아니었다. 서광계의 좌우명은 실용성이었다. 명나라의 내부적인 약점을 보완하고 외부의 위협, 특히 동북방 만주로부터의 침입(이 때문에 그는 대포 조준에 관심을 가졌다)을 견뎌내는 능력을 키우는 데 도움이 된다면, 그는 무엇이든 배우고자 했다. 마테오 리치는 이 새로운 과학이 신의 존재를 보여 주고 아울러 자신의 이미지를 지혜와 권위를 지닌 인물로 강화해 주었기에 그것을 가르쳤다. 서광계는 그 새로운 과학이 자신이 복무하는 왕조의 생존을 보장하는 데 실용적인 가치가 있었기 때문에 그것을 배웠다.

유클리드의 『기하학원론』을 빠르게 번역해낸 것은 양방향으로 이루어진 배움의 작은 부분에 지나지 않았다. 서광계와 마테오 리치 두 사람이 함께 한 것은 다른 무엇보다도 종교·역사·과학·중국·세계에 대한 대화였다. 마테오 리치는 서광계와 나눈 두 차례의 대화를 기원전 5세기 '제논의 역설(Zeno's paradoxes)'을 본떠 훗날 『기인십편(畸人十篇)』이라는 제목의 대화집 일부로 출판했다. 여기에 실린 대화가 그들이 나눈 이야기를 그대로 옮긴 것은 아니지만, 기독교적 도덕에 부합하는 서양을 만들어내는 마테오 리치의 방식을 잘 보여 준다.

대화

마테오 리치는 서광계에게 자신이 주목한 것을 물으며 대화를 시작한다. "중국에서는 사대부와 서민 모두가 사후 세계를 두려워하여, 그 이야기를 꺼내기만 하면 모두가 피합니다. 왜 그렇습니까?"

"죽음 이후에는 아무 것도 없습니다. 어둠이 있을 뿐입니다. 지혜로운 사람이 어찌 이를 부인하겠습니까?" 서광계는 마테오 리치에게 되묻는다. "당신의 나라에서는 어떻습니까?"

마테오 리치가 대답한다. "살아 있는 사람에게 분명한 것 중에 죽음이 정해졌다는 것보다 더 분명한 것은 없습니다. 살아 있는 사람에게 분명하지 않은 것 중에 죽음의 시기보다 더 분명하지 않은 것은 없습니다." 그러나 죽음은 항상 접근해 오고 있으며, 마테오 리치는 이를 항해의 비유를 통해 설명한다. "여행자가 항해할 때, 숙박하며 배 안에서 앉고 서고 자고 먹는 것은 마치 멈춰 있어 아무데도 가지 않는 것 같습니다. 그러나 그 몸은 밤낮으로 계속 이동하고 있어 결코 멈추지 않으니, 실제로는 모든 것이 앞으로 나아가고 있는 것입니다." 여기서 마테오 리치는 중국으로 항해해 온 경험을 회상하고 있는데, 이는 서광계가 직접 경험하지 않아도 충분히 이해할 수 있었다.

서광계가 대답한다. "당신의 심오한 말씀은 모두 참됩니다. 지금의 일반적인 견해는 다음과 같이 말합니다. 만약 나의 생각과 말과 행동이 모두 선(善)을 향한다면, 곧 선한 것입니다. 만약 사후의 불길함을 생각한다면, 곧 흉악한 마음[凶心]과 흉악한 입[凶口]을 가진 것으로 간주됩니다." 서광계의 생각에, 이것이 바로 중국인이 죽음에 대해 이야기하기를 꺼려하는 이유였다. 모든 것이 소멸하여 없어진다는 전망은 오직 사람들을 악하게 행동하도록 유인할 뿐이고, 그렇기 때문에 그러한 주제는 피해야 최선이라는 것이다.

마테오 리치가 응답한다. "그렇지 않습니다." 사후 세계를 미리 생각하는 것은 사람들이 악을 버리고 선을 추구하도록 격려하는 정반대의 효과를 지닌다. 어려운 것은 인생의 여정이지, 끝이 아니다. "군자(君子)께서는 천주(天主)께서 이 세상을 우리에게 빌려주신 것이 잠시 머무는 숙소로서이지, 오래 거주하는 곳으로서가 아님을 잘 아셔야 합니다. 즉 천하를 임시 숙소로 여겨야지, 집으로 여겨서는 안 됩니다." 인생이 덧없다는 주장을 강조하기 위해, 마테오 리치는 기원전 7세기 스트라본(Strabo)의 『지리학(Geographika)』에서 한 구절을 인용한다. "나일 강변에는 어떤 새가 있는데, 해가 뜨면 태어나고 해가 지면 죽는다고 하니, 즉 그 수명은 길어야 한나절일 뿐입니다. 우리가 일백 년을 사는 미약함과 어떻게 다릅니까?" 중국 독자들은 이에 대해 올바르게 판단할 방법이 없었다.

삶의 불안정성을 표현하기 위해, 마테오 리치는 어느 도자기 가게를 묘사하며 시나리오를 하나 만들어낸다. 중국의 도자기는 유럽에 이제 막 등장하기 시작했기 때문에, 이 시나리오는 당시 유럽인에게 생소했을 것이다. 그러나 이는 중국인들에게는 완전히 이해되는 것이었다. "당신이 도자기 가게에 들어가 여러 그릇을 보면, 그 크기와 두께가 일정하지 않습니다. 가게 주인에게 '여러 그릇 중에 어느 것이 먼저 깨집니까?'라고 물으면, '얇은 것이 먼저 깨지고 두꺼운 것이 나중에 깨집니다'라고 결코 말하지 않고, 또한 '먼저 꺼낸 도자기가 먼저 깨지고 나중에 꺼낸 도자기가 나중에 깨집니다'라고도 말하지 않습니다. 오직 '먼저 땅에 떨어지는 것뿐입니다'라고 말합니다." 마테오 리치는 이 가게를 특정한 시점이나 장소에 위치시키지 않았고, 따라서 독자들이 이 비유를 유럽에서의 삶을 묘사한 것으로 여길 위험은 없었다.

그런 다음 그는 서광계에게 스파르타(Sparta)에 대해 이야기한다. "그 습속은 삶과 죽음을 같은 것으로 봅니다. 그 유풍이 부녀자들에게도 미쳐, 모두가 죽음을 가벼이 여기고 의(義)를 숭상합니다. 그 나라의 역사가 기록하기를, 한 어머니에게 아들이 있었는데 도적을 막으러 나갔다 죽었습니다. 어떤 사람이 아들의 죽음을 알리며 말했습니다. '아들을 국난(國難)에 잃으니 참으로 슬픕니다!' 그녀는 편안히 앉아 움직이지 않고 말했습니다. '나의 일은 오늘을 위해 이 아이를 낳은 것입니다. 이번 생은 이미 족합니다!'" 마테오 리치는 이번 생에 슬픔이 있을지 모르나, "죽음 뒤에 오는 슬픔이 훨씬 더 클지 모른다"라는 모호한 논평과 함께 이 이야기를 끝맺는다. 기독교적인 메시지를 기독교 이전의 시공간에 끼워 넣음으로써, 마테오 리치는 중국인 독자가 이 기독교적인 메시지와 문화적 일관성을 지니는 서양이 과거 2천 년간 존재해 왔다고 상상하도록 유도했다.

여기서 대화는 끝났지만, 서광계는 다음 날 다시 찾아와 전날의 이야기를 이어간다. "당신이 어제 제기한 것은 실로 인생의 가장 급한 일입니다. 저는 그 말을 듣고 놀라 두려워하게 되었습니다. 그것을 면할 수 있을지 모르겠습니다. 지금 청하건대 이 이치를 간략하게 제시하여 조목별로 설명해 주십시오. 그것을 기록하여 스스로 경계하는 으뜸되는 잠언으로 삼으려 합니다."

마테오 리치는 이에 기꺼이 응하여, 무지·욕망·명성·자만·공포로부터 유발되는 착오를 하나씩 비유와 함께 설명하며 서광계를 이끈다. 무지에 대해 그는 바다를 이용하여, 중국까지 항해해 온 유럽인들에게는 익숙하겠지만 육지에 묶인 중국인에게는 덜 익숙했을 간략한 시나리오를 제시한다. 마테오 리치는 설명한다. "선원이 배를 몰 때는 반드시 노정(路程)과 지도가 있어야 합니다." 노정은 해로가 노선을 따라 한 장소에서 다음 장소까지 일련의 방향과 거리로 기록된 안내서다. 중국인과 유럽인 모두 노정을 사용했지만, 서광계가 노정을 본 적이 있는지는 확실치 않다. 유럽에서부터 배를 타고 여행한 것을 고려할 때, 마테오 리치는 아마도 노정을 본 적이 있을 것이다. 마테오 리치는 조타수들이 바다에서 어떻게 배의 위치를 측정하는지 설명한다. 그들은 마지막으로 알려진 장소로부터 작업하여 이동한 거리와 항해한 각도에 근거하여 그들의 현 위치를 추측한다. 이것은 추측 항법(dead reckoning)으로 알려진 절차다. "그들은 매일 얼마나 갔는지를 기록함으로써 이후에 남아 있는 것을 압니다. 그들이 항해해 온 것으로 자신들의 위치시킴으로써, 그들은 자신들 앞에 놓인 거리를 알고 그에 따라 배의 키를 돌립니다." 이제 마테오 리치는 메시지를 제시한다. "우리가 이번 생의 길을 가는 것도 이와 같습니다. 그날그날 이미 지나간 것을 매일 기록하고 이번 생의 끝에 스스로를 위치시키면, 자연히 일생의 일을 잘 이끌고 단속할 수 있습니다."

마테오 리치는 일부 일화를 역사에서 가져왔다. 그는 서광계에게 알렉산더 대왕과 12세기에 "70개국의 왕이었던" 이집트의 살라딘(Saladin)에 대해 이야기한다. 다른 일화들은 성경에서 가져왔다. 그는 창세기 11장에 나오는 "옛 현자[古賢] 벨렉(Peleg)"에 대해 언급한다. 히브리 성경에 따르면, 벨렉은 239세까지 살았고, 이는 죽음을 오래도록 미룰 수 있는 사람의 사례였다. 그는 이어서 창세기에 나오는 바벨탑 이야기로 넘어간다. 그러나 마테오 리치는 이 두 이야기 모두에 추가적인 세부사항을 덧붙인다. 그는 서광계에게 벨렉은 자기 죽음을 완전히 자각하기 위해 6년간 묘지에 살았고, "바벨 사람들의 풍속은 집 문 밖에 분묘가 있어 출입할 때마다 그것을 돌아봅니다"라고 말한다. 이 두 가지 세부 사항은 성경 어디에도 언급되지 않았다. 마테오 리치에게 기독교의 이야기를 성경 문구 그대로 전달하거나 그 영향력을 증대하기 위해 각색하지 말아야 할 의무는 없었다.

그러나 그는 서광계에게 이 이야기들 외에 다른 전거를 제공하지는 않았다. 그가 벨렉과 바벨에 대해 말한 것은 단순히 과거에 일어난 일이 되었고, 서광계의 유럽에 관한 사실 기록부에 편입되었다.

그런 다음 마테오 리치는 두 샘물의 비유를 제시한다. "서쪽 땅에 두 샘물이 서로 가까이 있습니다. 한 샘물을 마시면 사람은 곧 웃음이 터지고 죽을 때까지 멈추지 않습니다. 다른 하나의 샘물을 마시면 곧 웃음이 멈추고 그 병이 낫습니다." 이 이야기의 교훈은 무엇인가? "사람을 웃게 하여 죽음에 이르게 하는 물은 곧 세상의 즐거움이 사람을 미혹하고 그 마음을 무너뜨리는 것입니다. 웃음을 멈추어 병을 치유하는 물은 죽음 이후를 생각하는 것뿐입니다." 마테오 리치의 메시지는 분명하다. 그러나 그 메시지는 중국 독자가 반드시 허구로 인식하지는 않을 우화의 형식에 싸여 있었다. 그들이 알려지지 않은 미지의 땅이 중국의 서쪽 경계를 넘어 멀리까지 펼쳐져 있다는 것을 알고 있었다. 이제 그들은 멀리 서방에서 온 이 스승의 증언에 따라 서쪽 어딘가에 이 두 개의 기이한 샘물이 있다고 가정할 수도 있었다.

대화의 말미에 서광계는 감탄하며 외친다. "아아! 이들은 모두 충직하고 온후한 말로, 과연 세상의 가르침을 크게 보완합니다." 일부 유학자는 불교가 중국의 가치를 보완하는 것을 용인했지만, 서광계에게 중국의 가치를 진정으로 보완해 주는 것은 기독교였다. "지금 이후로 저는 죽음에 대비하는 법을 알게 되었습니다. 세상 사람들이 죽음에 대비하는 것은 단단하고 두꺼운 관곽(棺槨)을 특별히 구하고 길한 묘지를 점치는 것뿐입니다. 죽은 뒤에 하늘의 누대(天臺) 아래서 엄히 심문받을 것을 누가 논하겠습니까?"

마테오 리치도 동의하며 말한다. "참으로 잘못되었습니다! 관곽이 덮지 못하는 것은 진실로 하늘이 덮어줍니다. 어찌 그것이 얇다고 싫어하겠습니까? 그러나 친족에게 장례를 두터이 치러주는 것은 인정에서 말미암은 것이니, 반드시 그것을 잘못으로 여기지는 않습니다. 다만 정성스러운 장레 때문에 우리의 신령(神靈)을 경시할 이유가 없습니다."

서광계는 이 모든 것을 어떻게 이해했을까? 이솝이나 예수 등이 우화와 비유를 자주 사용한 유럽과 달리, 중국에서 우화와 비유는 규범적인 위상을 갖지 못했다. 중국인도 주장의 정당성을 보이기 위해 이야기를 활용하곤 했지만, 그들의 규범적인 이야기는 보통 역사에서 유래했고 따라서 사실에 근거한 것으로 이해되었다. 마테오 리치는 자신의 우화와 비유의 배경을 유럽으로 설정함으로써 서광계로부터 잘못된 반응을 쉽게 이끌어냈다. 서광계는 자신이 기독교 신학에 대해 가르침을 받고 있음을 알면서도, 동시에 유럽에 대해 배우고 있다고 자연스럽게 생각했다. 서광계는 유럽에 대해 배우기를 열망하는 학생이었다. 그에게는 유럽의 실제 역사에서 마테오 리치의 허구를 걸러낼 수 있는 준비된 기준이 없었다.

서광계의 유럽

이 대화는 많은 독자에게 읽혔다. 마테오 리치는 이 대화 외에 다른 중국인 친구들(그는 이들의 이름을 모두 밝혔다)과의 대화도 여덟 편 더 집필했으며, 이를 모두 1608년『기인십편(畸人十篇)』의 일부로 출판했다. 마테오 리치의 요점은 제논이 자신의 역설을 통해 보여 준 것과 같이, 논리학이 어떻게 모든 타당한 주장을 부조리한 것으로 만들어버릴 수 있는지 알려주는 것이 아니었다. 그의 목적은 중국인 독자들을 철학적 안주 상태(complacency)로부터 흔들어 깨우는 것이었다. 이 책은 실제로 많은 독자에게 읽혔다. 마테오 리치가 후일 로마에 있는 상관에게 보낸 서신에 따르면, 이『기인십편』은 몇 차례 재판을 찍었고 자신의 다른 어떤 저작보다 더 널리 유포되었다고 한다.

허구를 사용했다고 해서 마테오 리치를 전적으로 비난할 수는 없다. 선교사로서 마테오 리치의 목적은 중국인을 (그의 생각에) 구원으로 인도할 종교로 개종하는 것이었고, 자신의 세계관의 탁월함을 전하기 위해 그가 생각할 수 있는 모든 방법을 이용했다. 그가 결국에는 '대서(大西)'를 경이로움의 땅으로 미화하고, 동시에 그곳을 비범한 덕성과 근엄함을 지닌 사람들이 매일의 일상에서 기독교적 가르침을 구현하는 장소로 이상화한 것도 놀라운 일은 아니다. 그러나 많은 것이 우화라기보다는 실재하는 것처럼 제시되었다. 예를 들어 마테오 리치는 서광계에게 바벨에 대해 이야기하면서, "나와 같은 도(道)를 따르는, 서쪽 땅의 수백 개 나라에서는 대개 죽은 사람을 모두 성(城) 안에서 장사지냅니다. 이는 모두 죽음을 준비하는 것을 잊을까 두려워하여, 계획을 세워 스스로를 일깨우는 것일 뿐입니다"라고 덧붙인다. 이러한 논평에 나타난 중요한 세부사항 중 하나는 '대서(大西)'가 수백 개의 나라로 이루어져 있다는 것이다. 이러한 사실은 많아야 20여 개의 조공국이 방문하는 하나의 나라에 살고 있던 중국인들을 감탄하게 만들었다. 서양은 너무나 다른 세계였지만, 마테오 리치가 묘사한 그대로는 아니었다. 그의 가르침이 모든 것을 포괄한 것도 아니었다. 그는 기독교인과 무슬림 간의 구분, 가톨릭교도와 개신교도 간의 구분에 대해서는 어디에서도 언급하지 않았다. '대서(大西)'는 사실 심각한 분열과 폭력적인 충돌로 가득 찬 장소였다. 기독교가 유럽에서처럼 중국에서도 받아들여질 수 있다고 주장하려면, 유럽과 중국이 충분히 비슷해야 했다. 그러나 동시에 유럽 종교의 우월성을 입증하기 위해서는 유럽이 중국보다 더 나은 곳이어야 했다. 그래서 유럽을 실제와 다르게 보여 줘야 했고, 중국에 있는 그 누구도 유럽에 대해 그와 다르게 말할 수는 없었다.

여기서 또 다른 차이가 발생했다. 유럽인이 중국에 대해 알게 된 것은 중국인이 유럽에 대해 아는 것보다 훨씬 더 방대했다. 이러한 차이는 상당 부분 중국 현지에 있으면서 중국을 직접 관찰할 수 있었던 예수회 선교사들 덕분이었지만, 그와 동시에 뱃사람과 무역업자로서 동아시아 각지를 순회하기 시작한 점점 더 많은 수의 평범한 유럽인과도 상당한 관련이 있었다. 그들은 근해에서 중국인과 중국에 가본 적이 있는 다른 외국인들로부터 습득한 중국에 관한 여러 이설(異說)을 유럽으로 가져갔다. 이러한 지식의 불균형은 중국과 서양의 관계에서 20세기까지 지속되었다. 서양은 '중국학(Sinology)'으로 알려진 하나의 온전한 학문 분야를 발전시켰다(이는 대학생 시절 내가 영문학 공부에 약간 싫증을 느꼈을 때 나의 새로운 연구 분야가 되었다). 반면 중국에는 '유럽학(Europaeology)'이라 불릴 만한 학문이 존재하지 않았다. 중국인들은 유럽에 쉽게 갈 수 없었기 때문에, 유럽에 관한 직접적인 지식을 얻을 기회가 없었다. 그들은 오직 중국에 온 유럽인들로부터 서양에 대해 배울 수 있었지만, 대부분은 그러한 기회조차 갖지 못했다. 유럽에 관한 중국의 초창기 지식은 이해관계를 가진 유럽인들이 말해 주거나 글로 써 준 것에 한정되었고, 그마저도 이해하거나 신뢰하기 어려웠을 언어와 우화 형태로 제공되었다. 이 시기 중국의 지도 출판업자들이 만들어낸 지도에 보이는 바와 같이, 유럽의 지식 가운데 일부는 중국에 흡수되기도 했다. 그러나 그런 지식은 불완전했고, 모든 접촉 지점에서 차단되거나 걸러졌으며, 그로 인해 중국은 불리한 입장에 놓였다.

따라서 서광계가 그린 유럽, 즉 마테오 리치가 제시한 서양의 모습은 마테오 리치가 외국인으로서 중국과 맺은 관계에 의해 형성된 것이었다. 중국에서 마테오 리치는 그 행동과 동기가 수상한, 멀리서 온 외부인이었지만, 중국인이 접근할 수 없는 세계에 대한 지식을 갖고 있는 사람이었다. 이러한 차이의 영향은 관개(灌漑)를 위해 아르키메데스의 나선양수기(Archimedean screw)를 활용하는 것에 관한 사바티노 데 우르시스의 논문을 번역하면서 서광계가 덧붙인 서문에 통렬히 드러난다. 사바티노 데 우르시스는 남경교안(南京敎案)[4] 당시 심각이 지목한 북경의 예수회 선교사 중 한 명이다. 서광계는 마테오 리치가 자신에게 한 말을 인용한다. 그는 유럽에서 중국으로 오기 위해 "수백 개가 넘는 나라를 두루 다녔고," 다른 곳에서 본 것과 비교할 때 중국은 예(禮)와 악(樂)의 측면에서 두드러

---

4   위에서 언급된 남경의 예부시랑 심각이 1616년 여름 만력제에게 상주문을 올리면서 시작된 예수회 선교사들에 대한 일련의 탄압을 일반적으로 '남경교안(南京敎案)'이라고 부른다.

진다. 이는 영리한 찬사였다. 유교에서 예와 악은 문명 최고의 예술로 간주되었기 때문이다. 마테오 리치가 보기에, 중국은 "실로 해내(海內)의 으뜸"이 될 만했다. 그러나 이러한 찬사는 마테오 리치가 중국의 약점을 직설적으로 말하기 위한 길을 열어주었다. 그는 이어서 말한다. "그러나 그 백성을 돌아보면 다수가 가난하고, 수해와 한해를 만나면 길가에 굶어 죽은 사람이 있게 됩니다." 마테오 리치는 1587~1588년에 발생한 대기근과 1598~1601년의 약한 가뭄, 그리고 1603~1604년의 홍수를 직접 겪었다. 그는 자연재해가 어떻게 중국을 곤경에 빠뜨릴 수 있는지를 보았고, 유럽의 기술이 중국 백성의 고통을 경감하는 데 도움이 될 수 있다고 믿었다.

서광계에게 이러한 외부인의 시선은 매우 고무적인 것이었다. 비록 중국이 일반적으로 유럽의 기준에 잘 들어맞지는 않았지만, 이렇게 의견이 갈리는 판단의 이면에는 중국이 세계의 다른 나라들과 근본적으로 다르지 않으며 그 경계 너머에 있는 지식으로부터 혜택을 얻을 것이라는 더 큰 가정이 놓여 있었다. 서광계가 몇몇 저술에서 반복해서 언급했던 마테오 리치의 신념은 "동서양 모두에 통하는 이치[理]가 있다"는 것이었다. 예를 들어 이러한 신념은 서광계가 스페인에서 양수(揚水) 기술의 중요성에 대해 마테오 리치와 나눈 대화에서도 드러난다. 여기서 마테오 리치는 "사람이 부유하면 인의(仁義)는 그에 뒤따른다"라는 문구를 자명한 공리로 여기고, 이 원칙이 중국에도 적용되지 않을 이유가 없다고 보았다. 이 사회학적 모델은 다소 지나치게 단순한 듯 보이지만, 바로 서광계가 듣고자 한 말이었다. 경세(經世)를 지향한 유학자로서 서광계의 열망은 백성의 삶을 개선하는 데 있었다. 그는 백성에게 도덕적인 삶을 살라고 촉구하는 대신, 백성이 자연스럽게 도덕적이 될 수 있는 환경을 제공해주기를 원했다.

서광계의 이러한 태도는 보다 형이상학적인 사변에 몰두한 동시대 철학자들과의 관계를 다소 껄끄럽게 만들었다. 그들의 눈이 더 높은 곳을 바라보았다면, 서광계의 시선은 자신을 둘러싸고 있는 물질세계를 주시하고 있었다. 기독교에 결부된 신비한 내용들을 기꺼이 받아들였음에도 불구하고, 서광계는 '서학'을 '이 세계[此世界]'의 현실에서 벗어난 것으로 여기지 않았다. 한편 마테오 리치는 내세와 비교하여 현세의 중요성을 평가절하하기 위해 '이 세계'라는 용어를 지속적으로 사용했다. 서광계를 예수회 선교사에게로 이끈 것은 선교사가 물질세계에 대한 관찰로부터 과학적 지식을 추론해내기 위해 사용한 기계론적 우주 모델이었다. 고상한 목적과 올바른 분석 도구를 갖춘 사람은 이러한 접근법을 가지고 국가의 안보와 백성의 번영에 유익한 일에 생산적으로 참여할 수 있었다. 이 경우 만약 마테오 리치가 스페인의 관개 기술이 공공의 복리에 이로움을 주기 위해 제시되었다고 주장한다면, 서광계는 그 기술을 빌리는 것을 정당화하기 위해 도덕성이 구체적인 경험에서 비롯된다는 식의 정교한 주장을 만들어 낼 필요성을 느끼지 않았다(어차피 유교 도덕주의자들은 그에 반대했을 것이다). 서광계는 단지 필요한 일을 해나가고자 했을 뿐이다. 만약 어떤 것이 서양에서 참이라면 그것은 중국에서도 참이었고, 더 이상의 증거는 필요치 않았다. 세계는 오직 하나의 장소일 수도 있었다.

물론 선교사로서 마테오 리치가 전하려 한 메시지는 천지창조의 본질적인 일체성이었다. 즉 세계는 하나님 아래 하나의 장소라는 것이다. 따라서 마테오 리치와 서광계는 어느 정도 서로 엇갈린 목적을 갖고 있었다. 마테오 리치는 자연 과학을 활용하여 신앙의 근거를 입증하려 했고, 서광계는 과학을 통해 명나라가 어려운 시기를 돌파해나가는 것을 보고자 했다. 이러한 차이는 당시에는 그리 중요하지 않았다. 서광계는 당장의 과업으로 바빴고, 마테오 리치는 중국이 결국에는 기독교를 믿는 땅이 될 것이라는 장기적인 관점을 갖고 있었다. 두 사람의 계획은 모두 실패하고 말았지만, 그 실패는 결코 노력이 부족했던 때문은 아니었다.

유럽인들을 추방하다

동서양의 공통성을 포용한 서광계는 자기 자신의 시대를 넘어선 인물이었다. 그러나 이러한 공통성을 발견하여 드러낸 것이 모두에게 환영받거나 심지어 용납된 것은 아니었다. 심각은 그러한 생각에 적대적이었고, 서광계는 심각의 공격에 놀라고 실망했다. 일찍이 한림원에서 함께 일하던 시절, 그리고 서광계가 기독교로 개종한지 얼마 안 되었을 때에도, 두 사람은 기독교에 대해 의견 차이를 보인 적이 있었다. 자기 아들에게 쓴 편지에 따르면, 서광계는 이번 예수회 선교사 추방 시도에 어떤 다른 문제가 얽혀 있다고 의심했지만, 그 진짜 이유를 알아내지는 못했다. "갑자기 그들을 세작(細作)이라 말하다니 이게 무슨 일인가? 수도에 17년간 사는 것을 기다리고 나서야 비로소 의심한단 말인가?" 또한 서광계는 아들에게 만력제 역시 심각의 예수회 선교사 규탄에 어리둥절하여 그의 환관 중 한 명에게 "서방의 현자(賢者)에 대해 어찌하여 이렇게 많은 논의가 있는가?"라고 물었다는 소문을 전해주었다. 만력제의 질문에 대해 환관은 다음과 같이 답했을 것으로 여겨졌다. "저희는 줄곧 그들이 좋은 사람이라고 들었습니다."

예수회 선교사들은 부분적으로 스스로를 노출시킨 장본인이었다. 중국에 영구적으로 이주한 자들은 누구나 외부와의 모든 접촉을 끊어야 한다는 것이 당시의 일반적인 인식이었음에도, 그들은 외부 세계와 정기적으로 접촉했다. 모국의 이익과 결부된 어떤 사악한 목적을 위해서가 아니었다면, 그들은 왜 마카오와 서신을 주고받고 자금을 수령했을까? 게다가 그들은 황제보다 더 높은 어떤 권위에 헌신하는 자들이었다. 그들이 황제를 천자로 찬양할 수도 있었지만, 그들의 충성이 모든 것에 앞서 하늘을 향한다는 것은 분명한 사실로 여겨졌다. 중국은 과거 불교 승려들이 과도하게 권력을 휘두르다 정권이 무너진 사례를 여러 번 경험했고, 그러한 경험은 정교분리의 가치를 일깨워 주기에 충분했다. 그러나 중국에서 정교분리는 하나가 다른 하나에 종속된다는 의미였지, 그 둘이 서로 경쟁한다는 의미는 아니었다. 황제와 동등하거나 그보다 더 높은 지위를 점한다고 암시하는 모든 종교는 탄압받을 운명에 처했다.

그리고 유럽인들이 자신들의 모국에 대해 이야기한 것에는 기이한 점도 있었다. 심각이 상주문에서 유럽인들의 학설에 "황당무계하고 이치에 맞지 않는 것"이 있다고 불평했을 때, 그것이 완전히 틀린 말은 아니었다. 239살까지 산 사람이 있다? 어떤 샘물을 마시면 웃다가 죽는다? 수백 개의 나라로 이루어진 대륙이 존재한다? 대국과 소국이 정말로 서로를 돌본다? 길에 떨어진 물건이 전혀 분실되지 않는다? 밤에도 항상 문을 잠그지 않는다? 그들이 대서(大西)에 대해 진실을 말하고 있다고 어떻게 믿을 수 있는가? 대명국(大明國)과 동등한 대서국(大西國)이 정말로 존재하는가?

유럽인들에 대한 서광계의 방어는 1616년 가을 내내 누적된 심각과 그의 동료들의 계속된 공격을 모두 받아내기에 충분치 않았다. 1617년 1월 7일 심각이 세 번째 상주문을 올렸을 때 만력제는 마침내 응답했다. 만력제는 아마도 "근래에 갑자기 교활한 오랑캐들이 먼 곳으로부터 이르렀다"라는 심각의 우려에 설득된 것 같다. 어떤 주장이 황제의 주의를 끌었든 간에, 만력제는 1617년 2월 3일 예수회 선교사의 추방을 허가하는 조칙을 내렸다. 그러나 그것은 심각이 원했던 정도의 엄중한 비난은 아니었다. 대신 황제는 예부에서 해당 사안에 대해 올린 보고서의 신중한 표현에 따라, 유럽인들을 선교사와 외국인이라는 두 가지 범주로 나누어 언급했다. 중국의 관점에서 이단적인 종파의 신도일 뿐이었던 선교사로서의 유럽인은 "사교(邪敎)로 백성을 미혹하여, 중국에서 이적(夷狄)의 도(道)를 창도(唱導)했다." 만력제는 이 점에 대해 심각의 의견을 기꺼이 따르고자 했음에도 불구하고, 이렇게 이적의 도를 창도하는 "화(禍)"가 더디게 드러난다고 보았다. 따라서 그의 입장에서 그것에 시급히 조치를 취할 필요는 없었다. 그러나 외국인으로서 유럽인들은 "각 성(省)에 웅거하고 있으면서, 과연 신출귀몰하며 중국의 상황을 해외에 몰래 알리고 있어," 위협으로 해석될 수 있었다. 모든 외국인은 잠재적인 간첩이었다. "이는 조정의 계책 및 국시(國是)와 관계된 것으로, 그 화가 가려져 있지만 매우 크다." 이러한 이유로 만력제는 남경에 있던 두 명의 예수회 선교사뿐 아니라, 북경에 있던 다른 두 명의 선교사도 모두 명나라에서 추방하라는 명령을 내렸다.

북경에 있던 두 선교사, 즉 스페인인 디에고 데 판토야와 이탈리아인 사바티노 데 우르시스의 추방은 심각의 편에 있지 않던 사람들에게는 뜻밖의 일로 다가왔다. 디에고 데 판토야는 1601년부터 수도에 거주하고 있었고, 사바티노 데 우르시스는 1607년부터 거주하고 있었다. 두 사람 모두 마테오 리치를 도와 기독교를 전파했고, 또한 명나라 조정을 위해 복무했다. 그들의 복무에는 지리 조사, 천문 계산, 그리고 디에고 데 판토야의 경우에는 마테오 리치가 황제의 오락을 위해 조정에 헌상한 소형 피아노(spinet)의 연주법을 네 명의 환관에게 가르치는 일이 포함되어 있었다. 여태껏 수도에서 그들의 존재가 문제시될 조짐은 전혀 없었다. 1610년 마테오 리치가 죽었을 때, 만력제는 묘지를 내려달라는 디에고 데 판토야의 요청을 승낙했다. 만력제는 이번 조칙의 서두에 자신이 묘지를 내려준 것을 언급하고, 또한 (비록 마테오 리치를 직접 만나는 것을 거절하긴 했지만) 그의 도덕적인 인품에 탄복했다고 말했다. 그러나 만력제는 마테오 리치의 사후 "그 무리가 날로 늘어나고, 그들의 행적이 또한 다시 은밀해진 것"을 우려하게 되었다고 설명한다. 중국의 군주들은 국가의 시야에서 벗어난 종교 활동을 항상 불안해했다. 그들이 어떤 수상한 일을 벌일지 누가 알겠는가? 이러한 불안은 그간 조정에 복무해 왔던 유럽인들을 추방하도록 만력제를 설득하기에 충분했다. 디에고 데 판토야의 경우, 무려 15년 넘게 명나라 조정에 복무한 인물이었다.

심각의 정당성이 입증되고 서광계의 주장은 무시된 것처럼 보이지만, 꼭 그렇지만은 않았다. 황제의 조칙은 실제로 다음과 같이 쓰여 있었다. "알폰소 바뇨네 등은 가르침(즉 종교)을 세우고 백성을 미혹하며, 은밀히 계략을 꾸민 것이 헤아릴 수 없으니, 광동성의 무안(撫按)⁵에게 보내어 감독하여 서방으로 돌려보내도록 하라. 디에고 데 판토야 등은 예부에서 일

찍이 역법을 매우 잘 안다고 말하며 각 관원과 함께 7정(七政)[6]을 미루어 판단하도록 청하였고 또한 귀화하여 왔으나, 역시 본국으로 귀환하게 하라." 이번 추방은 남경의 두 사람과 북경의 두 사람, 총 네 명에게만 한정된 것이었다. 명나라의 다른 곳에 있던 예수회 선교사들에 대해서는 아무 언급도 없었다. 예부는 그들 모두를 추방하길 원했지만, 그것은 황제의 조칙이 허가한 사항이 아니었다. 당시 북경에는 두 명의 다른 예수회 선교사, 즉 프란체스코 삼비아시(Francesco Sambiasi)와 니콜로 롱고바르도(즉 지난여름 체포를 피해 몰래 남경을 빠져나온 인물)도 있었다. 조칙에 이름이 언급되지 않은 그들은 아무런 처벌도 받지 않았지만, 항주에 있는 한 개종자의 집에 몸을 숨긴 채 조용히 지내는 것을 선택했다. 이번 조칙으로 선교 활동 전반에 찬바람이 불었다. 이러한 기후 변화에도 불구하고, 여전히 중국에 남은 유럽인은 당장 사람들의 시선에서 벗어나기만 한다면 아무런 간섭도 받지 않고 지낼 수 있었다.

남경에서 알폰소 바뇨네와 알바로 세메도는 특히 마카오와 은밀한 접촉에 대해 추가적인 심문을 받았다. 심각은 이러한 심문 가운데 하나를 직접 주재했고, 아직 병상에 누워 있던 세메도를 널빤지 위에 실어오게 하여 직접 대면 심문할 것을 고집했다. 심각은 그들이 모두 사형에 처해져야 마땅하나, 황제의 관대한 처분 덕에 목숨을 부지하게 되었다고 말했다. 그러나 추방을 명령한 황제의 조칙에서 그들이 사형에 처할 만한 중죄를 지었다고 명시하지 않았기 때문에, 이는 사실이 아니었다. 다만 심각은 그들을 철저하게 위협하려 했다. 심각은 대나무로 10대를 치는 비교적 가벼운 형벌([역자] 태형)을 명령했으나, 세메도에게는 이를 면제해 주었다. 바뇨네는 태형의 상처가 나을 때까지 한 달이 걸렸다.

알폰소 바뇨네와 알바로 세메도가 남경에서 추방되던 날인 4월 30일,

6　태양, 달, 화성, 수성, 목성, 금성, 토성을 통틀어 지칭한 용어.

그들은 나무로 만든 함거(轞車)에 갇힌 채 칼을 차고 두 명의 관원과 여덟 명의 병사에 의해 남경 바깥으로 호송되었다. 함거는 보통 사형장에 끌려가는 죄수에게 적용되었다. 이는 그 선교사들에게 (적어도 심각이 보기에는) 그들이 사형에 처해져야 마땅하다는 점을 상기시키는 나름의 방식이었다. 이들 죄수의 목적지는 남쪽으로 한 달 거리에 있는 광주였다. 처음 닷새 동안 그들은 함거에서 나오는 것이 허락되지 않았다. 그 이후 호송관들은 그들이 식사와 수면을 위해 함거 밖으로 나오는 것을 허락했지만, 이동할 때면 그들은 다시 함거 안으로 돌아와야 했다. 그 목적은 그들의 도주를 막기 위함이 아니라, 그들을 대중에 완전히 노출시켜 공개적으로 창피를 주기 위함이었다.

한편 디에고 데 판토야와 사바티노 데 우르시스는 북경을 떠나 광주로 향해야 했고, 광주에서 남경의 동료들과 합류했다. 네 사람 모두 한 번 더 심문을 받았고, 예부에 추방 명령이 적절히 집행되었음을 보여 주기 위한 보고서가 다시 한 번 작성되었다. 이후 광주의 관원들은 그들을 데리고 유럽으로 돌아갈 배가 출항할 시기까지 그들을 마카오로 보내지 않고 8개월간 붙들어두어야 했다. 그러나 일단 마카오에 도착하자, 그 네 사람은 누구도 황제가 명령한 대로 하지 않았다. 그들은 모두 마카오에 남았다. 북경에서 온 두 명은 그곳에서 생을 마감했다. 디에고 데 판토야는 1618년에, 사바티노 데 우르시스는 1620년에 사망했다. 그러나 사바티노 데 우르시스가 죽은 다음 해에 알바로 세메도는 다른 중국어 이름을 얻어 중국에 다시 들어갔고, 곧 이어 바뇨네도 그의 뒤를 따랐다(두 사람 모두 오래 뒤 중국에서 자연사한다).

심각은 1620년대 초반에도 여전히 정치적으로 유력한 인물이었고, 예수회 선교사의 입국을 여전히 단호하게 반대했다. 1620년 만력제가 죽자, 서광계는 새로 즉위한 황제에게 마카오로부터 포르투갈인 포수를 고용하고 예수회 사제들을 기술 고문으로 초빙할 것을 제안했다. 예상대로 심각은 이에 반대했다. 그러나 1622년 심각이 실각하면서, 서광계와 예수회 선교사들이 중국과 서양 사이에 놓았던 다리가 다시 열렸다. 그러나 그 다리를 통해 무엇이 전달될지 허용하는 것에는 여전히 한계가 있었다. 만약 서광계가 그의 나이가 이미 70세였던 1632년 이전에 대학사(大學士)가 되고 그 이듬해 사망하지 않았더라면, 예수회 선교사가 중국에 들어올 수 있는 조건은 달라졌을지도 모른다. 당시 북방 변경에서 만주인의 위협은 소수 유럽인의 존재보다 더 긴급한 것이었다. 1644년 만주인이 마침내 침공을 개시하여 명나라를 멸망시켰을 때, 그들은 예수회 선교사가 기술 고문으로 선뜻 받아들였다. 예수회 선교사의 복무에 매료된 새로운 지배자들은 그들을 궁정 안에 가두어둘 수 있었다. 서양의 지식은 예수회 선교사들의 새로운 고용주들이 독점하는 하나의 특권이 되었다. 대부분의 중국인에게 '대서(西大)'는 여전히 먼 미지의 장소였다.

그러나 단편적인 것이 장벽을 넘을 수 있었다. 서광계가 대학사로 재임하다 사망한 해(1633)에 북경의 성황묘(城隍廟)에 있는 시장을 거닐다 보면, 북경 안내서인『제경경물략(帝京景物略)』의 저자가 "서양의 외이(外夷)가 공물로 바친 것"이라고 말한 물건들을 발견할 수 있었다. 그 물건에는 티베트와 유럽만큼 멀리 떨어진 곳들에서 온 온갖 종류의 외래 물품이 포함되어 있었다. 서쪽이라는 말은 (그곳이 정확히 어디이든 간에) 외래적이고 멀리 떨어진 모든 것을 포괄하는 두루뭉술한 표현이 되었다. 그리고 그 시장에서 발견할 수 있는 이국적인 물품들 사이에 예수 조각상도 있었다. 놀랍게도『제경경물략』의 저자는 예수 조각상을 보았을 때 예수가 누구인지 알고 있었고, 독자들 역시 예수가 누구인지 알 것이라고 가정했던 것으로 보인다. 심각은 이들 선교사가 "서양에서 온 사신"이 아니라고 불평했다. 서광계는 그들이 사신이 맞다고 역설했다. 시장에서 가판대를 운영하던 사람들에게는 어느 쪽이든 상관없었다.

대청국(大淸國)

제9장

정복당한 사람들

1645년 양쯔강 삼각주

1644년 4월 25일 숭정제(崇禎帝)는 자금성 안에 거의 홀로 남겨진 자기 자신을 발견했다. 그는 십칠 년 전 열여섯 살의 나이로 제위에 올랐다. 서른세 살인 지금 그는 혼자였다. 반란군 장수인 틈왕(闖王) 이자성(李自成)은 자기 군대를 이끌고 거용관을 돌파했고, 수도의 마지막 방어선을 뚫고 자금성으로 들이닥쳤다. 이틀 전 그는 숭정제에게 복속하여 자신의 보호 하에 들어올 것을 촉구했다. 다음 날 열린 마지막 내각 회의에서 황제의 신하들은 이처럼 노골적인 반역행위에 직면하여 어떻게 대응해야 할지 합의하지 못했다. 그러나 숭정제는 반란군에 항복하지 않기로 결심했다. 그는 아들들을 몰래 자금성 밖으로 내보낸 뒤, 다음 날 아침 남은 가족을 불러 모았다.

먼저 그는 황후가 반란군의 수중에 떨어지는 일이 없도록 그녀에게 자결을 명령했다. 그런 다음 그는 후비들과 두 딸에게도 자결을 명령했다. 그러나 황제가 칼을 들어 그들을 찌른 것으로 보아 그녀들은 겁을 먹었던 것 같다. 곤의공주(坤儀公主)는 즉사했고, 장평공주(長平公主)는 한 팔이 잘린 채로 간신히 목숨만 부지했다. 황제는 이 유혈이 낭자한 현장에서 등을 돌려 북문을 통해 자금성을 나간 뒤 궁전 뒤편의 매산(煤山)에 올랐다. 그 후에 벌어진 일에 대해서는 여러 전승이 전해진다. 한 이야기에 따르면, 어느 하인이 허리띠로 목을 묶고 나뭇가지에 매달려 있는 숭정제의 시신을 발견했다고 한다. 다른 이야기에 따르면, 그 하인이 나무 밑에서 죽은 황제를 발견했는데, 황제는 충성스러운 하인 혹은 그를 교살한 사람에 의해 나무에서 내려졌다고 한다. 어떤 이야기의 주장에 따르면, 숭정제의 시신 옆에서 쪽지가 하나 발견되었다. 거기에는 '천자'라고 쓰여 있었으나, 숭정제의 필체는 아니었다고 한다. 또 다른 이야기에 따르면, 그는 다음과 같은 유서를 남겼다고 한다. "짐(朕)이 죽어서 지하에서 조상들을 뵐 면목이 없다. 스스로 면류관을 벗어 머리카락으로 얼굴을 가린다. 반란군이 짐의 시신을 찢는 것은 내버려 두더라도, 백성은 한 사람도 해치지 말라!"[1]

틈왕 이자성에게 숭정제의 죽음은 매우 편리한 일이었다. 그가 스스로 황위를 차지하려는 야심을 품은 상황에서, 포로로 잡힌 몰락한 정권의 황제를 어떻게 처리해야 하는지 곤란하고도 복잡한 문제를 마주하지 않아도 되었다. 자결임이 분명한 숭정제의 죽음은 이자성이 작정하고 가고자 한 길을 열어주었다. 그러나 틈왕 이자성은 완전히 어리석은 사람이 아니었다. 그는 다른 반란군 경쟁자들, 더 중요하게는 강력한 여진 군대에 맞서 산해관(山海關)을 방어하고 있던 거대한 명나라 군대와 비교해 자신의 군사적인 입지가 강하지 않다는 것을 매우 잘 알고 있었다. 그럼에도 그는 제위에 올라 새로운 왕조의 수립을 선포했고, 명나라의 마지막 주력군을 격파할 수 있을지 살피기 위해 산해관으로 군대를 보냈다. 그러나 명나라와 여진의 연합군이 규율이 잡히지 않은 이자성의 군대를 격파했을 때, 틈왕 이자성은 북경을 버리고 도망쳐 자신의 단명한 왕조를 스스로 와해시켰다. 그는 이후 1년간 여기저기를 도망다니며 살아남았지만, 결국 한 마을에서 향병(鄕兵)들의 손에 죽임을 당했다.

숭정제의 마지막 아침에 일어난 일들을 묘사한 중국의 그림은 현재 전해지지 않는다. 아마 애초에 그런 그림은 그려지지 않았을 것이다. 그러나 시각자료가 없다는 사실은 마르티노 마르티니(Martino Martini)의 『타타르인들은 어떻게 중국 왕국을 파괴했는가(*How the Tartars Laid Waste*

---

1 저자는 숭정제 유서의 후반부를 "반란군이 짐의 시신을 찢고 신하들을 죽이는 것은 내버려 두더라도, 그들이 황실의 능묘를 훼손하거나 백성을 한 명이라도 해치지 않게 하라!"라고 옮겼다. 여기서 역자는 중국어 원문에 근거하여 위의 내용 중 일부를 제외했다.

to the Chinese Kingdom)』를 출간한 출판업자가 삽화가에게 명나라의 멸망을 다룬 이 책에 수록할 열세 편의 삽화 제작을 의뢰하는 데 아무런 장애가 되지 않았다. 이 열세 편의 그림 가운데 여섯 번째 삽화는 숭정제가 자신의 부인과 딸을 살해하고 매산에서 자결하는 장면을 결합하여 그렸다([그림 12] 참조).

삽화가는 참고할 만한 자료가 전혀 없었기 때문에, 명나라의 궁전을 이탈리아의 저택처럼 그렸고 남성들의 머리 위에는 오스만 제국 스타일의 터번을 씌웠다. 당시 터번은 동양인의 특징적인 머리장식으로 여겨졌기 때문이다. 마르티니 본인은 아마 중국에 대해 더 잘 알고 있었을 것이다. 중국에 파견된 예수회 선교사 중 하나였던 그는 명나라가 무너진 당시 비록 북경이 아닌 항주이긴 했지만 중국에 머무르고 있었다. 유럽으로 돌아간 지 얼마 안 되어, 마르티니는 앤트워프(Antwerp)의 한 출판업자와 그의 『타타르 전쟁사(*History of the Tartar War*)』를 1654년에 출간하기로 합의했다. 이 책은 유럽에서 곧장 베스트셀러가 되어, 같은 해에 쾰른·암스테르담·델프트·파리·마드리드·리스본에서 각기 다른 언어의 판본으로 출간되었고, 이듬해에는 런던에서도 출간되었다. 1661년 암스테르담에서 삽화가 추가된 판본이 개정된 제목으로 출간되었을 때, 마르티니는 항주에 돌아와 있었다. 많은 부수의 책이 지금까지 전해지고 있다는 점에 미루어 볼 때, 이 삽화가 추가된 판본은 매우 잘 팔렸던 것 같다. 마르티니가 그 삽화들을 직접 보거나 수정할 기회를 가졌을 가능성은 거의 없다. 그해 여름 그는 항주에서 사망했다.

1644년에 마르티니는 항주에 있었을 것이다. 절강성의 성도인 항주는 중국인이 강남(江南), 즉 "강의 남쪽"이라고 부른 지역에서 가장 중요한 대여섯 개의 도시 가운데 하나였다. 번영하는 양쯔강 삼각주에 기반을 둔 강남 지방은 명나라 말기 경제의 심장이자 만개하는 문화의 중심지였고, 예수회의 선교활동을 위한 비옥한 토양이었다. 예전에 남경에서 예수회 선교사들이 추방되었음에도 불구하고, 그들 선교사와 중국인 기독교 공

[그림 12] 마르티노 마르티니(Martino Martini)의 『타타르인들은 어떻게 중국 왕국을 파괴했는가(*How the Tartars Laid Waste to the Chinese Kingdom*)』에 수록된 삽화. 명나라의 마지막 황제가 자살하는 장면을 상상하여 그린 것이다. 이 그림은 1644년 4월 25일 아침, 절망에 빠진 황제가 먼저 자신의 딸을 죽이고, 뒤이어 자금성 뒤편의 언덕으로 달아나 스스로 목을 맨 두 순간을 한 장면으로 결합하여 표현했다. 이 그림은 전적으로 삽화가의 상상에 따른 것이며, 황제의 자살 장면을 그린 중국의 그림은 전해지지 않는다.

동체는 양쯔강 삼각주 전역, 특히 항주와 상해에서 여전히 활동하고 있었다. 이 지역의 개종자들은 냉담한 관원들의 압박을 견뎌내며 그 새로운 종교의 불씨가 꺼지지 않게 할 만한 자원을 가지고 있었다. 마르티니가 강남 지방에서 명나라의 몰락을 서술한 것처럼 나 역시 그렇게 할 것이다.

조짐들

동함(董舍)은 양쯔강 삼각주에 있는 대여섯 개의 핵심 도시 중 하나였던 송강(松江)에 사는 열여섯 살의 소년이었다. 그의 표현에 따르면, 당시 "해내(海內)는 솥의 물이 끓듯이 떠들썩하고 혼란스러웠다." 가뭄으로 바싹 말라버린 서북 지역에서는 반란이 일어났고, 여진의 군대는 만리장성의 바로 앞까지 진군해 왔으며, 지방에서는 질서가 무너지고 있었다. 동함은 자신의 경험을 간헐적으로 기록한 회고록에서 다음과 같이 회상했다. 최악의 상황을 두려워하여, "우리는 난리를 피해 이곳저곳 옮겨 다니다가 삼강(三岡)의 동쪽에 거처를 정했다." 그곳은 상해에서 서쪽으로 48킬로미터, 항주의 동북쪽으로는 약 96킬로미터 정도 떨어진 곳이었다. "우리의 오두막은 서까래가 비록 몇 개밖에 되지 않았지만, 바람과 비를 막기에는 족했다. 우리는 낮에는 밭을 갈고 밤에는 책을 읽으며 세상의 일에 모두 단절되었다."

동씨 일가는 학식 있는 집안이었으나 부유하거나 저명한 가문은 아니었다. 그들에게는 정치 무대에서 활동할 만한 자원이 없었다. 혼란이 닥쳐왔을 때, 그들이 할 수 있었던 것은 송강을 떠나(혼란의 때에 도시는 언제나 공격의 대상이었다) 최악의 혼란이 비껴갈 수도 있는 외딴 시골에 숨는 것뿐이었다. 송강과 같은 부도(府都)에서 인쇄된 소식지를 접할 수 없는 그들에게 유일한 정보의 원천은 소문뿐이었다. 1644년에서 1645년에 걸친 기간 동안 그러한 소문은 점점 더 끔찍해졌고, 동함은 그것을 기록으로 남겼다.

북경 남쪽의 대운하에서 가장 중요한 운하 도시였던 임청(臨淸)에서는,

식량이 바닥날 때를 대비해 콩이 든 자루를 비축해 두었던 한 가족이 그 자루를 열어 안을 확인했더니 그 안에 있던 콩이 사람의 머리처럼 변해 있었다는 소문이 돌았다. "노인의 머리도 있고 젊은이의 머리도 있었는데, 혹 우는 모양도 있고 아낙네 같은 모양도 있었다." 비록 며칠 뒤 콩은 다시 원래의 모습으로 돌아갔지만, 이는 결코 길조가 아니었다. 어떤 것도 지금과 같이 남아 있지 않을 것이며 누군가가 쫓겨날 것이라고 하늘이 말하는 것처럼 보였다.

동함은 더 남쪽의 황하 강변에서 성벽으로 둘러싸인 요새의 모습이 하늘에 나타났다는 소문을 들었다. 그가 들은 소문에, 그것은 "누대(樓臺)와 담장, 성가퀴[堞]가 갖추어지지 않은 것이 없었다." 그 호화로운 성은 단지 하늘에서 빛나며 오후 내내 누구에게나 보였으며, 네 시간 후에 흔적도 없이 사라졌다고 한다. 멀리 해안 가까이에 있는 회안(淮安)에서는, 그곳의 주요 사찰 중 하나에서 나무 한 그루가 사흘 동안 "나무 눈물[樹泣]"을 흘리며 울었다고 한다. 더 가까운 지역에서는, 폭풍을 맞아 먼바다 쪽으로 100킬로미터를 떠내려간 배에 대한 소문이 들렸다. 이 배는 피난민 100명을 태우고 소주(蘇州)를 출발했었는데, 폭풍이 최악으로 치달았을 때 키가 6미터에 달하는 파란 얼굴의 악귀 떼가 그 배에 몰려들었고, 단지 두 명의 승객만이 난파선의 잔해에 매달려 생존했다고 한다. 이 이야기는 이 두 명의 생존자가 전한 것이었다.

비정상적인 출생에 대한 이야기는 이러한 소문의 단골 소재가 되었다. 동함이 살던 부(府)에서는 말이 거위만 한 알을 낳았고, 달걀에서는 다리가 셋 달린 병아리가 부화했다. 그러나 이러한 기형은 기괴한 인간의 출생에 비하면 가벼운 편이었다. 양쯔강 하구의 숭명도(崇明島)에서는 한 여성이 열세 명의 사산아를 낳았는데, 각각의 키가 약 15센티미터였다고 한다. 송강에서는 한 여성이 뿔과 세 개의 눈이 달린 아이를 출산했는데, 가운데 눈은 감겨 있고 나머지 두 눈만 뜨고 있었다고 한다. 이 두 사례에서 눈이 셋 달린 신생아는 살해되었고 열세 명의 사산아는 바다에 던져졌다.

자연 세계가 교란되자, 새들도 그 혼란을 감지했다. 기이한 흰 제비들은(흰색은 상복의 색깔이었다) 송강의 동쪽 문 위에 둥지를 틀었다. 어느 날 밤에는 한 무리의 부엉이 떼가 송강의 고루(鼓樓, 밤새 북을 쳐서 시각을 알리는 장소) 지붕 위에 몰려들어 너무나 크게 울어댄 나머지, 북소리가 들리지 않을 정도였다. 동함의 귀에는 그 소리가 "수만 귀신의 곡소리"처럼 들렸다.

여진의 침략군이 양쯔강 삼각주에 접근하면서 다른 이야기들이 들려오기 시작했다. 그중 하나는 뛰어난 장군이었던 장계영(張繼榮)이 완전무장을 하고 소규모 기병대의 선두에 서서 남경 외곽의 주막에 도착하여 술과 음식을 청했는데, 한 노인이 전장으로부터 장계영의 시신을 끌고 같은 주막에 도착하자 돌연 사라져 버렸다는 것이었다. 상해의 전설적인 장사였던 교(喬)씨 성(姓)의 장군은 포로로 잡히거나 죽임을 당하기보다는 자결을 택했다. 그러나 그는 한 달 뒤에 자신의 무덤에서 다시 나와 알아들을 수 없는 말을 중얼거리며 정복자에게 항복하는 것을 택한 자신의 아들을 몽둥이로 때려죽였다고 한다. 동함은 한탄하며 적었다. "그 무렵 평범한 백성은 순종적인 백성으로 복속할 준비가 되어 있었다." 누가 옳았고, 누가 잘못되었는가? 누가 살아야 하고, 누가 죽어야 하는가? 모든 희생자가 정의를 구현하거나 복수에 성공한 것은 아니었지만, 송강에서 태어난 눈이 셋 달린 아기는 복수에 성공했다. 그는 황금 갑옷을 입은 장성한 전사의 모습으로 아버지의 꿈에 나타나 복수를 맹세했고, 결국 복수에 성공했다. 1645년 9월 22일 근왕군(勤王軍)으로 가장한 군대에 송강이 함락되었을 때, 그의 부모는 모두 도륙되었다.

꿈, 부활, 악귀, 징조, 흉물, 환영 등이 끊이지 않았고, 인간계와 다른 세계 사이의 벽은 무너지고 있었다. 이것은 1644년에서 1645년에 걸친 긴 한 해 동안 명나라의 군대와 도시가 하나씩 무너지고 여진의 점령군은 남하하는 가운데, 명나라 백성이 날마다 겪은 일이었다. 이 시절은 너무나도 참혹했기 때문에, 동함과 같은 많은 이는 자신이 경험한 곤경을 일기나 회고록에 남겼다. 그들은 악전고투에 대한 기억이 사라지지 않고 후세가 그로부터 교훈을 얻어 현실에 안주하지 않음으로써 이러한 규모의 재앙이 재발하지 않기를 바랐다.

자연의 혼란

젊은 동함과 달리, 진기덕(陳其德)은 1640년대의 재난이 강남을 덮쳤을 때 이미 칠십 대의 노인이었다. 진기덕은 동씨 일가의 거처에서 불과 80킬로미터도 떨어지지 않은 동향(桐鄕)에 살던 학관(學官)이었다. 그는 생전에 대단한 성취를 이루지는 못했지만, 숭정제가 죽기 직전의 몇 년간에 대한 상세한 기록을 두 편 남겼다. 이 기록은 윤리적인 삶을 사는 방법에 대한 진기덕의 훈계를 담은 소책자(이 책은 『수훈박어(垂訓樸語)』라는 무난한 제목으로 간행되었다)에 포함되어 오늘날까지 전해졌다. 이 지역 간행물의 원본은 오늘날 단 한 부만 남아 있다. 그의 기록을 읽어보면, 동함이 그토록 열심히 수집했던 괴이한 조짐과 징조가 갑작스럽게 발생한 이상 현상이 아니라, 수년간 흐르고 있던 재앙의 밀물 속에서 강남 지방으로 떠밀려 온 표류물들이었음을 알 수 있다.

진기덕은 자신의 유년기인 1570년대, 즉 소년 황제 만력제가 제위에 앉아 있던 때로부터 시작하여 그 고난의 세월을 서술한다. "곳곳이 풍요롭고 인민은 풍족했다. 1두(斗)의 쌀 가격이 3~4푼을 넘지 않았으므로, 술을 빚기 위해 쌀을 일부 발효했다면 그 찌꺼기는 그냥 버렸다. 콩과 밀은 내다 버리듯 소와 돼지에게 사료로 먹였다. 생선과 도축한 고기 따위는 집집마다 모두 족했다." 진기덕에게는 이것이 정상적인 상태였으나, 이어지는 삶은 이러한 기준에 미치지 못했다. "사람들은 오래도록 누리는 것이 이와 같을 뿐이라고 여겼다. 사람의 마음이 방종하여 천도(天道)가 풍족함을 벌하게 될지 어찌 알았겠는가?"

1620년대 명나라 조정에서 엄당(閹黨)[2]의 실정(失政)은 "위에서는 하늘이 노하고, 아래서는 백성이 원망"하게 했다. 1630년대 내내 상황은 악화되었으며, 이는 하늘의 불만을 반영한 것이었다. 그러나 자연 세계는 1640년에 닥친 위기만큼이나 심각한 상황에 내던져지지는 않았다. "큰비와 장마가 한 달 내내 내리니, 만력(萬曆) 무자년(戊子年, 1588년)과 비교하면 수위가 2척(尺)가량 더 깊다. 사방을 둘러보니 모두 큰 호수가 되었다. 배와 노가 평상에 정박하고, 물고기와 새우는 우물 구멍에서 뛰어오른다." 여기서 그는 오래된 일반적인 이미지를 이용하여, 최악의 홍수에서 마을이 완전히 물에 잠긴 광경을 묘사하고 있다. "다락이 있는 자들은 다락을 안식처로 삼았고, 다락이 없는 자들은 혹 지붕에 올라가거나 높은 대에 올랐다. 아침에 깨어나면 저녁까지 살 수 있을지 걱정했다." 곡물 가격은 대부분의 사람이 감당할 수 없는 수준으로 치솟았다. 홍수로 불어난 물이 빠졌을 때, 이웃한 "오흥(吳興)의 농부들이 낟알이 많이 달린 큰 벼[嘉禾]에서 새싹을 거듭 찾아 일시에 다투니 진귀한 물건이 되었다. 7월 하순이 되자, 오히려 배들이 꼬리를 이어 돌아갔다."

이듬해인 1641년은 더 참혹했다. 그해의 재앙은 급속히 확산한 가뭄과 함께 시작되었다. "흐르는 강물은 완전히 말라버렸고, 쌀 가격이 2량(兩)에서 3량으로 치솟았다." 이는 전례 없는 가격이었다.

비록 [봄]밀 이삭이 팬 것이 다른 해보다 배는 많았지만, 끝내 입에 풀칠하기에는 부족했다. 혹자는 쌀겨와 지게미를 씹었고, 밀기울을 씹는 사람도 있었다. 심지어 들풀과 나무껍질을 씹고, 쌀겨와 지게미로 그것을 보조하는 이들도 있었다. 부유한 집은 모두 밀가루로 죽을 만들었는데, 두 끼를 먹는 집은 곧 배불

리 먹는다고 여겨졌고 한 끼를 먹는 집이 다수를 점했다. 남편은 그 아내를 버리고, 아버지는 그 아들을 버렸으며, 각자도생을 계책으로 삼을 뿐이었다. 만약 일상용품을 사용하려 한다면, 그것이 시장에 산처럼 쌓여 있었기 때문에, 이용하는 이들은 반값에 가지고 갔다.

빈곤은 일반적인 수준에서 극단적인 수준으로 악화했다.

돈을 빌리는 집들이 사라졌을 뿐 아니라, 저당 잡을 물품도 떨어졌다. 하늘을 불렀지만 응답하지 않았다. 관문(關門)에 외쳐도 길을 열어주지 않았다. 따라서 아침에는 완곡하게 도와달라고 소리를 치지만, 저녁에는 무릎으로 기어다녔다. 한번 기울어져 넘어지면, 곧 성난 파도의 가운데에 있는 것처럼 다시 살아날 수 없었다. 혹자는 남은 낟알이 여전히 집에 있는데도 죽어버렸다. 어진 사람과 군자라면 그것을 보고도 눈물이 흘러내리지 않을 수 있겠는가?

가뭄은 다른 재앙으로 이어졌다. 먼저 메뚜기 떼가 들판에 내려와 마지막 남은 초목까지 모두 없애버렸다. 이후에는 병이 뒤따랐다. 처음에는 이질이 돌았고, 뒤이어 매우 치명적으로 "열 집 가운데 대여섯 집이 감염된" 질병이 퍼졌다. 자신을 위해 관을 미리 챙겨두지 않았던 이들은 "그저 금파리[靑蠅]가 조문객이 되고, 쑥과 부들[蒿蒲]이 무덤이 되었다. 모두가 그것을 버리고 멀리 떠나니, 그 수가 얼마나 되는지 알지 못했다." 이 전염병은 겨울 동안 움츠러들었지만, 5월에 다시 덮쳐왔고 이번에는 "열 집에 여덟아홉 집"이 감염되는 수준이었다. 많은 경우, 전염병에 걸린 가정에서 아무도 감염을 피하지 못했다. "심지어 식구가 스무 명 있는 집에서 병에 걸리지 않은 한 사람, 혹은 목숨을 오롯이 보전한 아이 하나를 찾을래야 찾을 수 없을 지경이었다." 시신 처리는 해결할 수 없는 문제가 되었다. 진기덕은 다음과 같이 썼다. "처음에는 관(棺)으로 염(殮)을 하고, 이어서 풀로 염을 했으며, 또 이어서는 요 위에 시신을 버렸다. 시신의 구멍 밖으로 벌레가 나왔다." 동향의 지역 독지가들은 힘을 합쳐 성안에서 죽은 시신을 처리하기 위해 전염병 전용 묘지를 세웠다. "진흙에 큰 구덩이를 파고 시신을 채워 넣었는데, 때로는 오십 구, 육칠십 구씩 한 구덩이에 들어가기도 했다. 석 달이 채 되지 않아, 오륙십 개 구덩이가 전부 가득 찼다." 의원들은 이 병에 대한 치료법 혹은 완화책을 알지 못했다. 진기덕은 다음과 같이 보고한다. 결과적으로 "이때 의원들의 집 앞은 문전성시를 이뤘고, 이내 돌팔이 의원과 풋내기들마저 분주하여 쉬지 못할 지경이었다. 그들은 영업이 매우 늘었다고 말하지만, 우리는 죽음의 문이 더욱 넓어졌다고 말한다."

이것은 동향에서만 일어난 일이 아니었다. 1629년에 시작된 낮은 기온과 1637년에 시작된 가뭄이 중국을 천년만에 최악의 상황에 빠뜨림에 따라, 진기덕이 고향에서 목격한 참상은 양쯔강 유역 전역과 북중국 전역에서도 그대로 반복되었다. 1639년 무렵에는 기근이 광범하게 퍼졌고, 많은 지역에서 몇 년간 이어졌다. 기근과 가뭄으로 고통받던 지역은 메뚜기 떼의 습격에 가장 취약했다. 이들 지역에서는 또한 전염병이 발생하는 경향이 있었다. 전염병은 1639년과 1640년에 이따금 발생했고, 1641년에는 폭풍처럼 퍼졌다. 이후 3년간 각지의 지방지(地方誌)에서는 똑같은 재난의 행렬이 반복적으로 펼쳐졌다. 1640년의 봄여름 내내 비가 내리지 않았고, 7월에는 메뚜기 떼가 나타났으며, 8월에 비가 내려 메밀이 싹을 틔웠지만 9월의 서리가 그 모두를 쓰러뜨렸다. 이에 11월 기근이 닥쳤고, 12월에는 식인 행위가 보고되었으며, 1641년 봄에는 역병이 터져 열 집 가운데 일곱 집이 전멸했고, 어떤 지역에서는 마을 전체가 사라졌다. 이 일련의 재앙은 그해 여름에도 반복되어, 9월에는 메뚜기 떼가 다시 나타났고, 이어서 1642년과 1643년에는 기근과 역병이 또다시 터졌다.

1644년 봄에 마지막으로 발병한 대규모 전염병은 화북(華北) 평원 전역을 휩쓴 뒤 대운하를 따라 남하하여 강남 지방에까지 이르렀다. 소주부(蘇州府)에서 이를 목격한 서수비(徐樹조)는 자신의 회고록에 역병이 북경에서 처음 발생했고, 이후 그해 첫 달에 양쯔강 유역으로 내려왔다고 기록했다. 그는 이 병에 걸린 사람들이 피를 토한 직후 죽었다고 보고했다. 이 지역에서는 이 병을 "서과온(西瓜瘟)"이라 불렀는데, 이는 환자들이 토한 핏덩어리가 서과(西瓜, 수박)의 크기 및 모양과 비슷했기 때문이었다. 서수비는 이것이 여름철 질병이라는 점도 언급했다. 사람들은 이 역병에 대응하기 위해 무당을 불렀고, 또한 깊이를 알 수 없는 신의 분노를 누그러뜨리기를 간절히 바라며 온신묘(瘟神廟)에 제사를 지내는 데 막대한 비용을 지불했다. 그 지역의 의원 오유성(吳有性)은 그들을 비난할 수 없었다. 이 역병은 기존에 알려진 어떤 유형과도 맞지 않았기 때문에, 그는 질병이 평상시에는 인체에 잠복해 있다가 오직 계절의 변화가 정상적인 경로에서 이탈할 때만 터져 나온다는 오래된 생각을 버릴 수밖에 없었다. 그는 이 역병이 계절의 왜곡과는 무관하며, 외부로부터 인체에 침투하여 여타 질병을 넘어서는 수준의 독성을 보인다고 주장했다. 오유성은 이 병을 어떻게 분석해야 할지 혼란스러웠다. "기(氣)에는 구할 수 있는 형체가 없고, 볼 수 있는 형상이 없다. 하물며 소리도 없고 또한 냄새도 없으니, 어찌 능히 보고 들을 수 있겠는가? 사람이 어찌 그 기를 알 수 있으며, 또한 그 기가 하나같지 않음을 어찌 알 수 있겠는가? 이 기가 언제 올지 정해진 때가 없고, 언제 발병할지 정해진 규칙도 없다." 그는 "지금의 역병의 기운이 입과 코로 들어온다"라고 믿었다. 이 역병에 대한 그의 유일한 처방은 목련(木蓮)과 두구(豆蔲)를 섞은 빈랑(檳榔)이었다.

이처럼 많은 지역에서 파괴적인 결과를 초래했던 병원균의 정체를 밝히기 위한 유전체 분석 연구는 아직 이루어지지 않았다. 그러나 그러한 확인 없이도, 이 전염병의 치사율(사망률이 보통 70퍼센트로 추정)로 미뤄볼 때 그것은 흑사병일 가능성이 높다. 북경의 동쪽 지역에서 발생한 "괴상한 역병[怪疫]"에 대한 해당 지역의 기록은 "십중팔구가 죽으니 비록 친척과 친구라 할지라도 감히 조문하지 못했다"라고 보고했다. 감염률은 충격적이었다. "온 가족이 죽어 절멸되니 시신을 수습하여 장례를 치를 사람

조차 없었다.” 또한 흑사병과 유사한 증상에 대한 기록도 몇 가지 전해진
다. 앞서 인용한 서수비는 1644년의 역병을 “겨드랑이 종기 역병[腋瘟]”
이라 불렀다. 당시에는 가래톳3을 지칭하는 단어가 없었지만, 그는 이렇게
부어오른 것을 “핏덩어리[血塊]”로 묘사했다. 북경의 서쪽에 있는 성(省)
에서, 한 지방지는 1644년 가을 “큰 역병”이 발생했다고 기록했다. “병에
걸린 사람은 먼저 겨드랑이 밑과 허벅지 사이에 단단한 멍울(림프선 가래
톳을 연상케 한다)이 생기거나, 혹은 가래와 피를 토하며 즉사하여 약과
음식을 받지도 못했다.” 이 병은 “탐두온(探頭瘟)”이라는 이름으로도 불렸
다. ‘탐두(探頭)’라는 말은 원래 무슨 일이 일어나는지 보기 위해 머리를 내
민다는 의미이지만, 또한 피부 아래로부터 밀고 올라오는 단단한 종기(이
는 흑사병으로 인해 발생한 가래톳 특유의 모습이다)를 묘사한 것일 수도
있다. 이러한 전염병을 최초로 연구한 중국사학자인 헬렌 던스턴(Helen
Dunstan)은 이와 같은 기록들이 이 병이 흑사병임을 보여 주는 “거의 확
실한” 증거라고 판단했다. 유전학자들이 이 전염병으로부터 고(古) DNA
를 분리하여 염기 서열 분석을 할 수 있을 때까지는, 여전히 던스턴의 해
석이 이 기록에 대한 최선의 평가일 것이다.

　만약 이 전염병이 흑사병이었다면, 그것은 중국만의 일은 아니었다. 이
병원균은 비슷한 시기에 유라시아 대륙의 서쪽 끝에 있던 여러 도시에서
도 폭발적으로 퍼졌기 때문이다. 발병의 일부 사례만 언급하면, 1625년 런
던에서는 4만 명이, 1630년 베네치아에서는 5만 명이, 1632년 뉘른베르
크에서는 3만 명이, 1642년 카이로에서는 180만 명이, 1651년 바르셀로
나에서는 1만 5천 명이, 1654년 모스크바에서는 20만 명이, 1656년 나폴
리에서는 15만 명이, 1663년 암스테르담에서는 5만 명이, 1665년 런던에
서는 10만 명 이상이 사망했다. 전염병을 연구하는 과학자들조차 왜 이 시

3　서혜부나 겨드랑이의 림프선이 염증으로 인해 부어오르는 증상을 뜻한다.

기에 흑사병이 유럽에서 재발했는지에 대해 의견이 일치하지 않는다. 일부 과학자는 흑사병이 내륙아시아로부터 유럽으로 재유입되었다고 주장하는 반면, 다른 학자들은 흑사병을 일으키는 박테리아가 유럽 내부에 생태적 지위(ecological niche)를 확보하고 있다가 소빙기의 국면이 만들어낸 특정한 조건 아래서 재등장했다고 주장한다. 중국에서 발병한 전염병이 정말로 흑사병이었는지를 확인할 때까지는, 이러한 설명 중 무엇이 명나라 중국의 사례에 들어맞는 것인지 알 수 없다.

중국과 유럽에서 창궐한 전염병이 같은 질병이었을 가능성은 충분하다. 여러 기후 지표는 중국과 유럽이 유라시아 대륙의 양 끝에서 매우 유사한 어려움을 겪고 있었음을 보여 주기 때문이다. 역사학자 지오프리 파커(Geoffrey Parker)는 전 세계 기후 압력의 증거를 모아, 지구상의 거의 모든 지역에 영향을 미친 거대한 기후 변화가 1629년부터 시작되었음을 보여 주었다. 그해에 유럽은 폭우로 시작하여 가뭄으로 바뀐 악천후를 겪었다. 이듬해에는 북인도 지역이 2년에 걸친 심각한 가뭄을 경험했다. 가혹한 기후 상황은 1630년대에 다소 누그러졌으나, 1640년에 맹렬한 기세로 다시 돌아왔다. 1640년에서 1642년 사이에 멕시코 고원에는 비가 내리지 않았고, 1640년부터 1644년까지는 아메리카 대륙의 전역에서 나무의 생장이 둔화했으며, 같은 시기 매사추세츠만(灣)과 체서피크만을 비롯한 북아메리카 동해안의 모든 강이 얼어붙었고, 1641년 나일강은 역사상 최저 수위를 기록했으며, 1641년과 1642년 인도네시아의 벼농사는 완전히 실패했다. 파커의 분석에 따르면, 일부 지역은 다른 지역에 비해 기후 변화의 압력을 완화하는 데 더 효과적이었다. 식량 자원을 보호하거나 심지어 전환할 수 있는 사회기반 역량을 갖춘 국가는 그러한 유연성이 결여된 국가보다 기후 변화에 더 잘 대응했다.

대명국(大明國)은 거대한 규모의 환경 위기에서 살아남을 훌륭한 후보자였어야 했다. 명나라는 잘 조직된 행정 제도의 이점을 누리고 있었고, 유능한 인재들을 끌어들여 국가를 위해 일하게 할 수도 있었다. 명나라의 약한 고리는 중앙 정부가 영내의 모든 지역과 연락을 유지할 수 있게 하는 수단인 역참제도를 유지하지 못한 데 있었다고 주장되어 왔다. 1620년대의 예산 부족은 인구가 덜 집중되고 교통량이 적은 지역들에서 역참이 폐쇄되는 것으로 이어졌다. 이 역참을 운영하던 인력은 군인들이었기 때문에, 역참의 폐쇄는 곧 신체 건강한 병사들의 실직을 의미했다. 틈왕 이자성도 이들 중 하나였다. 실직한 병사들이 강도로 변해 스스로 권력을 장악하면서 점차 강성해졌고, 이제는 외부의 위협에 노출되고 방어가 취약해진 명나라 행정 체제의 거점을 하나하나 무너뜨릴 수 있었다. 가뭄과 한파로 인해 추종자가 크게 늘자, 이 반란군은 만리장성 안쪽의 북부 지역을 상당 부분 장악했다. 명나라의 군대는 할 수 있는 곳에서는 그 반란군에 맞서 싸웠지만, 만리장성 너머에는 또 다른 군대가 기다리고 있었다.

한 사람의 대응

그해의 음력 설날 1644년 2월 8일 기표가(祁彪佳)가 새로운 일기의 첫 장을 열었다. 1644년은 갑신(甲申)년이었는데, 갑신년은 중국인들이 시간을 세는 방식인 육십갑자(六十甲子) 체제에서 전통적으로 가장 불길한 해 중 하나로 여겨졌다. 기표가는 자신이 살던 지역의 점쟁이들이 그날 어떤 중요한 일도 착수하지 말라고 모두에게 이미 경고했음을 기록했다. 그러나 그에게는 할 일이 있었다. 설 전날 아침 그는 거룻배를 타고 나가, 조카들에게 기씨 가문의 창고에 보관된 쌀을 전달한 뒤 그 쌀을 사정이 어려운 집안사람들에게 나누어주라고 부탁했다. 이는 이 어려운 시기에 기씨 집안사람이 굶주리지 않고, 모두가 가문을 향한 충성심을 유지하도록 하기 위함이었다. 그날 오후 그는 한 이웃을 불러 같은 창고로부터 쌀을 받아서 마을의 빈민에게 나누어주게 했다. 굶주린 사람들은 이런 위험한 시기에 언제든 터질 수 있는 화약통 같은 존재였다. 이러한 일을 마친 뒤, 그는 그날 저녁을 집에서 보내고 이튿날도 하루 종일 집에 머물렀다. 이전 며칠간의 궂은 날씨 끝에, 설날 아침은 맑고 상쾌하게 동이 텄다. 그럼에도 기표가는 설날을 집에서 보내며, 친구와 친척 들을 방문하는 설날 의례를 생략했다. 그는 자신의 저택 바깥으로 나가지 않았다. 점심 식사 이후 그는 경계 태세를 유지하기 위해 가복(家僕)들과 함께 군사 훈련을 실시했지만, 여전히 저택 안에 남아 있었다.

기표가는 항주의 동남쪽에 있는 산음현(山陰縣)에 살고 있었는데, 이곳에도 양쯔강 삼각주 전역과 더 북쪽 지역에서 발생하고 있던 혼란이 다가오고 있었다. 지난 3년은 산음현 사람들 모두의 기억에 최악의 시기였다. 강남 지역을 황폐화한 가뭄·기근·전염병은 산음현에도 타격을 입혔고, 뒤이은 도적 떼의 창궐은 누구나 예상할 수 있는 결과였다. 기표가는 지금껏 견뎌온 것보다 더 큰 재앙이 올 것에 대비하여, 마을 주민을 훈련시켰고 또한 그들을 안정시키고 그들의 지지를 유지하기 위해 구호 식량을 나누어주었다. 보통의 상황이었다면 그 정도 지위의 신사(紳士)가 질서를 유지하기 위해 고향마을을 분주히 뛰어다니는 일은 없었을 것이다. 그는 유명한 학자로, 지방 정부나 중앙 정부에서 재능을 발휘해야 마땅한 고위 관료였다. 그러나 그의 관직 경력은 평탄치 않았고, 이는 이 어려운 시기에 흔치 않은 일도 아니었다. 그는 16세라는 조숙한 나이에 향시에 급제하고, 20세에는 회시에 합격하여 촉망받는 인재로 떠올랐다. 그는 21세에 복건성 흥화부(興化府)의 추관(推官)[4]으로, 28세에는 복건도의 감찰어사로 임명되어, 성실하지만 그리 총명하지는 않았던 숭정제의 주목을 받았다. 그러나 기표가는 정치가라기보다 원칙주의자였고, 그의 이러한 성격은 행정상의 잘못을 지적해야 하는 감찰어사의 직무를 수행하는 데 이상적이지 않았다. 북경 고위 관료의 뜻을 지나치게 자주 거슬렀던 그는 32세에 노모를 봉양하기 위해 귀향한다는 구실로 은퇴를 요청했다.

---

4   추관(推官)은 지방에서 형벌과 감옥의 사무를 주관하던 관리다. 명대(明代)에는 부(府)마다 추관을 1명씩 두었다. 형벌과 감옥의 사무를 주관하고 관원을 심사·평가하는 데에도 참여했으며, 법률상 다른 사무를 겸임할 수는 없었다.

이후 9년간 기표가는 고향에 머무르며 지역 공동체를 위한 사업에 힘쓰고 공공 자선 활동에 참여했다. 그가 북경에서 봉직할 것을 명령받았던 1642년 무렵에는 북중국 지역에서 반란이 거의 풍토병처럼 만연하고 있었다. 당시 남중국 지역에서 북중국 지역으로 부임하러 가는 사람은 아무도 없었다. 그러나 기표가는 북경으로 향했다. 유학자의 소명이 백성을 돕는 것인 이상, 그가 수행해야 하는 최고의 의무는 군주의 명령을 받았을 때 군주를 위해 복무하는 것이었다. 그러나 기표가는 당시 북경의 정치 환경에서 어떤 것도 해낼 수 없음을 알게 되었다. 권력을 가진 이들은 오직 더 많은 것을 얻기 위해서만 권력을 행사했고, 하급 관리는 권력자의 강탈 행위를 돕거나 그저 방관해야만 했다. 겨우 1년 남짓 재직한 뒤 그는 다시 한번 은퇴를 요청했는데, 이제 그는 41세였다. 이 어려운 시기에 명나라 중앙 조정은 거의 기능하지 않고 있었지만, 그의 사직 요청은 받아들여졌다. 그는 고향인 산음현으로 돌아갔다.

우리가 동시대의 다른 인물들보다 기표가에 대해 더 많이 알고 있는 것은 그의 일기 덕분이다. 기표가는 관직에 있을 때나 고향에 있을 때나 거의 매일 무언가를 기록했다. 그가 일기를 쓴 것 자체는 주목할 만한 일이 아니었다. 당시 많은 사람이 일기를 썼다. 여기서 주목할 만한 것은 14년간 쓴 그의 일기가 20세기까지 살아남아, 명나라 최후의 몇 년간 일어난 일을 기록한 사료로서 출간되었다는 점이다.

갑신년의 가장 불길한 날이 지나자, 기표가는 설 다음 날부터 다시 움직이기 시작했다. 비가 내리긴 했지만, 그는 지역의 사당과 불교 사찰에 가서 기도를 올렸다. 이는 보통 그가 설날에 하던 행동이었다. 다음 날 아침 그는 매년 설날에 하던 것처럼 조상의 무덤에 성묘했다. 그리고 나서 그는 저택 가장자리에 있는 제방에 나무를 심으며 오후를 보냈다. 그날 저녁에는 가병(家兵)들을 이끌고 저택 가장자리의 제방을 따라 야간 순찰을 돌았다. 그가 집으로 돌아오자 긴급한 전갈이 도착했는데, 산음현의 남쪽에 이웃한 금화부(金華府)에서 그의 친구가 향병(鄕兵)을 조직해 도적 떼를 매복 공격하고 그들의 목을 베었다는 소식이었다. 다음 날 아침 기표가는 다시 향병들의 훈련을 시작했고, 오후에는 가묘(家廟)에 모여 전투 연습을 진행했다. 저녁에는 금화부에서 또 다른 친구가 찾아와 자신이 살던 현(縣)이 도적들에게 함락당해 항주로 올라올 수밖에 없었다고 말했다. 그는 기표가에게 산음현의 향병을 조금이라도 내어주어 이 위급 상황에서 자신들을 도와줄 수 있을지 물었다. 모두가 모두에게 도움을 요청하고 있었다.

양쯔강 유역에 출몰한 도적 떼도 물론 근심스러운 일이었지만, 나라 전체에 더 위험했던 것은 북방 지역을 뒤흔든 반란이었다. 농민군은 이미 10년이 넘는 기간 동안 간간이 나타나 북중국 전역을 휩쓸었고, 몇몇 반란 지도자는 스스로 황제 후보자임을 자임하고 있었다. 틈왕 이자성도 제위에 오를 준비를 하고 있었다. 기표가는 지역 문제에 너무 몰두한 나머지 3월 18일까지는 이러한 일들을 일기에 전혀 언급하지 않았다. 그는 3월 18일에 한 친구가 "지나다가 방문하여 틈왕이 이끄는 도적 떼가 섬서 지역에 들어간 일을 이야기해 주었다"라고 적었다. 그리고 바로 그날 그의 병가 연장 요청이 처리되고 있다는 서신이 도착했다. 이렇게 혼란스러운 시대에도 정부의 조직은 여전히 작동하고 있었다.

5월 5일의 일기에서 기표가는 심경의 변화를 드러낸다. 북경의 정치적 혼란상과 상관없이 그가 수행해야 할 최고의 의무는 황제를 위해 복무하는 것이었다. "나는 서북쪽의 일(급속하게 확산 중인 틈왕의 반란을 지칭)로 인해 결심이 섰다." 그러나 일기에 쓴 말이 항상 최종 결정은 아니다. 이틀 뒤 그는 절친한 친구를 불러 이러한 결정을 내리도록 도와달라고 부탁했다. 이틀 전의 결심에 대한 그의 심경 변화는 아마도 그날 어떤 사람이 방문하여 이자성의 반란에 대한 최신 정보를 전하면서 촉발되었을 것이다. 틈왕은 명나라의 토벌군을 격파하고, 지금은 군대를 셋으로 나누어 수도를 향해 진군하고 있었다. 북경은 이미 최고 수준의 군사 경계 태세에 돌입해 있었다.

기표가가 복직을 준비하며 집안일을 정리하는 동안 이례적인 더위가 그를 괴롭히기 시작했다. 4월 16일에 그는 이미 다음과 같이 적었다. "매우 덥다. 마치 한여름 같다." 5월 7일에는 그 표현을 "매우 덥다"에서 "극히 덥다"로 바꾸었다. 이후 며칠 동안 약간의 비가 내리긴 했지만, 이미 5주 동안 비다운 비는 내리지 않고 있었다. 이러한 더위 속에서 그가 할 수 있는 일은 누워서 또 다른 가뭄이 닥치지 않을지 걱정하는 것뿐이었다. 다음 날 그는 복직을 위해 북경으로 갈 준비를 시작했다. 그러나 바로 다음 날 그는 북경의 일부 조정 관료가 숭정제에게 북경을 버리고 조정을 배도(陪都)인 남경으로 옮길 것을 건의하고 있다는 소식을 들었다. 복직을 위한 기표가의 여행은 그가 원래 계획했던 것보다 훨씬 짧아질 수도 있었다.

　재난 소식이 당보(塘報)[5]를 통해 잇따라 기표가에게 전해졌다. 출발 다음 날 기표가는 틈왕의 군대가 단지 산서(山西) 지방에 머물고 있을 뿐 아직 북경에 접근하지는 않았다는 서신을 받았다. 그러나 다음 날인 5월 11일 그는 또 다른 편지를 받았다. 그 편지는 반란군이 이미 북경을 포위했음을 알려주었고, 아울러 숭정제가 자신의 무력함을 한탄하며 눈물을 흘렸다는 3월 31일의 조회를 상기시켰다. 그러나 사흘 뒤 그의 친구가 북경에 있는 친척으로부터 또 다른 편지 한 통을 받았다. 그 편지에 따르면, 틈왕의 군대가 아직 북경 인근에 도달하지는 않았지만, 관료들은 수도를 남경으로 옮기자고 강력히 요구하고 있으며, 이에 대해 황제는 남쪽으로의 후퇴를 거부했다고 했다. 기표가가 양쯔강 삼각주를 통과하며 북쪽으로 향하는 동안, 이 장군이 전사했고 저 도시는 함락되었으며 수도는 위협받고 있다는 등 점점 더 나쁜 소식만 들려왔다. 그 지역에 살던 기표가의 동료들은 군자금 마련을 위해 매년 북경으로 보내는 양미(糧米)를 현금으로 절납(折納)하자는 의견을 논의했지만, 가뭄으로 인해 곡물 가격이 급등하면서 곡식이 없는 이들은 굶주렸고 농토를 가진 이들도 세금을 낼 수 없었다.

5　당보는 군사정보를 담은 정부 간행물로 주로 명대와 청대에 사용했다.

기표가는 소주에서 북서쪽으로 대운하를 따라가다 보면 도착하는 다음 도시인 무석(無錫)에 도달했다. 그곳에서 그는 일주일을 머무르며, 친구들과 고향으로 돌아가 다가올 재난에 대비하는 것이 더 현명하지는 않을지 논의했다. 그러나 그는 결국 자신에게는 황제를 위해 복무해야 할 의무가 있다는 결론을 내리고, 복직을 위한 여정의 마지막 구간을 향해 출발했다. 이틀 뒤 아직 남경에 도착하기 전에 그는 자신을 강남(즉 양쯔강 삼각주와 그 배후지)의 총독으로 임명하는 공식 문서를 받았다.[6] 이러한 임명은 감찰어사를 역임한 그에게도 파격적이었다. 이제 기표가는 단순히 관직에 복귀하는 것이 아니었다. 그는 그 지역 전체를 구해내야 하는 막중한 책임을 떠맡을 것을 요구받고 있었다. 그는 갑자기 명나라 조정의 새로운 희망으로 떠올랐다.

사흘 뒤인 6월 1일 기표가는 북방에서 일어난 사건의 진상을 마침내 알게 되었다. 5주 전인 4월 25일 북경은 틈왕 이자성의 반란군에 함락되었고, 기표가가 충성을 맹세했던 황제인 숭정제가 자결했다는 것이었다. 이 소식은 바로 전날 남경에 도달했고, 남경의 고위 관료들이 모여서 황위 계승을 논의했다. 그들은 숭정제의 사촌이자 만력제의 셋째 아들인 복왕(福王)을 다음 황제로 옹립하기로 결정했다.[7] 이 선택은 매우 얄궂은 것이었다. 만력제는 한때 셋째 아들이 자신의 계승자가 되기를 너무나 원한 나머지, 황위의 장자 계승이라는 오랜 원칙을 깨고 자기가 총애하는 아들을 제위에 앉히기 위해 조정의 관료와 오래도록 싸웠지만 결국 뜻을 이루지 못

6　기표가가 실제로 임명된 직책명은 "소송총독(蘇松總督)"이었다.

7　저자의 서술과 달리, 1644년 홍광제로 즉위한 주유숭(朱由崧)은 만력제의 셋째 아들이 아닌 손자로, 만력제의 셋째 아들 주상순(朱常洵)의 장자였다. 마찬가지로 만력제가 황태자로 삼으려다 실패한 셋째 아들은 주유숭이 아닌 그의 아버지 주상순이었다. 주상순은 황태자에 오르는 데 실패한 뒤 복왕(福王)에 봉해졌다. 1641년 복왕 주상순은 이자성의 반란군에 의해 살해되었으나, 그의 아들 주유숭은 탈출에 성공하여 아버지를 이어 복왕이 되었고, 이후 1644년 홍광제로 즉위했다.

했다. 당시 모든 관료가 복왕을 황태자로 삼으려는 만력제의 시도를 성공적으로 막아냈고, 만력제는 자신이 실패했다는 사실을 자각한 채 1620년 사망했다. 그런데 바로 그 시점에 다음 세대의 관료들이 만력제가 그토록 원하던 것을 실행에 옮기고 있었다.

기표가는 이번 황위 계승과 관련된 결정에 참여하지 않았고, 자신의 일기에서도 이번 계승이 올바르게 처리되었다고 생각하는지에 대해 조심스러운 태도를 보인다. 당시 또 다른 왕자도 황위 계승 후보로 거론되었으나, 결국 복왕이 다음 황제로 추대되었다. 기표가의 동료 관료 중 일부는 이 결정에 직설적으로 반대했다. 이듬해 5월 남경의 동북쪽에 있는 양주(揚州)에서 명나라의 영웅적인 최후의 항전을 이끌 병부상서 사가법(史可法)은 기표가가 참석하지 않았던 바로 그 회의에서 복왕이 황제가 되어서는 안 되는 일곱 가지 이유를 직설적으로 열거했다. 그에 따르면, 복왕은 탐욕스럽고, 음탕하며, 절제 없이 술을 마시고, 불효하며, 아랫사람에게 포학하고, 책을 읽지 않으며, 관료들에게 참견하기 좋아했다. 기표가는 일기에서 이러한 비난을 전혀 언급하지는 않았지만, 25년 전 복왕이 황태자가 되는 것을 저지하는 과정에서 발생했던 관료들 사이의 분열이 이 새로운 정권의 기반을 약화할 요인이 되리라고 우려했다. 그는 다가오는 어려움에 대비하기 위해 과거의 싸움은 잊혀질 수 있다는 희망 섞인 바람을 토로했다.

사흘 뒤 기표가는 남경에 도착했다. 다음 날 남경이 명나라의 수도로 공식적으로 재지정되었고, 복왕은 남경에 입성했다. 즉위식 준비에 2주가 소요되었고, 2주 뒤 복왕이 홍광제(弘光帝)로 즉위했다. 이 무렵 기표가는 양쯔강 삼각주 지역을 순시하기 위해 이미 남경을 떠난 상태였다. 이 순시를 통해 그는 틈왕의 반란에 대응할 계획을 수립하려 했다. 그는 홍광제의 즉위 소식을 저보(邸報)에서 읽었다.

이후 전혀 예상치 못한 일들이 일어남에 따라 상황이 완전히 변했다.

침략

1644년 6월 20일 기표가는 "노추(奴酋)"가 산해관을 통과했다는 소문을 처음으로 들었다. 산해관은 만리장성의 동쪽 끝으로, 만리장성이 해안과 만나는 곳이었다. 이후 다른 소문들이 잇따라 남쪽으로 쏟아져 내려왔다. 틈왕이 이 "노추"에 대항하여 군대를 보냈고, 노추가 이끄는 오랑캐 군대는 북경의 동쪽에서 벌어진 전투에서 틈왕의 부대를 격파했으며, 이후 이 오랑캐 침략군에 의해 수도가 "회복"되었고, 결국 이 오랑캐들이 제위를 장악했다는 것이다.

여기서 기표가가 언급한 "노추"는 만주의 섭정왕(攝政王) 도르곤(Dorgon)이었다. 도르곤을 이 이야기에 끌고 들어오기 위해서는, 그의 아버지인 누르하치(Nurhaci)에 대해 먼저 이야기해야 한다. 비범한 인물이었던 누르하치는 여진인을 하나로 통합했다. 여진인은 12세기 송(宋)나라 시대에 북중국을 정복하여 대금국을 건설했고, 칭기스 칸과 그의 아들들에 의해 멸망할 때까지 그 지역을 다스렸다. 원나라가 멸망한 이후, 여진인은 다시 몽골로부터 독립을 주장했지만, 16세기까지는 하나의 정치 세력으로 재등장할 수 있을 만큼 강하게 응집되지는 못했다. 그러나 누르하치의 등장으로 상황이 달라졌다. 누르하치는 이전 시대의 초원 지도자들이 이용한 것과 같은 전술(즉 군사력과 설득을 결합한 전술)을 활용하여, 1580~1590년대에 여진인들을 자신의 지배하에 두는 데 성공하였고, 또한 몇몇 몽골인 집단에 대해서도 우위를 점했다. 그는 1589년 명나라에 의해 동북 변경의 도독첨사(都督僉事)로 임명되었으며, 이러한 지위를 활용하여 만리장성 이북의 경쟁자들에 대항했다. 그의 이러한 움직임은 만리장성 이북 지역에 자신의 제국을 건설하기 위한 것이었고, 동시에 이 지역에서 명나라의 권위를 훼손하는 것이었다. 1609년 그는 북경에 조공을 보내는 것을 중단하면서도 조공국의 지위를 철회하지는 않았다. 이를 통해 그는 복속과 반항 사이의 모호한 방식으로 자신의 지위를 자리매김했다. 1616년 누르하치가 스스로를 여진의 대칸으로 선포하면서 결국 반항이 승리했다. 2년 뒤 그는 명나라에 대한 조공국의 지위를 버렸고, 그로부터 3년 뒤인 1621년에는 심양(瀋陽)을 정복했다. 심양은 1592년부터 동북 지역에서 명나라 군사 작전의 사령부로 기능하던 곳이었다. 4년 뒤 그는 심양을 자신의 수도로 선포했다. 그는 대국의 설립을 향해 흔들림 없이 꾸준히 나아가고 있었지만, 그 목표에 도달하기 직전인 1626년에 사망하고 말았다.

앞서 살펴본 바와 같이, 초원의 국가는 제위 계승 때마다 흔들리곤 했다. 그러나 누르하치의 여덟 번째 아들인 홍타이지(Hong Taiji)는 그 위기의 순간을 성공적으로 헤쳐 나갔다. 그는 전장에서 자신의 용기와 결단력을 입증했을 뿐 아니라, 더 중요하게는 행정 능력도 보여 주었다. 실제로 홍타이지는 즉위 직후 몇 년간 중앙 행정기구를 설립했고, 이를 통해 아버지의 정권을 구성했던 야심만만한 세력들을 관리할 수 있었다. 이 새로운 국가가 이 지역에서 스스로를 강화하기 위해 동맹을 구축하는 과정에서, 홍타이지는 달라이 라마(Dalai Lama) 5세와 관계를 발전시켰다. 이 전략적 동맹을 통해 달라이 라마는 자신을 티베트에서 가장 중요한 불교 지도자로 자리매김할 수 있었다. 이러한 관계는 서로에게 이익이 되는 결과로 이어졌다. 달라이 라마 5세는 내륙아시아와 동아시아에서 가장 강력한 국가로 떠오르고 있던 후금(後金)의 지원을 받았고, 홍타이지는 자기 아버지 누르하치가 문수보살(Manjusri)의 현현이라는 사후 추인을 그에게 받았다. 문수보살은 지검(智劍)으로 번뇌를 물리치고 중생에게 불법을 전하는 무시무시한 불교의 신격이다. 자신의 국가와 민족의 발흥을 널리 알리기 위해, 홍타이지는 1635년 문수보살의 이름을 변형하여 "만주(Manju)"라는 민족명(ethnonym)을 만들어 냈다.[8] 이듬해인 1636년 그는 자신감

---

8 대청국을 건립한 만주인 집단을 하나의 '민족(nation)'이라고 지칭하는 것은 학술적으로 다소 부적절하다. 그러나 영어 단어 "ethnicity"와 "people" 등에 대한 적절한 한국어 번역어가 현재 없기 때문에, 여기서는 둘 모두를 편의상 '민족'이라고 번역한다. 아울러

을 가지고 대금국(大金國)의 종식과 대청국(大淸國)의 설립을 선언했다.

만주인은('만주'라는 이름을 그것이 만들어지기 이전 시기로 소급해서 사용한다면) 중국인만큼이나 변화하는 환경 조건에 취약했다. 이 문제에 대한 면밀한 연구는 아직 이루어지지 않았지만, 기온의 저하와 가뭄은 이후 만주 지역에서 상당한 어려움을 초래한 것으로 보인다. 반유목 경제에서는 말을 위한 마초(馬草)가 필요했는데, 마초는 기후 변화에 매우 민감했다. 그러나 만주인은 순전히 말 사육에만 의존한 것이 아니라 농업에도 종사했다. 사실 만주 지역에서 주된 농업 생산자는 앞선 수십 년간 땅을 찾아 이 지역으로 도망쳐 온 중국인 이주자였다. 홍타이지는 국가의 식량 공급을 확대하고 세원을 확충하기 위해 이들을 통합하려고 했다. 실제로 이들 중 일부는 만주인이 되었고, 다른 일부는 누르하치의 군대인 "기(旗)"에 통합되어 "한군팔기(漢軍八旗)"로 알려졌다. 이 한군팔기 중 적지 않은 이가 정권 상층부로 올라갔다. 중국보다 더 북쪽에 있는 만주 지역의 농업은 기후 변화에 더 많이 노출되어 있었다. 기온이 조금만 떨어져도 농작물의 재배 가능 기간이 줄어들 수 있었고, 따라서 곡물 경작의 북방 한계선도 축소되었다. 이 북방 한계선에서 경작하던 농민은 그들의 원래 공동체를 떠나 만주 지역 내에서 기장과 밀을 수확할 수 있을 만큼 재배 기간이 충분히 긴 곳을 찾아 더 남쪽으로 이동해야 했다.

만주인이 1629년에 최초로 만리장성 이남 지역을 대규모로 침공한 것은 묘하게도 그해의 환경 변화와 일치한다. 홍타이지가 명시적으로 남쪽의 땅을 차지하고자 한 것은 아니었을지 모르지만, 그가 만리장성 북쪽 지

"만주"라는 민족명을 홍타이지가 문수보살의 이름을 변형하여 새로 지었다고 보는 설도 다소 부정확하다. 현재 "만주"라는 민족명의 어원에 대해서는 여러 가지 설이 분분하지만, 그중 어떤 것이 학술적으로 가장 타당한지에 대해서는 아직 정설이 없다. 또한 "만주"라는 명칭은 누르하치 시기와 (만주라는 민족명을 반포하기 전의) 홍타이지 시기에도 이미 사용되고 있었다.

역에서 식량을 얻어내는 능력이 약화되었음은 곧 명백해졌다. 그는 명나라의 방어 능력을 시험하려 했지만, 동시에 자신의 정권을 계속 건설하기 위해 식량과 다른 보급품을 약탈해야만 했다. 약탈 물품 중에 대포가 있었다는 점에서 이번 습격은 매우 유익했다. 이때 만주인은 포병들도 데리고 왔고, 그들을 통해 새로운 기술에 관한 지식을 얻을 수 있었다. 이 새로운 기술은 서광계(우리는 바로 앞 장에서 그를 만났다)와 같은 명나라 관료가 예수회 선교사가 전한 유럽 포술 유럽 포술 관련 지식을 변형한 뒤 명나라의 기존 포술 관행과 결합하여 만든 것이었다. 1630년대에서 1640년대 초반에 걸쳐 만주인의 침입은 계속되었다. 이는 청나라를 강화한 반면 명 명나라를 약화시켰다. 1643년 무렵 홍타이지는 산해관 바로 너머에 대규모 군대를 집결시키고, 명나라를 향한 공격 태세를 갖추었다.

명나라는 홍타이지가 상대한 유일한 대국은 아니었다. 만리장성 너머의 지역에서 대원국을 포함한 많은 국가가 생존에서 패권에 이르기까지 다양한 목표를 두고 서로 경쟁하고 있었다. 중국인에게 대원국은 1368년에 사라졌지만, 몽골인에게 그것은 여전히 패권을 다투고 있는 지도자들 사이에 있던 여러 세력 중 하나였다. 이러한 몽골 지도자 중 가장 유력했던 것은 대원국의 대칸이자 칭기스 칸의 후손인 릭단 칸(Ligdan Khan)이었다. 비록 릭단 칸이 다른 몽골 군주들을 자기 지배 아래 복속하는 데 그리 성공적이지 못했고 또한 이렇게 복속을 시도한 것으로 인해 분노를 사기도 했지만, 대원국 대칸으로서 그의 지위는 여전히 홍타이지의 길을 막고 있었다. 그러나 1632년 릭단 칸은 홍타이지에게 패배한 뒤 2년 후 사망했고, 그로부터 1년 뒤 홍타이지는 칭기스 칸의 옥새를 얻었다. 이는 1636년 홍타이지가 대청국을 설립하고 자신을 대칸으로 선포하기 위해 반드시 밟아 나가야 했던 필수적인 단계였다.[9] 또한 홍타이지가 달라이 라마 5세에

---

9   보다 정확히 말하면, 1635년에 홍타이지가 얻은 것은 칭기스 칸의 옥새가 아닌 "역대전

게 접근한 것은 몽골인들 가운데 대칸의 칭호를 주장하는 도전자가 나타나는 것을 방지하려는 더 큰 전략의 일부였다. 여기서 홍타이지는 불교적 정통성에 호소함으로써 몽골 도전자의 등장을 미리 차단했다.

이러한 성공에도 불구하고(혹은 이러한 성공 때문에), 동남방에서 대청국이 급속히 부상하는 것을 우려한 몽골 초원 전역의 몽골 군주 스물여덟 명은 1640년 회합을 소집하여, 홍타이지가 혜성같이 등장하면서 급변한 국제 정세에 공동으로 대응하기로 했다. 이 회합의 결과물은 그들이『대법전(大法典, 몽골어로 Ikh Tsaaz)』이라고 부른 문건이었다. 이 조약에 서명한 나라는 몽골 권역 안에 있는 크고 작은 국가들에 대한 무장 공격을 자제하기로 합의했다. 이를 위반할 경우의 처벌은 다른 서명국들로 구성된 연합군이 합의를 위반한 군주를 공격해 그 재산의 절반을 몰수하는 것이었다. 모든 종파의 수도원 공동체도 같은 조항에 의해 보호되었고, 이를 통해 몽골 권역 전체에서 종교적 관용은 사실상 법으로 보장받았다.[10]『대

국옥새(歷代傳國玉璽)"였다.『청실록(淸實錄)』의 기록에 따르면, 이 역대전국옥새는 앞선 시대에 대대로 전해져 내려오다가 이후 원나라의 대전(大殿) 안에 보관되었다고 한다. 원나라의 순제(順帝)는 명나라의 홍무제(洪武帝)에게 패하여 도성을 버리고 피신할 때, 이 옥새를 가지고 사막에 이르렀다. 이후 순제가 응창부(應昌府)에서 사망하자, 옥새는 유실되어 이백 년이 넘는 기간 동안 행방이 알려지지 않았다. 이후 이 옥새는 어느 구릉에서 양을 치던 목동에 의해 우연히 발견되어, 원나라의 후예인 보쇽투 칸(博碩克図汗)의 수중에 들어갔다. 이후 차하르의 릭단 칸에게 침략당하여 보쇽투 칸이 망하면서 옥새는 다시 릭단 칸의 손에 들어갔다. 1635년 당시 이 옥새는 릭단 칸의 부인인 수타이 태후(蘇泰太后)의 숙소에 있었다. 결국 도르곤 등이 수타이 태후의 숙소를 수색해 찾아냈으며, 옥새 위에는 "제고지보(制誥之寶)"라는 네 글자가 새겨져 있었다고 한다.

10 몽골제국 시대와 달리, 이 시기에 이르면 대부분의 몽골인은 이미 티베트 불교(그중에서도 특히 겔룩빠 티베트 불교)의 독실한 신도가 되었다. 따라서 당시 몽골 초원의 거의 전역에서 티베트 불교는 사실상 국교의 지위를 점하고 있었다. 이러한 점을 고려할 때,『대법전』의 조문으로 인해 당시 몽골 지역 전체에서 종교적 관용이 법적으로 보장받게 되었다는 저자의 서술은 다소 부정확하다. 일례로『대법전』은 서두에서 겔룩빠의 창시자인 쫑카빠(Tsongkhapa)와 판첸 라마(Panchen Lama), 달라이 라마 등에 대해 경의를 표하고 있으며, 또한 이 법전의 제정이 인잔 린포체(Inzan Rinpoche) 등 티베트 불교 고승 앞에서 이루어졌음을 명시하고 있다. 따라서『대법전』은 당시 몽골 초원에서 종교적 관용이 법적으로 보장되었음을 보여주는 자료라기보다, 티베트 불교의 독점적인 지위를 보여주는 사료로 보는 편이 더 정확하다.

법전』의 이면에 있던 목적은 어떠한 패권적 통치자도 등장할 수 없는 방식으로 국가 간 문제를 처리하는 것이었다. 몽골의 역사학자 람수렌 뭉흐에르덴(Lhamsuren Munkh-Erdene)이 말한 바와 같이, 『대법전』이 만들어 내고자 한 것은 "공통된 법체제를 공동으로 집행하는 독립된 공국(principality)들의 연방"이었다. 이것은 사실상 내륙아시아에서 대국(大國)의 종언을 제안하는 것이었다.

그러나 이때 청나라가 새로운 대국으로 등장했다. 이 때문에 1640년의 『대법전』은 그것이 원래 의도한 바를 이루지 못했다. 『대법전』이 새로운 국가 간 체제를 만들어 내는 데 실패한 것은 4년 뒤인 1644년(바로 이해에 명나라가 멸망했다)부터 유럽에서 일어나기 시작한 일과 대비된다. 신성로마제국에 속한 국가의 대표들은 이후 1648년의 베스트팔렌 조약으로 이어지는 회의의 첫 번째 모임을 1644년에 열었다. 『대법전』은 주권, 법적인 평등, 내정 불간섭 등의 원칙을 베스트팔렌 조약과 다르게 상상했지만, 어떤 유사한 일이 유라시아 대륙의 양쪽 끝에서 비슷한 시기에 일어나고 있었다고 주장할 수 있다.

몽골인의 저항 태세를 고려할 때, 1643년 홍타이지의 죽음은 성장하고 있던 대청국의 분열을 초래할 수도 있었다. 그러나 그런 일은 일어나지 않았다. 홍타이지의 아들들은 어렸지만, 그의 유능한 형제들은 국가가 계속해서 앞으로 나아가게 했다. 누르하치의 14번째 아들 도르곤은 대칸의 직위가 조카에게 계승되는 것에 이의를 제기하고 스스로 다음 대칸이 되기 위해 '유혈의 태니스트리' 관행에 의지할 수도 있었다. 그러나 그는 그렇게 하지 않았다. 스스로 대칸의 자리를 차지하는 대신, 그는 홍타이지의 아홉 번째 아들 풀린(Fulin)이 다음 대칸이 되게 하였고, 섭정 체제를 세운 뒤 곧 섭정왕(攝政王)이 되었다. 강하고 결단력 있으며 한번 앞으로 나아간 뒤에는 결코 물러서는 일이 없었던 도르곤은 대청국의 명나라 공격을 이끌었고, 이후에는 명나라 해체 작업을 지휘했다(그는 또한 중국인 남성에게 만주식 변발을 강요한 인물로 영원히 기억될 것이다).

한때 여진인이었던 사람들이 대륙을 정복한 만주인으로 변모한 역사적 전환점은 틈왕 이자성이 북경을 차지했고 숭정제는 죽었다는 소식이 명나라 방어군에 전해졌을 때 찾아왔다. 명나라 방어군을 지휘하던 장군 오삼계(吳三桂)는 만주인에게 넘어간 중국인을 경유하는 비공식 채널을 통해 협상을 진행했고, 명과 만주의 양 군대가 연합하여 북경을 되찾고 명나라를 재건하자는 합의를 이끌어 냈다. 이러한 지원의 대가로 오삼계는 도르곤에게 만주인이 큰 보상을 받을 것임을 약속했다. 그러나 숭정제가 사망하고 명과 만주의 연합군이 북경에 도착하기도 전에 틈왕이 철수해 버리면서, 북경은 정치적 공백 상태가 되었다. 도르곤은 이러한 정치적 공백 상황에 개입했다. 그는 조카를 대신하여 명나라가 이미 죽었다고 선언했다. 매우 강력하고 잘 조직된 군대를 맞이한 중국은 결국 그 운명에 굴복했다. 사람들은 남쪽으로 도망쳐 만주인의 점령을 막아낼 수 있는 강력한 기반을 찾기를 바라는 것 외에 별 도리가 없었다.

대청국의 남진

1644년 7월 18일 대청국은 남경에 있는 명나라 조정에 첫 번째 통지를 보냈다. 이것은 도르곤이 양쯔강 유역의 사람들에게 보낸 공개서한으로, 이를 통해 도르곤은 그들과 친선 관계를 맺고자 했다. 이 서한은 만주인이 천하의 이익을 위해 중국을 구했고, 또한 북중국 전역에서 만주인을 환영한 올바른 명나라 관원들에게 후한 상을 내렸음을 언급했다. 아울러 이 편지는 복왕이 통치하는 남경 정권에 모여든 관원들이 비록 올바른 행동을 하긴 했지만, 이제 앞으로 나아갈 방향에 대해 만주인과 논의를 시작해야 한다고 말했다.

도르곤은 논의를 위한 두 가지 조건을 내세웠다. 첫째는 남쪽의 지도자들이 "이 왕조(즉 대청국)에 잘못을 저지르면 안 된다"는 것이었고, 둘째는 그들이 "만주인이 끊어진 것을 이어준 것에 감사해야 한다"는 것이었다. 명 왕조를 파괴한 것은 만주인이 아닌 반란군이었다. 그들은 단지 상황을 통제하기 위해 개입해 (비록 중국인이 아닌 만주인에 의해 다스려지지만) 정당한 후계 정권을 수립한 것뿐이었다. 그리고 경고가 이어졌다. 두 명의 통치자가 있는 나라는 결코 안정될 수 없다. 만약 이미 망한 명나라의 관원이 새로운 왕조에 동조하지 않는다면, 청나라는 "모두를 하나의 통치 아래 두기 위해" 대군을 남쪽으로 보낼 필요가 있을 것이다. 이는 곧 만주인의 지배 아래 모든 영역을 통일하겠다는 뜻이었다.

남경의 반응은 명나라의 유지를 위한 어떤 종류의 합의가 논의될 수 있을지 알아보기 위해 평화 사절단을 보내는 것이었다. 여기에는 만주인의 조상인 여진인과 결부된 명백한 선례가 있었다. 여진인은 한 세기 동안 송나라와 공존했었다. 여진의 대금국은 북중국을 지배했고, 과거에 비해 축소되긴 했지만 여전히 독자생존이 가능했던 송나라는 남중국에서 지속했다. 남경 정권 평화 사절단의 첫 번째 임무는 대표단을 이끌 사람을 고르는 것이었다. 응천순무(應天巡撫) 좌무제(左懋第)가 이 어렵고도 민감한 임무에 자원했다. 그에게는 개인적인 동기가 있었다. 그의 어머니는 전쟁이 한창일 때 천진(天津)에서 죽었고, 좌무제는 어머니의 장례를 치르기 위해 돌아가고 싶었다. 이 사절단의 목표는 (비록 공표되지는 않았지만) 만리장성 이북 지역에서 대청국의 존재를 인정하는 것이었다. 명나라는 북중국의 상황을 안정시킨 공로에 대해 만주인에게 감사의 뜻을 표할 것이었고, 이를 위해 만주인들이 만리장성 이북으로 돌아가는 것에 대해 어떠한 대가도 지불하려 했다.

사절단은 8월 7일 황제에게 하직 인사를 드린 뒤 무장 호위병 3천 명의 보호를 받으며 북쪽으로 향했다. 그러나 10월 좌무제가 북경에 도착했을 때, 그는 이번 방문의 조건을 협상할 수 있는 여지와 만주인들이 만리장성 이북으로 물러날 희망이 이미 사라져 버렸음을 알게 되었다. 그는 사절단의 호위병 중 100명만 남겨두고 모두 해산하라는 명령을 받았고, 이후 치욕스럽게도 사이관(四夷館)[11]에 묵으라는 지시를 받았다. 마치 남명(南明)[12]이 새로운 왕조를 방문한 또 하나의 조공국인 것처럼 대우받은 것이다. 또한 그는 홍광제의 전언을 직접 전달하지 못하고, 대신 예부를 통해 전달해야만 했다. 지금으로부터 30년도 더 전에 1644~1645년의 역사를 재구성해 낸 역사학자 프레데릭 웨이크먼(Frederic Wakeman)에 따르면, 사건들은 그 사절단보다 앞서 나갔다. 청나라의 성공은 도르곤에게 만주인이 침공한 곳을 점령할 수 있다는 확신을 주었고, 또한 이제 침공의 두 번째 단계(즉 남중국의 정복)로 나아갈 때가 되었다는 확신을 갖게 했다. "모두를 하나의 통치 아래 두기 위한" 계획은 이미 실행되고 있었고, 만주인은 남명 정권의 존속에는 전혀 관심이 없었다. 한인(漢人)의 국가가 따로 존재하는 것은 더 이상 생각할 수 없었다. 이제 침략은 정복이 되었고, 그 정복의 범위는 명나라 영역의 일부가 아닌 전체를 의미했다.

좌무제는 만주인 대학사 강림(剛林)과 두 차례 면담을 가질 수 있었다. 첫 번째 면담에서 강림은 좌무제와 그의 사절단을 숭정제를 지키지 못한 "강남의 불충한 신하"라며 질책했다. 그는 또한 좌무제에게 청나라가 이미 강남 지방으로 대군을 보냈음을 확언했다. 첫 번째와 두 번째 면담 사이에, 어린 대칸 풀린(Fulin)은 북경에 처음으로 입성하여 순치제(順治帝)로 즉위하는 의식을 치렀다. 사건은 좌무제를 한참 앞서 나갔다. 남쪽으로 돌아가는 것을 허락해 달라고 요청하는 것 외에, 그가 요구하거나 성취할

---

11 사이관(四夷館)은 원·명·청 시대에 중국을 방문한 조공 사신을 접대하던 정부 기구였다. 대외 교섭 과정에서 언어 소통의 편리를 위해 『화이역어(華夷譯語)』와 같은 사전을 편찬했다. 때에 따라 회동관(會同館), 사역관(四譯館), 회동사역관(會同四譯館) 등으로도 불렸다. 한편 좌무제는 처음 북경에 도착했을 때 사이관에 묵을 것을 지시받았으나 이를 강력히 거절했고, 결국 사이관이 아닌 홍려시(鴻臚寺)에 머물게 되었다고 한다.

12 남명(南明, 1644~1662) 정권은 1644년 숭정제가 죽고 만주의 군대가 북경에 진입한 이후, 명나라 황실의 종친들이 '반청복명(反淸復明)'의 기치를 내걸고 남중국 각지에 건립한 여러 정권을 지칭한다. 대표적으로 복왕(福王) 주유숭(朱由崧)이 남경에 세운 홍광(弘光) 정권, 당왕(唐王) 주율건(朱聿鍵)이 복주(福州)에 세운 융무(隆武) 정권, 계왕(桂王) 주유랑(朱由榔)이 광동(廣東) 조경(肇慶)에 세운 영력(永曆) 정권 등을 들 수 있다.

수 있는 것은 아무것도 없었다. 이 요청은 받아들여졌고 사절단은 출발했다. 그러나 사절단의 최고 군사 지휘관이 몰래 청나라에 귀순했을 때, 도르곤은 좌무제와 그의 일행을 붙잡아 북경으로 데려오라고 명령했다. 그들이 돌아오자, 도르곤은 좌무제에게 청나라를 섬길 것을 명령했다. 좌무제는 이를 거부했고, 이로 인해 좌무제와 다른 다섯 명의 사신은 처형되었다. 청나라의 관점에서 보면, 중국이라는 경계 안에 그들 외에 정당한 정권은 없었다. 명나라는 더 이상 존재하지 않았다. 오직 하나의 대국만 존재할 수 있었고, 그 대국 청나라는 이미 북경에 자리를 잡았다.

강림이 주장한 것과 달리, 10월에 청나라의 대군은 아직 강남 지방으로 진군하고 있지 않았다. 그러나 바로 다음 달에 남쪽으로의 공격이 시작되었다. 진군은 느렸지만, 청나라의 군대는 결국 1645년 5월 양쯔강에 도달했다. 6월에 남경이 함락되었고, 그해 여름과 가을 동안 강남의 나머지 지역도 하나씩 차례차례 무너졌다.

가뭄

1644~1645년에 일어난 일은 일련의 정치·군사적 사건들로 서술될 수 있지만, 우리는 이 이야기를 풀어낼 또 다른 방식이 있다는 것을 이미 알고 있다. 기후 변화의 관점이 바로 그것이다. 이러한 관점은 만주인을 북쪽으로 돌려보낼 수 있다는 전망이 무너져 내리면서, 1644년의 여름과 가을 내내 기표가의 일기에 부차적인 주제로 나타났다. 이야기는 기표가가 양쯔강 삼각주 전역에서 질서를 재건한다는 막중한 임무에 완전히 몰두하고 있던 6월에 시작되었다. 그의 6월 23일의 일기는 이 두 번째 이야기를 암시한다. 기표가는 양쯔강 삼각주의 심장부를 향해 동남쪽으로 거룻배를 타고 여행하고 있었는데, 거룻배가 나아갈 수 없을 정도로 물이 부족하여 여행이 방해받는 상황에 직면했다. 대운하가 거의 말라버린 것이다.

다음 날 기표가가 다루어야 했던 업무 중 첫 번째는 일부 대농장에 속한 농노들이 일으킨 봉기를 처리하는 것이었다. 그날 오후 지역의 신사(紳

士)들과 만나 안보 문제를 논의한 이후, 기표가는 그들을 이끌고 걸어 나가 (이는 하늘을 향한 경건함과 지역민의 고통에 대한 염려를 나타내는 신호였다), 그 지역에 닥친 심각한 가뭄을 완화하기 위한 기우제를 지냈다. 4일 뒤 그는 소주의 유명한 도관(道觀)인 현묘관(玄妙觀)에서 다시 한번 기우제를 지냈다. 기표가는 "하늘의 비"가 이틀 뒤에 내렸다고 기록했지만, 그것은 가뭄을 완화하기에 충분치 않았다. 동쪽으로 계속 나아가던 기표가의 거룻배는 운하에 물이 충분치 않자 다시 한번 수로의 밑바닥에 걸렸다. 기표가는 일기에서 다음 날 큰비가 내리면 이번 가뭄 해소의 신호탄이 될 것이라 확신했지만 실제로 그런 일은 일어나지 않았다. 이틀 뒤 그는 다른 현(縣)의 기우제 제단에서 기도를 올렸다. 다음 날 한 무리의 사람이 현의 경계에 모여 그의 순시 행렬을 막고서는 가뭄 구호를 요청했다. 그 후 그의 거룻배는 다시 한번 운하 수로의 밑바닥에 걸렸고, 기표가는 어쩔 수 없이 흘수선이 낮은 더 가벼운 배로 갈아타야만 했다. 다음 날 그는 동함의 고향인 송강에 도착했고, 그곳에서 한번이 아닌 두 번이나 성황묘에 경건한 자세로 걸어가 비를 내려 달라고 기도드렸다. 두 번째 기도 이후 가벼운 이슬비가 내렸지만, 실질적인 변화를 일으킬 만큼 충분치는 않았다. 3일 뒤 그는 또 다른 현의 공묘(孔廟)에서 비를 기원하고 있었다.

그렇게 비슷한 나날이 계속되었다. 기표가는 대략 이틀에 한 번씩 하늘에 비를 간청하는 의식을 공개적으로 주재했지만, 효과는 거의 없었다. 7월 27일의 일기에서 기표가는 "비를 얻고자 하는 뜻은 매우 강하지만, 강우량이 매우 많지는 않다"라고 적었다. 강렬한 여름 더위는 모든 것을 악화시킬 뿐이었다. 상해와 인근 도시들에서 폭동이 일어났다. 8월에는 남경에서 양쯔강 하류 방향으로 113킬로미터가 채 떨어지지 않은 양쯔강과 대운하가 만나는 전략적 지점에서, 강북사진(江北四鎭)[13] 중 하나를 이끌

---

13 강북사진(江北四鎭)은 남명의 홍광 정권이 양쯔강 북변의 방어를 위해 회안(淮安), 양주

던 사령관 고걸(高傑, 예전에 틈왕 이자성의 부하였다)이 막 폭동을 일으
키려 하고 있었다. 기표가는 그 지역으로 이동하여 위기를 해소하고, 고걸
을 다시 남명 정권의 편으로 돌려놓았다.

여전히 가뭄은 계속되었다. 기표가가 이용할 수 있던 유일한 기술은 기
도뿐이었다. 9월 29일에 고향으로 보낸 편지에서 그는 친구들에게 모든
주요 교차로에 비를 기원하기 위한 제단을 세워달라고 부탁했다. 5일 뒤
그는 강남 지방에 있는 모든 종교 시설이 (종파에 상관없이) 매일 비를 기
원하기 위해 제단을 세웠다고 일기에 썼다. 마침내 하늘이 기도를 듣고 있
다는 징조가 나타난 것으로 보였다. 불교에서 자비의 여신인 관음(觀音)의
상이 인근 호수의 수면에 떠 있는 것이 발견된 것이다. 그 기적의 관음상
은 사람들에 의해 건져져 불교 사원으로 옮겨졌고, 사람들은 그 불교 사원
의 승려 정목(頂目)에게 기도해 달라고 간청했다. 기표가는 정목의 기도를
지원하기 위해 몇 번이나 그를 방문했다. 그러나 정목이 아무리 기도해도
비는 내리지 않았다. 그러나 계절의 변화가 다가오면서 위험의 성격이 달
라졌다. 만약 10월의 쌀 수확기에 비가 내린다면 그 결과는 재앙이 될 것
이었다. 극심한 가뭄에서 살아남아 수확을 기다리며 여전히 서 있는 얼마
안 되는 벼를 구하기 위한 유일한 희망은 비가 내리지 않는 것이었다. 10
월 9일 기표가는 작물을 망치지 않기 위해 수확 이후까지 모든 기우제를
일시적으로 중단하라고 명령했다.

그러나 이제 기표가가 홍광제에게 추세(秋稅)의 징수 현황을 보고할 때
가 되었다. 그는 올해 세금을 징수할 수 없을 뿐 아니라, 내년의 세금을 미
리 징수할 수도 없다는 것을 보고해야만 했다. 이러한 조치는 남명의 조
정이 군사적 비상사태에 대응하기 위해 기표가에게 명령한 것이었다. 그

(揚州), 여주(廬州), 사주(泗州)에 설치한 4개의 군구(軍區)이다. 주요 지휘관으로는 황
득공(黃得功), 유량좌(劉良佐), 고걸(高傑), 유택청(劉澤淸)이 있었다.

는 농민이 세금을 낼 수 없다는 아주 단순한 이유로, 강남 지방에서 세금을 면제해 달라고 요청했다. 일주일 뒤 그는 조정의 친구로부터 남경의 조정이 그의 실적에 만족하지 못했고 이에 그를 다른 직책으로 옮기는 것을 고려하고 있다는 소식을 들었다. 기표가는 자신의 조치를 추진하기 위한 정치적 지지를 확보하지 않은 채 백성에게만 지나치게 신경을 쓰고 있었다. 친구로부터 비공식적인 통지를 받은 이틀 뒤 황제의 조칙이 내려왔다. 이 조칙은 강남 지방에서 세금을 면제해 달라는 기표가의 요청을 허가하지 않았다. 이후 기표가는 5주간 더 복무했지만, 자신의 직을 더 이상 지킬 수 없음을 깨닫고 건강을 이유로 은퇴를 청했다.

홍광제는 그의 은퇴 요청이 이부(吏部)에 회부될 것이라고 답했다(이는 "불허"의 간접적인 표현이었다). 기표가는 두 번째 청원을 올렸다. 그는 이 요청에 대해 어떠한 답변도 받지 못했지만, 12월 5일 저보(邸報)에서 자신의 요청이 또다시 거절되었다는 소식을 읽었다. 그는 세 번째 청원을 썼다. 마침내 그는 남경으로 소환되었고, 그곳에서 12월 26일 저보를 통해 자기 후임자가 임명되었다는 사실을 알게 되었다. 이제 그의 임무는 끝났다.

기표가는 일기에서 자신이 면직된 것에 대해 아무것도 언급하지 않고 단지 다음과 같이 썼다. "내가 경구(京口)로부터 비릉(毗陵)에 돌아오자, 비와 눈을 만났다. 이에 이르러 비와 눈이 연이어 내리니 강물이 마침내 통하게 되었다." 기표가는 가뭄이 마침내 완화되기 시작한 바로 그 시점에 해임되었고, 이러한 해임이 얄궂다고 느꼈다. 그는 스스로 이렇게 썼다. "대개 5월에 비가 내리지 않은 이후, 지금까지 6개월여가 되었다." 이는 그의 총독 임기와 정확히 일치했다. 가뭄은 그의 짧은 관직 복귀를 망쳐버렸다. 조정 내에서 권모술수를 부리는 데 더 능숙한 사람이었다면 자신의 업적은 부각하고 반대자는 깎아내리며 스스로를 구해낼 수 있었겠지만, 기표가는 그런 사람이 아니었다. 그는 북경에 있을 때 정치에 능하지 못했고, 남경에 가서도 그의 정치적 생존 기술은 향상되지 않았다. 그는 실패할 운명이었다.

기표가를 실패하게 만든 강남 지역의 가뭄은 단지 한 해 동안의 우연한 불운이거나, 유라시아 대륙의 한쪽 구석에만 국한된 일이 아니었다. 1629년 이래로 중국은 북반구 전역에 엄습해 온 추위와 (대부분의 경우) 가뭄의 영향을 받았다. 이 추위와 가뭄은 수십 년간 지속되었고, 세계 대부분의 지역을 '농업 생산 부족→농민의 이산→행정 붕괴'라는 악순환으로 몰아 넣었다. 명나라에는 어떠한 구제책도 없었고, 이는 명나라의 마지막 15년을 중국이 지난 천 년간 겪은 것 중 최악의 환경적 압박의 시기로 만들었다. 각각의 환경적 변화는 또 다른 재앙의 문을 여는 쐐기가 되었다.

죽음과 삶과 정권 교체

몇몇 주요 지역에서 숨이 막힐 정도로 잔인했던 만주인의 점령을 경험한 이들에게, 군인들의 도래는 숭정제가 제위에 앉아 있는 동안 중국을 휩쓸었던 우주적 혼란의 또 다른 발현으로 느껴졌다. 스스로 목숨을 끊던 날 숭정제는 누가 자신을 대체할지 전혀 알지 못했다. 숭정제는 자신의 피를 갈망한 농민 반란군보다 단지 한나절 정도 앞서 있다고 생각했고, 반란군이 도달하기 전에 자신의 아들들을 수도 바깥으로 빼내고 이후 하늘을 달래기 위한 변변치 않은 제물로서 자기 목숨을 끊을 수 있는 시간만 겨우 남아 있다고 생각했다. 그는 만주의 군대가 만리장성의 건너편에 집결해 있다는 것을 알고 있었지만, 반란군이 아닌 만주인들이 자신의 대국을 대체할 것이라는 점은 추측하지 못했을 것이다. 대부분의 마지막 황제들은 언제 그리고 누구에게 자신의 왕조를 잃게 될지 알았지만, 숭정제는 자신이 명나라의 마지막 황제일 것이라는 점을 알 방법이 없었다. 1644년 4월 25일 그가 스스로 삶을 마감한 것은 왕조의 미래를 지키기 위한 것이었지, 왕조를 텅 비우기 위한 것은 아니었다. 그러나 사건은 그가 알 수 있는 것보다 더 빠르게 지나가 버렸다.

1년 뒤 기표가도 스스로 목숨을 끊었지만, 그 근거는 달랐다. 숭정제와

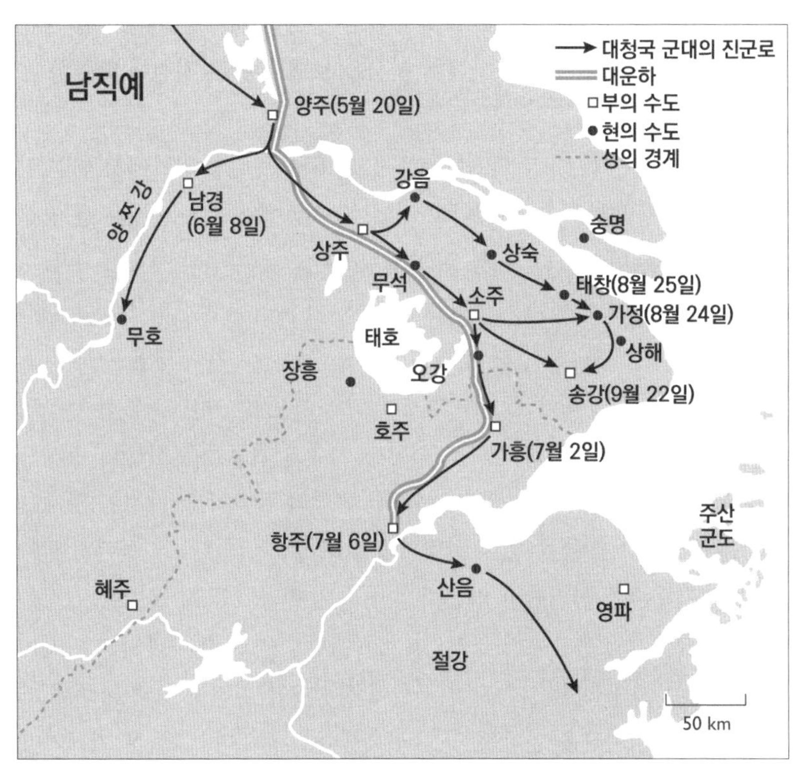

[지도 5] 양쯔강 삼각주를 공략하는 만주의 정복 노선, 1645년 5월~9월

마찬가지로 기표가도 처음에는 자신이 중국의 반란군으로부터 명나라를 구하기 위해 행동한다고 생각했지만, 결국 자신의 궁극적인 적은 만리장성의 안쪽이 아닌 그 너머에 있다는 것을 알게 되었다. 더 나쁜 것은 만리장성 너머에 있는 적들이 틈왕 이자성 휘하의 오합지졸보다 더 잘 조직되고 또한 더 잘 지휘되고 있다는 점이었다. 청나라의 대군이 강남 지방을 향해 휩쓸고 내려갈 때([지도5] 참조), 청나라 군대를 지휘하던 장군은 자신의 군대에 앞서 기표가에게 서신을 보내어 만주 정권에 합류할 것을 권유했다.

그 편지를 받은 다음 날 기표가는 1645년 6월 20일의 일기에서 핵심 현안이 무엇인지 정확히 알고 있다고 적었다. 복종을 거부하는 것은 곧 자신의 목숨을 잃는 것이었다. 이틀 뒤의 일기에서 그는 자신과 아내가 모두 도망칠 수 없을 정도로 병이 들었다고 적었다. 이후 그는 자신의 곤경에 대해서는 아무것도 쓰지 않고, 단지 자신이 복무하던 왕조가 멸망을 향해 가는 와중에 어떻게 행동해야 할지 지침을 얻고자 지난 봄 내내 읽었던 남송의 공식 역사서를 계속 읽고 있다고 적었다.[14] 유교 관료들은 하늘이 황제로부터 천명을 이미 거두어들였고, 이러한 천명의 공백이 곧 새로운 황제를 세우는 뜻임을 자각할 수 있는 선택지를 늘 가지고 있었다. 그 선택지에 따라 새로운 군주를 섬겨야만 하는지는 어려운 결정이었고, 올바른 결정을 내리는 것은 거의 불가능한 일이었다. 1645년 7월 24일의 마지막 일기에서 기표가는 그의 일부 가족과 친구들이 자신에게 편지를 보내 항주에 가서 청나라의 지휘관을 만나볼 것을 권유했다고 적었다. 그들은 기표가가 반드시 관직을 맡지 않더라도 청나라의 지휘관을 만나 그의 평판을 지킬 수 있다고 주장했다. 기표가는 자신에게 주어진 선택지에 대한 그들의 평

---

14 중국 정사(正史) 중 남송의 역사만을 다룬 공식 역사서는 없다. 기표가의 『갑을일력(甲乙日曆)』에 따르면, 기표가는 1645년 봄~여름에 『남송강목(南宋綱目)』, 『송감(宋鑑)』, 『통감기사(通鑑紀事)』 등의 역사서를 읽었다고 한다.

가에 동의하지 않았다. 이틀 뒤 그는 연못에 빠져 스스로 생을 마감했다.

동향현의 기근과 전염병을 기록한 진기덕에 대해서는 1642년 이후의 기록이 없다. 당시 그는 지역의 학자일 뿐이었고, 그의 가족 외에 다른 사람들이 그의 죽음에 주목할 만큼 중요한 인물은 아니었다.

우리가 만주 통치기에 이르기까지 그 행적을 추적할 수 있는 유일한 작가는 종말의 징조를 기록한 동함이다. 1645년 여름 동함과 그의 가족은 양쯔강 삼각주 전역에 퍼진 폭력으로부터 벗어날 더 나은 기회를 얻을 수 있으리라는 믿음에서 시골의 은둔지를 버리고 송강으로 돌아갔다. 그들은 송강의 지도자가 송강부(松江府)를 중심으로 양쯔강 삼각주 전역에 걸친 저항 운동을 조직하기로 결심한 것을 알고 있었을지도 모른다. 그 저항 운동이 무너졌을 때, 지역민은 도시의 성안으로 후퇴하여 포위 공격을 견디며 증원군이 오기를 기다렸다. 1645년 9월 22일 붉은 두건을 쓴 소규모 부대가 성벽 아래 나타났을 때, 성을 지키고 있던 사람들은 이 군대가 자신들의 명분에 동참하여 자신을 구하러 온 병력일 것이라 생각했다. 그들은 성문을 열어 그 부대를 받아들였으나, 결국 그들이 반란군으로 위장한 대청국의 군인들이라는 사실을 알게 되었다. 그들은 도시에 몰려 들어왔고, 점령군이 항상 하는 것과 같이 행동했다.

동함의 부모는 송강의 함락 과정에서 사망했지만, 당시 십 대였던 그들의 아들(즉 동함)은 살아남았다. 이 무렵 멸망한 명나라에 충성을 다하는 것은 더 이상 합리적인 선택이 아니었다. 각지에 산재한 명나라의 근왕(勤王) 세력들은 더 남쪽의 해안 지역에서 저항하며 버텼지만, 이후 최후의 저항을 위해 명나라 영토의 서남쪽 끝까지 멀리 후퇴해야 했다. 그러나 사람들은 대부분 하늘이 천명을 다른 데로 옮겼음을 받아들였다. 명나라에 대한 유럽의 지지를 모으기 위한 절박한 편지들이 교황에게 보내졌으나, 명나라는 이제 되살아날 수 없었다. 그저 변화를 받아들이고 상황을 최대한 잘 이용하여 살아가는 것 외에, 동함과 같은 젊은이들이 할 수 있는 일은 없었다. 스스로 목숨을 끊음으로써 황제의 뒤를 따르는 것은 아무 의미가 없었다. 그저 정복자들이 충성을 요구하는 것에 맞춰가며, 만주인의 점령 아래서 하루하루 최선을 다해 살아갈 뿐이었다. 모든 한인 남성이 이마의 머리카락을 밀고 변발을 해야 한다는 도르곤의 명령은 일부 사람들의 반란을 촉발하기에 충분했지만, 새로운 만주인 지배자를 권좌에서 몰아내기에는 충분치 않았다(만주인은 한인 여성의 발을 묶는 전족의 관습을 혐오했고, 변발의 강제와 유사하게 전족을 금지하는 명령도 내렸다. 그러나 전족 금지령은 큰 성과를 거두지 못했다).

동함은 새로운 정권에 협력하는 것을 택하며 변화를 받아들였다. 비록 그의 부모가 왕조 교체의 와중에 사망했지만, 유교의 가족 윤리는 동함이 새로운 정권을 섬기는 것을 제한하지 않았다. 그는 명나라에서 학위를 취득하거나 관직을 맡은 적이 전혀 없었고, 그 점은 그에게 오히려 좋았다. 그는 이전의 충성을 훼손하지 않으면서도 청나라에 복무할 수 있었다. 그는 자신이 태어난 명나라의 몰락을 애석해했고, 틈왕 이자성의 아버지와 할아버지의 묘가 파헤쳐져 훼손된 것을 만족스럽게 기록했다. 그러나 그는 다시 공부를 시작하여 대청국의 과거 시험의 사다리를 오르기 위해 노력했으며, 결국 1661년에 최고 학위인 진사(進士)에 급제했다. 동함은 새로운 정권과 화해하는 것 이상을 했다.

그러나 어떤 것도 그렇게 간단하지는 않았다. 동함이 만년에 쓴 회고록에는 상반된 감정이 가미되어 있으며, 이러한 감정을 찾아내기 위해서는 그의 회고록을 유심히 살펴봐야 한다. 그는 이 회고록을 『순향췌필(蓴鄕贅筆)』이라는 무난한 제목으로 출판했는데, 이러한 제목은 명백히 정부 검열관의 주목을 비껴가기 위해 선택된 것이었다. 동함이 이 책을 출판한 1678년 무렵, 만주인은 명나라에 충성하는 정서나 미개한 "이적(夷狄)"에 대한 언급이 인쇄물에 스며드는 것을 방지하는 데 경계를 늦추지 않았고, 아울러 이러한 행위로 인해 유죄 판결을 받은 사람들에게는 폭력적으로 대응했다. 살아 있는 작가들은 체포되어 고문 끝에 자신의 반역 행위를 자백했고, 이미 죽은 작가들은 새로운 정권을 모욕한 혐의로 부관참시를 당했다.

동함은 이번 장의 첫머리에 제시된 여러 조짐과 불길한 징조의 이야기들을 이 『순향췌필』에 적었다. 청나라의 이름으로 자행된 명백한 참상이 있었음에도, 그는 이 시대의 중앙 정치와 국가 안보에 관한 언급을 피하고 또한 혼란에 빠진 우주의 질서를 회복하기 위해 하늘이 내려보낸 새로운 주인들에 대한 비판을 조심스럽게 회피했다. 그러나 매우 규율 잡힌 정렬된 생각 속에서도 사적인 의견이 튀어나오는 순간이 있었다. 그것은 중국어로 출판된 예수회 선교사의 세계 지리에 대해 동함이 상세히 논평한 대목에서 나타났다. 동함은 이 지리 지식이 제시한 몇 가지 사실에 대해 강력한 이의를 제기했다. 콜럼버스가 대서양을 항해하여 횡단하는 데 어떻게 한 달씩이나 걸리는가? (사실은 더 오래 걸렸다.) 아즈텍인이 코르테스(Cortes)와 그의 기병대를 어떻게 인간과 말이 하나로 결합한 생명체로 착각할 수 있는가? 마젤란(Magellan)이 지구를 일주하는 데 어떻게 16만 킬로미터를 여행할 수 있는가? 유럽은 정말로 중국으로부터 해로로 4만 8천 킬로미터나 떨어져 있는가? 또한 그는 세계에 만국이 존재한다는 주장을 불쾌하게 여겼다. 세계가 그렇게 클 수는 없으며, 이런 터무니없는 말을 퍼뜨리는 작가에게는 오직 중국인을 현혹하려는 의도가 있을 뿐이었다. 예수회 선교사들의 세계 지리에 대한 논평을 마치면서, 동함은 다음과 같은 말로 경멸 섞인 비판을 정리한다. "대저 해외의 소민(小民, 여기서는 예수회 선교사를 의미한다)으로 하여금 그들의 사설(邪說)을 가지고 중화(中華)에 침입하게 하고 또한 사원을 건축하여 거기에 거처하게 하며 후한 봉록으로 그들을 부양하는 것은 사람들의 마음을 미혹하고 정도(正道)를 버리게 하는 것이다." 이는 만력제에게 예수회 선교사들을 남경에서 쫓아낼 것을 요청한 심각(沈榷)의 말과 비슷하게 들린다.

그러나 동함이 "이것은 누구의 잘못인가?"라고 외치며 자신의 장광설을 마무리했을 때, 그가 결국 누구를 비난했는지는 분명치 않았다. 유럽인이 그의 비판의 표적이었을까? 아니면 예수회 선교사들을 궁궐에 불러들여 복무하게 한 만주의 황실이 그 표적이었을까? 예수회 선교사의 지리 지식을 향한 동함의 비판은 그런 터무니없는 내용을 중국에 들여온 유럽인들을 맹비난한 것이지만, 그는 또한 이 기괴하고도 위험한 사상으로부터 중화의 영역을 보호하지 못한 것에 대해 만주인을 염두에 두었을지도 모른다. 그의 이러한 공격을 어떻게 해석하든, 그는 자기 시대의 목소리로 말하고 있었다. 예수회 선교사의 가르침은 한때 중국 땅에서 최고위직에 올랐던 사람을 설득하는 데 성공한 적도 있었다. 그러나 대학사 서광계는 죽었고, 그 정도의 위상을 지닌 인물 중 누구도 다시는 기독교인의 편에서 목소리를 내지 않을 것이었다. 명나라도 또한 되살아나지 못할 것이었다.

대청국(大淸國)

제10장

라마와 황자(皇子)

1719년 후흐노르

달라이 라마에 대해서는 두 가지 사실을 알아야 한다. 첫째는 그가 전생 활불(轉生活佛), 즉 16세기에 라싸 지역에서 활동했던 소남 갸초(Sonam Gyatso)에까지 거슬러 올라가는 계보에 속하는 라마(lama, '종교적 스승' 을 의미)[1]가 인간 육체의 형태를 띠고 돌아온 존재라는 점이다. 업(業)의 원칙에 지배를 받는 우리와 달리, 그는 벗어날 수 없는 윤회의 법칙이 아닌 자기 자신의 선택에 의해 이 세상에 돌아왔다. 달라이 라마는 도덕적 완성이라는 과업을 이미 완수했고, 이에 오래 전에 열반에 들어가 우리에게 돌아오지 않는 길을 선택할 수도 있었다. 그러나 그는 모든 사람을 깨달음으로 이끌어야 한다는 신념에 따라 생을 거듭하여 우리에게 돌아온다. 적어도 이것은 영혼이 결코 소멸하지 않고 이 세상에 계속해서 돌아온다고 믿는 사람들이 달라이 라마의 중요성을 이해하는 방식이다. 그는 우리가 만날 수 있는 부처에 가장 가까운 존재다.

이 책의 13번째 삽화에 등장하는 탱화(幀畵)는 이번 장에서 다루는 이야기의 중심에 있는 7대 달라이 라마 껠상 갸초(Kelsang Gyatso)의 공식 초상화다. 이 초상화는 아마도 18세기 후반, 즉 그의 생전 혹은 사망(1757

---

1 소남 갸초가 달라이 라마의 호칭을 얻은 최초의 티베트 불교 고승이기는 했지만, 그는 자신을 3번째 달라이 라마로 여기고 자신의 선대(先代)인 게뒨 갸초(Gedun Gyatso)와 그의 전세(前世)인 겐둔 두빠(Gendun Drupa)를 각각 2대와 초대 달라이 라마로 추존했다. 따라서 달라이 라마의 계보는 3대 달라이 라마인 소남 갸초가 아닌 초대 달라이 라마 겐둔 두빠에까지 거슬러 올라간다고 보는 편이 더 정확할 것이다. 초대 달라이 라마 겐둔 두빠는 겔룩빠 티베트 불교의 창시자인 제 쫑카빠(Je Tsongkhapa)의 제자였다.

[그림 13] 이 7대 달라이 라마의 종교적 초상화는 신성한 고승을 그의 전생들과 연관 지어 배치하는 전통적인 도상 구성을 따르고 있다. 자비의 부처 관세음보살이 7대 달라이 라마의 머리 바로 위에 있으며, 그 바로 위에는 석가모니불이 자리하고 있다. 그의 아래에는 3대와 5대 달라이 라마가 배치되어 있다. 오른쪽 상단의 동물은 부처가 자신을 토끼로 변신시켰다는 고대 인도의 민간 설화를 상기하는 장치다.

년) 직후에 그려졌을 것이다. 기본적으로 껠상 갸초의 개인 초상화인 이 그림은 우측 상단에 그려진 (인도의 민간 설화에서 가장 사랑받는 동물인) 토끼를 포함한 그의 더 중요한 전세(前世)들의 일부를 함께 그린 단체 초상화이기도 하다. 이 탱화의 맨 위에는 석가모니불이 그려져 있고, 그의 머리 바로 위에 있는 말풍선처럼 생긴 것 안에는 자비의 부처이자 달라이 라마의 전생이기도 한 관세음보살이 그려져 있다. 그 아래에 있는 인물들은 그의 더 최근 화신이다. 그의 바로 밑에는 두 명의 가장 중요한 화신이 그려져 있는데, 위에는 5대 달라이 라마가, 아래에는 3대 달라이 라마가 있다. 이들은 모두 겔룩빠 티베트 불교를 다른 티베트 불교의 교파와 구별해 주는 노란 모자를 쓰고 있다.

달라이 라마에 대해 알아야 할 두 번째 사실은 비록 그의 영적 계보가 석가모니에까지 거슬러 올라가긴 하지만 그의 계보 자체는 상대적으로 최근에 등장했다는 것이다. 달라이 라마의 계보는 16세기에 몽골인과 맺은 협정의 결과 생겨났다. 이 협정을 주도한 사람은 알탄 칸(Altan Khan, '황금 칸'을 의미)이었다. 쿠빌라이의 직계 후손이었던 그는 서몽골인을 통합하여 하나의 통일된 정치체로 만들어 냈고[2], 1571년 명나라가 그를 성공

---

2   저자는 알탄 칸이 "서몽골인(Western Mongols)"을 통합했다고 서술했지만, 이는 정확한 설명이 아니다. '서몽골인'은 일반적으로 1368년 대원(大元)이 대도(大都)를 버리고 북쪽의 몽골 초원으로 물러난 이후 대원의 지배를 거부한 초원의 몽골인, 즉 오이라드(Oirad)를 지칭하기 때문이다. 알탄 칸이 "통합하여 하나의 통일된 정치체로 만들어" 낸 것은 오이라드인들이 아닌 알탄 칸의 할아버지인 다얀 칸(Dayan Khan)이 지금의 내몽골 초원 전역과 외몽골 초원의 동부 지역을 중심으로 건설한 6개의 만호(萬戶, tümen) 중 우익(右翼), 즉 서쪽에 있던 3개의 만호였다. 아울러 알탄 칸이 몽골의 우익 3만호를 "통합하여 하나의 통일된 정치체를 만들어 냈다"라고 보기에도 다소 무리가 있다. 알탄 칸이 우익 3만호의 맹주가 된 것은 맞지만, 그가 직접 통치한 것은 투메드(Tümed) 만호 뿐이었고, 이외에 오르도스(Ordos) 만호와 융시예부(Yüngsiyebü) 만호는 각기 다른 몽골 통치자에 의해 다스려졌기 때문이다. 그러니 알탄 칸이 우익 3만호의 맹주가 되었다는 점에서 우익을 "통합"했다고 볼 수는 있겠으나 "하나의 통일된 정치체"로 만들어 냈다고 보기는 다소 어려울 것 같다. 마지막으로 알탄 칸은 즉위한 이후 초창기에 몽골 만호의 연합군을 이끌고 서몽골인, 즉 오이라드인을 공격하여 그들을 복속한 적이 있었다. 저자가 이 점을 염두에 두고 있었는지는 모르겠으나, 전반적인 문맥과 그가 선택한

적으로 회유하기 전까지 대명국에 지속적인 위협을 가했다. 1571년의 협정이 성사되기 몇 년 전 60대 중반에 접어든 알턴 칸은 라싸의 저명한 불교 고승인 소남 갸초를 그의 영적인 스승으로 삼아 그에게 귀의했다. 소남 갸초는 자신이 알탄 칸의 제안을 수락하는 것이 몽골의 티베트 장악이라는 결과로 이어지지 않게 하기 위해, 알탄 칸의 후원을 받아들이는 것을 몇 년간 망설였다. 그러나 그는 결국 알탄 칸과 만나기 위해 라싸로부터 여행을 떠나는 것에 동의했다.

그들의 첫 대면은 티베트 북동부의 초원 지대인 후흐노르(Köke-nuur, '푸른 호수'를 의미)에서 이루어졌을 것이다. 중국어로 청해(青海)라 불리는 이 지역은 티베트인과 몽골인의 활동 반경이 수 세기에 걸쳐 중첩되어 온 지대였다(또한 칭기스 칸 군대가 이 지역의 생태계를 교란하여 13세기 중국에서 흑사병의 창궐을 촉발했을지도 모른다). 소남 갸초는 알탄 칸의 종교적 스승이 되는 데 동의했다. 그 대가로 알탄 칸은 소남 갸초의 최고 후원자로서 재정적, 군사적 책임을 짊어졌다. 이 관계를 불교 용어로 확립하기 위해 소남 갸초는 알탄 칸이 쿠빌라이 칸의 후손일 뿐만 아니라 그의 전생이기도 하다고 선언했다(여기서 대몽골국이 귀환했다). 아울러 소남 갸초는 자신이 쿠빌라이의 최고 티베트인 조언자였던 팍빠(Phagpa)의 전생이라고 선언했다. 그들의 관계는 물론 종교적인 것이었다. 그러나 그것은 또한 몽골의 힘을 티베트로 확장하는 동시에 몽골인을 티베트의 영적인 권위 아래에 두는 쌍방향의 협정이자 동맹이었다. 이에 대한 답례로 알탄 칸은 소남 갸초에게 '대양과 같은 스승'이란 의미로 '달라이 라마'라는 몽골식 칭호를 수여했다. 소남 갸초는 새로운 활불 계보의 창시자라는 고귀한 지위를 차지하는 것을 거절하고, 자신이 3대 달라이 라마로 간주

어휘를 볼 때 '서몽골/오이라드인'과 '몽골 우익/서부의 3만호'를 혼동하여 이렇게 서술한 것으로 보인다.

된다는 조건을 달아 이 칭호를 수락했다. 그의 스승은 2대 달라이 라마로, 2대 달라이 라마의 스승은 초대 달라이 라마로 간주되었다. 초대 달라이 라마는 7대 달라이 라마 초상화의 오른쪽 하단에 등장하며, 거기서 겔룩빠 특유의 노란색 모자를 쓰고 있다.

티베트인 사제와 몽골인 후원자 간 이번 거래는 지속성과 회복력이 강한 것으로 판명되었고, 이후 두 세기 동안 티베트와 몽골의 역사를 긴밀하게 엮어 나갔다. 현재 몽골은 더 이상 세계적인 강대국이 아니지만, 14번째 화신인 달라이 라마는 여전히 계속해서 티베트와 몽골의 종교 지형을 지배하고 있다. 이는 최소한 티베트에는 좋은 거래였다. 그러나 이번 거래는 당시의 누구도 예측할 수 없던 방식으로 티베트를 중국의 영향권으로 끌어들일 것이었다.

달라이 라마에 대한 두 가지 중요한 사실(전생 활불 및 몽골과 관계)을 알게 되었으니, 이제 티베트에 대해서도 두 가지 사실을 알아야 한다.

첫 번째 사실은 티베트인이 티베트를 그 자체로 독자적인 지역으로 여긴다는 것이다. 그들에게 티베트는 다른 나라의 일부가 아니다. 티베트는 오랜 역사를 지니고 있으며, 7세기에 등장하여 중세 유라시아의 6대 대제국 중 하나로 간주되었다. 티베트인은 이러한 역사에 기반하여 형성된 특유의 정체성에 대한 강렬한 의식을 가지고 있다. 그때부터 히말라야산맥에 위치한 왕국으로서 티베트의 성쇠는 주변 강대국과 관계를 관리하는 지도자의 능력에 기대었다. 종교와 관련해서 티베트인은 불교의 발상지인 남쪽의 인도를 바라보는 경향이 있었지만, 정치 면에 있어서 그들은 북쪽의 내륙아시아와 동쪽의 중국에 있는 대국(大國)들에게로 시선을 향하고 있었다. 알탄 칸과의 동맹과 달라이 라마 계보의 등장은 이러한 맥락에 속하는 것이다.

티베트에 대해 알아야 할 두 번째 사실은 (이는 앞서 언급한 첫 번째 사실에 필연적으로 뒤따르는 것이다) 티베트의 정치적 자치를 확보하는 것이 거의 불가능한 것으로 드러났다는 점이다. 오늘날의 티베트인에게 티베트 역사상 최악의 사건은 1950년 중국 인민해방군의 티베트 침공이다. 이때 중화인민공화국은 티베트 지역을 자국 영토의 일부로 확보하기 위해 움직였고, 이 지역을 정복한 이후에는 티베트의 영토적 일체성과 정체성을 약화하기 위해 3개의 성(省)으로 나누었다.[3] 이러한 개입은 티베트가 조국(祖國)의 일부라는 메시지를 중화인민공화국의 국민에게 끊임없이 주입함으로써 유지되었고, 대부분의 중국인을 티베트가 독립된 나라라는 혹은 독립된 나라였던 적이 있었다는 생각에 반대하도록 만들었다. 티베트인은 티베트가 어디에서 끝나고 바깥 세계가 어디서 시작하는지를 알고 있으며, 또한 중국을 그 세계의 일부로 이해한다. 중국인은 중국이 어디에서 끝나고 바깥 세계가 어디서 시작하는지를 알고 있으며, 티베트가 그 선의 안쪽에 위치한다고 이해한다.

북경에서의 만남

이번 장은 위에서 묘사한 7대 달라이 라마와 그의 가장 강력한 후원자의 아들인 윤정(胤禎)[4] 사이에 일어난 1719년의 대화를 중심으로 전개된다. 우리가 보게 될 바와 같이 이 대화는 공식적인 외교의 정형화된 형식을 따른 것이었지만, 뒤이어 일어날 만주인의 군사적 침공을 위한 길을 열어주었다. 그리고 이 만주인의 침공은 중국-티베트 간 관계의 조건을 설정하는 데 결정적인 것으로 판명되었다. 이 대화가 중국과 티베트를 더 이상

---

3   중화인민공화국은 티베트를 장악한 이후 위짱(Ü-Tsang)을 중심으로 한 중앙티베트 지역에는 서장자치구(西藏自治區)를 설치한 반면, 역사적으로 티베트 지역에 속했던 암도(Amdo)는 청해성(靑海省)에, 캄(Kham) 지방은 사천성(四川省)과 운남성(雲南省)에 편입시켰다.

4   윤정(胤禎)은 강희제(康熙帝)의 14번째 아들로 옹정제(雍正帝)의 동복형제이다. 준가르(Zunghar) 제국의 티베트 정복에 대응하기 위해, 1718년 무원대장군(撫遠大將軍)에 임명되어 대청국의 대군을 이끌고 후흐노르(靑海) 지역에 주둔했다. 그는 무원대장군에 임명되면서 '대장군 왕(大將軍王)'에 봉해졌지만, 이 '대장군 왕'은 청나라의 공식 작위는 아니었다.

돌이킬 수 없는 지점으로 이끌어야 했던 것은 아니었지만, 정확히 그러한 결과로 이어졌다. 이 대화가 왜 이 정도의 중요성을 가질 수 있었는지를 이해하기 위해서는, 66년 전의 또 다른 만남으로 돌아가야 한다.

3대 달라이 라마와 알탄 칸은 몽골의 겔룩빠 후원과 겔룩빠가 티베트에서 패권적인 지위로 올라가는 것의 기반을 놓았다. 한편 티베트를 중국의 영향권 안에 위치시키는 관계를 설계한 것은 5대 달라이 라마였다. 3대 달라이 라마와 마찬가지로, 5대 달라이 라마에게는 강력한 몽골인 후원자가 있었다. 그는 1582년(알탄 칸이 죽은 바로 그해이다) 호쇼드(Khoshuud) 몽골(호쇼드는 당시 몽골의 네 집단 가운데 가장 강력했다)[5]에 태어난 구시 칸(Gushri/Güüshi Khan)[6]이었다.

3대 달라이 라마와 달리, 5대 달라이 라마는 자신의 후원자가 새로운 대국의 영향권 안에 포섭된 현실을 마주하고 있었다. 5대 달라이 라마는 역대 달라이 라마 중 높은 수준의 영적 수양과 뛰어난 행정 능력 및 노련한 외교 감각을 겸비한 유일한 인물이었다. 만주인이 멀리 몽골의 동북방에서 새로운 정치 세력으로 등장했을 때, 5대 달라이 라마는 그쪽 방면을 주시하며 자신 앞의 여러 선택지를 저울질했다. 그는 강력한 두 번째 후원자

5　이 부분에서 저자의 서술은 다소 부정확하다. 호쇼드는 몽골의 네 집단이 아닌, 서몽골에 해당하는 오이라드(Oirad)의 네 집단 중 하나였다. 당시 몽골인들과 오이라드인들은 자신들의 연합 국가를 숫자와 함께 표기하는 경우가 많았는데, 몽골인들은 보통 스스로를 '40몽골'로 오이라드인들은 '4오이라드'로 표기했다. 구시 칸 당시 4오이라드는 호쇼드(Khoshuud)·준가르(Zunghar)·두르부드(Dörböd)·토르고드(Torghuud)를 주요 구성원으로 했고, 이외에 호이드(Khoid)와 바아토드(Baatud) 등도 4오이라드에 포함되었다. 구시 칸을 전후한 시기에 호쇼드는 4오이라드의 맹주였기 때문에, 당시 호쇼드가 오이라드의 네 집단 가운데 가장 강력했다고 서술하는 것은 큰 무리가 없다. 오이라드인들이 광의의 몽골에 포함되기 때문에 이들을 몽골인으로 볼 수도 있겠지만, 정치 조직과 국가의 측면에서 당시 4오이라드는 40몽골과 분명히 구분되는 존재였다.

6　"Gushri Khan"은 이 인명의 티베트어식 표기이고, "Güüshi Khan"은 몽골식 표기이다. 구시 칸은 티베트인이 아닌 몽골인이었기 때문에, 여기서는 몽골식 표기법에 따라 '구시 칸'으로 번역하였다. 참고로 '구시(Güüshi)'는 한자어 '국사(國師)'를 몽골식 발음으로 표기한 것이다.

를 확보하는 것의 이점을 잘 알고 있었고, 특히 그 후원자가 멀리 떨어져 있어 자신의 일에 간섭할 가능성이 적다면 더 이로울 것이라 생각했다. 그는 또한 1636년에 대청국을 설립한 여진의 칸 홍타이지가 몽골 세계를 지배 아래 두기 위해 자신(5대 달라이 라마)의 협조를 필요로 한다는 점도 잘 알고 있었다. 이 게임은 사실 5대 달라이 라마가 아직 어린아이이던 시절, 라싸에서 새로 등장한 강대국을 탐색하기 위해 여진인('만주'라는 이름을 채용하기 전 만주는 여진이라 불렸다)에게 사절단을 보냈을 때 이미 시작되었다. 이에 응답하여 홍타이지는 1639년 5대 달라이 라마에게 첫 번째 서신을 보내어 만주에 방문하여 만주인들 사이에서 불교를 전파해 달라고 요청했고, 이후에도 비슷한 내용의 서신을 몇 차례 더 보냈다.

라싸와 북경 사이의 거리는 멀었고 협상은 지연되었다. 결과적으로 홍타이지는 자신의 마지막 서신이 티베트에 도달하기 전에 죽었지만, 그의 달라이 라마 초청은 여전히 유효했다. 청나라가 중국을 점령하고 5년이 지난 1649년, 달라이 라마는 마침내 청나라의 초청을 수락했다. 5대 달라이 라마는 홍타이지의 아들 순치제를 만나기 위해 만주의 옛 수도가 아닌 대청국의 새로운 수도 북경으로 여행하기로 정해졌다. 이를 위해 양측 모두에서 오랜 기간에 걸친 준비가 이어졌다. 순치제는 북경에 달라이 라마의 거주지를 마련하기 위해 대요국 시대부터 있었던 절터에 새로운 사원을 지을 것을 명령했다. 이 사원이 바로 내가 1975년에 방문하려 했던 서황사(西黃寺)이다. 라싸에서 달라이 라마는 이번 여정을 몽골 전역의 주요 지역을 순방하는 외교 활동으로 만들기 위해 치밀하게 조직했다. 이는 몽골인 사이에서 자신의 권위를 강화하기 위한 것이었다. 그는 1652년 출발했고, 그가 가는 곳마다 많은 사람이 그를 알현하기 위해 모여 그의 축복을 받았다. 이러한 집회 중 일부만 언급하자면, 4천 명의 몽골인이 후흐노르에 나와 그를 맞이했고, 오르도스(Ordos)에서는 2만 명의 몽골인이 그에게 보시했으며, 타이카(Taika) 호수에서는 1만 2천 명이 그로부터 가르침을 받았다. 보시 물품은 남아돌 정도로 많았다. 달라이 라마는 자신이 받은 물품의 절반을 지역의 불사(佛事)를 위해 돌려주었고, 아울러 자신을 알현하기 위해 찾아온 사람들에게 선물로 나누어주었다. 나머지 절반은 라싸로 가지고 갔다.

달라이 라마 일행이 만리장성에 도달하자 만주인이 이번 방문을 통제하기 시작했다. 순치제의 형은 만리장성 바깥에서 2천 명의 기마병 및 시끌벅적한 환영 음악을 연주하는 악대의 선두에 서서 달라이 라마를 맞이했다. 그러나 티베트인은 만리장성을 곧바로 통과하지 못했다. 양측이 북경에서 달라이 라마와 순치제 사이의 회견에 적용될 외교 의례를 결정해야 했기 때문이다. 달라이 라마와 만주 황제가 서로 동등한 존재로 소개될 것인가? 아니면 한쪽이 다른 한쪽보다 더 높은 자리에 놓일 것인가? 티베트인은 달라이 라마가 순치제보다 더 높은 자리에 있어야 한다고 생각했을지 모르지만, 그 반대가 될 가능성이 더 높았다. 5대 달라이 라마는 자기 권위의 범위를 오해할 만큼 순진하지 않았다. 그는 당시 중국을 지배하는 대국의 새로운 지도자 앞에 가고 있었다. 자신이 조공 사신의 지위로 끼워 맞춰질 가능성은 매우 높았고, 그는 그러한 상황을 피하고자 했다. 그러나 그가 그 이상으로 무엇을 바랄 수 있는지는 명확하지 않았다. 순치제에게 중국식 외교 의례에 대해 조언한 한인 관료들은 달라이 라마를 외교적으로 동등한 존재가 아닌 순치제에게 조공을 바치러 온 인물로 자리매김하려는 의도를 가지고 있었다. 이 문제가 전혀 해결되지 않았지만, 달라이 라마는 어쨌든 만리장성을 통과하기로 결정했다.

1653년 두 사람이 마침내 만났을 때, 당시 14세였던 순치제는 한인 관료들이 자신을 위해 준비한 대본에서 벗어나 세속 지배자가 자신의 영적 스승에게 경의를 표할 것을 요구하는 만주식 의전으로 전환했다. 달라이 라마가 궁전에 들어오자 순치제는 보좌에서 일어나 계단을 내려가서 달라이 라마를 동등한 존재로 맞이했다. 공식 기록에는 순치제가 한인 관료들이 해야 한다고 말한 것을 따랐다고 적혀 있지만, 사실 그는 아시아에서 가장 존경받는 종교 지도자를 맞이하는 적절한 방식으로 행동했다. 종교적인 차원에서 순치제는 5대 달라이 라마를 자비의 신 관세음보살의 화신으로 인정했으며, 달라이 라마는 순치제를 지혜의 신 문수보살의 화신으로 인정했다. 1653년 그날의 회견은 관세음보살이 문수보살을 인정하고 문수보살은 관세음보살을 맞이한 신들 간의 만남이었다. 그들이 나눈 실제 대화에 대해서는 아무런 기록이 없다. 그것은 중요치 않았다. 중요한 것은 사제와 후원자가 서로를 찾아냈다는 점이었다.

전생과 다른 계승자들

관세음보살과 문수보살은 66년 뒤 다른 육신 안에서 서로를 만나게 될 것이었다. 전생이 육신을 채우는 것과 관련하여, 이 지역에서 권력의 카리스마를 전달하기 위한 방식으로 어떠한 것들이 존재했었는지를 살펴볼 필요가 있다. 모든 문화권에는 이러한 과업을 관리하기 위한 나름의 절차가 있다.

막내아들이 가장의 지위를 계승하는 것을 말자 상속(ultimogeniture)이라고 한다. 이것은 몽골 전통이었다.[7] 그러나 몽골인에게는 아들들이 서로 경쟁할 수 있다는 점을 인정하는 '태니스트리'의 전통도 있었다. 칭기스 칸은 자신이 창건한 제국이 분열될 것을 우려하여 아들들이 유혈의 태니스트리에 빠지는 것을 막기 위해 노력했다. 칭기스 칸의 아들들은 두 번째로

---

7 몽골인이 말자 상속의 원칙을 가지고 있었다고 흔히 알려졌지만, 모든 영역에서 반드시 그랬던 것은 아니다. 몽골에서는 아들들이 장성하면 아버지로부터 재산을 일부 물려받아 독립했기 때문에, 마지막까지 집안에 남아 부모를 봉양하고 부모의 남은 재산을 모두 상속받는 이는 막내아들이었다. 따라서 집안 재산의 상속이라는 측면에서는 말자 상속제가 옳다고 볼 수 있다. 그러나 일반 재산이 아닌 한 집안의 가장으로서의 권한은 막내아들이 아닌 적장자에게 계승되는 것이 일반적이었다. 몽골인의 가권(家權) 계승이 말자 상속제에 입각한다는 관점은 라시드 앗 딘의 『집사』(Jāmiʿ al-Tawārīkh)의 기술에 영향받은 면이 큰데, 라시드 앗 딘은 역사적인 사실을 정확히 기록하기 위해서가 아니라 자신의 주군이었던 훌레구 울루스(Hülegü Ulus) 칸들의 정치적 정당성을 강화하기 위한 목적에서 말자 상속제를 강조했다. 칭기스 칸 가문의 다른 지파가 끊임없이 정통성 문제를 제기했던 훌레구 울루스의 칸들이 칭기스 칸의 막내아들 톨루이(Tolui)의 후손이었기 때문이다.

어린 아들인 우구데이가 칸의 지위를 계승해야 한다는 데 동의함으로써, 언젠가 발생할 유혈의 태니스트리 상황을 한 세대 동안 연기할 수 있었다.

중국인에게는 맏아들에게 유리한 다른 절차가 있었는데, 이는 장자 상속(primogeniture)이라 불리는 관행이었다. 주원장은 이 장자 상속의 원칙을 채택했고, 장남을 자신의 후계자로 지명하여 명나라의 두 번째 황제가 되게 했다. 그 장남이 죽자, 주원장은 그 장남의 장남을 황태자로 지명했다. 그러나 그 계획은 뜻대로 되지 않았다. 우리가 4장에서 본 바와 같이, 이후 영락제로 즉위한 주원장의 넷째 아들은 4년 동안 유혈의 태니스트리의 전형적인 대결을 통해 조카를 타도하고 자기 자신과 (형의 후손이 아닌) 자기 직계의 후손이 황위를 잇도록 황위 계승권을 차지했다.

만주인들은 몽골의 전통을 따랐다. 누르하치는 권력을 계승한 것이 아니라, 1616년 여진인을 통합하여 대금국을 재건함으로써 권력을 차지했다. 10년 뒤 그가 사망할 무렵 15명의 아들 중 모두가 살아남아 황위 계승을 위해 경쟁한 것은 아니었다. 두 번째로 어린 아들이었던 도르곤이 차기 대칸으로 다소간 선호되었지만, 교묘한 책략을 통해 대칸의 자리에 오른 것은 이후 1636년에 대청국을 건국하는 누르하치의 여덟 번째 아들 홍타이지였다. 1643년 홍타이지가 사망했을 때 도르곤이 황위를 계승할 수도 있었다. 그러나 황위는 도르곤이 아닌 홍타이지의 아홉 번째 아들에게 전해져야 한다고 결정되었다. 홍타이지의 아홉 번째 아들은 바로 (앞에서 살펴본) 5대 달라이 라마와 만난 순치제였다. 순치제는 1661년에 천연두로 사망했는데, 당시 천연두는 만주인 가운데 면역을 가진 사람이 매우 드문 질병이었다. 따라서 순치제의 후계자 선정은 실리적인 선택이 되어야 했다. 당시 7세에 불과했던 순치제의 셋째 아들 현엽(玄燁, 즉 강희제)이 제위에 올라야 한다고 결정되었는데, 이는 순치제의 네 아들 중 유일하게 그가 천연두를 앓고도 살아남았다는 단순한 이유 때문이었다. 강희제의 면역 체계는 매우 뛰어났고, 그는 61년간 재위하는 기록을 세웠다.

1722년 강희제가 사망할 무렵, 성인이 될 때까지 살아남은 강희제의 스물네 명의 아들 중 상당수는 이런저런 방식으로 아버지의 총애를 잃어버렸다. 그러나 여전히 충분한 수의 황위 계승 후보가 남아 있었고, 이는 혼란스러운 황위 계승으로 이어질 수 있다는 우려를 낳았다. 이번 장에 등장할 윤정(胤禵)도 황위 계승 후보 중 하나였다. 그러나 아버지의 사망 당시 그가 북경에 없었기 때문에, 그의 형 윤진(胤禛)이 재빠르게 개입하여 옹정제(雍正帝)로 즉위했다. 윤정은 황위 계승을 둘러싸고 분쟁을 벌이지 않았지만, 옹정제는 자신의 형제들을 믿지 않았다. 옹정제는 윤정의 작위를 박탈하고 그를 가택에 연금했다. 윤정은 이에 항의하지 않도록 조심했다. 1735년 옹정제가 사망한 이후, 윤정은 가택 연금에서 풀려났고 2년 뒤에는 그의 작위가 회복되었다. 68번째 생일에 단 3일을 남겨 두고 세상을 떠날 때까지, 그는 예전의 명예를 유지하며 살았다.

원나라에서 청나라에 이르기까지 나타난 다양한 부계 계승의 방식은 한 나라가 한 가문의 재산이며 통치권은 그 가문만의 특권이라는 공통된 인식을 보여 준다. 그러나 계승 문제를 처리하는 다른 방법도 있었다. 티베트 불교는 전생(轉生)이라는 매우 다른 해결책을 선택했다.

전생의 교리는 영혼이 소멸하지 않는다고 가정한다. 영혼은 영적인 완성을 향해 나아가는 장대한 여정 속에서, 생을 거듭할 때마다 한 육신에서 다른 육신으로 옮겨 다닌다. 선업(善業)은 이 여정을 더 빠르게 하고, 악업(惡業)은 그 길을 막는다. 신체적인 특성과 재산은 아버지에게서 생물학적 아들에게로 전해질 수 있지만, 영적인 정체성은 누구의 정자나 자궁에 결부되어 있는지와 관계없이 전달된다. 16세기의 티베트 불교는 생물학이 계승을 통제하도록 하기보다는, 고위 라마직의 계승을 체계화하는 원칙으로 전생을 채택하기 시작했다.[8]

---

8 여기서 저자의 서술은 다소 부정확하다. 티베트 불교에서 전생 제도는 까르마빠(Karmapa)에 의해 12세기 말~13세기 초에 이미 형성되었다.

전생의 궁극적인 목표는 영생의 향유가 아닌 영적인 완성, 즉 깨달음을 얻는 것이다. 그 결과는 열반에 드는 것으로, 이는 불교 신학에서 삶과 죽음의 고통에서 벗어날 수 있는 유일한 방법이다. 그러나 영적으로 완성된 존재는 또한 열반을 연기하고 이 세상에 돌아와 다른 이들이 고통에서 벗어나도록 돕는 것을 선택할 수도 있다. 그러한 존재는 보살이라 불린다. 그리고 5대 달라이 라마, 구시 칸, 순치제는 모두 보살의 화신이었다. 구시 칸과 순치제는 진정한 전생이라기보다 경쟁자를 제압함으로써 획득한 공적을 특별히 인정받은 것에 불과했다. 만약 강희제가 문수보살의 화신이었다면, 그것은 순전히 순치제로부터의 부계 계승 덕분이었다. 진정한 전생은 오직 달라이 라마뿐이었다.

7대 달라이 라마는 자신의 초상화에 등장하는 선대 달라이 라마들의 전생이었기 때문에 그들의 문제점도 또한 물려받았다. 전생 제도의 명백한 무작위성은 특정 가문이 권력을 독점하는 것을 방지하기 위해 설계되었으나, 전생을 판별하는 과정은 전제 군주의 계승만큼이나 정치적인 영향에 취약했다. 7대 달라이 라마의 문제는 초상화에서 그의 바로 밑에 그려진 5대 달라이 라마의 죽음으로 거슬러 올라간다. 1682년 5대 달라이 라마가 사망했을 때 그의 섭정 상계 갸초(Sangye Gyatso)는 그의 죽음을 세상에 알리지 않는 것을 선택하여, 위대한 라마가 깊은 명상에 들어갔으며 누구도 그를 방해해서는 안 된다고 선언했다. 상계 갸초는 이른 시일 내에 달라이 라마의 후계자가 세워지는 것을 분명히 원치 않았다. 그것이 자신과 자신의 사람들을 권력의 게임에서 밀어낼 가능성이 컸기 때문이다(이러한 가능성은 1705년 결국 실현되었는데, 이때 상계 갸초는 권력에서 밀려나 살해되었다). 그러나 그는 후계자 선정의 불가피성을 인지하고 있었고, 비밀스럽고도 조용하게 5대 달라이 라마의 전생을 찾아내 그를 교육시켰다. 14세가 되었을 때 그는 포탈라궁에서 6대 달라이 라마로 즉위할 수 있었다.

신기하게도 7대 달라이 라마의 초상화에는 6대 달라이 라마가 포함되어 있지 않다. 그는 왜 거기에 없을까? 미술사학자들은 2대, 4대, 6대, 8대 달라이 라마가 등장하는 또 하나의 탱화가 반드시 있었을 것이고, 그것은 우리가 가지고 있는 1대, 3대, 5대, 7대 달라이 라마를 그린 탱화와 짝을 이루었을 것이라고 추측해 왔다. 나는 이러한 추측이 의심스럽다. 6대 달라이 라마가 하나 이상 존재했기 때문에, 당시에는 6대 달라이 라마가 누구인지를 아는 것조차 문제가 될 수 있었다.

6대 달라이 라마(들)

섭정 상계 갸초에 의해 발견된 6대 달라이 라마의 이름은 창양 갸초(Tsangyang Gyatso)였다. 그에게는 두 가지 약점이 있었다. 첫 번째 약점은 그 자신이 만든 문제가 아니었다. 그는 비밀리에 달라이 라마로 선정되었고, 이 때문에 많은 이들이 섭정 상계 갸초가 자신에게 유리하도록 달라이 라마의 선정 과정을 조종했다고 의심했다. 그러나 두 번째 약점은 전적으로 그 자신의 문제였다. 그는 자신에게 부여된 역할을 수행할 마음이 없는 것처럼 보였다. 그는 시인이었고, 그가 쓴 시구들은 불교의 진리를 사유하는 데 전념한 것만큼이나 여성의 신체를 관조하는 데에도 전념했다. 달라이 라마는 고귀한 영적 존재였고, 오직 그만이 사람들을 깨우치기 위해 자신이 선택한 방법을 평가할 수 있었다. 그러나 창양 갸초의 경우에는 이러한 합리화조차 너무나 억지스러운 것이었다.

6대 달라이 라마의 정통성에 대한 의심은 정치적 기회주의자들에게 좋은 기회를 제공했다. 구시 칸의 손자인 라짱(Lhazang) 칸이 나섰다. 라짱 칸은 자신의 형을 죽이고 권력을 잡았기 때문에, 자신이 호쇼드 몽골의 통치자가 될 자격이 있음을 설득하기 위해 정통성을 확보할 필요가 있었다. 할아버지인 구시 칸과 마찬가지로 그는 라싸로 눈을 돌렸다. 6대 달라이 라마의 입지가 약해진 것을 감지한 라짱 칸은 과감하게 움직여, 라싸를 자신의 군사적 통제 아래에 두고 6대 달라이 라마에게 퇴위를 강요했다. 그는 창양 갸초를 정통성이 없는 달라이 라마로 선언하고, 그의 자리에 뻬까르 진빠(Pekar Dzinpa)[9]라는 청년을 꼭두각시 달라이 라마로 세웠다. 라짱 칸에게는 매우 편리하게도, 퇴위한 6대 달라이 라마는 후흐노르로 압송되는 도중 사망했다.

라짱 칸의 전략은 역효과를 낳았다. 첫 번째 6대 달라이 라마의 적합성에 대해 어떠한 의혹이 존재했다 하더라도, 티베트인은 그를 "우리의" 달라이 라마로 여겼다. 이는 외부의 간섭을 받을 일이 아니었다. 두 번째 6대 달라이 라마는 존경할 만한 명성을 지닌 인물로, 13세에 제뿡(Drepung) 사원에 들어갔고 이후 라싸에 있는 착포리(Chagpori) 의학교에서 수학했다. 그러나 문제는 그의 개인적인 자질이 아닌 그의 정체성이었다. 정말로 그는 위대한 5대 달라이 라마의 전생이었는가? 이 청년이 사실 라짱 칸의 아들이었다는 소문이 돌기 시작했지만, 이는 입증할 수 없는 의혹이었다. 이러한 사실에도 불구하고, 라짱 칸은 겔룩빠에서 두 번째로 높은 고승인 판첸 라마(Panchen Lama)를 설득해 그 청년을 달라이 라마로 인정하게 할 수 있었다. 그러나 이러한 움직임은 의혹을 완화하기는커녕 오히려 키웠다. 판첸 라마는 황모파(黃帽派)[10] 내에서 경쟁하는 계보의 수장이었고, 따라서 달라이 라마의 권위를 약화하는 데 관심이 있었다.[11] 라짱

---

9 뻬까르 진빠는 1707년 라짱 칸에 의해 새로운 달라이 라마로 옹립되었다. 라짱 칸은 창양 갸초가 아닌 뻬까르 진빠가 5대 달라이 라마의 진정한 전생이라고 주장했다. 당시 21세였던 뻬까르 진빠는 달라이 라마로 즉위한 이후 예세 갸초(Yeshe Gyatso)라는 이름으로 알려졌다. 그는 매우 뛰어난 도덕적 자질을 가지고 있었지만, 대부분의 티베트인과 몽골인에게 진정한 달라이 라마로 인정받지 못했기 때문에 티베트 역사에서 유일한 비공식 달라이 라마로 남게 되었다. 실제로 그의 이름은 달라이 라마의 공식 명단에 포함되지 않는다.

10 겔룩빠의 승려들이 공식 행사에서 황색 모자를 썼기 때문에, 겔룩빠를 황모파(黃帽派) 혹은 황교(黃敎)라고도 부른다. 한편 겔룩빠의 경쟁 교단인 닝마빠(Nyingmapa), 사꺄빠(Sakyapa), 까규빠(Kagyupa)에서는 주로 홍색 모자를 썼고, 따라서 이들을 홍모파(紅帽派) 혹은 홍교(紅敎)라고도 부른다.

11 저자는 여기서 달라이 라마와 판첸 라마의 계보를 겔룩빠 내에서 경쟁하는 두 개의 계보로 서술했지만, 이는 다소 부정확한 것으로 보인다. 달라이 라마와 판첸 라마는 기본적으로 상호보완적인 관계를 형성했고, 서로의 스승이자 전생의 판별자로서 기능했다. 예를 들어 4대 판첸 라마 롭상 최기 갤첸(Lobsang Chökyi Gyaltsen)은 5대 달라이 라마

칸이 선전전에서 승리할 수 있었다면, 그가 이번에 자신만의 달라이 라마를 세운 것은 노련한 움직임이 될 수도 있었다. 그러나 이번 달라이 라마의 선정 과정에 라짱 칸이 개입한 것은 너무나도 명백했기 때문에, 대부분의 사람들은 그의 꼭두각시 달라이 라마를 진정한 6대 달라이 라마로 받아들일 수 없었다.

라짱 칸의 입지는 첫 번째 6대 달라이 라마가 1706년 유배지와 죽음을 향해 가던 도중 쓴 시(詩)에 의해 더욱 약화되었다. 여기서 그는 자신의 환생을 예고했다.

내게 그대의 날개를 빌려주오, 흰 두루미여!
나는 리탕(Lithang)에서 더 가지는 못하리.

에게 사제서품을 내리면서 '롭상 갸초(Lobsang Gyatso)'라는 이름을 내려주었고, 이후에도 5대 달라이 라마의 스승 역할을 담당했다. 한편 5대 달라이 라마는 자신의 스승인 롭상 최기 갤첸에게 '판첸 라마'라는 호칭을 부여했고, 이로부터 판첸 라마의 계보가 비로소 확정되었다. 또한 5대 달라이 라마는 롭상 최기 갤첸에게 따시룬뽀(Tashilhunpo) 사원을 주며, 판첸 라마의 미래의 전생들도 이곳에 계속 머무르게 했다. 이후 4대 판첸 라마가 죽자 5대 달라이 라마는 판첸 라마의 새로운 전생을 찾는 과정을 주도했고, 이후 새로운 판첸 라마의 스승이 되었다. 이와 같이, 달라이 라마와 판첸 라마는 번갈아 가며 서로의 전생을 찾고 확정했으며 서로의 스승이 되었다. 따라서 5대 판첸 라마가 6대 달라이 라마를 인정한 것은 그가 마땅히 해야 할 일이었고, 5대 판첸 라마의 인정 없이는 누구도 진정한 6대 달라이 라마가 될 수 없었다. 여기서 다루고 있는 18세기 초 당시는 아직 달라이 라마와 판첸 라마 간의 경쟁 관계가 두드러지게 나타나기 전이기 때문에, 판첸 라마가 달라이 라마의 권위를 약화하기 위해 빼까르 진빠를 6대 달라이 라마로 인정했다고 보기에는 다소 무리가 있다. 5대 판첸 라마 롭상 예셰(Lobsang Yeshe)는 아마도 라짱 칸의 압박과 달라이 라마의 부재 상태를 해소해야 한다는 당위성 때문에 빼까르 진빠를 6대 달라이 라마로 인정했을 것이다. 한편 달라이 라마와 판첸 라마 간의 경쟁 관계는 티베트가 청나라의 지배 아래에 들어간 이후 서서히 표면화되기 시작하여, 티베트의 근대화 문제가 대두된 20세기 초부터 본격화되었다. 현재 14대 달라이 라마는 인도 다람살라(Dharamsala)에서 티베트 망명정부를 이끌고 있으며, 중화인민공화국 정부가 공인한 11대 판첸 라마는 북경에서 중국 내 불교 관련 업무를 담당하고 있다. 한편 14대 달라이 라마가 1995년 11대 판첸 라마로 발표한 게둔 최기 니마(Gedhun Choekyi Nyima)는 발표 직후 중화인민공화국 정부에 납치 및 구금되었고, 지금까지도 그와 그 가족의 행방은 알 수 없다.

> 거기서 다시 돌아오리라.[12]

라싸의 북동쪽 멀리에 위치한 리탕은 라짱 칸의 통제권 바깥에 있던 지역이었다. 티베트 고승들은 창양 갸초의 전생을 찾기 위해 그 지역으로 갔다. 그들이 발견한 소년은 껠상 갸초였다. 그는 앞서 언급한 초상화의 가운데에 있던 라마이고, 대청국의 황자 윤정이 조만간 만날 젊은 라마였다.

당시 라싸에 있었던 이탈리아인 예수회 선교사 이폴리토 데시데리(Ip-polito Desideri)의 기록에 따르면, 껠상 갸초를 발견했다는 소식은 티베트에서 큰 흥분을 불러일으켰고, 아울러 라짱 칸이 그의 가짜 6대 달라이 라마를 포기하고 대신 이 소년을 7대 달라이 라마로 인정할지도 모른다는 희망을 불러일으켰다고 한다. 그러나 사실 라짱 칸은 정반대로 행동했다. 그는 몇몇 라마를 보내어 그 소년이 "정말로 고인이 된 달라이 라마가 다시 태어난 것인지"를 확인하게 했다. 데시데리에 따르면, 라마들은 라짱 칸에게 그 아이가 달라이 라마의 전생이 맞다고 보고했다. 달라이 라마를 또다시 바꾸는 것을 꺼려한 라짱 칸은 그 소년을 안전한 곳에 억류해 두고 라싸로 데려오지 말라고 명령했다.

데시데리는 라짱 칸의 이러한 조치에 대해 강희제가 동의했다고 이해했지만, 만주어 자료는 다른 이야기를 전하고 있다. 그에 따르면, 라짱 칸이 원래의 6대 달라이 라마를 자신의 꼭두각시 라마로 바꾼 것을 알게 된 날, 강희제는 "라짱 칸은 신뢰할 수 없다!"라고 선언했다고 한다. 그럼에도 불구하고, 강희제는 라짱 칸의 달라이 라마 교체에 이의를 제기하지 않았다. 이의를 제기하는 것은 비용이 많이 들고 상황을 불안정하게 만드는 결과를 초래할 수도 있었기 때문이다. 그러나 라짱 칸의 이번 조치는 지평선 위에 갑자기 나타난 섬광과 같았고, 주의 깊게 지켜봐야만 했다. 리탕

---

12 이 시의 번역문은 김호동, 『황하에서 천산까지』(사계절, 1999), p.50에서 가져왔다.

의 한 소년이 7대 달라이 라마로 인정되었다는 소식이 전해졌을 때, 강희제는 그 소년을 후흐노르의 꿈붐(Kumbum) 사원에 안치할 것을 명령했다. 그러나 이는 라짱 칸과 공모한 것은 아니었다. 강희제의 이번 조치는 그 어린 라마를 자신의 신하들이 감시할 수 있는 곳에 두어, 그가 몽골판 왕좌의 게임에서 비장의 카드로 활용되는 것을 막고, 또한 훗날 라짱 칸과의 분쟁에서 그 소년이 정치적으로 유용한 존재로 판명될 것에 대비하여 그를 보유해 두려는 의도에서 이루어졌다. 강희제의 걱정거리가 되었던 것은 전생의 과정이 아닌, 다른 이들이 전생을 자신에게 불리하게 사용할 수도 있다는 점이었다.

준가르로 들어가다

7대 달라이 라마와 윤정 간의 회담으로 이어지는 당시의 정세를 완전히 이해하기 위해서는 또 하나의 당사자를 포함하여 살펴볼 필요가 있다. 그것은 동투르키스탄(오늘날 중국의 신장위구르자치구) 지역에 있었던 서몽골인의 강력한 연합인 준가르(Zunghar)였다. 준가르인은 새로운 몽골의 정치 조직을 형성했다. 그들의 이름은 1697년에서야 처음으로 나타났다.[13] 강렬한 독립성을 지닌 준가르인은 북쪽의 코사크인(Cossacks) 및 동쪽의 만주인과 오래도록 대치하고 있었고, 결국 라짱 칸의 호쇼드 몽골과도 대치하게 되었다.

18세기 초에 잠시 쇠퇴했던 준가르는 체왕 랍단(Tsewang Rabdan)이라는 지배자 아래서 세력을 회복했다. 체왕 랍단은 1690년대 후반에 첫 번째 6대 달라이 라마의 임명을 둘러싼 정치에 관여한 적이 있었기 때문에, 라짱 칸이 새로운 6대 달라이 라마가 옹립되었다고 선언했을 때 그것

---

13 '준가르'라는 이름이 1697년에 처음으로 등장했다는 저자의 서술은 사실이 아니다. 준가르라는 명칭은 17세기 초부터 여러 사료에 나타난다.

을 행동에 나설 기회로 보았다. 라짱 칸이 방심하여 경계를 풀도록 만들기 위해, 체왕 랍단은 자신의 여동생을 라짱 칸에게 시집보냈고, 또한 자신이 입양한 딸과 혼인시키기 위해 라짱 칸의 맏아들을 준가르로 초대했다. 준가르의 이러한 제안을 들었을 때, 강희제는 즉각 그 중요성을 인식했다. 강희제는 준가르의 지도자가 "사위를 사랑하는 것을 구실로 삼아 수년째 그를 붙잡아 두고 돌아가게 하지 않는다"라고 말하며(사실상 라짱 칸의 아들을 인질로 삼았다는 의미) 그 상황을 냉소적으로 바라보았다. 강희제는 다음과 같이 말하며 큰소리로 의문을 표시했다. "아무 일 없이 일상적인 상황이 보존될 수 있겠는가?"

강희제의 추측은 옳았다. 체왕 랍단은 호쇼드 몽골을 라싸에서 쫓아내고 달라이 라마의 후원자 지위를 차지하기 위한 정교한 계획을 세우고 있었다. 이 계획의 핵심은 바로 7대 달라이 라마 껠상 갸초였다. 체왕 랍단은 자신의 군대를 보내어 이 어린 라마를 탈취한 뒤 그를 의기양양하게 라싸로 데려가, 라짱 칸과 신뢰를 잃어버린 호쇼드인들을 몰아낼 계획이었다. 1717년 그는 계획을 실행에 옮기기 시작했다. 첫 번째 단계는 자신의 사촌인 체렝 돈둡(Tsereng Dondub)의 지휘 아래 6천 명의 준가르 군대를 티베트로 보내는 것이었다. 이때 준가르 군대는 쿤룬(Kunlun)산맥을 통과하는 매우 드물게 이용되는 길을 통해 북쪽으로부터 티베트로 진입했다. 두 번째 단계는 300명의 기병으로 구성된 신속 기동 부대를 꿈붐 사원으로 보내어 7대 달라이 라마를 탈취하는 것이었다. 계획의 첫 번째 단계는 완벽하게 성공했지만, 두 번째는 실패했다. 준가르의 군대는 그 소년(즉 7대 달라이 라마)을 확보하는 데 실패했을 뿐 아니라, 티베트를 장악하려는 그들의 의도를 만주인들에게 노출하고 말았다. 또한 7대 달라이 라마의 확보에 실패함에 따라, 이제 그들은 티베트 장악을 위한 수단을 상실했다. 그러는 동안 라싸는 준가르 군대에 쉽게 함락되었다. 호쇼드 몽골인에게 지친 라마들이 준가르 군대를 맞이할 준비가 되어 있었기 때문이다. 라짱 칸은 살해당했고, 그의 점령군은 축출되었다. 그러나 준가르인에게는 제공할 수 있는 다른 것이 없었다. 그들은 라짱 칸이 했던 것처럼 판첸 라마를 이용해 보려고 했다. 이번에 그들은 판첸 라마에게 또 다른 달라이 라마를 축복해 달라고 요청하는 대신, 판첸 라마를 최고 영적 권위의 자리에 앉도록 교묘히 조종함으로써 그들의 목표를 달성하려 했다. 그러나 판첸 라마는 서쪽에 있는 또 다른 도시인 시가쩨(Shigatse)에 기반을 두고 있었고, 라싸에서는 거의 아무런 지원도 받지 못했다. 준가르인들의 서투른 행동의 결과, 준가르 군대는 단지 또 다른 점령군으로 인식되었다. 준가르 군대는 티베트를 마음껏 약탈했다. 그때부터 모든 것이 악화되었다.

강희제는 예전에 라짱 칸이 티베트에 개입한 것은 못 본 척해 주었지만, 이번에 준가르인들이 저지른 일은 결코 무시할 수 없었다. 특히 준가르인들이 7대 달라이 라마를 탈취하려 한 사건은 강희제가 대청국의 영토로 간주한 곳을 침범한 것이었다. 이에 대한 유일한 대응은 전면적인 군사 공격뿐이었다.

티베트를 공격하기에 충분한 대규모 군대를 모으는 데는 1년이 걸렸다. 그러나 티베트 원정은 완전한 실패로 끝났다. 준가르인은 청나라가 보낸 군대를 격파했다. 이 패배에 격분한 강희제는 두 번째 원정을 명령했다. 이때 그가 임명한 지휘관이 바로 자신의 아들 윤정이었다. 강희제는 그에게 30만의 군대와 무원대장군(撫遠大將軍)이라는 칭호를 주었다. 이번 원정은 실패가 용납되지 않을 것이었다. 두 번째 원정을 수행하기 위한 여건을 확보하는 데 있어 중요한 요소는 티베트 불교 당국이 청나라의 편에 서도록 하는 것이었다. 바로 이러한 이유로, 강희제는 윤정을 후흐노르의 꿈붐 사원에 보내어 1719년 5월 10일 7대 달라이 라마와 만나게 했다.

후흐노르에서의 만남

강희제의 66번째 생일을 기념하기 위해, 꿈붐 사원의 승려들은 1719년 5월 4일부터 1주일간 대규모 독경(讀經) 법회를 열기로 결정했다. 황제의 생일을 기념하는 것은 황모파가 이 문수보살의 화신(즉 청나라 황제)의 영적 수호자임을 보여 줄 기회였다. 경전의 낭송은 황제가 만세(萬歲) 동안 나라를 다스리기에 충분한 공덕을 쌓게 하려는 의도로 행해졌다(그러나 강희제는 그로부터 단지 3년을 더 살았을 뿐이다). 5월 10일 오후에 의식이 끝나자, 라마들은 본존불상을 지나 줄지어 걸어 나온 뒤, 엎드려 절을 올리고, 본당에서 주지(住持)의 거처에까지 이어지는 통로의 양측에 길게 도열했다. 강희제의 14번째 아들 윤정이 도착할 예정이었다.

윤정은 이날 단순히 꿈붐 사원을 방문하기 위해 나온 것이 아니었다. 그는 7대 달라이 라마로 일컬어지는 어린 티베트 승려를 만나기 위해 이곳에 왔다. 대부분이 몽골인이었던 꿈붐 사원의 승려들은 황자 일행을 맞이하기 위해 북과 나팔을 들고 문 앞에 모여 있었다. 이 일행 중에는 윤정의 세 명의 어린 아들도 있었다(이 셋은 모두 이후 천연두나 다른 유년기 질병에 걸려 성년에 도달하기 전에 사망했다). 윤정과 그의 아들들은 먼저 부처께 절을 올린 뒤, 껠상 갸초가 그들을 만나기 위해 기다리고 있던 선방(禪房)으로 안내되었다. 그들이 도착하자 껠상 갸초는 일어나 그들을 맞이했다. 그는 황제의 안부를 물은 뒤 손님을 환영하는 티베트의 전통에 따라 각 손님의 목에 '하따(khata, 흰 비단 스카프)'를 씌워주었다. 모두와 차례로 이야기를 나눈 뒤, 그는 그들을 손으로 부드럽게 이끌며 자신의 방으로 안내했다. 달라이 라마가 선방의 한쪽 끝에 있는 높다란 명상용 평상에 올라가 착석하자, 회견이 시작되었다. 윤정은 이때 나눈 대화의 요지를 적어 아버지에게 보고했고, 우리는 그 덕에 그들 사이에 오고 간 대화의 내용을 알 수 있다.

윤정은 2년 전 북경을 떠날 때를 회상하며 대화를 시작했다. "내가 여기로 올 때 부황(父皇)께서는 나에게 당신을 방문하라고 명령하셨습니다." 윤정은 자신의 방문이 지연된 사유에 대해서는 굳이 설명하지 않고, 곧바로 본론으로 들어갔다.

"나는 호빌간(khubilghan) 본인과 달라이 라마 호빌간의 진위에 대해서는 잘 모릅니다(몽골 라마들은 껠상 갸초를 '작은 호빌간'이라 불렀다).[14] [그러나] 사람들이 모두 당신을 달라이 라마 호빌간이라 부르고, [당신이] 호빌간으로서 높은 자리에 올랐기에, 나는 예(禮)를 갖추어 [당신을] 회견합니다." 이것이 바로 이번 회견에서 윤정이 확인해야 할 쟁점이었다. 이 승려가 정말로 달라이 라마인가? 여기서 윤정은 지금 당장은 그를 달라이 라마로 대하겠다고 말하고 있다.

껠상 갸초가 답했다. "대장군 왕(大將軍王) 당신은 문수보살 대황제의 아들이시니, 또한 보살이십니다. 저는 일개 어린아이일 뿐인데, 어찌 감히 [당신으로부터] 절을 받겠습니까? 청하건대 왕께서는 [올라와] 평상에 앉으십시오." 이 몇 마디 말로 껠상 갸초는 66년 전 5대 달라이 라마와 윤정의 할아버지인 순치제가 만났을 때 그들이 주고받던 말을 상기시켰다.

윤정은 자신이 아버지의 보살 지위, 즉 황제의 지위를 물려받을 위치에 있다는 암시를 회피했다. 황위 계승은 누구도 공개적으로 이야기하지 않는 주제였다. 대신 윤정은 처음에 언급했던 주제로 돌아가, 이 어린 라마를 그가 자칭하는 존재로 대함이 적절할 것이라고 말했다. "호빌간 [당신]은 황교(黃敎)를 위해 가사(袈裟)를 걸치고 불교의 의례를 행하고 있습니다. 성지(聖旨)에 따라 당신께 예를 다해야 하니, 나는 힘써 예로써 당신을 대하겠습니다."

껠상 갸초가 대답했다. "대장군 왕이 주인이십니다." 엄밀히 말하면 이것은 사실이었다. 후흐노르 지역의 이쪽 부분은 당시 청나라의 지배 아래에 있었다. 가장 가까운 청나라의 행정 중심지 서녕(西寧)은 꿈붐 사원에서 불과 20여 킬로미터도 채 떨어져 있지 않았다. 더 중요한 점은 껠상 갸

---

14 여기서 저자는 '호빌간(khubilghan, 呼畢勒罕)'을 '쿠빌라이 칸(Khubilai Khan)'으로 적고 있는데, 이는 명백한 오류이다. 저자는 여기뿐 아니라 뒷부분에서도 '호빌간'을 계속 '쿠빌라이 칸'으로 적고 있어, 번역문에서는 모두 '호빌간'으로 수정하였다. 참고로 '호빌간'은 몽골어로 '전생활불(轉生活佛)'을 의미한다.

초가 지난 몇 년간 청나라의 보호 아래 있었다는 점이었다. 바로 이러한 이유로 그는 "저는 본디 [당신으로부터] 응당 절을 받아서는 안 됩니다"라고 말하며, 윤정에게 황자로서의 지위를 존중하겠다고 제안했다. 이후 껠상 갸초는 66년 전 순치제와의 첫 만남을 완벽히 재연하듯, 자신의 보좌에서 내려왔다. "대성주(大聖主)의 성지(聖旨)가 있으니, 저는 일어서서 말하고자 합니다." 이와 같이 껠상 갸초는 앉지 않고 선 채로 황자와 그의 세 아들의 절을 받았고, 이는 손님을 향한 존경의 표시였다. 그런 다음 그는 그들을 낮은 평상으로 안내했고, 그곳에 앉아 더 편하게 대화를 나누었다.

그들의 대화는 서녕까지 여정이 순조로웠는지, 그가 이 새로운 환경에서 편하게 지내고 있는지 등의 통상적이고 정중한 대화의 범주 안에서 이루어졌다. 이에 대한 응답으로 윤정은 껠상 갸초에게 4년 전 꿈붐 사원에 온 이래로 이곳에 잘 정착했는지 물었다. 껠상 갸초는 "대성황제(大聖皇帝)의 복(福)과 삼보불(三寶佛)의 은혜에 기대어 아무런 탈 없이 편안히 지내고 있다"라고 대답했다. 한담을 마치고, 대화의 주제는 마침내 이번 방문의 본격적인 안건으로 향했다.

윤정이 물었다. "내가 여기에 온 일을 어떻게 생각하십니까?"

껠상 갸초가 답했다. "저는 일개 어린아이로 교양이 전혀 없으니 어찌 알겠습니까? [다만] 제 생각에, 대장군 왕께서 대성주의 중지(重旨)를 받아 변강(邊疆)에 이미 임하셨으니, 황교(黃敎)는 이로부터 가히 빠르게 안정될 것이고, 중생이 이로부터 영원히 평안히 살고 즐겁게 일할 것입니다." 껠상 갸초는 청나라가 후흐노르 너머에서 준비하고 있던 대규모 군사 행동에 대해 분명히 알고 있었다. 그뿐만 아니라, 그의 발언은 달라이 라마의 계보와 티베트인의 복리를 지지하기 위한 만주인의 개입 계획에 그가 동조하고 있음을 시사했다.

그렇게 회담의 공식 안건은 마무리되었다. 윤정은 그가 온 목적을 달성했다. 차와 다과가 제공되었다. 이번 회견은 껠상 갸초가 황제의 장수와 번영을 몇 번이나 되풀이해서 기원하는 것으로 마무리되었다. 그는 윤정과 그의 세 아들에게 불상·사리(舍利)·염주·말(윤정에게는 100필, 그의 아들들에게는 각 10필씩)을 증정했고, 이에 더하여 윤정에게는 낙타 10필을 추가로 선물했다. 뒤이어 윤정은 부처에게 1,500냥의 은을 보시했는데, 이는 상당한 양이었다. 아버지에게 보낸 보고서에서, 윤정은 이것이 달라이 라마에게 준 개인적인 선물이 아닌 순전히 부처를 위한 보시였음을 조심스럽게 밝혔다(겔상 갸초에 대한 개인적인 선물은 다음 날 시위(侍衛)를 통해 보내졌다. 그 품목은 홍색 망단(蟒緞) 1필과 황색 망단 1필, 그리고 비단 7필이었다). 이후 작은 호빌간은 귀빈에 대한 예우로써, 선방의 정문까지 함께 가서 윤정과 그의 아들들을 떠나 보냈다.

강희제는 윤정이 보낸 보고서를 받아보고는 상당히 만족스러워했다. 그는 상주문의 말미에 평소처럼 짧게 "알았다"라고 썼다. 그러나 그는 뒤이어 윤정에게 다음과 같은 경고를 남겼다. "서방으로부터 와서 이 호빌간에게 엎드려 절하며 간청하는 자들이 매우 많으니, [이를] 잊지 말고 소식을 부지런히 살펴 상주문으로 보고하라."

작은 호빌간 겔상 갸초는 역사가 부여한 역할을 잘 수행했다. 그는 윤정에게는 적절한 존경을, 그의 부친에게는 흠잡을 데 없는 경의를 표했다. 또한 그는 황모파를 패권적인 지위로 복귀시키기 위해 윤정이 이끌고 있는 군사 원정에도 만족감을 표시했다.[15] 이는 내륙아시아의 최고위급 외교였으며, 열한 살의 소년은 여기서 인상적인 활약을 보여 주었다.

---

15 이 부분에서 저자의 서술은 다소 부정확하다. 준가르인들의 티베트 정복은 티베트에서 겔룩빠의 지위를 저하시킨 적이 없기 때문이다. 준가르인들은 겔룩빠 티베트 불교의 맹렬한 신봉자로, 티베트를 정복한 이후 겔룩빠의 경쟁 교단인 닝마빠를 가혹하게 탄압한 것으로 유명하다. 따라서 윤정이 주도하는 청나라의 군사 행동이 티베트에서 황모파를 패권적인 지위로 복귀시키기 위한 것으로 보는 해석에는 다소 문제가 있다.

티베트의 만주인

강희제는 다가오는 군사 원정에서 그 소년을 동원할 수도 있다는 데 동의했다. 이는 정확히 과거 준가르인이 하고자 했던 것이었다. 만주의 군대는 7대 달라이 라마를 라싸에 데리고 가서, 그를 포탈라궁에 안치할 계획이었다. 7대 달라이 라마의 정통성과 그를 향한 만주인의 지지를 확인하기 위해, 강희제는 그가 진정한 달라이 라마라는 점을 확정하는 공식 인장(印章)을 그에게 보냈다. 그러나 그 인장은 그를 7대가 아닌 6대 달라이 라마로 확정했다. 이것은 단순한 실수였을 수도 있고, 아니면 달라이 라마의 후계 문제를 둘러싼 만주인의 정치적 선택에 일종의 안전장치를 두기 위한 것이었을 수도 있다. 그러나 어떤 의미에서 그것은 중요치 않았다. 만약 껠상 갸초가 7대 달라이 라마라면, 전생에서 그는 6대 달라이 라마였다. 이 오류는 나중에 수정되었다.

청나라의 원정군은 두 갈래로 진군했다. 만주와 몽골의 연합군이 달라이 라마와 함께 후흐노르에서 출발하는 동안, 정서장군(定西將軍) 갈비(Galbi)가 지휘하는 두 번째 부대는 사천(四川)에서 서쪽으로 진격했다. 청나라의 원정군이 맞닥뜨린 이동 거리는 엄청났다. 18세기의 자료에 따르면, 후흐노르에서 라싸까지의 여정은 어떤 경로가 열리느냐에 따라 1,900킬로미터에서 2,700킬로미터에 달했다. 사천에서 라싸까지의 경로는 그보다 더 멀어 3,200킬로미터에 달했다. 준가르인은 후흐노르에서 출발한 첫 번째 부대를 맞이할 준비는 되어 있었으나, 사천에서 출발한 두 번째 부대를 막아내기에는 역부족이었다. 갈비의 군대는 상대적으로 더 약한 방어를 뚫고 라싸의 동쪽으로 진격하여, 결국 라싸에 먼저 도달했다. 한 만주인 장군은 승리를 기념하는 비문(碑文)에서 다음과 같이 썼다. "화살을 하나도 잃지 않았는데도, 도적 무리가 도망치는 것이 새벽부터 밤까지 이어지니, 마치 구름이 흩어지는 것 같았다. [그럼에도] 누구도 도망치지 못하니, 이로써 대승을 거두었다." 티베트인들에 대해서는 다음과 같이 썼다. "노인과 어린아이들이 길가에 서서 소쿠리에 담은 밥과 병에 넣은 마음을 가지고 황제의 군대를 맞이했다." 라싸에 도착한 갈비는 강희제가 이 지역에 평화를 가져오기 위해 자신을 보냈다고 선언했고, 사람들은 열광했다. "[티베트인들이 기뻐서] 노래하고 춤추니 하늘이 울리고 대지가 진동했다." 이러한 기록은 만주의 시각을 반영한 것이지만, 침입군에 대한 일반 대중의 반응은 아마도 이와 매우 유사했을 것이다.

호쇼드 몽골의 보호 아래 있었기 때문에 준가르에 대해 적대적이었던 예수회 선교사 이폴리토 데시데리는 이러한 대중의 반응을 확인해 준다. 그는 준가르의 장군 체렝 돈둡이 "그의 전투 경험과 불굴의 용기로 인해, 그 야만적인 민족의 최고 지휘관 중 하나"였다고 인정했다. 그러나 "격렬한 전투를 치른 이후 준가르인들은 패배했고, 그 무례한 찬탈자는 매우 적은 부하들과 함께 서쪽의 대사막으로 도망쳤다." 정서장군 갈비는 공식 보고서에서 준가르인들의 패주를 매우 비슷한 방식으로 기록했다. "병사는 흩어지고 음식은 떨어지며 힘은 다하고 세력은 곤궁해졌다. 체렝 돈둡 등은 어지러이 도망치거나 쥐처럼 숨었다." 데시데리는 만주인들의 의도를 의심했지만, 그러한 그조차도 새로운 달라이 라마가 "이 미신적인 사람들로부터 열광적인 환영"을 받았음을 그 특유의 에둘러 말하는 방식으로 인정해야만 했다.

만주인과 티베트인은 모두 준가르의 점령군이 쫓겨난 것에 만족했지만, 그 합의 지점을 넘어서는 부분에 대해서는 의견이 갈리기 시작했다. 티베트인은 임무를 완수한 만주 군대가 철수할 것으로 예상했지만, 만주인들은 미래를 운에 맡길 생각이 없었다. 청나라 군대의 일부는 라싸에 2년간 남아 있었고, 이들은 이후 1,900명의 주둔군으로 축소되었다. 이는 몽골의 모험적인 군대가 티베트에 몰래 들어와 다시 한번 혼란을 일으키는 것을 단념케 하기에 충분한 병력이었다. 티베트인들은 이러한 병력의 축소를 결국 만주의 직접 통제에서 자신들을 벗어나게 할 정상화 조치의 일부로 보았다. 그러나 그러한 희망은 환상에 불과한 것으로 판명되었다.

이폴리토 데시데리는 티베트와 대청국 간의 이 새로운 체제가 향후 어떻게 전개될지 자신이 알고 있다고 믿었다. 그는 청나라가 티베트 문제에 이해관계를 가지고 있음을 이해하고 있었다. 그는 조용히 인정했다. "중국의 황제에게는 분노할 만한 심각한 이유가 있었다. 첫 번째 이유는 사전 도발이나 이유도 없이 후흐노르를 통해 그의 제국을 침공하려 시도한 것이다(이는 준가르인이 7대 달라이 라마를 탈취하려 한 시도를 지칭한다). 두 번째는 신뢰를 배반하여 티베트 왕국을 장악한 것과, 그의 친구이자 가까운 친척인 라짱 칸을 살해한 것이다." 데시데리가 모든 사실을 정확히 아는 것은 아니었다. 라짱 칸은 강희제의 절친한 친구도 아니었고, 그들 사이에 혈연관계가 있는 것도 아니었다. 그러나 데시데리는 자신의 몽골 후원자들도 분명히 보았을 불길한 징조를 보았다. 그것은 대청국이 그곳에 머무르기 위해 왔다는 것이었다. 그는 저술의 말미에 다음과 같이 썼다. 티베트는 "이렇게 1720년 10월 중국의 황제에게 정복되었다. 그의 후손들은 아마도 이곳을 수 세기 동안 계속 통치할 것이다." 만주인은 실제로 1911년 마지막 만주인 황제가 퇴위할 때까지 티베트를 통치했으며, 중국은 오늘날에도 여전히 그렇게 하고 있다.

그 뒤에 일어난 일들

티베트인에게 1720년대 이후의 티베트 역사는 북경으로부터 더 큰 자치를 얻기 위한 길고도 구불구불한 투쟁의 역사였다. 그 첫 번째 시도는 1723년에 발생했는데, 이는 살해된 라짱 칸의 사촌이 라싸에서 호쇼드의 세력을 복원하려 시도한 것이었다. 일설에 의하면, 이 시도는 7대 달라이 라마의 지지를 받았다고 한다. 당시 대청국에서는 이제 막 새로운 황제의 치세가 시작되고 있었다. 이 황제는 윤정의 강인한 형인 옹정제였다. 그는 특유의 활력으로 대응했다. 그에게는 티베트가 다른 세력의 손에 넘어가는 것을 허락할 생각이 없었고, 토벌군을 후흐노르에서 티베트로 보내어 호쇼드인들을 몰아냈다. 이 과정에서 청나라의 군대는 티베트의 반대 세력을 절멸시키고, 호쇼드인을 지원한 것으로 의심되는 사원을 파괴했다.

오늘날의 한 학자에 따르면, "그것은 가장 참혹한 전쟁 가운데 하나였다. 저항한 자들은 모두 살해되었고, 백성의 식량과 재산이 모두 사라졌다. 모든 라마 사원은 파괴되거나 불태워졌다. 그 지역에 대한 약탈은 사악하고 무자비했으며, 백성의 빈궁함은 비극적이었다."

반란이 진압된 이후 퍼진 소문에 따르면, 옹정제는 티베트와 적절한 거리를 유지하는 관계를 끝내고 티베트를 청 조정의 직접 통치하에 두려고 했다. 이러한 우려는 만주의 관리들이 티베트 사무를 맡으러 왔을 때 실현되는 것처럼 보였다. 후흐노르 지역에 대한 만주의 통제를 강화하기 위해, 옹정제는 1725년 후흐노르 동북부의 행정적 지위를 부(府)로 승격했다. 다음 해에 그는 호쇼드의 티베트인 속민을 만주의 직접적인 통제 아래에 두었다. 그 이듬해에는 티베트의 사원 권력이 청나라에 대항하는 세력으로 부활하지 못하도록, 옹정제는 티베트 라마들이 명나라 조정으로부터 받은 인장을 모두 몰수하고, 또한 라마가 보유할 수 있는 제자의 수를 제한했다. 이제 라마는 최대 한 명의 제자만 가질 수 있었다.

이러한 조치는 티베트 정치 엘리트 내부의 책략과 권력 다툼을 격화시켰다. 7대 달라이 라마를 중심으로 한 라싸 파벌은 만주의 통제에 반대했고, 시가쩨의 판첸 라마를 중심으로 한 친(親) 만주 파벌은 이들에 대항했다. 이 경쟁은 1727년에 시가쩨의 강력한 귀족이 암살되는 사건으로 이어졌다. 티베트가 통제에서 벗어날 것을 우려한 옹정제는 라싸 파벌을 탄압하기 위해 1728년 또다시 군대를 보냈다. 이 무렵 티베트는 그의 많은 두통거리 중 하나일 뿐이었다. 준가르가 다시 부상하고 있었기 때문이다. 그쪽 방면에서 위협이 발생하는 것을 막기 위해 옹정제는 티베트를 중립화해야만 했다. 그의 두 번째 티베트 원정은 처음에는 첫 번째 원정만큼이나 잔인했다. 그러나 청나라 원정군이 라싸 평원에 도달하기 전에, 과거 라짱 칸 밑에서 권력을 잡았던 시가쩨의 귀족 폴하네(Polhané)가 라싸에 대한 자체적인 공격에 착수하여 달라이 라마를 중심으로 한 파벌을 약화시켰다. 만주의 군대가 라싸에 도달했을 무렵, 폴하네는 모든 것을 통제하고 있었다.

옹정제는 폴하네가 협력할 만한 인물이라 판단하고, 티베트를 그의 손에 맡겼다. 다만 두 명의 고위 만주 관원과 2,000명의 만주 및 몽골 병력을 주둔시켜 면밀히 감독하게 함으로써 티베트에서 더 이상의 혼란이 발생하는 것을 막으려 했다. 7대 달라이 라마가 이번 정치 투쟁에 연루되어 있다고 의심한 옹정제는 그와 정치적으로 활동적인 그의 아버지를 라싸에서 내쫓기를 원했다. 최초의 계획은 달라이 라마를 북경으로 이송하는 것이었고, 이는 명목상으로는 5대 달라이 라마와 순치제 사이에 형성된 관계를 재연하기 위한 것이었다. 그러나 옹정제는 그러한 조치가 7대 달라이 라마의 권위를 강화할지도 모른다고 의심했다. 대신 옹정제는 7대 달라이 라마를 한 장소에서 다른 장소로 유배 보냈다. 1735년 옹정제가 사망하자 유배는 취소되었고, 7대 달라이 라마는 포탈라궁으로 돌아올 수 있었다. 그러나 폴하네의 계속된 지배는 달라이 라마의 정치 권력을 크게 위축했고, 위대한 5대 달라이 라마의 권력과 같은 것을 부활하려는 어떠한 꿈도 사라져 버렸다.

1740년대 중반에 이 지역에 부임한 한 중국인 문관은 옹정제의 조치 덕분에 청나라가 티베트에서 패권을 잡을 수 있었다는 믿음을 재확인했다. 그는 다음과 같이 썼다. "[티베트가] 지금 우리의 판도(版圖)에 들어옴에, 그 어깨와 팔을 잘라 청해(靑海)의 세력이 약해지고, 바깥을 막고 안을 지키니 비로소 그 마땅함을 얻었다." 옹정제는 해야 할 일을 했다. 그는 다음과 같이 자랑했다. "청해를 평정하고 티베트인[蕃族]을 장악한 것은 만년에 한 번 있는 일이라 할 수 있다."

그러나 티베트인의 관점에서 보면, 만주인의 최종적인 해결책은 불안정성을 지속시키는 도화선에 불과했다. 반대의 목소리는 계속해서 이어졌다. 1747년 폴하네가 사망하자, 라싸에서는 다시 한번 갈등의 물결이 솟구쳤다. 준가르인들이 만주인에게 불리한 상황을 조성하기 위해 또다시 개입했다. 이러한 전개에 놀란 만주 관원들은 폴하네의 아들을 암살해 티베트인들 사이에서 강력한 구심점이 다시 나타나는 것을 막고자 했다. 이러한 움직임은 이후 만주 관원들의 암살을 초래했고, 이와 함께 라싸에 살고 있던 수백 명의 중국인이 학살당하는 결과로 이어졌다. 옹정제의 후계자인 건륭제(乾隆帝)는 또 한 번 군사 개입을 명령했다. 티베트 내 반대 세력이 다시 한번 제압되자, 건륭제는 준가르를 완전히 처리하기로 결심했다. 1755년 그는 준가르를 파괴하기 위한 3년간의 원정을 개시했다. 원정이 끝난 1757년 무렵 건륭제의 군대는 준가르의 인구를 50만 이상에서 대략 20만 정도로 줄였고, 그들 중 절반은 이후 만주군이 들여온 치명적인 천연두로 인해 사망했다. 이 집단 학살의 규모는 엄청나서, 오늘날 준가르의 후손임을 주장하는 사람은 약 1만 5천 명 정도만 남아 있다.

티베트에 대한 결과는 파괴적이고 또한 결정적이었다. 그러한 결론은 황모파에서 두 번째로 높은 고승인 판첸 라마가 건륭제를 알현하기 위해 1779년 북경에 초대되었을 때 명확히 드러났다. 이는 판첸 라마가 행동하기에 좋은 시점이었다. 7대 달라이 라마는 1757년 사망했고, 8대 달라이 라마는 1808년에야 태어났기 때문이다(이는 판첸 라마 상급자의 전생 계보에서 유별나게 긴 공백이었다). 판첸 라마와 건륭제의 대면은 동등한 존재 간의 만남이 아니었다. 그것은 5대 달라이 라마와 순치제의 만남의 재연이 아니었고, 7대 달라이 라마와 윤정 사이의 회담을 재연한 것도 아니었다. 그것은 순전한 복종의 표명이었다. 판첸 라마는 무릎을 꿇고 건륭제에게 고두(叩頭)를 올리며, 자기 자신뿐 아니라 티베트 전체를 황제의 발밑에 두었다. 이러한 몸짓은 대청국이 이제 내륙아시아 전체를 지배하고 있다는 사실을 인정한 것이었다.

판첸 라마의 제자인 숨빠 켄뽀(Sumpa Khenpo)는 7년 뒤 이것이 필연적인 결과였다고 서술했다. 그는 강희제가 "후흐노르의 사람들을 그의 권력 아래에 두고, 중국인과 몽골인 간 좋은 관계를 황금 끈으로 묶었다"라고 주장했다. 그는 만주인이 7대 달라이 라마를 보호하기 위한 호쇼드 몽골인의 기여를 존중하지 않았기 때문에, 그 황금 끈이 옹정제의 지배 아래에서 풀렸다고 적었다(물론 옹정제를 특정하지는 않았다). 그러나 그 황금 끈은 숨빠 켄뽀의 스승인 판첸 라마가 북경에 갔을 때 복구되었다. 숨빠 켄뽀에게 판첸 라마의 복종은 티베트가 그 권위를 박탈당했음을 의미하는 것이 아니라, 티베트가 대청국 내에서 마땅한 자리를 얻었다는 것을 의미했다. 그는 계속해서 "두 개의 법(즉 북경의 국법과 티베트의 교법)"과 "세 개의 나라(즉 중국과 티베트와 몽골)"가 있다고 주장했다. 이러한 방식으로, 그는 티베트를 중국 안에 두면서도 사라지지 않게 만드는 체제를 구상해 내려 했다. 그러나 이것은 내륙아시아의 희망 섞인 관점이었다. 북경의 관점은 두 개의 법과 세 개의 나라가 있다는 것이 아니었다. 오직 황제의 법과 대청국이 있을 뿐이었다. 그리고 이런 상태는 청나라가 점차 흐트러지기 시작해서 1912년 해체될 때까지 대체로 지속되었다.

대청국의 소멸은 달라이 라마와 청나라 황제 간의 사제-후원자 관계를 단절했다. 중국의 공화주의자들은 이를 이해하지도, 인정하지도 않았다. 티베트인에게(몽골인과 신장 지역의 위구르인에게도 마찬가지였다), 대청국과 정치적 관계는 종료되었다. 이렇게 정치적 관계가 종료되기 이전에도, 13대 달라이 라마는 망해가는 청나라의 최후 몇 년 동안 티베트의 자치를 회복하기 위해 몽골, 러시아, 그리고 심지어는 영국과도 동맹을 맺으려 했지만, 성공을 거두지는 못했다. 1912년 중국의 혁명파 인사들은 중화민국(中華民國)이 대청국의 후계자라고 선언했다. 만주인이 식민화한 지역들 가운데, 오직 외몽골만이 중국 민족주의의 흡입력으로부터 가까스로 벗어날 수 있었다. 티베트는 새로운 공화국으로부터의 탈출을 획책할 수 없었지만, 이어진 혼란스러운 수십 년간 대체로 독자적인 상태로 남겨졌다. 1950년 인민해방군의 티베트 침공과 함께, 중국은 옛 대국의 영토에 대해 실질적인 주권을 다시 행사하기 위한 행동에 나섰다. 지금의 14대 달라이 라마가 "외세의 점령"이라고 표현한 티베트의 상황은 오늘날까지도 지속되고 있다.

제11장

상인과 그의 노복

1793년 오스텐드

1793년 7월 15일, 에트루스코(Etrusco)호는 벨기에의 오스텐드(Os-tend) 항을 출항한 지 하루 만에 영국 해협으로 북상하고 있었다. 그해 여름 영국은 프랑스와 전쟁 중이었고, 영국 해군은 해상 봉쇄를 시행하고 있었다. 영국 국기인 유니언잭(Union Jack)을 게양하지 않은 선박은 서류에 문제가 있을 경우 나포될 수 있었다. 에트루스코호의 선장은 긴장할 만한 이유가 있었다. 이 배는 당시로서는 드물지 않은, 법적으로 뒤얽힌 혼합체였다. 미국에서 건조된 이 배는 인도 캘커타에서 매각된 뒤, 다른 선박의 이름으로 등록되었다. 명목상 소유주는 오스트리아령 이스트리아 출신의 베네치아인이었고, 배에는 이탈리아 토스카나 깃발을 달고 있었다. 한편 선장은 영국인이었고, 적재된 화물은 네 개 국적 이상의 상인들의 소유였으며, 자금은 세 나라 이상의 채권자들이 댄 것이었다. 독점권이 난무하는 세계에서 항해하던 이 배의 적하목록은 누가 열람하는지에 따라 여러 판본이 존재했다. 그리고 승객 중에는 '럼 아카오(Lum Akao)'라는 이름의 중국인도 있었다.

에트루스코호의 선원들이 전쟁 소식을 처음 들은 것은 남대서양 한가운데 외딴 섬인 세인트헬레나에 들렀을 때였다. 아시아를 오가는 배들이 물과 식량을 보급받기 위해 자주 기항하던 섬이었다. 그들이 마카오를 떠난 것은 새해 첫날이었고, 배에는 설탕이 가득 실려 있었다. 그때까지만 해도 영국과 프랑스는 평화 상태였다. 하지만 그들로서는 알 길이 없었지만, 바로 그날 영국은 프랑스에 선전포고를 했다. 에트루스코호가 항해 중 맞닥뜨린 이 전쟁은 1789년 프랑스 혁명으로 촉발된 불안정이 뒤늦게 폭발한 결과였다. 혁명은 프랑스를 다른 모든 유럽 국가와 대립하게 만들었고, 2년 뒤 프랑스 국민의회가 군주제를 폐지하면서 그 적대는 격렬한 충돌로 바뀌었다. 유럽 대륙에서 또 다른 강대국이던 오스트리아 제국과 관계는 곧 파국에 이르렀다. 프랑스는 이른바 '제국주의자'라 부르던 오스트리아가 먼저 공격에 나설 틈을 주지 않으려고 1792년 선전포고를 감행했다. 이후 다른 국가들도 연이어 전쟁에 휘말렸고, 결국 영국도 오스트리아 제국과 동맹을 맺고 참전했다.

에트루스코호는 당시 토스카나가 속해 있던 오스트리아 제국의 국기를 달고 있었으므로, 표면적으로 문제가 없었다. 그때나 지금이나 편의치적국(便宜置籍國)의 국기(flags of convenience)[1]가 흔히 사용되지만, 전시에는 그런 국적을 곧이곧대로 믿을 수 없었다. 따라서 어떠한 영국 군함도 국적이 무엇이든 간에 상선을 그냥 지나가게 둘 수 없었고, 반드시 서류를 확인해 선박의 소유주, 화물의 주인, 목적지를 파악해야 했다. 에트루스코호는 바로 이러한 이유로 북대서양을 항해해 올라오는 동안 여러 차례 검문을 받은 적이 있었다.

이 배는 두 가지 측면에서 취약했다. 우선, 당시는 모든 해군 장교가 복귀 명령을 받은 전시였음에도, 이 배는 휴가 중인 영국 해군 장교가 지휘하고 있었다. 홈 포팜(Home Popham, 1762~1820)은 영국이 북미 식민지와 전쟁을 벌일 당시 해군 소위로 복무하며 항해술을 익혔고, 그 전쟁이 끝난 후 제대하여 반(半)급여 상태로 전환되었다. 그러나 그는 가만히 앉아 경력 없이 시간을 보낼 생각이 없었기에, 영국의 규제를 피할 수 있는 오스텐드로 건너갔다. 그곳에서 그는 지휘할 배를 물색하다가 하나를

1　편의치적(便宜置籍)은 선박 소유주가 자신의 배를 실제 운영국이 아닌 외국의 선박으로 등록하는 행위를 말한다. 이는 선박에서 기인하는 소득에 대한 저율 과세, 외국인 선원의 자유로운 탑승, 낮은 선박 구조 기준 등의 편의를 위해 선박 소유자의 소재국이 아닌 외국에 등록하는 방식이다.

찾아냈고, 1787년 해군성 장관에게 "개인 사업을 수행하기 위해 동인도
로 갈 허가"를 요청하는 청원서를 제출했다. 장관은 처음에는 탐탁치 않
게 여겼지만, 포팜이 두 번째로 청원하자 마지못해 허가를 내주었다. 다만
동인도회사(East India Company, EIC)의 이해관계가 있는 지역에는 절
대 출입하지 말 것, 아시아에 도착하면 반드시 회사 측에 자기 존재를 알
릴 것이라는 조건이 붙었다.

하지만 포팜은 그 어느 것도 지키지 않았다. 그는 에트루스코호라는 배
를 타고 인도로 향했고, 동인도회사가 활동한 해역, 즉 들어가서는 안 될
바로 그곳에서 사업을 벌였다. 그는 캘커타에서 수상쩍은 거래를 통해 자
기 배를 미국인들에게 넘기고, 대신 더 큰 배인 프레지던트 워싱턴호를 인
계받았다. 그는 곧 이 배의 이름을 다시 에트루스코로 바꿨는데, 배의 소
유권이 바뀐 사실을 감추기 위한 것으로 보인다. 게다가 배 이름을 '토스카
나 사람(Tuscan)'이라는 식으로 붙인 것은 영국의 이해관계로부터 자신을
일정 거리 떨어진 존재처럼 보이게 하는 좋은 방법이었다.[2] 이러한 위장을
유지하기 위해 그는 처음엔 토스카나 출신 항해사를 고용했고, 이후에는
오스트리아 제국의 영토였던 이스트리아 출신 인물로 교체했다. 그렇게
한동안 포팜은 동인도회사의 심장부라 할 수 있는 벵골만 일대에서 화물을
운송하다가 마카오로 항해했다. 그곳에서 그는 유럽 상인을 만났고, 그들
은 그의 배에 상품을 가득 싣고 함께 유럽으로 돌아가 한몫 잡기를 원했다.

에트루스코호가 취약했던 두 번째 이유는 화물칸의 내용물이었다. 화물
의 3분의 1은 마카오를 기반으로 광주에서 무역하던 프랑스 상인 장-밥
티스트 피롱-아예(Jean-Baptiste Piron-Hayet)의 것이었고, 또 다른
3분의 1은 샤를 드 콩스탕(Charles de Constant, 1762~1835)이라는 이

---

2 에트루스코(Etrusco)는 이탈리아어로 '에트루리아 사람'을 뜻한다. 에트루리아(Etru-
   ria)는 고대 이탈리아 중부의 지역 이름으로, 오늘날의 토스카나(Tuscany) 지역과 거의
   겹친다. 따라서 이탈리아어 배 이름 에트루스코는 토스카나인과 같은 의미이다.

름의 상인 소유였다. 콩스탕은 이름이 프랑스식이지만 사실 스위스인이었다. 그는 프랑스 동인도회사의 광주 주재 수석 대리인으로 파견되었고, 회사가 재정 파탄을 막기 위한 강경 조치의 일환으로 1793년에 광주 지점을 폐쇄하자 사직했다(회사는 1794년에 파산했다). 이후 그는 자기 이름을 내걸고 독자적인 상업 활동을 시작했다. 하지만 화물의 상당량이 프랑스계 상인의 이름으로 선적되어 있었으니, 영국 검사관에게는 충분히 의심을 살 만한 일이었다.

이러한 불리한 조건에도 불구하고, 포팜은 규칙을 모두 꿰고 있었을 뿐 아니라 자신의 목적에 맞지 않는 사실을 능숙하게 물리치는 노련한 인물이었다. 영국 장교가 배에 승선할 때마다 그는 논리적인 설득과 강한 인상으로 상대를 압도해, 자기가 지휘하는 배가 전시법이나 독점 규정을 위반하지 않았음을 납득시킬 수 있었다. 7월 15일, 영국 해협에서 군함이 그의 배를 검문했을 때도 마찬가지였다. 에트루스코호의 목적지가 오스텐드였다는 점은 그에게 유리하게 작용했다. 당시 벨기에는 오스트리아 제국 영토였기 때문이다. 하지만 유리한 점은 동시에 불리함으로 작용할 수도 있었다. 에트루스코의 화물을 오스텐드에서 처리하는 중개인은 영국 상인 로버트 차녹(Robert Charnock)이었는데, 그는 동인도회사의 독점권을 회피하기 위해 온갖 편법을 쓰는 것으로 악명이 높았다. 다행히도 대부분의 영국 해군 하급 장교는 이런 사실을 알 리 없었고, 실제로 그날 에트루스코호에 승선한 젊은 중위 역시 그러했다. 두 사람은 장교 대 장교로서 긴 대화를 나누었고, 중위는 자신의 소형함으로 돌아가 에트루스코호가 전시 포획 대상이 아니며 오스텐드로 항해해도 무방하다는 판단을 내렸다.

에트루스코호는 다음 날 아무 사고 없이 항구에 도착했다. 항해는 끝났다. 닻을 내리자마자 홈 포팜은 직접 노를 저어 육지로 향했다. 그는 오스텐드에 젊은 아내를 두고 떠났고, 떠나던 날 밤 잉태된 아들을 아직 만나보지 못한 상태였다. 이 장의 중심인물인 스위스 상인 샤를 드 콩스탕이 함께 상륙했는지는 기록에 남아 있지 않다. 그러나 오랜 항해 끝에 그는 분명 땅을 밟고 싶었을 것이다. 만약 그가 상륙했다면, 그의 하인 럼 아카오도 그를 따라갔을 것이다. 그에게는 그것이 생애 처음 유럽 땅을 밟는 순간이었다. 당시 그런 경험을 한 중국인은 극히 드물었다.

에트루스코호가 오스텐드에 도착했을 때, 그들은 항구에 정박해 있는 영국의 중형 군함 브릴리언트호를 분명 보았을 것이다. 그러나 이미 여러 차례 검문을 무사히 통과한 뒤였으므로, 아무도 그 존재를 대수롭지 않게 여겼다. 그러나 그날 밤, 어둠을 틈 타 브릴리언트호의 한 장교가 무장 병력을 이끌고 에트루스코호에 승선해, 이 배를 국왕 조지 3세 폐하를 위한 전리품으로 나포한다고 선언했다. 럼 아카오와 에트루스코호가 오스텐드에 도착하기까지의 여정은 길었지만, 그 후에 이어진 법적 공방에 비하면 아무것도 아니었다. 배 안에 실려 있던 중국산 화물을 압류한 행위가 합법이었는지, 그리고 그것이 위법으로 판명되었을 경우 보상이 이루어져야 하는지를 둘러싸고 그 공방이 벌어졌다. 이 사건은 15년이라는 긴 시간 동안 영국 법정을 오르내린다.

유럽의 중국인

오스텐드에 도착한 지 넉 달 뒤, 럼 아카오는 런던에서 자신의 초상화를 그리게 했다. 프린스턴 대학을 방문했을 때 나는 우연히 그 그림을 발견했다. 동료이자 오랜 친구인 수전 네이퀸(Susan Naquin) 교수와 대화 중 그것을 알게 된 것이다. 내가 샤를 드 콩스탕의 회고록을 읽고 있다고 말하자, 그녀는 자기가 예전에 동아시아학과 학과장을 맡았을 때 받은 한 문의를 기억해 냈다. 한 프린스턴 동문이 가족에게서 전해 내려오던 오래된 판화를 들고 와, 그 그림 속 중국인이 누구인지 학과에 아는 사람이 있는지 문의했다. 수전은 조사 끝에, 그 인물이 콩스탕의 하인인 럼 아카오임을 밝혀냈다. 그녀의 도움에 감사한 마음으로, 그 동문은 판화를 학과에 기증했다. 그 그림은 오랫동안 그녀의 연구실 벽에 걸려 있었다. 그러나 최근 대학교 미술관의 큐레이터들이 이 판화가 너무 귀중하여 연구실

[그림 14] 이 대중 판화는 프랑스의 초상화가 앙리-피에르 당루(Henri-Pierre Danloux)가 프랑스 혁명을 피해 런던으로 망명해 있던 1793년에 그린 유화 초상을 동판 메조틴트(mezzotint) 기법으로 재현한 것이다.

벽에 걸어 둘 수 없다고 판단하여, 버블랩에 싸서 소장고에 보관하도록 조치했다([그림 14] 참조).

내가 그 판화를 직접 보았을 때, 작은 글씨로 원화의 출처가 표기되어 있는 것을 발견했다. "H. Danloux Pinx't," 즉 앙리 당루(Henri Danloux)가 그린 그림이라는 뜻이다. 나는 원작 회화가 오래전에 사라졌을 것이라 생각했지만, 인터넷을 검색하던 중 그 원본이 현재 아일랜드에 한 개인의 소장품으로 남아 있다는 사실을 찾아냈다. 나는 이 원화를 디지털 이미지로 보았지만—물론 실물을 보는 것과는 비교할 수 없지만—복제본만으로도 확실히 알 수 있었다. 프린스턴에 소장된 판화도 훌륭하지만, 원본은 그보다 훨씬 뛰어난 작품이었다.

이 초상화 속 인물은 푸른 하늘을 배경으로, 화가의 오른쪽 어깨 너머를 응시하고 있다. 이마에는 밝은 빛이 비치고, 눈은 맑으며, 입술은 살짝 벌어져 있다. 표정에는 약간의 긴장감과 함께, 포즈를 취하는 것을 다소 쑥스러워하는 기색도 엿보인다. 18세기 대부분의 중국인에게 초상화를 위해 앉는 경험은 생소한 일이었다. 초상화란 황제나 왕자, 고위 관리, 유명한 문인처럼 이름 높은 이를 위한 것이었다. 이 책의 앞선 두 장을 연 초상화를 떠올려 보라. 보통 사람에게 초상화란 생전의 인물이 아닌, 죽은 이 혹은 곧 죽을 이를 그린, 이른바 조상의 초상화였다. 그런 시대에 런던의 레스터 스퀘어에 있는 앙리-피에르 당루(Henri-Pierre Danloux, 1753~1809)의 화실에서 초상화 모델로 앉는 일은 럼 아카오에게 매우 생소한 일이었을 것이다. 그러나 그것은 14년 전 한 유럽인을 위해 일을 시작한 이래 그의 삶을 채워 온 낯선 경험 중 하나에 불과했다.

이 초상화는 훌륭한 작품이다. 세로 약 90cm, 가로 약 70cm의 크기로, 인물의 품위를 충분히 드러내면서도 과하게 영웅적으로 묘사해 보는 이를 압도하지는 않는다. 아시아인을 잘 모르는 유럽 화가에게 동양인의 얼굴 윤곽, 특히 눈을 입체적으로 묘사하는 것은 어려운 과제였다. 중국인의 눈은 그들의 회화 교육 과정에 포함되어 있지 않았기 때문이다. 그럼에도 당루는 윗눈꺼풀의 몽고주름을 능숙하게 표현했다. 그러나 이 그림은 단지 주인공을 닮은 초상 그 이상이다. 그것은 공감 어린 묘사였다. 살짝 벌어진 입술과 얼굴에 비치는 다면적인 빛의 표현은 이 인물이 살아 숨 쉬는 사람이라는 인상을 준다. 검은 옷은 약간 엄숙한 느낌을 주지만, 인물 뒤로 펼쳐진 구름에 담긴 부드러운 파스텔 톤은 전체적으로 따뜻함과 부드러운 생기를 더한다. 그림 어디에도 인물의 존엄성을 의심하거나 훼손하는 흔적은 없다. 럼 아카오를 이국적으로 묘사하려 하거나, 별개의 범주에 두려는 시도가 전혀 없다. 그는 서구인처럼 생기지 않았고, 1793년 유럽인의 시선에서는 시대에 뒤떨어진 복장을 입었을 수 있지만, 본질적으로 그는 우리와 같은 인간으로 그려져 있다.

이 초상화는 당루의 작품 중에서도 단연 돋보인다. 그의 대표적인 화풍은 어둡고 극적인 분위기에 장식이 과한 경우가 많은데, 18세기 유럽 회화 양식의 전형이라 할 수 있다. 그러나 이 초상화는 다르다. 적운(積雲)을 배경으로 삼는 장치는 당루가 3년 뒤 베리 공작(Duc de Berry)의 초상화에서 다시 사용하긴 했지만, 그 외에 그의 다른 작품들과 전혀 닮지 않았다. 화려한 복장도 장식 소품도 어두운 음영도 없다. 그저 야외에 앉아 있는 한 사람은 중국식 의복과 관모를 착용했을 뿐, 그 외에 어떤 꾸밈도 없다. 작품 어디에도 급하게 그린 흔적이나 부주의한 손길이 전혀 보이지 않는다. 오히려 그 반대다. 당루가 사용한 빛과 그림자의 복합적인 기하 구성은, 내 눈에는 오히려 18세기 회화의 관습을 되짚기보다는 19세기 회화를 예견하는 듯 보인다. 당루는 새로운 화풍을 실험한다기보다 당시 유럽 초상화에 흔히 사용되던 영웅적이거나 가정적인 소품에 기대지 않고 인물 자체를 포착할 수 있는 방식을 찾으려 했다. 당루가 럼 아카오의 초상화에 특별히 만족하여 그것을 팔지 않았는지, 혹은 단순히 구매자가 없었는지는 알 수 없으나, 이 그림은 그가 1801년 파리로 돌아갔을 때까지 그의 소장품으로 남아 있었다. 1809년 당루가 사망했을 때 이 초상화는 그의 아들에게 넘어갔고, 1860년까지도 여전히 그 가문의 소유로 남아 있었다.

당루는 럼 아카오와 콩스탕보다 1년 앞서 런던에 도착했다. 그는 프랑스 혁명이 폭력으로 변질된 뒤 그 혼란을 피해 탈출한 망명자였다. 혁명으로 인해 후원자였던 귀족 고객들을 잃은 그는 런던 레스터 스퀘어에 화실을 열고 몇 년 동안 초상화 의뢰를 찾아다니다가, 이후 같은 일을 하기 위해 스코틀랜드로 옮겼다. 콩스탕이 런던에 도착했을 때, 그는 당루와 연락을 주고받았다. 두 사람은 이전에 콩스탕이 파리에 장기 체류하던 시절에 알던 사이였을 수도 있고, 단순히 프랑스 혁명을 피해온 유럽 망명자라는 공통점으로 연결되었을 수도 있다. 나는 두 사람 사이에 과거의 교류와 자금 부족이 결합되어, 런던에서 럼이 일으킨 조용한 센세이션을 이용해 이익을 얻겠다는 발상으로 이어졌다고 생각한다. 럼은 1793년 당시 런던에 있던 유일한 중국인이었을 가능성이 높으며, 따라서 상당한 호기심의 대상이었다. 그는 심지어 국왕 조지 3세(George III)의 주목을 받았다. 두 사람은 하이드 파크에서 산책 중인 국왕과 우연히 마주쳤는데, 이 만남은 콩스탕이 의도적으로 연출했을 가능성이 크다. 이는 런던의 상업 엘리트와 인맥을 쌓고 주목을 받기 위한 전략이었다. 이 우연한 조우에 국왕은 흥미로워하며 이렇게 외쳤다고 전해진다. "뭐라? 뭐라? 차이나맨! 차이나맨! 반갑네, 반갑네!" 이에 럼은 공손히 허리를 굽히며 "칭(請), 칭"이라 중얼거렸다고 한다. "뜻대로 하십시오, 뜻대로 하십시오"라는 의미였다.

눈에 띄는 럼의 존재감은, 그를 주제로 대중 판매용 판화를 제작하자는 발상을 자극했다. 당루는 초상화를 그리고 나서, 같은 레스터 스퀘어에 공방을 두고 있던 판화가 조지프 그로저(Joseph Grozer)에게 이 그림을 바탕으로 메조틴트(mezzotint) 판화를 제작해 달라고 의뢰했다. 일반적인 판화가 동판에 선을 새기는 방식으로 만들어지는 데 반해, 메조틴트는 동판을 거칠게 처리한 뒤 표면을 연마함으로써 훨씬 부드럽고 섬세한 명암을 표현할 수 있는 고급 기술이었다. 그로저는 인쇄 비용을 절감하기 위해 그림을 원본의 5분의 1 크기로 축소했다. 그리고 이미지 하단에 인물의 신원을 밝히는 설명 패널을 추가하고, 화가 및 출판자로서 당루의 이름을 표기했다. 이 패널에는 다음과 같은 헌정 문구도 함께 들어 있었다. "샤를 콩스탕 드 르베크(Charles Constant de Rebecque) 님께, 지극히 겸손하고 충직한 하인 H. 당루가 이 판화를 바칩니다." 또 이 판화에는 부제가 달려 있었다. "1793년 런던에 도착한 중국인."

전체 표제는 "Euhun sang Lum Akao"라고 적혀 있었는데, 중국어로는 "향산의 임아구(香山林亞九)"라 써 있다. 향산은 마카오로 일하러 오거나 해외로 나가는 중국인이 많이 나오는 지역이었다.[3] 이 제목은 그림의 내용과도 잘 들어맞으며, 왼쪽 상단 모서리에 적힌 중국어 제목과도 대응된다. 이 다섯 글자는 읽을 수 있을 정도로 선명하지만, 첫 번째 글자의 두 획이 잘못 쓰였고, 두 번째 글자의 하단 세로획은 지나치게 길고 눈에 띄어, 이를 쓴 사람이 정식으로 중국 서예를 배운 이가 아님을 암시한다. 그러나 초보자의 솜씨치고는 훌륭한 수준이며, 회화적 감각이 탁월했던 당루 같은 인물이라면 그리 놀라운 일도 아니다. 그림 위에 글자를 쓰는 것은 중국 회화에서는 일반적인 관습이지만, 18세기 유럽의 초상화에서는 볼 수 없는 일이었다. 유럽에서는 인물의 이름을 그림 안이 아니라 액자에 새겼기 때문이다. 당루는 이 글씨를 통해 럼이 다른 문화권 출신임을 존중하고 드러내려 했던 것이다.

중국의 유럽인

럼 아카오가 런던 사람들에게 호기심의 대상이었다면, 콩스탕은 광동 사람들에게 '귀신'[광둥어로 '귀로(鬼佬)'] 같은 존재였다. 광주에서는 유럽인이 영국의 중국인만큼 희귀하진 않았지만, 양측 모두 서로를 상대방의 땅에서 마주할 때, 그 감정은 놀라움에서 불쾌감에 이르기까지 다양하게

---

3 현재의 광둥성 중산시(中山市)이다. 본래 향산현(香山縣)이었으나 쑨원(孫文)의 탄생을 기념해 1925년 그의 호인 중산(中山)을 따서 중산현으로 개칭되었다. 명청시대에 마카오(澳門)는 향산현에서 관할했다.

나타날 수 있었다. 타인의 터전에서 살아가는 이들은 어린 시절부터 주입된 타자에 대한 두려움이 낳는 적대감을 감내할 준비가 되어 있어야 했다.

광동 무역에 종사하는 유럽인으로 산다는 것은 마카오와 광주, 두 곳에 걸쳐 사는 삶을 의미했다.[4] 포르투갈은 1557년 주강 하구의 작은 반도인 마카오를 임차했고, 마카오는 18세기에도 여전히 유럽인이 중국 인접 지역에 거주할 수 있는 유일한 장소였다. 유럽인과 중국인은 마카오를 비롯한 주강 하구 일대에서 비공식적으로 교역해 왔으나, 1684년 청조가 외국과의 교역을 정부 감독하에 허용하면서 광주를 공식 무역항으로 개방했다.[5] 외국 상인들은 광주 성벽 밖에 있는 부지를 임대해 무역 활동을 했으며, 여름철 무역 기간 동안에만 그곳에 머무를 수 있었다. 나머지 시기에는 하류 방향으로 160킬로미터 떨어진 마카오에서 겨울을 나야 했다.

콩스탕은 1779년 열일곱의 나이로 처음 마카오로 항해했으며, 이후 중국에서 무역하는 경력 동안 두 차례 더 이곳을 방문했다. 현재 제네바 도서관에 소장되어 있는 그의 방대한 문서 및 일기 자료에는 세 번째 방문 당시의 일기도 포함되어 있는데, 이는 친구들에게 보내는 편지 형식으로 작성되었다. 1789년 9월 20일 자로 쓰인 한 편지에서 그는 마카오가 시야에 들어오자마자 느낀 기쁨을 이렇게 표현했다. "내 청년 시절 가장 아름다운

4　광주를 통한 외국, 특히 서구와 교역이 활성화된 무역 체제를 '광동 무역 체제(Canton Trade System)'라 부른다. 대체로 1684년 개설된 네 곳의 해관 가운데 세 곳이 폐쇄되고 광주의 월해관만 기능하게 된 1757년부터 아편전쟁으로 다시 다섯 개 항구가 열린 1842년까지의 시기를 지칭한다. 당시 광주를 통해 유입된 물자는 주강(珠江)-대유령(大庾嶺)-감강(贛江)-양쯔강-대운하로 연결되는 노선을 통해 수도 북경까지 운송되었다. 'Canton'은 광주(廣州)를 지칭할 때도 사용되지만 광주를 포함한 광동성을 지칭할 때도 사용되었다. 이 책도 도시를 지칭할 때는 '광주'로, 무역 체제를 지칭할 때는 '광동'으로 번역했다.

5　이는 청의 황제 강희제(康熙帝)가 타이완의 정씨 세력을 진압한 후인 1684년 광주를 포함하여 하문(廈門), 영파(寧波), 상해(上海)의 네 곳 항구를 열고 각각 월해관(粵海關), 민해관(閩海關), 절해관(浙海關), 강해관(江海關)을 설치하고 세금을 징수하게 된 일을 말한다.

세월을 보냈던 나라, 그리고 다시금 반가운 오랜 친구들을 만날 나라로 돌아와 매우 기쁘다." 같은 편지에서 그는 마카오를 다음과 같이 묘사했다.

아주 눈부시고 매우 쾌적하다. 이 반도는 여러 언덕으로 이루어져 있고, 그 사이에 도시가 마치 원형극장처럼 불규칙하게 자리하고 있다. 흰색 건물들이 아름다운 나무 사이로 숨어 있고, 중국식 건물과 유럽식 교회, 아기자기한 주택이 어우러져 매우 사랑스러운 풍경을 자아낸다. 선박은 반원형의 커다란 곳에 정박하는데, 그 지형을 따라 아름다운 부두가 이어지며 산책로로도 쓰인다. 유럽과 중국 배가 오가며 움직이는 모습이 전체 풍경의 아름다움을 더해준다.

마카오는 포르투갈 총독이 다스리는 포르투갈의 도시였다. 그러나 18세기 중반 청 조정이 이곳에 지방관을 파견한 이후, 포르투갈인은 더 이상 마카오를 자신들만의 도시로 유지할 수 없었고, 외부에서 들어오는 사람들의 출입을 허용해야 했다. 콩스탕의 기록에 따르면, 18세기 후반 마카오에 거주한 유럽인의 수는 2천 명을 넘었고, 총독의 아내를 제외한 전원이 남성이었다. 여기에 유럽인과 동거하거나 그들을 시중들던 중국 여성까지 포함하면—그들은 모두 명목상 개종자였다—그 '그리스도인' 수는 7천 명으로 늘어난다. 하지만 이 공동체는 마카오에서 일하던 2만 5천여 명의 중국인 남성 노동자에 비하면 소수에 불과했다. 이들 노동력은 도시 유지에 필수적이었다. 여기에 아프리카계 노예 1,200~1,500명이 마카오의 인구 구성을 완성했다. 수적으로는 소수였지만, 항구의 지배권은 유럽인이 쥐고 있었다.

대부분의 유럽인과 마찬가지로 콩스탕도 부를 축적할 때까지 머무를 요량으로 마카오에 체류했다. 그는 트리에스테(Trieste)[6]의 제국 아시아 회

6　트리에스테는 이탈리아 동북방 아드리아해 연안의 항구 도시이다. 1382년 합스부르크

사(Imperial Asiatic Company)[7]에서 견습생으로 일을 시작했다. 이 회사는 중국과 무역에서 독점권을 부여받은 여러 동인도회사 가운데 비교적 덜 알려진 회사였다. 콩스탕은 원래 프랑스의 동인도회사에서 일하고자 했지만, 자리를 구하지 못했다. 그는 귀족 혈통이지만 그리 부유하지 않은, 제네바의 적당히 유명한 가문 출신으로, 일정한 인맥과 기회를 가지고 출발했지만, 그것을 활용하기 위해 스스로 노력해야 했다. 젊은 시절 그는 여러 곳을 옮겨 다녔으며, 열네 살 무렵에는 런던 외곽에서 2년을 보냈다. 열여섯이 되었을 무렵 그는 네 개 언어를 능숙하게 구사할 수 있었고, 낯선 환경에서도 어떻게 처신해야 하는지 잘 알고 있었다. 제네바 출신은 유럽 전역의 여러 회사에 고용되었지만, 콩스탕이 당시 구할 수 있었던 가장 현실적인 선택지는 제국 아시아 회사였다. 그에게는 한 가지 큰 약점이 있었는데, 바로 막대한 부를 쌓겠다는 열망이 별로 없었다는 점이다. 그는 언젠가 어느 정도 재산을 모아 체면 있는 모습으로 귀향해 안정된 가정에 정착하고 싶다고 생각했지만 무슨 수를 써서라도 부를 쟁취하겠다는 일념까지는 없었다.

트리에스테의 제국 아시아 회사는 오스트리아–헝가리 제국(합스부르크 제국)의 독점 회사로 운영되었다. 콩스탕이 이 회사에 채용되었을 당시, 이 회사는 광주에 가장 늦게 진출한 최신 독점 회사였다. 이름과 달리, 콩스탕이 속한 회사는 실제로 트리에스테가 아니라 오스텐드를 근거지로 삼고 있었다. '트리에스테'라는 명칭을 내세운 것은 합스부르크 제국의 우산 아래 들어가 아시아 무역을 담당하기 위함이었다. 영국인이 '제국인(the

---

의 레오폴트 3세에게 복속되었으며, 18세기 합스부르크 제국의 주요 상업 항구로, 지중해 무역과 중앙 유럽을 연결하는 기점이 되었다.

7 합스부르크 제국이 18세기 후반 설립한 동인도회사이다. 합스부르크 제국은 해상무역에서 영국, 네덜란드, 프랑스의 동인도회사를 따라잡기 위해 트리에스테에 거점을 둔 제국 아시아 회사를 설립하고 특히 중국과의 무역에 참여하려 했으나 경쟁에서 밀려 1790년대에는 해체되었다.

Imperials)'이라고 부른 이들을 위해 일하는 이 회사에서의 근무는 콩스탕이 기대했던 안정된 진로와 거리가 멀었다. 그가 마카오에 도착하자마자, 유럽 본국의 회사는 재정 위기에 직면했다. 본국에서 선박이 파견되지 않았고, 따라서 그곳에서 할 수 있는 무역도 없었다. 열일곱 살의 신참에게는 더욱 난감했다. 사실상 고립된 콩스탕은 자리를 포기하기로 결심했지만, 떠나기 전 빚을 갚기 위해 돈을 빌려야 했고, 결국 그는 1782년 2월에야 마카오를 떠날 수 있었다. 그가 유럽으로 향하던 중 회사가 재편되어 두 척의 선박을 중국으로 보냈지만, 그는 유럽에 도착할 때까지 그 사실을 알 길이 없었다. 다시 마카오로 갈 제국 소속의 선박이 없자, 콩스탕은 곧장 영국으로 향했고, 마게이트(Margate)에서 출항하는 배를 찾아 탑승했다. 이 배는 편의상 고용한 이탈리아인 선장을 앞세워 합스부르크 제국 국기를 달고 있었지만, 실제 선장과 항해사는 모두 영국 동인도회사 출신으로, 이 역시 독점권을 피해 항해하는 또 하나의 영국 선박이었다.

마카오에 다시 돌아온 뒤, 콩스탕은 동생에게 보낸 편지에서 복귀 이후의 불만을 숨기지 않았다. "나는 다시금 나의 감옥 안에 갇혔다." 그는 이렇게 썼다. "나는 원칙도, 도덕도 없고, 전혀 사교적이지도 않으며, 오직 돈을 어떻게 벌 것인가만 생각하고 그 돈을 어떻게, 누구를 통해 벌든 전혀 개의치 않는 사람들로 둘러싸여 있다." 그는 스스로에게 반문했다. "이토록 암울한 나라에서 나는 고통스러운 나날을 보내고 있고 또 앞으로 오랫동안 그럴 것이다. 그런데 재산이 과연 그 보상이 될 수 있을까?" 그는 곧바로 자답했다. "그렇지 않다고 생각한다." 한탕의 투기 활동을 벌인 뒤, 제국 아시아 회사는 결국 빚의 무게를 이기지 못하고 1785년 파산을 선언했다. 콩스탕은 해방되었고, 이듬해 겨울 계절풍을 타고 귀국했으며, 다시 돌아올 생각이 없었다. 그러나 유럽에 돌아와 보니 그의 앞날은 마카오에 있을 때보다 나아진 것이 없었다. 한동안 중단되었던 프랑스 동인도회사가 다시 운영을 재개하자, 회사는 그에게 세 번째 중국 근무를 제안했다. 이번에는 회사의 정식 대리인 자격이었다. 그 정도 직위라면 프랑스 상관에서 사실상 부책임자 자리를 안정적으로 확보할 수 있다는 의미였다. 콩스탕은 다시 한 번 부(富)에 기회를 걸기로 결심했다.

마카오는 콩스탕이 1779년 처음 럼 아카오를 만난 곳이었다. 그는 그때 가족에게 보낸 편지에서 이렇게 적었다. "나만을 위한 하인이 하나 있습니다. 열한 살이고, 이름은 아카오입니다. 똑똑하고, 온순하며, 명랑합니다." 두 젊은이는 곧 가까운 사이가 되었다. 1782년 1월, 콩스탕이 유럽으로 돌아갈 때 그는 럼을 남겨두었지만, 두 번째로 마카오에 돌아왔을 때 부두에서 일자리를 찾는 인부들 틈에서 럼이 자신을 기다리고 있는 모습을 발견하고는 무척 기뻐하며 다시 그를 고용했다. 그는 가족에게 보내는 편지에서 럼을 "예전에 내 하인이었고, 내가 키웠다고 말할 수 있을 사람"이라고 표현했지만, 그 외에는 럼에 대해 거의 언급하지 않았다. 그 뒤콩스탕이 다시 유럽으로 돌아가며 두 번째 이별이 있었다. 그리고 프랑스 상관의 책임자로 다시 마카오에 부임했을 때 두 사람은 또다시 재회했다. 1793년 1월 에트루스코호가 출항할 무렵, 콩스탕은 이제 럼을 데리고 함께 유럽으로 갈 여유가 있었다.

럼 아카오는 콩스탕이 함께한 유일한 중국인은 아니었다. 마카오는 외국인 남성들의 세계였지만, 동시에 포르투갈인이 중국에서 고아를 사들여 마카오에서 기독교인으로 길러낸 중국 여성들의 도시이기도 했다. 콩스탕도 대부분의 유럽 남성처럼 이 제도를 이용했다. 그는 친구들에게 이렇게 썼다. "포르투갈인은 중국 아이들을 사서 기독교로 개종하며 키우는 일을 신앙적 실천으로 여깁니다. 중국 아이들의 가격은 높지 않습니다. 제국 전체가, 심지어 가장 풍요로운 성들조차도 자주 기근으로 고통받기 때문입니다. 여자아이들이 선호되는데, 매춘부로 생계를 유지할 가능성이 더 높기 때문입니다." 이러한 제도 속에서 일시적 동거 관계에 놓인 여성을 '뇨냐(nyonya)'[8]라고 불렀고, 유럽 남성은 그녀를 실제 아내처럼 부양할 의무가 있었다. 다만 그 관계는 남성이 떠날 때 재정적 유대가 자동으로 해소된다는 전제가 있었다. 콩스탕의 첫 번째 뇨냐는 조세파(Josefa)였다. 그러나 콩스탕이 1789년 마카오로 다시 돌아왔을 때, 조세파는 이미 다른 덴마크 상인의 동거인이 되어 있었다. 그래서 그해 겨울, 콩스탕은 또 다른 중국인 개종 여성과 계약을 맺었다. 그녀의 중국 이름은 전해지지 않지만, 포르투갈식 이름은 그라시아 바라다(Gratia Barrada)였다. 그라시아는 자신의 계약 조건을 훨씬 뛰어넘는 역할을 했다. 콩스탕이 세 번째 마카오 체류 중 중증 질병에 걸렸을 때 그녀는 오랜 간병을 했는데, 어쩌면 그녀의 보살핌이 아니었다면 그는 회복하지 못했을지도 모른다.

광주에서의 경험

광주로 무역을 위해 항해해 온 유럽인은 고도로 조직된 무역 체계와 마주했다. 그들이 상대한 주요 상인은 '공행(公行)'이라 불리는 공인 무역상 조직이었다. 공행 상인은 제국 황실에 막대한 비용을 지불한 대가로 무역 독점권을 부여받았고, 이러한 특권을 바탕으로 공식 허가를 받아 외국 상인과 거래를 수행했다. 유럽 상인은 마카오에 머물러야 했고, 여름철 무역 시즌이 되면 강을 거슬러 올라와 광주에서 거래를 체결했다. 그러나 도시 안으로 들어가는 것이 금지되어 있었고, 대신 도시 남서쪽 바깥에 위치한 광주 해안가의 '13행(十三行)'이라 불리는 상관(factory)에 머물러야 했다. 이들 상관은 원래 공행 상인이 자비로 건설한 건물로, 무역 시즌 동

---

8 뇨냐(Nyonya)는 말레이어로 '부인'이란 뜻으로, 특히 외국인 기혼 여성에 대한 호칭으로 쓰인다. 이 용어는 대체로 15세기 명의 중국계 이주민 남성이 말레이로 진출하며 해당 지역의 여성과 혼인을 통해 형성된 페라나칸(Peranakan) 사회에서 유래했다. 당시 이렇게 서로 혼합된 페라나칸 문화에서 남성을 '바바(Baba),' 여성을 '뇨냐(Nyonya)'라 불렀다.

안 유럽인과 그들의 화물을 수용할 수 있도록 주거 공간과 창고 기능을 겸비하고 있었다. 콩스탕은 이들 공간을 "그리 넓지 않지만 깊이가 매우 깊다"라고 묘사했다. 실제로 그 깊이는 100야드(약 91미터)가 넘었고, "작은 정원들로 구획되어 있으며 가운데에는 넓은 통로가 나 있다. 정면은 2층에 회랑이 달려 있고, 어떤 곳은 기둥으로 받쳐져 있으며, 어떤 곳은 필라스터(pilaster)로 장식된 아케이드 구조를 이룬다"라고 적었다. 초창기에 그것들은 배 한 척의 화물조차 전부 보관하기 어려울 정도로 협소했으나, 시간이 지나면서 확장되어 나중에는 선박 네 척 분량의 화물을 저장할 수 있는 상관도 있었다.

13행에 머무는 외국인을 위한 유일한 편의 시설은 강가에서 안쪽으로 나 있는 두 골목길에 문을 연 중국 상점들이었다. 원래 있던 상점 거리는 '호그 스트리트(Hog Street)'[9]라 불렸는데, 영국 상관 바로 옆에 있었다. 1760년에는 두 번째 거리인 '차이나 스트리트(China Street)'가 개설되었는데, 콩스탕이 처음 머물던 시절에는 프랑스 상관 옆을 따라 놓여 있었다. 이후 프랑스 동인도회사는 차이나 스트리트에서 서쪽으로 세 칸 떨어진 곳으로 이전했고, 그 자리는 1800년에 미국인들이 인수하여 독자적인 상관을 세웠다. 지루함에 시달리던 외국 상인들은 이 두 골목에 빼빽이 들어선 상점들에서 개인용품이나 기념품을 사고, 음식과 술을 즐기거나 기분에 따라 술집에서 싸움을 벌이기도 했다. 중국인들은 차이나 스트리트를 '정원가(靖遠街)'라고 불렀는데, 이는 '먼 데서 온 사람들[遠]을 평온하게 한다[靖]'는 뜻이다. 이는 풍자가 아니라, 외교정책의 공식 목표를 표현한 말이었다. 외국인은 언제든지 문제를 일으킬 수 있는 존재로 간주되었기에, 그들을 만족시켜 위협을 최소화하려는 것이 국가의 방침이었

---

9 'Hog Street'라는 서양 명칭은 이곳이 돼지 시장 혹은 도살장이 있던 거리라는 의미를 담고 있다. 이후 중국어로 '주저항(做豬巷, 돼지고기 만드는 골목)'으로 불렸다. 한편 현지인은 이곳을 콩이나 잡곡을 파는 상점이 많다고 하여 '두란가(豆欄街)'라 부른다.

다. 대부분의 외국인은 그렇게 자신들을 위해 마련된 구역 안에 머물렀다.

콩스탕은 광주보다 마카오를 더 선호했다. 그는 가끔씩만 시내로 나갔으며, 나갈 때마다 불편함을 느꼈다. 그는 편지에서 이렇게 털어놓았다. "호기심을 채우기 위해 유럽인들이 드나드는 구역을 벗어나는 일은 전혀 유쾌하지 않다." 그는 이어서, 중국인 거주 구역에 갈 때는 반드시 무장 호위병을 대동했다고 밝혔다. "사람들에게 위압을 주기 위해 병사를 데리고 나가더라도, 곧 사람들로 인산인해가 되고, 돌을 던지거나 그 밖의 위협적인 행위를 하며 상해를 가하려 든다." 모든 유럽인이 광주에서 이토록 부정적인 경험을 한 것은 아니지만, 콩스탕은 현지인과 직접적인 접촉을 평온하게 받아들이지 못했다. 그는 볼테르(Voltaire, 1694~1778) 등 계몽주의 작가의 저작을 통해, 유교적 질서가 중국인을 유럽인보다 훨씬 높은 이성과 도덕의 경지에 올려놓았을 것이라고 기대했었다. 그러나 실제로 마주한 현실에서 그는 당혹과 혐오감을 느꼈다. 그는 가족에게 보내는 편지에서 이렇게 불평했다. "이곳 사람들의 행실은 높은 문명으로 이름난 민족이라기보다는 오히려 야만인의 그것에 더 가깝다." 그나마 이러한 판단에서 예외로 둔 유일한 중국인은 럼 아카오였다.

콩스탕은 혼란스러운 인식을 정리하기 위해 볼테르에서 몽테스키외로 시선을 옮겼다. 즉 중국을 '계몽된 군주정'으로 보는 시선에서, 당시 유럽에서 점차 확산되던 '전제정치의 땅(land of despotism)'이라는 반대 관점으로 전환한 것이다. 중국인들이 비도덕적으로 행동한다면, 그것은 전제정치가 그들을 문화적 가치에 걸맞게 살지 못하게 만들었기 때문이라고 생각했다. 1789년 12월에 쓴 편지에서 그는 이렇게 적었다. "전제정치는 사회에 어떤 도덕적 기쁨도 허락하지 않는다는 사실을 잊어서는 안 된다. 사람들은 그에 대한 보상으로, 은밀히, 그리고 침묵 속에서 감각적 쾌락을 추구하고 만족을 얻으려 한다." 그의 어휘 선택은 결코 우연이 아니었다. 당시 프랑스 혁명이 한창 진행 중이었고, '전제정치'는 혁명의 핵심 언어였기 때문이다. 몇 주 뒤에 그가 쓴 또 다른 편지에서도 같은 언어가 되풀이

된다. 그는 청 관리가 보통 사람들에게 보이는 경멸과, 일반 백성이 국가에 대해 보이도록 강요받는 굴종을 구체적 사례로 들며, 중국 사회 곳곳에 전제정치가 깃들어 있다고 진단한다. "분명히 말하자면, 경멸은 모든 전제 정부의 지배적인 정서이며, 의무는 중국만큼이나 방대한 나라에서 셀 수 없이 많은 사람을 억누르는 데 가장 효과적인 수단이다."

청조의 전제정을 향한 콩스탕의 비판은 어느 정도 그가 중국에서 겪은 개인적 좌절을 반영한 것이었다. 그에게 전제정은 독점을 낳고 자유무역을 억압하는 정치적 조건이었다. 그는 이렇게 주장했다. "독점, 특권 회사, 폐쇄적 조합은 모두 전제 군주의 입맛에 맞는 것들이다." 그리고 "독점의 옹호자는 곧 전제정치의 옹호자"라고 단언했다. 그의 분노는 중국만을 향한 것이 아니었다. 그는 자신이 근무했지만 아무런 이득도 얻지 못했던 동아시아의 무역회사들에도 동일한 비판을 가했다. 유럽이 전제의 수렁으로 더 깊이 빠지지 않으려면 독점을 폐지해야 한다는 것이 그의 생각이었다. 유럽의 혁명적 여론도 그와 같은 입장을 공유했다. 프랑스가 가장 먼저 자국의 동인도회사를 해체했고, 19세기에는 자유무역의 요구가 여론을 지배하면서 다른 유럽의 동인도회사들도 하나둘씩 해체되었다.

황제의 이익

광동 무역 체제의 가장 먼 정점에는 그 체계로부터 가장 큰 이익을 얻은 인물이 있었다. 바로 만주 황제 건륭제였다. 콩스탕이 이 글을 쓰던 당시, 건륭제는 일흔여덟 살의 고령으로, 즉위한 지 54년이 된 뒤였다. 그의 조부 강희제는 재위 61년이라는 최장 기록을 세운 인물이었다. 건륭제는 6년 후 자신의 재위 기간이 60년에 도달하자 조부의 기록을 넘는 것은 적절치 않다고 판단하여 공식적으로 퇴위했고, 이후 4년 동안 실질적으로 권력을 유지하다가 사망했다. 내가 그의 나이와 재위 기간을 굳이 강조하는 이유는 단순하다. 만주 통치 체제 내에서 유능한 군주로 평가받은 이 인물이 너무나 오랫동안 권력을 유지한 탓에, 그와 그의 측근들이 대표하는 이해관계가 뿌리 깊게 고착화되었음을 말하고자 함이다. 그의 총애를 받은 만주인 시위(侍衛) 화신(和珅)은 권세가 극에 달해 '중국 역사상 가장 부패한 인물'이라는 불명예를 얻었으며, 1799년 황제가 사망한 직후 자살을 강요당할 무렵에는 아마 세계에서 가장 부유한 사람 중 한 명이었다.

콩스탕은 건륭제에게 개인적인 반감을 전혀 갖고 있지 않았으며, 오히려 그 군주를 직접 볼 수 있기를 간절히 원했다. 황제가 여든한 살—중국에서 길한 숫자로 여겨지는 나이—을 맞이한 것을 축하하기 위해 유럽 사절단을 북경에 파견하려는 계획이 세워졌을 때, 콩스탕은 그 일행에 합류하려 했다. 이 여정은 의전 문제를 둘러싼 영국 측의 반대로 결국 무산되었다. 그럼에도 그는 친구들에게 보내는 편지에서 "그 제안을 얼마나 기쁜 마음으로 받아들였을지 당신들도 이해할 것"이라고 적었다. 그러나 그는 광주에서 자신이 겪는 좌절의 본질을 잘 이해하고 있었다. 광동 무역 체제는 황실 재정을 지탱하기 위해 존재했으며, 자신이 상대하는 관리들 역시 가능한 한 많은 은(銀)을 황제의 금고로 흘러보내도록 강요받고 있었다. 그 부담은 무역에 참가한 모든 이에게 무겁게 지워졌지만, 특히 공행 상인들에게 가장 가혹했다. 광동 무역 체제에 참여한다는 것은 황실에 바쳐야 할 천문학적인 비용을 감당해야 하는 거대한 도박과도 같았다. 실제로 많은 공행이 파산하거나, 심지어 유배형을 당했다.

현금 흐름을 안정적으로 유지하기 위해 건륭제는 광동 무역 체제의 핵심 직위, 즉 광동순무(廣東巡撫)와 월해관(粵海關) 감독 직책에 임명한 관리들을 면밀히 감독했다. 유럽인은 후자의 세관 감독관을 '호포(hoppo, 戶部)'라고 불렀다. 콩스탕이 1779년 마카오에 도착했을 당시, 건륭제는 이 두 직위를 한 사람, 즉 이질영(李質穎)이라는 인물에게 겸임시켜 두고 있었다. 중국식 이름을 지녔지만, 그는 황실에 속한 만주인이었으며, 황제는 바로 이런 인물을 요직에 앉히기를 선호했다. 몽골 황제가 사적 이익을 위해 외국인에 해당하는 '색목인'을 동원해 이중 행정 체계를 운영했고, 명나라 황제가 거세된 환관을 통해 황제의 의지를 관철했던 것처럼, 청 황제 역시 황실 종친(宗親)과 '포의(包衣, 만주어 'booi'에서 유래)'라고 불린 황실의 세습 노복을 통해 황제의 사적 사업을 관리하게 했고, 이들을 문관 관료 체계의 통제 밖에 두었다. 이질영 역시 원나라 시기의 마르코 폴로나 명나라 시기의 정화처럼, 황제가 관료제에 의존하지 않고 통치할 수 있게 해주는 메커니즘의 톱니바퀴였다.

이질영은 콩스탕의 두 번째 마카오 체류 기간 중 광동순무에서 물러났지만, 황실에 진 빚을 갚기 위해 월해관 감독 직무는 3년 더 유임되었다. 그가 황실에 갚아야 했던 은이 수십만 량에 달했다. 1784년 그는 결국 관직에서 해임되었고, 이후 남은 생애 10년을 빚을 갚는 데 써야 했다. 역사학자 켄트 가이(Kent Guy)는 이질영의 채무 구조를 분석해, 그 전반적인 부패 체계가 차(茶)에 부과된 세금에 기반하고 있었음을 밝혀냈다. 외국 상인은 차에 대한 세금을 은으로 결제했기 때문에, 위로부터의 압박—즉 "청 황제가 자신의 영리한 부하들이 불법적으로 챙긴 것으로 여겨지는 수익을 도덕적 기준으로 단속하기보다는 그 수익에서 자신의 몫을 체계적으로 떼어 가는 식으로 착취하기"—은 관료 체계의 심각한 타락으로 이어졌다. 가이의 표현을 빌리자면, 이는 "도덕과 정치 권위의 중심으로서 황제의 이념적 이미지"를 완전히 무너뜨렸다. 그 수입은 막대했지만, 위험은 그보다 더 컸다. 도덕적 권위를 상실한 황제는 자신과 제국 전체를 내부의 도전과 외부의 경멸에 취약하게 만들었다. 19세기 말이 되면 유럽인은 중국 황제를 조롱의 대상으로 여겼고, 중국인조차도 그를 '외래의 지배자'이자 폐기되어야 할 존재로 간주하며, 스스로 중국을 통치할 때가 왔다고 생각했다.

하지만 나는 지금 이야기의 논점을 너무 앞서 나갔다. 유럽 상인들이 이 같은 재정 관리 체계에 불만을 품고 있었던 것은 사실이지만, 이질영은 그 이전이나 이후의 다른 '호포' 관리들과 비교해 특별히 더 나쁘거나 더 나은 인물은 아니었다. 1784년 2월, 또 다른 만주인 무텅거(穆騰額, 1744~1798)가 이질영의 후임으로 부임하자, 유럽 상인들은 이를 계기로 광동 무역 체제의 규칙을 재검토하자는 명목으로 그를 회의에 초대했다. 유럽인들이 한목소리를 내는 일은 드물었는데, 서로 경쟁자였기 때문이다. 하지만 그들은 광동 무역 체제가 부과하는 과중하고 임의적인 부담에서 벗어나고자 했고, 특히 그들이 보기엔 전혀 논리적이지 않은 규칙들에 불만이 컸다. 그들은 열 가지 요청 사항을 문서로 작성하고, 이를 논의하기 위한 면담을 요청했다. 무텅거는 이를 수락했고, 회담은 1784년 10월 27일 광주에서 주강을 조금만 따라 내려가면 있는 황포(黃浦) 섬에 정박해 있던 유럽 상선 위에서 열렸다. 황포는 대형 외국 선박이 더 이상 상류로 올라갈 수 없는 지점이었다. 중국어에 능통한 유럽 상인이 없었기에, 이들은 장-샤를-프랑수아 갈베르 드 로슈누아르(Jean-Charles-François Galbert de Rochenoire)를 통역으로 고용했다. 갈베르는 여덟 살 때 아버지를 따라 광주에 도착한 이후, 정식 교육 없이 중국어를 익혔다. 그는 여러 동인도회사를 전전하며 일했지만, 스스로는 프랑스 국왕의 공식 통역사라는 신분을 더 내세우는 편이었다. 우리가 오늘날 이 회담의 기록을 가지고 있는 것도 바로 그 덕분이다.

갈베르가 참석한 유럽인들을 각자의 국적에 따라 소개하며 회담이 시작되었다. 그는 무텅거에게 자신은 단지 통역일 뿐이며, 이제부터 전달할 의견이 자신의 것이 아니라 각국 대표의 것임을 분명히 했다. 이어서 그는 유럽 상인들의 불만 사항을 하나하나 설명해 나갔다. 무텅거는 비교적 여유 있는 태도로 회의에 임했다. 그는 제기된 모든 항목에 차례로 응답했으며, 유럽 상인이 부담스럽거나 불쾌하다고 느낀 조치와 절차를 검토하고 조정할 의향이 있음을 밝혔다. 다만 그는 모든 항목을 회의 후에 충분히 검토한 뒤 판단하겠다고 덧붙였다. 유럽 측 언어는 '자유무역'을 강조하고 있었다. 그러나 이 개념은 중국적 맥락에서는 특별한 의미를 갖지 못했다. 장인이나 상인은 자기 물건을 자유롭게 팔 수 있었지만, 그것이 유럽인이 말하는 '자유(liberté)'처럼 거대한 개념으로 확장되지는 않았다.

하지만 유럽인들이 무텅거에게 바란 것은 '자유'처럼 추상적인 개념이 아니었다. 그들이 원한 것은 광동 무역 체제가 부과하는 재정적 부담에서의 해방였다. 이러한 부담 가운데 일부는 체제에 내재한 것이 아니라, 그 제도를 둘러싼 각종 관행과 부패에서 비롯된 것이었다. 그들은 불만을 쏟아냈다. 광주에 있는 유럽 상인은 매년 마카오로 돌아가야 했는데, 그때마다 지불해야 하는 각종 통행세와 수수료는 최근 4년 사이에 세 배 이상 치솟았다. 화물의 무게와 품질을 세금 산정의 기준으로 평가하는 하급 관리들은 이를 조작하여 부풀렸다. 외국 상인들은 광주에서 화물을 선적할 때 '샘판(舢舨)'10이라 불리는 소형 운반선 두 척만 사용할 수 있었는데, 이로 인해 선적 작업은 느려지고 불필요한 비용이 더 들었다. 이 모든 항목에 대해 무텅거는 매우 온화한 태도로 구체적인 해결 의사를 보였다. 그는 세 번째 요구사항에 대해 이렇게 답했다. "선박에 화물을 싣기 위해 두 척 이상의 샘판을 사용하는 문제는 어렵지 않소. 세 척이나 네 척을 써도 무방하오. 그것은 당신들이 지나친 요구를 하는 것도 아니요." 그는 그렇게 너그럽게 덧붙였다.

갈베르는 보다 까다로운 문제, 즉 중국 상인의 부채 관리 문제로 화제를 옮겼다. 중국 상인들은 만성적인 자본 부족 상태에 있었고, 이로 인해 무역 시즌 이전에 적절한 가격으로 상품을 확보하는 데 어려움을 겪었다. 그래서 그들은 종종 선물(先物) 구매를 위해 유럽 상인들에게 물품 인도 전부터 자금을 빌리곤 했다. 놀랍게도, 광동 무역 체제는 중국 자본이 아니라 유럽 자본에 의해 돌아가고 있었던 셈이다. 이로 인해 중국 상인이 파산할 경우, 그가 유럽 상인에게 진 부채는 막대한 금액에 이르렀다. 이러한 부채로 인해 무역 전체가 무너지는 것을 막기 위해, 건륭제는 나머지

---

10 주로 중국 남부와 동남아 해역에서 쓰인 작은 목조 평저선인 산판(舢舨)을 말한다. 바닥이 평평하여 하천이나 연안 등 얕은 수역에서 물자를 나르는 데 사용되었다. 광주에 정박한 외국 선박이 직접 항구에 접근하기 어려웠기에 화물을 싣고 내릴 때 이 배를 이용했고, 유럽인은 그 광동 발음을 따서 'sampan'이라 불렀다.

행상들에게 그 부채를 떠안아 유럽 상인에게 갚도록 명령했다. 상환 방식은 매년 총 부채의 10분의 1씩 갚는 것이었다. 그러나 이 조치에는 심각한 문제가 있었다. 그 상환금의 재원을 마련하기 위해, 당국이 외국 상인에게 새로운 입출항세를 부과한 것이다. 그 결과, 유럽 상인은 자기들이 받아야 할 부채의 상환금을 자신들의 세금으로 충당하는, 즉 스스로 자기 빚을 갚는 꼴이 되고 말았다. 외국 상인들은 이 조치에 강하게 반발했다. 특히 미지불 부채의 대부분이 영국 동인도회사에 속한 것이었기에, 프랑스·스웨덴·덴마크·네덜란드 상인은 자기들의 경쟁 상대인 영국 측의 부채를 대신 갚아야 할 이유가 없다고 강하게 반발했다.

"알겠소." 호포인 무텅거의 대답은 그리 도움이 되는 것은 아니었다.

그뒤 갈베르는 몇 가지 다른 사안을 의논한 뒤, 마지막 안건을 꺼내 들었다. 그것은 유럽 상인들의 요구 사항 목록을 호포에게 전달하고, 이를 정식으로 접수하도록 해 오해의 소지를 없애자는 것이었다. 갈베르는 약간의 압박을 가하듯 덧붙였다. "이 목록은 유럽 각국의 조정에도 보내질 것이며, 우리가 그들의 이익을 대변하기 위해 얼마나 열의를 기울였는지를 입증하는 자료가 될 것입니다." 즉 이 문건은 일종의 국제적 양해각서(MOU)처럼 취급될 것이고, 이는 유럽 군주들의 압력이 뒤따를 수 있다는 암시를 내포한 것이었다. 하지만 무텅거는 그러한 외교적 문제에 대응할 준비도 되어 있지 않았고, 그럴 권한도 없었다. 그는 즉답을 피하며 신중하게 말을 아꼈다.

"지금은 배 위에 있으므로 당장 어떤 약속도 할 수는 없소. 그러나 여러분이 원한다면, 각국 상관에서든, 아니면 단체로 영국 상관에서든 요청한 방식으로 그렇게 하겠소. 여러분의 요청이 법에 어긋나지 않는 한, 나는 각 조항에 대해 서면으로 답변하고 공정한 처리를 약속하겠소."

호포의 대응은 능숙한 외교적 연기였다. 그러나 결과적으로 아무것도 이루어지지 않았다. 이는 콩스탕이 다른 문맥에서 표현했듯이, "관리들은 아무것도 거절하지 않지만, 또한 아무것도 받아들이지도 않기" 때문이었고, 그것보다 훨씬 더 근본적인 문제인 주권 관할권(sovereign jurisdic-tion)의 문제가 자리하고 있었기 때문이다.

사형죄의 정의

무텅거와의 회담이 있은 지 한 달도 채 지나지 않아, 그 회담에서 겨우 싹트려던 분위기를 무너뜨리는 사건이 발생했다. 1784년 11월 24일, 영국 선박 레이디 휴즈호가 황포에 도착했다. 도착을 알리기 위해 이 배는 유럽식 관례에 따라 예포를 발사했다. 그러나 포수 조지 스미스(George Smith)는 자신이 포를 쏘는 방향 아래로 관리들을 실은 작은 배가 다가오고 있다는 사실을 알지 못했다. 그는 이미 두 발을 무사히 쏘아 올렸기에 사거리 내에 아무도 없다고 판단했다. 그러나 그의 세 번째 포탄이 그 작은 배를 직격해 한 사람이 즉사하고 다른 한 명은 치명상을 입었다. 유럽 법률에 따르면 이는 과실치사에 해당했겠지만, 중국 법에서는 사형에 해당하는 중죄였다. 레이디 휴즈호의 선장은 스미스를 중국 당국에 인도하기를 완강히 거부하며, 자기가 선상에서 영국법에 따라 재판을 진행하겠다고 주장했다. 그는 배가 바다 위에 있는 한 영국법이 적용된다고 믿었다. 하지만 스미스를 넘기지 않으면 선박의 화물을 하역할 수 없다는 통보가 내려왔다. 화물을 팔 수도, 중국산 물품을 확보할 수도 없어 파산 위기에 몰리자, 선장은 결국 굴복하여 스미스를 인도했다. 1785년 1월 8일, 스미스는 중국 법률이 규정한 가장 관대한 형벌 방식으로 처형되었다. 그것은 목을 졸라 죽이는 교살형이었다.

비록 중국 법 하에서는 합법적인 처형이었지만, 이 사건은 유럽인에게 큰 모욕으로 받아들여졌다. 레이디 휴즈호 사건은 유럽인과 중국인을 점점 더 멀어지게 만드는 불신과 경멸의 쐐기를 박는 계기가 되었으며, 양측을 단순히 다른 지역 출신이 아니라 본질적으로 양립할 수 없는 문화도덕적 체계의 추종자들로 갈라놓았다. 그 순간부터 '차이'는 더 이상 '중국인은 이렇게 하고 유럽인은 저렇게 한다'는 수준의 문제가 아니었다. 세상에 다양한 방식이 존재할 수 있다는 관용의 전제가 무너졌다. 중국과 유럽 사이의 간극은 더 이상 건널 수 없는 것이 되었고, 더 나아가 건너서는 안 되는 것으로 여겨졌다. 중국은 그 제도와 본질에서 모두 문명의 기본적인 기준이 통용되지 않는 영역으로 낙인찍혔다. 이러한 태도의 일부분은 콩스탕이 처음 중국에 도착했을 때부터 이미 감지되고 있었지만, 세 차례에 걸친 그의 중국 체류 기간 동안 적대감은 점점 더 깊어졌고, 그것을 완화하려는 의지는 점점 더 희미해졌다.

중국에서의 세 번째 체류 기간에도 여전히 무역에서 성공을 거두지 못했던 콩스탕은 이러한 견해에 한층 깊이 빠져들었다. 그는 관리들에 대한 경멸을 노골적으로 드러냈는데, 분노를 삭이기 위해 그들을 "내 중국인 아가씨들(my ladies mandarin)"이라고 부르기까지 했다. 특히 그는 프랑스 측 수석 대리인으로서 이들을 정기적으로 상대해야 했기 때문에, 그 경멸이 더욱 깊어졌다.

중국에 도착한 유럽인이 가장 강하게 느끼는 것은, 한 걸음 한 걸음마다 마주치는 온갖 제약과 장애물이다. 관리들이 우리를 철저히 감시하는 것, 우리를 대하는 경멸 어린 태도, 출입 허가를 내주는 데 보이는 지체와 느릿함 때문에 우리는 가장 사소한 일부터 가장 필수적인 일에 이르기까지 매번 허락을 구해야 하는 처지에 놓인다. 이런 일 때문에 우리가 짜증나고 끝내 인내심을 잃는다. 그런데도 그들은 우리의 분노에 그저 얼음처럼 싸늘한 시선, 극도의 무관심, 그리고 가장 모욕적인 경멸로만 대응할 뿐이다.

그럼에도 불구하고 콩스탕은 결코 중국에 바라는 기대를 완전히 버리지는 않았다. 이 나라는 그를 짜증나게 만들면서도 동시에 매혹했다. 어쩌면 럼 아카오와의 관계가 그의 적대감을 누그러뜨리는 데 도움이 되었는지도 모른다. 그래서 황제의 생일을 맞아 북경에 갈 수 있는 가능성이 갑자기 떠오르자, 콩스탕은 그 기회를 붙잡을 준비가 되어 있었다. 비록 프랑스를 대표하는 조공 사절의 명목으로 가야 한다 해도 그는 개의치 않았다. 그는 이 나라를 직접 두 눈으로 보고 싶었고, 이 여정은 그런 기회를 제공해주는 동시에 "이 흥미로운 여행이 중국 정부의 비용으로 이루어질 수 있다"는 점에서 더욱 매력적이었다. 이는 중국의 조공 외교 관례가 허용하는 일이었다. 그러나 이 계획은 무너졌다. 청나라 예법에 규정된 건륭제 앞에서 땅에 엎드려 절하는 의례 때문에 영국 측이 반발했기 때문이다. 영국인에게 그것은 참을 수 없는 굴욕이었다. 콩스탕은 이 계획이 무산된 책임을 영국 상관의 책임자에게 돌렸다. 콩스탕은 그를 "호기심도 없고 기개도 없으며 바보 같은 생각으로 가득한 자로서, 외교 의전 문제의 어려움을 핑계 삼아 사절단 파견을 거부한 인물"이라고 혹평했다. 결국 영국 측의 반대를 넘어서지 못한 중국 관리들은, 다양한 외국인을 모아 황제에게 올려 보내려 했던 계획을 전면 취소했다.

황제를 어떻게 알현할 것인가의 문제는 사실 콩스탕이 유럽으로 돌아가던 해에 해결되었다. 바로 영국의 조지 3세가 광동 무역 체제의 완화를 요청하기 위해 파견한 영국-아일랜드계 외교관 조지 매카트니(George Macartney, 1737~1806)의 사절단이 건륭제를 알현했기 때문이다. 해결책은 이러했다. 매카트니가 건륭제 앞에서 무릎을 꿇는 방향으로 조지 3세의 초상화를 설치하여, 그 예를 자국 군주에게 드리는 행위로 해석되도록 한 것이다. 콩스탕은 1793년 1월 광주를 떠나기 전 이 영국 사절단의 계획에 대한 정보를 입수했고, 한 달 뒤 귀국 항해 도중 〈맥카트니 경의 중국 사절단에 대한 몇 가지 생각〉이라는 통찰력 있는 글을 썼다. 그는 이 사절단이 아무런 성과도 거두지 못할 것이라고 예측했다. 물론 건륭제의 관리들은 변화의 시도를 교묘하게 방해할 것이고, 진짜 문제는 매카트니가 건륭제에게 현 체제를 바꾸도록 설득할 수단을 갖고 있지 않다는 데 있다고 그는 보았다. 황제의 관점에서 볼 때, 현 체제가 중국에 유리한 것이었기 때문이다.

경험이 여러 번 증명했듯이, 중국어를 매우 잘 구사하고 자신의 입장을 명확히 설명하는 데 주저함이 없는 유럽인들이 제기한 호소는 아무런 성과를 얻지 못했고, 오히려 유럽인을 더욱 비참하게 만들었을 뿐이다. 나는 여기에 덧붙이지 않을 수 없다. 유럽인에게 본능처럼 깃들어 있는 성급함과, 아시아인에 대한 우월의식에서 비롯된 자신감, 여기에 중국인 특유의 평정, 오만, 그리고 느릿한 태도가 결합되면, 내가 지금까지 지적한 여러 장애물을 해소하는 데 전혀 도움이 되지 않는다는 것이다.

콩스탕의 냉소적인 시각에서 보자면, 매카트니는 애초에 어리석은 사명을 띠고 떠난 것이었다.

콩스탕은 그 글을 중국과 유럽 국가들 사이의 통상 조약에 포함되어야 할 목록으로 마무리한다. 그의 가장 단순한 요구는 모든 독점의 폐지였다. 하지만 그가 가장 강하게 주장한 제안은 유럽 상관 책임자들과 같은 수의 청 관료로 구성된 사법 재판단의 설립이었다. 그는 이 재판단이 중대한 형사 사건을 다루는 새로운 법규를 근거로 운영되기를 원했고, 다만 처벌 집행권은 청조에 남겨두기를 원했다. 그가 바라본 것은 아편전쟁 이후 등장할 치외법권이 아니라, 중국인과 유럽인이 함께 일할 수 있는 일련의 공동 협의였다.

콩스탕의 글에는 1793년 11월 매카트니가 광주의 양광총독에게 제기했던 대부분의 쟁점이 담겨 있었고, 제시한 해결책 역시 대체로 비슷했다. 차이가 있었던 부분은 사법 행정에 관한 것이었다. 공동 재판이나 새로운 법령 제정처럼 급진적인 방안을 제안한 콩스탕과 달리, 매카트니는 영국인 피의자가 도주했을 경우 청나라 관리가 대신 다른 사람을 체포하지 못하게 해 달라는 보다 제한적인 요구를 제출했다. 레이디 휴즈호 사건 당시 조지 스미스는 선장의 묵인 아래 탈출할 수도 있었지만, 그렇게 되면 영국 측은 대신 다른 사람을 넘겨야 하는 입장이 되었을 것이다. 두 나라의 상이한 법체계가 만들어낸 이 난제는 매카트니가 해결할 범주를 벗어났다.

그러나 콩스탕은 훨씬 더 강경한 입장을 취했는데, 그것도 중국이 아니라 영국을 향해 그러했다. 그의 폭로에 따르면 "조지 스미스는 영국인이 아니었다." 그는 인도 출신으로, 영국식 이름을 사용하고 있었을 뿐이었다. 만약 레이디 휴즈호 사건에서 중국 측에 잘못이 있었다면, 영국 측에도 분명 책임이 있었다. 그는 "인도인을 고상한 유럽인이 은(銀)을 위해 희생시켜도 되는 다른 부류의 존재로 여기는 습성이 있다"라고 영국인을 비판했다. 영국 동인도회사(EIC)가 단순히 이익이 정의를 앞섰기 때문만이 아니라, 타 인종에 대한 경멸이 있었기에 스미스를 넘기는 결정을 더 쉽게 내렸다고 그는 주장했다. 그리고 콩스탕은 이 비판을 영국뿐 아니라 유럽 전체에 적용했다. "우리는 한 무고한 사람의 죽음을 초래했고, 그 사형을 집행한 자들이었다." 이것이 그의 결론이었다.

광주를 떠나다

샤를 드 콩스탕은 광주의 중국 사회를 예리하게 관찰한 인물이었지만, 그가 그곳에 있었던 목적은 관찰이 아니라 프랑스와 중국 간 무역을 원활히 추진하는 것이었다. 처음에는 모든 일이 순조롭게 진행되었다. 그는 자신이 타고 온 프랑스 회사 소속 선박의 화물을 전량 판매하는 데 성공했는데, 이는 큰 자부심을 가질 만한 일이었다. 왜냐하면 많은 대리인이 광주 상관에 도착한 상품을 다 팔지 못하고 남기는 경우가 많았기 때문이다. 그는 이후 중국산 상품으로 화물칸을 채워 12월 초까지 출항 준비를 마칠 수 있었다. 다음 해 말에는 프랑스 상관에서 무기력하고 쓸모없던 상급자가 사임하면서 콩스탕이 그 자리를 대신했다. 그는 즉시 전임자와 사이가 틀어졌던 행상인 반유도(潘有度, 1755~1820)[11]와 관계 회복에 착수했다. 그

---

11 광주의 공행이 국가로부터 공인받는 데에 주도적인 역할을 한 행상(行商) 반진승(潘振承, 1714~1788)의 아들이다.

는 이를 대단히 훌륭하게 해낸 것으로 보인다. 왜냐하면 프랑스 동인도회사가 새 상관을 세우고자 했을 때 (프랑스 동인도회사의 옛 상관은 제국 아시아 회사가 인수했다) 반유도가 그 제안을 흔쾌히 받아들였기 때문이다.

콩스탕에게는 직원이 한 명 있었다. 장-밥티스트 피롱-아예(Jean-Baptiste Piron-Hayet)라는 견습생이었다. 상업에 대해서 아무런 훈련도 받지 않은 인물이었지만, 콩스탕은 그가 "성격이 매우 온화하고, 쾌활하며, 긍정적이다"라고 평했다. 흥미롭게도, 이는 그가 럼 아카오를 칭찬할 때 사용했던 바로 그 표현이었다. 피롱-아예는 "걱정이 없고, 철학적인 기질이 있는 사람"이었다. 두 젊은이는 함께 일하며 광주에서 프랑스 동인도회사의 명성과 신용을 회복하는 데 성공했다. 회사의 선박이 출항하고 다음 무역 시즌까지 할 일이 없자, 콩스탕은 자기 명의로 자금을 빌려 여러 사업에 투자하기 시작했다. 그 일들은 제법 순조롭게 진행되어, 그는 마침내 약간의 재산이라도 모을 수 있겠다는 희망을 품었다. 그러나 1790년 4월, 프랑스 혁명 지도부가 회사의 무역 특권을 폐지하면서 그가 일하던 회사는 붕괴했다. 졸지에 기반을 잃은 콩스탕에게, 그로부터 2년 반 뒤 도착한 에트루스코호는 자신을 구할 수 있는 기회이자, 더 나아가 큰 이익을 거둘 수 있는 가능성으로 보였다. 프랑스 혁명으로 인해 프랑스의 화폐 가치는 하락했고, 상품 가격은 상승했다. 지금이야말로 돈을 벌 수 있는 절호의 시기였다.

평상시 같았으면 콩스탕은 유럽인이 일상적으로 마시던 음료인 차로 에트루스코호의 화물칸을 가득 채웠을 것이다. 실제로 중국산 차의 수출은 1775년부터 1793년 사이에 50퍼센트 증가했고, 같은 기간 영국 내 차 소비량은 다섯 배나 늘었다. 콩스탕도 에트루스코호에 차를 실었지만, 그 양은 많지 않았다. 이는 에트루스코호가 오스텐드에서 나포된 뒤 콩스탕과 발타자르 게오르기(Balthazar Georgi, 홈 포팜의 이스트리아 깃발을 단 선박의 선장)가 작성한 재산 진술서에서 확인할 수 있다. 게오르기는 개인 수출품으로 차를 주로 선택했으며, 약 9만 4천 파운드에 달하는 양을 배에 실었다.

　반면 콩스탕이 실은 차는 게오르기의 3분의 1에도 못 미치는 약 2만 9천 파운드에 불과했다. 콩스탕이 승부를 건 상품은 차도, 비단도, 도자기도, 그 어떤 공산품도 아니었다. 그가 모든 돈을 걸었던 품목은 설탕이었다. 18세기 유럽에서 설탕은 최대 수입품이었다. 콩스탕은 프랑스 혁명이 유럽 경제를 뒤흔들면서 설탕 공급이 부족해지고 수요가 치솟았으며, 그에 따라 가격도 크게 상승했다는 사실에 기대를 걸었다. 그는 설탕 가격이 계속 높게 유지될 것이라고 확신했지만, 그의 판단이 현명했는지는 결코 검증되지 못했다. 그의 설탕은 모두 압수되어 런던으로 보내졌고, 런던에서는 중국산 설탕이 필요하지 않았기 때문이다. 무역은 결국 콩스탕에게 부를 가져다주지 못했다.

아편

　1600년 영국 왕실은 동인도회사에 특허장을 부여해, 지구 반 바퀴를 돌아야 하는 무역의 막대한 비용을 감당하기 위해 상업 자원을 집중시키고, 자금을 출자한 이들이 회사 외부의 경쟁자로부터 보호받을 수 있도록 했다. 하지만 1795년 무렵에는 세계 무역 구조가 완전히 달라졌고, 홈 포팜을 비롯한 많은 이가 두 세기 전 자본을 집중시키고 일정한 수익을 보장하기 위해 필요했던 독점적 보호 조치가 이제는 오히려 유럽과 아시아 간 무역 성장을 가로막는다고 느꼈다. 하지만 의회는 인플레이션에 직면해 있었고 프랑스 혁명의 여파로 여전히 충격 상태에 빠져 있었기에 현상태를 바꾸려는 의지가 없었다. 그 결과 의회는 동인도회사의 독점권을 20년 더 연장하는 데 찬성표를 던졌다. 다만 무역 개방의 필요성을 어느 정도 인정하여, 의회는 동인도회사가 직접 취급하지 않는 상품에 대해서는 개인 상인에게 거래 허가증을 발급할 수 있도록 허용했다.

　이렇게 한동안 별도로 운영되어 온 무역 경로가 있었는데, 이를 '역내 무역(country trade)'이라 불렀다. 이는 아시아 국가 간의 무역을 뜻하며,

아시아와 영국 간의 무역—여전히 동인도회사의 독점 영역—과는 구분되는 것이었다. 바로 이 '역내 무역'이 포팜이 에트루스코호를 끼워 넣은 틈새 시장이었다. 그는 처음에 이 경로를 통해 합법적으로 활동했지만, 결국 아시아산 화물을 싣고 동인도회사와 영국 해군의 감시망을 피해 유럽으로 돌아가자는 결정을 내렸다.

역내 무역의 상당 부분은 아시아 항구들 사이에서 정기적으로 유통되는 일반 상품을 취급했다. 그중 하나가 설탕이었으며, 타이완이나 동남아시아에서 중국으로 운송되곤 했다. 따라서 에트루스코호가 설탕을 선적한 것 자체는 그다지 특별한 일이 아니었다. 동인도회사가 보통 설탕을 취급하지 않았던 이유는, 유럽 내 설탕 가격이 대체로 높지 않아 다른 아시아 상품처럼 충분한 수익을 보장하지 못했기 때문이다. 게다가 영국은 카리브해 식민지에 훨씬 효율적인 설탕 생산지를 이미 확보하고 있었고, 동인도회사는 그들과 경쟁할 필요가 없었다. 그러나 역내 무역 상인들 사이에서 은밀히 유통되기 시작한 또 하나의 상품이 있었다. 동인도회사는 그것을 취급하지 않았으며, 특히 중국으로는 절대 반입하지 않았는데, 중국은 이미 1729년에 그 소지를 범죄로 규정하고 거래를 금지했다. 그 상품은 바로 아편이었다.

중국은 외국에서의 수입이 수요를 만들어내기 전까지 아편의 주요 생산국도, 소비국도 아니었다. 동인도회사는 처음에는 청 관리들의 항의를 불러일으켜 광주 무역이 방해받지 않도록 자사 상인의 아편 취급을 금지했다. 하지만 아편 무역은 점점 더 수익성 높은 사업이 되었고, 이 새로운 시장을 활용하려는 압력도 커졌다. 1773년까지 동인도회사는 인도 내 아편 구매에 대한 독점권을 확보했으며, 18세기 말까지는 거대한 이윤을 안겨주는 생산 및 유통 체계를 완비했다. 다만 회사는 아편을 중국에 직접 운송하여 판매하는 일은 여전히 금지하고 있었다. 바로 이 틈새를 메운 것이 역내 무역 상인이었고, 이것이 1795년 동인도회사법(East India Company Act)이 이른바 역내 무역을 공식 승인함으로써 회사의 사업을 보완하고 확대한 이유였다.

콩스탕은 19세기에 아편이 중국에 차 값을 지불하기 위한 주요 수출품으로 부상할 것이라는 점까지는 예견하지 못했지만, 아편이 상업적으로 잠재력이 크고, 특히 불법 상태에 있기 때문에 더욱 수익성이 높다는 사실을 인식하고 있었다. 그는 자신이 충분히 알고 있다고 여긴 여러 주제와 마찬가지로, 아편에 대해서도 한 편의 평론을 남겼다. 그 글의 접근법은 객관적이고 과학적 관심과 실질적인 상업 조언 사이를 오간다. 서두에서부터 그의 이중적 관심이 명확히 드러난다. "아편은 갓 만든 것이 좋으며, 농도가 진하고 검푸른 색을 띠며, 너무 마르지도 젖지도 않은 상태여야 한다. 끈적거려야 한다. 배 안에 너무 오래 있으면 발효되어 성질이 많이 변하고 말라버린다. 그렇게 되면 원래 최고의 품질일 때보다 30~35%가량 가치가 떨어진다." 이후 콩스탕은 주제를 본격적으로 중국 내 아편 시장으로 돌린다. 그는 '이 해로운 물건'이라 불렀지만, 중국 내에서 아편 사용은 오락에서 필수로 옮겨가고 있었고, 그 결과 관리들조차도 "마카오나 광주에서 연간 네다섯 화물 정도"는 묵인하고 있다고 적었다. 수입 자체는 사형죄에 해당했지만 "위험은 전혀 없다. 관리들은 이 무역에 대해 눈을 감는다"라고 적었다. 콩스탕이 강조한 주요 조언은 관리를 피하는 방법이 아니라, 구매자에게서 자신을 보호하는 방법이었다. "선박 안에서 판매하라. 반드시 현금으로 받아라. 아무리 잘 아는 사람이라도 외상으로는 절대 팔지 말라. 중국인도 이 밀매 물품에 대해서는 판매자가 법에 기대어 보상을 받을 수 없고, 사기를 폭로해 공적으로 망신을 줄 수도 없다는 점을 잘 알고 있다. 그러니 그들이 이 우위를 악용할 유혹을 받지 않도록 항상 경계해야 한다."

포르투갈은 마카오에서 아편 밀매업자의 거래를 허용하지 않았기 때문에, 아편을 실은 선박은 마카오에 직접 입항할 수 없었고, 해안을 따라 8킬로미터 떨어진 항구에 닻을 내린 채 광주에서 파견되는 공인 도선사를 기다려 황포까지 올라가야 했다. 콩스탕은 "통상 48시간이면 모든 형식적인 절차를 마치기에 충분하다"고 적었지만, 그 시간은 선박에 실린 아편을 다 팔기에는 부족할 수도 있었다. 아편은 대개 200파운드씩 묵직한 상자에 담겨 있었기 때문이다.

아편을 적재한 선장들은 언제나 머무는 기간을 연장하고 화물을 거래할 구실을 만들어낼 수 있다. 그들은 포르투갈 상인이나, 선박에 필요한 물자를 공급하기 위해 근처에 정박해 있는 중국 재래선의 선장들과 거래한다. 흔히 쓰는 수법은, 긴 항해 중에 돛대가 부러졌거나 다른 사고를 당해 구조가 필요하다는 이유로 많은 시간과 특별한 지원이 요구된다고 주장하는 것이며, 혹은 떠나고는 싶지만 조류가 너무 세거나 바람이 불지 않아 항해가 불가능하다는 식으로 발이 묶였다고 말하는 것이다.

그가 남긴 두 가지 최종 경고는 다음과 같다. "거래는 반드시 현금으로만 하라." 그리고 "그 거래에 포르투갈인이 끼어들게 해서는 안 된다."
콩스탕이 보기에 아편은 상업적 상품으로서 장기적으로 지속 가능한 품목이 아니라는 데 문제가 있었다. 수요가 증가하면 공급도 늘어나고, 그 결과 가격은 하락하기 때문이다. 그는 광주에 머무는 동안 아편 가격이 절반으로 떨어지는 것을 직접 목격했다. "이 무역은 앞으로도 쇠퇴할 수밖에 없다"라는 것이 그의 결론이었다. 또한 콩스탕은 아편 사용이 불러오는 부정적 영향에도 예민했다. 그는 자신의 평론을 다음과 같은 관찰로 마무리했다.

이 약물의 사용은 대단히 해롭다. 처음에는 기분 좋은 감각을 느끼기 위해 사용하지만, 이내 그 맛에 익숙해지고, 익숙함은 곧 습관이 되며, 습관은 결국 저항할 수 없는 중독으로 타락하여 이른 죽음에 이르게 한다. 아편에 빠진 비참한 희생자를 보면, 그들은 겨우 서른의 나이에 이미 노쇠의 모든 징후를 지니고 있고, 기억력과 지적 능력이 완전히 무뎌진 채 실로 현실적인 멍한 표정을 짓고 있다.

콩스탕은 아편이 미래의 유망한 상품이라고 확신하지 않았지만, "오늘날 우리가 예측할 수 없는 방식으로 상황이 바뀔 수도 있다"는 점은 인정했다. 그리고 바로 그런 일이 실제로 일어났다. 동인도회사는 아편 거래가 자연스럽게 사라지도록 내버려두는 대신, 이 시기부터 그 생산과 유통에 대대적인 투자를 단행했다. 19세기의 2/4분기에 아편 소비가 폭발적으로 증가하자, 그 수익은 결국 영국의 몫이 되었다.

적어도 단기적인 경제 이익이라는 측면에서 보면, 중국에 아편을 수입한 수백 명의 영국인, 중국 시장을 위해 아편을 생산한 수천 명의 인도인, 그리고 소비자에게 이를 유통한 수만 명의 중국인에게 아편은 대단히 훌륭한 투자였다. 그러나 가장 큰 승자는 대영제국이었다. 18세기 내내 영국은 점점 더 많은 양의 차를 구매했고, 그에 따라 비용도 해마다 증가했으며, 중국에 판매하는 상품으로는 그 차 값을 메우는 것이 도저히 불가능했다. 그러나 중국에 아편을 팔자 차 구매로 인한 지속적인 무역적자를 상쇄함으로써 이 문제를 해결할 수 있었다. 하지만 아편을 이용해 중-영 무역의 수지를 맞추는 것은 이 이야기의 전부가 아니었다. 여기에 또 하나의 연결 고리가 있었으니, 바로 미국산 면화였다.

영국의 산업혁명은 면직물 산업을 기반으로 이루어졌다. 맨체스터의 방직 공장을 계속 가동하기 위해서는 안정적인 면화 공급이 필수였고, 동인도회사가 기대했던 것만큼 인도는 신뢰할 수 있는 공급처가 되지 못했다. 이 공백을 메우기 위해 영국은 원면의 공급지를 미국의 면화 플랜테이션으로 돌렸다. 이때 아편이 제공한 것은 바로 유동성이었다. 아편 무역을 통해 벌어들인 은으로 영국은 미국산 면화를 구매할 수 있었다. 이 관계를 단순히 요약하면 다음과 같다. 영국은 인도에서 아편을 생산하고, 이를 중국에 수출하여 판매하며, 중국인이 지불한 은은 미국으로 보내져 원면을 구매하는 데 사용되었고, 그 면화는 영국으로 운송되어 방직물로 제조되었으며, 이 옷감은 다시 인도로 수출되었다(거기서 영국은 토착 면직물 산업을 성공적으로 붕괴시켰다). 영국은 중국 내 아편 시장 확대를 위해 이른바 '아편전쟁'이라 불리는 전쟁을 1839년과 1856년 두 차례 일으켰으며, 각각 '성공적'이었다—물론 여기서 '성공'이란 더 많은 상업적 이윤이라는 의미에서다. 20세기 초에 이르러 중국에서 자체적으로 아편을 재배했을 때에야 비로소 영국은 아편 무역에서 손을 떼기 시작했다. 결국 장기적으로 보자면 콩스탕의 말이 옳았다. 아편 무역은 "쇠퇴할 수밖에 없는" 상업 분야였던 것이다. 그러나 그가 미처 알지 못한 것은 중국의 아편 시장이 그렇게 오랫동안 성장하리라는 사실이었다. 20세기 중반이 되어서야 중국 정부는 아편 소비를 근절할 수 있었지만, 21세기 들어 다시 전 세계적인 마약 경제(narco-economy)가 이 성과를 무너뜨리고 있다.

전리품과 배상

런던에서 럼 아카오가 잠시 인기를 끌던 1793년 가을 동안, 포팜과 콩스탕은 에트루스코호와 그 적재 화물을 되찾기 위해 힘을 쏟았다. 그러나 포팜은 곧 다시 해군에 복귀하여 대륙의 영국 육군을 지원하는 내륙 수로 운항을 감독하는 임무를 맡았고, 아이러니하게도 오스텐드에서 다시 활동했다. 그들의 오스텐드 현지 대리인이었던 로버트 차녹이 두 사람을 대신해 소송을 제기했고, 1796년 11월에 내려진 판결은 전적으로 영국 왕실 측의 손을 들어주었다. 선장 발타자르 게오르기와 그의 하인은 잃어버린 재산에 대해 1,035파운드를 보상받았으나, 그 외에 선박과 그 안의 모든 화물은 전쟁법에 따라 합법적인 전리품(prize)으로 선포되었다. 이에 대해 콩스탕과 포팜은 전리품 항소 위원회(Commission of Appeals in Prize Causes)에 항소했으며, 소송은 장기전으로 이어졌다. 절차는 2년간 지속되었고, 그사이 선박과 화물은 헐값에 경매로 처분되었다.

결국 항소 위원회는 다음과 같은 결정을 내렸다. 영국의 동맹국 관할 항구에서 무역을 한 스위스 국적자 콩스탕의 화물은 법적으로 영국 왕실에 몰수될 수 없다고 판단한 것이다. 1798년 11월 26일, 위원회는 콩스탕이 전체 화물 가치의 3분의 1에 해당하는 재산을 돌려받을 권리가 있다고 판결했다. 또한 광주의 상인 석중화(石中和)에게도 콩스탕과 동일한 액수의 배상을 판결했다. 이 판결은 중요한 사실을 보여 주는데, 유럽인만이 아니라 중국 상인도 이 무역에 투자자로 참여하고 있었다는 점이다. 안타깝게도 석중화는 판결이 내려지기 1년 반 전, 감옥에서 고문을 받던 중 사망했다. 조사관들은 그에게 존재하지도 않는 비밀 자산의 소재를 밝히라고 압박했는데, 이는 그가 동인도회사와 차 공급업자들에게 진 막대한 부채, 그리고 미납된 수입 관세를 갚게 하기 위한 것이었다. 석중화가 소장하고 있던 시계와 손목시계들은 6만 파운드 이상의 가치가 있었으나 그의 부채를 메우기엔 턱없이 부족했다.

에트루스코호가 처음부터 동인도회사의 독점권을 위반하고 아시아로 항해했는지의 여부는 항소 위원회가 잠시 미뤄두었던 쟁점이었다. 그 판결은 5년이 지난 1803년 8월에야 내려졌다. 위원회는 에트루스코호가 동인도회사의 독점권을 위반했다고 판결했다. 이에 따라 포팜은 해당 항해와 관련된 자산에 대해 어떠한 청구권도 갖지 못했고, 선박과 그 화물의 몫은 모두 국왕의 소유로 귀속되었다. 위원회는 자국이 전쟁 중이던 시기에 포팜이 부당하게 재산을 축적했다고 판단하여, 그가 자신의 무죄를 주장하며 제시한 여러 법적 기술적 주장을 모두 기각했다. 이로부터 2년 뒤 또 다른 판결에서는 에트루스코호를 나포한 중형 군함(브릴리언트호)의 장교 마크 로빈슨(Mark Robinson)에게 나포 과정에서 발생한 비용을 보전한다는 명목으로 2,450파운드를 지급하기로 결정했으나, 통상 전리품으로서 지급되는 화물 배분은 이루어지지 않았다.

3년 후인 1808년 3월, 에트루스코호 사건의 남은 쟁점이 영국 하원에 회부되었다. 하원에서는 에트루스코호의 선장과 상인들이 영국-오스트리아 동맹을 어기고 프랑스로 밀수입을 시도했는지 여부에 대해서는 판단을 유보했다. 대신 항해 관련 계좌에 남아 있던 3만 9천 파운드의 분배 문제만을 다루기로 했다. 심의 결과, 콩스탕은 화물의 3분의 1이 자기 소유라는 주장을 입증한 것으로 인정받아 1만 2천 파운드를 배상받았다. 이는 10년 전 항소 위원회로부터 유리한 판결을 받았음에도 실제로는 그에게 아무 보상도 지급되지 않았던 것을 보여 준다. 결국 1808년에 이르러서야 손실을 회복할 수 있었으나, 15년 전 설탕 화물을 하역해 판매할 수 있었다면 얻었을 수익에는 한참 미치지 못하는 금액이었다. 게오르기가 받기로 한 1,035파운드 보상금도 재확인되었는데, 그 역시 아직 돈을 받지 못했음을 의미했다. 가장 놀라운 결과가 포팜에게 돌아갔다. 그는 1만 파운드를 지급받았고, 이후 1년 동안 두 차례에 걸쳐 추가로 1만 5천 파운드를 더 받았다. 이 사실은 하원의 야당 의원들을 경악과 분노로 몰아넣었지만, 사건은 당시 법무장관의 뻔뻔한 연설로 마무리되었다. 동인도회사의 독점권 범위와 화물의 소유권에 대해 명백한 허위 발언을 하며 밀수는 전혀 없었다고 선언한 것이다. 이 결과는 직전 총선에서 포팜이 속한 토리당이 재집권한 덕분에 가능했음이 분명해 보인다.

여론이 포팜 편이었던 것도 그에게 유리하게 작용했다. 영국으로 돌아온 이후 그는 해군 지휘관으로서 두각을 나타냈고, 과거의 모든 잘못이 용서되었다. 전쟁 도중 남대서양에서 해군본부의 승인 없이 작전을 포기한 일로 견책을 받았지만, 그는 적시에 적절한 전술적 결정을 내린 것으로 평가받으며, 불복종조차 정당화되었다. 이처럼 그는 전쟁 영웅으로 여겨졌고, 감상적인 토리당 지지자였던 제인 오스틴(Jane Austen)조차 1807년 4월 친구들을 즐겁게 하기 위해 포팜을 찬양하는 다음과 같은 즉흥시를 지을 정도였다.

하찮고, 성내고, 비열한 정권 아래
용감한 지휘관이 희생자가 되었구나
민첩함, 결단, 성공의 상장인 그가
혹독한 질책을 받다니!

그의 적들도 같은 운명을 맞이하길
조만간 자신들이 자초한 대가를 치르길 바라지만
하지만 헛된 원한일 뿐
옳은 일을 하지 않았기에 고통조차 겪을 일이 없겠구나

마지막 초상화

프랑스 혁명을 피해 망명한 앙리-피에르 당루는 자신이 한 시대의 끝자락에 살고 있음을 알고 있었다. 그가 그린 럼 아카오의 초상화는 17세기와 18세기 동안 유럽 화가가 중국인을 동정 어린 시선으로 묘사한 마지막 사례였다. 이는 또한 유럽에서 중국인을 사려 깊게 그려낼 수 있었던 시대의 끝을 의미했다. 그때는 유럽이 중국을 재평가하려는 전환점에 서 있던 시기였다. 중국은 더 이상 계몽주의 시대의 호기심과 존경의 시선을 누리지 못했다. 광주에 돈을 벌러 다녀온 유럽인들이 남긴 후기는 하나같이 부정적이었다. 가령 부패하고 약속을 지키지 않는 관리들, 자기들 기준으로 미개하다고 판단한 풍속 등에 관한 부정적인 인상이 그것이다. 이런 평가들은 유럽 내에 중국을 향한 업신여김과 경멸의 통로를 열었고, 이 감정은 19세기에 청조가 연달아 패배하면서 거대한 물결로 바뀌었다. 이제 중국에는 존경할 만한 것도, 대등하게 평가받을 만한 인물도 없었다. 럼 아카오는 그 마지막 인물이었다.

나는 당루가 그린 럼 아카오의 초상화를 럼의 문화에 대한 일종의 오마주(hommage)로 보고 싶다. 그림 속에 중국 서예를 포함하고 배경의 장식을 제거한 점을 보면, 당루는 중국 회화를 직접 본 적이 있으며, 럼을 중국적 틀 안에 배치하고자 한 것으로 보인다. 그것은 유럽인이 '시누아즈리(Chinoiserie)'라 부르던 중국풍의 경박한 장식이 아니라, 중국 예술을 그 자체의 문법으로 존중하려는 시도였다. 콩스탕은 중국 예술에 대해 별다른 언급을 남기지 않았지만, 에트루스코호에는 예술품이 실려 있었다. 몰수된 물품 목록에, 포팜의 이스트리아 출신 선장 게오르기는 다음과 같은 항목을 기재했다. "중국의 동물, 꽃, 과일, 곤충, 그리고 태초의 황제로부터 신과 우상까지 묘사한, 종이에 그려진 크고 매우 희귀한 중국 수채화 컬렉션." 게오르기가 실제로 중국 예술을 좋아했을 수도 있지만, 아마도 더 그럴듯한 추정은 유럽 시장에서 여전히 이국적 특징을 지닌 희귀한 작품들이 구매자의 흥미를 끌 수 있으리라는 계산에 따른 투자였을 것이다.

1793년 말 럼 아카오의 초상화가 판화로 제작되어 인쇄된 이후, 그는 역사 속에서 자취를 감추었다. 콩스탕이 1794년 로잔(Lausanne)으로 귀향할 무렵, 럼은 더 이상 그의 곁에 없었다. 아마도 마카오로 돌아갔을 것이다. 그 중국인에게 유럽이 무슨 매력을 지녔겠는가? 하지만 럼이 유럽에서 사라졌다고 해서 그의 이미지까지 사라진 것은 아니다. 그로저가 제작한 판화의 복제본들이 지금도 유통되고 있다. 1~2년에 한 번씩 경매에 등장하며, 2014년에는 보전 상태가 좋은 한 점이 850파운드에 낙찰되었다. 원래 가격을 훨씬 웃도는 액수였다. 콩스탕의 여러 사업 가운데 적어도 하나는 이렇게 이윤을 남겼다. 비록 그가 그 수익을 직접 챙길 수는 없었지만 말이다.

대청국(大淸國)

제12장

사진사와 쿨리

1905년 요하네스버그

대청국(大淸國)

　　1906년 11월 3일, 북경 순경은 영국 부영사 C. 커크(C. Kirke)에게 한 통의 보고서를 보냈다. 그것은 살해된 유럽인의 시신이 한 도시의 거리에서 발견됐다는 내용이었다. 시신에 신분을 증명할 등록 서류가 없었지만, 그의 주머니에서 나온 여러 통의 편지로 피해자가 헨리 존 플레스(Henry John Pless)라는 인물임이 확인되었다. 그 순경은 그 남자가 영국인이라고 추정하고 영국 공사관에 시신을 인수해 그 남자의 사건을 처리해 달라고 요청했다.

　　여기서 잠시 11장의 내용을 상기해 보라. 이 짧은 사건 보고서만으로도 그 내용과 별개로 샤를 드 콩스탕과 럼 아카오가 18세기 말에 배를 타고 중국을 떠난 이래 중국과 세계의 관계가 얼마나 극적으로 바뀌었는지 알 수 있다. 이제 유럽인이 북경 거리를 활보하고 외국 외교관이 임무를 수행하고 있으며, 순경부(巡警部)는 황제를 거치지 않고도 이들 외교관과 직접 연락할 수 있다. 게임의 규칙이 완전히 달라진 것이다.

　　커크는 플레스라는 이름을 가진 사람을 알지 못했다. 북경에 거주하거나 체류하는 영국인은 공사관에 등록하는 것이 원칙이었다. 하지만 파일들을 신속히 살펴본 결과 당시 그 이름으로 등록된 사람이 없었다. 그는 가장 가까운 동료이자 천진의 영국 영사인 L. 홉킨스(L. Hopkins)에게 문의 전신을 보냈다. 홉킨스는 이튿날 아침 플레스라는 이름을 가진 사람은 누구도 천진에 등록하지 않았다고 답했다. 하지만 홉킨스는 미국 통조림 회사의 대리인인 콤스탁(Comstock)이라는 미국인에게서 이미 살인 사건에 관해 전해 들었다고 말했다. 콤스탁은 자신의 북경 영업 대리인으로 플레스를 고용했고 플레스가 집에 보관하고 있던 통조림 탁송품이 없어지지 않을까 우려했다. 콤스탁은 또한 홉킨스에게 문제의 집이 플레스의 소유라고 알렸다. 이는 외국인 주택 소유권 문제를 제기한 것이었다. 외국인은 북경에서 사업을 하거나 재산을 소유하는 것이 법적으로 허용되지 않았다. 그래서 그의 재산 증서는 플레스의 하인 명의로—콤스탁의 식민지식 표현을 따르면 '그가 소유한 중국 소년의 이름으로'—작성되었다. 외교단의 누군가가 개입하지 않으면 재산과 거기에 보관된 통조림이 하인의 몫이 될지도 몰랐다. 콤스탁은 곧장 북경으로 가서 상품을 회수하기를 바랐고 홉킨스는 커크에게 지시를 요청했다. 커크는 그날 바로 답장을 보내 콤스탁이 곧장 와서 자기 소유라고 주장하는 재산을 모두 회수하라고 조언했다.

이 영국인은 네덜란드어로 쓰인 편지가 플레스의 주머니에서 발견된 사실을 이내 알아차렸다. 그래서 플레스는 애초에 영국인이 아니었을지 모른다. 커크는 네덜란드 공사관에 질의서를 보냈으나, 네덜란드 영사는 자신의 사무실에는 그 남자에 관한 기록이 없다고 선언하며 죽은 남자의 일을 정리할 책무를 맡겠다는 어떠한 열의도 보이지 않았다. 이 영사로서는 플레스가 네덜란드 공민(公民)으로 등록되지 않았으므로, 영국 측에서 처리해도 상관없다는 입장이었다. 커크는 시신에 대한 의심을 거둘 수 없었다. 그는 플레스를 북경의 영국인 공동묘지에 매장하도록 조치하고, 일단 플레스를 영국인으로 간주하기로 했다.

플레스의 집을 수색한 결과 그의 신원을 밝힐 만한 단서는 거의 나오지 않았다. 그가 소유했던 물품은 검소했다. 간단한 가재도구와 제한적인 옷가지 외에, 사진 한 꾸러미, 사진첩 두 권, 여타 잡동사니가 전부였다. 현금은 거의 없었고 금전 거래 기록도 없었다. 장례 비용이 자산에서 공제된 뒤 유산 가치는 고작 4달러 18센트였다.

플레스의 정체를 밝히는 데 첫 돌파구가 열린 것은 12월 말경이었다. 당시 상해 주재 영국 총영사가 커크에게 편지를 써 플레스가 1897년과 1898

년에 잇달아 두 차례 영국 국민으로 등록한 기록이 있다고 알려 왔다. 북경 공사관의 파일을 더 조사한 결과, 플레스가 실제 1903년과 1904년에도 영국 국민으로 등록했다가 이후 등록하지 않은 사실이 밝혀졌다. 등록부에 가까운 친족이 나와 있지 않았기 때문에 커크는 네덜란드와 연결고리를 찾는 것이 다음 단계라고 판단하고 암스테르담 주재 영국 영사에게 편지를 써 플레스의 신원을 추적해 달라고 요청했다. 영사는 1907년 4월 회신을 통해 플레스가 1875년 2월 9일에 네덜란드에서 태어났다고 확인해 주었다. 그는 1890년대에 런던으로 이주해 일자리를 구하며 영국 국민으로 행세했다. 이 성공적인 사칭으로 플레스는 해외에 파견된 수많은 영국 식민 네트워크의 말단 관리와 상업 대리인 사이에 교묘히 섞여 들었다. 그 시점부터 그는 네덜란드 기록에서 자취를 감추었고 1897년 상해에서 영국 국적으로 다시 등장했다.

네덜란드 남성이 영국의 제국 프로젝트에 하위 계층으로 스며들어 일하는 것은 흔했다. 하지만 그가 북경 거리에서 살해된 것은 기이한 일이었다. 현재 큐(Kew) 지역에 있는 영국 국립기록보존소의 외무부 파일에 보존된 북경 공사관 문서를 보면, 커크가 1905년에 처리해야 했던 살인 사건은 이 하나뿐이었다. 북경에 있는 외국인은 5년 전보다 안전하게 보호받고 있었다. 5년 전은 청 조정이 비밀리에 지원한 의병이 외국인과 그들에게 협력한 중국인, 특히 중국 기독교도에게 전면 공격을 가한 시기였다. 전통 무술을 익혔다는 이유로 '권비(拳匪)'[1]라는 별명이 붙은 이들은 1900년 여름 내내 북경 공사관 구역에 있는 외국 공관을 포위했다. 이에 대응해 8개국이 북경 동쪽 해안으로 연합군을 상륙시켜 자국 공관의 안전을 확보하고 포위

1 　의화단(義和團)을 지칭한다. 의화단의 원뜻은 "의기와 협화(協和)를 추구하는 조직"을 말한다. 일설에 따르면, 의화단은 의화권(義和拳), 매화권(梅花拳) 등을 연마하는 민간 비밀결사가 발전해 형성된 조직이다. 그래서 "권비(拳匪)," 곧 "권법을 쓰는 비적"이라고도 불렸다.

를 해제했다. 그 작전의 결과는 참혹했고 중국 측 사상자는 매우 많았다.

청 조정은 침략군을 피해 서쪽으로 달아났다[2]. 2년의 자발적 몽진(蒙塵) 기간 동안 북경은 외국 군대의 점령 아래 놓였다. 심지어 조정이 돌아오기 전인 1902년에 황제의 대숙모이자 사실상 통치자였던 자희태후(慈禧太后, 곧 서태후)는 관리들에게 일련의 개혁을 개시하도록 윤허하고 청의 제도를 국제 기준에 더 부합하도록 했다. '신정(新政)'으로 일컬어지는 이들 개혁은 옛 과거제 폐지, 군사·경찰 학교의 설립, 외무부 창설 등을 포함했다.

이러한 새로운 정상 국면이 자리 잡으면서, 불과 몇 년 전에 있었던 외국인 배척 봉기에도 불구하고 사업 기회를 찾는 외국인이 북경에 도착하기 시작했다. 헨리 플레스는 이러한 사람들 가운데 한 명이었다. 하지만 그는 커크가 처음에 파악한 것보다 훨씬 더 복잡한 과거를 지닌 인물로 드러났다.

치외법권

불과 10년 전만 해도 외국 영사와 미국 통조림 회사의 판매원이 북경에 있는 모습은 생각할 수 없는 일이었고, 샤를 드 콩스탕이 중국에 머물던 시절에는 상상도 할 수 없었다. 상설 공사관의 설치는 1793년에 매카트니가 건륭제에게 요청한 것 중 하나였지만, 별 성과 없이 무산되었다. 그 상황은 제1차 아편전쟁이 발발한 1842년까지 바뀌지 않다가 그 후 엄청나게 변했다.

그해 체결된 남경조약은 광동 무역 체제의 종식을 선언하고 대영제국에 홍콩섬의 영구 소유권을 부여한 것으로 알려져 있다. (1898년 영국은 추가

---

2 당시 청 조정은 서안(西安)으로 피신했다.

영토에 대해 99년 기한의 조차(租借) 협정을 타결했다.[3] 이에 홍콩섬은 그 땅과 함께 1997년에 중국에 반환됐다.) 하지만 남경 조약에서 역사적으로 가장 중요한 조항은 제2조로, 이는 광주와 상해, 그리고 여타 세 개의 항구를 해외 무역에 개방한 내용이다. 이 조항에서 도광제(재위 1820~1850)는 "대영국 인민은 그 가족과 동반인을 포함하여 [대청(大淸)의 연해에 있는 광주, 복주, 하문, 영파, 상해 등 5개 항구에] 살면서 무역·통상을 수행하는 데 방해가 없다"라고 동의했다. 빅토리아 여왕(재위 1837~1901)은 같은 조항에서 "상기 도시 또는 소읍에 감독관 또는 영사를 파견하고 거주케 하여 중국 당국과 해당 상인들 간의 연락 통로 역할을 하도록 할 것"에 동의했다. 이 두 조건에 의해 청은 19세기의 무역과 외교에서 표준으로 자리 잡은 관행에 스스로 더 가까이 다가갔다. 이들 표준이 지탱한 새로운 국제 질서는, 사람들이 원하는 곳에서 원하는 상품을 자유롭게 무역할 수 있어야 하고 국가가 그러한 무역에 제한을 가할 수 없다는 사고를 기반으로 했다. 1609년, 후고 그로티우스가 『자유해양론』을 출판했을 때 그는 '자유무역'이라는 용어를 사용하지 않았다. 그는 사실 '자유로운 바다'(free seas)에 대해 말했다. 하지만 그는 그 원칙을 확실히 이해했고 그 원칙이 현재 국제 질서를 지배했다.

자유무역은 그 말처럼 순진한 개념이 아니다. 실제로 자유무역의 원칙은 늘 강대국이 약소국의 상품과 시장에 접근할 권리를 요구할 때만 부상해 왔다. 중국 민족주의자들이 자주 지적하듯, 중국에서 조약 체결과 조약항의 개항은 실제로 총구 앞에서 이루어졌고, 강자가 강요하고 약자가 굴복한 결과였다는 점은 분명 사실이다. 그 점을 인정하더라도, 19세기 중엽에 개방된 시장이 국제 관계의 기본 원칙이 되었기 때문에, 영국은 그저 청이 국제 기준을 충족할 것을 요구했을 뿐이지, 중국의 주권을 침해하려 했

3　카우룽(Kowloon, 九龍) 북쪽과 주변 섬을 포함한 신계(新界) 지역을 지칭한다.

던 것은 아니라고도 볼 수 있다. 영국이 바란 것은 관할할 더 많은 식민지를 만드는 것이 아니라, 영국의 민간 무역의 이익을 위한 조건을 강화하는 일이었다. 이러한 변화는 정치에 의해 주도된 것이 아니었다. 그것은 오히려 정치가 경제의 하인이 되었기 때문에 나타난 현상이었다.

치외법권—즉 [외국인이] 체류국의 법률이 아닌 본국 법률을 적용받을 권리—조차도 정치적인 사안인 동시에 경제적인 문제였다. 1785년 레이디 휴즈호에 탑승한 포수가 처형된 사건은 여전히 원칙의 문제로 마음에 걸리는 일이었지만, 동시에 그러한 일이 중국에 교역하러 온 외국인에게 일어날 수 있다면 상업 활동을 억제하는 요인으로 여겨졌다. 이에 따라 영국 측은 조약에 그러한 불행한 결과가 반복되지 않도록 예방 조항을 삽입하는 데 관심을 기울였다. 그 원칙은 제1조에 암묵적으로 반영되어 있다. 거기에서 양측은 상대방 신민에게 '상대국 영토 내에서 신체와 재산에 대한 완전한 안전과 보호'를 상호 보장했다. 이 조항 역시 청의 사법권을 침해하기보다는, 외교적 면책 특권을 인정하는 유럽식 관행에 청이 합류하도록 한 것으로 이해할 수 있다. 이 조항은 이 양보를 상호적 의무로 구조화했지만, 솔직히 말해 영국이 자국 영토 내에서 청의 신민을 보호할 의무를 지는 것처럼 청이 중국 내에서 영국 신민을 보호할 의무를 져야 한다는 발상은 완전한 허구였다. 영국 내에 청의 신민이 극히 드물었기 때문이었다. 하지만 이 점 역시 곧 바뀔 예정이었다.

세계 노동 시장

18세기의 세계 경제는 한 지역에서 상품을 사들여 다른 지역에서 그것을 팔고 양쪽의 가격 차를 활용하는 구조에 기반하고 있었다. 이러한 형태의 무역은 19세기에도 지속했지만, 생산 조직이 바뀌었다. 상인들은 생산자에게 환금 작물(cash crops)이나 산업용 원자재를 구매하는 대신, 생산 자체를 장악함으로써 비용을 통제하고 공급을 확대하려 했다. 사탕수수, 담배, 면화, 아편, 그리고 나중의 차, 커피, 고무 같은 농산물은 점차 플랜테이션에서 재배되었다. 마찬가지로 산업용 원자재, 특히 귀금속, 다이아몬드, 주석 역시 소규모 생산자의 손에서 대형 광산 기업의 통제 아래로 넘어갔다. 이러한 변화는 노동력 수요를 촉발했고, 그 결과 식민지 조건 아래에서 전 지구적인 노동 시장을 새롭게 출현시켰다.

중국인은 적어도 16세기 이래로 현금 임금을 벌기 위해 동남아시아로 떠나기 시작했다. 17세기에 그들은 매년 수십만 명이 해외로 이주했다. 그들 대부분은 중국인 기업가를 위해 노동을 제공했으며, 그들 기업가와는 종종 혈연이나 동향(同鄕)이라는 연고로 연결돼 있었다. 1840년대 조약항의 개방 덕분에 이 흐름이 증가하기 시작했다. 영국, 프랑스, 스페인 등이 아시아뿐만 아니라 카리브해와 남아메리카에서 식민 경제를 확장하면서 값싼 노동력을 향한 수요가 매우 높아졌다. 고국의 빈곤이라는 배출 요인은 지구 경제라는 흡인 요인에 반응할 준비가 되어 있었다. 중국어로 그들은 '쿨리(苦力)'라 불렸다. 이 어휘는 '고된 노동자'를 뜻하지만, 사실 영어 'coolie'는 타밀어 'quli'에서 유래했으며 이는 '보수(payment)'를 의미한다. 쿨리는 임금을 받고 일하는 노동자였고 그 임금은 대개 낮았다.

19세기 초에 시작된 불법적인 노동력 거래는 청조의 감시를 벗어나 이뤄졌다. 청 조정이 중국인이 해외에서 고용될 수 있도록 공식적으로 허용한 것은 제2차 아편전쟁이 끝나고 1860년 북경 조약이 체결된 후로, 이때 비로소 청은 중국인의 노동 이주를 허가했다. 청의 관원은 1866년에 영국 및 프랑스 외교관과 이주에 관련된 조약인 이른바 속정초공장정조약(續定招工章程條約)을 공동으로 기초했다. 이 조약은 계약에 따라 중국 노동자들이 해외에서 일하도록 허용했지만, 단 계약이 강제적이지 않아야 했다. 이 협정은 비록 비준되지 않았으나 실제로 시행되었고, 이로써 역사상 처음으로 중국인이 자국을 떠나 해외에서 일할 수 있는 적법한 권리를 획득했다. 1866년의 조약이 그 이전의 임시 조치와 가장 달랐던 점은 청 조정이 이주민들이 귀국할 권리를 공식 인정했다는 것이다. 바로 이 부분이 언제나 걸림돌이었다. 정부 승인 없이 중국을 떠나는 일은 그리 어렵지 않았지만, 돌아오는 순간 그(녀)는 사형에 처해질 수 있었다. 해외 노동은 귀국하는 순간 범죄로 간주되었으므로, 고국으로 돌아가는 유일한 방법은 밀입국뿐이었다. 많은 사람은 아예 다시는 중국으로 돌아가지 않는 것을 선택했다.

국외 이주를 처벌하지 않는 것은 세계 노동 시장의 성장에 대한 청의 양보였다. 당시는 산업화가 한창이던 시기였으므로, 세계 경제가 산업화함에 따라 반숙련 노동력에 대한 수요가 오히려 증가했다는 사실은 직관에 반할 수 있다. 그렇지만 철강과 귀금속 생산에 필요한 광석, 방직용 면화, 설탕 생산용 사탕수수, 철도 운송을 위한 도상(道床) 건설 및 선로 부설 등의 산업은 원자재에 의존했고, 19세기에 그것은 오로지 손으로 채굴하고 수확해야 했다. 모든 산업에서 가공의 첫 단계는 손으로 하는 노동이었다. 모든 산업에서 생산비용은 그 노동 비용에 크게 좌우되었다. 따라서 인건비는 낮을수록 좋았다. 농업 경제가 취약하고 인구는 폭발적으로 증가하고 있었으며, 반란과 자연재해라는 배출 요인이 있었던 청은 저렴한 노동력을 공급하는 자명한 공급처가 되었다.

그러나 값싼 노동력은 착취에 매우 취약했다. 해외로 나간 쿨리가 얼마나 가혹한 환경에서 일하는지에 대한 소식이 이내 중국으로 전해졌다. 외국에서 일하는 이들은 가난했을 뿐만 아니라, 자신을 고용한 이들의 착취로부터 자기를 보호하기 어려웠으며, 쿨리의 도착을 임금 하락이나 일자리 박탈의 증거(그러한 우려는 대개 현실이었다)로 여긴 현지 주민의 적대감으로부터 자신을 방어할 법적, 재정적 수단이 별로 없었다. 청 조정은 쿨리의 곤경에 무관심하지 않았다. 일례로 쿠바에서 중국인 노동자가 학대당하고 있다는 소식을 듣자, 청은 1874년 하바나로 조사 위원단을 파견했다. 위원단은 설탕 산업에 종사하는 중국인 노동자들을 심문했다. 그중 5분의 4는 자신이 납치되거나 속아서 일했다고 답했다. 하바나에 도착하자마자 그들은 그야말로 노예로 팔려 나갔고 노동 계약을 끝낼 가능성은 전혀 없었다. 이에 청 정부는 개입할 수밖에 없었고, 실제로 해외와 중국 내 양쪽에서 개입했다. 청 관원은 해외에서 중국인의 근로 여건을 개선하기 위해 협상을 벌였고, 중국에서는 인력 모집 절차를 규제하는 데 관여했다.

밝혀진 것처럼, 살해된 헨리 플레스는 바로 이 인력 모집이라는 세계에 깊숙이 연루된 인물이었다. 그는 남아프리카 광산으로 가는 중국인 쿨리를 모집하는 노동 중개인이자, 악명 높은 인물이었다.

황금의 대가

플레스가 살해되기 8개월 전, 자신을 반즈 소령[4]이라 칭한 또 다른 노동 중개인이 산동반도의 작은 조약항인 지부(芝罘)의 영국 부영사에게 편지를 보내 플레스를 고발했다. 반즈 소령은 지부에서 트란스발(Transvaal) 정부 소속 이민 담당자로 일하고 있었다. 트란스발은 영국 식민지의 하나로, 5년 뒤 남아프리카 연방을 형성하는 합병에 가담했다. 반즈는 1년 앞서 고용돼 남아프리카의 금광에서 발생한 노동력 부족을 해결하기 위해 중국인을 고용하려는 계획에 관여했다. 광산 노동자의 도주는 보어 전쟁(1900~1902년)의 여파 때문이었으며 전쟁이 끝난 뒤에도 백인과 흑인 광부 모두 복귀를 꺼렸다. 노동력 확보가 절박해진 까닭에, 란트(Rand) 구역—트란스발의 광산구역인 비트바테르스란트(Witwatersrand)의 약칭—을 따라 자리한 광산 회사들은 1904년에 연합하여 중국인 노동자를 남아프리카로 데려오기로 했다. 이 계획에 따라 중국 연안의 여러 도시에

---

4 아더 앨리슨 스튜어트 반즈(Arthur Alison Stuart Barnes, 1867~1937)는 1867년에 인도의 벵갈주 카슈미르에서 태어났다. 그는 1881년 영국 서레이주 크랜리(Cranleigh)의 기숙학교에 다닌 후, 1886년 월트셔(Wiltshire) 연대에 입대하여 1895년까지 인도와 버마에서 복무했다. 1900년 의화단 사건 당시 북경을 점령한 공로로 대영제국으로부터 훈장을 수여받았다. 1905년과 그 이듬해에 남아프리카 트란스발(Transvaal) 식민 정부 (1877~1881, 1902~1910)의 이민 담당관으로서 중국인 노동자 모집을 감독하며 북중국에 거주했다.

이민 담당자가 임명되기에 이르렀다. 이들 대리인은 현지 모집인을 고용해 중국인을 해외 노동에 자원하도록 유인하는 일을 맡았다. 그들의 유인책은 계약 보너스와 양호한 근로 조건, 고임금이었다. 남중국에서의 모집은 잘되지 않았지만 북중국에서는 성공적이었다. 1904년부터 1906년 사이에 지부와 천진은 남아프리카 광산으로 가는 노동자가 통과하는 주요 관문으로 기능했다. 1905년 9월까지 총 44,565명의 중국인이 란트 구역에서 일하고 있었다. 금광 도시 요하네스버그가 그 중심지였다.

반즈는 지부 주재 영국 부영사에게 보낸 편지에서 플레스가 트란스발의 한 광산에서 '잔혹 행위'를 저지른 혐의를 받고 있다고 문제를 제기했다. 반즈는 "플레스라는 자가 사안을 정확히 이해하도록 어떠한 조처가 이뤄지기를 바라는 마음에서" 편지를 썼다. 그는 플레스가 광산 인력 모집인의 평판을 훼손하고 있다고 주장했다. 반즈는 플레스에게 경고 조치를 취하라고 부영사에게 요청했다. 자신의 고발을 뒷받침하기 위해 반즈는 1906년 1월 20일 자 《트란스발 리더(*Transvaal Leader*)》에 실린 매우 편파적인 신문 기사의 타자 복사본을 동봉했다. 그 헤드라인은 "확정! 최신판 '중국인의 거짓말'(Nailed Down: The latest 'Chinese lies')"이었다.

그 기사의 주제는 1905년 가을 영국에서 가장 큰 뉴스거리 가운데 하나였다. 하지만 커크와 여타 중국 주재원은 다음의 사안을 놓친 듯하다. 그것은 트란스발, 특히 너스 딥(Nourse Deep)이라는 광산에서 중국인 광부를 처벌하기 위해 채찍을 사용한 점이었다. 이러한 [신체적] 고문(torture) 행위—정보를 얻기 위한 것이 아니라 규율을 강제하기 위한 것이었기에 정확히는 [신체적·정신적] '괴롭힘(torment)'이라 부를 수 있다—는 그해 여름 처음으로 영국 하원의 관심을 끌었다. 이 사건을 처음 보도한 언론인은 런던의 자유주의 신문인 《모닝 리더(*Morning Leader*)》 소속 프랭크 볼랜드(Frank Boland)였다. 1905년 9월 6일 자 《모닝 리더》에 실린 기사 '황금의 대가(The Price of Gold)'는 이 문제를 폭로하는 일련의 보도 중 첫 번째 기사였으며, 그 일부는 볼랜드가, 나머지는 다른 기자들이 작성한 것이었다. 이들 기사는 그 문제를 다루면서 플레스를 핵심 인물로 지목했다.

볼랜드는 요하네스버그 현지에서 취재 중이었고, '황금의 대가'는 그가 현지 광산을 직접 방문한 내용을 토대로 작성되었다. 너스 딥 광산은 시내에서 6.5킬로미터도 채 떨어지지 않은 곳에 있었다. 그것은 오늘날에도 요하네스버그 공원역에서 메트로레일을 타면, 조지 고흐 역과 덴버 역 사이에 오른쪽에 있는 창고 단지 아래에 자리하고 있다. 이 기사에서 볼랜드는 중국인 광부를 통제하기 위해 사용된 체벌의 형태를 묘사했다. 피해자들이 두세 명의 경찰에게 몸이 땅바닥에 완전히 눌린 채로 채찍질을 당하고 있는 동안, 또 다른 경찰이 '길이 3피트의 나무 손잡이 끝에 두꺼운 가죽끈으로 만든 채찍으로' 그들의 엉덩이를 때렸다. 1905년 1분기 동안에만 56명이 이 방식으로 처벌받았다. 비트바테르스란트 딥 광산에서 피해자들은 땅에 무릎 꿇은 채로 어깨를 대나무 막대기로 맞았다. 너스 딥에서는 교대 시간 내에 36인치(약 90cm)를 굴착하지 못한 사람에 대해서는 중국인 경찰들이 그의 허벅지와 아킬레스건을 때렸다. 광산업계의 모든 사람이 생산성을 높이기 위해 이 방식에 동의한 것은 아니었다. 너스 딥에서 '중국인 관리자(Chinese controller)'—곧 중국인 광부를 감독하던 백인 관리자를 지칭하는 용어—는 "쿨리가 어떤 범죄를 저지르지 않은 한 매질하는 것을 거부했고," 결국 이 관행에 항의하며 사임했다. 런던에서 중단 명령을 내릴 때까지 채찍질 관행은 멈추지 않았다.

그러나 학대가 끝나지 않았다. 채찍질은 다른 형태의 고문으로 대체되었다. 볼랜드는 이를 "극동에서 잘 알려진 것"으로 묘사했다. 그중 하나는 다음과 같았다.

잘못을 저지른 쿨리에게는 옷을 완전히 벗긴 채로 두세 시간 동안 수용소 [마당]의 기둥에 변발을 묶고 세워두는 처벌이 가해졌다. 나머지 쿨리는 그 주위를 둘러싸고 맹추위에 벌벌 떨고 있는 동포를 향해 비웃고 조롱하곤 했다. 보다 '세련된' 형태의 고문은 가느다란 밧줄로 쿨리의 왼쪽 손목을 묶고, 그 밧

[그림 15]「태형을 대체한 형벌(Instead of Flogging)」이 만화는 남아프리카에서 일하던 중국인 광부가 헨리 플레스(Henry Pless)라는 사람에게 학대당하는 장면을 묘사한 것으로, 1905년 9월 6일 자 《모닝 리더(*Morning Leader*)》에 실렸다. 이 그림은 대중의 큰 관심을 끌었고, 1906년 총선에서 영국 유권자가 자유당을 지지하도록 여론을 움직이는 데 중요한 역할을 했다.

줄을 지상 약 2.7미터 높이에 있는 들보의 고리에 통과시키는 방식이었다. 이 밧줄이 팽팽해지면서 왼팔이 수직으로 곧게 위로 잡아당겨진 채 피해자는 발끝으로만 서 있어야 했다. 이 자세로 그는 통상 두 시간을 버텨야 했다. 그사이에 그가 뒤꿈치를 내리려 하면, 온몸이 왼쪽 손목 하나에 매달린 채 공중에 대롱대롱 떠 있어야 한다.

《모닝 리더》에서는 독자를 위해 만평가에게 그 장면을 그리게 하여 1905년 9월 6일 자 신문에 실었는데, 이 만화는 대단히 강렬했다([그림 15] 참고). 그 끔찍한 스케치는 반항하듯 꼭 쥔 주먹을 포함한 모든 면에서 상상의 산물이었다. 그러나 배경에 드리워진 위협적인 그림자는 거의 아프리카 대륙을 형상화하고 있어 독자가 어떻게 반응해야 할지 곤혹스럽게 만든다. 피해자의 곤경에 연민을 느껴야 할지, 아니면 '그가 이제 곧 어떻게 될까'하며 두려움을 가져야 할지 난감하다.

광부들, 특히 '헤드 보이(head boys)'라 불린 이들에 대한 괴롭힘은 일부 중국인을 탈주로 내몰았다. 갈 곳이 없자, 그들은 현지 농민을 약탈하며 연명했다. 볼랜드는 영국인 광산주들과 관리자 들이 백인 광부에게는 감히 사용할 엄두도 내지 않았을 방식을 중국인에게 적용했다며 수치심을 느껴야 한다고 지적했다. 하지만 동시에 그는 고문이 사회 통제의 유일한 수단인 문화에서 중국인이 왔다는 전형적인 편견을 벗어나지는 못했다. 이 이중적 인식이 그 만평에도 담겨 있다. 비록 그에 딸린 기사가 그러한 체벌을 규탄하고 있지만, 그 그림은 그러한 신체적 괴롭힘이, 볼랜드 자신의 표현처럼 '극동에서 잘 알려진 것'이라고 독자가 인식하도록 자극했다. 그것은 그러한 조건에서 일하는 중국인에게 암묵적으로 책임을 전가했다. 그 만평은 여론과 공명했다. 아편 중독(역설적으로 이것은 영국의 무역이 만든 결과였다), 여성의 발을 묶는 전족, 외부 세계를 향한 무지와 적대, 고문을 향한 가학적 집착(또는 그렇다고 추정됨)으로 인해 중국은 국제 사회에서 고립되었고 중국인이 문명적 대우를 받을 자격이 없다고 여겨졌다. 그럼에도 불구하고 진보 여론은 중국인 광부가 받는 대우에 충격을 받았고, 영국 정부가 식민지에서 이러한 행태를 중단해야 한다고 요구했다.

남아프리카의 광산 경영진은 볼랜드가 묘사한 그들 광산에서의 노동 조건을 전면 부인했다. 그들은 볼랜드가 은근히 비꼬아 '자본주의 일간지'라 칭한 남아프리카 신문들의 반박 기사를 후원하며 볼랜드의 진실성을 문제 삼고 "값싼 조롱과 선정적인 헤드라인"이라며 그의 주장의 신뢰를 떨어뜨리려 했다. 이에 굴하지 않고 볼랜드는 새로운 주장을 이어갔다. 첫 기사 이후 5일 뒤 발표한 "황색 농노가 마주한 더 많은 공포(More Horrors by Yellow Serfs)"라는 제목의 기사에서 볼랜드는 매질 금지 명령에도 불구하고 일부 광산에서 매질이 여전히 자행되고 있다고 보도했다. 그는 독자에게 또 다른 '중국식 고문'도 소개했다. 이는 프랑스계 광산에서 경찰이 노동자를 통제하는 데 활용한 방식이었다. 이 도구는 "길이 약 76센티미터, 두께 5센티미터의 목재로 만든 일종의 나무칼"로, 쿨리의 목에 고정되었다. 프랑스인은 중국의 나무칼을 모델로 이 형구를 만들었다. 나무칼은 목에 고정하는 커다란 나무판으로, 중국 범죄자를 고문하고 공개적으로 모욕하기 위한 일종의 이동식 형구였다. 프랑스인은 중국인에 대해 '중국식' 처벌을 적용해야 한다고 여겼다. 그것은 중국인이 알아들을 수 있다고 그들이 믿은 유일한 훈육 방식이었다. 하지만 청의 사법적 맥락에서 쓰인 나무칼을 사기업의 현장으로 옮겨 적용하는 행위는 중국인이 격분할 일이었다. 볼랜드는 광산에서 일한 지 6개월 후에도 중국인이 법정 최저임금인 하루 2실링이 아니라, 여전히 수습 임금으로 하루 1실링만 받고 있다고 기사의 결론에서 지적했다. 노동자들이 이 문제에 대해 '정당한 항의'를 표명했을지라도, 그것은 즉석에서 묵살되었다. 문제의 한 부분은 일부 중국인 관리자가 "여전히 중국어 단어를 스무 개도 제대로 모른다"는 점에 있었다. 볼랜드는 도박과 아편이 일부 중국 노동자를 재정적으로 파탄에 이르게 했다는 점은 인정했지만, 그 책임은 중국인이 아니라 백인에게 있다고 분명히 못 박았다.

볼랜드의 기사는 언론계에 폭풍을 일으켰다. 영어와 힌디어로 발간되던 요하네스버그 주간지 《인디언 오피니언(*The Indian Opinion*)》은 이 논란이 전개되는 동안 그러한 논란을 다룬 여러 편의 기사를 실었다. 1893년에 남아프리카로 이주해 10년 뒤 요하네스버그에 재정착한 한 젊은 인도인 변호사가 9월 9일에 이 문제를 다루었다. 그는 훗날 영국의 인도 지배 종식을 위해 조직적인 운동을 펼치면서 '위대한 영혼 마하트마'로 전 세계에 알려지는 인물이다. 모한다스 간디(Mohandas Gandhi, 1869~1948)는 중국인 광부에게 가해지는 학대를 공개적으로 규탄하는 여론에 동참했다. 다만 간디는 요하네스버그 현장에서 중국인 광부에 관한 실제 정보를 획득한 것이 아니라, 볼랜드가 보도한 내용을 아주 상세히 인용한 런던의 《데일리 익스프레스(*Daily Express*)》 기사에서 그것을 접했다. 그의 글에서 간디는 플레스(Pless)라는 가해자의 이름을 힌디어 발음대로 '플레이스(Place)'라고 적었다.

> 플레이스 씨는 중국 상황을 경험한 바 있었으므로, 그곳에서 흔히 쓰이는 [처벌] 관행을 도입했다. 그는 잘못을 저지른 중국인을 발가벗긴 뒤 수용소에 서 있는 깃대에 그의 변발을 묶고, 매서운 추위든 타는 듯한 더위든 상관없이 두세 시간 동안 그를 그 자리에 세워두었다. 그 후 플레이스 씨는 다른 중국인들에게 그 죄인을 마주 보게 했다. 또 다른 처벌은 얇은 밧줄로 죄인의 왼손을 묶는 것이었다. 그리고 그 밧줄을 고리에 통과시켜 발끝만 땅바닥에 닿을 정도로 매단 채 두세 시간 동안 그 상태로 방치하는 방식이었다.

간디가 광산 노동자의 학대 문제에 관심을 표명한 것은 놀라운 일이 아니다. 그는 남아프리카에서 일하는 인도인 차별에 수년간 맞서 싸우며, 그들이 영국 법 아래서 평등하게 대우받아야 한다고 요구해 왔다. 간디는 자신의 동포로 장기 거주 상태에 있는 '영국 인도인'과 계약 노동 상태에 있는 중국인 광부가 동일한 법적 권리를 갖는다고 보지는 않았다. 하지만 만

약 중국인이 법의 보호를 받지 못하면 인도인도 똑같은 처지에 놓일 수 있
었다. 간디가 직면한 것은, 그가 잘 이해하고 있었던 것처럼, 식민 체제의
근본적인 모순이었다. 즉 식민지에서 유럽 본토로 운송되는 원자재를 가
공하기 위해 값싼 노동력을 대량으로 확보할 필요가 있었지만, 그들 노동
자를 식민 사회로 통합할 의지는 없었다는 점이었다. 그가 한 달 전《인디
언 오피니언》사설에서 지적한 것처럼, 특히 인도인 노동자는 경제에 요
긴한 존재였다. "이곳으로 오는 [인도] 사람들은 큰 만족을 주며 수천 명
의 식민지인의 생계는 인도에서 지속적으로 유입되는 계약 노동에 상당히
의존하고 있다." 그들이 "경제 복지에 필수 불가결하다"는 사실은 "인도인
이 바람직하지 않은 시민이라는 잡음(noise)이 대개 위선적이거나 이기적
인 것"이라는 점을 의미했다.

간디가 직접 언급하지는 않았으나 점점 늘어나는 중국인 노동자의 존재
를 둘러싼 '잡음'에 대해서도 거의 같은 주장이 제기될 수 있었다. 그것은
중국인 외에 아무도 하려 하지 않는 일이었지만, 남아프리카를 지탱하는
광산 경제의 번영에 필수적인 것이었다.

"란트에서 노예 부리는 법"

신문 1면의 이들 기사는 토리당에 눈엣가시와 같았다.[5] 토리 정부는 고
문 행위를 "혐오스럽다"고 표현했다. 하지만 그들은 "그러한 혐의조차 제
기하지 못하도록 어떠한 노력도 불사하겠다"고 확언하면서도 그런 일이
벌어지고 있다는 사실을 명확히 인정하기를 꺼렸다. 이렇게 조심스럽게
표현된 성명은 광산 회사가 내놓은 부인이 거짓말이라는 대중의 의혹을 잠

---

5 토리당(Tories)은 잉글랜드 왕국의 정당으로 현재 보수당의 전신이다. 찰스 2세(재위
   1660~1685) 때인 1678년부터 1681년 사이에 왕위 계승을 둘러싸고 왕의 동생이자 가
   톨릭교도였던 요크 공작 제임스의 즉위를 인정한 사람들을 '토리(Tory)'라고 부른 데서
   유래한다.

재우는 데 실패했다. 기독교 사회운동가들은 이 논란을 더욱 부추기며 영국 광산 회사의 행태를 노예제 문제와 연결하고 침례교연합회장의 말을 빌어 "우리나라는 영국의 이름과 영국의 정의를 더럽힌 자들을 멀리 나라 밖 어둠 속으로 속히 제거해야 할 것입니다"라고 요구했다.[6]

노예제 문제에 대한 대중 여론, 특히 노동자의 민감성을 고려할 때, 기독교 사회운동가들이 선택한 전략은 더할 나위 없이 적절했다. 1833년 영국에서 노예제 금지는 자본주의 체제의 가장 악랄한 측면을 개혁하려 한 이들에게 중대한 이정표였다. 영국은 이 문제에서 몇몇 국가보다 뒤처져 있었지만, 유명하게도 미국을 포함한 다수의 나라보다 앞서 있었다. 미국 남부의 면화 경제는 노예 노동력에 의존하고 있었기 때문에, 남부의 미국인은 이 노예 자산을 포기하려 하지 않았다. 결국 4년간 내전을 치른 뒤 1865년에야 비로소 미국 의회는 노예제를 폐지할 수 있었다.[7] 이후 다른 나라들도 그것을 따라 했는데, 어떤 나라는 다른 나라보다 폐지 속도가 더 느렸다. 노예 노동에 가장 많이 의존한 국가—1886년 쿠바, 1888년 브라질—가 마지막을 장식했다.

아무도 예상치 못한 것은 노예제 폐지가 중국에 미칠 영향이었다. 각국이 차례로 노예제를 금지하면서 면화와 설탕 등 노예 노동에 의존했던 산업은 저렴한 대체 노동력을 찾는 데 혈안이 됐다. 중국에서 활동한 미국 선교사 겸 번역가 윌리엄 마틴은 이러한 상황이 중국인에게 무엇을 의미하

---

6 침례교연합(Baptist Union)의 정식 명칭은 대영제국 침례교연합(Baptist Union of Great Britain)이다. 1891년 특수 침례교(Particular Baptist)와 새연결 일반 침례교(New Connection General Baptist) 연합으로 조직되었다. 이들 단체는 17세기에 청교도가 교회 정치와 세례의 개혁을 시도하면서 분리된 최초의 영국 침례교와 관련이 있다. 침례교는 예수를 향한 믿음을 고백한 후 신자가 물속에 온몸을 담그는 침례(baptism)의 정화 의식과 이것이 성경을 따른 것이라고 주장하면서 '침례교(도)'(Baptist)라는 명칭을 얻었다.

7 4년간의 내전은 1861~1865년의 미국 남북 전쟁을 말한다.

는지 깊이 우려하며, 1890년대에 회고록에 이렇게 썼다.[8] "노예제 폐지 여론의 요구에 따라 황인이 흑인의 자리를 대신할 때가 이제 찾아왔다." 그는 이 문제를 묘사하기 위해 중국 우화를 인용했다. 한 왕이 제물로 바쳐질 소를 가엾게 여겨 그 대신 양을 희생하라고 명한 이야기였다. 이는 한 생명을 다른 생명으로 대체한 것에 지나지 않은 것이었다. 흑인 노예가 더 이상 받아들여질 수 없자, 대체 인력이 다른 형태로 모집되어야 했다. 가난하고 인구가 넘치며 노동 규제가 느슨했던 중국은 노예를 대체할 값싼 노동력의 새로운 공급처로 부상할 만반의 준비가 돼 있었다.

중국인을 노예라고 부르는 표현 속에는 숨은 가시가 있었다. 진보 여론은 노예 상태에 순응하는 사람들을 경멸의 대상으로 여겼기 때문이다. 《모닝 리더》에 보도된 견해는 서로 내적인 모순을 안고 있었다. 일부 기사는 고문을 문제 삼았고 다른 기사들은 애초에 중국인이 남아프리카로 오도록 허용한 정책을 비판했다. 또 다른 일부는 암묵적으로 중국인을 비난했다. 대중적 분노의 주요 대상은 영국 광산주의 행태였지만, 동시에 중국인 노동자를 "대단히 공포스럽고 혐오스러운 생김새를 가진 존재"라고 여기며 그들을 남아프리카로 데리고 왔을 때 야기되는 "부수적 위험과 폐해"에 대한 불안감이 뒤섞여 있었다.

이러한 논란에 직면한 트란스발 식민지 외국인 노동부는 부정적인 여론의 확산을 막아야 한다는 압박을 느꼈다. 학대가 일어났다는 사실을 부인할 수 없었던 이 부서는, 플레스가 자신의 거실에서 중국인 광부를 매단 악명 높은 사건 하나를 표적으로 삼아 그것이 정규적인 징계의 일환이

---

8   윌리엄 마틴(William Martin, 1827~1916)은 미국 장로교 선교사이자 번역가였다. 뉴올버니(New Albany)의 장로교 신학교에서 신학을 공부한 후 1850년 중국으로 이주해 절강성 영파(寧波), 북경 등에서 일했다. 헨리 휘튼(Henry Wheaton, 1785~1848)의 만국공법 등 서양 저작을 중국어로 번역했다. 1916년 북경의 미국 장로교 선교부에서 사망했다.

아니라 고립된 특수 사례였다고 주장하기로 했다. 그 주장을 입증하기 위해 노동부는 너스 딥 광산이 운영하는 중국인 전용 병원의 근무자 알렉산더 맥카시(Alexander McCarthy)에게서 진술서를 받아내 이를 비트바테르스란트의 모든 신문에 배포했다. 그것이 바로 1906년 1월 《트란스발 리더》에 실린 기사였고, 반즈가 지부 주재 영국 부영사에게 보낸 자료였다.

1905년 11월 15일 치안판사 앞에서 선서하고 작성된 진술서에 따르면, 맥카시는 자기가 플레스의 집에 산 세입자였으며 1905년 6월 10일 플레스가 그 쿨리에게 고문을 가할 때 현장에 있었다고 밝혔다. 그는 그 중국인이 처벌을 받을 만한 어떠한 잘못을 저질렀는지 알지 못했지만, 플레스가 그에게 "이 녀석을 본보기로 삼겠어. 그리고 그가 묶여 있는 모습을 '재미 삼아' 사진 찍을 거야." 혹은 이와 비슷한 취지의 말을 했다고 증언할 수 있었다.

플레스는 먼저 그 남자를 찬물에 담갔다가 다시 뜨거운 물에 넣었다. 맥카시는 이런 처벌 방식에 반대하며 그것이 폐렴을 유발할 것이라고 우려했지만, 플레스는 멈추지 않았다.

> 플레스는 그 후 그 쿨리를 알몸 상태로 부엌문에 박힌 두 개의 큰 못에 손목을 묶어 매달고 그의 변발을 손에 묶어 올린 뒤 두 발을 결박했어요. 그가 그렇게 묶여 있는 동안 플레스는 식사 시간에 음식을 가져와 쿨리 앞에 놓인 의자 위에 올려놓았지요. 하지만 그건 쿨리가 결코 손에 닿을 수 없는 위치였어요. 플레스는 그를 저녁 7시부터 다음 날 오전 11시 15분까지 계속 묶어두었고, 그제야 그를 풀어주며 다시 수용소로 돌아가라 했어요.

맥카시의 진술에서 드러난 새로운 점은 플레스가 그 광부를 고문했을 뿐만 아니라, 그가 손목에 매달려 있는 모습을 촬영했다는 사실이다. 맥카시는 플레스가 그 필름을 클리블랜드 시내의 한 사진관으로 보내 현상하게 했다고 증언했지만, 질문을 받았을 때 그 가게의 이름은 밝히려 하지 않았다. 그는 증언을 마치며 다음과 같이 덧붙였다. "플레스는 언젠가 그 사진

이 자기가 중국으로 돌아갈 때 유용할 것이며, 그것으로 뭔가를 해볼 거라고 제게 말했어요. 더불어 그는 '란트에서 노예 부리는 법(Slave-Driving on the Rand)'이라는 책을 쓸 계획이며, 그 책의 삽화로 그 사진을 쓸 생각이라고 했어요."

트란스발 식민지 외국인 노동부는 이 진술서에 대한 대중의 반응을 완전히 오판했다. 노동부는 그 진술서가 당시 유포되고 있는 '중국인의 거짓말'을 반박하고 중국식 고문이 광산에서 조직적으로 시행되고 있지 않았다고 보여 주는 동시에, 볼랜드가 한 중국인 관리자의 집에서 벌어진 사소한 사건을 '악명 높은 사례'로 부풀렸다는 점을 입증할 수 있으리라 생각했다. 사실 그 기사는 정확히 반대 효과를 냈다. 그것이 란트 지역을 넘어 다른 신문에까지 실리자, 그곳에서 벌어지고 있는 일에 대한 더 큰 공포를 자극했다.

제국 본국에서의 정치

1905년 6월 10일 중국인 쿨리를 매단 사건과 1906년 11월 3일 북경에서 시신으로 발견된 사건 사이의 어느 시점에 플레스는 남아프리카를 떠나 중국으로 돌아왔다. 그 두 날짜의 중간 시점에 반즈 소령은 플레스가 인력 모집인의 평판을 망치고 있다고 불평했다. 그것 외에 플레스는 이후 이야기에서 종적을 감춘다.

그렇다면 헨리 플레스는 누구였을까? 부영사 커크에게는 그를 더 추적할 정보가 별로 없었지만, 우리에게는 더 많은 것이 있다. 왜냐하면 청의 정부 기관이면서 대부분 영국 국적의 공무원이 운영한 중국해관총세무사(中國海關總稅務司)의 기록에서 플레스를 찾을 수 있기 때문이다. 그의 복무 기록에 따르면, '해리(Harry)' 플레스는 1875년에 런던에서 출생한 영국 시민이었다. 우리가 아는 것처럼 그 가운데 신뢰할 수 있는 건 출생 연도뿐이다. 그는 1897년 한 선박의 급사로 중국을 향해 떠났고 외국인 직급에서 가장 낮은 '외근' 직원으로 채용되었다. 처음에는 상해에서 '경위(警

衛)'로, 그다음 천진에서 입항 선박을 맞이해 화물을 검사하는 '선검원(船檢員)'으로 일했다. 그는 의화단 사건 이후 상해로 다시 발령되어 고급 선검원으로 승진했다. 그러나 1903년 10월 1일자로 직을 그만둔 이후 트란스발 사건이 벌어지기 전까지 모든 공적 기록에서 자취를 감췄다.

세상에서 플레스를 주목한 계기는 바로 1906년 영국 의회 총선이었다. 보수당은 1895년부터 연립내각 형태로 집권하고 있었다. 그 5년 뒤 일어난 보어 전쟁의 참상으로 인해 많은 영국 국민은 정부가 남아프리카에서 영국의 광업 이익을 지키기 위해 자국민의 목숨을 희생했음을 깨달았다. 그런데 1906년 총선의 핵심 쟁점은 보호무역과 자유무역이었다. 토리당은 영국의 산업을 보호하기 위해 관세를 도입하기를 원했고, 자유당은 반대 입장을 취하며 그것이 오히려 다른 국가에서 관세 장벽을 세우고 결과적으로 영국 상품의 해외 시장 진출을 막을 것이라고 주장했다. 대신에 그들은 대영제국의 상품이 모든 시장에 진출할 수 있는 자유무역을 지지했다. 이는 산업 노동 계층의 강한 지지를 얻는 입장이었다. 그런데 그 지지를 더욱 뜨겁게 달군 것은 중국인 광부에 대한 잔혹한 대우를 다룬 보도들이었다. 그것이 바로 플레스의 이름이 부상한 이유였다. 중국인 노동자가 저임금과 열악한 환경에서 일하고 있다는 보도가 영국으로 전해지자, 남아프리카 광산의 인력 부족이 이런 식으로 해결되었다며 그것을 후원한 정부에 대해 대중이 격분했다. 자유당은 이 틈을 노려 공격을 개시했다. 프랭크 볼랜드가 남아프리카에서 송고한 보도는 그 이야기가 영국 국내의 정치적 맥락과 맞물리지 않았다면 단지 통상적인 관심사에 그쳤을 것이다. 선거를 앞두고 이루어진 유세에서 자유당 후보 다섯 명 중 네 명이 중국인 노동자 문제를 제기한 반면, 보수당 후보들은 청중이 그들을 압박할 때만 그것을 언급할 뿐 그 문제를 회피하려고 애썼다.

중국인 광부에 대한 괴롭힘은 불꽃 튀는 정치 쟁점이었다. 중국인 노동자가 촉발하는 감정은 항상 중국인을 향한 호의적인 여론으로만 흐르지는 않았고, 다른 방향으로 터질 수도 있었다. 중국인은 누구보다 낮은 임금에도 기꺼이 일할 것이라는 인식이 퍼져 있었다. 그래서 중국인 노동자가 남아프리카에서 백인의 일자리를 빼앗을 것이라는 전망은 영국 노동자 사이에 어느 정도의 인종적 불안을 야기했다. 그들은 똑같은 상황이 그들에게 일어날 수 있으며, 대기업이 중국 쿨리를 대거 데리고 와 [영국] 국내 노동 시장을 잠식하고 자신들의 일자리를 앗아가지 않을까 걱정했다. 선거 기간 중 널리 사용된 한 정치 플래카드는 국제 금융가가 중국인 쿨리의 행렬을 이끄는 동안, 그 옆에서 졸고 있는 존 불(John Bull, 영국을 의인화한 인물)을 그려 넣었다. 플래카드 날개에는 "한낱 이것 때문에 우리가 싸웠다고?"라고 외치는 한 자유당 대변인이 그려져 있다. 로이드 조지(Lloyd George)[9]는 중국인이 웨일스 노동자를 대체할 것이라는 위협을 상기하며 그 위협을 한층 더 실감 나게 만들었다.

영국 노동계층이 남아프리카에서 중국인을 족쇄로 채우고 매질하는 행위에 대해 대체로 하나같이 반감을 느꼈던 것은 그것이 노예제를 연상시켰기 때문이었다. 노예제 폐지 운동의 승리는 이들이 쟁취한 위대한 성취였고, 그들은 노동자의 권리를 무시한 노예 노동의 부활을 자국 내 노동조합 권리에 대한 위협이라고 간주했다. 중국인을 노예화하는 정책에 동조한 정부는 노동 계층이 신뢰할 수 없는 정부였다. 보수당은 자유당이 위선적이며 영국 정부가 결코 적극 지지한 적이 없는 방안에 기대고 있다고 비난했지만, 그 문제를 무마하는 데는 실패했다. 한 정치 분석가가 관찰한 것처럼, 정치 집회에서 중국인의 사진 슬라이드를 한 장 띄우기만 해도 보수당에 항의하는 "즉각적인 분노의 아우성"이 터져 나왔다. 1905년 12월 말, 선거운동이 시작된 지 단 일주일 만에 변발을 하고 수갑을 찬 중국인을 흉내 낸 차림으로 정치 행진에 참여하거나 선거 집회에 나타나도 사람

---

9   데이비드 로이드 조지(David Lloyd George, 1863~1945)는 웨일스 출신의 자유당 정치인으로 제1차 세계대전 후반부에 영국 정계를 주도한 수상(재임 1916~1922)이었다.

들은 누구나 그 의미를 이해할 수 있었다.

그러나 영국 노동자와 남아프리카의 중국인 광부 사이에 형성된 연대감은 오래가지 못했다. 선거운동이 막바지에 이르자, 중국인 분장 연극이 지니는 의미가 완전히 뒤집혀 버렸다. 선거 막판에 부동층 유권자를 겨냥해 발표한 자유당의 선거 포스터는 중국인의 행렬을 그린 만평을 다시 실으면서 그 아래 훨씬 명확한 설명을 달았다. "중국인을 위한 남아프리카(South Africa for the Chinese)." 광부에게 가해진 가혹한 처우에 항거하는 인도주의적 분노는 이제 중국인이 남아프리카로 대거 이주해 영국인의 일자리를 빼앗을지도 모른다는 공포로 바뀌었다. 토리당은 무역 보호주의 때문에 비판받을 수 있었지만, 그것은 대부분 유권자에게 다소 추상적인 개념이었다. 반면 보수당이 중국인을 데려와 영국 노동자에서 생세를 강탈했다는 비난은 훨씬 더 효과적이었다. 그것은 실로 놀라운 여론의 급전환이었으며 효과가 있었다. 보수당 연립정부는 이러한 압박 아래 자유당에 패배했다. 플레스가 중국인 광부를 매달아 놓고 찍은 사진과 보도는 이 패배에 적잖은 역할을 했다. 보수당은 이 결과가 매우 불공정하다고 여겼다. 영국 정부는 남아프리카에서 계약 노동을 폐지하려 했었지만, 이러한 조치가 광산 산업의 붕괴를 초래할 것을 우려했다. 그들은 '중국인 노예제'라는 비난을 더러운 정치적 술책이라 여기며, 심지어 《모닝 리더》에 실렸던 만평을 재인쇄해 그것이 조작된 선전 캠페인의 증거라고 주장했다. 윈스턴 처칠이 새 자유당 정부에서 처음으로 식민지 부차관이라는 내각직을 맡았을 때, 그는 트란스발 광업을 붕괴시키지 않으면서 동시에 대중의 분노가 새 정부로 향하지 않도록 그 사안을 관리해야 하는 난처한 입장에 놓였다. 그는 1906년 2월 22일 영국 하원에서 중국인의 근로 조건이 아무리 개탄스러워도 사실 법적으로 노예 상태에 해당하지 않으며, 그럼에도 이 관행을 끝내기 위한 조치가 취해질 것이라고 선언했다. 보수 야당의 새 대표 조지프 체임벌린(Joseph Chamberlain)은 '중국 노예제'를 향한 몇 달간의 야유 끝에 행해진 이 선언에 분노했고, 처칠이 "중국인 복장을 한 패거리와 노예 감독관으로 분장한 대리인 몇 명을 딸려 보내"…"자기 선거구의 모든 거리에서" 행진하게 함으로써 선거에서 승리했다며 그를 고발했다. 이런 종류의 정치적 연극은 다른 선거구에서도 사용되었지만, 처칠은 즉석에서 그 혐의를 부인할 수 있었다. 이튿날 그의 선거구에서 활동한 당직자 한 명이 실제로 그러한 [선거] 전술이 그곳에서 사용되지 않았다는 점을 확인하는 편지를 보내왔다.

이것이 노예제였을까? 요하네스버그에 있던 적어도 한 명의 식민지 관리는 그 혐의를 그저 선거용 정치공세에 불과하다고 간주했다. 제이미슨(J. W. Jamieson)은 1905년 남아프리카로 파견되기 전까지 15년 넘게 중국에서 영국 영사관 직원 겸 상무관으로 일했고, 이후 [트란스발] 식민지 외국인 노동부를 인수해 사태를 수습하는 임무를 맡았다. 제이미슨이 중국어를 말하고 읽을 줄 알았고 역시 중국어에 유창한 퍼돈(Purdon)과 마이어스(Mayers)라는 두 명의 부하직원을 데려온 것은 도움이 됐다. 1906년 6월 11일에 그가 중국에 있는 동료 두 명에게 보낸 장문의 편지에 쓴 것처럼, 그는 "모든 것이 지옥으로 떨어지고 있던 심리적으로 결정적인 순간에" 요하네스버그에 도착했다. 실업과 농촌 빈곤을 벗어나고자 고향을 떠나 광산 노동을 선택한 중국인으로 구성된 통제하기 어려운 노동력을 마주한 그는, 자신이 "선미 갑판 또는 군대 행정반의 정의(Orderly room justice)"라고 부른 것, 곧 감독관이 숙소 구역에서 집행하는 훈육 방식을 선호했다. 하지만 자유당이 선거에서 승리하면서 그러한 군사적 훈육 방식은 금지되었다. 대신 새 정부는 "가장 정교한 영국식 사법 절차를 도입했다. 모든 판결은 대법원 판사에 의해 변경될 수 있고 그들은 거리낌 없이 그 판결을 파기했다." 그는 "나 자신도 불법 구금과 체포를 이유로 쿨리에게 고소되었고 10파운드의 벌금과 변호사 비용과 상대방 소송비 등 재판 비용을 물어야 했다. 그로 인한 체면 손상을 쉽게 상상할 수 있을 것"이라고 털어놓았다. 그러나 제이미슨이 판단하기에 문제는 개인의 평판이 아니었다. 그것은 바로 이 판결이 그들 쿨리를 향한 자신의 불안정한 통제력에 끼친 영향이었다. "5만 명으로 구성된 이 소규모 부대에 대한 내 지배는 전적으로 허세, 혹은 위신이라고 부를 만한 것에 기반해 있으며, 그것이 조금이라도 훼손되면 결과는 최악의 재난과 다름없다."

제이미슨은 자신이 도착하기 전에 학대가 있었음을 인정하면서도, 그것이 이미 줄어들었다고 주장했다. 그의 견해에 따르면 "식민지에 중국인을 불러들이는 이 실험"은 "역사상 가장 위대한 실험 가운데 하나"였으며, 자유당 정부가 자기 손을 묶지 않았더라면 성공을 거둘 수 있었던 기획이었다. 문제의 핵심은 중국인의 행동이 아니라, 그의 관점처럼 "백인만이 신이 생명의 숨결을 불어 넣은 유일한 인간"이라는 사상이 식민지에 만연했다는 데 있었다. 제이미슨은 결코 백인의 편견을 바꿀 위치에 있지 않았지만, 자신이 생각하기에 공정하고 효과적인 방식으로 노동자를 관리하는 시위에 있었다. 그는 친구들에게 "중국인과 관련된 문제는 거의 없다네. 그들은 분명 경제적 성공을 스스로 입증했고 불평할 것도 전혀 없네. 그들이 도박과 동성애 행위만 중단한다면 괜찮을 거야"라고 썼다. 중국인이 저지른 이른바 '잔혹 사건'도 "백인이나 흑인이 저지른 사건에 비하면 훨씬 적으며, 그것에 대해서도 외부 세계는 들은 바가 물론 없을 것"이었다. 자신의 중국인 노동자에 대해 그가 품은 불만의 핵심은 그들이 '어리석은 구매품'에 자기들 임금을 낭비한다는 점이었다. "오늘만 해도 우연히 두 사람을 마주쳤는데, 그들 둘이 풍선을 두 개나 샀지, 뭐야. 틀림없이 각기 1실링씩 썼을 거야. 그들은 택시를 너무 자주 타는데, [심정적으로] 내가 다 고통스러울 지경이야. 그들은 통상 돈을 정말 손쉽게 흥청망청 쓴다네." 무슨 문제가 벌어지고 있든, 노예제는 그 어떠한 문제도 아니라는 것이 그의 이해였다. 요하네스버그에서 중국인은 "평범한 육군이나 해군 병사보다 훨씬 덜한 노예이고 영국 상선 선원보다 훨씬 자유롭다"라고 제이미슨은 친구들에게 단언했다. 결론적으로 "남아프리카의 노예에 관해 자네가 들은 말은 물론, 읽은 그 어떤 것도 믿지 말라"라고 썼다.

마침내 그 실험을 종식한 것은, 제이미슨이 우려한 대로, 광부들이 서로 성관계를 맺고 있다는 고발이었다. 여성 없이 5만 명의 남성 노동자로만 구성된 작업 현장에서 이는 전혀 놀라운 일이 아니었다. 그러나 이 행위는 빅토리아 시대의 도덕 기준에서는 충분히 혐오스러운 것이어서 대중의 전방위적인 비난을 불러일으킬 만했다. 처칠이 속한 자유당 내 급진파는 이 문제를 집중적으로 제기했고 그것을 이용해 해당 계획을 무너뜨리고자 했다. 남아프리카의 중국인이 "우리 인종이 가장 통렬하게 혐오해 온 행위에 점차 물들고 있다"라는 주장에 대응하지 않을 수 없었던 처칠은 광산에서 남색(男色) 행위에 대한 조사를 지시했다. 그는 11월에 보고서를 받았지만, 그 조사 결과가 지나치게 자극적이라고 판단해 공개를 보류했다. 하지만 이 전체 과정은 결국 목표를 달성했다. 그것은 자유당 정부로 하여금 이듬해에 남아프리카에서 중국인 노동력의 사용을 종료하도록 강제했다. 그해 새로 선출된 트란스발 식민 정부는 흑인과 백인 광부만으로도 충분히 광산을 운영할 수 있다고 결정했다.

그렇게 그 제도가 허공으로 증발하자, 그와 함께 광부와 모집인 등 관련된 모든 사람의 재부(財富)도 사라졌다. 중국인이 입은 손실에 대해서는 기록이 남아 있지 않지만, 한 영국인이 겪은 결말의 자취가 남아 있다. 그것은 스코틀랜드 국립도서관에 보관된 영국 영사관 직원 제임스 록하트(James Lockhart)의 개인 문서 안에 1906년 5월 29일자로 급히 끄적여진 쪽지에 담겨 있다. 그 쪽지는 헨리 플레스라는 이름을 처음으로 영국 영사관 직원에게 알린 트란스발 이민 담당관이 바로 이 계획의 실패로 인해 파산에 이르렀음을 드러낸다. "정말 떠나기가 싫다"면서도 "난 정신적으로 완전히 무너져서 변화가 절실하다"라고 반즈 소령은 썼다. 그는 록하트가 자신을 그 직책에 추천해 준 것에 감사하며, 그 일이 "생애에 내가 알았던 유일한 행복"이었다고 회고했다. 그는 자기의 손실을 털고 새롭게 시작하겠다는 희망으로 제국 내 어딘가로 가는 배편을 예약했다고 록하트에게 전했다. 그 목적지는 공교롭게도 밴쿠버였다.

오늘날 우리는 반즈나 플레스처럼 제국 행정의 말단을 담당했던 인물에게 별다른 동정을 보내지 않는다. 그들은 분명 영국 식민주의의 대리인이었지만, 동시에 《타임스》 특파원이 언급했듯이 "근대 자본주의가 시작된 이래 노동력을 이곳저곳으로 이동시킨 최초의 시도"가 빚어 낸 희생자라 간주될 만했다. 중국인 고용은 "오로지 자본의 이익만을 위해 자본이 주도한" 구상이었다. 그 최하층에 있던 남성들은 그저 그것을 한껏 이용해 보려 애썼지만, 종종 실패했다.

중국인의 몸을 사진에 담다

이 모든 일은 일어나지 않을 수도 있었다. 만약 이야기가 글로만 전해졌더라면 말이다. 그러나 영국 대중의 관심을 사로잡은 것은 《모닝 리더》에 실려 널리 유포된 플레스의 희생자의 이미지였다. 이 그림을 그린 만화가는 등장인물을 반(反)중국적인 시각적 수사—가난에 찌들고 비천하며 [돼지 꼬리마냥] 변발을 했으며 불쾌할 정도로 비인간적인 모습의 주인공—로 가득 덧씌웠다. 그 그림이 실린 맥락을 모르고 본다면, 우리는 그 목적이 독자의 경멸을 자극하려는 것까지는 아니더라도, 우리의 연민을 불러일으키려는 것이었는지 판단하기 어려울 정도다. 1900년 여름, 외국 군대가 중국 땅에 상륙해 의화단을 진압하고 북경의 외국 공관을 보호했을 당시, 유럽 신문은 중국인을 조롱하는 풍자화로 가득 차 있었다. 당시 모든 신문의 독자는 중국인이란 이런 식으로 생겼다고 학습했다. 아마도 그 만화가는 '중국인'을 묘사하는 데 그 외의 방법을 떠올릴 수 없었는지도 모른다.

하지만 이 만평에는 또 다른 의미가 담겨 있었다. 그것은 중국을 바라보는 유럽인의 관념의 저류에서 한 세기 넘게 흘러 온 정서를 자극했다. 이 정서에는 두 관념이 결합되어 있었다. 하나는 중국인이 유럽인이 더 이상 용납하지 않고 철저히 야만적이라고 여기는 신체형을 여전히 사용한다는 관념이다. 다른 하나는 중국인이 그러한 신체적 굴욕을 수반하지 않고서는 정의를 이해하지 못한다는 인식이다. 유럽에서 이러한 형벌이 사라진

[그림 16] 이 그림은 공범의 이름을 자백하게 하려고 고문당하고 있는 도둑의 모습을 불쾌한 장면을 제거하고 그린 것이다. 북경의 주배균(周培鈞)의 화실에서 제작한 형벌 도책(圖冊)에 포함된 이 그림은 19세기 말~20세기 초에 그려진 것으로 추정된다. 이러한 그림은 중국을 방문한 유럽인을 위해 특별히 제작된 기념품이었으며, 그들은 이를 구입해 본국으로 가져가 중국의 사법 및 윤리 규범을 보여주는 증거물로 유통했다.

것은 불과 19세기 중반의 일이었지만, 그 폐지가 너무도 철저하고 단호하게 선언되었기에, 유럽인은 이제 스스로를 이처럼 잔혹한 방식으로는 행동할 수 없는 문명인으로 여겼다. 반면 청나라 법률은 여전히 그러한 처벌 관행을 용인하고 있었다. 이는 부분적으로 일시적인 경우를 제외하고는 범죄자를 수감하지 않는 것을 원칙으로 삼았기 때문이었다. 죄인을 처벌할 감옥이 없다면 유일한 선택지는 태·장형(笞杖刑)이나 유형(流刑)이었고, 그것이 『대청율례(大淸律例)』가 규정한 방식이었다. 플레스가 사진을 찍던 시점에 이러한 관행은 변화로 나아가는 과도기에 있었지만, 유럽인은 그 변화를 인지하지 못했다. 이 '절묘한 시차'로 인해 유럽인들은 중국인을 깔보는 동시에 자신들을 칭송할 수 있었고, 신체 손상이라는 혐오스러운 역사 전부를 세계 반대편으로 떠넘길 수 있었다.

영국의 독자는 중국인이 쓰는 고문 방식에 이미 익숙했다. 그것은 1793년 매카트니 사절단의 회고록에 등장한다. 사절단의 공식 화가였던 윌리엄 알렉산더(William Alexander)는 런던의 한 출판사로부터 유럽 독자에게 중국이 어떤 곳인지 보여 줄 장면을 담은 화보집을 제작하자는 제안을 받았다. 그 결과 출간된 책이『중국의 의복(*The Costume of China*)』이다. 이 책은 독자에게 호기심 어린 땅을 설명하면서 가장 이색적인 형벌로 가형(枷刑)을 소개한다. 그리고 곧 조지 메이슨(George Mason)의『중국의 형벌(*The Punishments of China*)』이 출간되어 더 큰 인기를 끌었다.[10]

메이슨은 인도에서 근무했지만 광주를 딱 한 번 방문한 적이 있었고, 그곳에서 중국 장인이 유럽인 방문객을 위해 기념품으로 대량 제작한, 일상 장면을 묘사한 간결한 그림들을 구입했다. 대부분은 무난한 장면이었지

---

10 저자는 『중국의 형벌』이 『중국의 의복』보다 뒤늦게 출판되었다고 적었다. 그러나 전자는 1801년, 후자는 1805년에 출간되었다.

[그림 17] 1900년 직후 북중국으로 추정되는 어느 지역에서 한 젊은 남성이 지현(知縣)의 아문(衙門) 뜰에서 법정 고문을 받는 장면을 찍은 사진

만, 일부는 괴롭힘, 고문, 처형 장면을 포함해 선정적으로 서구의 호기심을 충족하고자 했다. 본래의 중국 그림은 매우 인공적인 구성으로, 세심하게 묘사된 인물이 배경 없는 밑바탕 위에 배치되어 있어 일종의 '정제된 민족지'라 할 수 있었다([그림 16] 참고). 이 그림을 유럽 독자에게 전하면서, 메이슨은 이것을 이국적일 뿐만 아니라, 모두 지나치게 현실감 넘치는 장면으로 변모시켰다. 이 그림이 전하는 메시지는 명확했다. 즉 '이것이 바로 중국인이 하는 짓이다.'

『중국의 형벌』은 잘 팔렸을 뿐만 아니라, 신체적 괴롭힘 등 중국의 이색적 관행이 어떠했는지에 대한 기대감을 불러일으켰다. 한편 광주와 북경의 화가들은 외국 방문객의 수요를 충족하기 위해 이러한 장면을 꾸준히 제작했고, 그 덕분에 오늘날 서구의 여러 박물관에는 이 시기 중국 형벌화가 대량으로 소장되어 있다. 이러한 시각적 기대감이 너무나 강력하게 자리 잡은 까닭에, 유럽인이 사진기로 무장하고 중국에 도착했을 때 그들은 무엇을 찍고 싶은지 이미 알고 있었다. 그래서 플레스가 자기 집에서 자신이 고문하는 중국 남성을 촬영했을 때, 그는 자기가 어떤 종류의 이미지를 포착하려는지 잘 알고 있었다. 고통받는 중국인의 몸이라는 광경은 그가 사진을 찍기 전부터 이미 그에게 의미가 부여된 장면이었던 것이다.

육체적 고통은 필름에 담기 쉽지 않고 특히 19세기 후반 카메라가 처음 사용되기 시작했을 무렵에는 더욱 어려웠다. 당시 카메라는 값비싼 장비였고 그것을 작동하는 데 상당한 기술적 훈련을 필요로 했다. 사진을 찍으려면 밝은 조명과 긴 노출 시간이 필요했으며, 그에 더해 피사체는 그 시간 동안 움직이지 않고 완전히 정지된 자세를 유지해야 했다. 일상생활의 자연스러운 장면을 포착하는 것은 기술적으로 불가능했다. 카메라는 전문 사진사의 도구였고, 아마추어가 즐기는 취미용 장난감이 아니었다. 그런데 20세기의 전환기에 접어들면서 기술이 크게 개선되고 편리해지자, 카메라는 대량 생산이 가능한 상품이 되었다. 가격은 낮아졌고 셔터 속도가 빨라졌으며 휴대성도 높아졌고, 모든 계층의 아마추어가 취미로 사진을 배웠다. 그들은 처음에 인물 사진이나 풍경을 찍었지만, 점차 모든 사물이나 사람이 정지할 필요가 없는 장면을 포착했다. 그들은 사진에 담을 사건을 찾아다녔고, 사진은 단순한 기록을 넘어, 사진사가 자신을 그 사건의 관찰자로, 나아가 더 적극적인 참여자로 위치시키는 수단이 되었다. 그렇다면 사진사가 현장에서 함께할 수 있는 가장 극적인 사건이란 무엇일까? 그것은 바로 매질이 벌어지는 순간, 또는 그보다 더 강렬한 처형 장면이었다.

1900년의 의화단 사건 진압은 정복의 효과가 사진으로 기록된 최초의 주요한 국제 군사 사건이었을 것이다. 군 소속 사진사가 군 화가와 함께 작업하며 점령당한 방어 거점, 폭격당한 풍경, 전사한 병사들을 기록했다. 일단 정복이 완료된 후에 그들은 유럽인이 요구한 정의의 집행 과정을 이미지로 제작할 수 있었다. 그다음에 그들은 중국의 일상적인 사법 체계 속 장면—예컨대 이 책에 실린 아문(衙門)의 뜰에서 신체적으로 구속당한 한 젊은 남성을 찍은 사진([그림 17] 참고)—까지 포착했다. 그 자세는 《모닝 리더》의 만평 속 인물과 다르지만, 똑같이 누더기 차림에 가난과 신체적 고통, 그리고 굴욕의 흔적이 그의 몸에 드러나 있다. 우리는 이러한 사진을 곧이곧대로 받아들여서는 안 된다. 그러한 사진의 상당수는 아마도 일정한 보수를 받고 연출된 것으로, 외국인 사진사가 상상한 '중국'에 걸맞은 이미지, 또는 책의 삽화나 엽서로 인쇄업자에게 팔 수 있을 만한 이미지를 창작해낼 수 있었다. 하지만 사진 속 배경 인물들의 침통한 표정은 이 젊은이가 실제로 체포되어 자백을 강요받느라 나무 막대기에 묶인 것임을 설득력 있게 뒷받침한다.

이보다 훨씬 더 끔찍한 것은 외국 군인이 북경의 각국 공관에 배치되어 있으면서 채시구(菜市口, 채소 시장)에서 행해진 공개 처형 장면을 촬영한 사진들이었다. 채시구는 북경의 서남문 바깥의 먼지가 날리는 교차로였고, 외국군이 중국인 반도(叛徒)를 처형하는 곳이 아니라, 청의 회자수(劊子手)가 중국인 범죄자를 처형하는 곳이었다. 셔터 한 번으로 외국인들은 토마스 드 퀸시(Thomas De Quincey)[11]가 젊은 시절 상상 속에서만 꿈꿨을 '동방의 타락' 광경을 포착할 수 있었고, 또 사진관이 있는 어디서든 그 장면을 복제할 수 있었다. 그중 가장 충격적인 것은 악명 높은 능지처사(陵遲處死)를 당하는 죄수를 담은 사진이었다. 범인은 공개 장소로 끌려가 사법 관원의 감독 아래 미리 정해진 절차에 맞게 칼에 찔리고 절단되었다. 이러한 사형에 처해진 최후의 인물은 자기 주인을 살해한 몽골인 시위(侍衛) 푸주리(福朱力)였다. 그는 1905년 4월 9일 채시구에서 처형되었다. 그 사건을 촬영한 한 프랑스 군인의 사진이 우편으로 본국에 발송되어 끔찍한 엽서 형태로 오늘날까지 여전히 남아 있다.

플레스가 실제로 청의 심문이나 사형 현장에 참석했는지는 알 수 없지만, 그가 이런 장면을 담은 중국 회화나 유럽인이 찍은 사진을 본 적이 있었다는 사실만은 분명하다. 그렇지 않았다면 그는 중국 광부를 그렇게 고문하는 장면을 연출하지 않았을 것이고, 그 모습을 굳이 사진으로 남기려고 하지도 않았을 것이다. 그의 목적이 무엇이었고, 그 사진을 누구에게 보여 주려 했는지를 우리는 추측할 수밖에 없다. 맥카시는 플레스가 그 사진을 중국으로 가져가 '뭔가를 해보겠다'고 자신에게 말했다고 증언했지만, 그것은 대체 무엇이었을까? 혹시 노동자가 자기의 명령을 따르지 않을 경우, 그들에게 무슨 일이 일어날지 신입 노동자에게 보여 주려는 협박용이었을까? 아니면 자기가 얼마나 일을 확실하게 처리하는 사람인지를 인력 모집인들에게 과시하기 위한 증거물이었을까? 혹은 그 밖의 전혀 다른 이유였을까?

플레스가 만평가가 상상한 그러한 종류의 사진을 인화했는지를 보여 주는 증거는 없다. 우리가 아는 것은, 그가 살해된 이후 영국의 부영사가 그

11　토마스 드 퀸시(Thomas De Quincey, 1785~1859)는 영국의 소설가이자, 수필가, 평론가다. 『어느 영국인 아편쟁이의 고백』(1821)이란 작품으로 잘 알려져 있으며, 그 자신도 아편 흡연자였다. 서구에서 중독 문학의 전통을 창시한 인물로 평가받는다.

의 유품을 수거하러 갔을 때, 플레스의 집에서 사진 뭉치를 발견했다는 사실뿐이다. 만일 그 사진 가운데 알몸으로 고문당하는 중국 남성을 찍은 현장 사진이 있었다면, 부영사는 어떤 식으로든 논평을 남겼을 것이다. 혹은 어쩌면 그렇지 않았을 수도 있다. 어쩌면 그 누구도 갑작스럽게 생을 마감한 이 남자의 삶에 그만한 관심을 두지 않았을 수도 있다. 흥미로운 질문은 과연 플레스가 누군가의 복수를 받아 살해된 것인가 하는 점이다. 그러나 그 살인사건은 끝내 미제(未濟)로 남았고, 우리는 결코 그 진실을 알 수 없을 것이다.

중국이 세계와 관계를 맺은 역사에서 이 사건이 중요한 이유는, 예기치 않게 광범위한 그 영향력 때문이다. 플레스는 영국 총선에 영향을 미칠 생각이 전혀 없었지만, 그의 이야기는 왜곡된 형태로 1906년 2월 영국 하원의 본회의장까지 도달했다. 그 자리에서 조지프 체임벌린은 처칠을 맹렬히 비난하는 연설을 하면서 자유당이 고문 사건을 정치적으로 이용해 선거를 유리하게 이끌었다고 성토했다. 체임벌린은 자유당이 영국 대중을 속여 중국인 광산 노동자가 사실상 노예라고 믿게 만들었다고 주장하며, 그 증거로 한 익명의 책을 꺼내 들었다. 그 책은 현재까지 한 권도 남아 있지 않지만, 그는 그것이 "선거 기간 동안 널리 유포"되었다고 단언했다. 그 책은 중국인 쿨리가 노예처럼 다뤄지고 있다는 내용이었다. 체임벌린은 그 책의 저자가 《모닝 리더》의 기자 프랭크 볼랜드일 수 있다고 강하게 추측했다. 만약 볼랜드가 아니라면, 그것은 "내가 주저 없이 대악당이라고 부를 만한 인물, 즉 플레스 씨"에 의한 것일 수 있다고 말했다. 즉 플레스가 스스로 시인한 바와 같이 "중국 남성을 하룻밤 동안 매달아 고문한 뒤, 그가 집필하고 있던 책에 넣기 위해 다음 날 아침 그의 사진을 찍었을 것이다"라고 주장한 것이다. 이 지점에서 이야기는 놀라운 반전을 맞는다. 플레스는 정말로 '란트에서 노예 부리는 법'이라는 제목의 책을 쓰고 있다고 주장한 적이 있다. 그러나 우리가 아는 한, 그는 그 책을 실제로 쓰지는 않았다. 체임벌린에게 플레스는, 모든 사건을 꾸며내 보수당의 패배를 유도

한 또 하나의 저널리스트에 불과했다. 체임벌린의 주장은 사실과 너무나 달라서, 이 책을 쓰면서 처음으로 나는 할 말을 잃었다.

이 문제가 제기될 것을 예상했던 윈스턴 처칠은 이미 트란스발 정부에 플레스를 범죄인 인도 대상으로 삼을 수 있는지 여부를 사전에 문의해 둔 상태였다. 덕분에 그는 하원에서 체임벌린에게 다음과 같이 보고할 수 있었다. "제출된 증거로는 법적 절차를 개시할 근거가 없다고 트란스발 정부가 보고했지만, 국무장관은 가능하다면 이 사건에 대해 법적 절차를 시작하는 것이 바람직하다고 판단했습니다." 그러나 결국 어떠한 법적 절차도 개시되지 않았다. 어차피 플레스는 이미 중국으로 돌아간 뒤였기 때문이다. 그는 여전히 쿨리 노동자를 모집하거나 통조림 주문을 받고 있었으며, 런던에서의 악명에도 불구하고 아무런 타격도 입지 않았다.

중국의 시각에서 이 이야기가 지닌 역설은 플레스가 트란스발에서 한 쿨리를 촬영하기 바로 두 달 전, 북경의 중국 법률가들이 '능지처사'를 폐지하는 데 성공했다는 사실이다. 이 기괴한 사형 제도를 중단하는 데 앞장선 인물은 형부의 관원 심가본(沈家本)[12]이었다. 그는 막연한 인도주의의 원칙에 호소하지 않고 자신의 반대 의사를 표명했다. 그는 사실 능지처사가 『대청률』에 명시되어 있지 않으며 중국 고전 어디에도 신체 절단형에 대한 선례가 존재하지 않는다는 점을 들어 반대했다. 결국 '능지처사'는 본래 중국의 형벌이 아니었다. 그는 "어떻게 이 같은 형벌이 계획적으로 시행될 수 있었단 말인가?"라고 반문하며, 그 답을 외부에서 찾았다. 신체 절단형은 1천년 전 중국을 침입한 유목민이 들여온 야만적인 관행이라고 그는 주장했다. 대청국이 만리장성을 넘어온 침입자인 만주인에 의해 통

---

12 심가본(沈家本, 1840~1913)은 청말의 관리 겸 법학자로 중국 법제 근대화의 아버지로 칭송된다. 그는 『대청민률(大淸民律)』, 『대청상률초안(大淸商律草案)』, 『형사소송률초안(刑事訴訟律草案)』, 『민사소송률초안(民事訴訟律草案)』 등을 제정하는 데 주도적으로 참여했다.

치되고 있었다는 점을 고려할 때, 심가본이 제기한 이 주장은 당시 민감한 논거였을 것이다. 그러나 놀랍게도 이 불편한 역사적 연결은 그의 개혁 추진에 아무런 방해가 되지 않았다.

결국 결정적인 요인은 '능지처사'가 고대 중국 전통에서 유래했는지 여부가 아니었다. 그것은 단지 그 형벌에 반대하기 위해 쓰인 유용한 서사에 불과했다. 진정한 동인은 의화단 사건 이후 중국인이 마주한 새로운 상황이었다. 외국인이 중국에 대거 들어온 이후, 그들은 거리의 자유를 누리며 카메라를 들고 다녔다. 의화단 사건이 없었다면, 소름 끼치는 형벌 장면을 담은 사진이 해외에 유통될 일도 없었고, 그 때문에 중국이 세계 문명 순위에서 더욱 밑으로 추락하는 일도 없었을 것이다. 심가본이 '특수 형벌[非常刑]'이라 부른 것을 완전히 폐지함으로써 대중의 시야에서 제거하는 것이 최선이었다. 심지어 만주 황실도 이 개혁의 타당성에 수긍했다. 그 결과 1905년 4월 9일 푸주리의 처형이 중국사에서 최후의 능지처사가 되었다. 그달 말, 이 형벌은 공식적으로 완전히 폐지되었다.

참으로 기묘하게도 플레스가 요하네스버그의 자택에서 고문 장면을 연출하던 바로 그 시기에, 청 정부는 세계의 문명국 사이에서 인정받기 위해 신체형을 폐지하고 있었다. 그러나 플레스 같은 이들은 그 유산을 쉽게 놓아줄 준비가 되어 있지 않았다. 그것이 자신들이 지배하려는 사람들에 대한 우위를 유지하게 해 주는 수단이었기 때문이다. 엽서 제작자들 또한 그 가학적 이미지의 시장을 포기할 뜻이 없었다. 대청국이 몰락하고 그 사법 체계가 해체된 이후에도, 1912년 7월의 소인이 찍힌 푸주리의 처형 장면을 담은 엽서는 여전히 유럽으로 발송되고 있었다. 중국이 신체 고문의 땅으로 여겨지던 시대는 끝났지만, 본질적으로 잔혹하고 후진적이며 정의가 부재한 나라라는 이미지는 서구의 상상 속에 여전히 살아남았다. 중국인은 어렵게나마 미래를 향해 나아가고 있었지만, 서구는 과거의 그림자 속에 머물러 있었다.

제13장

협력자와 그의 변호사

1946년 상하이

[그림 18]을 보라. 이 사진은 1946년 6월 21일, 상하이 고등법원 밖에서 신문사 사진기자가 촬영한 것이다. 등을 돌린 채 전통 유생복을 입은 인물은 량훙즈(梁鴻志, 1882~1946)다. 그는 막 반역죄로 유죄 판결을 받았다는 선고를 들은 참이다. 경찰 두 명이 그를 법정 밖으로 이끌고, 또 다른 경찰 한 명은 남편에게 다가가려는 그의 젊은 아내를 제지하고 있다. 배경에는 1946년에 가장 주목받은 재판 중 하나를 지켜보던 방청객들이 서 있다. 오늘날 대부분의 중국인에게 량훙즈는 낯선 이름이다. 그는 중화민국 시기(1912~1949)의 변방 정치인이었고, 공적 무대에 올랐다가 곧 사라지기를 반복했으며, 한 번도 주역의 자리에 선 적은 없었다. 더 결정적인 이유는, 그가 현대 중국 정치에서 가장 무거운 죄—외세와의 협력—를 저질렀기에 집단의 기억 속에서 지워졌다는 데 있다. 그런 자는 잊히는 수밖에 없다.

6월 21일 량훙즈에게 내려진 판결은 그가 1938년부터 1940년까지 운영했던 합작 정권—일본의 후원을 받은 최초의 '국가' 체제—과 뒤이어 1940년부터 1945년 종전까지 그가 국무 각료로 참여한 후속 정권에 대해 개인적 책임을 묻는 열한 가지 혐의에 대한 공소장에 근거한 것이었다. 첫 세 가지 혐의(일본 경찰을 지원하기 위한 군대 창설, 일본군을 위한 병력과 물자 수송을 목적으로 한 철도 운영, 일본의 내륙 수로 독점 허용)는 침략자를 돕고 지원한 죄목이었다. 이어지는 다섯 가지 혐의는 일본의 이익을 위한 경제 운영과 관련된 것이었다. 구체적으로 곡물 통제, 국가 통화 발행을 위한 화흥(華興)은행 설립, 중국 해관(海關) 수입의 전용, 과도한 세

[그림 18] 1946년 6월 21일 상하이에서 열린 재판을 마치고 법정을 떠나는 량훙즈(梁鴻志)의 모습을 담은 신문 사진.

금 부과, 그리고 19세기의 유산이라 할 수 있는 아편을 유통해 민중의 부를 빼앗고 저항 의지를 약화시킨 것이다. 마지막 세 가지 혐의는 1940년 왕징웨이(汪精衛, 1883~1944)의 주도로 수립된 난징(남경) 국민정부 창설에 참여한 것에 대한 비난이었다. 전쟁 중 장제스의 국민정부는 양쯔강 상류 충칭(重慶)에 은거해 있었고, 왕징웨이의 국민정부는 장제스에 대항하고 경쟁하기 위해 만들어졌다. 감리교 신자 출신으로 엄한 성격의 총통 장제스(蔣介石, 1887~1975)와, 매력적인 외모에 카리스마 넘치는 혁명가 왕징웨이는 쑨원(孫文, 1866~1925)의 국민당 지도권을 두고 오랫동안 경쟁 관계에 있었으며, 1938년에는 일본에 맞서 장기적이고 파괴적인 저항전을 계속할지, 아니면 평화 협상을 추진할지의 문제를 둘러싸고 결별했다.

전쟁이 끝나자, 살아남은 정당이 자기들의 승리를 주장했다. 정의이 원칙을 다시 세운다는 점에서 전범 재판은 반드시 필요한 절차였지만, 동시에 그 승리를 드러내는 무대가 되었다. 왕징웨이나 장제스에 비하면 량훙즈는 단역에 불과했으며, 이미 시대에 뒤처진 인물이었다. 그러나 그 이야기를 되새기는 것은, 량훙즈가 시대의 압력과 모순을 거의 완벽하게 체현했기 때문이다. 그가 행한 어떠한 일도 1930년대 중반에서 1940년대 중반까지 중국이 처한 세계, 곧 제2차 세계대전이라 불리는 끔찍한 세계사적 드라마 없이는 상상할 수 없었다. 그 어려운 시대에 국가들이 무제한적인 공격에 의존한 상황을 고려한다면, 중국이든 다른 나라든 협력자가 된 지도자는 량훙즈만이 아니었다. 그는 자신의 정권 유지를 위해 일본을 바라보았을지 모르지만, 장제스는 미국에 의지했고, 서북 지역에서 공산주의 반란을 이끌던 마오쩌둥(毛澤東, 1843~1976)은 소련을 주시하고 있었다. 궁극적으로 문제는 '협력' 자체가 아니었다. 누구나 누군가와 협력하고 있었기 때문이다. 진짜 문제는 미래였다. 미래는 어떤 모습이어야 하며, 누가 그것을 주도할 것인가가 쟁점이었다.

전쟁에 대한 통상적인 서술은 외세에 맞서 생존을 위해 싸우는 국가의 이야기를 집중 조명하며, 실제로 많은 나라가 그런 실존적 위협에 직면해 있었다. 그러나 많은 투쟁은 또한 내부의 문제였다. 그리고 그러한 내부 갈등을 가장 적나라하게 드러내는 주제가 바로 적국과 '합작(collaboration)'이다. 1937년 일본의 중국 침략 이면에 있었던 현실은 일본에 맞서느라 분열한 중국이 아니라 내부에서 분열한 중국이었다.

대국에서 공화국으로

중국의 내부 분열을 가장 효과적으로 이용할 수 있는 외국은 일본이었다. 20세기에 들어서면서 일본은 중국의 가장 중요한 이웃이 되었으며(어쩌면 오늘날까지도 그렇다고 할 수 있다), 19세기에 도쿠가와 일본과 청의 중국 모두 급격히 변화하는 세계를 맞닥뜨렸다. 그러나 두 국가의 지도부는 이에 서로 다른 방식으로 대응했고, 결과적으로 전혀 다른 길을 걸었다. 대청국이 외부 세계로부터 스며드는 성가신 요소로 여겼던 것들을 일본은 기회로 붙잡았다. 1868년에 이른바 왕정복고라는 이름으로 포장된 일본의 이른 혁명은 19세기 세계를 압도했던 유럽의 정치, 경제, 전쟁 모델을 본격적으로 연구하는 대규모 개혁에 착수하게 했고, 이를 통해 일본이 그것에 압도되지 않도록 했다. 중국이 위협과 조약에 굴복하는 동안, 일본은 조금 떨어진 거리에서 이를 지켜보며 그 길을 따라가지 않겠다고 결의를 다졌다. 일본은 유럽으로부터 약간 더 멀리 떨어져 있었기에 19세기 중반, 유럽과 미국이 중국을 개방하려 혈안이 되어 있던 중요한 시기에 어느 정도 고립 상태를 유지할 수 있었고, 그 덕분에 다가올 변화를 미리 예견할 수 있는 위치에 있었다. 서구 세계를 지탱하던 새로운 기술과 제도를 성공적으로 받아들인 일본은 아시아 최초의 산업국가로 급속히 도약했다. 유럽의 군사력을 폭발적으로 확장한 바로 그 산업화 덕분에, 일본은 아시아 최초의 근대적 육군과 해군을 건설할 수 있었고, 중국과 러시아를 상대로 군대를 활용하게 되었다.

청조가 19세기의 충격에 제대로 대응하지 못했던 상황을 고려할 때, 1912년 대국(大國)의 외피를 벗고 등장한 중국의 정치인과 이론가는 중국을 서구의 새로운 국제 질서에 적응시켜야 한다는 점을 분명히 알고 있었다. 그러나 그 과정을 이끌고 통합할 공통의 지도력은 부족했다. 일부 만주인은 입헌군주제의 형태로 황실의 존속을 도모할 수 있으리라 생각했지만, 사건의 전개는 그들을 앞질렀고, 위기가 제대로 관리되지 못한 채 1911년 늦가을 대국은 붕괴했다. 제국을 대신하여 공화국이 선포되었다. 그러나 그 선포는 1912년 새해 첫날 난징에 모여든 이들이 기대했을 통일된 목표와 방향성을 가져오지 못했다. 혁명의 명목상 지도자였던 쑨원은 청조에 맞선 소규모 봉기 소식을 미국 덴버에서 듣고 겨우 귀국하여 공화국 출범식에 참석했다. 그러나 그는 곧 군대를 장악한 인물들에게 밀려났다. 공화국의 꿈은 군벌 및 그들과 손잡은 정치 파벌이라는 현실로 빠르게 무너져 내렸다. 이런 상황 속에서 량훙즈가 1920년대 초 정치에 입문했다. 그러나 1927년이 되자 장제스가 중원에서 군사적 우위를 확보하며 국민당이 전국적인 존재감을 드러냈고, 이후 10년 동안 정치의 주도권을 장악했다. 새로운 체제에서 량훙즈와 같은 구시대 정치인이 설 자리는 사라졌다.

침투에서 점령까지

중국이 대국에서 공화국으로 이행하는 과도기를 비틀거리며 지나고 있을 때, 일본은 일련의 군사 쿠데타를 거치며 정권을 군사화했고, 1930년대에는 정부의 실권을 군부로 넘겼다. 그 시기 일본 군부가 집착한 두 가지 사안이 있었는데, 하나는 일본 열도 바깥의 자원을 통제 범위에 두는 것이었고, 다른 하나는 러시아의 팽창이 자국을 향하지 못하도록 저지하는 것이었다. 이 두 목표를 일관되게 추진하는 과정에서 일본은 1895년부터 시작했던 중국 침략을 강화했다.

1895년 청나라와의 짧은 전쟁 이후 일본은 조약을 통해 중국이 타이완섬을 식민지로 할양하도록 했다. 이후 일본은 중국으로부터 점점 더 많은 영토와 영향력을 빼았으며 단계적으로 침탈을 이어갔다. 그것은 조선에서 산둥으로 이어졌고, 마침내 1931년 만주에서 절정을 이루었다. 이 일련의 작전은 유럽 제국주의 열강이 큰 이익을 거두었던 경제적 팽창의 논리에 근거하고 있었다. 또한 1929년의 세계 대공황이 아시아의 산업에 심각한 타격을 가한 것도 한 원인이었다. 신문 편집인 다카이시 신고로(高石眞五郎)는 1938년 자신의 저서 『일본발성(日本發聲, *Japan Speaks Out*)』에서 영어권 독자들에게 "일본이 생존하기 위해서는 정당한 국가적 발전과 팽창의 기회가 충분히 주어져야 한다"라고 밝히며, 자신이 합리적인 입장을 취한다고 생각했다. 이는 과거 유럽 제국들이 팽창주의를 정당화하며 내세웠던 논리와 똑같았다. 다카이시는 "일본이 추구하는 것은 단지 평화로운 경제 확장을 위한 자유와 기회일 뿐"이라고 주장했다.

1937년 침략 이전 일본이 벌인 마지막 대규모 침탈 행위는 중국 동북 지역에 '만주국(滿洲國)'이라는 국가를 세운 것이었다. 이는 청의 마지막 어린 황제였던 만주인 푸이(溥儀, 1906~1967)를 명목상 지도자로 내세웠다. 국제연맹은 이 조작극을 꾸민 일본을 질책하며, 이 신생 국가가 일본의 꼭두각시에 불과하다는 결론을 내렸다. 그러나 이후의 유엔(UN)과 달리, 국제연맹은 이러한 사기에 대해 어떤 결과를 강제할 수단을 갖고 있지 못했다. 국제연맹의 비난이 이룬 유일한 성과는 일본이 국제연맹에서 탈퇴하도록 만든 것이었다.

1937년의 침략은 중국 전역을 점령하려는 의도로 시작된 것이 아니었다. 일본은 장제스에게 압박을 가해 중화민국의 경제적 주권의 일부를 양도받고, 이를 통해 중국 내에서 일본의 전략적·경제적 입지를 강화하고자 했다. 첫 공격은 7월에 베이징을 대상으로, 두 번째는 8월에 상하이를 향해 감행되었다. 일본 지도자들은 이 지점들에 압박을 가하면, 장제스가 협상 테이블에 나올 수밖에 없을 것이라 믿었다. 그들은 장제스로 하여금 만주국이라는 신정부의 정통성을 인정하게 만들고자 했고, 중국 각급 행정 단위에 일본 측 경제 고문을 파견할 수 있기를 원했다. 9월 외무대신 히로타 고키(廣田弘毅)는 이렇게 말했다. "일본 정부의 기본 정책은 일본, 만주국, 중국 간 화해와 협력을 통해 동아시아를 안정시키고, 공동 번영과 복리를 이루는 데 있다." 그는 중국이 "우리의 진심 어린 동기를 무시하고 있다"고 비난하며, "중국이 대규모 병력을 동원해 우리를 공격했기에, 우리는 무력을 통해 맞대응할 수밖에 없다"라고 주장했다. 히로타 또한 자기가 지극히 합리적으로 행동하고 있다고 여겼다. 그는 당시 정세에서 일본은 "단호한 태도를 취해 중국이 태도를 고치도록 강제할 수밖에 없으며, 일본의 목표는 오직 행복하고 평온한 중국을 보는 것뿐"이라고 말했다. 다카이시는 그의 책에서 한 걸음 더 나아가, 일본의 개입은 단순히 중국의 '대군'에 맞서는 차원이 아니라, "일본 국민의 생명에서 떼어놓을 수 없는 중대한 이익을 지키기 위한 순수한 자위"라고까지 서술했다. 이것이 바로 일본이 공격적인 사리사욕을 숨기고 내세운 공식적 입장이었다. 물론 어떤 중국인도 이를 그렇게 받아들이지는 않았다.

군사적 개입이 장제스 정부를 일본의 국익에 순응하게 만들 것이라는 발상은 일본과 중국을 그리고 결국 일본과 세계를 전쟁으로 끌고 간 수많은 오판 중 첫 번째였다. 베이징 방어는 빠르게 무너졌지만, 상하이 방어는 그러지 않았다. 장제스의 병사들은 두 달이 넘는 기간 동안 일본군의 총공격에 맞서 싸웠고, 결국 그 막대한 군사력 앞에 무너졌지만, 장제스는 협상에 나서지 않았고 국민정부 또한 그를 버리지 않았다. 한 달 뒤 일본군은 중국 정부를 항복시키기 위한 최후 압박으로 수도 난징을 점령했다. 그러나 중국 정부는 무너지지 않았다. 오히려 일본에 굴복하지 않겠다는 결의를 고수하며, 양쯔강을 따라 서쪽으로 이동했다([지도 6] 참조). 이 수도 점령은 '난징 대학살'로 알려진 사건이며, 전쟁에서 일본이 저지른 잔혹행위의 대표적인 상징이 되었다. 적어도 중국의 관점에서 이 대학살에 대한 설명은 결코 명확히 정리되지 않았고, 오늘날까지도 중국과 일본의 관계를 괴롭히는 골칫거리 유산으로 남아 있다.

장제스나 다른 누군가를 협상 테이블로 끌어내려던 당초 계획이 실패했음을 깨달은 일본 내각은 중국 주둔 일본군에게 점령지에서 국민정부를 대신할 지방 행정기구를 수립할 수 있는 권한을 부여했다. 1938년 1월 16

[지도 6] 제2차 세계대전 시기에 일본이 점령한 중국의 영토 범위, 1940년경

일 내각총리대신 겸 공작 고노에 후미마로(近衛文麿)가 일본은 더 이상 장제스 및 그의 측근들과 협력하지 않겠다고 선언하자, 새로운 국가 정권을 구축하기 위한 목적으로 임시 지역 정부를 창설하려는 더 큰 과제가 드러났다. 그러나 이 프로젝트의 난관은 막대하고도 분명했다. 중국 민간인에 대한 잔혹 행위가 광범위하게 자행되었고, 기반 시설은 심각하게 파괴되었으며, 경제는 폐허가 되었다. 일본이 어떤 명분과 어떤 약속으로 중국의 엘리트나 일반 대중의 협조를 얻을 수 있었겠는가? 일본인 관리들을 내세워 통치하는 방식으로는 불가능했다. 최소한 세계 여론의 시선 속에서, 가능하다면 중국인의 눈에도 정당성을 확보하려면, 점령 정권은 중국인이 이끌어야 했다. 일본은 만주국이라는 초라한 사기극을 반복하고 싶지 않았다. 중국 점령 사실에 대한 국제사회의 비난을 피하기 위해서라도, 합법적 수권 정부로 보일 수 있는 무엇인가가 필요했던 것이다. (독일은 영토 병합에 대해 상대적으로 거리낌이 적었지만 유럽 전역에서 동일한 방식으로 행동했는데, 나치 요원의 직접적 혹은 간접적인 감독 아래 그들에게 순응하는 지방 정권을 세웠다.)

고노에 내각총리대신의 선언에 대해 중국 정부는 거의 즉각적으로 대응하여, 일본이 후원하는 어떠한 조직도 불법으로 간주하며 그 존재 자체를 중국에 대한 주권 침해로 취급하겠다고 발표했다. 더 나아가 일본에 협력하는 인물들의 명단을 공개하고 그들은 암살의 정당한 대상이 될 것이라고 천명했다. 바로 이 시점에서 량훙즈가 이 이야기 속에 등장한다.

유신정부 수립하기

공정하게 말하자면, 먼저 접근한 쪽은 량훙즈가 아니었다. 양쯔강 삼각주 및 그 주변 지역을 점령하고 있던 일본 중지나(中支那) 파견군의 특무부(特務部)가 먼저 나섰다. 약 일주일간의 논의 끝에 특무부대는 난징에 '국가적' 정권을 수립하기 위한 계획을 마련했고, 육군 대좌 우스다 간조(臼田寛三)가 일본과 협력할 의향이 있는 유력 정치인을 접촉하는 임무를 맡았다.

　우스다의 명단에서 량훙즈의 이름은 최우선 순위가 아니었다. 그는 더 유명한 후보자들과 수차례 접촉 시도를 거친 뒤에야 량훙즈에게 접근했다. 그 무렵 량훙즈는 이미 홍콩으로 떠나 중립 지역에 머물고 있었는데, 아마 우스다가 먼저 접근했던 다른 인물 중 한 명이 중국 측 요원에게 암살당했기 때문이었을 것이다. 그러나 량훙즈는 여전히 옛 동료들과 연락을 주고받았고, 그 일부는 일본 특무부와 연결되어 있었다. 1938년 2월 둘째 주가 되자, 량훙즈는 다시 상하이로 돌아와 지도부를 구성하기 시작했다. 그 주말, 그는 두 명의 동료와 함께 특무부 수장인 하라다 구마키치(原田熊吉)를 만나 일본군을 대신하여 정권을 출범시키겠다고 서약했다. 2월 중순 작성된 일본 특무부의 비밀 문서에는 "그들이 어떤 인물들을 끌어들이고, 어떤 조직 형태를 채택할지에 대한 우려"가 담겨 있었고, 누구를 내세우든 "실질적인 내용을 부여하기 위해서는 내부로부터의 지속적인 지휘와 강력한 지원이 필요하다"는 점을 강조하고 있었다.

　량훙즈를 중심으로 한 그룹은 2월 19일, 그들에게 배정된 일본 특무부 요원들과 함께 정치 강령과 창건 선언문을 마련하기 위한 회의를 열었다. 그 다음 주에 작성된 특무부의 진행 보고서는, 량훙즈의 일본인 고문들이 그의 정권이 정통성 있는 중국 정부처럼 보이고, 통치 대상인 민중에게 신뢰를 얻는 것이 얼마나 중요한지를 잘 이해하고 있음을 강조했다. 일본 자체가 이 회의에서 너무도 명백한 '방 안의 코끼리(the elephant in the room)'[1]였지만, 그 이름은 결코 언급되지 않았고 언급해서도 안 된다고 결론지어졌다. 정치 강령은 새 정부가 '동아화평(東亞和平, 동아시아의 평화)'을 실현하는 데 헌신할 것이라고 밝혔는데, 여기서 '화평'이란 일본이

1　모두가 인식하고 있지만 너무 크거나 민감해서 아무도 언급하지 않는 명백한 존재를 지칭한다.

다른 아시아 국가를 식민 지배할 때 사용하는 일종의 암호였다. 그들은 '우방(友邦)'과 경제협력을 추구하겠다고 다짐했는데, 누구나 그 '우방'이 일본을 가리킨다는 것을 알고 있었다. 선언문은 지난 반년간 벌어진 일들을 돌아보며 국민당이 초토화 전술을 펼치고 공산당과 '협력'했다고 비난했다. 선언문은 "진실로 우리 중국 역사상 이토록 사악한 정부는 없었다"라고 주장했다. 이러한 이유로 "의분(義憤)을 품은" 일군의 동지가 "재난으로부터 국가를 구하고, 옛것을 새것으로 대체하여 나라를 부흥시키려" 한다고 주장했다. 새 정부의 유일한 사명은 "전쟁 이전 상태의 영토주권을 회복하고, 이웃 나라와 절충하며 화목한 관계를 도모해서 국민이 전쟁의 참화를 벗어날 수 있도록 하는 것"이라고 선언했다. 그럼에도 불구하고 새 정부는 "유럽 및 미국과 기존 우호 관계도 계속 유지할 것"이라 덧붙였다. 50년 전이라면 중국의 어느 통치자도 그런 언급을 할 필요조차 느끼지 않았겠지만, 이제는 그것이 당연한 일이 되었다. 다른 나라들 위에 군림하던 '대국의 시대'가 끝난 것이다.

이 일이 끝나자 특무부는 이틀 뒤 새 정권 수립에 대한 보고서를 도쿄로 보냈다. 그러나 도쿄로부터는 아무런 반응이 없었다. 문서는 다음 날 다시 송부되었지만, 여전히 응답은 없었다. 날이 갈수록 도쿄의 침묵은 점점 더 무겁게 다가왔다. 내각이 이 계획을 형식적으로 승인하지 않으리라는 것이 분명해졌다. 일주일을 기다린 끝에 우스다 대좌는 부관을 보내 상황을 알아보게 했다. 도쿄는 전혀 다른 관점을 갖고 있었는데, 그 이유 중 하나는 국제적 압력이었다. 외무대신 히로타 고키는 이미 1월에 도쿄 주재 영국 대사에게 일본 정부가 "여러 '자치' 정부가 생겨나는 것을 장려할 의도는 전혀 없다"라며, 오히려 단일 정부가 등장해 통일된 중국을 통치하기를 바란다고 확인한 바 있었다. 그러나 그것은 실제로 벌어진 일이 아니었다.

량훙즈와 그를 지지한 이들에게는 불행하게도, 베이징의 특무부 또한 자체 정권의 수립에 한창이었다. 도쿄 정부가 두 정권을 모두 승인할 리가 없었다. 량훙즈과 함께 일하던 특무부는 베이징 정권을 '중국 정부'로 인정할 수 없다며, 자신들이 구성한 '중화민국 정부'만이 "중화민국을 통치할 권리를 보유한다"라고 주장했다. 결국 베이징과 난징의 군대 사이에 불거진 세력 다툼을 조정하기 위한 2차 논의가 열려야 했다. 이에 따라 일부 신속한 수정이 이루어졌고, 마침내 3월 10일, 도쿄는 우스다에게 난징 정권의 수립을 추진하라는 승인을 내렸다.

다음 날, 도쿄에서 명령 지침이 전달되었다. 새 정권은 '민국(民國)'이라는 이름을 사용할 수 있었지만, 단도직입적으로 '중화민국'이라고 부를 수는 없었다. 아직 전 중국을 대표하는 정부로 보일 수 없었기 때문에 그 명칭은 반드시 어떤 방식으로든 한정이 필요했다. 세 가지 후보가 제시되었다. 첫째 '중화민국 난징정부,' 둘째 '중화민국 신임시정부,' 셋째 '중화민국 유신(維新)정부'가 그것이다. 량훙즈와 그 측근들은 첫 번째 명칭을 원하지 않았다. 그것은 자신들을 단순한 지역 정부처럼 들리게 만들기 때문이었다. 두 번째도 원하지 않았다. '임시'라는 말 자체에 자멸의 예고가 내포되어 있었기 때문이다. 남은 것은 세 번째였다. '유신(維新)'이라는 말은 고대 『시경(詩經)』의 한 송가에서 이상적인 통치를 펼친 주나라 문왕(文王)의 시대를 묘사할 때 쓴 표현에서 따온 것이었다. 고전적인 뉘앙스는 문제가 없었다. 문제는 중국인 입장에서 느껴지는 현대적인 함의였다. 일본은 이미 1868년 쿠데타 직후 자신들의 새로운 길을 연 사건을 '메이지 유신'이라 부르며 이 용어를 사용한 바 있었다(영어로는 보통 'Meiji Reform'이 아니라 'Meiji Restoration'으로 번역된다). 그러나 다른 대안이 없었기에, 결국 '유신정부'로 결정되었다.

유신정부는 1938년 3월 28일 공식 출범식을 거행했지만 대통령을 임명하지는 않았다. 량훙즈는 그 직함을 원했지만 허락되지 않았고, 다른 누구에게도 주어지지 않았다. 일본은 그 자리를 예비로 비워두고 있었는데, 언젠가 정말로 저명한 인물이 나타나 그 자리를 맡을 가능성을 고려한 것이었다. 량훙즈는 형식상 행정원장(行政院長)으로 임명되었고, 그것은 사실상 국가 원수직에 해당했기에 그가 기대할 수 있는 대통령직에 가장 가까운 지위였다. 당시 상하이에서 비밀리에 활동하던 국민당 요원은 이 새로운 지도부에 대해 "사회적 신용이라는 면에서 보면 그들 모두가 파산 상태"라고 보고하며 대중의 의견을 대변했다. 그러나 1937년 12월 일본군의 난징 공격을 직접 겪었던 난징대학 소속 미국인 직원 찰리 릭스(Charlie Riggs)는 보다 넓은 시각에서 바라보았다. 그는 이 정권에서 일하는 일부가 "어떤 상황에서든 이익을 챙기려는 평범한 범죄자들"이기는 하지만, 최고위층에는 일부 "능력 있는 인물"도 있으며, 또 소수의 정직한 인물은 "유신정부의 통제가 범죄자들의 손에 넘어가지 않도록 함으로써 중국을 위해 선을 행할 수 있다고 느끼며, 언젠가 유신정부가 전국을 장악할 수 있기를 은밀히 희망하고 있다"라고 말했다.

결국 '합작'으로 얻을 수 있는 것은 거의 없었다. 량훙즈가 손에 넣은 모든 것은 빠르게 퇴색해 갔다. 애초부터 유신정부는 일본이 더 나은 대안을 기다리는 동안 임시로 마련한 해결책이라는 점이 명백해졌다. 일본이 국민당 고위 지도자를 끌어들이려는 진의를 드러낸 것은 10월, 고노에 내각총리대신이 이전에 국민당과 협상하지 않겠다는 입장을 번복하고, 대신 일본과 중국이 대등한 동반자로서 그가 '동아(東亞) 신질서'라 부른 체제를 함께 구축하자고 제안하면서부터였다. 이 신질서를 만드는 데 유일한 걸림돌은 장제스였다. 그를 제거한다면, 고노에는 기꺼이 국민당과 협력해 양측이 수용할 수 있는 해법—당시엔 '신중국'이라는 표현이 회자되었다—을 만들 준비가 되어 있었다. 특무부는 국민당과의 협력을 위한 사전 정지 작업에 착수했고, 일본은 쑨원의 '삼민주의'—쑨원이 링컨의 "국민의, 국민에 의한, 국민을 위한" 정부를 중국식으로 변형한 이념—를 부활시키는 것조차 고려할 수 있다는 입장을 보였다. 량훙즈로서는 자신의 정권이 폐기했다고 여겼던, 근대성의 피상적인 허울로의 회귀를 역겹게 여겼을 것이지만, 이런 문제를 결정할 권한은 그의 손에 없었다.

고노에가 중국에서의 전략을 수정한 데는 점령 비용의 지속적인 증가, 즉 군사적 비용뿐만 아니라 경제적 부담도 중요한 요인으로 작용했을 것이다. 그러나 또 하나의 중요한 요인은 그가 중국 문제에 관한 수석 고문인 언론인 오자키 호쓰미(尾崎秀實)의 말을 경청했다는 것이다. 오자키는 일본이 중국에서 직면한 가장 큰 장애물은 민족주의라고 지적했다. 그는 "민족주의는 국민당-공산당의 협력 속에서도 볼 수 있으며, 괴뢰 정권의 지도자들 속에서도 발견할 수 있다"라고 말했다. 오자키의 평가에 따르면, "민족주의야말로 중국이 그토록 약한 상태에서도 계속 싸울 수 있게 만든 원동력이다. 이는 국가적 차원에서뿐 아니라 개인적 차원에서도 확인된다." 이전에 일본이 보여 주던 중국 민족주의에 대한 경멸은, 적어도 일본 정치권의 보다 진보적인 진영 내에서는 사라지고 있었다. 그런데 밝혀진 바에 따르면, 오자키는 열렬한 공산주의자였으며, 전쟁 초기 독일 언론인이자 소련의 비밀 요원이었던 리하르트 조르게(Richard Sorge)와 함께 활동했다고 한다. 조르게는 일본 내에 스파이 조직을 구축했으며, 오자키는 그 조직의 핵심 정보원이었다. (오자키가 제공한 가장 중요한 정보는 일본이 시베리아를 침공할 의도가 없다는 것이었는데, 이 정보는 스탈린이 소련군을 극동에서 철수시켜 1941년 겨울 모스크바 전투에 투입하는 데 결정적인 영향을 주었다. 이는 히틀러의 동방 작전을 좌절시켰고, 이 일로 오자키는 유럽에서 제2차 세계대전의 향방을 바꾸었다고 평가된다.) 오자키는 결국 1941년 정체가 드러났고, 전쟁 기간 동안 일본이 기소한 유일한 민간인 반역 사건의 피고인으로 1944년 처형되었다.

그러나 중국 문제에 관해 오자키가 고노에 후미마로에게 조언한 판단은 옳았다. 중국인은 일본군이 강제로 그들을 굴복시키지 않는 한 결코 일본에 순응하지 않을 것이었다. 그 싸움에서 일본은 화력 면에서는 열세가 아니었지만, 병력 면에서는 수적으로 압도당하고 있었다. 점령은 끝없는, 그리고 궁극적으로는 헛된 전략이었으며, 그 악몽은 양측 모두에게 1945년이 되어서야 끝이 났다.

일본에 결정적인 전환점이 된 사건은, 1939년 12월 말 왕징웨이가 중국을 빠져나가 전쟁을 끝내야 한다고 선언했을 때였다. 마침내 대통령급 위상을 지닌 인물이 무대에 등장한 것이다. 량훙즈의 일본 측 인사는 모두 문제 해결의 열쇠를 왕징웨이에게서 찾았고, 그 순간부터 1940년 3월 왕징웨이가 유신정부를 출범시키기까지 량훙즈는 단지 자리를 메우는 존재에 불과했다. 체면을 세워주기 위해 왕징웨이는 그에게 감찰원장이라는 직책을 주었다. 다른 상황에서라면, 이 직책은 동료들에게 두려움을 주었을 것이다. 왜냐하면 감찰원은 정권 인사들에 대한 감시를 맡고 있었기 때문이다. 그러나 감찰원의 실권은 장관 개인의 정치적 위상에 달려 있었고, 량훙즈는 사실상 아무런 기반도 갖고 있지 않았다.

체포

1942년 여름, 태평양 전쟁에서 미국이 첫 승리를 거두었다는 소식이 일본군 점령지로 흘러들어오자, 난징에 있던 사람들 대부분은 일본이 패배할 것이고 장제스가 돌아올 것이라는 사실을 분명히 깨달았다. 점령이 실패로 끝날 것을 대비해, 장제스 정권과 비밀리에 접촉할 수 있는 이들은 그렇게 했다. 1944년 왕징웨이가 수술 도중 사망하자, 종말이 다가오는 것은 시간문제처럼 여겨졌다. 그럼에도 량훙즈는 정부의 입법원장(立法院長)으로 승진하는 것을 수락했다. 그러나 1945년 5월 7일 독일이 항복하면서, 그 정권이 생존할 수 있다는 마지막 희망이 사라졌다. 일본은 고립되었고 패망은 불가피했다.

일본이 미국에 항복을 공식 발표한 다음 날인 8월 16일, 량훙즈는 난징에서 열린 유신정부 최고위 회의에 참석해 정권의 해산을 공식 선언해야 했다. 그가 회의장에 들어섰을 때, 방 한편의 의자에 옛 친구 천췬(陳群)이 앉아 있었다. 량훙즈는 이름을 부르며 인사했지만, 천췬은 멍하니 그를 바라볼 뿐, 누가 말을 거는지도 모르는 듯한 표정을 짓고 있었다. 친구가 뇌졸중이라도 앓은 건 아닌가 걱정한 량훙즈는 다가가 어릴 적 이름을 부르며 부드럽게 말을 걸었다. 그제야 그는 천췬이 소리 없이 눈물을 흘리고 있었다는 것을 알아차렸다. 천췬은 언젠가 량훙즈에게 "살아서는 함께 일하고, 패배하면 함께 죽자"고 맹세한 바 있었다. 그리고 이제 그 패배의 순간이 온 것이었다. 합작 정권에 몸담았던 이들이 바랄 수 있는 최선은, 귀환한 정부가 그들을 그냥 내버려 두는 것이었지만, 이 자리의 누구도 그것이 지나친 기대임을 알고 있었다. 그날 저녁 천췬은 여러 통의 유서를 남겼다. 하나는 장제스에게 보낸 편지로, 중국이 공산주의에 넘어가는 것을 막기 위해 부득이 협력했다는 입장을 설명했다. 다른 하나는 량홍즈에게 보내는 것으로, 자결할 것을 촉구하는 내용이었다. 천췬은 스스로 자결할 기회를 다음 날 아침까지 기다렸다. 그가 사용하려던 권총은 빼앗겼지만, 그는 일본 특무부 요원에게 요청해 비상시 사용할 수 있도록 미리 받아두었던 독약 캡슐을 간직하고 있었다. 바로 그 순간이 온 것이었다. 그는 자신들에게 닥쳐올 운명을 알고 있었고, 공개 재판이나 처형이라는 굴욕을 견딜 수 없었다.

함께 살고 함께 죽자는 맹세에도 불구하고 량홍즈는 자신의 운에 맡겨 보기로 했다. 그는 상하이로 도망쳐 장제스와 연결될 수 있는 인맥을 탐색하기 시작했다. 그가 기대할 수 있는 가장 유력한 연결 고리는 쑤저우에서 함께 일한 동료 런위안다오(任援道)였는데, 그는 유신정부에서 수정부(綏靖部) 부장으로 재직했던 인물이었다. 량홍즈는 젊은 아내를 데리고 쑤저우로 가 필요한 접촉을 시도했고, 합의가 이루어지면 상하이로 돌아올 생각이었다. 그러나 그 일은 생각만큼 쉽지 않았다. 장제스는 일본 휘하에서 관직을 맡은 자들에 대해 개인적으로 깊은 모욕감을 느꼈으며, 량홍즈의 경우에는 1920년대부터 수많은 사안에서 장제스와 의견을 달리했던 전력이 더해져 상황이 더욱 나빴다. 장제스는 친구이거나 자신에게 유익하다고 판단되는 인물이라면 도와줄 수도 있었겠지만, 량홍즈는 그 어느 쪽도 아니었다.

량홍즈에게 불리했던 또 다른 요소는, 1945년 가을 내내 차례로 공포된 네 건의 협력자 처벌 지침이었다. 첫 번째 규정은 9월에 발표되었고, 협력 행위에 대한 사법적 처리 지침으로서 직위만으로도 기소될 수 있는 여섯 가지 범주의 지도급 인물을 명시했다. 그중 다섯 번째 범주는 괴뢰 정부의 정치 지도자들이었으며, 이는 명백히 량홍즈와 같은 인물을 포함하는 것으로 그는 애초부터 기소 대상자로 낙인찍혀 있었다. 유죄 판단의 일반 원칙은 "적국에 유리하거나 본국에 불리한" 것인지에 대한 판단이었다. 일본인과 교류했다는 사실 자체가 범죄는 아니었지만, 그 교류가 일본의 이익에 봉사하고, 결과적으로 중국을 불리하게 만든 경우에는 범죄로 간주되었다. 형량은 피고가 항일 저항을 도왔거나, 아니면 일본에 의해 해를 입을 뻔한 사람들을 보호했다는 증거가 제출될 경우 경감될 수 있었지만, 그 증거는 반드시 제출되어야 했다. 단순히 전쟁 중 자신이 그런 행동을 했다고 주장하는 것만으로는 충분하지 않았다.

량홍즈는 결국 체포되어 상하이 외곽의 남시(南市)에 위치한 군사 구치소에 수감되었고, 그곳에서 약 500명의 다른 피의자들과 함께 재판 개시를 위한 정치적·사법적 결정을 기다렸다. 마침내 1946년 4월 1일, 군통국(軍統局)으로부터 재판을 시작하라는 명령이 내려왔다. 장쑤(江蘇) 고등법원이 가장 먼저 행동에 나섰고, 첫 몇 주 사이에 왕징웨이 정권의 최고위 인사 세 명을 재판해 유죄를 선고했는데, 그 가운데에는 왕징웨이의 미망인도 포함되어 있었다. 이 기소들은 억눌려 있던 국민감정에 불을 붙였고, 오래도록 미뤄졌던 청산의 갈망을 자극했다. 상하이 고등법원은 협력자 재판의 개시에 다소 늦어졌는데, 이는 남시에 있던 량홍즈를 포함한 71명의 수감자가 남교감옥(藍橋監獄)으로 이송되어 상하이 고등법원의 이미 과중한 사건 목록에 추가되었기 때문이었다. 그로부터 2주가 지나서야 첫 번째 재판이 열렸다.

그로부터 7주 뒤, 마침내 량홍즈의 판결일이 다가왔다. 그는 상하이 법정에 선 인물들 가운데 가장 저명한 협력자였기에, 그의 재판은 엄청난 대중의 관심을 끌었다. 아직 반역죄 재판의 초기였던 만큼, 절차나 속도에 대한 의구심이 본격적으로 제기되기 전이었고, 누구도 량홍즈가 무죄 판결을 받을 것이라 기대하지 않았다. 유일한 관심사는 점령기 동안 그가 맡앉던 정치적 역할이 얼마나 중대하게 판단될 것인가, 그리고 법원이 얼마나 무거운 형량을 선고할 것인가였다. 이 재판은 특히 신문들이 매일 재판 과정을 녹취해 지면에 실으면서 더욱 큰 주목을 받았다. 사람들은 량홍즈가 어떤 말을 할지, 법원이 그 주장에 어떻게 반응할지를 알고 싶어 했다.

재판

재판은 6월 5일에 개시되었다. 검사는 량홍즈에게 그의 배경에 관한 일련의 간단한 질문을 던졌고, 그 과정에서 장제스 정부에 참여하지 않았던 점을 확인한 뒤, 1930년대 후반의 2년간 그가 수반으로 있었던 정권으로 화제를 전환했다.

"유신정부를 수립하기로 논의하는 데 얼마나 걸렸습니까?"

"아주 짧았습니다. 유신정부는 1938년 3월 28일에 수립되었습니다."

"그 당시 일본 측이 당신에게 정권의 조직을 제안했습니까?"

"아닙니다. 우리가 정부를 조직하려는 의도를 일본이 알고 찾아온 것입니다."

이러한 부인은 그럴듯해 보였으나, 량홍즈 자신도 일본이 협력자를 물색 중이었다는 사실과 그 기회를 노려 행동했다는 점을 잘 알고 있었다. 실제로 그는 곧이어 자기 그룹이 일본 측과 접촉을 먼저 시도했으며, 그 접촉은 "일본어에 능통한 사람"을 통해 이루어졌다고 시인했다.

검사는 새 정권의 내부 구조에 대해 간단히 질문하며, 이 정권이 실제로 완전한 형태의 정부였음을 법정에 입증하려 했다. 이어 그는 의사 결정 문제로 화제를 돌렸다. 량홍즈는 핵심 결정들이 이루어지던 의정위원회(議政委員會) 주석직을 맡았음을 인정했지만, "위원회는 정치기구가 아니라 행정기구"였다고 주장했다. 그의 의도는 자신이 단순한 행정가였을 뿐, 정치적 의도를 가지고 행동한 것이 아니라는 점을 강조하려는 것이었다.

검사는 이어 유신정부가 국민당과 적대적인 관계에 있었음을 보여 주는 몇 가지 요소를 제시했다. 그중 하나는 국민당이 폐기한 오색기(五色旗)[2]를 부활시킨 일이다. 이에 대해 량훙즈는 중국 국기를 게양하는 시민이 일본군에게 불이익을 당하지 않도록 하기 위한 조치였다고 해명했다. 그는 또한 그 국기가 다름 아닌 쑨원이 직접 디자인한 것임을 강조할 수 있었다. 또 다른 쟁점은 유신정부가 1939년에 수정부(綏靖部)를 창설했다는 사실이었다. 이는 양 정권이 군사적으로 대립하게 되었음을 의미했다. 이에 대해 량훙즈는 그 군대의 규모를 과장할 필요는 없다며, 대부분의 병사들이 단순히 자신의 편으로 귀순한 것일 뿐이라 주장했다. 전쟁이 실제로 벌어진 것은 아니라는 뜻이었다.

검사는 이어 재정 문제로 화제를 돌린 뒤, 량훙즈가 유신정부를 창설하고 운영하는 데 맡았던 역할, 그리고 마지막으로 왕징웨이와의 공모 여부를 추궁했다. 이 질문들에 대해서는 량훙즈는 왕징웨이 정권에서 실질적인 역할을 맡은 바가 없다는 점을 비교적 사실대로 강조하면서 얼마간 안전한 입장으로 물러설 수 있었다.

"왕징웨이가 상하이에 왔을 때, 몇 번 만났습니까?"

"그가 저를 한 번 찾아왔고, 저도 한 번 찾아갔습니다. 그래서 모두 두 번 만났습니다."

"1940년 3월, 난징에서 왕징웨이 및 왕커민(王克敏)과 회동을 가졌습니까?"

"네."

"그 가짜 국민정부의 기본 구상안, 가짜 중앙정치위원회 및 가짜 화북정치위원회의 조직 규정을 논의했습니까?"

"네, 하지만 실제로는 왕징웨이의 보고를 듣는 자리였을 뿐입니다. 우리

---

2 1912년부터 1928년까지 중화민국 시기 임시정부와 북양대군에서 사용했던 국기. 오족 공화를 상징하는 다섯 색깔은 빨강, 노랑, 파랑, 하양, 검정으로, 각각 한인, 만주인, 몽골인, 회인, 티베트인을 상징한다.

가 어떤 결정을 내린 일은 결코 없었습니다.”

이어 검사는 량훙즈가 그 정권에서 어떤 역할을 했는지 추궁했다.

“왕징웨이 정권에서 감찰원장으로 재직했습니까?”

“네.”

“감찰원에는 몇 명의 관리가 있었습니까?”

“30명 이상이었습니다.”

“어떤 탄핵 사건을 다루었습니까?”

“가장 큰 탄핵 사건은 곡물을 횡령한 관리들에 대한 것이었습니다. 이후 왕징웨이가 입법처와 감찰부의 일부 관리를 해임했지만, 우리는 그 결정 과정에 참여하지 않았습니다.”

“1944년 11월 20일 가짜 입법원장에 임명된 것이 맞습니까?”

“네.”

“입법원장 재직 중에 어떤 법률을 제정했습니까?”

“그 당시 저는 아무 법률도 제정하지 않았습니다. 제가 한 일은 행정 규정 한두 건을 검토한 것이 전부입니다.”

이어서 검사는 질문 방향을 량훙즈가 국민정부에 투항하는 문제로 돌렸고, 그것을 단순한 투항이 아니라 ‘자수[投案]’라고 표현했다. 이에 대해 량훙즈는 자신이 1945년 7월 15일 한 친구를 통해 다이리(戴笠)에게 보고서를 보냈다고 진술했다. 다이리는 국민정부 군사정보기관인 군통국(軍統局)의 수장이자, 장제스 다음으로 막강한 권력을 지녔다고 평가되던 인물이었다. 그런데 재판이 시작되기 몇 주 전인 1946년 3월, 다이리가 미군 수송기 추락 사고로 의문사하면서 수많은 협력자가 일본군 점령 기간동안 은밀히 정보를 수집했다고 주장할 수 있는 중요한 증인을 잃었다. 재판 말미에 변론할 말이 더 있느냐는 질문을 받자, 량훙즈는 자신이 집권하자마자 다이리를 위해 지하 활동을 시작했으며, 전쟁 내내 일본 측 정황을 충칭 국민정부에 지속적으로 보고해 왔다고 주장했다.

재판은 6월 14일 오후 3시에 재개되었고, 법정은 방청객으로 가득 찼다.

류위구이(劉毓桂) 판사는 검찰 측에 발언을 시작하도록 요청했다. 자기 앞에 쌓여 있는 두툼한 서류 더미를 가리키며, 수석 검사는 법원이 량홍즈가 불법 조직―유신정부에서 시작해 이를 계승한 국민유신정부까지―에서 관료로서 공식적으로 활동한 사실을 입증할 충분한 증거를 가지고 있으며, 그의 이러한 역할이 범죄 행위를 구성한다고 선언했다. 이어 그는 량홍즈 정권의 목적이 장제스 정부에 반대하는 데 있었다는 검찰의 주장을 뒷받침하는 문서 뭉치를 증거로 제출했다. 판사는 이 서류들을 대략 훑어본 뒤 량홍즈에게 넘겨 진위를 확인하도록 했다. 그는 하나씩 차례로 검토하며, 사소한 이의 제기 몇 건을 제외하고는 이 서류들이 자신이 지난 8년간 행한 일에 대한 충실한 증거임을 인정했다. 그러나 그는 이 자료들이 자신의 변론에 위협이 되지는 않는다고 보았다. 왜냐하면 그는 완전히 다른 이야기를 할 준비가 되어 있었기 때문이다.

이제 그의 차례였다.

협력에 대한 변론

량홍즈는 일본 점령기 동안 자신이 행한 일을 변호하는 발언을 시작하며, 유신정부를 조직한 본래 동기는 "국가의 원기(元氣)를 보존하는 것"이었다고 주장했다. 중국이 점령당하고 분열될 수는 있지만, 누군가 이 근본을 지속적으로 키워나가는 한 중국은 결코 사라지지 않는다는 믿음이었다. 그는 1938년 겨울, 중국이 외세에 의해 멸망 직전에 놓였던 순간에 바로 이 역할을 맡았다고 주장했다. 그러나 량홍즈가 보호하고자 했던 '중국'은 그저 평범한 중국이 아니었다. 그것은 국민당이 혼란스러운 근대주의와 무책임한 독재로 훼손했다고 생각했던 그 중국이었다. 량홍즈는 또 다른 동기도 있었음을 언급했는데, 그것은 인민의 고통을 덜어주는 것이었다.

량홍즈는 이어서 자신이 "적에게 복종해야 하는" 상황에 불만이 있었지만, 당시 상황에서는 달리 선택할 길이 없었다고 강조했다. 그는 인민을 고통 속에 내버려 두고 나라를 사실상 파괴 상태에 내버려둠으로써 이 굴욕적인 타협을 피할 수도 있었다. 그러나 그가 그렇게 하지 않은 것은, 일본의 힘에 어쩔 수 없이 일시적으로 타협하는 것보다 그러한 비극적인 결과를 피하는 것이 더 중요했기 때문이라고 설명했다. 그리고 자신의 행위를 해석하는 핵심 논지를 제시했다. 일본군 점령지에서 행정 체제를 구성한 것은 국민정부에 대한 반대가 아니었으며, 자신이 헌신한 목표를 달성하기 위한 수단이었다는 것이다. 그 목표란 중국을 보존하고 인민의 고통을 경감하는 일이었다. 그는 일본을 국빈 방문한 사실을 인정했지만, 그 역시 중국을 보호하는 역할을 지속하기 위해 거쳐야 할 형식적인 절차였다고 강조했다. 이와 관련해 그는 그 방문 중 어떤 국제 조약도 체결하지 않았다고 덧붙였다. 모든 것은 겉치레일 뿐, 실질적인 내용은 없었다는 것이다.

변론 진술의 마지막 부분에서 량훙즈는 자신이 왕징웨이 정권에서 맡았던 역할에 대해 검찰의 해석과는 다르게 설명했다. 검사는 량훙즈가 직접 이끈 유신정부보다는 왕징웨이와의 관계에 더 중점을 두었기에, 유신정부에서 그가 한 일은 주요 혐의가 아니었다. 량훙즈는 이 점을 자신에게 유리하게 활용할 수 있다고 판단했다. 먼저 자신이 왕징웨이 아래서 아무런 권력도 갖지 못했음을 강조했고, 둘째로 왕징웨이가 어떤 일을 했든 그것이 국민정부의 대리인으로서 한 것이라 생각했다고 주장했다. 그는 왕징웨이가 일본에 투항한 것이 아니라 일본에 맞서 제2의 전선을 개척하기 위해 파견된 것이라고 믿었다는 것이다. 물론 이는 솔직하지 못한 해석이었다. 량훙즈는 분명히 사실이 이와 다르다는 것을 곧 알 수 있었을 터이지만, 자신의 판단 기준이 항상 장제스 정권의 편에 있었음을 암시하기 위해 이런 주장을 펼쳤다. 즉 왕징웨이에 협력함으로써 장제스를 위해 일했다는 인상을 주려 한 것이다. 음모론자들은 왕징웨이가 장제스와 비밀 협약을 맺었고, 난징 정권은 사실상 일본의 입지를 약화시키기 위한 은밀한 작전이었다고 믿는 경향이 있으나, 이를 입증할 증거는 단 한 번도 제시된 적이 없었다. 게다가 재판이 열릴 무렵 왕징웨이는 이미 사망한 상태였기에 증인으로 소환할 수도 없었다.

량훙즈가 진술을 마치자 법정은 휴정을 선언했다. 재판은 9일 후에 재개되었고, 이때부터 량훙즈는 자신의 변론을 상하이에서 가장 유명한 변호사인 장스자오(章士釗)에게 맡겼다. 장스자오는 논란이 되는 사건을 변호하는 것으로 명성이 높았으며, 승소율이 매우 높아 악명마저 높았다. 변호사가 존경받는 직업으로 간주되지는 않았지만, 그의 명성 덕분에 그는 국민당과 공산당을 막론한 정치 엘리트 최상층과도 밀접하게 연결되어 있었다. (그의 딸이 훗날 마오쩌둥 주석의 초대 외무장관과 결혼했다.) 량훙즈가 그를 변호인으로 선택한 것은 더없이 탁월한 결정이었다.

자기 주장이 적절한 표현으로 정확히 이해되도록 하기 위해, 장스자오는 서면 변론서를 제술했다. 이는 법리와 문화적 논증이 절묘하게 어우러진 문서로, 일종의 걸작이라 할 만했다. 장 변호사는 법원이 량훙즈에게 법이 허용하는 최대 형량을 선고하지 말아야 할 이유를 두 가지로 제시했다. 하나는 법원이 해석해야 할 법률에 근거한 주장이었고, 다른 하나는 법의 영역 밖에 기반한 주장이었다.

첫 번째 주장을 펼치기 위해 장스자오는 상황을 설정하는 것으로 시작했다. 그는 일본이 중국을 점령했을 때 국민당에 속하지 않은 교육받은 신사가 선택할 수 있는 옵션을 고려해 보자고 제안했다. 선택지는 세 가지였다. 첫째는 비동맹 저항군에 합류해 국민당 정부와 함께 서쪽으로 이동하는 것이었다. 둘째는 모든 공적 활동에서 물러나, 고전의 표현을 빌리자면 "대문을 닫고 빗질을 거부하는 것"이었다.[3] 셋째는 이 참혹한 상황을 단순히 방관할 수 없다는 것을 깨닫고, 자기 희생이 따를지라도 도덕적 양심의

---

3   원문은 "閉門卻掃"로, 남조(南朝) 양(梁)나라 강엄(江淹)의 「한부(恨賦)」에 등장한다. 외부와의 접촉을 완전히 차단하고 세상과 단절된 생활을 하는 것을 의미한다. 유사한 표현으로 "杜門卻掃"가 있다.

명령에 따라 행동하는 것이었다. 장스자오는 "선택하는 것"이 결코 쉽지 않은 상황임을 강조했다. 서쪽으로 떠난 이들은 남아 있던 사람들이 한 일을 자신들은 결코 하지 않았을 것이라고 주장하지만, 이는 매우 자기중심적인 태도일 수 있었다. 많은 이가 남은 이유는 중국 인민이 정부 없이 방치되는 것을 차마 견딜 수 없었고, 또한 그들을 보호하기 위해 행동할 지혜와 역량이 있었기 때문이라는 것이다.

이제 일본이 패배한 상황에서 장스자오는 사람들에게 그 고통스러운 경험, 특히 일본의 점령 하에서 겪은 고난을 하루빨리 잊고 싶어 하는 자연스러운 욕망이 있음을 이해했다. 그러나 이런 태도는 안타깝게도 「전쟁 범죄자 안건을 처리하는 조례(處理漢奸案件條例)」의 해석에도 스며들고 있었다. 그는 특히 세 번째 조항을 지적했는데, 그 조항은 "인민에게 이익을 준" 행위를 한 사람에게는 [외세와의] 타협을 허용했다. 협력자가 이익을 줄 수 있는 '인민'이란 일반적인 국민 공동체가 아니라, 단지 외세의 점령 하에 있던 구체적인 사람들만을 지칭했다. 따라서 법률이 법원에 대해 협력자가 인민에게 제공한 이익을 검토하라고 지시한다면, 법원은 협력자가 자기 관할 아래에 있는 사람들의 삶을 개선하기 위해 행한 행위를 무시할 수 없었다.

장스자오는 점령지에서 사회적 안정을 도모한 협력자들이 항일 정책을 훼손했다고 단정할 만한 근거는 없다고 주장했다. 그들이 제공한 안정은 인민에게 실질적인 이익이 되었다는 것이다. 국민정부가 협력자의 활동으로 이익을 보지 못했을지라도, 정부와 인민은 동일하지 않다는 것이다. 그는 법원에 정치적 문제와 관계없이, 실제로 이익이 제공된 경우에는 이를 인정할 것을 요청했다. 살육과 착취로 인해 점령지 인민들의 삶이 견딜 수 없을 정도로 고통받을 때, 그들의 고통을 덜어준 모든 행위는 무엇이든 유익했고 그러므로 그것에 주목하여 형량을 완화할 가치가 있다는 논리였다.

그 시점에서 장스자오는 모든 전후 전범 재판에서 지속적으로 제기된

보다 일반적인 문제로 화제를 돌렸다. 즉 복수심이 팽배한 분위기 속에서 정의를 실현할 수 있느냐 하는 문제였다. 그는 국가가 공격당하는 상황에서는 반역죄에 대한 법률을 엄격히 집행해야 한다는 점을 인정했다. 이는 잠재적 배신자들에게 그들의 행위가 반드시 처벌받을 것임을 경고하기 위한 것이었다. 그러나 전쟁이 끝난 지금, 엄격한 법 적용보다는 관용을 선택해야 할 강력한 도덕적·실용적 이유가 있었다. 그는 먼저 한나라 시대 법률의 선례를 제시한 뒤, 비시 프랑스(Vichy France)에서 협력자들을 재판한 사례에 주목했다. 장 변호사는 페탱 원수(Marshal Pétain)의 정부에서 활동했던 두 인물을 지목하며, 그들에 대한 기소가 취하된 사례를 제시했다. 이는 관대함을 보여 전쟁의 상처를 치유하기 위함이었다. 사면을 베푸는 것이 과거의 끔찍한 기억을 계속 되풀이하는 것보다 훨씬 낫다는 주장이었다. 외세의 점령자는 떠났으며, 이제 화해가 시대의 과제가 되어야 한다는 것이다.

일반적인 논거를 제시한 뒤, 장스자오는 자신이 변호할 인물인 량홍즈로 화제를 돌렸다. 량홍즈는 오랜 관료 집안 출신으로, 그 집안의 정치적 운명은 섬기던 왕조가 무너지면서 쇠퇴했다. 그는 정치보다 시문(詩文)으로 더 잘 알려진 인물이었다. 비교적 늦은 나이에 정치에 입문했으나 재능 있는 인물로 두각을 나타냈다. 그의 가장 큰 흠결은 국민당과는 다른 정치 노선을 걸었다는 점이었다. 장스자오는 이를 두 가지 측면에서 량홍즈에게 유리하게 활용했다. 우선, 국민당원이 아니었다는 것은 그만큼 재능을 지닌 사람이 국민정부에서 배제되었다는 의미였다. 동시에 그는 당원이 아니었기에 어느 시점에서도 당의 규율이나 정책을 거스른 죄목으로 기소될 수 없었다. 실제로 국민당원이면서 왕징웨이 정권에 참여한 자들은 법정에서 매우 취약한 처지였지만, 량홍즈는 그렇지 않았다. 장스자오는 량홍즈가 단 한 번도 스스로를 당이나 정부의 적이라고 공개적으로 선언한 적이 없음을 강조했다. 그의 협력은 선의에 의한 자비로운 행위였으며, 개인적 이익을 위한 것이 아니었다. 그는 결코 자기 권력을 인민에게 해를 끼치는 데 사용하지 않았다. 이렇게 변론은 다시 그가 처음 제시한 기준으로 돌아갔다. 곧 량홍즈가 자기 지위와 권한을 통해 자신의 관할 아래 있는 인민에게 이익을 가져다주었으며, 그의 행위는 이 동기와 결코 모순되지 않았다는 점이었다.

당시 중국 법률이 지니고 있던 제한된 법리적 토대 위에서, 장스자오의 변론은 탁월했다. 그러나 그가 입증하기 어려웠던 점은 국가적인 권위와 공존하면서 암묵적으로 경쟁하는 정권에 복무하는 것이 정당할 수 있느냐는 것이었다. 분열은 통일에 비해 설득력이 약한 주장이라는 점이 문제였다.

상하이 고등법원이 6월 21일 선고를 내렸을 때, 그 판결은 검찰 측 주장과 세부 사항에서 모두 일치했다. 법원은 량홍즈와 장스자오의 변론 중 어느 것도 혐의를 경감하는 증거로 받아들이지 않았다. 법원은 량홍즈가 옛 친구 천췬을 포함한 동료들과 함께 유신정부를 조직할 때 일본 정보요원과 밀접히 협력한 점을 강조했다. 1938년 초 정치 무대로 복귀한 것도 단순히 권력 탈취를 위한 행위로 간주했으며, 어떤 정상참작 사유도 인정하지 않았다. 법원은 그를 지역적인 혼란의 와중에 질서를 회복하기 위해 자치위원회를 조직하려고 나선 지역의 상인들과 같이 다룰 수는 없다고 명확히 지적했다. 그는 오직 개인적 권력욕을 충족하기 위해 그 자리에 있었을 뿐이었다. 법원은 그가 국가 주권을 장악하고, 군대를 조직하며, 세관을 접수하고, 철도·통신·독점 염업·은행 업무의 통제권을 일본에 넘겨주는 협정에 서명한 모든 혐의를 인정했다. 또한 그가 왕징웨이 정권의 길을 닦아주었을 때 그 행위는 명백한 반역이었다고 결론내렸다. 그는 달리 행동할 수 있었음에도 불구하고 왕징웨이 정권 아래에서도 관직을 유지했고, 왕징웨이가 사망한 후에는 입법부 수장으로의 승진을 수락했다. 그가 적의 이익을 위해 봉사했다는 점에는 의문의 여지가 없었다. 결국 량홍즈는 유죄 판결을 받았다.

그의 다음 방어 수단은 최고법원에 항소하는 것이었다. 기본 혐의인 '전쟁 8년 동안 점령 세력의 이익을 위해 일했다'는 점은 그가 부인할 수 없는 사실이었다. 공적인 기록이 명확했기에, 그는 최고법원 항소에서 자신의 협력 사실 자체를 다투려 하지는 않았다. 대신 그의 전략은 사건의 특정 세부 사항을 부각해 그 의미를 바꾸려는 것이었다. 협력의 혐의는 인정하되, 그럼에도 불구하고 자신이 명예롭게 행동했다는 점을 보여 주려 했다. 그가 합작 정권에 몸담았던 것은 맞지만, 그것은 인민을 구하고 국가를 보호하기 위해서였다. 일본과 여러 협정을 체결했던 것은 맞지만, 그것은 잃을 수밖에 없던 권리를 회복하기 위한 것이었다. 일본이 곡물을 징발하고 문화재를 약탈했던 것은 맞지만, 그는 이를 저지하려 노력했고 일부는 되찾을 수 있었다. 왕징웨이의 정치위원회에 참여했던 것은 맞지만, 아예 참석하지 않거나 참석하더라도 아무 말도 하지 않았다. 마지막으로, 1940년 이후에도 자리를 지킨 것은 맞지만, 그는 충칭 국민정부에 유리한 방식으로 행동했다. 그는 최고법원이 고등법원의 판결을 뒤집지 않을 것을 알았지만, 형량을 결정할 때 자신의 동기를 참작해주기를 기대할 수는 있었다.

그의 가장 강력한 주장은 이러했다. 만약 유신정부가 점령지를 관리하는 짐을 떠맡지 않았더라면, 그 지역은 일본의 직접 통치하에 놓였을 것이다. 그는 자신과 그의 정부가 일본과 인민 사이에서 완충 역할을 하여 중국이 일본의 지배에 흡수되는 것을 막았다고 주장했다. 그런 장벽을 세운 뒤에는 단지 정부가 인민에게 제공하는 서비스와 혜택을 가능한 한 제공하기 위해 노력했을 뿐이라고 덧붙였다. 국민정부와의 정치적 경쟁은 그의 고려 대상이 아니었다. 그가 은행권을 발행한 것은 국민정부의 지폐를 몰아내기 위한 것이 아니라 단순히 사람들에게 합법적인 화폐를 제공하기 위해서였으며, 발행액도 고작 300만 위안에 불과했으니 검찰이 주장하듯 "위폐(僞幣)를 남발한 것"으로 볼 수 없다고 변론했다. 그가 국기를 바꾼 것도 일본군이 아군과 적군을 구별하는 데 혼동을 피하기 위한 단순한 조치에 불과했다고 주장했다.

량훙즈는 자신이 행한 모든 일에 대해 지나치게 무죄를 주장하려 했던 것 같다. 그것도 회의적인 시각을 지닌 법정 앞에서 말이다. 1645년에는 외세의 협력자들이 승리했지만, 1946년에는 그럴 수 없었다.

전쟁 이후

최고법원은 1946년 10월 18일 량훙즈의 항소심 판결을 선고했다. 그 판결은 그가 상상했던 것보다 훨씬 더 엄격했고, 상하이 고등법원의 판결보다도 가혹했다. 법원은 엄중한 낭독으로 판결문을 시작했다.

분명 중앙정부가 항전 방침을 제정했음에도 불구하고 피고인은 적군의 정치적 방침을 수행하는 가짜 정권을 조직하였다. 분명 우리나라는 이미 주권이 있는 지도부를 갖추었음에도, 피고인은 개인적 이익을 위해 적국 지도자들에게 영합하였다. 분명 국기는 천청백일기(青天白日旗)였음에도, 피고인은 오색기를 게양하여 항명 의사를 명백히 드러냈다. 분명 국민은 적극적으로 저항하였음에도, 피고인은 적과 그들의 꼭두각시에게 복종하는 국민으로 만들려 하였다.

여기에는 어떠한 애매모호함도 없고, 군사 점령 상태에서 제2의 정치 권위가 가능할 수 있는지의 쟁점에 대한 망설임도 없었다. 량훙즈 정권은 일본 점령군을 위해 세금을 징수하고 국민정부의 권위를 부인하며 도전하는 성명을 발표함으로써, 나라 안에서 유일한 주권의 권위에 반하는 행동을 했다. 유신정부는 단순히 항전을 돕지 못한 것이 아니라 적극적으로 항전을 방해했다. 최고법원은 유신정부의 선언문에 언급된 초토화 전술에 관한 구절을 인용했는데, 이는 량훙즈의 동기를 검토하기 위함이 아니라 그의 정책이 국민정부가 항일 투쟁을 이끄는 능력을 방해했음을 보여 주기 위함이었다. 량훙즈가 주장한 철도, 통신, 은행, 소금 관리가 일본의 손에 넘어가지 않도록 막았다는 변론에 대해, 대법원은 완전히 핵심과 동떨어진 주장이라 일축했다. 유일하게 판단 기준이 될 수 있는 사실은 일본의 침략 정책이 중국 경제를 일본의 필요에 완전히 종속시키기 위해 설계되고 추진되었다는 사실이다. 량홍즈는 일본이 그 목적에서 벗어나도록 한 일이 전혀 없었다.

최고법원은 왕징웨이가 장제스 정권과 공모하고 있다고 믿었다는 량홍즈의 주장을 받아들이지 않았다. 재판부의 격앙된 감정은 수사적 질문으로 놀라움을 표현한 데서도 드러났다. "피고인은 어떻게 그러한 오해를 변명 삼아, 처음부터 끝까지 왕징웨이와 협력하고 그의 사망 후에 입법부 수장에 취임하며, 일본이 항복할 때까지 직책을 유지한 일을 정당화할 수 있단 말인가?" 량홍즈가 일부 혐의에서라도 벗어날 수 있는 유일한 길은 자신의 정권이 왕징웨이 체제에 흡수된 뒤 사직하는 것이었다. 그러나 그는 그렇게 하지 않았다.

항소심뿐 아니라 전체 재판 과정 내내 법원은 변호인 측의 주장을 전혀 들으려 하지 않았다. 분명한 사실은 법원이 정치적 영향으로부터 독립되지 못했기 때문에 사법적으로 귀를 닫고 있었다는 점이다. 법원은 자신을 만들어 낸 정권의 기관이었다. 국민정부가 판사를 임명했고, 재판 운영을 재정적으로 지원했으며, 전후 법질서를 정당화하는 헌법적 정통성을 부여했다. 바로 이러한 이유로, 다른 모든 전후 재판소와 마찬가지로, 이 법정이 할 수 있었던 것은 도쿄 재판에서 인도 출신 법관 라다비노드 팔(Radhabinod Pal)이 '불균형한 정의'라고 비난했던 것, 즉 승전국을 보호하고 패전국을 처벌하는 것뿐이었다. 적과 협력한 혐의를 받는 누구도 법정에서 자신이 치렀다고 믿는 희생이나 자신이 겪었다고 여기는 부당함에 대해 공정하게 심리받을 수 없었다. 그러한 이상은 상하이 법정에서도 실현되지 못했으며, 전후의 모든 재판소에서도 마찬가지였다.

그렇지 않았다면 오히려 더 놀라웠을 것이다. 전쟁이 남긴 상실, 고통, 불의는 극단적이었다. 그런 관점에서 보면 량홍즈의 재판은 전쟁 말기에 열렸던 다른 재판들에 비해 특별히 더 부당하다고 보기도 어렵다. 절차적인 측면에서는 오히려 더 나은 점도 있었다. 관련 법률과 규정이 참고되었고, 절차와 증거 규칙이 준수되었으며, 논거는 사법적 논리에 따라 구성되었고, 항소 또한 정상 절차의 일부로 허용되었다. 비록 량홍즈가 법정에 들어설 때부터 무죄 선고를 기대할 수 없었다 해도, 그와 그의 변호인은 최소한 방어 논리를 펼칠 기회는 부여받았다. 여론의 법정 역시 그가 선 법정만큼이나 그에게 불리하게 기울어 있었기에, 이 점을 두고 불공정을 호소하는 것도 무의미했을 것이다. 몇 달 전 도쿄 재판에서 일본 측 수석 변호인은 개정 첫날 같은 주장을 하며 법정 스스로 해산할 것을 요구했지만, 그 요구는 즉각 기각되었다. 정의는 어떤 형태든, 비록 결함이 있다 하더라도, 실현되어야만 했기 때문이다.

상하이만 전후 재판을 연 것은 아니었다. 그런 재판은 세계 곳곳에서 열렸고, 우리는 왜 그런 일이 벌어졌는지를 질문해 볼 필요가 있다. 재판에서 우리는 무엇을 얻었는가? 그것은 법치의 재건이라기보다는, 영국 역사학자 토니 주트(Tony Judt)가 "전후(postwar)"라 부른 것을 만들어내는 과정에 가까웠다. 제2차 세계대전은 1945년에 끝났지만, '전후'는 그 이후에도 이어졌다. '전후'는 자신들의 승리를 위해 일하고 싸운 이들의 희생으로 신성화된 승자가 지배하고, 그 승자의 권위에 도전할 수 없는 시대였다. 이러한 조건은 수십 년간 지속되었고, 대안적인 시각을 허용하지 않는 거의 끝없는 자기 미화의 반복 속에 있는 교육과정과 대중문화를 통해 영속화되었다. 프랑스의 드골주의자, 중국의 공산당, 타이완의 국민당 등 사례는 무수히 많았다. 전쟁은 그들에게 자신이 다스리는 국민에게 자신들의 질서를 강요할 권리를 부여해 주었다.

1946년 11월 6일, 량홍즈는 마지막으로 법정에 출두했다. 법원은 그의 유죄를 확정하고 사형을 선고했다. 선고 직후 법정이 산회하자마자 총살형이 집행되었다. 그러나 그것만으로는 새롭게 복원된 정권을 안정시키기에 충분하지 않았다. 량홍즈가 처형된 지 불과 3년 뒤, 국민정부는 타이완으로 도피했고, 중국 공산당이 중국의 전후 계승 정권임을 선언했다. 전후 시대는 어떤 곳에서는 더 길게 이어졌다. 중국에서는 어쩌면 아직 끝나지 않은 것일지도 모른다.

에필로그

193개 국가

1971년 뉴욕과 2010년 키토(Quito)

3천 년 전, 화북 평원의 사람들은 만국(萬國)의 세계를 바라보았다. 기원전 1천년대를 거치면서 그 수가 점차 줄어들어 수십 개가 되었고, 다시 열 남짓으로 줄었으며, 결국 하나가 되었다. 마테오 리치가 명나라 땅에 들어와 자신의 세계지도를 중국인에게 보여 주었을 때, 그는 만국이라는 옛 기억을 되살렸다. 그는 그 세계가 아득한 과거가 아니라 바로 지금, 여기에 있다고 말했다. 그 표현은 그대로 굳어졌다. 19세기 말까지만 해도 중국인과 일본인은 '만국'이라는 말을 더 넓은 세계를 지칭하는 용어로 사용했다. 그것은 인식되면서도 동시에 저항받는 현실이었는데, [그림 19]에 실린 19세기 동쪽 반구(半球) 그림이 이를 잘 보여 준다. 세계는 확실히 수많은 나라로 나뉘어 이름 붙여지고 경계 지어졌지만, 그 가운데 내부 분열에 흔들림 없이 가장 큰 면적을 차지한 것은 유라시아 동쪽에 3분의 1을 덮고 옅은 황제의 황색으로 강조된 거대한 영토였다. 바로 가장 팽창한 상태의 대청국이었다. 마치 '만국'의 원리가 이 지역에는 완전히 적용되지 않는 듯, 조선과 같은 인접국을 흡수하여 '천하'를 자기 것으로 확장한다고 주장하는 듯했다. 이 지도는 단지 장식적이기에 우리가 이를 너무 면밀히 읽을 필요는 없다. 네덜란드가 독일만 한 크기로 묘사되었고, 프랑스는 이탈리아를 합병한 것처럼 그려졌으며, 아프리카는 전혀 일관성이 없고, 타이완은 대청국의 일부가 아닌 듯 색칠되어 있다. 이 지도에서 가장 인상적인 것은 통일된 청이 분열된 세계 속에서 가장 넓은 영역을 차지하고 있다는 점이다.

19세기 국가가 결코 만 개에 이른 적은 없었다. 그것은 어디까지나 이론

[그림 19] 19세기에 제작된 중국 연해 두루마리 지도의 상단에 묘사된 동반구. 이 세계지도는 메르카토르 도법에서 파생된 유럽의 평면 투영법(오늘날 반 더 그린튼 도법(Van der Grinten projection)으로 알려짐) 위에 정형화된 형태의 중국을 덮어씌운 것이다. 지도 제작자는 대청국의 영토를 가능한 한 크게 보이도록 표현했다.

적 최대치였고, 인류가 한번도 도달한 적이 없는 수치다. 오늘날 우리는 유엔(UN)의 회원국에 따라 그 숫자를 헤아린다. 1945년 10월에 발족할 때, 유엔의 창립 회원국은 51개국이었다. 필자가 1974년 10월에 처음 중국에 갔을 때, 그 수는 138개국까지 올랐다. 45년이 지난 2019년에 내가 이 에필로그를 쓸 때 유엔의 회원국은 193개국에 이르렀다. 앞으로도 신탁통치령, 옛 식민지, 과거의 인위적 정치 결합에서 비롯된 국가들이 독립적 지위를 얻는다면, 그 숫자가 더 늘어날 가능성이 크다.

중국은 유엔 창립 당시에 회원국이었을 뿐만 아니라, 안전보장이사회의 5개 상임이사국의 하나였다. 이들 5개 상임이사국은 제2차 세계대전의 주요 승전국에 주어졌다. 이 새로운 기관은 제2차 대전과 같은 사건이 다시는 일어나지 않도록 세계를 재편하려는 시도였다. 중국의 유엔 참가는 독일과 일본에 대항해 연합국의 공동 대의를 위해 중국인이 치른 엄청난 희생을 인정한 것이었다. 1971년까지 그 회원 자격은 장제스의 국민당 정권, 즉 1949년 공산당이 중국 대륙을 장악했을 때 타이완으로 물러난 중화민국(Republic of China, ROC)이 차지하고 있었다. 장제스는 중국 대륙을 잃었으나 안보리 의석을 잃지 않았다. 유엔의 눈에 '중국'은 여전히 중화민국이었다. 그러나 1971년 10월 25일 알바니아가 제안한 결의안이 유엔 총회에서 통과되면서 그 의석은 중화인민공화국(PRC)에 이양되었다. 결의안이 통과되고 3주 뒤 중화인민공화국이 상임이사국의 자리를 차지했다. 이는 1949년 마오쩌둥이 정권을 장악한 뒤 자의 반 타의 반으로 이루어진 고립—부분적으로는 스스로 자초한 것이고, 부분적으로는 1950년 한국전쟁에서 미국과의 대리전으로 강요된 것—이 22년 만에 끝난 것이다.

1971년 이후 중국이 국제 사회와 다시 연결하기 위해 취한 첫 조치 중 하나는 유학생 교환 프로그램을 마련한 것이었다. 내가 그로부터 3년 뒤 중국에 간 것도 바로 그 덕분이었고, 이는 중국의 대외관계를 언급하는 이 에필로그를 열어준 거대한 게임의 첫 말과 같았다.

두 개의 중국

중화민국과 중화인민공화국 양국이 1971년에 유일하게 의견을 같이한 사안은 이른바 '하나의 중국' 정책이었다. 두 개의 중국은 있을 수 없다는 것이다. 이것은 유엔의 규칙이 아니라 양측이 모두 고집한 원칙이다. 2년 후 동독과 서독은 같은 날 별도의 회원국으로 유엔에 가입되었다(그들은 1990년에 단일 회원국이 되었다). 동일한 규약이 적용되어 1991년 남한과 북한이 동시에 유엔에 가입했지만, 이들은 여전히 총회에서 각각의 의석을 유지하고 있다. 독일과 한국의 사례에서 두 당사국이 두 개로 남을지 하나로 통합될지는 당사국의 결정에 달려 있었다. 그러나 하나의 중국 원칙은 이런 논의를 결코 용납하지 않았다.

1971년 이래 많은 변화가 있었다. 특히 타이완에서는 대부분의 사람들이 자신을 중국인이 아니라 타이완인으로 여기고, 하나의 중국 정책을 정확히 식민지 시대의 잔재로 바라본다. 정치도 이러한 민의의 흐름을 따랐다. 2002년 민주진보당(民主進步黨, 민진당) 정권은 공식적으로 '하나의 중국[一中]'정책을 포기하고 '하나의 중국, 하나의 타이완[一中一臺]'[1] 정책을 채택했는데, 중국어로는 '일변일국(一邊一國)'이라고 표현된다. 이 정책은 2008년에 국민당이 집권하면서 중단되었으나, 2016년 총통 선거에서 차이잉원(蔡英文)이 민진당 후보로 승리하자, 타이완 정부는 다시 타이완을 독립된 주권국으로 간주했다. 차이잉원 정부는 아직 '중화민국(Republic of China, Taiwan)'이라는 국호를 포기하지는 않았고, 공식적으로는 여전히 그 명칭을 사용하고 있다. 최소한 언어적 차원에서 세계에 여전히 두 개의 중국이 있다. 하지만 이는 단순히 언어의 문제가 아니다. 차이잉원 총통이 국가의 명칭을 단호히 '타이완'으로 바꾸는 전면적 조치

---

1   2002년 8월 3일, 당시 타이완 총통이던 천수이볜(陳水扁)이 처음 공개적으로 사용한 말로, 중화민국(타이완)과 중화인민공화국(중국)은 서로 대등한 각각의 국가라는 뜻으로 주장한 말이다.

를 취한다면, 이는 군사 침공을 촉발할 수도 있다. 실제로 중국은, 시진핑의 표현에 따르면, 그러한 움직임이 '중국의 주권을 훼손하는' 조치라면 무력 행동을 취하겠다고 위협해 왔다. 차이잉원의 집권 이래 시진핑은 외교적 공세에 나서, 2017년에는 파나마, 2018년에 도미니카 공화국이 승인하는 '중국'을 타이완에서 중화인민공화국으로 바꾸도록 했다.

이 문제를 무력으로 해결하려는 시도는 곧바로 유엔 헌장 전문(前文)에 명시된 원칙, 즉 "공동의 이익을 위한 경우가 아니면 무력을 사용하지 않는다"는 원칙을 정면으로 위반한다. 또한 유엔 헌장 제1조가 회원국들에 요구하는 바 "정의와 국제법의 원칙에 따라 분쟁이나 평화 파괴의 원인이 될 수 있는 사태를 평화적 수단으로 조정 또는 해결"하는 것에도 정면으로 배치된다. 이것은 중국의 규칙이 아니라 유엔의 규칙이다. 그러나 놀랍게도 중국의 규칙은 유엔 규칙을 압도할 만큼 효과적으로 작동하는데, 유엔 스스로도 타이완이 명백히 독립적 국가로 기능하고 있음에도 불구하고 중화인민공화국의 관할에 속하는 것으로 여기며, 따라서 독립된 국가로 인정하지 않는 결과를 낳았다. 오늘날 타이완이 유엔에서 추구하는 목표는 중국 의석을 탈환하는 것이 아니라 자국의 의석을 얻는 것이다. 타이완은 총회 회원국들에게 자국의 가입 신청을 지지해 달라고 호소하는 한편, 중화인민공화국은 다른 회원국을 상대로 그 신청을 거부하도록 로비를 벌이고 있다.

최근 수십 년 동안 수많은 소규모 탈식민 국가가 유엔 신회원국으로 등장하면서 표를 얻기 위한 후원자들의 사냥터가 만들어졌고, 두 중국은 모두 더 적극적으로 지지국 확보에 나섰다. 가장 작은 유엔 회원국 두 곳을 살펴보자. 1999년에 폴리네시아의 섬나라인 나우루(Nauru)는 당시 21제곱 킬로미터의 땅에 인구 1만 명(현재는 11,300명이 조금 넘는다)을 보유한 상태에서 187번째 유엔 회원국이자 가장 좁은 영토 국가가 되었다. 이 듬해 이웃 섬나라 투발루(Tuvalu)가 189번째 회원국이 됐다. 나우루보다 25제곱 킬로미터 더 넓은 투발루는 나우루보다 약 200명 적은 주민을 보유하며 인구가 가장 적은 회원국이라는 특징이 있다. 두 국가는 모두 19세기에 영국의 식민 지배를 받았으며, 1942년 제2차 세계대전 중 나우루에는 일본이, 투발루에는 미국이 활주로를 건설하면서 전쟁의 소용돌이에 휘말렸다. 이후 유엔 신탁통치하에 두 나라는 유엔 탈식민지화 특별위원회(UN Special Committee on Decolonization)의 통치를 거쳐 독립을 회득했는데, 나우루는 1968년에, 투발루는 1978년에 독립했다.

1970년대 후반에 중화민국(ROC)은 두 신생 국가와 외교 관계를 수립했다. 그런데 2002년 나우루는 1억 3천만 달러를 대가로 중화인민공화국(PRC)을 승인하기로 전환했다. 3년 후, 나우루는 타이완으로부터 더 나은 제안을 받은 후 다시 중화민국 승인으로 회귀했다. 2011년 위키리크스(WikiLeaks)에 의해 폭로된 미국 외교 전문에 따르면, 이 과정에는 나우루 정부 관리들에 대한 비공식 자금 지원과 유권자들을 향한 현금 지급이 포함되어 있었다. 양안(兩岸) 경쟁은 계속되었고, 2007년 『뉴스테이트먼트(*New Statesman*)』 기사에 따르면 경쟁이 너무 치열해 나우르 대통령 루드비히 스코티(Ludwig Scotty)는 "타이페이행 비행기에 막 탑승하려고 했을 때, 베이징행 비행기에 태우려던 성난 중국 관리의 무리에 의해 붙잡힐 뻔했다"고 한다. 이 상황을 보도한 기자는 상황을 이렇게 요약했다. "중국과 타이완이 서로 다투는데 너무 작은 나라는 없다." 크기는 문제가 되지 않는다. 모든 회원국은 아무리 작더라도 유엔 총회에서 한 표를 행사할 수 있기 때문이다. 만약 타이완의 유엔 회원국 가입안이 총회 표결에 상정된다면, 적어도 당장은, 타이완은 나우루와 투발루의 지지를 기대할 수 있다.

이러한 외교적 줄다리기는 세계 속 중국 역사에서 아주 사소한 각주에 불과하다. 그러나 여기서 유난히 눈길을 끄는 것은 인구 2만 여 명에 불과한 작은 환초(環礁)로 구성된 국가(나우루)와 14억이 넘는 인구를 가진 초거대 국가(중국) 사이의 완전히 불균형적인 관계이다. 이것이야말로 우리가 만들어낸 세계이다.

열강

하나의 중국, 두 개의 중국 문제는 통일을 이상으로 삼아온 중국의 집요한 집착에서 비롯되었다. 이는 대원국 이래 모든 정권이 자국의 지도 원리로 내세워야 했던 이상이었다. 이 책의 서론에서 보았듯, 이 시대의 지도들은 "구주(九州)를 하나로 통일한 성세(盛世)가 천고(千古)를 넘어서고, 만세를 태평하게 연 것이 여기에 그 징조가 있다"는 증거로 제시되도록 그려졌다. 다만 이는 대명국의 경우 명백히 사실이 아니었고, 계명대(季名臺) 혹은 계명대로 가장한 자 역시 그 사실을 알고 있었다. 그러나 그런 주장을 하지 않는다면 곧 명 왕조 자체의 정통성을 의심하는 꼴이 되었다. 어떤 대국도 역사상 가장 위대한 나라가 아니고서는 성립할 수 없었다. 같은 이치로, 어떤 대국도 '만국의 세계'에서 패권을 주장하지 않고서는 존립할 수 없었다. 두 개의 대국이 공존할 자리가 없었듯, 두 개의 중국이 공존할 자리도 없는 것이다.

이 문제에서 유럽의 역사가 매우 달랐다. 대륙을 지배하려는 강력한 군주들이 시대마다 등장했지만, 그들은 결국 몰락했다. 1648년 베스트팔렌 조약이 내포한 국가간 평등의 원칙은 실제로는 자주 위반되었지만, 최소한 17세기 이래 유럽인은 자신들의 정치 질서를 떠받치는 윤리적 기반으로 이를 이해해 왔다. 그러나 19세기에 이르러 신흥 제국들이 자국을 '열강(Great Powers)'으로 내세우면서 상황은 달라졌다. 이 용어는 바로 그 세기 동안, 다른 국가들의 요구에 타협하지 않고도 독자적 정책 목표를 추진할 만큼 경제적·군사적으로 스스로를 강화한 국가들을 지칭하기 위해 생겨났다. 열강의 자결권은 유엔 체제에서와 같이 법적 원칙에 근거한 것이 아니라 물질적 역량에 기반한 것이었다. 이러한 맥락 속에서 대영제국은 외교적 수단이 아니라 우리가 아편전쟁이라고 부르는 일련의 무장 침략을 통해 청나라가 자유무역체제를 수용하도록 압박했다. 영국은 열강이었지만 청은 아니었고, 청의 패배는 이를 입증하는 것으로 받아들여졌다. 같은 논리가 메이지 일본을 움직였고, 일본은 점차 스스로를 '대일본국'이라고 칭하며 먼저 청을, 그리고 이어 공화국을 압박해 자국의 요구에 굴복시키려 했다. 20세기 전환기에 이르러 ―1895년 일본이 벌인 짧은 전쟁의 결과 타이완이 일본 손에 들어가고, 1900년 의화단 사건 진압 이후 2년 동안 북경이 일본을 포함한 8개국 연합군의 손에 놓이면서―청나라는 더 이상 그 어떤 열강 목록에도 오르지 못했다.

열강 체제는 우리가 제1차 세계대전과 제2차 세계대전으로 부르는 두 차례의 강대국 간 투쟁에 의해 크게 변모했다. 이 전쟁들이 주요 국가들 사이의 세력 균형을 바꿔놓은 것은 분명하지만, 더 지속적인 효과는 형식적 식민주의를 종식한 데 있었다. 제2차 세계대전의 종식은 탈식민지화의 전환점이 되었다. 1945년 당시 약 7억 5천만 명의 사람이 자치권 없는 지역에서 살고 있었다. 일부 열강, 특히 영국과 프랑스는 식민지를 내놓을 준비가 되어 있지 않았지만, 국제 여론의 흐름은 그에 반대하고 있었다. 유엔 안전보장이사회는 강대국의 이익을 보호하도록 구성돼 있었지만, 그 기구조차 식민 제국의 해체를 막을 수는 없었다. 비록 그 과정은 더뎠지만, 유엔 탈식민화 특별위원회는 옛 식민지들이 하나하나 국가적 지위를 얻도록 감독했으며, 경우에 따라 유엔 회원국으로 편입되도록 이끌었다.

1960년대 초에도 유엔은 여전히 그 목적에 충분히 단합되어 있었기에 헌장 제1조에 명시된 민족 자결 원칙이 과거 열강들의 이익을 압도할 수 있었다. 그러나 지난 20년간 새롭게 탈식민화된 국가의 흐름은 크게 줄어들었다. 탈식민지화는 이제 표준이 아닌 예외에 가깝고, 이를 진행하려면 극단적인 상황이 필요하다. 유엔에 가장 최근 가입한 남수단은 수단에서 분리되어 2011년에 193번째 회원국이 되었다. 수단은 처음에는 영국의 종주권, 그다음에는 영국과 이집트의 공동 감독하에 놓여 있던 전형적인 식민주의적 창조물이었다. 1956년의 독립은 제대로 된 국가를 세우는데 실패했고, 오히려 북부의 다수 아랍인 아래 남수단의 딘카인(Dinka)과 누에르인(Nuer)에 대한 재식민화를 고착시켰다. 수단은 잔혹한 내전에 빠져들었고, 이는 유엔이 개입해 남수단을 북쪽으로부터 분리하는 합의를 중재하면서 비로소 해결되었다. 의도치 않게, 여전히 다수 존재하는 재식민화된 민족들에게 주어진 교훈은 독립으로 가는 길을 보장하는 것은 폭력뿐이라는 사실이었다.

오늘날 민간인 피해가 아무리 커도 탈식민화를 보장할 만큼 충분하지 않다. 중국을 포함한 안전보장이사회 상임이사국은 인도적 고통 앞에서 공개적으로 탄식하는 시늉을 하지만, 탈식민화가 자국의 이익을 위협할 때는 철저히 외면하는 방법을 익혔다. 최근 가장 뚜렷한 증거는 2011년 이래 시리아의 잔혹한 내전을 완화하거나 그 분쟁에 휘말린 민간인을 보호하기 위해 안전보장이사회가 효과적으로 한 일이 전무했다는 사실이다. 열강이 허용하지 않는 한, 누구도 빠져나올 수 없었다. 식민지를 잃은 프랑스와 영국은 작은 강국 수준으로 위상이 축소되어 안보리 정치에서 더 이상 큰 의미를 갖지 못한다. 이제 그 정치는 세계에서 가장 강력한 세 나라, 곧 '신흥 열강'이 지배하고 있다. 러시아는 자기 편의 고객들을, 미국은 또 다른 편의 고객들을 두고 서로의 결의안을 거부권으로 무력화하며, 중국은 자기 지지 세력을 모으고 있다. 중국은 '국가 주권 불간섭' 원칙에 집착하며—이번 경우에는 바샤르 알 아사드(Bashar al-Assad) 정권의 주권—일관되게 시리아 문제에 아무런 조치를 취하지 않는 쪽에 표를 던져왔다.

세 신흥 열강, 곧 초강대국에는 공통점이 하나 있다. 그들은 모두 식민지적 팽창의 산물이다. 러시아는 아시아 대륙을 가로질러 동쪽으로 확장하면서 1,710만 제곱 킬로미터를 넘는 영토를 차지했다. 미국은 북아메리카를 가로질러 서쪽으로 팽창하면서 914만 제곱 킬로미터를 차지했다. (캐나다 역시 그러했지만, 인구가 적다는 이유로 열강의 지위에서는 제외된다.) 중국도 예외는 아니다. 미국보다 약간 큰 영토를 지닌 중국은 아시아 서쪽으로의 식민지적 확장을 통해 세계에서 세 번째로 큰 나라가 되었으며, 이는 러시아의 동방 팽창을 거의 거울처럼 반영하는 움직임이었다([그림 19] 참조). 일부에서는 중국이 다른 국가를 희생하면서 성장한 식민 제국이 아니라고 주장하지만, 너무도 자명한 사실을 말하자면, 원래 다른 관할권에 속한 영토를 정복하고 흡수하지 않고서는 이런 규모의 국가를 만드는 것은 불가능하다. 중국의 팽창주의가 유엔 안보리의 다른 네 상임이사국과 비교해 특이한 점은, 몽골의 침략 이래 중국의 확대가 주로 중국을 정복한 비한인들에 의해 주로 추동되었다는 점이다. 중국은 스스로 타자를 정복하기보다는 오히려 타자에게 정복당함으로써 초거대 국가가 되었다. 대원국과 대청국의 몽골 및 만주 지배 가문이 만들어놓은 것을 명과 중화민국, 그리고 중화인민공화국의 한인 출신 지배 가문이 이어가기를 선택한 셈이었다.

오늘날 대부분의 중국인에게 이러한 역사는 보이지 않는다. 애국주의 교육은 그들에게 '조국'이 현재 차지하고 있는 공간이란, 완전히 그리고 항상 자연스럽게 중국의 것이었다고 가르친다. 이는 역사가가 아니라 민족주의자가 생각하는 방식이다. 역사가에게 중요한 것은 시간의 관점이고, 그 동력은 변화다. 1949년에 '혁명'이라는 마법의 지팡이가 휘둘려 만들어진 국가적 공간은 어디로부터인가 기원한 것이었다. 그것은 새롭게 만들어진 것이었고, 이어 거짓된 역사 속에 자리매김되었다.

식민주의의 현재

오늘날 세계에는 남수단, 나우루, 투발루처럼 자치권을 획득하지 못한 민족들이 여전히 많다. 중국 권역에서 가장 먼저 떠오르는 민족은 몽골, 위구르, 티베트인이다. 그들의 눈에 중국은 '조국'이 아닌, 1912년 대청국이 붕괴했을 때 사라져 버린 식민주의적 정권의 주제넘는 계승자일 뿐이다. 다음은 그들의 관점에서 본 역사의 몇 가지 단편이다.

몽골국에서 티베트 불교 겔룩빠의 라마이자 대청국이 붕괴했을 때 몽골 대칸이었던 제8대 젭춘담바 후툭투(Jebtsundamba Khutuktu)는 1911년 말 독립을 선언했다. 몽골인은 대청국을 대체해 출현한 한인들의 국가에 계속 복종할 이유가 없다고 여겼다. 1920년과 1921년에 러시아의 개입 이후에야 비로소 외몽골은 중국에 저항하여 주권을 방어할 수단을 갖게 되었다. 이 국가는 1989년 소련 붕괴 전까지 주로 러시아의 종속국으로 존재했다. 오늘날 중국의 한 성(省)으로 편입된 몽골 영토의 일부인 내몽골은 1945년 일본군의 통제가 붕괴한 뒤 잠시 정치적 독립을 쟁취하여 내몽골 인민 공화국을 자칭했다. 그러나 그 희망이 두 달 만에 끝났다. 중국 공산당 간부 울란후(烏蘭夫)가 도착해 새 정권을 해산하고 이를 중국에 편입한 것이다. 울란후는 말년에 당을 향한 충성의 보상으로 당내 최고위 몽골인 지위에 올랐다. 1988년 그가 사망한 이후 내몽골은 그의 가문에 의해 지배되었다. 아들 부흐(布赫, 1926~2017)가 부친이 사망하기 6년 전 내몽골자치구 주석(主席)직을 이어받았고, 현재는 부흐의 딸 부샤오린(布小林)이 그 자리를 맡고 있다. 그곳에서 통제는 매우 강력했고, 몽골 인구는 중국인의 대규모 이주에 압도되었기에 현재 몽골 민족주의는 해외 거주자 사이에서만 표현될 수 있을 뿐이다.

동투르키스탄은 위구르인이 '위구르스탄(Uyghurstan)'이라 부르고 중국인은 '신장(新疆)'이 부르는 지역이다. 그 지역의 튀르크 인구는 대몽골국의 붕괴 전부터 이미 이슬람을 믿어왔으며, 그 종교적 정체성이 지금까지도 그들의 자아의식을 지배하고 있다. 1911년 청이 무너지자, 청이 임명한 신장 총독[2]은 달아났다. 이때 위구르인이 국가를 건설할 기회를 만들 수 있었지만, 그의 한인 부하[3]가 즉시 권력을 장악하고 1912년 3월에 신장을 중화민국에 귀속시켰다. 그래서 위구르인은 청 말기에 몽골인이 했던 방식으로 자결권을 행사할 기회가 없었다. 다만 독립의 꿈은 여전히 존속했고, 2001년부터 중국이 이슬람 급진화의 물결을 저지하기 위해 '반테러 조치'라고 부른 억압이 그 불씨를 더욱 지폈다. 이러한 탄압과 그 바탕에 깔린 인종 차별은 분노를 일으켰고 2009년 대규모 폭동으로 폭발했다. 이

2　당시 신장총독 위엔다화(袁大化, 1851~1935)를 말한다.
3　양청신(楊增新, 1864~1928)을 말한다.

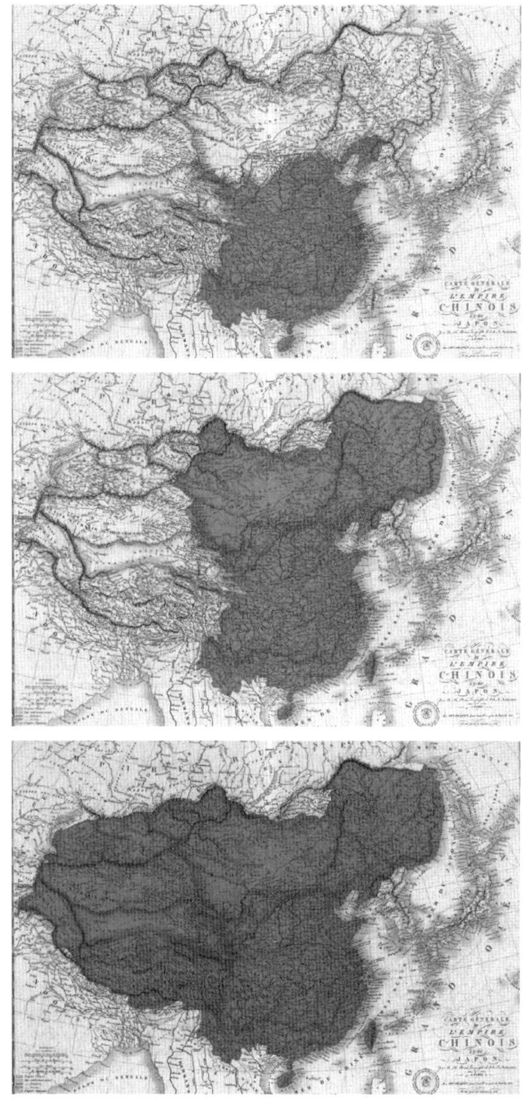

[그림 20] 시간에 따른 변화: 1600년, 1700년, 1800년 당시 중국의 지리적인 범위를 아드리엥 브뤼에(Adrien Brué)의 「중국 및 일본 제국의 일반지도(Carte générale de l'empire Chinois et du Japon)」(Paris, Charles Picquet, 1836) 위에 중첩한 것이다. 당시 국경선은 오늘날처럼 명확하거나 배타적으로 그려지지 않았기 때문에, 이 지도들은 대명국과 대청국의 영토 상의 한계를 정확히 나타낸 것이라기보다 대략적인 근사치를 보여 주는 것으로 보아야 한다.

에 대해 중화인민공화국은 단속과 광범위한 체포로 대응했다. 그 대응은 2016년 더욱 강화되었는데, 새로 부임한 자치구 주석이 '탈극단화[去極端化]'라고 부르는 프로그램을 시행하며 지금까지 이어지고 있다. 그 핵심은 위구르인을 '재교육 수용소'에 모아 무슬림의 반공산당 또는 반중국 감정을 제거한다는 것이었다. 2017년과 2018년 사이에 100만 명 이상—이 지역 위구르 성인과 카자흐 인구의 10%가 족히 넘는 수—이 넘는 무슬림이 수용소에 억류되었다.

중국에서 가장 널리 알려진 민족 자결권 부재의 사례는 티베트다. 이 책 10장에서 살펴본 것처럼, 티베트는 18세기에 대청국이 자신들의 정당한 관할권이라고 주장한 범위 안에 들어가게 되었다. 에필로그 첫머리의 지도에서도 찾을 수 있는데, 쓰촨성(四川省) 남서쪽, 인도 국경 바로 위에 '시짱(西藏)'이라고 표기한 붉은 점이다. 1910년에 대청국이 라싸로 군대를 파견해 13대 달라이 라마가 북경을 향한 복속 의무를 저버리지 못하게 하자, 티베트인은 그전까지는 위협적인 존재였던 영국령 인도에 도움을 요청했다. 1912년 대청국이 사라졌을 때, 티베트의 행정 내각 평의회[4]는 영국 총독에게 청이 무너졌기에 "우리는 그들에게서 완전히 분리하기로 결정했다"라고 알렸다. 그러나 그들을 대신해 행동해줄 새로운 후원자는 나타나지 않았다. 티베트는 단지 중화민국의 약세를 이용하여 더 나은 해결책이 나오길 바랄 뿐이었다. 그런데 1950년에 찾아온 해결책은 티베트가 선택한 것이 아니었다. 새로 세워진 중화인민공화국이 티베트를 자국의 주권 영토로 편입하기 위해 군대를 보낸 것이다. 1959년 중국 공산당이 다시 군대를 파견해 티베트 내 반중 저항을 진압했을 때, 현재의 제14대 달라이 라마 뗀진 갸초(Tenzin Gyatso)가 인도로 망명했다. 유엔 총회

---

4   1912년 청이 붕괴한 뒤 사실상 티베트의 행정 및 외교 역할을 했던 달라이 라마의 핵심
     조직으로, '카샥(Kashag, 중국어로 噶厦)'이라 불렸다.

는 1960년, 1961년, 1965년에 중국이 티베트인의 자결권을 존중하지 않는다며 이를 규탄하는 결의안을 통과시켰으나, 그 어떤 것도 변하지 않았다. 달라이 라마는 여전히 인도에 머물며 이 갈등의 비폭력적 해결을 추구하고 있다.

티베트 문제에서 중국 공산당의 목표와 방식을 공개적으로 반대한 저명한 중국 작가 왕리슝(王力雄)은 '전대미문의 안정'을 강요하는 중국의 노력을 문화 제국주의 행위라고 규정했다. 그는 티베트에 필요한 것은 '민족 자아의 표현(民族自我表述)'이라 주장했는데, 이는 티베트가 하나의 민족임을 인정하는 데서 출발한다고 했다. "민족 자아의 표현은 단순히 한 민족의 역사를 반복하거나 그 전통을 연출하는 것이 아니다. 더 중요한 것은 그 민족 사람들이 그들의 현실에서 무엇을 느끼고 생각하고 요구하는지에 대한 표현이다." 이러한 접근은 현 중국의 지배하에서는 불가능하다. 왕리슝의 표현을 빌면, 중국은 "티베트인의 자아 표현을 절대적으로 억압해 왔다. 제국은 모든 형태의 표현을 통제하고, 그 한계를 넘는 모든 행위는 처벌받는다."

대부분의 중국인이 티베트에 대한 자국의 제국주의를 보지 못하는 이유는, 공산주의 이데올로기와 유교적 우월감이 결합된 강력한 혼합물이 그들로 하여금 자신들을 제국주의의 가해자가 아닌 피해자로만 인식하게 만들어왔기 때문이다. 마치 두 입장이 동시에 존재할 수 없다는 듯이 말이다. 중국이 자국 이외의 다른 나라나 민족에 '국가적 치욕'을 초래했을 가능성은 대부분의 중국인에게 상상조차 불가능하다. 지난 반세기 동안 비한인 정체성을 약화시키기 위해 한인을 소수민족 지역으로 이주시켜 인구를 희석하고, 학생들에게는 기숙학교, 성인들에게는 강제 재교육을 시행하는 등 각종 식민지적 정책이 추진되어 왔지만, 문제는 결코 사라지지 않았다. 역설적으로 이러한 불안정의 내부적 원인을 지속시키고 악화시키는 구조로 작용하는 것이 현재 존재하는 국가들의 주권을 존중한다는 유엔 체제다.

1949년 이래 중화인민공화국의 영토 통합성에 실질적인 도전을 제기한 유일한 존재는 타이완이다. '하나의 중국'정책이 유지되고 중화인민공화국이 타이완섬을 자국 영토의 양도할 수 없는 일부로 간주하는 한, 타이완의 지속적인 독립 상태에 대한 중국의 좌절감은 불안정성을 낳고 있으며, 그 유일하고 영구적 해결책으로 보이는 것은 군사적 침공이다. 중국의 시각에서 보면, 이러한 해결책은 국제적 논평의 대상이 아니다. 그들에게 침공은 단지 유효한 국가 권력이 국내 문제에 대응하는 내적 대응일 뿐이다. 세계가 이에 긍정적으로 반응할 가능성은 희박하지만, 실제로 어떤 결과가 뒤따를지는 관련 당사국의 정치적 계산에 달려 있다. 나우루나 투발루가 타이완을 지지하는 목소리를 낼 수도 있겠지만, 그렇지 않을 수도 있다. 어느 누구도 열강을 진심으로 사랑하지 않지만, 어떠한 약소국도 열강의 복수심에 잘못 엮이는 것을 피하고 싶어 하기 때문이다.

신식민주의

중화인민공화국의 지속적인 불안정 요인 중 하나가 국내 식민주의라면, 또 다른 하나는 가나의 정치 철학자이자 초대 대통령이었던 크와메 은크루마(Kwame Nkrumah, 재임 1960~1966)가 '신식민주의(Neo-Colonialism)'라고 부른 조건이다. 은크루마는 1950년대와 1960년대에 걸쳐 아프리카의 탈식민지화 운동을 주도한 인물로, 그가 이 용어를 만든 이유는 반(反)식민주의자였던 자신조차 예상치 못한 현상을 설명하기 위해서였다. 즉 아프리카인들이 식민 지배자들을 몰아내고, 자국민의 손에 정권을 넘겨 국가 경제를 국민의 이익을 위해 재건하기 시작했지만, 식민주의가 낳은 문제 대부분이 여전히 그들을 괴롭힌다는 사실을 깨달았다. 탈식민화 이후 그들이 맞이한 것은 진정한 자치가 아니라, 오히려 자신들이 통제할 수 없는 세계 경제에 대한 더 깊은 의존이었다.

1960년대의 신식민지주의는 과거에 있었던 직접 점령 형태의 식민주의와 달랐다. 더 이상 멀리 떨어진 본국의 수도에서 파견된 총독이 식민지를 통치하던 시대는 끝났다. 그 자리를 대신한 것은 비접촉적 금융 의존의 체제였다. 이 체제는 탈식민 국가가 형식적으로는 독립 국가의 외향을 누릴 수 있게 해주었지만, 실제로는 그들의 경제, 나아가 정치 정책까지 외부의 통제 아래 두도록 했다. 마르크스주의 진영에 속했던 은크루마는 아프리카의 해방을 침해한 주범으로 미국식 자본주의를 지목했다. 그는 특히 대출과 독점적 계약을 통해 신식민 질서를 유지하는 그 경제 체제를 비판했다. 그러나 다른 사례들은 소비에트식 사회주의 역시 이러한 비판에서 자유롭지 않음을 보여 주었다.

이러한 형태의 식민주의는 더 이상 식민지 관리들을 파견할 필요가 없다. 대신 그것은 주로 금융 거래, 특히 지나치게 비용이 커서 상황하기 어려운 대출에 의존했다. 그 결과 은행이나 합작 기업과 같은 익명의 기관들을 통해 더욱 강화된 감시 체제가 작동했다. 외국 자본은 현지 개발에 실질적인 기여를 거의 하지 않은 채 자원을 착취할 수 있었고, 그로 인해 탈식민화 이후 부유한 국가와 가난한 국가 간의 격차는 오히려 더 커졌다. 은크루마는 조심스럽게 낙관적인 입장을 유지했는데, 그는 신식민지주의가 "제국주의의 최종적이면서도 아마 가장 위험한 단계"를 대표한다고 주장했다. 그러나 그가 살던 시절 이후의 수십 년은 이 상태가 그가 예상했던 것보다 훨씬 더 벗어나기 어려운 현실임을 보여 주었다.

부채의 힘

중국이 에콰도르에 깊이 관여하기 시작한 것은 21세기 첫 10년 동안이었다. 그 시기 중국의 석유 소비량은 두 배로 증가했다(2017년에는 미국의 국내 원유 소비량을 넘어섰다). 이미 베네수엘라와 브라질이 중국 시장에 원유를 공급하고 있으나, 에콰도르는 새로운 공급원으로 떠오르고 있었다. 에콰도르에 발판을 마련할 기회는 미국에서 경제학 훈련을 받은 라파엘 코레아(Rafael Correa)가 2007년 대통령에 취임(재임 2007~2017)하고 이듬해 32억 달러의 외채 상환 불이행(디폴트)을 선언하겠다고 위협하면서 찾아왔다. 이에 중국석유천연기집단유한공사(中國石油天然氣集團有限公司, PetroChina)가 재정 붕괴를 막고 에콰도르의 석유 자원을 확보하기 위한 포괄적 협약을 맺으며 10억 달러의 대출을 제공했다. 이후 중국 국가개발은행과 중국수출입은행이 총 152억 달러에 달하는 열한 건의 추가 대출을 집행했다. 이 대출을 보장하기 위해 2010년 코레아 대통령은 에콰도르가 채무 상환을 하지 못할 경우 군사 및 외교 관련 자산을 제외한 거의 모든 자산을 중국 측 채권자들이 압류할 수 있도록 허용하는 주권 면제 조항에 서명했다. 중국의 자금 유입이 너무 빠르게 이루어졌기에 2011년 로이터 통신은 약간의 과장을 섞어 에콰도르를 "중국의 완전한 자회사(子會社)"로 묘사했다. 2013년까지 에콰도르 수도 키토(Quito)는 전체 재정의 5분의 3을 중국에서 조달했으며, 그 대가로 중국은 에콰도르 석유 수출의 10분의 9를 가져갔다. 은크루마가 예견한 것처럼, "신식민 국가의 정부 정책 통제는 국가 운영 비용을 대가로 한 지불을 통해 확보될 수 있다."

자금이 중국에서 에콰도르로 흘러가는 동안에는 협정이 그럭저럭 잘 작동했다. 그러나 곧 여러 문제가 드러나기 시작했다. 그중 하나는 석유 시추가 이루어지는 토지의 원주민 집단의 반발이었다. 코레아는 2007년 야수니(Yasuni) 지역의 원주민들과 협약을 맺고, 국제사회로부터 재정 지원을 받는 것을 조건으로 그 땅에서의 석유 채굴을 영구히 중단하겠다는 계획을 추진한 바 있다. 그러나 이 계획은 국제사회에서 충분한 기금을 확보하지 못했고, 중국으로부터 석유 수출을 유지해야 한다는 압박 속에서 코레아는 2013년 이 계획을 철회했다. 코레아는 2017년에 대통령직에서 물러났으나, 그 결정으로 인한 논란은 지금도 완전히 해결되지 않은 채 이어지고 있다.

두 번째 문제는 코레아가 통제할 수 없는 것으로, 상품 선물 거래에 연동된 모든 금융 계약에 내재된 위험이었다. 2011년 배럴당 80달러였던 원유 가격이 2016년에는 35달러로 폭락한 것이다. 당시 아마존 지역에서 석유를 채굴하는 비용이 배럴당 약 39달러였음을 감안하면, 에콰도르는

2016년에 석유 한 배럴을 생산할 때마다 4달러씩 손해를 보고 있었던 셈이다. 에콰도르의 대중국 부채가 원유가 아닌 달러로 설정되어 있었기 때문에 부채 부담은 두 배로 커졌다. 이후 유가는 2011년 수준의 절반 가까이까지 회복되었지만, 이 협정은 여전히 시장 변동성에 취약한 상태로 남아 있다. 현재 중국에 대한 에콰도르의 부채는 국내총생산(GDP)의 5분의 2를 넘어섰으며, 석유 수출은 최소 2024년까지 중국과의 계약에 묶여 있다. 새로운 대통령 레닌 모레노(Lenín Moreno, 재임 2017~2021)는 코레아가 체결했던 협정의 조건을 재협상하려고 하고 있으며, 파나마 페이퍼(Panama Papers)의 유출을 통해 드러난 6,900만 달러의 계약 보너스가 어디로 흘러갔는지에 대해서도 조사를 요청했다. 코레아는 현재 부인의 고향인 벨기에에 거주하고 있으며, 자신에게 제기된 혐의가 순전히 정치적 성격인지 여부가 불분명한 가운데 송환을 피하고 있다.

에콰도르가 베네수엘라처럼 중국 대출을 상환하지 못하고 다폴트 상태에 빠진다면, 중국은 막대한 재정 손실을 입을 것이다. 그러나 중국은 일반적으로 부채 손실에 대해 부채를 탕감하거나 오히려 더 큰 규모의 신규 대출을 제공하는 방식으로 대응하기 때문에, 자금 여력이 충분한 한 이 문제는 얼마든지 늦출 수 있다. 나아가 이러한 부채 구조는 중국이 키토 정부의 결정에 영향력을 행사할 수 있게 만든다. 페트로차이나가 전액 출자한 자회사인 안데스 페트롤리엄(Andes Petroleum)은 2015년 원주민 열대 우림 지역에서 두 개의 신규 석유 채굴권을 확보했고, 이듬해에는 중국이 최소 세 건의 광산 개발권을 획득했다. 이로써 중국은 원주민 토지 보호 문제를 에콰도르의 국가 의제에서 사실상 배제할 수 있는 지위를 갖추었다. 또한 중국은 유엔과 같은 국제 무대에서도 에콰도르가 자국의 입장을 지지해줄 것으로 기대할 수 있다. 실제로 2018년 6월 에콰도르 외무장관 마리아 페르난다 에스피노사 가르세스(María Fernanda Espinosa Garcés)가 유엔 총회 의장으로 선출된 일은 단지 에콰도르의 친중 연결 때문이라고 단정할 수는 없지만, 그와 무관하다고 보기도 어렵다. 다시금 은크루마의 통찰력이 놀랍다. "신식민 국가의 지배자들이 통치 권위를 얻는 근원은 국민의 의지에서가 아니라 신식민 지배자들로부터 얻는 지지에 있다."

대출금을 더 이상 갚을 수 없으면 무슨 일이 벌어질까? 이 미래가 어떤 모습일지 힌트를 얻을 수 있는 사례가 바로 스리랑카다. 헨리 토말린이 스리랑카 남부 해안에서 갈레 비문을 발견한 곳에서 동쪽으로 불과 96킬로미터 떨어진 곳에 작은 항구 도시 함반토타(Hambantota)가 있다. 2004년 쓰나미로 이 지역은 참혹한 피해를 입었으나, 이후 중국의 자금 지원으로 새로운 컨테이너 항만을 건설하면서 재기했다. 에콰도르의 부채 상황은 스리랑카에 비하면 상대적으로 완만한 편이다. 스리랑카는 마힌다 라자팍사(Mahinda Rajapaksa, 재임 2005~2015) 전 대통령과 그의 세 형제가 거의 아무런 심사도 없이 대출을 거듭하면서 심각한 부채의 늪에 빠졌다. 그러나 중국이 남아시아 전역에서 인도의 영향력에 대응하려는 전략을 고려할 때, 스리랑카의 지정학적 가치는 부인할 수 없다. 함반토타 항구는 중국이 인도양에서 선박 운송 계약을 확보하고, 물자를 보관하며, 정보를 수집하고, 군사 작전을 수행할 수 있는 핵심 거점이 된다. (중국 해군의 잠수함들이 이미 그 항구에 정박한 적이 있다.) 즉 중국이 새롭게 획득한 이익을 방어할 수 있는 전략적 기반을 마련한 셈이다.

함반토타 항만 건설 계약을 따낸 건설 회사는 중국 기업 중국항만공정(中國港灣工程)이다. 조사 결과, 이 회사는 2015년에 당시 마힌다 라자팍사 대통령의 재선을 돕기 위해 최소 760만 달러를 대통령 측근에게 불법 송금한 사실이 드러났다. 그러나 라자팍사는 뜻밖에도 선거에서 패배해 스리랑카 국민과 세계를 놀라게 했다. (중국항만공정은 이후 방글라데시 도로부 장관에게 현금 10만 달러를 뇌물로 건네려다 적발되어 입찰 자격이 박탈되었으며, 그 모기업인 중국교통건설공사 역시 부패 행위로 인해 필리핀 정부 계약 입찰에서 이미 제외된 상태였다.) 2015년 정권 교체 이후 스리랑카 정부는 중국과 대출 조건을 재협상하려 했으나, 연간 세입 148억 달러 가운데 123억 달러를 부채 상환에 써야 하는 상황에서는 어떤 여유도 없었다. 결국 2017년에 내린 해결책은 사실상의 인수였다. 중국은 약 10억 달러의 부채를 탕감해주는 대신, 스리랑카로부터 함반토타 항구의 지분 70%를 99년 임차 조건으로 넘겨받았다.

중국사를 연구하는 역사학자가 '99년 임차'라는 말을 들으면 1898년 영국이 홍콩을 확보했던 조건과 1997년 반환 당시의 공식적 환호를 떠올리지 않을 수 없다. (홍콩 정부 부처들은 2018년에 홍콩의 '회귀'라는 표현의 사용을 중단하라는 지시를 받았는데, 이는 홍콩이 조국을 떠난 적이 없다는 인상을 주기 위한 것이었다.) 협상 테이블에 앉은 주체가 바뀌었지만, 그 방식은 달라지지 않은 것이다. 스리랑카가 얻은 것은 일부 지역의 인프라와 부패한 정치인의 재산 증대뿐이었다. 다시금 은크루마의 말이 떠오른다. "저개발 세계는 선진국의 선의나 관대함을 통해 발전하지 않는다. 오직 그것을 저개발 상태로 묶어두려는 외부 세력에 맞서 싸움을 통해서만 발전할 수 있다."

신패권

오늘날 중국이 다른 192개 국가와 맺고 있는 관계는 과거와 전혀 다르다. 당시 나라의 수가 얼마였든지, 지금의 중국이 세계 속에서 자신을 이해하려는 방식 또한 과거와는 달라졌다. 일부 중국인은 이제 중국이 유엔 체제의 규칙을 버리고, '천하(天下)'라고 불리는 고유한 중국식 세계관을 따를 때가 되었다고 주장한다. 천하, 즉 '하늘 아래 모든 것'은 본래 주(周) 왕조 시절에 생겨난 개념으로, 천명을 부여받은 지배자가 자신의 영토 전체를 다스려야 한다는 사상에서 비롯되었다. 최고 통치자는 하늘의 대리자로서, 하늘을 우러러보는 모든 존재를 질서 있게 통치해야 했다. 그 지배권 바깥에도 다른 세계가 존재했지만, 그것은 하늘의 시야에서도 멀리 떨어져 있었기에 문명 세계의 경계 밖에 두어도 아무 문제가 되지 않았다. 그러나 중국 국가가 '대국'으로 발전하면서, 군주가 무관심할 수 있는 지역은 더 이상 존재하지 않았다. 천하의 모든 백성은 그 지배 아래 들어와야 했으며, '화(華)'와 '이(夷)'를 가르는 문명과 비문명의 구분 또한 피할 수 없었다. 그의 통치는 보편적이어야 했고, 모든 이는 복속해야 했다. 그러나 일단 대국이 성립된 뒤에는 '화'와 '이'의 구분은 더 이상 정치적 의미를 갖지 않았다. 그것은 주나라 시절처럼 정치적 구분이라기보다, 단지 문화적 구분으로 남게 되었을 뿐이다.

동아시아의 새로운 국제 질서 구상은 일부 중국 지식인에게 오래된 제국의 언어인 '천하'를 되살렸고, 중국이 세계와 맺어야 할 올바른 관계를 규정하는 모델로 제시되었다. 과거 황제가 '천자'로 불렸듯, 오늘날 공산당이 통치하는 중국 역시 하늘이 지정한 존재로서, 자신을 정점으로 한 국제적 위계질서를 감독해야 한다는 것이다. 이 모델은 모든 국가가 독립적이며 서로 평등한 관계를 맺는다는 베스트팔렌 체제의 이상을 부정한다. 베스트팔렌의 정신은 오늘날에도 유엔 헌장의 언어 속에 살아 있다. 헌장 제1조는 '민족의 평등권과 자결의 원칙'을, 제2조는 '주권 평등'과 '국내 관할권'에 속한 문제는 타국의 간섭을 받지 않는다는 원칙을 천명한다. 이러한 원칙은 틀림없이 모든 사람이 신 앞에서 평등하다는 기독교적 신념의 확장으로 볼 수 있다. 서구의 법체계 역시 이 신념을 변형하여 모든 사람이 법 앞에 평등하다는 원칙 위에 세워졌다. 물론 법적·외교적 평등은 현실에서 항상 지켜지지 않지만, 서구 체제가 지향하는 이상적 목표로서 평등은 여전히 그 중심에 자리하고 있다.

국가들이 위계적 질서 속에 배열되어야 한다는 명제는, 비록 현실에서 평등이 허구에 가깝더라도, 평등의 이상을 지키는 대신 세계 체제 전반에 존재하는 불균형의 현실에 순응하자는 입장이다. 위계는 체제 내의 모든 구성원이 동일한 위치에 있지 않다는 사실을 인정함으로써 불균형의 문제를 해결한다. 어떤 두 국가 사이의 모든 관계는 상하관계로 규정된다. 유교 윤리는 이처럼 질서 있는 불균형의 미덕을 찬양한다. 유교적 사회 관계 속에서 한 개인의 정체성은 자신보다 위에 있는 사람과 아래에 있는 사람이 누구인가에 의해 규정된다. 바로 이 논리가 천하 국제 질서의 비전에 그대로 적용된다. 우월한 국가는 열등한 국가로부터 복종을 기대하고, 그 대신 열등한 국가는 우월한 국가가 자신들의 내정에 간섭하지 않기를 기대한다.

이러한 위계적 질서는 사회적 관계뿐 아니라 국가 관계를 조화시키는 현실적인 방식으로 제시될 수 있다. 즉 국가 간 평등이 오히려 갈등을 초래한다는 전제 아래, 그 갈등을 종식하려는 시도인 셈이다. 그러나 이러한 논리는 베스트팔렌 체제를 지탱하는 도덕적 기반에서는 거의 설득력을 얻지 못한다. 진정한 조화는 불평등이 아니라 평등에서 비롯되며, 그렇지 않으면 그것은 단지 약자가 강자에게 복종하는 것에 불과하다. 그러나 거듭 말하건대, 유교적 사고방식에는 이러한 복종을 세계적 안정을 위한 수용할 만한 대가(acceptable price)로 받아들인다.

앞서 나는 중국이 부채를 급격히 늘리고 있는 국가에서 벌어지고 있는 현상을 설명하기 위해 은크루마의 개념인 '신식민지주의'를 빌려왔다. 그러나 지금 새롭게 도래하고 있는 세계 질서에서 진정으로 문제가 되는 지점을 드러내기 위해서는 또 다른 개념이 필요하다고 생각한다. 내가 떠올린 단어는 '신패권(neo-hegemony)'이다. 정치이론가들은 이 용어가 안토니오 그람시(Antonio Gramsci, 1891~1937)의 '패권(hegemony)' 개념에서 나온 것임을 곧바로 알아챌 것이다. 무솔리니(Mussolini) 치하의 감옥에서 생을 마감하기 전, 그람시는 '헤게모니'라는 개념을 통해 이데올로기가 얼마나 강력하게 작동하여 보통 사람들로 하여금 자기들이 사회적·정치적 종속을 상식으로 받아들이게 만드는지를 설명하고자 했다. 국가는 이러한 상식을 널리 퍼뜨림으로써, 즉 세상이 원래 그렇게 돌아가야 한다는 믿음을 확산함으로써, 시민이 아무것도, 심지어 자신의 복종조차 바꿀 필요가 없다고 믿게 만든다. 오늘날의 '신패권'이 '신(neo)'인 이유는, 전 세계의 독재적 지도자가 얼마든지 손쉽게 자국민에게 터무니없는 거짓말을 퍼뜨리고, 또 그것이 아무런 저항 없이 믿어지는지를 보여 주는 데 있다. 이는 강제력의 헤게모니가 아니라, 자발적 순응의 헤게모니

(hegemony of willing compliance)다.

중국 공산당은 이러한 '신패권'적 경향 속에서 활발히 움직이며, 지배 엘리트의 정책에 유리한 방향으로 여론을 형성하기 위해 도덕주의적 언어를 끊임없이 쏟아내고 있다. 이 새로운 패권을 구축하려는 당의 시도에서 핵심이 되는 두 가지 사상이 있다. 첫째는, '평등'과 '불간섭'이라는 베스트팔렌 원칙은 경제적 번영에 해롭다는 사상이다. 번영은 안정에서 비롯되고, 안정은 위계에서 비롯된다는 논리다. 둘째는, 세계인이 중국의 국가적 이익에 순응하는 지도자들에 의해 통치될 때 더 큰 이익을 누릴 것이라는 믿음이다. '미국의 평화(Pax Americana)'가 사라지는 것이 인류에게 좋은 일일지는 아직 단정할 수 없지만, 그것을 대체할 '중국의 평화(Pax Sinica)'가 전 세계 국가와 민족의 자결에 도움이 될지는 여전히 미지수다. 그러나 중국 공산당은 확실히 그렇게 믿고 있는 듯하다. 역사가로서 나의 불리함은 언제나 황제의 '새 옷'이 그가 말한 것처럼 새롭지 않다는 것을 늘 간파한다는 점이다. 중국의 외교정책을 포장하는 "우호적 협력," "상호 이익," "공동 번영"이라는 언어는 1930년대 후반 일본이 전쟁에 나섰을 때 중국과 나머지 아시아 국가에 제시한 구호와 섬뜩할 만큼 닮아 있다. 당시 일본은 명백하게 전혀 새롭지 않은 군사적 패권을 추구하고 있었으나, 언어의 매혹적인 포장을 통해 그것을 좋은 것처럼 보이려고 했다.

중국의 '신패권'이 약속하는 '윈-윈(win-win)'의 결과가 실제로 어떤 원칙과 현실로 이어질지 평가하기는 쉽지 않다. 그러나 적어도 베스트팔렌적 시각에서 본다면, 그 전망은 밝지 않다. 개인적 차원에서 일어날 수 있는 일을 한 예로 들어보자. 후세인 첼릴(Huseyin Celil)은 위구르스탄이 중국의 군사적 점령 하에 있지 않아야 위구르인의 이익이 보장된다고 믿은 인물이다. 테러리즘이라는 만능 혐의로 투옥되어 생명에 위협을 느낀 그는 1994년에 키르기스스탄으로 탈출했고, 결국 튀르키예로 건너가 유엔 난민기구로부터 난민 자격을 인정받았다. 유엔 난민 지위에 관한 협약에 따른 의무 아래 캐나다는 2001년 그에게 난민의 지위를, 이후에 시민권도 부여했다. 그러나 2006년 3월 26일, 첼릴이 아내의 친척을 방문하기 위해 우즈베키스탄을 찾았을 때, 그는 우즈벡 경찰에 체포되어 중국 요원에게 넘겨졌고, 중국으로 송환되었다. 중국의 국적법은 대체로 국제 표준과 일치하며, 중국인이 외국 국적을 취득할 수 있고 그 경우 중국 국적을 상실한다고 명시하고 있다. 그러나 첼릴의 경우는 예외였다. 중국 법원은 그를 계속 중국 국민으로 간주했고, 국제법이 요구하는 캐나다 영사 접근권을 허락하지 않았다. 그는 분리주의를 선동했다는 이유로 징역 50년 형을 선고받았다. 만약 이런 법이 캐나다에 적용된다면, 퀘벡 주민을 중심으로 약 200만 명이 감옥에 가야 할 것이다. 2016년 공산당은 그의 형량을 종신형에서 20년형으로 줄였지만, 그는 여전히 감옥에 있다.

신패권을 향한 중국의 추구는 이러한 국제 법규의 일탈을 부추기고 있다. 남중국해에서 주변 모든 해양 국가와 벌이고 있는 대치 상황도 마찬가지다. 유엔해양법협약(UNCLOS)은 이러한 영유권 분쟁을 해결하기 위한 절차적 메커니즘이 있다. 중국은 이 법의 서명국이지만, 자국의 영유권 주장이 국제해양법재판소(ITLOS)에서 검증되는 것을 거부하고 있다. 다시 말해, 유엔의 규칙이 아니라 중국의 규칙을 따르겠다는 것이다. 필리핀은 2015년 네덜란드 헤이그의 상설중재재판소에 중국을 제소했고, 이듬해 승소 판결을 얻어냈지만, 중국은 그 재판소는 물론 어떤 국제기구의 권위도 인정하지 않고, 오히려 일방적인 군사 행동에 의존하고 있다. 유엔 헌장 제6장은 회원국에 "교섭, 조사, 중재, 조정, 사법적 해결, 지역적 기구나 약정을 통한 해결, 또는 기타 평화적 수단"으로 분쟁을 해결해야 한다고 명시하고 있다. 그야말로 선택지가 풍부하지만, 중국은 그 어느 방법도 시도하지 않았다. 물론 중국이 국제 재판소의 권위를 경멸한 첫 번째 국가는 아니다. 그러나 중국이 이렇게, 사실상 국제법의 적용을 받지 않겠다고 선언하면서, 이미 공인된 분쟁 해결 절차를 무시한 것은, 만약 일방주의적 신패권이 전 세계의 상식으로 굳어진다면 유엔 체제의 미래에 불길한 징조라 하지 않을 수 없다.

현재의 '일대일로(一帶一路, One Belt, One Road)' 구상이 이러한 신패권적 미래의 보다 온건하고 우호적인 비전을 제시하는 것인지 여부는 아직 알 수 없다. 급조된 이 구상은 유라시아 대륙을 가로지르는 철도와 도로의 '벨트(帶)'와 남중국해 및 인도양을 잇는 해상 '실크로드'(실크로드가 본래 육로였다는 점을 감안하면, 이 용어는 다소 혼란스러운 명명이다)라는 언어를 사용하고 있다. 이 개념은 2013년에 처음 제시되었으며, 중국이 해외 시장 접근성을 높이고 자국의 석유 수입이 봉쇄되는 위험을 줄이기 위해 추진한 대규모 인프라 투자 프로젝트를 하나로 묶는 우산과도 같은 개념이었다. 바로 이러한 목표는 1941년 일본이 진주만을 폭격하고 동남아시아를 침공하게 만든 이유와 동일하다. 일대일로 구상에 유엔 원칙을 정면으로 위배하는 내용은 없다. 중국 입장에서는 세계 인구의 3분의 2와 물리적으로 연결되는 네트워크를 구축하는 것이 비용이 많이 들긴 하지만, 시장 확대를 위해서는 영리한 전략이다. 예컨대 신장 지역의 중국 농장에서 (대부분 위구르인의 노동 없이 운영되며) 생산된 토마토는 이탈리아로 신속히 운송되어, 현지 가공 공장에서 신선한 "이탈리아산 퓌레"로 포장되어 판매된다. 물론 소비자는 그 출처를 알지 못한 채 말이다.

이 구상 속에 명백한 신패권의 의도가 내재되어 있다고 단정할 수 없지만, 중국 국책은행의 자금 지원은 지역 전역의 빈곤국에서 부채 의존도와 부패를 심화하고 있다. 몰디브, 몽골, 지부티, 몬테네그로, 라오스를 비롯한 여러 나라는 이미 국내총생산(GDP)의 3분의 2를 훌쩍 넘는 수준의 부채 상황 부담을 지고 있으며, 이들 대부분은 2016년 이래 일대일로 사업을 통해 계약된 대출로 인해 부채가 급격히 증가했다. 함반토타 역시 이 이야기의 일부다. 2018년 새해 첫날, 스리랑카 국기 옆에 중국 국기가 함께 게양된 그 항구의 풍경이 앞으로 무엇을 상징할지는 아무도 알 수 없다. 나는 오히려 그 시기 현지 언론에 실린 한 뉴스에 더 주목했다. 그 기사는 이 책의 4장에서 언급된 비석의 도시 갈레(Galle)를 언급했기 때문이다. 함반토타 주민 루완 시리와르다네(Ruwan Siriwardane)는 항만 건설이 지역 경제를 활성화할 것이라는 점에는 만족한다고 인정하면서도, 해외 방문객이 급증할 경우 마을에 미칠 영향을 우려했다. 그는 이웃들을 대신해 이렇게 말했다. "우리는 함반토타의 평화와 고요가 깨질까 두렵습니다. 우리 누구도 함반토타가 갈레처럼 상업화된 도시가 되는 것을 원하지 않습니다."

지평선 너머로 다가오는 신패권의 기미를 보며, 나는 50여 년 전 오웬 라티모어(Owen Lattimore, 1900~1989)가 쓴 한 편의 에세이를 떠올렸다. 중국의 미래적 역할이 여전히 불확실하던 시기, 상원의원 조셉 매카시가 주도하던 시절, 미국 정부가 '소련 음모의 도구'라며 탄압하던 바로 그 내륙아시아 연구의 대가가 쓴 글이다. 라티모어는 이 글을 통해 중국과 러시아 사이에 끼인 소국 몽골이 처한 선택지를 독자들이 이해하도록 도우려 했다. 그는 몽골의 처지를 설명하기 위해 '식민지(colonies)'와 '의존국(clients)'의 개념을 구분했는데, 이는 오늘날에도 여전히 유효한 통찰이다. 식민지와 괴뢰국―심지어 태평양 전쟁 시기의 량훙즈의 정권조차―은 '민족주의의 꿈'을 꾼다. 끔찍한 타협을 감수하더라도, 피식민 국가는 여전히 '지배 세력으로부터 완전히 분리되어 독립하기'를 열망할 수 있다. 반면 위성국(satellites)이나 의존국은 정치 엘리트가 자국을 다른 나라에 붙이기로 선택했기 때문에 존재한다. 의존국의 목표는 분리가 아니라, 후원국의 지침을 따르고 그가 내세우는 '윈-윈(win-win)' 논리를 그대로 받아들이며, 심지어 후원국이 요구하는 인물의 송환까지도 마다하지 않음으로써 약속된 이익이 계속 흘러들게 하는 것이다.

중국이 부채 의존을 이용해 위성국의 정치 엘리트를 복종시키는 유일한 국가는 아니지만, 그렇다고 해서 이 점이 정당화의 근거가 될 수는 없다. 이 정도 규모로 부채가 확대되면, 약소국의 경제 주권은 단 한 척의 군함도, 단 한 명의 원조 요원도 보이지 않는 상황에서 완전히 중국의 선택에 노출된다. 이러한 움직임이 민주 정치의 약화, 선출직 공직자의 부패 심화, 혹은 1945년 이후 유엔 체제가 지탱해 온 자유주의적 국제질서의 훼손으로 이어질지는 아직 단정할 수 없다. 그러나 분명한 것은, 한 전문 연구자가 지적했듯, 오늘날 '점증하는 세계 질서의 구조적 양극화'가 형성되고 있다는 점이다. 즉 법과 권리에 기반한 (비록 불완전하더라도) 국제 규범 체제와, 국제법의 절차적 메커니즘을 경시하는 권위주의적 규범 체제가 나란히 공존하는 것이다. 이러한 신패권의 위험은 중국만이 아니라 전 세계를 향하고 있다. 그것은 현재 지구적으로 확산되고 있는 '신권위주의(neo-autocracy)'의 흐름을 강화하도록 설계되어 있으며, 그 끝에는 결국 전쟁이라는 어두운 그림자가 놓여 있다.

결과를 섣불리 단정 짓는 것은 너무 이르다. 그것은 역사가의 임무가 아니다. 나는 역사적 관점에서 단순한 문제로 이 책을 마무리하고자 한다. 한 세기 전의 지도를 꺼내 오늘날의 지도와 비교해 보라. 그때 존재하던 세계의 일부는 지금 존재하지 않는다. 이제 두 세기 전으로 거슬러 올라가 보라. 그 차이는 훨씬 더 크다. 다시 두 세기 쯤 더 거슬러 올라가, 이 책의 첫머리를 열었던 계명대의 지도보다 한 세대 앞선 마테오 리치의 지도로 돌아가본다면, 우리가 알고 있는 세계의 모습은 거의 찾아 볼 수 없을 것이다. 이제 반대로 미래를 상상해 보라. 지금으로부터 한 세기 뒤의 세계지도는 어떤 모습일까? 우리는 그것을 상상할 수 없다. 다만 확실히 말할 수 있는 한 가지는 그 지도—그때도 여전히 지도가 만들어지고 있다면—의 세계는 지금 우리가 보고 있는 세계와는 전혀 다른 모습일 것이라는 사실이다.

앞으로 어떤 나라들이 거기에 있을지, 그것들이 어떤 형태를 띨지, 그것들이 어떤 이름으로 불릴지는 아무도 알 수 없다. 지금의 '중화인민공화국'이라는 다소 경직된 볼셰비키식 이름이 100년 뒤에도 여전히 정치적 설득력을 가질 것이라고 생각하기 어렵다. 하지만 '대국'이 7세기나 지속될 것이라고 누가 예상했겠는가? 가령 유엔이 여전히 100년 뒤에도 존재한다고 가정하더라도, 회원국 수가 지금처럼 193개일 가능성은 거의 없다. 아마도 더 많은 이전의 식민지가 나우루, 투발루, 남수단처럼 총회에 새롭게 합류하면서 그 수가 늘어나리라 기대할 수 있다. 그러나 반대로 에콰도르, 스리랑카 및 여타 나라들이 우리의 방만한 경제 형태가 만들어낸 부채의 쓰나미 속에 침몰하여, 다른 정치적 형태 속으로 사라지면서 그 숫자가 줄어들 가능성도 있다.

상상할 수 없는 일이라고? 이 책에서 내가 들려준 모든 이야기는 그 일이 일어나기 전에는 모두 상상할 수 없었던 일이었다. 내가 중국을 향해 출발한 1974년에 오늘날 세계가 어떤 모습이 되어 있을지를 정확히 예측할 수 있었던 사람이 과연 있었을까? 우리 앞에는, 그리고 우리 뒤를 이어갈 이들 앞에는 여전히 끝없는 놀라움이 기다리고 있다. 그들이 어떤 이야기를 써 내려갈지 지금의 우리로서는 상상조차 할 수 없다. 우리가 확실하게 아는 것은 단 두 가지다. 중국과 세계의 관계는 계속 변할 것이며, 우리는 누군가가 설명한 역사의 끝에 머물지 않는다는 점이다.

옮긴이의 글

캐나다 브리티시 컬럼비아 대학의 티모시 브룩 교수가 2019년 출간한 이 책의 원제는 *Great State: China and the World*이다.

대국(大國)! 국토가 넓고 국력이 강한 나라를 대국이라 하므로, 이 두 조건을 오래전부터 갖춘 중국이 대국이라는 사실을 부정하기는 어려울 것이다. 특히 현재 중국은 미국과 함께 G2로 불리며, 외환보유액 세계 1위, 인구와 명목 GDP 및 군사비는 세계 2위, 면적은 러시아, 캐나다, 미국에 이어 세계 4위(육지 면적만 계산하면 3위)이다. 무엇보다 중국은 냉전의 종식 이후 현재까지 지속되고 있는 미국 중심의 일극 체제에 대한 강력한 대항마로 성장하였고, 그 결과 오늘날 진행되고 있는 미·중 패권 갈등은 전 세계 경제와 안보에 가장 큰 불안 요인으로 작용하고 있다.

이러한 시대적 맥락에서 현존하는 중국사의 거장 가운데 한 명으로 평가받는 티모시 브룩 교수가 중국의 과거 800년 역사를 '대국'이라는 키워드로 재조명하는 책이 출간된 것은 매우 시의적절하다.

이 책이 담고 있는 핵심 논제는 매우 흥미로우면서도 논쟁적인데, 바로 이 '대국'의 역사적 기원이 기원전 3세기 후반, 즉 장구한 중원 왕조의 역사 가운데 최초의 통일 제국을 건립한 진(秦) 시기가 아닌, 중국이 몽골제국에 흡수된 13세기에 확립되었다고 평가하는 점이다. 게다가 "중국은 스스로 타자를 정복하기보다는 오히려 타자에게 정복당함으로써 초거대 국가가 되었다"라는 언급과 함께, 대원국의 몽골과 대청국의 만주 지배가문의 중요성을 저자는 강조한다. 저자가 한국어판 서문에서도 밝혔듯, 이러한 논점은 오랫동안 지속된 중화제국(中華帝國)이라는 담론으로 중국사를 이해해 온 독자들을 당혹하게 만들 수 있다. 동시에 최근 '대국굴기(大

國崛起)'를 주창하는 동시에 '일대일로(一帶一路)'정책 등을 통해 세계 각
지로 과감하게 뻗어나가는 중국의 행보에 대한 신선한 역사적 해석이라고
반응하는 독자도 있을 것이다. 나를 비롯한 세 명의 역자 역시 이 두 가지
감정을 모두 느꼈으며, 번역하는 과정에서 당혹스러움과 신선한 통찰력에
탄복하는 경험을 반복했다. 중국과 인접하여 오랜 기간 '대국'을 직간접적
으로 경험할 수밖에 없었던 한국의 독자들 역시 우리 역자들과 비슷한 경
험을 하리라 기대한다.

처음 영어로 출간된 이 책을 받아본 역자는 티모시 교수가 서문에서 저
술 과정에 도움과 조언을 받았다고 밝힌 역사학자의 이름 가운데 내 이
름이 있는 것을 발견하고 깜짝 놀랐다. 물론 영광스러운 일이기는 하지
만, 내가 티모시 교수에게 어떤 도움을 드렸던 것인지 스스로 되묻지 않
을 수 없었다.

그동안 나는 티모시 브룩 교수의 수많은 저서 가운데 이미 두 권을 번
역한 인연이 있었다. 첫 번째는 2014년 출간한 『하버드 중국사 원·명: 곤
경에 빠진 제국』(너머북스)였고, 두 번째는 공역으로 출간한 『셀던의 중국
지도: 잃어버린 항해도, 향료 무역 그리고 남중국해』(너머북스)였다. 그러
나 이러한 번역 출간으로 내가 새로운 책에 도움을 드린 것 같지는 않다.

아마도 조금이나마 도움이 되는 인연이 있었다면, 2015년 2학기 캐나다
밴쿠버의 브리티시 컬럼비아 대학에서 연구년을 보내면서 티모시 교수와
자주 만나 대화하며 아이디어를 공유했던 시기가 아니었을까 싶다. 당시
나는 밴쿠버 아일랜드와 바다가 멀리 보이는 티모시 브룩 교수의 연구실
에서 종종 차담을 나누었는데, 그때 티모시 교수는 연구실 한쪽에 세워진
대형 액자 그림을 나에게 보여주었다. 나는 다행히 그 그림의 제목과 화가
를 바로 알아챌 수 있었는데, 그것은 바로 이 책 서장의 대문을 여는 두 번
째 삽화인 「원세조출렵도(元世祖出獵圖)」(유관도 작)였다. 이후 무슨 이야
기를 나누었는지 구체적인 기억은 흐릿하다. 다만 분명한 것은 중국사에
서 익숙한 명·청 시대의 연속성이 아닌 원·명·청 시대의 연속성에 대한 공명

(共鳴)이었다. 이후 티모시 교수를 만날 때면 우리의 대화는 원의 유산, 원과 청의 유사성과 차이점, 그럼에도 불구하고 원과 청의 사이에서 명이 지닌 연결고리로서의 중요성에 집중되곤 했다. 당시는 몰랐지만, 지금 돌이켜보니 당시 티모시 교수는 이 책의 아이디어를 구상하고 있었던 것 같다.

이 책의 원본이 2019년에 출간되었고, 다시 2년이 지난 2021년 가을 무렵 마르코폴로 출판사의 김효진 대표를 만나 번역 작업을 하기로 마음먹었다. 몽골과 만주의 역사에 조예가 깊은 설배환 선생과 심호성 선생에게 이 책의 공동 번역을 제안했는데, 두 사람 모두 흔쾌히 참여 의사를 밝혔다. 몽골제국의 대원국에서 시작하여, 대명국과 대청국을 지나 현대 중국까지 이어지는 800년의 역사를 담은 이 책의 번역에 임하여 두 선생의 참여로 천군만마를 얻는 심정이었다. 다만 실제 번역 과정은 세 사람이 처한 상황과 예상치 않은 여러 변수로 인해 매우 더디게 진행되어 4년이 지난 이제야 번역본을 출간하기에 이르렀다. 덕분에 우리 세 역자는 서로를 더욱 깊이 알게 되었고, 말 그대로 '동지(同志)'가 된 느낌이다.

다만 이렇게 오랜 시간을 참고 기다려 준 김효진 대표에게는 다시 한번 송구스러운 마음과 감사의 마음을 전하고 싶다. 번역 도중에 타이완에서 중국어본이 출간되어 번역에 도움을 받았는데, 출간을 앞두고 그사이 몽골어, 스페인어, 이탈리아어본까지 번역·출판되었음을 알았다. 비록 한국어본은 5번째 언어로 출간되는 다소 늦은 번역본이지만, 그만큼 이 책의 가치를 알아본 세계 여러 독자가 있음을 확인하는 것에 위안을 삼고자 한다.

이 책에는 한국 독자들에게는 익숙한 최부(崔溥)의 『표해록』과 『노걸대(老乞大)』 이야기가 5장에 등장한다. 다만 한국인에게는 다소 어색하거나 불편한 부분이 등장하기도 하는데, 중국과 세계 사이의 오랜 관계성에 주목한 저자의 의도와 전체 논지를 최대한 존중하여 원문 그대로 옮겼음을 밝혀둔다. 중국과 국경을 공유한 한국은 지난 수 세기에 걸쳐 '빅 브라더(Big Brother)'를 상대한 경험이 풍부하다는 저자의 언급을 상기하며, 이 책에 담긴 여러 에피소드와 이를 세계사적인 맥락에서 해석하는 이 책의 관점이 최근 미국과 중국이라는 두 대국 사이에서 균형을 잡아야 하는 대한민국에 넓고 깊은 시야를 제공하는 역사 길잡이가 되길 소망한다.

마지막으로 번역을 마무리하는 과정에서 이 책을 함께 읽고 토론해 준 고려대학교 역사교육과 대학원생과 성균관대학교 사학과 대학원생들에게 감사의 마음을 전한다. 그들은 2025년 1학기에 각각 나의 대학원 수업에서 이 책을 함께 읽고 토론하며 수많은 실수를 바로 잡아주었다. 그럼에도 불구하고 남아 있을 번역의 오류나 착오는 전적으로 우리 역자들의 책임임은 말할 필요도 없다.

2025년 11월
역자를 대표하여 조영헌 씀

주석

머리말 · 만국 (2019년 밴쿠버)

◆ 서문에서 언급된 지도들은 등장 순서대로 다음과 같다.

(1) 李名臺, 〈九州分野輿圖古今人物事跡〉(南京, '1643'), 브리티시컬럼비아대학교(UBC) 도서관 소장.

(2) 李明臺, 〈皇明分野輿圖古今人物事跡〉(南京, 1643), 하버드−옌칭 도서관, 케임브리지(MA) 소장.

(3) 梁輈, 〈乾坤萬國全圖古今人物事〉(南京, '1593'), 개인 소장본. The Library of Philip Robinson, pt 2: The Chinese Collection (London: Sotheby's, 1988), p.76에 수록.

(4) Matteo Ricci, 〈坤輿萬國全圖〉(北京, 1602), 미네소타대학교 벨(Bell) 도서관 소장본은 https://www.lib.umn.edu/bell/riccimap에 게시되어 있음.

(5) Abraham Ortelius [Abram Ortel], *Typus orbis terrarum*, 이 지도는 *Theatrum orbis terrarium* (Antwerp: Gilles Coppens de Diest, 1570) 에 수록됨.

◆ 마테오 리치가 중국 지도학에 미친 영향에 대해서는 Cordell Yee, "Traditional Chinese Cartography and the Myth of Westernization", in J. B. Harley and David Woodward (eds), *The History of Cartography*, vol. 2, pt 2 (Chicago, IL: University of Chicago Press, 1994), pp.170-86 참조.

◆ '만국(萬國)'이라는 표현의 경전 내 용례에 대해서는 James Legge (trans), *The Yi King* (1899), p.213과 Stephen Durrant et al. (trans), *Zuo Tradition* (Seattle, WA: University of Washington Press, 2016), vol. 3, p.1875를 인용함. 기타 참고문헌은 다음과 같다. James Legge (trans), *The Shoo King* (The Chinese Classics, vol. 3), pp.523, 526, 534; John Knoblock (trans), *Xunzi* (Stanford, CA: Stanford University Press, 1988), vol. 2, p.135; Burton Watson (trans), *Records of the Grand Historian of China*, vol. 1 (New York: Columbia University Press, 1971), p.492.

◆ 대국(大國) 개념에 대한 분석을 제공한 Lhamsuren Munkh−Erdene에게 감사를 표한다. 특히 그의 논문 "Where Did the Mongol Empire Come From? Medieval Mongol Ideas of People, State and Empire", *Inner Asia* 13:2 (2011), pp.211-37을 참고하였으며, 이 개념에 대한 추가 논의는 필자의 논문 "Great States", *Journal of Asian Studies* 75:4 (2016), pp. 957-72에 수록되어 있다.

◆ "소국들(petty nations)이 진실이 자국에만 있고 광대한 중국 제국이 오류에 빠져 있다고 여기는 것은 인간 정신에 대한 치욕이나 다름없다.": Voltaire, *Chinese Catechism, Dialogues and Philosophic Criticisms* (New York: Peter Eckler, 1918).

◆ "아시아 무대로 이송되는 것": Thomas De Quincey, *Confessions of an English*

Opium-Eater (London: Taylor and Hessey, 1823), p.169.

1장 · 대칸과 그의 초상화가: 1280년 제너두

◆ 쿠빌라이 칸의 초상화에 대해서는 陳曉偉, 「元世祖出獵圖流傳考略」, 『中國國家博物館館刊』(2016:6)을 보라.

◆ 쿠빌라이 칸의 초기 사건과 문서는 관찬 사료인 『元史』(北京: 中華書局, 1976), pp.63-8, 3688-94에서 가져왔다. 그의 생애에 관심 있는 독자를 위해 추천하는 여전히 가장 뛰어난 전기는 Morris Rossabi, *Khubilai Khan: His Life and Times* (Berkeley, CA: University of California Press, 1988)이다.

◆ 마르코 폴로의 회고는 Ronald Latham의 번역서 *The Travels of Marco Polo* (Harmondsworth: Penguin, 1958), pp.39-40, 108-13, 121-30, 153에서 가져왔다. 원문을 참고할 때는 프랑스 국립도서관 소장 사본이 인용하기 편리하다. Bibliothèque Nationale(MS fr. 5631) Philippe M nard에 의해 *Le Devisement du monde* (Paris: Droz, 2001-09), 6권으로 출간되었다. 폴로에 관한 방대한 2차 문헌 중 가장 많이 도움 된 것은 Simon Gaunt, *Marco Polo's Le Devisement du monde: Narrative Voice, Language and Diversity* (Woodbridge: D. S. Brewer, 2013)이다. 마르코 폴로의 오류를 잡아내는 것은 오래된 논쟁거리다. 그 논쟁의 양 극단에 대해서는 Frances Wood, *Did Marco Polo Go to China?* (London: Secker & Warburg, 1995)와 Hans Ulrich Vogel, *Marco Polo Was in China: New Evidence from Currencies, Salts and Revenues* (Leiden: Brill, 2012)를 보라.

◆ "제너두(Xanadu, 상도)에서 쿠블라 칸이 위엄 있는 환락의 둥근 궁전을 지으라 명하셨네.": Ernest Hartley Coleridge (ed.), *The Complete Poetical Works of Samuel Taylor Coleridge* (Oxford: The Clarendon Press, 1968), vol. 1, p.297. 콜리지(Coleridge)는 이 구절을 Samuel Purchas, *Purchas his Pilgrimage* (London, 1613)에 수록된 폴로의 기록을 발췌해 읽었다.

◆ "우리의 최초 조상인 아담부터 지금 이 순간에 이르기까지 세상에 나타난 어떠한 사람보다도 많은 백성과 지역과 재화를 소유한 가장 막강한 사람": Polo, *The Travels*, p.113.

◆ "샘물과 시냇물이 잘 흐르고 다채로운 잔디밭이 있는 사방 26킬로미터의 정원": Polo, *The Travels*, p.108.

◆ "국가의 대통(大統)은 오랫동안 비워둘 수 없고 신과 인간의 중대한 의탁을 잠시라도 헛되이 할 수 없다": 『元史』, p. 63.

◆ 쿠빌라이의 신정(新政) : 『元史』, p.99.

◆ 쿠빌라이의 '건국호조(建國號詔)': 『元史』, p.138.

◆ "대원(大元)은 천명을 받아 중국[區夏]에 새로운 나라를 세웠고 군주는 옛 성군(聖君)을 계승했다": 陶宗儀, 『南村輟耕錄』(1366) (北京: 中華書局, 2004), p.17.

◆ 몽골 낙엽송과 푸젠(福建) 삼나무(cypress)에 관한 별개의 연구 : Bruce Campbell, *The Great Transition: Climate, Disease and Society in the Late-Medieval World*

(Cambridge: Cambridge University Press, 2016), pp.198-208.

◈ "지대가 높고 우물이 깊으며 별이 큰 곳": 黃 , 『一統路程圖記』(1570), 楊正泰, 『明代驛站考』(上海: 上海古籍出版社, 2006), p.239.

◈ '방주(放走)'라 부른 인기 있는 연례 마라톤 : 陶宗儀, 『南村輟耕錄』(1366), p.19.

◈ 중국 흑인의 역사에 대해서는 Don Wyatt, *The Blacks of Premodern China* (Philadelphia, PA: University of Pennsylvania Press, 2011)를 보라. 또한 그의 "The Image of the Black in Chinese Art", David Bindman et al (ed.), *The Image of the Black in African and Asian Art* (Cambridge: Harvard University Press, 2017), pp.295-324도 참조.

2장 · 푸른 왕비와 일칸: 1295년 타브리즈

◈ 쿠케친(Kökečin)의 항해와 타브리즈에서의 영접에 대해서는 Marco Polo, *The Travels*, pp.42-5를 참조. 폴로의 해상 항로에 대한 유용한 설명은 Philippe Ménard, "Marco Polo et la mer: le retour de Marco Polo en occident d'apr s les diverses versions du texte", Silvia Conte (ed.), *I viaggi del milione* (Rome: Tiellemedia, 2008), pp.173-204에 있다.

시합 앗 딘(Šahab al-Dīn에 대해서는 宋濂, 『元史』(北京: 中華書局, 1976), pp.298, 311, 319, 322, 325, 326, 336, 338, 339, 345, 346, 352, 364, 528, 2402-3, 4050, 4572를, 그의 동생으로서 페르시아 이름의 중국식 음역만 알려진 허바시(Hebashi 合八失)에 대해서는 『元史』, pp.252, 528을 참조. 시합 앗 딘의 상주문은 Yang Chih-chiu and Ho Yung-chi, "Marco Polo Quits China", *Harvard Journal of Asiatic Studies* 9:1 (1945), p.51에서 처음 주목하고 영인했다. 이 문서에 대해서는 Francis Cleaves, "A Chinese Source Bearing on Marco Polo's Departure from China and a Persian Source on his Arrival in Persia", *Harvard Journal of Asiatic Studies* 36 (1976), pp.181-203을 참조하라. 번역문은 해당 논문 pp.186-7에 수록되어 있다.

◈ 쿠빌라이가 1266년 일본에 보낸 국서: 『元史』, pp.111-12, 4625-6.

◈ "일본은 한 번도 우리를 침략한 적이 없는데, 지금 안남이 변경을 침범하고 있다. 마땅히 일본을 제쳐두고 안남에 우리 힘을 집중해야 할 것이다."; "지금은 그럴 때가 아니다. 짐이 그것을 천천히 생각해 보겠다": 『元史』, p.4630.

◈ 양정벽(楊庭璧)에 대해서는 『元史』, pp.214, 245, 250, 4669-70을, 몽골(元)의 참파 원정에 대해서는 pp.3152-3을 참조. 몽골의 남인도 활동에 대해서는 Roderich Ptak, "Yuan and Early Ming Notices on the Kayal Area in South India", *Bulletin de l'École française de l'Extrême-Orient* 80 (1993), pp.137-56; Tansen Sen, "The Yuan Khanate and India: Cross-Cultural Diplomacy in the Thirteenth and Fourteenth Centuries", *Asia Major* 19:1-2 (2006), pp.299-326을 참고. 몽골의 동남아시아 진출에 대해서는 Derek Heng), *Sino-Malay Trade and Diplomacy from the Tenth through the Fourteenth Century* (Athens, OH: Ohio University Press, 2009)을 참조.

◆ "원이 가장 번영하던 시절, 조공을 바친 외국 오랑캐는 천여 개국에 이르렀다": 謝肇淛, 『五雜組』(上海: 上海書店, 2001), 卷4. 일본 침공을 위해 파견된 몽골 함대에 관한 최신 고고학 자료는 James Delgado, *Khubilai Khan's Lost Fleet: History's Greatest Naval Disaster* (London: Bodley Head, 2008)을 참조.

◆ 싱가포르 해협 항로의 항해, 즉 외국 선박이 현지 도선사의 안내에 의존해야 했던 문제에 대해서는 Peter Borschberg, "Remapping the Straits of Singapore? New Insights from Old Sources", *Iberians in the Singapore-Melaka Area (16th to 18th Century)* (Wiesbaden: Otto Harrassowitz, 2004), pp.93-130을 참고.

◆ 계절풍(monsoon)에 관한 항해 지침은 Alexander George Findlay, *A Directory for the Navigation of the Indian Archipelago, China, and Japan* (London: Richard Holmes Laurie, 1878), pp.5-6, 26, 51-2에서 인용했다. 벵골만의 계절풍에 대해서는 Sila Tripati and L. N. Raut, "Monsoon Wind and Maritime Trade: A Case Study of Historical Evidence from Orissa, India", *Current Science* 90:6 (2006년 3월 25일), pp.864-71을 참조.

◆ 인도양 연안의 해양 국가는 통치자가 해상무역을 장려할 경우 번성했다. 이에 대해서는 Sebastian Prange, *Monsoon Asia: Travel and Faith on the Medieval Malabar Coast* (Cambridge: Cambridge University Press, 2018)을 보라.

◆ "아르군 칸이 대칸에게 보낸 코자(Qoje)와 다른 사절들": Wheeler Thackston, (trans.), *Classical Writings of the Medieval Islamic World: Persian Histories of the Mongol Dynasties* (London: I. B. Tauris, 2012), vol. 3 ; Rashiduddin Fazlullah, p.427.

◆ 쿠케친 사절단의 감축에 대해서는 Polo, *The Travels*, p.44 참조. 폴로 여행기의 프랑스어-이탈리아어 표준본은 이 구절을 포함하지 않는다. Marco Polo, *Le Devisement du monde*, ed. Joël Blanchard and Michel Quereuil (Geneva: Droz, 2019), pp.32-3을 보라. 쿠케친의 사망에 대해서는 Anne Broadbridge, *Women and the Making of the Mongol Empire* (Cambridge: Cambridge University Press, 2018), p.286 참조.

3장·흑사병: 1346년 카파

◆ 이 장은 모니카 그린(Monica Green)의 도움이 없었다면 집필할 수 없었을 것이다. 그녀가 편집한 *Pandemic Disease in the Medieval World: Rethinking the Black Death* (Kalamazoo, MI: Arc Medieval Press, 2015)는 이 분야에 발을 들이는 모든 이에게 영감을 주는 저작이다. 이후의 연구로는 Monica Green, "Climate and Disease in Medieval Eurasia", *Oxford Research Encyclopedia of Asian History* (2018)을 참조. 최근 연구 이전까지 몽골사 연구자들은 몽골과 흑사병의 연관성을 축소하려는 경향이 있었다. 예컨대 Peter Jackson, *The Mongols and the Islamic World: From Conquest to Conversion* (New Haven, CT: Yale University Press, 2017), p.408을 보라.

◆ 이 책 첫머리에 사용된 이미지는 라시드 앗딘(Rashīd al-Dīn)의 『집사(集史)』[*Ja-*

mi ʻal-Tawarikh]에서 온 것으로, 에든버러대학교 도서관 소장 Or.MS 20본이다. 이 그림은 David Rice, *The Illustrations of the "World History"of Rashīd al-Dīn*, ed. Basil Gray (Edinburgh: Edinburgh University Press, 1976), pp.146-7에서 분석되었다. 라이스에 따르면 이 삽화는 본래 1003년의 전투를 묘사한 것이며, 카파 공성전과는 무관하다.

◈ 가브리엘레 데 무시스(Gabriele de' Mussis)의 흑사병 회고록은 Rosemary Horrox, *The Black Death* (Manchester: Manchester University Press, 1994), pp.14-26에 번역되어 있으며, 본문에서는 서술 목적에 맞게 일부 수정했다. 데 무시스는 투석기 사건을 기록한 유일한 저자다. 원문은 오래전에 소실되었으나, 지리 문헌 필사본으로 전사되어 브로츠와프(Wroclaw)대학교 도서관에 소장되었다. 이에 대한 평가로는 Mark Wheelis, "Biological Warfare at the 1346 Siege of Caffa", *Emerging Infectious Diseases* 8:9 (2002년 9월), pp.971-5를 참조.

◈ 영국 저자들의 흑사병 기원에 대한 논평은 Horrox, *The Black Death*, pp.64, 66, 70, 76, 80, 112에서 인용했다. C. T. 레이크스(C. T. Raikes) 박사 사건은 Wu Lienteh(伍連德) et al., *Plague: A Manual for Medical and Public Health Workers* (Shanghai: National Quarantine Service, 1936), pp.516-17에 기록되어 있다.

◈ 파리 의대의 보고서는 Horrox, *The Black Death*, pp. 161, 163을 참조.

◈ 홍콩의 공중보건 규정은 *Ordinances of Hong Kong for 1903* (Hong Kong: Hong Kong Government, 1903), pp. 124-7에 수록되어 있다.

◈ 타키 앗 딘 알 마끄리지(Taqi al-Din al-Maqrizi)에 대해서는 Stuart Borsch, *The Black Death in Egypt and England: A Comparative Study* (Austin, TX: University of Texas Press, 2005), pp.1, 4, 136 n.23을 참조.

◈ "어둠의 땅(land of darkness)에서 시작되었다.": Michael Dols, "Ibn al-Wardi's Risalah al-nabaʻan al-wabaʼ: A Translation of a Major Source for the History of the Black Death in the Middle East", D. K. Kouymijian (ed.), *Near Eastern Numismatics, Iconography, Epigraphy, and History: Studies in Honor of George C. Miles* (Beirut, 1974), p.448.

◈ 이븐 바투타(Ibn Battuta)와 흑사병에 대해서는 Ross Dunn, *The Adventures of Ibn Battuta: A Muslim Traveler of the 14th Century* (Berkeley, CA: University of California Press, 1986), pp.266-78; Ibn Battuta, *Voyages*, ed. C. Defremery and B. R. Sanguinetti, (Paris: La Découverte, 1982), vol. 3, pp.356-9를 참조.

◈ "흑사병이 중국이나 그 주변에서 시작됐다고 제안하는 어떤 역사학자든 반드시 마주해야 하는 명백한 질문이 있다.": Robert Hymes, "Plague in Jin and Yuan: Evidence from Chinese Medical Writings"(미간행 논문).

◈ 이스트 스미스필드(East Smithfield) 묘지의 '고대 DNA'(aDNA) 연구는 Ewen Callaway, "The Black Death Decoded", *Nature* 478 (2011), pp.444-6에 요약되어 있으며, 원 보고는 Kirsten Bos et al., "A Draft Genome of Yersinia pestis from Victims of the Black Death", *Nature* 478 (2011), pp.506-10이다.

◈ '빅뱅(Big Bang)'에 대해서는 Yujun Cui et al., "Historical Variations in Mutation

Rate in an Epidemic Pathogen, Yersinia pestis", *Proceedings of the National Academy of Sciences USA* 110:2 (2013), pp. 577-82를 보라.

◆ 14세기 중엽 중국의 역병 기록에 대해서는 井村哮全, 「地方志に記載せられたる中國疫略考」, 『中外醫事新報』 1233 (1936), pp.14-15; 張德二 等編, 『中國三千年氣象記錄總集』 (南京: 江蘇敎育出版社, 2004), pp.539-46을 참조.

◆ 1331년 역병의 영향은 의도치 않게도 역사해석의 측면에서 가장 컸다. 윌리엄 맥닐(William McNeill)은 자신의 명저 *Plagues and Peoples* (New York: Anchor Press, 1976)에서 이 사건을 전염병의 지구사에서 결정적 역할을 부여했다. 그러나 그가 중국 자료 조사를 위해 고용한 연구자가 1331년의 역병 발생지를 화북 평원으로 잘못 비정했다. 한 고지대 현(縣)에서 90% 사망률로 1만 명의 희생자가 나올 수 있지만, 이를 화북 평원에 적용하면 수백만 명의 사망률에 달한다. 이 오류로 인해 맥닐은 흑사병이 1320년 이전 버마에서 시작되어 1331년 중국을 황폐화한 뒤 카파로 이동했다고 주장하였다(pp.162, 297). 이는 사실이 아니다.

◆ 개봉(開封)의 역병에 대해서는 Robert Hymes, "A Hypothesis on the East Asian Beginnings of the Yersinia pestis Polytomy", Monica Green (ed.), *Pandemic Disease in the Medieval World: Rethinking the Black Death*, pp. 285-308을 참조.

◆ 50일 동안 성문을 통해 운구된 시신이 90만 구를 넘었다.": 일간의 기간에 걸쳐": 脫脫 編, 『金史』 (北京: 中華書局, 1975), p.387.

◆ "무슨 일이 있었느냐?": Igor de Rachewiltz, *The Secret History of the Mongols: A Mongolian Epic Chronicle of the Thirteenth Century* (Leiden: Brill, 2004), vol. 1, p.203.

◆ "오랫동안 공유된 트라우마의 시작": Monica Green, "On Learning How to Teach the Black Death", *History, Philosophy and Science Teaching Note* (2018년 3월), p. 19, www.hpsst.com/uploads/6/2/9/3/62931075/2018march에서 온라인 열람이 가능하다.

◆ 토곤 테무르(脫歡鐵木兒, Toghon Temür)의 최후 도주에 대해서는 David Robinson, *Empire's Twilight: Northeast Asia under the Mongols* (Cambridge, MA: Harvard University Asia Center, 2009), pp.285-6.

◆ 거용관(居庸關)의 관문에 대해서는 Jir Murata (ed.), *Chü-yung-kuan: The Buddhist Arch of the Fourteenth Century A.D. at the Pass of the Great Wall Northwest of Peking* (Kyoto: Faculty of Engineering, Kyoto University, 1957), 2 vols.

제4장 · 환관과 그의 포로: 1411년 실론

◆ 정화(鄭和) 제3차 원정의 주요 사료는 영락제 시대의 실록인 『명태종실록(明太宗實錄)』과 항해에 직접 동승한 두 인물의 기록, 곧 마환(馬歡)의 글에 대한 J. V. G. Mills 번역의 Ying-yai Sheng-lan (『瀛涯勝覽』), 1433) (Cambridge: Hakluyt Society, 1970)과 비신(費信)의 글에 대한 J. V. G. Mills 번역의 *Hsing-ch'a sheng-lan* (『星槎勝覽』), ed. Roderich

Ptak (Wiesbaden: Harrassowitz, 1996)이 있다. 정화 원정사에 대한 개설은 여러 차례 시도되었는데, 초기 대중적 개관은 Louise Levathes, *When China Ruled the Seas: The Treasure Fleet of the Dragon Throne, 1405-1433* (New York: Simon and Schuster, 1994)이며, 정화의 항해에 대한 가장 균형 잡힌 서술은 Edward Dreyer, *Zheng He: China and the Oceans in the Early Ming Dynasty, 1405-1433* (New York: Longman, 2007)이다. 이 원정들에 대한 신뢰할 만한 평가는 Tan-sen Sen, "The Impact of Zheng He's Expeditions on Indian Ocean History"를 보라. 진지한 독자는 개빈 멘지스(Gavin Menzies)의 저술을 피하는 것이 좋다.

◆ 정화의 감폴라(Gampola) 공격에 대해서는 『明太宗實錄』 권116, 2a-b; Geoff Wade (trans.), *Southeast Asia in the Ming Shi-lu: An Open Access Resource* (Singapore E-Press, National University of Singapore, http://epress.nus.edu.sg/msl/466), Record 771의 번역을 보라. 실론 측 기록으로는 Edward Perera, "Alakéswara: His Life and Times", *Journal of the Ceylon Branch of the Royal Asiatic Society* 18, no. 55 (1904), pp.281-308, 및 "The Galle Trilingual Stone", *Spolia Zeylanica* 8 (1913), pp.122-32. 비신의 서술은 J. V. G. Mills, *Hsing-ch'a sheng-lan: The Overall Survey of the Star Raft* (Roderich Ptak 편, Wiesbaden: Harrassowitz, 1996), pp.63-5 참조. 실론사의 개설로는 K. M. de Silva, *A History of Sri Lanka* (Berkeley, CA: University of California Press, 1981)을 참고했다.

◆ 명 초 대외관계를 추동한 정통성의 역할에 대해서는 Timothy Brook et al., *Sacred Mandates: Asian International Relations since Chinggis Khan* (Chicago, IL: University of Chicago Press, 2018), pp. 64-70을 보라.

◆ "최근 원의 수도를 평정하고 강역을 통일하여 정통(正統)을 이미 계승하였으니, 바야흐로 먼 곳 및 가까운 곳과 더불어 무사히 서로 평안하게 지내고 이로써 태평(太平)의 복을 함께 누렸다.": 『明太祖實錄』 권37, 23a.

◆ 1369년의 해외 사신 파견: 『明太祖實錄』 권38, 11a, 39.1b; 참파의 왕 아다 아제(Ada Azhe)에게 보낸 홍무제의 국서 : 『明太祖實錄』 권39, 2b; 1370년 3월과 7월의 홍무제 교서는 『明太祖實錄』 권50, 7a-b, 53.9b를 참조.

◆ "다른 종류의 사람들": 『明太祖實錄』 권134, 4b.

◆ 헨리 토말린(Henry Tomalin)의 간략한 전기는 Arnold Wright, *Twentieth Century Impressions of Ceylon: Its History, People, Commerce, Industries and Resources* (London: Lloyd's, 1909), p.122에 실려 있다. 식민지 정부는 *World's Columbian Exposition Hand Book & Catalogue: Ceylon Courts* (Colombo: H. C. Cottle, 1893)를 간행했다. 실론이 '모범 식민지'였다는 영국의 널리 유포된 주장에 대한 비판은 Margaret Jones, *Health Policy in Britain's Model Colony: Ceylon (1900-1948)* (New Delhi: Orient Longman, 2004)을 보라.

◆ 갈레(Galle) 비문은 처음으로 S. Paranavitana, "The Tamil Inscription on the Galle Trilingual Slab", *Epigraphica Zeylanica* 3 (1933), pp.331-41에서 번역·공개되었다. "중국의 왕들"에 대한 포르투갈어 기록은 p.334 참조.

◆ “그곳의 우상은 그 도시와 같은 이름을 지녔다”: Ibn Battuta, *Voyages* (Paris: La D couverte, 1997), vol. 3, pp.266-7.

◆ “적의 소굴을 곧바로 공격하여 그 군영을 무너뜨리고”: Louise Levathe, *When China Ruled the Seas*, p.115. 이는『양문민공집(楊文敏公集)』(1515) 제1장을 인용한 것이라 하나, 원본은 확인하지 못했다. 중국 측의 군사행동이 “순전히 방어적”이었다는 주장을 수용하는 사과문은 C. J. [Chung-jen] Su, “The Battle of Ceylon, 1411”, in Department of Chinese, University of Hong Kong (ed.), *Essays in Chinese Studies Presented to Professor Lo Hsiang-lin* (Hong Kong: Chinese University of Hong Kong, 1970), pp.291-7 참조.

◆ “외국에 이르러 공손하지 않은 번왕(番王)들을 생포하고, 침략하는 만구(蠻寇)를 소탕해 멸했다.”: Mills, *Hsing-ch'a sheng-lan*, p.65.

◆ 실론 전투 생존자에 대한 포상:『明太祖實錄』권118, 3a-b; 권120, 1a-b; 권180, 1b. 금의위(錦衣衛) 출신의 네 명이 막 중국에 돌아왔다는 보고”:『明太祖實錄』권18, 4b.

◆ “1415년 웨삭(Wesak) 월(양력으로는 4~5월) 달이 차오르는 보름간의 일곱 번째 날에”: Perera, “Alakéswara: His Life and Times”, p.294.

◆ 15세기 여러 왕릉의 보석에 대해서는 Craig Clunas, “Precious Stones and Ming Culture”, in Craig Clunas & Jessica Harrison-Hall (eds), *Ming China: Courts and Contacts 1400-1450* (London: British Museum, 2016), pp.236-44.

◆ 마르코 폴로의 부처 치아 사리에 대한 기술은 *The Travels*, pp.258-9, 284.

◆ “정화 등이 그 왕을 사로잡고, 새벽에 문을 열고 나무를 베어 길을 만들며”: 宿白, 「拉薩布達拉宮主要殿堂和庫藏的部分明代文書」,『藏傳佛教寺院考古』(北京: 文物出版社, 1996), p.213; 번역은 Tansen Sen, “Diplomacy, Trade and the Quest for the Buddha's Tooth”, in Clunas & Harrison-Hall (eds), *Ming China: Courts and Contacts 1400-1450*, p.35를 준용했다. 탄센센은 이 각주가 영락제 사후 곧 편찬된『영락대장(永樂大藏)』에 삽입되었다는 주장을 수용하나, 1676년 출간된『嘉興大藏經』이전의 어떤 판본에서도 실제 확인되지는 않았다고 본다. 필자의 조사 이후 Dreyer 역시 치아 사리 이야기를 허구로 판단했음을 확인했다(Dreyer, *Zheng He*, p.69).

◆ 제5대 까르마파(Karmapa)의 남경 방문에 대해서는 Patricia Berger, “Miracles in Nanjing: An Imperial Record of the Fifth Karmapa's Visit to the Chinese Capital”, in Marsha Weidner (ed.), *Cultural Intersections in Later Chinese Buddhism* (Honolulu, HI: University of Hawai'i Press, 2001), pp.145-69. “‘집단적 환각(consensual hallucination)’의 연장된 순간”에 대해서는 p.161.

◆ “왕은 보기에 기쁘고 아름다운 삼층짜리 궁전을 짓게 하고”: Edward W. Perera, “The Age of SríParákrama Báhu VI (1412-1467)”, *The Journal of the Ceylon Branch of the Royal Asiatic Society of Great Britain & Ireland* 22, no. 63 (1910), p.17.

◆ 1597년 정화를 주인공으로 한 소설은『三寶太監下西洋通俗演義』이다.

◆ 영락제가 세운 대륙의 비(碑)로는 중국어·몽골어·여진어가 병기된 영녕사비(永寧寺碑, 1413년, 아무르강(흑룡강) 하구 인근에 위치. 현재 블라디보스토크 아르세니예프Arsenyev 박물관 소장)와 암도(安多)에 있는 중국어·티베트어가 병기된 2기의 비(각각 1408년과 1418년

건립)가 있다. 영락제 비에 관한 간략한 개관은 Aurelia Campbell, *Architecture and Empire in the Reign of Yongle, 1402-1424* (Seattle, WA: University of Washington Press, 근간) (역자: 실제로는 *What the Emperor Built: Architecture and Empire in the Early Ming* 라는 제목으로 2020년 출간), pp.6-7, 264, 273-8; 또한 Johannes Lotze, "Mongol Legacy, Language Policy, and the Early Ming World Order, 1368-1453", PhD diss., University of Manchester, 2016, ch.3을 보라. 포르투갈 석주와 중국 표지물의 관련 가능성은 Michael Keevak, "Failure, Empire, and the First Portuguese Empire", in Ralf Hertel & Michael Keevak (eds), *Early Encounters between East Asia and Europe: Telling Failures* (Abingdon: Routledge, 2017), pp. 175-6 참조.

◈ 갈레의 아랍 상인에 대해서는 Xavier de Planhol, *L'Islam et la mer: la mosqu e et le matelot, VIIe-XXe si cle* (Paris: Perrin, 2000), p.98.

◈ "외국에 이르러 공손하지 않은 번왕(番王)들을 생포하고, 침략하는 만구(蠻寇)를 소탕해 멸하였다": 1431년 창락(長樂) 비문 전문은 Dreyer, *Zheng He*, pp.195-9에 번역되어 있다.

5장 • 표류자와 말 거래상: 1488년 절강과 북경

◈ 바투 뭉케(Batu Möngke)에 대해서는 『明孝宗實錄』, 권14, 13a-b를 참조. 그의 칭호인 다얀 칸(Dayan Khan) 아래 수록된 전기는 Christopher Atwood, *Encyclopedia of Mongolia and the Mongol Empire* (New York: Facts on File, 2004), p.138에 실려 있다.

◈ 최부(崔溥)에 관한 인용문은 존 메스킬(John Meskill)의 뛰어난 번역본 *Ch'oe Pu's Diary: A Record of Drifting across the Sea* (Tucson, AZ: University of Arizona Press, 1965)를 바탕으로 다소 수정했다. 원문은 박원호(朴元熇) 교주, 『표해록(漂海錄)』(서울: 고려대학교출판부, 2006)을 참고하였다.

◈ "지금은 구름과 안개가 짙게 드리운 것이 여러 날 계속되어 새벽인지 저녁인지 밤인지 낮인지도 알 수 없습니다.": Meskill, *Ch'oe Pu's Diary*, p. 37; 박원호, 『표해록』, p.356.

◈ "너희가 왜인(倭人)으로서 이곳에 상륙하여 약탈하는 것은 무슨 이유인가?": Meskill, *Ch'oe Pu's Diary*, p.55; 박원호, 『표해록』, p.370.

◈ "천자께서도 열국(列國)의 신하에게 절을 합니까?": Meskill, *Ch'oe Pu's Diary*, p.115; 박원호, 『표해록』, p.422.

◈ 외국 사신이 공식 숙소(회동관)에서 교역할 때 5일 제한 규정은 『문형조례(問刑條例)』에 실려 있으며, 懷效鋒 編, 『大明律』(北京: 法律出版社, 1999), p.386 참조.

◈ 최부의 유교적 보편주의에 대해서는 Sixiang Wang, "Co-Constructing Empire in Early Chos n Korea: Knowledge Production and the Culture of Diplomacy, 1392-1592", PhD diss., Columbia University, 2015, pp.153-9를 보라.

◈ "제가 이곳에 도착한 것은 국가의 일이 아닌데 특별히 대국의 깊은 은혜를 입어 살아서 본국에 돌아가게 됐으니, 하늘을 우러러 감사할 따름입니다.": Meskill, *Ch'oe Pu's Diary*, p.125; 박원호, 『표해록』, p.432. 다른 지역에서 조선 표류민의 송환에 관해서는 Kenneth

Robinson, "Centering the King of Chosŏn: Aspects of Korean Maritime Diplomacy, 1392-1592", *Journal of Asian Studies* 59:1 (2000년 2월), pp.109-25를 참고.

◈ "풍랑 만난 외이(外夷)를 귀국시키는 일": Meskill, *Ch'oe Pu's Diary*, p.131; 박원호, 『표해록』, p.436.

◈ 최부가 만난 승려 계면(戒勉)과의 대화는 Meskill, *Ch'oe Pu's Diary*, p.146; 박원호, 『표해록』, p.453 참조.

◈ 구준(丘濬)의 전기는 『瓊州府志』(1619), 10b. 9a-17a에 실려 있으며, 영어 전기는 Chi-hua Wu(吳志華)·Ray Huang(黃仁宇), "Ch'iu Chün", L. Carrington Goodrich and Chao-ying Fand (eds.), *Dictionary of Ming Biography* (New York: Columbia University Press, 1976), pp.249-52에 수록되어 있다.

◈ 구준의 『대학연의보(大學衍義補)』 인용문은 1488년 간행본 중 권132, 15b-16b; 권143, 1b-19b; 권144, 2a-b, 8a-9a; 권145, 2b에서 취했다. 제143장 번역본을 제공한 Leo Shin 에게 감사를 표한다.

◈ "조선은 공순(恭順)한 조정(朝廷)": 丘濬, 『大學衍義補』, 권145, 21a.

◈ 몽골-명 사이 말무역에 대해서는 Frederick Mote and Denis Twitchett (eds.), *The Cambridge History of China, vol. 7: The Ming Dynasty* (Cambridge: Cambridge University Press, 1988), pp.264-8, 317-19 참조. 토목보의 변에 대해서는 같은 책, pp.322-5.

◈ 왕씨와 말 상인 간의 대화는 Svetlana Rimsky-Korsakoff Dyer, *Grammatical Analysis of the "Lao Ch'i-ta"* (Canberra: Australian National University Press, 1983), pp.305-25, 407-25에서 수정·각색했다. 북경 시장이 있던 순성문(順城門)의 이름에 잘못된 한자가 사용되어, 본래의 "순승(順承, 하늘의 명을 순종해 받았다)"가 "순성(順城)"으로 바뀌었다. 이는 이 신판이 1440년대 순성문이 선무문(宣武門)으로 개칭된 뒤 수십 년이 지나 올바른 자형이 민간 기억에서 사라진 이후 제작된 것임을 시사한다. 이에 대해서는 孫承澤, 『天府廣記』(北京: 北京古籍出版社, 1983), p.41; 譚謙, 『棗林雜組』(濟南: 齊魯書社, 1997), p.575 참조.

◈ "당신과 동행하는 사람들의 모습은 한인도 아니고 또 몽골인도 아니니, 어떻게 당신들을 머물러 재울 수가 있겠습니까?": Svetlana Rimsky-Korsakoff Dyer, *Grammatical Analysis*, p.371.

◈ "저는 일개 타국 사람이고 만난 지 하루가 되지 않았지만, 엄숙함을 보이고 관대함으로 대접하며 후하게 작별하시니 그 뜻이 그대로 간직됩니다.": Meskill, *Ch'oe Pu's Diary*, p.65; 박원호, 『표해록』, p.377.

◈ "형님, 우리는 돌아가니 잘 있으시오.": Svetlana Rimsky-Korsakoff Dyer, *Grammatical Analysis*, pp.493-5.

6장 · 해적과 관료: 1517년 광주

◈ 이 장의 일부는 필자의 논문 "Trade and Conflict in the South China Sea: China and Portugal, 1514-1523", Lucia Coppolaro and Francine McKenzie (eds.), *A Global History of Trade and Conflict since 1500* (Basingstoke: Palgrave Macmillan, 2013), pp.20-37에 수록된 바 있다.

◆ 페르낭 피레스 드 안드라데(Fernão Pires de Andrade)의 중국 도착에 대해서는 T'ien-tsêChang(張天澤), *Sino-Portuguese Trade from 1514 to 1644: A Synthesis of Portuguese and Chinese Sources* (Leiden: Brill, 1933), pp.32-68 참조. 토메 피르스(Tomé Pires)의 명 조정 사절단 실패에 대한 생생한 묘사는 Nigel Cameron, *Barbarians and Mandarins: Thirteen Centuries of Western Travelers in China* (Tokyo: Weatherhill, 1970), pp.131-48에 있다.

◆ 마누엘(Manuel) 국왕의 지침은 T'ien-tsê Chang, *Sino-Portuguese Trade from 1514 to 1644*, p.33에 실려 있다.

◆ 말라카에서 사용된 84개 언어는 James Fujitani, "The Ming Rejection of the Portuguese Embassy of 1517: A Reassessment", *Journal of World History* 27:1 (2016년 3월), p.90 인용. 정덕제(正德帝)의 해양 정책에 대해서는 鄭永常,『來自海洋的挑戰──明代海貿政策演変研究』(臺北: 稻鄕出版社, 2004), pp.113-14를 참조.

◆ 태감 웅선(熊宣)과 필진(畢眞)에 대해서는『明武宗實錄』, 권48, 1b-2a (1509년 3월 23일), 권65, 8b-9a(1510년 9월 1일) 참조. 실록 번역 일부는 Geoff Wade trans., *Southeast Asia in the Ming Shi-lu: An Open Access Resource*에서 가져와 수정했다(2018년 6월 4~15일 열람). 대부분의 한문 원문은 趙令揚 等編,『明實錄中東南亞史料』(香港: 學津出版社, 1976), pp.475-94에도 수록되어 있다. 이 역사 중 일부는 T'ien-tsê Chang(張天錫), *Sino-Portuguese Trade from 1514 to 1644*, p. 31에도 재서술되어 있다.

오정거(吳廷擧)에 대해서는『明武宗實錄』권113, 2a(1514년 6월 27일), 권149, 9b(1517년 6월 15일), 권194, 2b(1521년 1월 13일); 趙令揚 等編,『明實錄中東南亞史料』, p.479;『順德縣志』(1853), 권21, 3b-4b;『廣東通志』(1853), 권7, 23b, 25a, 36b; 張廷玉,『明史』, pp.5309-11, 8221, 8430 참조. 사료 간 연대가 상충하기에 오정거의 전기를 정확히 재구성하기는 어렵다.

◆ "명령을 받들어 실행하는 사람들이 구습을 따르며 멈추지 않는다":『明史』, p.5310.

◆ "이후 진수태감이 그 수입을 탐하여 그 금령을 약간 풀어주었다":『明武宗實錄』, 권123, 4b(1515년 5월 2일).

◆ 환관 반충(潘忠):『廣東通志』(1853), 권7, 19b;『明史』, p.5309. 이 장의 사건 이후 오정거는 1522년 남경 지역에서 또 다른 권신 환관에 맞서 항거하였다 (『明史』, p.5310).

◆ "명 시기의 중국은 송 시기의 중국보다 훨씬 덜 활기차고 덜 진취적인 곳이었다": Paul Kennedy, *The Rise and Fall of the Great Powers: Economic Change and Military Conflict from 1500 to 2000* (New York: Random House, 1987), pp.7-8.

◆ "모두가 오정거의 죄다!":『明武宗實錄』, 권149, 9a-b(1517년 6월 15일).

◆ "토적(土賊)들이 오히려 낫구나! 토병(土兵)들이 나를 죽이는구나!":『明史』, p.4962.

◆ "'본국(本國)의 문서'가 없다고 진술했다.":『明武宗實錄』, 권158, 2a-b(1518년 2월 11일).

◈ 포르투갈인들을 추방해야 한다는 병부의 요청에 정덕제가 응답하지 않은 것은 『明武宗實錄』, 권191, 1b-2a(1520년 10월 23일).

◈ 안드라데에 관한 T'ien-tsê Chang(張天錫)의 논의는 *Sino-Portuguese Trade*, p.47.

◈ "청컨대 그들이 공물 바치는 것을 물리치시고": 『明武宗實錄』, 권194, 2b(1521년 1월 13일); 이어지는 구절은 T'ien-tsê Chang(張天錫), *Sino-Portuguese Trade*, pp.51-52에도 번역·주석되어 있다.

◈ 구도륭(丘道隆)이 순덕현 지현으로 재임한 기록은 『順德縣志』(1853), 권21, 5a; 구도륭의 편을 들었던 예부의 회답은 『明武宗實錄』, 권194, 3a(1521년 1월 13일)에 보인다.

◈ 정덕-가정 교체기의 정치 상황은 Timothy Brook, *The Troubled Empire*, pp.98-100에 간략히 설명되어 있다.

◈ "그들을 조속히 쫓아내고 입국을 허락하면 안 된다": 『明武宗實錄』, 권4, 27b(1521년 8월 31일). 광주에서 포르투갈인의 간첩 활동은 T'ien-tsê Chang, *Sino-Portuguese Trade*, p.44; 아폰수(Afonso)의 청원은 p.58 참조.

◈ 포르투갈과의 충돌에 대한 중국 측 기록은 1년 후 실록에 등장하며, 황제가 전투 중 생포된 포르투갈인들의 사형을 재가한 내용이다. 『明武宗實錄』, 권24, 8a-b(1523년 4월 6일).

◈ 1529년 부임한 양광총독이 무역 개방을 주장한 기록은 『明武宗實錄』, 권106, 5a(1529년 11월 7일); T'ien-tsê Chang, *Sino-Portuguese Trade*, pp. 73-74 참조.

◈ 포르투갈의 해상무역 독점에 대해서는 C. R. Boxer, *The Portuguese Seaborne Empire, 1415-1825* (New York: Knopf, 1969), pp.48, 60-62를 보라.

◈ 순검사(巡檢使) 하유(何儒)에 대해서는 『明世宗實錄』, 권38, 13a-b(1524년 5월 15일), 권154, 7b-8a(1533년 10월 7일) 참조. 하유가 남경에서 주부(主簿)로 파격적인 승진을 한 것은 아마도 포르투갈 대표를 노획한 공로와 연관되었을 것이다. 그는 1533년에 품급이 없는 주부에서 품급이 있는 북경 현승(縣丞)으로 다시 특진했다.

◈ 말라카의 세 가지 위험 요소에 대해서는 張燮, 『東西洋考』(北京: 中華書局, 1981), p.67.

◈ "화려한 천자국에서 일정한 품위를 지닌 채 멍하기 바깥 세계를 바라보며": Cameron, *Barbarians and Mandarins*, pp.129, 131. 여기서 캐머런을 지나치게 비판할 수는 없다. 그는 독자가 중-서(中西)관계에서 중국 측 시각을 이해하도록 진지하게 노력했으며, 나 또한 출간 당시 이 책으로부터 많은 것을 배웠다. 다만 그의 장황한 수사는 1970년대 대중적인 언론에서 '합리적인 수사법'으로 통용되던 문체였을 뿐이다.

7장 · 영국인과 금세공인: 1604년 반탐

◈ 바프티스타 판 두테쿰(Baptista van Doetecum, 1598)이 그린 반탐(Bantam) 지도는 옥스퍼드대학교 보들리언 도서관에 소장되어 있다(MS Mason K229 28r).

◈ 에드먼드 스콧(Edmund Scott)의 인용문은 그의 책 *An Exact Discourse of the Subtilties, Fashions, Pollicies, Religion, and Ceremonies of the East Indians* (London: Walter Burre, 1606)에서 취했다. 방화 사건의 서술은 p.EI부터 시작한다. 본문에서는 그

의 옛 방식 날짜를 현대식으로 환산하고 철자도 현대 표기로 표준화했다. 해클루트 학회 (Hakluyt Society)는 *The Voyage of Sir Henry Middleton to the Moluccas, 1604-1606* (London, 1943), pp.81-176에 스콧의 책을 재수록했으나, 해당 판본은 완전하지 않다. 반탐 이후 스콧의 전기는 대략적인 내용만 담겨있다.

◈ Michael Neill, *Putting History to the Question: Power, Politics, and Society in English Renaissance Drama* (New York: Columbia University Press, 2000), p.300은 스콧이 "영국동인도회(EIC)의 입장을 선전하기 위해" 책을 출간했다고 보았다. 하지만, 귀국 후 동인도회사와 장기간 분쟁을 빚은 점을 고려하면 나는 그가 회사에 충분한 보상을 받지 못한 자신의 공적을 입증하려는 취지에서 그것을 출간했을 가능성이 더 크다고 본다. 결론적으로 문제가 해결된 듯한데, 이는 스콧이 1610년대 후반 회사의 감사로 선출된 것을 통해 알 수 있다. 그 후 그는 기록에서 사라진다. 레딩(Reading)에서 1609년에 태어나 매사추세츠주 반스터블(Barnstable)에서 사망한 앤 스콧(Anne Scott)의 부모로 에드먼드 스콧과 애그니스 로스(Agnes Losse)가 등재되어 있으나, 그가 본문의 에드먼드 스콧과 동일인인지 여부는 확신하지 못하겠다.

◈ 이 시기 반탐에 대한 가장 우수한 연구는 Romain Bertrand, *L'Histoire àparts égales: récites d'une rencontre Orient-Occident* (Paris: Seuil, 2011)이다. 반탐의 정치적 배경에 대해서는 Claude Guillot, "Une Saison en enfer: Scott à Banten, 1603-1605", Denys Lombard and ·Roderich Ptak (eds.), *Asia Maritima: Images et réalité1200-1800* (Wiesbaden: Harrassowitz, 1994), p.34를 보라. 자바의 화인 사회(대개 1604년 이후)에 대해서는 Marie-Sybile de Vienne, *Les Chinois en Insulinde: Échanges et sociétés marchandes au XVIIe siècle d'après les sources de la V.O.C.* (Paris: Les Indes savanates, 2008). 고고학 유적에 대해서는 Halwany Michrob, "A Hypothetical Reconstruction of the Islamic City of Banten, Indonesia", M.A. 학위논문, University of Pennsylvania, 1987, pp.110-40을 참조하라.

◈ 1600년대 초 남중국해의 중국인 교역망에서 반탐이 중심 중심 결절점(node)이었다는 사실은 '셀던 지도(Selden Map)'—필자가 약 1608년 반탐에서 작성되었다고 주장한—라는 비범한 중국 해도에 반영되어 있다. 자세한 내용은 필자의 *Mr Selden's Map of China: The Spice Trade, a Lost Chart and the South China Sea* (London: Profile, 2013), pp.169-173을 보라.

◈ "지금 마카오에 모인 자들은 가히 만여 가(家)에 이르며 이미 십여만 명이 된다": 王臨亨, 『粤劍編』(北京: 中華書局, 1987), pp.91-93. 다만 왕임형의 증언은 어리둥절하게 만드는 점이 있는데, 중국 사료에서 그의 광주 근무 기록을 찾을 수 없기 때문이다.

◈ "밤에 그의 가옥과 관련하여 그가 붙잡은 사람은 (즉 가택 침입으로 체포된 사람은) 누구든 죽여도 된다.": Samuel Purchas, *Hakluytus Posthumus, or Purchas his Pilgrimes* (Glasgow: MacLehose, 1905), vol. 2, p.431에서 인용; *The Voyages of Sir James Lancaster* (London: Hakluyt Society, 1940), p.115에도 재수록됨.

◈ "당신들의 나라 법률에 따라 즉시 처벌하라": Adam Clulow and Tristan Mostert (eds.), *The Dutch and English East India Companies: Early Modern Asia at the*

Centre of the Global Economy (Hong Kong: University of Hong Kong Press, 2018), ch. 8, n.36에서 인용.

◈ 식민 세계의 형성에서 법이 수행한 역할에 대해서는 Lauren Benton, *The Search for Sovereignty: Law and Geography in European Empires, 1400-1900* (Cambridge: Cambridge University Press, 2010), 특히 pp.3-8, 24-27을 보라. 나는 마이클 닐(Michael Neill)의 견해(*Putting History to the Question*, p.279), 즉 "스콧이 사법권의 배타적 행사권을 고집했다"라는 의견에 동의하지 않는다. 나는 스콧이 반탐 조정에서의 '법적 지위'를 구축하는 데 더 관심이 있었다고 본다.

◈ 교황 그레고리우스 10세가 쿠빌라이 칸에게 보낸 서한: Polo, *The Travels*, p.39.

◈ 1603년 마닐라 화인 학살에 대해서는 José Eugenio Borao, "The Massacre of 1603: Chinese Perception of the Spanish on the Philippines", *Itinerario* 23:1 (1998), pp.22-39. 1605년 아쿠냐(Acuña)에게 보낸 서한의 번역은 E. H. Blair and J. A. Robertson (eds.), *History of the Philippine Islands*, vol. 13 (Cleveland, OH: Arthur H. Clark, 1904), pp.287-91. 네덜란드 선박(Wijbrand van Waerwijck의 지휘)의 중국 수역 정탐에 대해서는 張廷玉, 『明史』, pp.8434-35를 참조.

◈ 야코프 판 헤임스케르크(Jacob van Heemskerck)에 대해서는 Marina van Ittersum, *Profit and Principle* (Leiden: Brill, 2006), pp.1-52; Peter Borschberg, *Hugo Grotius, the Portuguese and Free Trade in Asia* (Singapore: NUS Press, 2011)을 보라.

◈ 산타 카타리나호(Santa Catarina) 분쟁에 대해서는 Hugo Grotius, *Commentary on the Law of Prize and Booty*, ed. Marina van Ittersum (Indianapolis, IN: Liberty Fund, 2006), p.540; 마카오에서 살해된 네덜란드인들에 대해서는 pp.279-84; 락모이(Lakmoy)라는 이름의 중국 상인에 대해서는 pp.275, 282 참조.

◈ 교환 매개로서 금(金)의 사용에 대해서는 Tomé Pires, *The Suma Oriental of Tomé Pires*, ed. Armando Cortesao (London: Hakluyt Society, 1944), p.170 참조.

◈ 금세공인의 고문, 그리고 고문 속 침묵 문제는 많은 논평가를 곤혹스럽게 했다. '신역사주의(the new historicism)' 개념을 제시하며 문학 분석으로 역사 텍스트에 접근한 스티븐 그린블랫(Stephen Greenblatt)은 이 이야기를 끌어와 역사주의적 접근의 한계를 탐색했다. 그는 금세공인의 침묵을 반식민 저항의 몸짓으로 보자고 제안했지만, 1606년 독자를 충격에 빠뜨린 지점과 오늘날 우리가 충격을 받는 지점은 같지 않다. 마이클 닐이 *Putting History to the Question* (p.294)에서 지적했듯, 이처럼 참혹한 장면은 런던 무대에서 흔히 재현되곤 했다. 그린블랫을 괴롭힌 것은 '고통받는 몸'을 읽는 행위가 독자에게 가학적 쾌감을 유발할 수 있어, 과거 재구성에 상상력이 필요하다는 그의 주장 자체를 훼손할 수 있다는 점이었다. 그가 내놓은 미흡한 탈출구는, 금세공인의 "섬뜩하고, 상상 불가능하며, 어쩌면 영웅적인" 침묵 앞에서 "이처럼 오랜 시간이 흐른 뒤 그에게 말을 강요할 권리가 역사학자에게는 없다"라고 선언하는 것이었다. 에릭 하욧(Eric Hayot)은 *The Hypothetical Mandarin: Sympathy, Modernity, and Chinese Pain* (Oxford: Oxford University Press, 2009), p.50에서 그린블랫이 스캇의 저술 당시에 존재하지도 않았던 '고통 받는 중국인'이라는 희생자의 전형으로 만들었다고 비판한다. 그 결과 그린블랫은 금세공인을 또 하나의 식민지화된 '동양인(Oriental)'으로 취급하고 말았으며, 패배할 수밖에 없는 거래를 이해했던 '한 인간'으로 보지 못했다. 리치먼드 바버(Richmond Barbour)는 "'The English Nation at Bantam': Corporate Process in the East India Company's First Factory", *Genre* 48:2 (2015년 7월), p.175에서 그린블랫의 '가학성(sadism)' 비판을 수용하지만, 이 고문을 '복수'로 오해한다. 내 생각에는, 이 장면의 폭력은 '복수'처럼 추상적이거나 '가학'처럼 개인적인 것이 아니라, 자신의 상관(商館) 운영을 통제하지 못하는 스콧의 절박함에 가깝다.

◈ 금세공인에 대한 마지막 언급: 닐(Neill)은 그가 보이히(Boyhie)와 함께 일한 굴착공 힌팅(Hynting/Hinting)이라고 보지만, 스콧은 본문에서 그를 그렇게 지칭하지는 않는다.

8장 · 선교사와 그의 개종자: 1616년 남경

◈ 이 장 서두의 마테오 리치(Matteo Ricci, 왼쪽)와 서광계(徐光啓, 오른쪽)의 합동 초상화는 Athanasius Kircher, *China illustrata* (Amsterdam, 1667)에서 가져온 것이다.

◈ 이 장의 일부 견해와 자료는 필자의 논문 "Europaeology? On the Difficulty of Assembling a Knowledge of Europe in China", M. Antoni cerler (ed.), *Christianity and Cultures: Japan & China in Comparison*, 1543-1644 (Rome: Institutum Historicum Societatis Iesu, 2009), pp.269-93에서 처음 발표된 것이다.

◈ 1616-1617년 남경 선교사 체포 사건은 Edward Kelly, "The Anti-Christian Persecution of 1616-1617 in Nanking"(PhD diss., Columbia University, 1971), pp.43ff 참조. 박해의 주요 사건 목록은 Ad Dudink, "'Nan gong shu du'(1620), 'Po xie ji'(1640), and Western Reports on the Nanjing Persecution (1616/1617)", *Monumenta Serica* 48 (2000), pp.133-265에 수록되어 있다.

◈ 서광계에 대해서는 Catherine Jami and Pieter Engelfriet and Gregory Blue (eds.), *Statecraft and Intellectual Renewal in Late Ming China: The Cross-Cultural Synthesis of Xu Guangqi* (Leiden: Brill, 2001)을 참조. 간략한 연보는 Ad Dudink, "Xu Guangqi's Career: An Annotated Chronology", pp.399-409에 있다. 또한 梁家勉, 『徐光啓年譜』(上海: 上海古籍出版社, 1981)을 참고했다.

◈ 서광계가 심각(沈㴶)을 "아저씨"라고 불렀다는 언급은 Gail King (trans.), "The Family Letters of Xu Guangqi", *Ming Studies* 31 (1991), pp.24-25에서 인용.

◈ 심각과 서광계의 상소문은 Edward Kelly, "The Anti-Christian Persecution", pp.277-82, 294-302에 번역돼 있으며, 본문에서 이를 대폭 수정했다. 서광계의 원문은 『徐光啓集』(上海: 上海古籍出版社, 1984), pp.431-33에 수록되어 있다.

◈ 『대명률』 제12권 「禮律 儀制」의 조항은 Yonglin Jiang (trans.), *The Great Ming Code* (Seattle, WA: University of Washington Press, 2005), p.117 참조.

◈ "흘러야 할 물을 막는 것과 같다.": 徐光啓, 『徐光啓集』, p.37.

◈ 마테오 리치와 서광계의 『畸人十篇』 제3·4편 대화는 朱維錚 編, 『利瑪竇中文著譯集』(香港: 香港城市大學出版社, 2001), pp.515-34에 수록되어 있다. 『畸人十篇』의 가장 초기 연구

는 Pasquale d'Elia, "Sunto Poetico-Ritmico di I Dieci Paradossi di Matteo Ricci S.I.", *Rivista degli Studi Orientali* 27 (1952), pp.111-38이며, 주로 주병모(周炳謨)와 왕가식(王家植)이 쓴 서문과 각 책의 요약문을 번역한 것이 중심이다. 이 논문을 보내준 Nicolas Standaert에게 감사를 표한다. 마테오 리치 전기로는 Jonathan Spence, *The Memory Palace of Matteo Ricci* (New York: Viking, 1984), 그리고 R. Po-Chia Hsia, A Jesuit in the Forbidden City: *Matteo Ricci*, 1552-1610 (Oxford: Oxford University Press, 2010)이 가장 우수하다.

◈ "나일 강 강가에는 어떤 새가 있는데, 해가 뜨면 태어나고 해가 지면 죽는다고 하니, 즉 그 수명은 길어야 한 낮일뿐입니다.": 朱維錚 編, 『利瑪竇中文著譯集』, p.518.

◈ "서쪽 땅에 두 샘물(泉)이 서로 가까이 있습니다.": 朱維錚 編, 『利瑪竇中文著譯集』, p.526.

◈ 중국은 "실로 해내(海內)의 으뜸(冠冕)"이 될 만했다 : 徐光啓, 『徐光啓集』, p.66 인용.

◈ "동서양 모두에 통하는 이치(理)가 있다": 서광계가 Sabatino de Ursis의 『泰西水法』(1612)에 쓴 서문으로 『徐光啓集』, p.67에서 인용.

◈ "갑자기 그들을 세작(細作, 간첩)이라 말하다니 이게 무슨 일인가?": Gail King (trans.), "The Family Letters of Xu Guangqi", p.25.

◈ 만력제의 조칙 번역은 Kelly, "The Anti-Christian Persecution", pp.85-86에 있으며, 원문은 『明神宗實錄』 권552, 1a-6에 있다.

◈ 심각의 실각이 미친 영향에 대해서는 Gregory Blue, "Xu Guangqi in Europe", *Statecraft and Intellectual Renewal in Late Ming China*, pp.40-41 참조.

◈ 북경 시장의 "예수(耶蘇)"의 조각상은 劉侗, 『帝京景物略』 (北京: 北京古籍出版社, 1980), p.166 참조.

제9장 · 정복당한 사람들: 1645년 양쯔강 삼각주

◈ 이 장에서 언급된 숭정제의 자살 장면 삽화는 Martino Martini, *Regni Sinensis à Tartaris tyrannicèevastati depopulatique concinna enarratio* (Amsterdam: Valckenier, 1661), p.44 맞은편 페이지에 실려 있다. 이 자료는 겐트대학교 도서관(Ghent University Library)의 허가를 받아 수록했다.

◈ 동함(董含)의 재이(災異) 목록은 동함이 문집인 『순향췌필(蓴鄕贅筆)』 (1678)에 실려 있으며, 『설령(說鈴)』 (제2집, 1799)의 서문과 권1, 2b, 7a-8a, 9a-11b, 26b-27a에 재수록되었다. 이후 동함은 이를 자신의 저작집 『삼강식략(三岡識略)』에 넣었으며, 이는 『四庫未收集刊』 第4集 (北京: 北京出版社, 2000), 第29冊에 실려 출간되었다. 명 말 몰락과 관련한 강남의 일화를 더 보려면 Lynn Struve, *Voices from the Ming-Qing Cataclysm: China in Tigers'Jaws* (New Haven, CT: Yale University Press, 1993)을 참조하라.

◈ 진기덕(陳其德)이 동향(桐鄕)의 재난을 묘사한 내용은 『垂訓樸語』 16a-20a에 수록되어 있으며, 『桐鄕縣志』 (1887), 권20, 8a-10a에 재인용되었다.

◈ 1640년 가뭄에서 1641년 메뚜기 재해로 이어진 재난 목록은 산동(山東)의 상황을 보고한『曹州志』(1674), 권 19, 20b-21a에서 취했다.

◈ 17세기 전 지구적 기후 위기에 대한 개관으로는 Geoffrey Parker, *Global Crisis: War, Climate Change and Catastrophe in the Seventeenth Century* (New Haven, CT: Yale University Press, 2012)을 보라. 유럽 각 도시의 흑사병 발발은 pp.83-85, 287, 294, 333, 617에서 언급된다.

◈ "서과온(西瓜瘟)"에 대한 기록은 徐樹丕,『識小錄』권4, 9a-b(또는 권4, 26b-27a)에 있으며,『涵芬樓秘 』(上海: 商務印書館, 1916), 제1부 제8집에 재수록되었다. 북방의 '온(瘟)' 역병은 胡文燁,『雲中郡志』(1652), 권12, 20a을 참조.

◈ 오유형(吳有性)의 소주(蘇州) 지역 온역 연구는 Marta Hanson, *Speaking of Epidemics: Disease and the Geographic Imagination in Late Imperial China* (Abingdon: Routledge, 2011), pp.96-102에서 분석되었으며, 번역은 문학적 이유로 일부 수정했다.

◈ "병에 걸린 사람은 먼저 겨드랑이 밑과 허벅지 사이에 단단한 멍울이 생기거나, 혹은 가래와 피를 토하며 즉사하여 약과 음식을 받지도 못했다.": Helen Dunstan, "The Late Ming Epidemics: A Preliminary Survey", *Ch'ing-shih wen-t'i* 3:3 (1975년 11월), pp.19-20에서 인용. 북중국의 역병을 흑사병으로 규정하는 후기 연구로는 曹樹基,「鼠疫流行與華北社會的變遷」,『歷史研究』1997-1, pp.17-32 참조.

◈ 기표가(祁彪佳)의 일기는『祁忠敏公日記』(紹興: 紹興縣修志委員會, 1937)로 간행되었으며, 주로『甲申日記』(1644년 일기)를 참조했다. 1641년 기근 시의 자선활동에 대해서는 Joanna Handlin Smith, *The Art of Doing Good: Charity in Late Ming China* (Berkeley, CA: University of California Press, 2009)을 보라.

◈ 사가법(史可法)이 복왕(福王)의 즉위를 반대한 일곱 가지 이유는 黃宗羲 編,『弘光實錄』,『黃宗羲全集』(杭州: 浙江古籍出版社, 1986), 제2책, p.3에 수록되어 있다.

◈ 좌무제(左懋第)의 화의(和議) 사절단에 대해서는 Frederic Wakeman Jr., *The Great Enterprise: The Manchu Reconstruction of Imperial Order in Seventeenth-Century China* (Berkeley, CA: University of California Press, 1985), vol. 1, pp.403-11 참조.

◈ 기표가는 자신의 최후 일기를『乙酉日記』(1645년 일기) (『祁忠敏公日記』에 수록)에 남겼으며, 7월 24일 자 최종 기록은 p.23b에 실려 있다.

◈ 송강(松江) 함락은 Frederic Wakeman Jr., *The Great Enterprise*, vol. 1, pp.671-72을 참조.

◈ 이자성(李自成)의 부친과 조부 묘 훼손 사건은 董含,『蓴鄕贅筆』, 권1, 2b-3a 참조.

◈ "이것은 누구의 잘못인가?": 董含,『蓴鄕贅筆』, 권2, 15a-b 참조.

제10장 · 라마와 황자(皇子): 1719년 후흐노르

◈ 이 장은 필자의 이전 논문 "Tibet and the Chinese World-Empire,"in *Empires and Autonomy: Moments in the History of Globalization*, Stephen Streeter et al. (eds.)

(Vancouver: UBC Press, 2009), pp. 24-40의 일부 내용을 발전시킨 것이다.

◈ 중국-티베트 관계사는 Elliot Sperling, "Early Ming Policy toward Tibet: An Examination of the Proposition that the Early Ming Emperors Adopted a 'Divide and Rule'Policy toward Tibet"(PhD diss., Indiana University, 1983); Zahiruddin Ahmad, *Sino-Tibetan Relations in the Seventeenth Century* (Rome: Istituto Italiano per il Medio ed Estremo Oriente, 1970); Luciano Petech, *China and Tibet in the Early XVIIIth Century* (Leiden: Brill, 1950)을 보라.

◈ 만주-티베트 관계에서 달라이 라마의 역할을 다룬 최신 연구는 최신 연구로는 Peter Schwieger, *The Dalai Lama and the Emperor of China: A Political History of the Tibetan Institution of Reincarnation* (New York: Columbia University Press, 2015)를 보라.

◈ 5대 달라이 라마의 북경 방문에 대해서는 Gray Tuttle, "A Tibetan Buddhist Mission to the East: The Fifth Dalai Lama's Journey to Beijing, 1652-1653,"in *Power, Politics, and the Reinvention of Tradition: Tibet in the Seventeenth and Eighteenth Centuries,* Brian Cuevas and Kurtis Schaeffer (eds.) (Leiden: Brill, 2006), pp. 65-87을 보라.

◈ 윤정(胤禎)과 달라이 라마의 회견은 윤정이 회견 이틀 뒤 아버지인 강희제에게 써서 보낸 보고서에 근거하고 있다. 이 보고서는『康熙滿文硃批奏摺全譯』(北京: 中國社會科學出版社, 1996), 제3366호 문서에 수록되어 있다. 윤정의 이름은 그의 형의 이름과 발음이 완벽히 같았기 때문에, 그 형이 옹정제로 즉위하자, 윤정은 자신의 이름이 불릴 때마다 황제의 이름이 불리는 것을 피하기 위해 윤제(胤禵)로 개명해야 했다. 윤정은 또한 '순군왕(恂郡王)'으로도 알려졌는데, 이는 그가 나중에 건륭제로부터 받은 작위이다.

◈ "아무 일 없이 일상적인 상황이 보존될 수 있겠는가?":『清聖祖實錄』, 권259, 4b; 顧祖成 編,『明清治藏史要』(拉薩: 西藏人民出版社, 1999), p.136에서 재인용.

◈ 서녕(西寧)에서 라싸까지 거리에 대해서는 楊応琚,『西寧府新志』(西寧: 青海人民出版社, 1988), p. 564; William Rockhill, "Tibet: A Geographical, Ethnographical, and Historical Sketch," *Journal of the Royal Asiatic Society of Great Britain and Ireland* (January 1891), pp. 101, 106을 보라. 사천(四川)에서 라싸까지의 거리는 록힐(Rockhill)이 pp. 33, 40, 45, 54, 64, 69에서 제시한 거리에 근거하여 계산했다.

◈ 이폴리토 데시데리(Ippolito Desideri)의 인용문은 *An Account of Tibet,* pp. 168, 171을 보라. 데시데리에 대해서는 Sven Hedin, *Southern Tibet, 1906-1908* (Stockholm: Lithographic Institute of the General Staff of the Swedish Army, 1917), 1:278-79, 3:10-14를 보라. 데시데리의 기록은 아마도 "티베트에 관한 저술 중 가장 훌륭하고 가장 신뢰할 만한 것 중 하나"(1:279)일 것이고, 데시데리 본인은 "예리하고 양심적인 관찰자"(3:14)였다. 그러나 페텍(Petech)이 *Selected Papers on Asian History* (Rome: Istituto Italiano per il Medio ed Estremo Oriente, 1988), pp. 218-19에서 지적한 바와 같이, 데시데리의 정치적 관찰은 믿을 만하지 않다. 페텍의 *China and Tibet in the Early XVIIIth Century,* pp. 50, 54도 함께 보라.

◈ "화살을 하나도 잃지 않았는데도": 만주인 장군 석륜도(錫倫図)가 쓴 비문에서 인용. 이

비문은 張羽新 編, 『淸政府與喇嘛敎』(許昌: 西藏人民出版社, 1988), p. 290에 수록되었다.

◆ "체렁 돈둡 등은, 사람은 흩어지고 음식은 떨어지며 힘은 다하고 세력이 곤궁해져, 어지러이 도망치거나 쥐처럼 숨었다": 噶爾弼, 「平定西藏碑文」, 『淸政府与喇嘛敎』, p. 290. 데시데리는 체렁 돈둡이 도망치는 도중에 사망했다고 이해했으나, 사실 그는 성공적으로 귀환했다. 몇 년 뒤 준가리아(Zungharia)를 방문한 러시아 사신에 따르면, 체렁 돈둡은 준가르의 강력한 지도자였고, 자신을 티베트로 보냈던 사촌 체왕 랍단과 사이가 나빴다고 한다(Petech, *China and Tibet*, p. 34, n. 4). 청나라의 중앙아시아 정복을 둘러싼 전반적인 맥락에 대해서는 Peter Perdue, *China Marches West: The Qing Conquest of Central Eurasia* (Cambridge, MA: Harvard University Press, 2005)를 보라.

◆ "그것은 가장 참혹한 전쟁 가운데 하나였다": Louis Schram의 글, Warren W. Smith Jr., *Tibetan Nation: A History of Tibetan Nationalism and Sino-Tibetan Relations* (Boulder, CO: Westview Press, 1996), p.125에서 재인용.

◆ 1728년 청군의 티베트 원정에 관해서는 Shu-hui Wu, "How the Qing Army Entered Tibet in 1728 after the Tibetan Civil War," *Zentrale-Asiatische Studien* 26 (1996), pp.122-38을 보라.

◆ "[티베트가] 지금 우리의 판도(版圖)에 들어옴에": 楊應琚, 『西寧府新志』, pp.54, 122, 385-86.

◆ "후흐노르의 사람들을 그의 권력 아래에 두고": Sumpa Khenpo, *The Annals of Kokonor*, trans. by Ho-chin Yang (Bloomington, IN: Indiana University Press, 1969). 특히 pp. 29, 37-54를 보라. 숨빠 켄뽀의 전기는 S. C. Das, "Life of Sum-pa Khan-po," *Journal of the Asiatic Society of Bengal* 58:1, no. 2 (1889), pp. 37-39에 수록.

◆ "외세의 점령": Dalai Lama XIV, *The Spirit of Tibet: Universal Heritage*, ed. A. A. Shiromany (New Delhi: Allied Publishers, 1995), p. 135.

제11장 · 상인과 그의 노복: 1793년 오스텐드

◆ 샤를 드 콩스탕(Charles de Constant)은 1835년 사망 시 자신의 방대한 원고, 서신, 기록 노트를 제네바(Geneva) 도서관에 기증했으며, 이는 *Archives de la famille de Constant* (Geneva: Odys e, 2016)으로 목록화되어 있다. 콩스탕 연구의 주요 문헌으로 Louis Demigny (ed.), *Les Mémoires de Charles de Constant sur le commerce àla Chine* (Paris: SEVPEN, 1964)와 Marie-Sybille de Vienne, *La Chine au déclin des lumières: L'expérience de Charles de Constant, négociant des loges de Canton* (Paris: Honoré Champion, 2004)이 있다. 드미니(Demigny)는 콩스탕에 관한 연구를 출간한 1964년에 광동 무역 체제에 대한 3권으로 구성된 대작 *La Chine et l'Occident: Le commerce à Canton au XVIIIe siècle, 1719-1833* (Paris: SEVPEN, 1964)을 출간했다. 나는 또한 콩스탕의 편지와 일기의 출판본인 *Terres de Chine: Nouvelle Compagnie des Indes, 1789-1790: 11 lettres commentées* (Montélimar: Armine-Ediculture, 1998)에 의거하

여 이 장을 저술했다. 그 편지들은 Philippe de Vargas (ed.), *Récit de trois voyages àla Chine, 1779-1793* (Peking, 1939)에서 처음 공개되었다.

◆ 광동 무역 체제에 대해서는 Paul Van Dyke, *The Canton Trade: Life and Enterprise on the China Coast, 1700-1845* (Hong Kong: Hong Kong University Press, 2005)을 참조하라. 같은 저자는 광주의 십삼행(十三行)에 대한 유용한 역사를 "The Hume Scroll of 1772 and the Faces behind the Canton Factories", *Revista de Cultura 54* (2017)에서 제공하는데, 특히 pp.84~88를 활용했다.

◆ "Euhun Sang"은 향산(香山)의 광동어 발음이다. 이 현은 1925년 그해 사망한 향산 출신의 쑨원(孫文)을 기리기 위해 중산(中山)으로 개명되었다. 손문은 30대 초 일본 망명 시 일본인 성(姓) '나카야마(中山, 중국어로 중산)'를 사용하였는데, 중산은 오늘날 중국인이 쑨원을 부르는 가장 일반적인 이름이다.

◆ "개인적인 사업을 수행하기 위해 동인도(East Indies)로 갈 허가": Hugh Popham, *A Damned Cunning Fellow: The Eventful Life of Rear-Admiral Sir Home Popham* (Tywardreath: Old Ferry Press, 1991), pp.29-30에서 인용함.

◆ "내 청년 시절 가장 아름다운 세월을 보냈던 나라, 그리고 다시금 반가운 오랜 친구들을 만날 나라로 돌아와 매우 기쁘다.": *Terres de Chine*, pp. 25, 26.

◆ "나는 다시금 나의 감옥 안에 갇혔다.": *Mémoires*, p.53.

◆ "나만을 위한 하인이 하나 있습니다. 열한 살이고, 이름은 아카오입니다.": *Mémoires*, p.49.

◆ "예전에 내 하인이었고, 내가 키웠다고 말할 수 있을 사람": *Terres de Chine*, p.26.

◆ "포르투갈인은 중국 아이들을 사서 기독교로 개종하며 키우는 일을 신앙적 실천으로 여깁니다.": *Terres de Chine*, p.75. 조세파(Josefa)와 그라시아 바라다(Gratia Barrada)에 대한 언급은 *Vienne, La Chine au déclin des lumières*, pp.70, 72를 참조하라.

◆ "그리 넓지는 않지만 깊이가 매우 깊다": *Terres de Chine*, p.38.

◆ "호기심을 채우기 위해 유럽인들이 드나드는 구역을 벗어나는 일은 전혀 유쾌하지 않다.": *Terres de Chine*, p.45.

◆ "청 황제가 자신의 영리한 부하들이 불법적으로 챙긴 것으로 여겨지는 수익을 도덕적 기준으로 단속하기보다는 그 수익에서 자신의 몫을 체계적으로 떼어 가는 식으로 착취하기": Kent Guy, *Qing Governors and their Provinces: The Evolution of Territorial Administration in China, 1644-1796* (Seattle, WA: University of Washington Press, 2017), pp.321-23.

◆ 통역사 갈베르(Galbert)가 1784년 무텅거(穆騰額)와의 대화를 기록한 필사는 *Mémoires*, pp.449-53의 부록에 포함되어 있다.

◆ "관리들은 아무것도 거절하지 않지만, 그렇다고 아무것도 받아들이지도 않기": *Mémoires*, p.425.

◆ 콩스탕이 레이디 휴즈(Lady Hughes)호 사건에 대해 남긴 기록은 *Mémoires*, pp.420-21, 또한 p.398 참조. 한 프랑스 자료가 스미스(Smith)가 필리핀인일 가능성을 언급했다고 드미니(Demigny)는 기록한다.

◈ "중국에 도착한 유럽인이 가장 강하게 느끼는 것은, 한 걸음 한 걸음마다 마주치는 온갖 제약과 장애물이다.": *Terres de Chine*, p.35.

◈ "호기심도 없고 기개도 없으며 바보 같은 생각으로 가득한 자로서, 외교 의전 문제의 어려움을 핑계 삼아 사절단 파견을 거부한 인물": *Terres de Chine*, pp.77-78.

◈ 콩스탕은 *Mémoires*, pp.413-31에 수록된 'Quelques idées sur l'ambassade du Lord Maccartney àla Chine'('맥카트니 경의 중국 사절단에 대한 몇 가지 견해')에서 자신의 견해를 밝혔다.

◈ 매카트니 경(Lord Macartney)이 총독에게 제출한 요청 목록은 1794년 1월 22일 자 EIC에 보낸 서한 "Entry Book of Letters Written by Lord Macartney in China to the East India Company", Morrison Collection MS40, 東洋文庫, Tokyo에 있다.

◈ "성격이 매우 온화하고, 쾌활하며, 긍정적이다": *Mémoires*, p.75, n.2.

◈ 콩스탕의 아편 관련 글은 *Mémoires*, pp.204-7.

◈ '전리품 항소 위원회(Commission of Appeals in Prize Causes)'의 판결문 : 포팜이 1803년 10월 24일 제기한 항소에서 인용했다. *The Naval Chronicle for 1808*, vol. 19 (London, 1808), pp.315-16.

◈ 석중화(石中和)와 그 부친의 이름은 상호(商号)명으로 법정 기록에 등장한다. 이에 대해서는 Kuo-tung Chen(陳國棟), *The Insolvency of the Chinese Hong Merchants, 1760-1843* (Taipei: Academia Sinica, 1990), pp.298-306 참조. 이 책과 광주 무역 관련 연구를 알려준 Paul Van Dyke에게 감사를 표한다. 파운드 환산 시 은량(銀兩)을 스페인 달러로 5:7, 스페인 달러를 영국 파운드로 5:1의 비율로 계산했다.

◈ 제인 오스틴(Jane Austen)의 시 "On Sir Home Popham's Sentence"는 David Selwyn (ed.), *The Poetry of Jane Austen and the Austen Family* (Iowa City, IA: University of Iowa Press, 1997), p.7 참조.

◈ 그로저(Grozer) 판화의 최근 경매 기록 : Galerie Bassange, Berlin, 2013년 11월 28일; Bloomsbury Auction House, London, 2014년; Chiswick Auctions, London, 2015년 10월 13일.

제12장 · 사진사와 쿨리: 1905년 요하네스버그

◈ 이 장의 첫 삽화는 《모닝 리더(*Morning Leader*)》(1905년 9월 6일) p.3에 "Instead of Flogging"(태형을 대체한 형벌)이라는 제목으로 게재되었다.

◈ 헨리 존 플레스(Henry John Pless)에 관한 문서는 런던 큐(Kew)의 국립문서보관소(National Archives) FO 562/1-2에 보관되어 있으며, 다음 자료를 포함한다: 1906년 11월 4일 홉킨스(Hopkins)가 커크(Kirke)에게 보낸 전보, 같은 날 커크가 홉킨스에게 보낸 회신 전보, 1906년 11월 21일 홉킨스가 커크에게 보낸 서한, 플레스의 유품 목록(날짜 미상), 1906년 12월 29일 상하이 영국 총영사가 북경 영사에게 보낸 서신, 1907년 4월 13일 암스테르담 영사관이 북경 부영사에게 보낸 서신.

◈ 19세기 중국인 노동자의 해외 이주 관련 문서는 Irish University Press Area Studies (ed.), *British Parliamentary Papers: China, vol. 4: Correspondence and Returns Respecting the Emigration of Chinese Coolies, 1854-92* (Shannon: Irish University Press, 1971)에 수록되어 있다.

◈ 19세기 쿨리(coolie) 노동의 확산은 Harley Farnsworth MacNair, *The Chinese Abroad, Their Position and Protection: A Study in International Law and Relations* (Shanghai: Commercial Press, 1926), pp.212-35를 참조. 남아프리카 트란스발(Transvaal)의 중국인 노동에 대해서는 Persia Crawford Campbell, *Chinese Coolie Emigration to Countries within the British Empire* (New York: Negro Universities Press, 1923), pp.161-216을 참조하고, 광산 노동에서의 중국인 모집은 Norman Levy, *The Foundations of the South African Cheap Labour System* (London: Routledge and Kegan Paul, 1982), 13-14장과 Peter Richardson, *Chinese Mine Labour in the Transvaal* (London: Macmillan, 1982), 3장을 참조하라. 가장 최근의 포괄적 연구는 Rachel Bright, *Chinese Labour in South Africa, 1902-10: Race, Violence, and Global Spectacle* (Basingstoke: Palgrave Macmillan, 2013)이다.

◈ 윌리엄 마틴(W. A. P. Martin)의 노예제 논의: *A Cycle of Cathay; or China South and North, with Personal Reminiscences* (Edinburgh: Oliphant, 1896), p.383.

◈ 의화단 사건 시기의 반중 풍자화는 Frederic Sharf·Peter Harrington, *The Boxer Rebellion: China, 1900: The Artists' Perspective* (London: Greenhill Books, 2000)와 Jane Elliott, *Some Did It for Civilisation, Some Did It for Their Country* (Hong Kong: Chinese University Press, 2002) 참조.

◈ 2실링의 최저임금은 《더 타임즈(*The Times*)》(1906년 2월 23일)에 실린, 영국 하원 토론 요약 중 맥나마라(MacNamara) 박사의 발언에 기록되어 있다.

◈ "그러한 혐의조차 꺼내지 못하도록 어떠한 노력도 불사하겠다": "Mr. Lyttelton and Chinese Labour", *The Times* (1905년 9월 27일), p.6.

◈ "우리나라는 영국의 이름과 영국의 정의를 더럽힌 자들을 멀리 나라 밖 어둠 속으로 속히 제거해야 할 것입니다": "Savoring of Slavery's Days", *The Morning Leader* (1905년 10월 4일), p.1.

◈ 란트에서의 학대: *The Morning Leader* (1905년 9월 6일), p.1.

◈ 프랭크 C. 볼랜드(Frank C. Boland), "The Price of Gold", *The Morning Leader* (1905년 9월 6일), p.1

◈ 프랭크 C. 볼랜드, "More Horrors by Yellow Serfs", *The Morning Leader* (10월 2일), p.1

◈ 프랭크 C. 볼랜드, "Chinese Outrages", *The Morning Leader* (10월 16일), p.1. 이 기사의 하단에 실린 짧은 칼럼 "Opium Traffic on the Rand(란트에서 아편 밀거래)"는 독자에게 중국인이 연루된 범죄를 상기한다.

◈ 중국인 광부의 노동을 다룬 간디(M. K. Gandhi)의 사설은 E. S. Reddy, "Gandhi and the Chinese in South Africa", *Occasional Paper of the National Gandhi Museum*

(New Delhi, 2016), p.19에 나온다. 인도인 노동에 관한 그의 사설은 "Indentured Indians in Natal"은 *Indian Opinion* 3:31 (1905년 8월 5일), p.1에 있다.

◆ 알렉산더 맥카시(Alexander McCarthy)의 진술서는 *Transvaal Leader* 주간판(1906년 1월 20일)에 실렸으며, 1907년 7월 9일 북경 부영사가 네덜란드 공사관에 보낸 서한에 첨부되어 있다(FO 562/1).

◆ 플레스의 중국해관총세무사(中國海關總稅務司) 근무 경력: "Memo of Service, Chinese Maritime Customs, Revenue Department, Foreign Staff, Outdoor: Harry John Pless": Chinese Customs Archives, 南京第二歷史檔案館. 해관의 '외근(outdoor)'직원 체계에 대해서는 John Pal, *Shanghai Saga* (London: Jarrolds, 1963), p.57와 Robert Bickers, *Empire Made Me: An Englishman Adrift in Shanghai* (New York: Columbia University Press, 2003), p.8을 보라.

◆ 1906년 영국 의회 총선에서 중국인 쿨리 쟁점에 대해서는 A. K. Russell, *Liberal Landslide: The General Election of 1906* (Newton Abbot: David and Charles, 1973), pp.64-69, 78, 102-08, 126, 196-98 참조.

◆ '근대 자본주의가 시작된 이래 노동력을 이곳저곳으로 이동시킨 최초의 시도'라는 표현은 《더타임스》 투표 8일차 보도에서 인용.

◆ 체임벌린(Chamberlain)이 처칠(Churchill)을 비판한 사건은 《더타임스》 (1906년 2월 23일), p.5에 실려 있다. 체임벌린은 일주일 뒤 그 비판을 철회해야 했으나 "가짜 중국인(mock Chinamen)"과 "쇠사슬에 묶인 중국인"을 그린 포스터가 인근 선거구에 존재했다는 주장을 고수했다. 그는 이렇게 밝혔다. "당신의 지역구에서 중국인 노동 문제와 관련해 벌어진 행동에 대해 잘못된 정보를 받았음을 알았습니다. 당신의 선거구에서는 가짜 중국인이 행진한 적이 없었으나, 인근 몇몇 지역에서는 있었던 것으로 보입니다. 포스터에 관해서는, 치텀힐 로드(Cheetham Hill Road) 보수당 클럽의 명예 서기 기번스(Gibbons) 씨가, 쇠사슬에 묶인 중국인 무리를 묘사한 대형 포스터가 치텀 자유당 클럽 외벽과 치텀힐 로드의 선거 본부에 게시되었다고 전했습니다."이 내용은 Randolph Churchill, *Winston S. Churchill* (Boston, MA: Houghton Mifflin, 1967), vol. 2, pp.167-68에서 인용함.

◆ 1906년 제이미슨(Jamieson)과 반스(Barnes)의 서신: James Stewart Lockhart Papers, ACC 4138/1/k (1900−11년 사이의 여러 서신들), Scottish National Library

◆ 남색 사건 보고: Churchill, *Winston S. Churchill*, vol. 2, p.184.

◆ '절묘한 시차(trick of timing)': Timothy Brook, Jérôme Bourgon and Gregory Blue, *Death by a Thousand Cuts* (Cambridge, MA: Harvard University Press, 2008), pp.25-27.

◆ 조지 메이슨(George Mason)이 그린 중국 형벌 그림은 George Mason, The Punishments of China, *Illustrated by Twenty−Two Engravings* (London: William Miller, 1801)에 수록되어 있다.

◆ 푸주리(福朱力 Fuzhuli)가 처형되는 장면의 사진과 엽서는 다음 웹사이트에서 볼 수 있다.

"Chinese Torture/Supplice Chinois"(http://turandot.chineselegalculture.org)

◆ 법적 절차를 개시한 근거가 없다는 처칠의 의회 발언: 《더타임스》(1906년 2월 24일), p.5.

◆ "어떻게 이 같은 형벌이 계획적으로 시행될 수 있었단 말인가?": Timothy Brook, Jérôme Bourgon and Gregory Blue, *Death by a Thousand Cuts*, p.89.

제13장 · 협력자와 그의 변호사: 1946년 상하이

◆ 이 장은 일본의 중국 침략이 초래한 인간적 고통의 참상을 직접적으로 다루지 않는다. 이러한 침략의 참상은 량훙즈(梁鴻志)와 같은 인물들을 향한 대중의 혐오를 설명하는 중요한 배경이 된다. 이러한 고통의 실상을 다룬 저작으로는 Diana Lary, *The Chinese People at War: Human Suffering and Social Transformation, 1937-1945* (New York: Cambridge University Press, 2010)을 참조하라. 보다 광범위한 정치적·군사적 맥락은 Hans van de Ven, *China at War: Triumph and Tragedy in the Emergence of New China* (London: Profile, 2017)에 제시되어 있다.

◆ "일본이 생존하기 위해서는 정당한 국가적 발전과 팽창의 기회가 충분히 주어져야 한다": Takaishi Shingoro(高石眞五郎), *Japan Speaks Out* (Tokyo: Hokuseido, 1938), pp.9, 41.

◆ "일본 정부의 기본 정책은 일본, 만주국, 중국 간의 화해와 협력을 통해 동아시아를 안정시키고, 공동 번영과 복리를 이루는 데 있다.": 廣田弘毅, *The Truth behind the Sino-Japanese Crisis* (Tokyo: Japan Times & Mail, 1937)에서 인용.

◆ "어떤 상황에서든 이익을 챙기려는 평범한 범죄자들": 찰리 리그(Charlie Rigg)의 발언은 앨버트 스튜어트(Albert Stewart)의 일기에 기록되어 있다. 이 기록은 Kai-yuna Zhang(張開元), *Eyewitnesses to Massacre: American Missionaries Bear Witness to Japanese Atrocities in Nanjing* (Armonk, NY: M. E. Sharpe, 2001), p. 322에서 재인용.

◆ 오자키 호쓰미(尾崎秀實)의 발언은 John Boyle, *China and Japan at War, 1937-1945: The Politics of Collaboration* (Stanford, CA: Stanford University Press, 1972), pp.192-93 참조.

◆ 협력자 처벌 규정은 朱金元·陳祖恩, 『汪僞受審紀實』 (杭州: 浙江人民出版社, 1988), pp.145-48, 및 南京市檔案館 編, 『審問汪僞漢奸筆錄』 (南京: 江蘇古籍出版社, 1992), 第2冊, pp.1490-1494에 수록되어 있다.

◆ 량훙즈의 재판 복원은 1946년 7월 6일 자 상하이 신문 『신보(申報)』와 『문휘보(文匯報)』 보도를 바탕으로 했으며, 7월 15일 자 『申報』에 재개된 재판의 부분 기록이 실렸다. 전체 재판 기록은 國防部史政編譯局 案 010.20/1208호, 013.11/2110호 문건에 보존되어 있다. 본 기록에서 발췌한 필기록을 공유해준 뤄지우룽(羅久蓉)에게 깊은 감사를 표한다.

◆ 상하이 고등법원 재판의 한계와 의의를 다룬 연구로는 Timothy Brook, "The Shanghai Trials, 1946: Conjuring Justice", *Postwar Changes and War Memories* (Taipei: Academia Historica, 2015), pp.127-55를 보라.

◈ 라다비노드 팔(Radhabinod Pal)의 '공평한 정의'(even justice) 개념에 대해서는 Timothy Brook, "The Tokyo Judgment and the Rape of Nanking", *Journal of Asian Studies* 60:3 (2001년 8월), p.695 참조.

◈ '전후(postwar)' 개념은 Tony Judt, *Postwar: A History of Europe since 1945* (New York: Penguin, 2005)를 참조.

에필로그 • 193개 국가: 1971년 뉴욕과 2010년 키토(Quito)

◈ 이 장의 첫머리에 등장하는 동쪽 반구(半球) 지도는 청나라가 세계 체제의 일원으로 활발히 활동하던 19세기 제작된 긴 두루마리 그림의 맨 위에 그려진 것으로, 제목은 『해방도(海防圖)』이다. 하버드 옌칭도서관(Harvard-Yenching Library, Cambridge, MA) 소장본으로, 이 지도는 여러 판본이 존재한다.

◈ 시리아 사태와 관련해 중국이 '사법 주권(judicial sovereignty)' 침해를 이유로 유엔 안보리 결의안을 거부한 사례는 2014년 5월 22일 제7180차 유엔안보리 회의의 국제형사재판소 회부안 논의에서 확인할 수 있다(https://www.un.org/press/en/2014/sc11407.doc.htm). 또한 화학무기 사용 책임 규명과 관련된 2017년 11월 및 2018년 4월 결의안 표결에서 중국의 거부권 행사는 https://news.un.org/en/story/2018/04/1006991 및 https://www.un.org/press/en/2017/sc13072.doc.htm을 참조(모두 2018년 8월 15일 검색).

◈ 타이완의 나우루(Nauru)의 관리를 대상으로 한 자금 지원과 관련된 위키리크스 보고서는 Philip Dorling, "Nauru Officials'Friendly Payoffs'", *Sydney Morning Herald* (2011년 8월 29일) 기사 참조.

◈ "중국과 타이완이 서로 다투는데 너무 작은 나라는 없다.": Lindsey Hilsum, "Why Beijing Cares about Tiny Nauru", *New Statesman* (2007년 9월 20일).

◈ 신장(新疆) 수용소의 억류 인원 추산은 Adrian Zenz, "New Evidence for China's Political Re-Education Campaign in Xinjiang", *China Brief* 10:18 (2018년 5월)에서 인용. 이에 대한 추가 보도로는 Nathan VanderKlippe, "UBC Student Uses Satellite Images to Track Suspected Chinese Re-education Centres where Uyghurs Imprisoned", *The Globe and Mail* (2018년 7월 9일자 업데이트)을 보라. 손 장(Shawn Zhang)의 조사 결과는 아래 사이트에서 확인이 가능하다((검색일 2018년 8월 15일). https://medium.com/@shawnwzhang/list-of-re-education-camps-in-xinjiang-新疆再教育集中營列表-99720372419c

◈ "우리는 그들에게서 완전히 분리하기로 결정했다": Alex McKay, "From Mandala to Modernity: The Breakdown of Imperial Orders", Timothy Brook et al. (eds.), *Sacred Mandates*, p.181 인용.

◈ '민족 자아의 표현'(民族自我表述) 개념은 Wang Lixiong and Tsering Shakya, *The Struggle for Tibet* (London: Verso, 2009), pp.116, 223, 250 참조.

◈ 크와메 은크루마(Kwame Nkrumah)의 '신식민주의(Neo-Colonialism)': *The Last*

Stage of Imperialism (London: Nelson, 1965).

◈ 중국의 에콰도르(Ecuador) 투자에 대해서는 Juan Jos Lucci, "Are China's Loans to Ecuador a Good Deal? The Case of the Sopladora Hydro Project", *Leadership Academy for Development Case Study* (Stanford University and Johns Hopkins University, 2014) 참조. 석유 개발을 거부하는 원주민의 반대는 Dan Collyns, "Was This Indigenous Leader Killed Because He Sought to Save Ecuador's Land?", *The Guardian* (2015년 6월 2일) 참조. 에콰도르 정부의 입장은 Joel Parshall, "Ecuador Official Makes Case for Foreign Oil Investment", *Journal of Petroleum Technology* (2017년 10월 12일) 참조. 최근 중국의 아마존 시추 활동은 Jonathan Watts, "New Round of Oil Drilling Goes Deeper into Ecuador's Yasun National Park", *The Guardian* (2018년 1월 10일) 참조.

◈ 중국의 부채 탕감 사례는 John Hurley·Scott Morris·Gailyn Portelance, "Examining the Debt Implications of the Belt and Road Initiative from a Policy Perspective", Center for Global Development Policy Paper 121 (2018년 3월), Appendix C, pp.29-32 참조.

◈ 함반토타(Hambantota) 항만 문제의 최근 정세 개요는 Maria Abl-Habib, "How China Got Sri Lanka to Cough Up a Port", *New York Times* (2018년 6월 25일) 참조.

◈ '천하(天下)' 사상에 기반한 국제관계론에 대해서는 Feng Zhang, "Confucian Foreign Policy Traditions in Chinese History", *The Chinese Journal of International Politics* 8:2 (2015), pp. 197-218을 참조.

◈ 후세인 첼릴(Huseyin Celil) 사건은 Nathan VanderKlippe, "Chinese Official Defends Jailing of Uyghur-Canadian Dissident Huseyin Celil", *The Globe and Mail* (2017년 10월 31일) 참조.

◈ 몰디브(Maldives) 등 국가의 부채 부담은 Hurley et al., "Examining the Debt Implications of the Belt and Road Initiative", pp.11-12 참조.

◈ 루완 시리와르다네(Ruwan Siriwardane)의 발언은 Dinouk Colombage, "The Hambantota Port Declared Open", *Sunday Reader* (2010년, 날짜 미상) 인용.

◈ '점증하는 세계 질서의 구조적 양극화(growing structural bipolarity of the world order)': *China and the Age of Strategic Rivalry* (Canadian Security Intelligence Service, 2018), p.17.

◈ 오웬 라티모어(Owen Lattimore)의 에세이 : Owen Lattimore, "Satellite Politics: The Mongolian Prototype", *Studies in Frontier History: Collected Papers, 1928-1958* (London: Oxford University Press, 1962), p.297.

중국은 대국(大國)인가
중국과 세계의 800년 역사

1판 1쇄   2025년 12월 30일

지은이   티모시 브룩
옮긴이   조영헌·설배환·심호성
편집   김효진
교열   이수정
디자인   최주호
펴낸곳   마르코폴로
등록   제2021-000005호
주소   세종시 다솜1로9
이메일   laissez@gmail.com
페이스북 www.facebook.com/marco.polo.livre

ISBN   979-11-24110-05-8   93910

책 값은 뒤표지에 있습니다. 잘못된 책은 교환하여 드립니다.